DIE ABRECHNUNG

David Halberstam

DIE ABRECHNUNG

Campus Verlag
Frankfurt/New York

Die amerikanische Ausgabe »The Reckoning« erschien 1986 bei William Morrow & Co., Inc.
Copyright © 1986 by David Halberstam. All rights reserved. No part of this book may be reproduced or transmitted in any form or by any means, electronic or mechanical, including photocopying, recording or by any information storage and retrieval system, without permission in writing from the Publisher.

Deutsche Übersetzung von Wolfgang Rhiel und Christian Spiel. Der Text wurde in Übereinstimmung mit dem Autor für die deutsche Fassung leicht gekürzt.

CIP-Titelaufnahme der Deutschen Bibliothek

Halberstam, David:
Die Abrechnung / David Halberstam. [Dt. Übers. von Wolfgang Rhiel u. Christian Spiel]. – Frankfurt/Main ; New York : Campus Verlag, 1988
   Einheitssacht.: The reckoning ‹dt.›
   ISBN 3-593-33931-5

Das Werk einschließlich aller seiner Teile ist urheberrechtlich geschützt. Jede Verwertung ist ohne Zustimmung des Verlags unzulässig. Das gilt insbesondere für Vervielfältigungen, Übersetzungen, Mikroverfilmungen und die Einspeicherung und Verarbeitung in elektronischen Systemen.
Copyright © 1988 Campus Verlag GmbH, Frankfurt/Main
Umschlaggestaltung: Atelier Warminski, Büdingen
Satz: Fotosatz L. Huhn, Maintal
Druck und Bindung: Fuldaer Verlagsanstalt, Fulda
Printed in Germany

Für Alan U. Schwartz

Inhalt

Erster Teil

1 Maxwells Warnung 13
2 Amaya besichtigt das Zeitalter des Erdöls 26
3 Detroits düsterer Winter 1982 37

Zweiter Teil

4 Der Gründer 55
5 Der Zerstörer 73

Dritter Teil

6 Der Sieger 89
7 Der Bankier 105
8 Die Wende 121
9 Masudas Sturz 137

Vierter Teil

10 Zäher Sohn reicher Eltern 151
11 Die Senkrechtstarter 161
12 Ford geht an die Börse 177
13 Der stille Mann 188

Fünfter Teil

14	Die *gaijin*-Lehrer	209
15	Der Ingenieur	222
16	Der erste Sieg	228
17	Deming findet Gehör	240

Sechster Teil

18	Henry Kaiser stellt Detroit auf die Probe	257
19	Der Organisator	268
20	Der Mustang	280
21	Die Rivalen	299

Siebter Teil

22	Die Büste	313
23	Der Boß	320
24	Der Wegbereiter	336
25	Yukata Katayamas Befreiung	347
26	Kaiser Shioji	355

Achter Teil

27	Krieg und Erdöl	361
28	Henry Ford im Belagerungszustand	369
29	Die Indifferenten	385
30	Nader – Anwalt der Bürger	391
31	Datsun spart	402
32	Der Kampf an der Spitze	409
33	Wieder große Wagen	427
34	Eine freie Stelle bei Chrysler	436

Neunter Teil

35	Die Karrieremacher	457
36	Greathouse in Tokio	461

Zehnter Teil

37 Ein Mann des Systems 471
38 Schwere Zeiten brechen an 476
39 Ein Befürworter der Marktwirtschaft stürzt 484
40 Amaya beendet eine Ära 488

Elfter Teil

41 Marvin Runyon wird abtrünnig 495
42 Der Hammer und der Nagel 502
43 Wieder Zulagen 510
44 Der Erbe 517
45 Der neue amerikanische Held 523

Zwölfter Teil

46 Die Spekulanten 533
47 Die OPEC löst sich auf 538
48 Die Emporkömmlinge 542
49 Die Arbeitsplätze gehen außer Landes 547
50 Eine Wiederholung: Der Aufstieg Koreas 553
51 Die alten Herren 558
52 Die Abrechnung 563
53 Vergangenheit wird Zukunft 570

Anmerkungen des Autors 576

Literaturverzeichnis 583

Firmenregister 587

Personenregister 592

Sachregister 602

Erster Teil

1
Maxwells Warnung

Warnungen hatte es genug gegeben. Experten hatten erklärt, daß die Ölvorräte der Erde nicht unbegrenzt seien, daß der Verbrauch schneller wachse als die Förderung. Andere Fachleute hatten mahnend darauf hingewiesen, daß einige der ölproduzierenden Staaten politisch instabil und den Vereinigten Staaten feindlich gesinnt seien. Doch die Männer der Automobilindustrie hatten die Warnungen in den Wind geschlagen und als verschleierte Kritik an den Produkten ihrer Branche beiseite gewischt.

Im Juni 1973 flog ein junger Mann namens Charley Maxwell von New York nach Detroit, um Gespräche mit den Topmanagern der drei großen Automobilkonzerne zu führen. Ein Jahrzehnt später bezeichneten klarblickende Beobachter die Jahresmitte 1973 als das Ende der alten Ordnung der industrialisierten Welt. Zu dieser Zeit war Energie noch erstaunlich billig, die Versorgung mit Erdöl ungestört, und die großen Industriekapitäne konnten ihre Prognosen für das kommende Jahr nach wie vor mit einiger Gewißheit abgeben. Detroit war in diesen goldenen Tagen noch immer das alte Detroit. Regelmäßig wurden acht Millionen Pkw jährlich verkauft, und in einem guten, einem Spitzenjahr – so recht nach dem Herzen der Branche, vom Konzernpräsidenten bis zum kleinsten Händler – brachte man zehn oder gar elf Millionen an den Mann. Zudem waren es Autos von genau der Art und Größe, wie Detroit sie verkaufen wollte – voluminöse, schwere Karossen, überfrachtet mit teuren Extras. In jenen Tagen sprach, von ein paar vertrockneten Gelehrten abgesehen, niemand von Energiesparen. Das durchschnittliche amerikanische Auto verbrauchte damals etwa 18 Liter Treibstoff auf 100 km, viel zu viel im Vergleich zu den meisten ausländischen Marken. Die Wagen aus Detroit waren groß, schwer und PS-stark. Wichtig für den Absatz schienen allein Komfort und Leistung, nicht Sparsamkeit im Verbrauch. Die Amerikaner, ein Volk von vielen Millionen, legten mit ihren

Autos gern große Entfernungen zurück. Wenn die Fahrzeuge nicht mehr ganz die Qualität aufwiesen, wie sie viele der Firmenkonstrukteure und der Männer in der Produktion gern gesehen hätten, war dies nicht weiter schlimm, denn sie verkauften sich trotzdem. Schließlich brauchte ein Auto nur die üblichen drei Jahre zu halten, nach denen es von seinem Eigentümer gegen ein nagelneues Modell in Zahlung gegeben wurde, ebenso geräumig oder, um das amerikanische Streben nach Prestige zu befriedigen, sogar noch größer als das vorige. Und wie sich in dem neuen Wagen der soziale Aufstieg seines Besitzers widerspiegelte, begann der alte seinen Abstieg auf der gesellschaftlichen Stufenleiter und landete zum Schluß in irgendeinem amerikanischen Unterschicht-Getto. Dort angekommen, geflickt und immer wieder ausgebessert, verschlang er dann noch mehr Sprit als vorher.

Die amerikanische Intelligenzija gab viel darauf, kleine, im Verbrauch sparsame ausländische Marken zu fahren und machte sich oft über das plumpe und protzige Aussehen der Detroiter Produkte lustig. Für viele liberale Intellektuelle stand Detroit für all das, was an der amerikanischen Lebensform im Übermaß materialistisch war (genauso wie für viele kleinstädtische Konservative in den Vereinigten Staaten der Gegenspieler der Konzerne, die Automobilarbeitergewerkschaft, für all das stand, was ihnen an der liberalen Gesellschaft nach der New-Deal-Ära maßlos erschien). Detroit scherte sich nicht das geringste um diese Nörgler. Es galt als unwiderlegliches Faktum, daß die Amerikaner Straßenkreuzer bevorzugten – und nur Detroit produzierte sie. Aus diesem Axiom ergab sich eine Folgerung, über die freilich nur selten gesprochen wurde: Straßenkreuzer brachten fette Profite, kleine Autos dürftige Gewinne. Anfang 1973 sah man in der Tatsache, daß Detroit alles verkaufen konnte, was es verkaufen wollte, einen Beweis dafür, daß die Konzerne, nicht die Kritiker wirklich wüßten, was die amerikanischen Autokäufer wünschten. Und die Zukunft sah rosiger aus denn je. Ein häßlicher Krieg in Südostasien, der an der Kraft und an den Ressourcen des Landes gezehrt hatte, ging endlich seinem Ende entgegen, und Detroit erwartete hoffnungsvoll einen neuen Autofrühling. Diese Zuversicht schien wohlbegründet: Wenn es für die amerikanischen Industriellen und Verbraucher *eine* angenehme Gewißheit gab, dann die, daß der niedrige Preis für Benzin und Öl auch niedrig bleiben werde. 1950 hatte ein Liter Benzin an der Tankstelle sieben Cent gekostet – fünf Cent das Benzin selbst, der Rest waren Steueranteile. Als Charley Maxwell sich auf den Weg nach Detroit machte, 1973, kostete ein Liter Benzin knapp zehn Cent, wovon sieben auf das Benzin selbst entfielen. Der Segen des niedrigen Benzinpreises schien so dauerhaft, daß ihn schließlich jedermann als Selbstverständlichkeit nahm.

Charley Maxwell war fünfunddreißig Jahre alt und hatte seit seinem Eintritt ins Berufsleben ausschließlich in der Ölindustrie gearbeitet, zumeist im Dienst von Mobil Oil im Nahen Osten und in Nigeria. Die langen Jahre draußen in der Welt hatten seine eher theoretischen Kenntnisse durch praktische Erfahrung ergänzt – eine seltene Kombination. Als Mobil Oil in den späten sechziger Jahren damit begonnen hatte, seine amerikanischen Angestellten in Übersee durch einheimische Kräfte zu ersetzen, war Maxwell in die Vereinigten Staaten zurückgeschickt worden. Er hatte den Eindruck, daß es mit seinen Karriereaussichten in der Ölindustrie nun nicht mehr weit her sei, und sich nach einer Möglichkeit umgesehen, sein Wissen nutzbringend zu verwerten. So war er bei einer Wall-Street-Firma, Cyrus Lawrence, Ölanalyst geworden.

Maxwell sollte schließlich zu einem der führenden Fachleute auf dem Gebiet der Erdölpreise werden, dessen Rat gefragt war. Er erhielt zahlreiche Auszeichnungen für seine Arbeit, ja, man nannte ihn die Nummer Eins unter den in der Privatwirtschaft tätigen Analysten des Energiesektors, und seine Firma gestattete ihm, vor Leuten aus der Wirtschaft Vorträge zu halten – für ein Honorar von 2 000 Dollar die Stunde.

In jenen Junitagen des Jahres 1973 war er allerdings außerhalb seines unmittelbaren Tätigkeitsbereiches noch nicht sehr bekannt und dieser Bereich, die Energiepreise, noch nicht von brennender Aktualität. Die Amerikaner lebten in dem Glauben, daß die Ölvorräte im eigenen Land reichlich und die Vorkommen im Persischen Golf praktisch unerschöpflich seien. Den Topmanagern der Automobilbranche, mit denen Charley Maxwell in Detroit zusammentreffen wollte, gedachte er das vorzutragen, was er schon seit einiger Zeit seinen Vorgesetzten prophezeite: daß dramatische, ja, revolutionäre Veränderungen auf dem Energiesektor bevorständen. Man müsse von der bisherigen Denkart Abschied nehmen, Energie werde billig bleiben, weil sie bis dato immer billig gewesen war, und die Energiepreise würden nur in kleinen, verträglichen, nichtinflationären Schritten steigen. Immer rascher werde erkennbar, daß Amerikas eigene Energieressourcen nicht ausreichten und daß das Land aus diesem Grund in eine viel größere Abhängigkeit von den Ölförderländern des Nahen und Mittleren Ostens geraten werde. Doch die amerikanischen Ölkonzerne würden künftig nicht mehr in der Lage sein, die Preise für arabisches Öl zu bestimmen, wie es ihnen in der Vergangenheit mühelos gelungen war. Die Araber würden fortan selbst die Preise festsetzen. Da das Erdöl zu jener Zeit, gemessen an seinem wahren Marktwert, zu billig verkauft worden sei, werde der Verlust dieser Kontrolle des Ölpreises gravierende Folgen für die amerikanische Industrie im allgemeinen und für Detroit im besonderen haben.

All dies hatte Maxwell schon seit mehreren Jahren kommen sehen. Bereits 1970 hatte er erstmals den – offenbar von ihm selbst geprägten – Ausdruck ›Energiekrise‹ gebraucht, mit dem er einen einschneidenden, unheilvollen Umbruch im Verhältnis von Angebot und Nachfrage bei Erdöl bezeichnete. Er errechnete, daß sich der weltweite Ölverbrauch pro Jahr um fünf bis sechs Prozent erhöhte, und er sah keinen Grund für die Annahme, daß dieser steile Anstieg sich abflachen werde. Im Gegenteil, die Wahrscheinlichkeit sprach eher dafür, daß er sich noch beschleunigen werde. Neue Staaten, erst kürzlich aus ihrer kolonialen Vergangenheit herausgetreten, wurden rasch von einem Prozeß der Industrialisierung und Urbanisierung erfaßt, wodurch ihr Energiebedarf immens anstieg. Hier vollzog sich eine doppelte Revolution: Die Menschen veränderten ihre Lebensweise, und die Staaten schlugen einen ökonomischen Expansions- und Modernisierungskurs ein. Die Welt, so Maxwells Schlußfolgerung, war in einem dramatischen Wandel begriffen, der sich fortsetzen werde, indes mehr und mehr Nationen sich in Richtung auf eine Industriegesellschaft bewegten. Jedes Jahr traten zehn, ja manchmal fünfzehn weitere Nationen in das technische Zeitalter ein. Doch bis dahin hatte sich dieser Trend noch in keiner Weise im Preis des für den modernen Industriestaat kostbarsten Schmiermittels, des Erdöls, niedergeschlagen. Maxwell war überzeugt, irgendwann müsse der Schreckensaugenblick kommen, an dem der Preis, von niemandem zu bändigen, einfach explodieren und das Öl sich seinen wahren Marktwert suchen werde.

Als das Jahr 1973 kam, rechnete Maxwell damit, daß die Preisexplosion relativ bald eintreten werde, vielleicht in drei, spätestens in fünf Jahren. Das war, wie er später reumütig gestand, viel zu optimistisch gedacht. Seine Prophezeiungen hatten dem wachsenden arabischen Nationalismus nicht genügend Rechnung getragen, obwohl ihm durchaus klar war, daß die ölproduzierenden arabischen Nationen sich angesichts ihrer zunehmenden ökonomischen Macht auch ihrer politischen Macht stärker bewußt werden würden. Daß ein so begrenzter Rohstoff wie Erdöl trotz ständig steigender Nachfrage nach wie vor so billig blieb, verblüffte ihn. Bei einem normalen Gang der Dinge hätte die Welt nach dem Zweiten Weltkrieg einen stetigen Anstieg des Ölpreises erlebt, während die arabischen Staaten, endlich von ihren kolonialen und halbkolonialen Banden befreit, die Kontrolle über ihre Ressourcen an sich gezogen hätten. Statt dessen war es nach dem Krieg zu einer gewaltigen Expansion der Erdölvorräte im Nahen Osten gekommen, weil die Geologen, die bei ihren Explorationen mehr moderne Technologie einsetzten, immer mehr Ölvorkommen entdeckten. Die Ausweitung dieser Ressourcen, namentlich in Ländern wie Saudi-Arabien, hatte die politische und wirtschaftliche Macht der ölproduzierenden Staaten fürs erste neutralisiert – die Araber hatten soviel Öl anzubieten, daß es ihnen nicht möglich gewesen war, den Preis hochzutreiben. Doch das sollte sich nun bald ändern.

Maxwell wußte, daß er mit seiner pessimistischen Sicht nicht allein stand, daß auch etliche andere Energieexperten, die sich weitgehend der gleichen Methoden der Informationsbeschaffung bedienten, zu ähnlichen Schlüssen gelangt waren. Doch die meisten dieser Fachleute standen im Sold der großen Ölkonzerne, und dort wollte man noch nichts davon wissen, daß sich das Zukunftsbild verdüsterte. Auf Maxwells eigene Vorgesetzte in der Investment-Firma an der Wall Street hingegen hatten seine Prognosen großen Eindruck gemacht. Entgegenkommenderweise, aber auch aus Eigeninteresse – es konnte ja nicht schaden, einen so brillanten Kopf mit so originellen und bedeutsamen Erkenntnissen auszuleihen – beschloß man, ihn nach Detroit zu schicken. Dort, so meinten die Bosse von Cyrus Lawrence, werde er mit Managern auf der höchsten Entscheidungsebene sprechen, die zweifellos sehr interessiert daran sein würden, über diese für ihre Konzerne so schicksalsträchtigen Erkenntnisse informiert zu werden.

Maxwell selbst war sich in diesem Punkt nicht so sicher. Man hatte ihm Gespräche mit den bestimmenden Leuten der Automobilbranche in Aussicht gestellt, Männern, die an den Schalthebeln der Macht saßen. Doch daran hatte er seine Zweifel. Er mochte sich in der Welt des Öls einen Namen gemacht haben, aber er war noch jung, und in Detroit ließ man sich nicht gerne von jungen Leuten belehren. In Detroit galten Hierarchie und Ancienität mehr als die Brillanz eines einzelnen. In Detroit kam man nicht unbedingt dadurch voran, daß man etwas auf dem Kasten hatte, sondern indem man sich an diejenigen anpaßte, die über einem standen. Einen Mann wie ihn, Maxwell, würde man mit Sicherheit aufgrund seiner Jugend und des Inhalts dessen, was er mitzuteilen hatte, für einen arroganten Burschen halten. Die Männer dort hatten natürlich ihre eigenen Informationsquellen, unter anderen die Bosse der Ölkonzerne, die sich gegen die pessimistische Sicht von Maxwell und ähnlich Denkenden noch sperrten. Charley Maxwell war also von Anfang an skeptisch gewesen, ob er, wie versprochen, bis zu den Leuten ganz oben vordringen werde. Mochten seine Vorgesetzten das glauben, er selbst wußte es besser und schätzte deswegen seine Aussichten geringer ein. Er fand, er könne sich glücklich schätzen, wenn er mit Leuten zusammenkam, die über die unteren zwei Drittel der Machthierarchie hinausgelangt waren. Doch er sollte bald erfahren, daß auch diese Erwartung viel zu hochgesteckt war.

Zuerst suchte er Chrysler auf, wo Tom Killefer, der Finanzchef, eine Gruppe von Managern der gehobenen Ebene zusammengerufen hatte. Sie hörten ruhig zu, während Maxwell seine feierliche kleine Ansprache hielt, in der er praktisch erklärte, daß alle ihre Prognosen, welche Art Autos die Amerikaner fahren könnten und würden, demnächst Makulatur sein würden. Als Maxwell zu Ende war, dankte ihm Killefer und sagte: »Nun, was Sie da erzählt haben, gibt einem wirklich sehr, sehr zu denken, und wenn es zutrifft, dann werden wir uns diese Sache selbstverständlich gründlich ansehen müssen.« Man stellte Maxwell Fragen, und die intelligenten jungen Männer der Gruppe waren sichtlich interessiert. Doch noch bevor Maxwell ans Ende seiner Darlegungen gelangt war, überkam ihn schon das Gefühl, daß das alles nutzlos war, daß diese Männer aus dem Raum gehen und sagen würden, wie interessant es gewesen sei, was für ein heller Bursche dieser Maxwell sei, vielleicht ein bißchen zu sehr Schwarzseher, trotzdem aber helle und intelligent. Lohnt sich, darüber nachzudenken. Damit, dachte Maxwell, wird es sich haben. Vielleicht ein paar Dankesbriefe, aber keine wirkliche Einsicht in den Prozeß, der sich abspielte.

Leider aber zeigte sich, daß die Diskussion bei Chrysler noch bei weitem am besten ablief. Bei Chrysler hatte man ihn immerhin ernst genommen, und Killefer, wie er auch denken mochte, vertrat jedenfalls das Topmanagement. Bei Ford erging es Maxwell viel schlechter. Dort wurde er von zwei Leuten der unteren Planungsebene erwartet, Angestellten, die nach seiner Schätzung etwa 25 000 Dollar im Jahr verdienten, in der Welt des Managements in Detroit ein sehr bescheidenes Gehalt. Maxwell erkannte sofort, daß sie keinerlei Einfluß besaßen und daß sie hierhergeschickt worden waren, weil die Hierarchie abwärts ein Ford-Manager nach dem anderen zu seinen unmittelbaren Untergebenen gesagt hatte, irgend jemand müsse sich den Besucher anhören, bis sich schließlich ganz unten zwei Männer gefunden hatten, so unbedeutend, daß sie niemanden mehr unter sich hatten, den sie hinschicken konnten. Diese beiden saßen Maxwell genau deswegen gegenüber, weil sie keinerlei Macht besaßen. Er kam sich etwas sonderbar vor, wie er da in dem Raum stand und verkündete, daß Detroit seine ganze Produktpalette umstellen müsse, daß eine ganze Ära an ihrem Ende angelangt sei – und dies Männern, die nicht einmal an der Form eines Aschenbechers etwas verändern konnten.

Am schlimmsten war es erwartungsgemäß bei General Motors. Gespräche auf hoher Ebene waren nicht vorgesehen. Ja, es waren überhaupt keine angesetzt. Irgendein kleiner Angestellter fragte Maxwell, ob er Lust hätte, zum Testgelände hinauszufahren und sich dort mit ein paar Leuten zu unterhalten. Maxwell fuhr hinaus, begegnete aber niemandem in irgendeiner verantwortlichen Position. Als Lohn für seine Mühen durfte er immerhin einige der neuen Modelle des Konzerns sehen. Sie erschienen ihm ziemlich groß dimensioniert und würden sicher eine Menge Sprit schlucken.

So verlief Charley Maxwells Besuch in Detroit. Er verließ die Stadt voller Besorgnis über die Zukunft, die nach seiner Überzeugung einer der Schlüsselbranchen der amerikanischen Industrie bevorstand. Er machte sich Sorgen, weil Detroit darauf nicht vorbereitet war – weil in den USA niemand willens erschien, auch nur ansatzweise Energie einzusparen, was den Schluß nahelegte, daß das Land für größere Preissteigerungen nicht gerüstet war. Ein großer Preissprung beim Öl konnte eine Panik auslösen, die die Probleme des Übergangs zu einer ökonomischen Ära neuer Art noch verschärfen würde. Diejenigen, die auf einen Wandel eingestellt waren, sagte sich Maxwell, würden damit fertig werden, die anderen, die es nicht waren, würden wahrscheinlich in die Knie gehen. Detroit, so fürchtete er, werde für die neuen Einsichten wohl ein bitteres Lehrgeld zahlen müssen.

Ein paar Monate später, am 6. Oktober 1973, dem Vorabend von Jom Kippur, dem heiligsten der jüdischen Feiertage, holte Ägypten zu einem militärischen Schlag gegen Israel aus. Israel schlug zurück und besiegte die Ägypter neuerlich, zum dritten Mal seit dem Zweiten Weltkrieg. Für die arabische Welt war diese Demütigung ein weiterer Beweis ihrer Machtlosigkeit. Die Araber machten für die Existenz Israels die amerikanische Unterstützung verantwortlich. Militärisch wie politisch zur Ohnmacht verurteilt, nutzten sie nun endlich ihre wahre Stärke – ihre ökonomische Macht. Sie verhängten ein Ölembargo über den Westen. Als es schließlich aufgehoben wurde, war der Rohölpreis von drei auf zwölf Dollar pro Barrel hochgeschnellt. Die Vereinigten Staaten, die so lange an billige Energie gewöhnt waren, zeigten sich zu einer Reaktion auf den Schritt der Araber völlig außerstande, weil sie nicht vorbereitet waren. Nicht willens, Benzin und Öl stärker zu besteuern, um den Energiepreis zumindest halbwegs zu stabilisieren, hatten sie es zugelassen, daß die Araber nicht nur dem amerikanischen Ölkonsumenten, sondern dem gesamten Land praktisch eine Steuer auferlegten. Dramatisch waren die Auswirkungen auf sämtliche Sektoren der US-Wirtschaft. Die Ära der billigen Energie, eine der wichtigen Voraussetzungen für die Dynamik Amerikas wie für den Wohlstand einer breiten Mittelschicht, neigte sich ihrem Ende zu. Ein neues Zeitalter mit weitreichenden Auswirkungen auf das industrielle Kerngebiet der Vereinigten Staaten, die große Schmelzhütte in den Staaten New York, New Jersey, Pennsylvania und im Mittleren Westen, war angebrochen.

Beinahe zur gleichen Zeit, als Charley Maxwell nach Detroit reiste, wurde ein Mann namens David E. Davis jr. gleichfalls mit einer Mission beauftragt. Davis – in Detroit bekannter als David E. – war eine prominente, stadtbekannte Figur. Er war wie besessen von Autos und er lebte für sie – weit mehr als die meisten Spitzenbosse der Automobilindustrie, die für ihre Karrieren lebten. Immerfort sah man ihn an Autos herumbasteln, an Autorennen teilnehmen oder mit Autokonstrukteuren zusammenstecken. In seiner früheren Detroiter Zeit war er Chefredakteur von *Car and Driver* gewesen, einem in Detroit erscheinenden Magazin, geschrieben von Autonarren für Autonarren.

Davis war ein enger Freund von Tom Adams, dem Chef der Detroiter Niederlassung von Campbell-Ewald, einer New Yorker Agentur, die die Werbung für General Motors besorgte. Die Firma hatte Davis nicht sosehr deswegen in ihren Dienst genommen, weil sie seinen Sachverstand als Werbemann brauchte, sondern – wie weithin angenommen wurde – weil man General Motors diskret einen Gefallen erweisen wollte: Man gab einem Mann eine Anstellung, der in Autos aufging und eindeutig hervorragende Begabungen besaß, doch mit seiner Art und Erscheinung bei General Motors, diesem konservativsten aller amerikanischen Unternehmen, zu sehr Anstoß erregte. So erhielt er zwar sein Gehalt auf dem Umweg über Campbell-Ewald, doch praktisch war er für General Motors tätig. In der Werbeagentur würden sein Gebaren, seine Art, sich zu kleiden, sein Bart, seine ungestüme Offenheit die Vorgesetzten nicht vor den Kopf stoßen, und ihm wiederum würde es nichts ausmachen, wie sie sich gaben und anzogen.

Tom Adams von Campbell-Ewald hatte Davis bereitwillig in sein Team aufgenommen. Adams wußte, wenn seine Agentur ihrem Großkunden gute Dienste leisten wollte, mußte sie nicht nur durch Werbung die Produkte von General Motors der Welt vorführen, sondern auch dafür sorgen, daß das etwas weltfremde Spitzenmanagement des Mammutkonzerns einen gewissen Kontakt zu dieser Welt behielt. Ein Mann wie Davis eignete sich gut zur Überbrückung der Kluft zwischen General Motors und der Außenwelt.

Im Frühjahr 1973 hatte Pete Estes, einer der Topmanager von General Motors, der bald darauf Präsident des Konzerns wurde, Davis zu sich gerufen und ihn mit einem wichtigen Auftrag für das Unternehmen betraut. Dieser bestand darin, nach Europa zu reisen, sich die neuen Modelle mit Frontantrieb anzusehen, die dort gerade herauskamen, und zu prüfen, ob sie sich für den amerikanischen Markt eignen würden. Auf diesem Markt hatte die vorherrschende Nachfrage nach größeren Typen von jeher den Hinterradantrieb begünstigt. VW hatte gerade den Golf (der dann in den USA den Namen Rabbit erhielt) herausgebracht, und dieses Modell wie auch vergleichbare andere europäische Pkw mit Frontantrieb sorgten für einen Wirbel, wie andere Kleinwagen ihn seit Jahren nicht ausgelöst hatten. Und dies nicht nur bei den Kunden, sondern auch bei den Profis der

Autobranche, die in diesen Fahrzeugen einen entscheidenden Bruch mit der Tradition sahen. Diese Kleinwagen verbrauchten nicht nur weniger Sprit, sondern erreichten diese Einsparung auch ohne Abstriche an der Leistung, weil der Vorderradantrieb das Gewicht verminderte. Die Kleinwagen hingegen, die Detroit früher auf den Markt gebracht hatte, waren schlicht abgesägte Versionen der größeren Modelle gewesen. Was sie an Sparsamkeit im Verbrauch gewonnen hatten, hatten sie unfehlbar an Leistung eingebüßt.

Davis sollte sich – so sagte Estes zu ihm – ein Bild davon machen, wie gut diese Autos wirklich waren, und vor allem sollte er feststellen, ob der Frontantrieb sich als eine Produktinnovation eigne, für die General Motors einen Aufpreis verlangen könnte. »Unsere Leute sagen uns, daß es sehr kostspielig würde – ein völlig neuer Motor, eine ganz neuartige Kraftübertragung«, sagte Estes. »Sie schätzen, es würde uns ungefähr fündundachtzig bis neunzig Dollar pro Auto kosten. Wenn wir also unsere kleinen Modelle mit dem Frontantrieb ausrüsten, können wir dann einen Aufschlag verlangen und werden unsere Kunden das schlucken?« Das war nach Davis' Ansicht genau die verkehrte Frage, zugleich aber typisch für das, worauf er sich in Detroit hatte einstellen müssen, seit hier die Autobauer mit ihren Maßstäben nicht mehr den Ton angaben. Es ging nicht darum, fand Davis, ob der Frontantrieb ein neues Extra abgeben und ob man dafür einen Zuschlag verlangen könnte. Bei einer Innovation von dieser Größenordnung lauteten die richtigen Fragen, ob sie funktionieren würde, ob sie so gut war, wie es allgemein hieß, und, falls ja, wie rasch sie sich einführen ließe.

Für Davis waren die Manager vom alten Schlag in der Automobilindustrie Männer gewesen, die zwar nicht viel Raffinesse in finanziellen Dingen besaßen, aber sozusagen ihren Urinstinkten vertrauten. Das neue Detroit, so sah er es, war mehr von Vorsicht geprägt. Die Leute hier waren dadurch nach oben gekommen, daß sie möglichst wenige Risiken eingingen und nie aus den Augen verloren, was unter dem Strich blieb. Innovationen kosteten Geld und bargen Risiken, und dafür hatten sie nicht viel übrig. Die drei großen Konzerne in Detroit hielten sich für erbitterte Konkurrenten, und in gewisser Hinsicht, dachte Davis, trifft das auch zu, allerdings zumeist bei Kinkerlitzchen. Je bedeutsamer die Sache war, um die es ging, desto mehr erlahmte ihr Konkurrenzgeist und desto länger warteten sie ab, um einem andern den Vortritt zu lassen – für den Fall, daß es schief ging. In Davis' Augen waren sie eigentlich ein einziger Großkonzern mit drei Abteilungen, von denen jede auf Nummer Sicher gehen wollte und keine irgend etwas Neues ausprobierte, sofern sie sich nicht einigermaßen sicher war, daß die beiden anderen es ebenfalls versuchen würden. Im neuen Detroit waren es hauptsächlich die Konstrukteure, denen Innovationen noch am Herzen lagen, und die ihre Befriedigung vor allem darin fanden, zu verändern, zu verbessern und sich in die Zukunft vorzuarbeiten; aber die Konstrukteure, so hatte er festgestellt, waren durch die Macht der Finanzexperten beinahe gänzlich blockiert, erfüllt von Mißmut und Zorn. Die Automobilindustrie befand sich in einem Zustand der Stagnation. Die Konzerne änderten gleichsam jedes Jahr die Rocklänge, um ihren Kunden die Illusion von Neuerungen vorzugaukeln, in Wahrheit aber ging es ihnen mehr darum, ihre Marktposition zu behaupten, als ihre Produkte zu verbessern.

Davis übernahm den Auftrag, den Pete Estes ihm erteilte hatte, mit etwas gemischten Gefühlen. Zwar gefiel ihm die Idee, die neuen europäischen Modelle auszuspähen, aber er hatte seine Zweifel, ob Detroit sich entschließen würde, Kleinwagen eines wirklich neuen Typs zu bauen. Die Fahrzeuge, die er in Europa zu sehen bekam, waren der Traum eines jeden Autoenthusiasten. Durch die Verlegung des Antriebs von der Hinter- zur Vorderachse hatten die Konstrukteure die Antriebswelle überflüssig gemacht, die sonst durch den Wagen lief, das Gewicht erhöhte und auf dem Boden einen Bukkel, den Kardantunnel, bildete. Ohne die Antriebswelle bot das Fahrzeug, obwohl kleiner bemessen, mehr Raum. Zudem war es leichter. Und weil es kleiner und leichter war, konnte der Motor kleiner ausgelegt werden, und der Spritverbrauch sank. Die Autos waren billiger, und sie verbrauchten weniger Treibstoff als irgendwelche vergleichbaren Fahrzeuge, die Detroit jemals produziert hatte. Davis war sofort bekehrt, nicht nur – obwohl dies wichtig war – weil diese Pkw den Treibstoff effizienter nutzten, sondern auch, weil sie besser auf den Fahrer ansprachen. Diese Autos zu fahren verschaffte einem etwas, was die amerikanischen Kleinwagen seit langem nicht mehr boten – Spaß.

Ein paar Wochen später war Davis wieder in Detroit, meldete sich bei Estes und berichtete ihm alles, was er in Erfahrung gebracht hatte. Die europäischen Autos, sagte er, seien besser konstruiert und besser gefertigt als die, die Detroit produzierte. Der Frontantrieb, erklärte er, sei ein Durchbruch von gewaltiger Bedeutung. Daran sei nichts mehr zu deuteln, es sei nun einmal Faktum. Damit würden in Zukunft alle Autos ausgerüstet werden, nicht nur Kleinwagen. Die Entwicklung lasse sich nicht mehr rückgängig machen. Auf dem europäischen Markt herrsche eine extrem scharfe Konkurrenz, und die in Europa produzierten Autos würden wahrscheinlich besser und besser werden. Detroit werde sich über kurz oder lang darauf einstellen müssen.

Pete Estes hörte ihm geduldig zu, doch als Davis seinen Bericht beendet hatte, schüttelte er den Kopf. »Als ich bei Oldsmobile war«, sagte er, »habe ich eine unvergeßliche Lektion gelernt. Ein alter Knabe dort, ein Konstruk teur, schon lange bei GM [General Motors], der steckte mir ein Licht auf. Er sagte zu mir: ›Egal, was Sie tun, GM darf nicht der erste sein!‹«

Da haben wir's, dachte Davis später – das Motto Detroits, dieses Symbol der abgeschirmten Industrie. GM darf nicht vorangehen, der andere soll die teuren Anfangsfehler machen. Er war überzeugt, daß es in diesem Augenblick auch bei Ford und Chrysler Leute gab, die nicht die ersten sein wollten. Er wußte, daß es in den USA Unternehmen gab, bezeichnenderweise in verschiedenen Bereichen der Technologie und der Medizin tätige kleinere Firmen, die echten Wettbewerbsgeist an den Tag legten. Die Automobilindustrie jedoch war eine vor der Konkurrenz abgeschirmte Welt, der Markt längst aufgeteilt – General Motors groß, Ford mittelgroß, Chrysler klein, und die Regierung achtete darauf, daß der Riese keinen der beiden anderen verdrängte.

Davis sagte zu Pete Estes, daß er nach seiner Meinung einen großen Fehler begehe, und die Autokäufer würden ihn das früher oder später spüren lassen. Wie sich zeigen sollte, behielt David E. Davis damit recht. Die amerikanische Automobilindustrie war in keiner Weise vorbereitet, als sie vom Ölembargo getroffen wurde, und lag mit ihrer Modellpalette plötzlich völlig daneben. Die Produzenten hatten ein Jahrzehnt vergeudet, in dem sie Autos hätten entwickeln können, die in die veränderte Landschaft der industrialisierten Welt paßten.

Das war der erste Ölpreisschock. Runde sechs Jahre später, 1979, als sich die amerikanische Automobilindustrie gerade vom Trauma des ersten zu erholen begonnen hatte, als sich ihre Kunden allmählich an die höheren Benzinpreise gewöhnten und langsam wieder zu großen Wagen zurückkehrten, folgte ein zweiter Schock. Der auslösende Faktor war der Zusammenbruch des Schah-Regimes im Iran.

Wenn es einen Eckpfeiler der amerikanischen Weltwirtschaftspolitik im Mittleren Osten gegeben hatte, dann war es die Unterstützung des Schah gewesen. Ja, die Amerikaner hatten den Schah sogar wieder auf seinen Thron gehievt, nachdem durch einen von der CIA eingefädelten Staatsstreich der linke Ministerpräsident Mohammed Mossadegh gestürzt worden war. Beinahe zwanzig Jahre lang hatte eine Washingtoner Regierung nach der andern den Schah an relativ kurzem Zügel geführt, doch 1972 waren Richard Nixon und Henry Kissinger von dieser Linie abgegangen und hatten dem Monarchen praktisch freien Zugang zum amerikanischen Waffenarsenal gewährt. Dies geschah weniger deswegen, weil irgend jemand im nationalen Sicherheitsapparat der Meinung war, der Iran brauche technisch hochmoderne Waffen, sondern mehr um Reza Pahlewi zu schmeicheln und bei der Stange zu halten. Dessen ehrgeiziges Streben nach einer Großmachtstellung manifestierte sich unter anderem in einem unersättlichen Appetit auf die neuesten Spielzeuge des Pentagon. In den vier Jahren nach Nixons und Kissingers Besuch in Teheran hatte der Schah in Amerika anspruchsvollstes modernes Kriegsgerät im Wert von neun Milliarden Dollar geordert. Für einige hohe Amtsträger in Washington signalisierte dieser sprunghafte Anstieg der militärischen Schlagkraft des Iran wachsende Probleme sowohl für den Iran als auch für die Vereinigten Staaten.

Die Beziehung zwischen dem Schah und seinen Hauptverbündeten, den Amerikanern, war nie einfach gewesen. Weil die Amerikaner ihm geholfen hatten, seinen Thron zurückzuerlangen, hatte der Schah angelegentlich zu demonstrieren versucht, daß er keine Marionette der Vereinigten Staaten sei; diese Bemühungen – zu zeigen, daß er sein eigener Herr war – schienen seine Größenphantasien zu beflügeln. Die Amerikaner hatten ihn immer wieder gedrängt, sein Regime zu modernisieren und zu liberalisieren, aber jedesmal schien er ihre Hoffnungen zu enttäuschen. Die Modernisierung eines islamischen Landes, welches es auch sei, war selbst unter den günstigsten Bedingungen ein schwieriges Unterfangen, aber für einen Herrscher, der seinen Thron dem Westen verdankte, eine beinahe unlösbare Aufgabe. Die Anlehnung des Schah an die Vereinigten Staaten, seine unermüdlichen Waffenkäufe, die Modernisierung vieler traditioneller Aspekte des Lebens im Iran waren in den Augen zahlreicher islamischer Fundamentalisten ein zu scharfer und zu rasch sich vollziehender Umbruch. Ayatollah Khomeini sprach von einer Vergiftung durch alles, was aus dem Westen komme. Im Gegensatz dazu fanden manche Iraner aus der gebildeten Mittelschicht, die zur Tudeh, der iranischen Kommunistischen Partei, gestoßen waren, daß der Schah zu wenig und zu langsam verändere. Immer mehr verstärkte sich der Eindruck, daß er es seinen Untertanen nicht recht machen konnte.

Als 1978 die ersten Protestaktionen gegen den Schah begannen, sah es zunächst so aus, als ob er den Sturm überstehen werde, so wie er früher schon unruhige Zeiten durchgestanden hatte. Doch schon bald wurde klar, daß diesmal die Sache ernster war. Getragen wurde die Protestbewegung nämlich von führenden islamischen Geistlichen, nicht von linksradikalen Elementen, und deshalb war sie schwerer zu unterdrücken. Denn es war eine Sache, die Sicherheitspolizei oder die Armee gegen Kommunisten vorgehen zu lassen, aber eine ganz andere, die Macht der Mullahs in die Schranken zu weisen. Ging der Schah gegen die Mullahs vor, konnte er sie zwar vielleicht für den Augenblick bremsen, würde aber mächtige Märtyrer schaffen. »Auf einen Perserteppich oder auf einen Mullah zu treten«, so lautete ein altes iranisches Sprichwort, »mehrt nur seinen Wert«. Der Schah hatte offenkundig den Widerstand unterschätzt, der sich in seinem eigenen Volk gegen seine Reformen erhob, denn in den 70er Jahren hatte es einfach deswegen kaum Proteste gegen ihn gegeben, weil das Land durch seinen gewaltigen neuen Wohlstand dank der üppigen Ölexporteinnahmen abgelenkt gewesen war. Die Protestaktionen griffen um sich, doch Woche um Woche schien der Schah wie gelähmt, unfähig zu handeln. Er erklärte, es widerstrebe ihm, das Blut seines Volkes zu vergießen, um sich an der Macht zu halten. Die Wochen dehnten sich zu Monaten. Am Ende wurden nur noch die Bedingungen ausgehandelt, unter denen er das Land verlassen würde. Er hatte Millionen für den Ankauf modernster amerikanischer Waffen ausgegeben, die ihm letztlich überhaupt nichts nützten; keine einzige Kugel war seinetwegen abgefeuert worden, seine Regierung war unter ihrem eigenen Gewicht zusammengebrochen. Am 16. Januar 1979 verließ der Schah Teheran.

2
Amaya besichtigt das Zeitalter des Erdöls

Ein Japaner im Dienst seiner Regierung nahm den Sturz des Schah von Persien mit ziemlich unguten Gefühlen zur Kenntnis. Nachiro Amaya, ein gelehrtenhaft wirkender Mann, schlank und mit meliertem Haar, war ein hochrangiger Beamter in einem Land, in dem die Bürokratie über außergewöhnlich viel Macht und Einfluß verfügt. Er hatte in vielem die Entwicklung kommen sehen, die sich nun anbahnte, und die nach seiner Auffassung tiefgreifende Folgewirkungen für die Vereinigten Staaten und damit auch für Japan nach sich ziehen würde. Amayas spezieller Auftrag bestand darin, über die Zukunft nachzudenken. Er sollte dafür sorgen, daß Japan, ein höchst verwundbares Land, nicht von katastrophenhaften Ereignissen überrascht wurde, denen es hilflos ausgeliefert war. Diese Aufgabe hatte ihn zu einem Spezialisten in Fragen der weltweiten Energieversorgung gemacht, und als solcher hatte er erkannt, daß Japan in den späten sechziger Jahren zusehr vom Erdöl abhängig wurde. Die japanische Wirtschaft war eine Miniaturausgabe der amerikanischen. Wie die Amerikaner hatten auch die Japaner von der Kohle auf Öl als Primärenergie umgeschaltet, was ihr Land überaus krisenanfällig machte, da es selbst keine Ölquellen besaß. Japan war hochindustrialisiert, und den Kern seiner Wirtschaft in der Nachkriegszeit bildete die traditionelle ›Schornstein‹-Industrie – Stahlproduktion, Schiffbau, Automobil- und petrochemische Industrie. Alle diese Branchen waren in hohem Maß auf Erdöl angewiesen, und jeder Tropfen Öl mußte importiert werden.

Amaya, Beamter und politischer Visionär, Dichter und Amateurhistoriker, bekleidete eine hochrangige Position im Ministerium für internationalen Handel und Industrie, einer der mächtigsten Institutionen des Landes. Das MITI war an den Entscheidungen beteiligt, auf welche Industriezweige Japan seine begrenzten Ressourcen konzentrieren, welchen Unternehmen der

Staat mit Subventionen unter die Arme greifen und welche potentiellen Importe nach Japan behindert werden sollten. In den Vereinigten Staaten gab es keine vergleichbare Behörde, denn in diesem reichen, mit landwirtschaftlich nutzbarem Boden und Bodenschätzen üppig gesegneten Land hatte scheinbar nie ein großes Bedürfnis nach Planung und Lenkung bestanden. Weil Japan mit solchen Vorzügen nur kärglich bedacht war, hatte Amaya eine überaus wichtige Funktion. Die zentralen Fragen des internationalen Handels waren für Japan von so überragender Bedeutung, daß ein Mann wie Amaya, der im MITI eine hohe Stellung erreicht hatte, ähnlich große Entscheidungsgewalt hatte wie ein hoher Beamter im amerikanischen Außen- oder Verteidigungsministerium. Wenn Amaya oder einer seiner Kollegen im MITI befand, eine bestimmte Maßnahme in einem schwierigen Bereich werde langfristig dem Wohlergehen des Landes förderlich sein, und wenn diese Maßnahme den Wünschen führender Industrieller zuwiderlief, sprach viel dafür, daß Amaya und seine Kollegen sich nach langen, subtilen Verhandlungen letzten Endes durchsetzen würden. Denn sie sprachen für Japan und Japans Zukunft, während die Industriellen ein enger begrenztes Interesse vertraten und bestenfalls für die Gegenwart sprachen. Weil die japanische Bevölkerung – 117 Millionen Menschen in einem kleinen und wenig fruchtbaren Land – so groß und weil Japans Verlangen nach einer wirtschaftlichen Großmachtstellung so stark war, mußte alles geplant werden. Japan konnte es sich nicht leisten, die Entwicklung ihren eigenen Gang gehen zu lassen, wie es die Vereinigten Staaten während der Nachkriegszeit im wesentlichen getan hatten. Ein Preisanstieg auf dem Rohstoffsektor, der der amerikanischen Wirtschaft vielleicht einen Schnupfen bescherte, konnte die japanische mit einer gefährlichen Lungenentzündung heimsuchen.

Amaya wurde 1925 in der Provinz Fukui als Sohn bäuerlicher Eltern geboren, die sich mit einem kleinen Stück Land mühsam durchbrachten. Sein Vater hätte gern gesehen, daß Amaya zur Vorbereitung für die Offizierslaufbahn auf eine Militärakademie ging, doch einer der Lehrer seines Sohnes meinte, das wäre nicht das Richtige für Amaya; er eigne sich besser für eine Ausbildung, die seine geistigen Gaben fördere. Der Vater gab nach, erlaubte dem Jungen, eine gute höhere Schule am Ort und anschließend die Universität von Tokio (Todai), die angesehenste Hochschule des Landes, zu besuchen.

Dort angenommen zu werden garantierte selbst einem jungen Mann aus bescheidenen Verhältnissen, wie Amaya es war, praktisch einen Platz auf dem großen Förderband zum Erfolg. Anschließend konnte es einem intelligenten und strebsamen jungen Menschen kaum mißlingen, in einem Ministerium oder in einem großen Unternehmen unterzukommen. Amaya wurde nach seinem Abschluß vom MITI akzeptiert, etwas, wonach sich ein unternehmungslustiger junger Mann die Finger leckte. Er nahm das Angebot begeistert an, denn er hatte das Studium unmittelbar nach Kriegsende abgeschlossen und sah es als seine Pflicht an mitzuhelfen, damit Japan sich aus dem wirtschaftlichen Ruin wieder herausarbeitete.

Im MITI erwarb er sich allmählich die Reputation einer Ein-Personen-Denkfabrik. In den Augen vieler Leute im Ministerium, die etwas zu sagen hatten, war er ein *enfant terrible*, ein Produkt, das man der Todai gar nicht zutraute: allzu sicher, was sein Können und seine intellektuellen Fähigkeiten anging, während es ihm an der Bescheidenheit fehlte, die einem jungen Mann so gut ansteht. Er war im MITI bei seinesgleichen nicht sonderlich beliebt, gewissermaßen ein Fremdkörper, und kam innerhalb des Ministeriums nie so weit nach oben, wie es eigentlich zu erwarten gewesen wäre. Man betrachtete dies als einen kleinen Denkzettel für seine Arroganz, doch Amaya kümmerte das nicht. Bei heiklen Verhandlungen, namentlich mit den Amerikanern, suchten seine Kollegen bei ihm Rat. Er hatte bei den Amerikanern einen Stein im Brett, weil er die politischen Realitäten der amerikanischen Situation verstand und weil es ihm immer gelang, die Zustimmung seiner Regierung zu gewinnen, sobald eine Sache ausgehandelt war.

In den Vereinigten Staaten, wo sich den Absolventen der besten Hochschulen vielerlei Chancen bieten und der einzelne unter einem hohen Druck steht, es zu etwas zu bringen, hat das Wort ›bureaucrat‹ einen beinahe abschätzigen Klang: Jemand im Dienst des Staates sei, zum ersten, für die Privatwirtschaft ungeeignet und beschäftige sich, zum zweiten, vor allem damit, die normalen marktwirtschaftlichen Betätigungen seiner Mitbürger zu behindern. Doch dies trifft auf die japanische Beamtenschaft nicht zu. Sie hat mehr vom ›civil service‹ der britischen Tradition mit seinen hervorragend qualifizierten Mitgliedern, die das Land über alles stellen und wirklich Diener des Reichs Ihrer Majestät sind. Japan hält wie nur wenige andere Länder seine Beamten in Ehren. Ein Mann aus der Privatwirtschaft, und mag er noch so viel für das Wohl Japans leisten, vertritt letzten Endes doch ein egoistisches Interesse, ein Spitzenbeamter in einem der Schlüsselministerien hingegen hat sich rückhaltlos dem Gedeihen seines Landes verschrieben. Nichts zeigt dies deutlicher als das Wort, das in Japan gebraucht wird, wenn ein ranghohes Mitglied der Beamtenschaft an einem späten Punkt seiner Laufbahn eines der wichtigsten Ministerien verläßt und in die Privatwirtschaft überwechselt – *amakaduri*, was besagen soll, daß der betreffende Beamte aus der himmlischen Sphäre in die mehr plebejische Geschäftswelt abgestiegen ist. Die Spitzenposten in den Ministerien sind nicht besonders hoch dotiert, doch gerade dies zeigt, daß deren Inhaber kein anderes Motiv bewegt, als ihrem Land zu dienen.

Kurz vor Amayas Ausscheiden aus dem Ministerium war Jim Abegglen, ein in Tokio tätiger amerikanischer Firmenberater, mit ihm in der Ginza zum Essen und erkundigte sich nach Amayas Plänen.

»Ich habe keine«, antwortete dieser.

»Wieso nicht?« fragte Abegglen, ein bißchen besorgt.

»Weil das MITI für mich sorgen wird«, sagte Amaya schlicht. Und natürlich hatte er recht; es wurde für ihn gesorgt.

In der geehrten Stellung, die ein hoher Staatsdiener in Japan im Unterschied zu einem amerikanischen Beamten in vergleichbarer Position einnimmt, spiegeln sich die enormen Unterschiede zwischen den Spielarten des Kapitalismus in den beiden Gesellschaften. In Japan darf niemand zu wohlhabend werden, da sein Reichtum auf Kosten zu vieler Durchschnittsbürger ginge. Um eine einigermaßen ausgeglichene Wohlstandsverteilung zu sichern, entwickelte Japan nicht nur eine Art Volkskapitalismus, sondern ein kapitalistisches System, in dem der mit Macht ausgestattete Beamte als Schiedsrichter darüber entscheidet, was dem Wohl des Landes zuträglich ist. In Amerika gilt es als Selbstverständlichkeit, daß der Kapitalismus die richtige Wirtschaftsform ist. Die gewaltige Wohlstandsentfaltung in den Nachkriegsjahren ließ die Möglichkeit eines Konflikts zwischen dem, was für den einzelnen Kapitalisten, und dem, was für das Land gut war, undenkbar erscheinen. »Was gut für General Motors ist«, hatte ›Engine‹ Charley Wilson sinngemäß gesagt, »das ist auch gut für unser Land.« Daher entwickelte sich der amerikanische Kapitalismus zum Förderer des Individuums, während die japanische Spielart auf die Förderung einer größeren Vielfalt von Interessen zugeschnitten wurde.

Amaya war innerhalb der japanischen Beamtenschaft ein Mensch ganz eigener Art, ein ›praktizierender‹ Intellektueller, der manchmal eher wie ein Historiker und nicht wie ein Beamter wirkte. Mehr als viele seiner Kollegen war er bereit, Ideen zu entwickeln und auszuformen, die von den gerade gängigen Meinungen abwichen, und er machte immer den Eindruck, als wäre er mit den Gedanken entweder bei der Vergangenheit oder bei der Zukunft. Die meisten von Amayas Altersgenossen bezogen ihr Japan-Bild aus dem Gegebenen – der Machtstruktur des Landes, so wie sie bestand. Amaya blieb dabei nicht stehen. Er war einem höheren Ideal verpflichtet: einem Japan, so wie es sein könnte, einer Vision der japanischen Gesellschaft, wie sie erhabener nicht zu denken war.

Amaya schien seine Sonderstellung zu genießen. Wenn er auf einem Flug nach Washington, zu einer Gipfelkonferenz, in der Vorderkabine zwischen den Ministern saß, die eifrig Positionspapiere für die bevorstehenden Gespräche studierten, las er statt dessen oft genug irgendein esoterisches Buch über China im 12. Jahrhundert. Was sich darin ausdrückte, war klar: Für Amaya waren die Antworten nicht in diesen Informationspapieren zu finden, sondern in der fernen Vergangenheit.

Wie Amaya in den späten sechziger Jahren erkannte, saß die japanische Wirtschaft gewissermaßen auf einem Pulverfaß: dem Weltmarktpreis des Erdöls. Schlimmer noch war, daß die Ölimporte aus Gegenden kamen, die für einen Japaner exotisch waren. Allein arabische Scheichs, texanische Ölquellenbesitzer und Gott hätten den Ölpreis in der Hand, sagte Amaya gern, und auf keinen von ihnen habe Japan irgendeinen Einfluß. Als Planungsdirektor im MITI wurde er Ende der sechziger Jahre von einem seiner Vorgesetzten beauftragt, die Energiesituation zu untersuchen, und je länger er sich damit beschäftigte, desto pessimistischer wurde er. Immer mehr Staaten traten in die Sphäre der ›Ölkultur‹ – seine eigene Wortschöpfung – ein, und dies bedeutete, daß sie ihre Volkswirtschaften, ja sogar ihre Lebensform vom Erdöl abhängig machten. Amaya war überzeugt, daß der Ölpreis früher oder später explodieren, vielleicht auf das Doppelte oder gar Vierfache hochschnellen werde. Dies würde verheerende Folgen für die japanische Wirtschaft haben, die in der entwickelten Welt ohnegleichen war, denn sie ähnelte der Wirtschaft einer Kolonialmacht ohne Kolonien. Die Japaner führten Rohstoffe ein, handelten mit blendendem Geschick die Einkaufspreise herunter, verfügten über eine gut ausgebildete, aber (nach den Maßstäben westlicher und entwickelter Länder) bescheiden entlohnte Arbeitnehmerschaft für die Verarbeitung der Rohstoffe im eigenen Land und exportierten die Fertigprodukte auf Teufel komm raus zu Billigpreisen. Daher konnte jede fühlbare Veränderung des Ölpreises dieses fein austarierte System völlig durcheinanderbringen. Was Amaya Sorgen bereitete, war der Umstand, daß Japan in den ausgehenden sechziger und den frühen siebziger Jahren ungefähr zehn Prozent des in der nichtkommunistischen Welt produzierten Erdöls verbrauchte; sollte das Land sein gegenwärtiges Wachstumstempo beibehalten, so kalkulierte Amaya, würden aus den zehn vielleicht schon bald zwanzig Prozent werden. Um das Wachstum in Gang zu halten und den damals schon gewaltigen Energieverbrauch finanzieren zu können, würde das Land mithin immer mehr Güter exportieren müssen. In Amayas Augen bestand das Risiko einer gefährlichen Überhitzung der ohnedies schon auf hohen Touren laufenden japanischen Wirtschaft.

Zu allem Überfluß barg diese Situation auch noch gefährlichen politischen Zündstoff. Im Unterschied zu den meisten seiner Landsleute erkannte Amaya, daß Japans Exporterfolge nicht dazu angetan waren, es bei seinen westlichen Handelspartnern beliebt zu machen. Deren Industrie hatte anscheinend in allen Bereichen mit Schwierigkeiten zu kämpfen. Zudem stellten die meisten mit Mißfallen fest, daß es ihnen nicht gelingen wollte, auf den japanischen Markt vorzudringen. Wenn Japan also seine Exportoffensive noch verstärkt vorantrieb, würde es die Grenzlinie zwischen dem, was wirtschaftlich zuträglich, und dem, was politisch gefährlich war, wahrscheinlich schon bald überschreiten.

Daraus zog Amaya den Schluß, Japan sei im Begriff, sich dem Erdöl auszuliefern. Da die Ölreserven der Welt begrenzt waren, mußte der Ölpreis eines Tages dramatisch ansteigen. Und das, sagte er sich, könnte von einem Tag auf den andern geschehen – gewissermaßen ein Öl-Beben. Amaya wußte auch, wo das Epizentrum liegen würde. Die Moslemstaaten Iran, Saudi-Arabien, Irak und Libyen waren, so sein Befund, teils gegenüber der Kultur und Politik der westlichen Industriestaaten feindselig eingestellt, teils hatten sie instabile Regimes. Es war ein beängstigender Gedanke, daß die Industrie des Landes ihr ›Lebenselixier‹ aus solchen Ländern bezog. Deshalb befand Amaya in den späten 60er Jahren – ungefähr zu der Zeit, als Japan ganz in den Bannkreis der ›Ölkultur‹ geraten war –, daß sein Land das Schwergewicht der Wirtschaftstätigkeit von der traditionellen Schwerindustrie mit ihrem enorm hohen Verbrauch an Öl auf die neuen High-Tech-Branchen verlagern müsse, die ungleich weniger davon konsumierten.

Für Amaya gab es noch einen weiteren Grund, eine solche Veränderung vorzuschlagen. Die japanische Wirtschaft hatte ihren großen Aufschwung in den 50er und 60er Jahren genommen, mit einem Wettbewerbsvorteil, den ihr hauptsächlich die disziplinierte Arbeitnehmerschaft und die niedrigen Lohnkosten in der Industrie verschafften. Diese Ära ging nun jedoch ihrem Ende entgegen, da Japan sich zu einer Mittelschichtgesellschaft entwickelte. Die gleiche Dynamik, die im Westen am Werk gewesen war, wirkte nun auch in Japan, mochten die Lenker der Nation sich noch sosehr bemühen, Wirtschaftsentwicklung und Geldentwertung im Griff zu behalten. Je erfolgreicher das Land wurde, desto mehr stiegen der Lebensstandard und auch das Einkommen der Arbeiter. Damit zog die Gefahr herauf, daß Japans Nachbarn das Land vor genau die gleichen Probleme stellen könnten, die es selbst dem Westen bereitet hatte. Amaya dachte dabei an Staaten wie Korea oder Singapur, wo das Arbeitskräftepotential noch disziplinierter, hungriger und deshalb bereit war, sich für erheblich geringere Löhne abzurackern. Geraume Zeit vorher hatte Amaya mit den Amerikanern über die Textilindustrie verhandelt. Er hatte sich dabei zwar gut geschlagen, aber als die Gespräche zu Ende waren, hatte er auch eine Lektion gelernt: Nicht nur Amerika brauchte Schutz vor den Japanern, sondern auch die Japaner vor Taiwan und Singapur.

Zu Beginn der siebziger Jahre sprachen dann tatsächlich viele Anzeichen dafür, daß die verachteten Koreaner (von den Japanern, die einst Korea zu ihrer Kolonie gemacht hatten, noch immer als unterlegen betrachtet) im Begriff waren, im Schiffbau und in der Stahlproduktion gegen Japan anzutreten. Es würde den Koreanern nicht schwerfallen, dachte Amaya, in vielen dieser alten Branchen der ›Schornstein‹-Industrie einen erfolgreichen Angriff auf Japan zu starten. Angesichts einer solchen Herausforderung durch ärmere, genügsamere Nachbarn lag Japans wahre Stärke im Ausbildungsniveau seiner Bevölkerung, das ungleich höher war als das seiner Rivalen. Die einzige in Japan im Überfluß vorhandene natürliche Ressource, so hatte Amaya selbst einmal gesagt, war die menschliche Intelligenz. Millionen und aber Millionen Dollar hatte das Land in seine Universitäten investiert, um es in Wissenschaft und Technik mit dem Westen aufnehmen zu können. Das japanische Bildungsniveau machte den Übergang von der alten ›Schornstein‹- zu der neuen High-Tech-Wirtschaft überhaupt erst möglich. Die Koreaner waren vielleicht ohne große Schwierigkeiten imstande, auf dem Stahl- und Schiffbausektor zu konkurrieren und eines Tages vielleicht auch in der Automobilindustrie, doch in der neuen Welt der Computer und der damit verwandten Branchen würden sie, weit abgeschlagen, im Rückstand bleiben.

So begann Amaya bereits 1969 an einem Bericht zu arbeiten, in dem er empfahl, das Schwergewicht von der alten auf die neue Wirtschaftsstruktur zu verlagern. Er fand es beängstigend, daß Japan mit seiner verwundbaren Wirtschaft der viel besser mit Ressourcen ausgestatteten amerikanischen nachstrebte. Amerika konnte sich den Luxus ökonomischer Fehlgriffe leisten, würde es überleben, wenn Schlüsselbereiche seiner Wirtschaft immer unproduktiver wurden. Japan dürfe sich einen solchen Luxus nicht erlauben. Ende der 60er Jahre nahm Amaya an, daß mit dem Ölpreisschock, der irgendwann einmal kommen mußte, erst in den frühen 80er Jahren zu rechnen sei. Trotzdem sollte Japan möglichst bald mit der Umstellung beginnen. Sein Bericht war 1970 fertig und wurde 1971 veröffentlicht, rund zwei Jahre vor dem Jom-Kippur-Krieg. Damals war Amaya der Auffassung, daß die Vereinigten Staaten gegen die Sprunghaftigkeit des Nahen und Mittleren Ostens gefeit seien, immun gegen eine unberechenbare Preispolitik der Araber, die Japan leicht in die Knie zwingen könnte. Für Amaya war Amerika ein an eigenen Ölreserven reiches Land. Er kam nicht auf den Gedanken, daß die Wirtschaft, die *das* Symbol der ›Ölkultur‹ gewesen war, im Ernst Schaden nehmen könnte. Was andere das ›amerikanische Jahrhundert‹ genannt hatten, war für Amaya das Jahrhundert des Erdöls, und begonnen hatte es in den Vereinigten Staaten.

Das 19. Jahrhundert, für Amaya das Jahrhundert der Kohle, hatte ein rigide gegliedertes Wirtschafts- und Gesellschaftssystem hervorgebracht. In der ›Kohlekultur‹ waren ein paar Firmeneigentümer reich, die Arbeitermassen hingegen vegetierten dahin. Eine nennenswerte Mittelschicht gab es nicht. Die Arbeiter waren keine Konsumenten, sondern Menschen, die von der Hand in den Mund lebten. Die Produkte, die sie herstellten, schwerindustrielle Güter wie beispielsweise Dampfmaschinen, waren für den Einsatz in der Industrie bestimmt, nicht aber – wie die in der ›Ölkultur‹ in Massenproduktion hergestellten Güter – zum unmittelbaren Ge- und Verbrauch durch Konsumenten. Der Unterschied zwischen der ›Kohle-‹ und der ›Ölkultur‹ bestand nach Amayas Meinung darin, daß nun der Arbeiter zugleich auch Verbraucher war. Je besser er entlohnt wurde, desto mehr konnte er konsumieren, und allmählich entwickelte er sich zu einem echten Teilnehmer am Wirtschaftsprozeß, ökonomisch wie politisch. Großbritannien mit seinen scharfen Klassengegensätzen war in den Augen Amayas der Repräsentant der ›Kohlekultur‹. Die ›Ölkultur‹ hingegen war auf das eher meritokratische Amerika zugeschnitten. Hätte Karl Marx seine grundlegenden Werke nach der Ära von Henry Ford geschrieben, so Amayas Überzeugung, hätte er gezwungenermaßen in vielem umdenken müssen; ein Industriesystem, so reich und so produktiv, daß es nicht nur den Eigentümern der Produktionsmittel, sondern auch den Arbeitern zu Wohlstand verhalf, hatte er sich nicht vorgestellt. Es brachte einfach unvergleichlich mehr Reichtum hervor, einen Reichtum von solcher Fülle, daß auch die breite Masse daran teilhaben konnte.

Die erste große Gestalt der ›Ölkultur‹ sah Amaya in Henry Ford, so, wie er in seinen Anfängen gewesen war. Ford hatte nicht nur das erste Automobil für die Massen konstruiert, sondern war auch zum Bahnbrecher der industriellen Massenproduktion geworden. Zudem hatte er seinen Arbeitern ausreichende Löhne gezahlt, so daß sie die Früchte eines Produktionsprozesses genießen konnten, in dem sie früher nur als Arbeitskräfte gedient hatten. Plötzlich kam es dank des Erdöls zu einer rapiden Vermehrung der Produktionsmittel. Fabriken konnten nun Güter in hohen Stückzahlen produzieren, doch diese Produkte ließen sich nur verkaufen, wenn die Massen in der Lage waren, sie zu erwerben. Es hatte Amaya immer wieder belustigt, daß andere Unternehmer über Henry Ford hergefallen waren, als er beschloß, seinen Arbeitern den unerhörten Tageslohn von fünf Dollar zu zahlen. Doch mit diesem Schritt schuf Ford sich seine eigenen Konsumenten. Das war revolutionär. Lange Zeit waren die Vereinigten Staaten die einzigen Repräsentanten der ›Ölkultur‹. Der Reichtum, mit dem Amerika gesegnet war, hatte es ihm beispielsweise ermöglicht, die Vorteile des Erdöls in der Landwirtschaft zu nutzen, während in der übrigen Welt noch immer mit Zugtieren gepflügt wurde. Zu Beginn der 20er Jahre wurden in den Vereinigten Staaten neunzig Prozent der gesamten Ölproduktion der Welt gefördert und verbraucht. Bis zum Zweiten Weltkrieg, stellte Amaya fest, war niemandem, und am wenigsten den Amerikanern selbst, das Ausmaß der technologischen Macht der Vereinigten Staaten klargeworden. Und ebensowenig, wie weit sie die anderen Nationen hinter sich gelassen hatten. Doch der Krieg öffnete den Japanern, mehr als allen anderen Nationen, die Augen; sie erkannten die Dimensionen der amerikanischen Macht und begriffen, was die ›Ölkultur‹ zu leisten vermochte, wenn sie ihren ganzen technischen Furor entfesselte. Immerhin hatte es in Japan Stimmen gegeben, die bereits bei Kriegsbeginn die Führung des Landes davor gewarnt hatten. Die Amerikaner wurden durch den Angriff auf Pearl Harbor im Schlaf überrascht, doch schon nach dreizehn Monaten konnten sie in der Schlacht bei den Midway-Inseln ihre absolute Überlegenheit als Industriestaat demonstrieren. Kein Land konnte es mit ihnen aufnehmen, was die Massenproduktion von Flugzeugen und Schiffen betraf. Von da ab war der Krieg in japanischen Augen ein Anschauungsunterricht in der technischen Überlegenheit Amerikas. Die individuelle Tapferkeit des japanischen Soldaten wurde einfach niedergewalzt. Wie beinahe jeder Japaner seiner Generation erinnerte sich auch Amaya an das gewaltige Ausmaß der amerikanischen Kriegsmaschinerie, an die Flugzeuge, die den Himmel verdunkelten, die Panzer, die in endlosen Reihen auf die Strände rollten, die Schiffe, die derart massiert die japanischen Küsten angriffen, daß die armen, ihres traurigen Schicksals harrenden Verteidiger nicht einmal mehr das Meer sehen konnten.

Als die Landung in vollem Umfang begann, bot sich den Japanern, die die Entbehrungen der letzten Jahre hinter sich hatten, ein überwältigender Anblick. Bei Kriegsende waren in Japan nur noch wenige Kraftfahrzeuge vorhanden, und diese wenigen wurden mit Holzgasmotoren betrieben. Und da kamen die Sieger, eine neue, ganz eigene Spezies Mensch, mit Lastwagen und Jeeps und Schiffen, so weit das Auge reichte. Erstaunlich, dachte der junge Amaya, daß eine Nation, die einen Krieg durchgefochten hat, noch so viele Jeeps und Laster besitzt. Es ging nicht nur darum, daß die Amerikaner militärisch noch so mächtig dastanden, oder auch darum, daß sie hier in diesem Land, wo niemand, nicht einmal die Reichen, etwas zu essen hatten, über so reichliche Proviantvorräte verfügten. Die sie umgebende Aura war es, die Amaya so beeindruckte, ihre absolute Selbstgewißheit, die Selbstverständlichkeit, mit der sie handelten, als wären sie dafür geboren, die Welt zu beherrschen. In Japan war die Welt zusammengebrochen; nicht nur der ganze Einsatz für den Krieg, sondern ein essentielles Fundament der japanischen Existenz, der Glaube an Japans Sendung, war zunichte gemacht worden. Die Amerikaner schienen alles zu besitzen und in allem recht zu haben. Daher waren sie für die Japaner wie Götter, und Amaya – wie die meisten

Japaner seiner Generation – verlangte es danach, von dieser überlegenen Spezies soviel zu lernen wie nur möglich.

Für Amaya war das Amerika der Nachkriegsjahre ein Land, in dem die Träume anderer, ärmerer Länder Wirklichkeit geworden waren. Die USA waren das große Vorbild, und so konnte es nicht überraschen, daß so viele Staaten, Japan eingeschlossen, ihre Volkswirtschaft nach dem Modell der amerikanischen ausrichteten. Die 50er und 60er Jahre, so registrierte er nun von seinem Beobachtungsposten im MITI aus, brachten die Blütezeit der ›Ölkultur‹. In dieser Periode strömte eine Flut von technischen Geräten und Erfindungen in das amerikanische Durchschnittsheim – Geschirrspüler, Waschmaschinen, Wäschetrockner, Klimaanlagen. Amerikanische Mittelschichtfamilien besaßen zwei oder drei Autos, während selbst wohlhabende Japaner nicht einmal eines hatten. Damals schien Amerika reicher und reicher zu werden, schienen immer mehr Menschen immer mehr Dinge zu kaufen, und das bedeutete, daß die Zahl der Leute stieg, die diese Dinge produzierten. Gefährlich daran war, so sah es Amaya, höchstens der Umstand, daß die Energiequellen mit Sicherheit abnehmen würden und der Ölpreis unweigerlich steigen mußte, selbst für die Amerikaner. Dazu kam noch, daß die Amerikaner nach Amayas Eindruck an ihre Grenzen gestoßen waren, was das Erfinden von Geräten betraf, die für den Durchschnittsbürger nützlich waren.

Daß die Vereinigten Staaten, von jenen Menschen bewohnt, die einst göttergleich gewirkt hatten, verwundbar werden könnten, auf diesen Gedanken kam Amaya erst in den späten 70er Jahren, anläßlich der zweiten Ölkrise. Danach drangen die Japaner viel massiver auf den amerikanischen Automarkt vor, als irgend jemand vorausgesehen hatte. Mehr als ins allgemeine Bewußtsein gedrungen war, hatte das billige Öl die amerikanische Wirtschaft getragen, und nun war die Ära des billigen Öls zu Ende. Der Niedergang der amerikanischen Automobilindustrie hatte Amaya überrascht. Er wußte, daß die Amerikaner in den niedrigen Preisklassen verwundbar waren, weil die Japaner einen uneinholbaren Preisvorteil hatten. Die Situation war jetzt aber bedenklicher. Er hatte gehört, daß die einst so mächtige amerikanische Autoindustrie in Qualitätsdingen nachlässig geworden sei. Zunächst hatte er es nicht glauben wollen. Schließlich aber kam er zu der Schlußfolgerung, daß die Amerikaner erfolgreicher geworden waren, als ihnen guttat. Beinahe zeitgleich mit der zweiten Ölkrise eroberten die Japaner ein unglaublich großes Stück vom Kuchen des amerikanischen Pkw-Marktes – an die fünfundzwanzig Prozent. Bald danach erhielt Amaya den traurigen Auftrag, mit den Amerikanern ein Abkommen über eine Begrenzung der japanischen Autoimporte in die Vereinigten Staaten auszuhandeln.

In den 70er Jahren war Amaya zu der Ansicht gelangt, wenn die japanischen Autoexporte nach Amerika nicht über zehn Prozent des Absatzes hinausgingen, gäbe es keine Probleme; sollten sie aber auf zwanzig Prozent steigen, würde dies in den USA eine heftige politische Reaktion auslösen. Nun standen sie bei dreißig Prozent, und die amerikanische Industrie wurde von einer Krise geschüttelt. Ausfuhrbeschränkungen hätten zwar die denkbare Wirkung, die triumphierenden Bosse der japanischen Automobilindustrie zu verstimmen, aber ihre Exporterfolge bedrohten nun offenkundig das sorgsam gehegte Verhältnis zu dem Land, das Japans größter Handelspartner und außerdem seine Schutzmacht war. Amaya war der Ansicht, daß Japans wirtschaftliche Erfolge der Außenpolitik des Landes in die Quere kamen. In einem seiner Aufsätze hatte er dargestellt, wie Japan nach dem Zweiten Weltkrieg auf eine eigene Verteidigungsstreitmacht verzichtet und den Entschluß gefaßt hatte, zu einer Gesellschaft von Kaufleuten statt von Samurai zu werden. Dieser Gedanke empörte viele aus seiner Generation, die sich noch immer als Mitglieder einer Samurai-Gesellschaft fühlten und für die die Bezeichnung »Kaufmann« nach wie vor einen gewissen Makel hatte. Japan, so hatte Amaya geschrieben, könnte eine Nation von Kaufleuten bleiben, »ein Kaninchen im Dschungel«, geschützt allein von den Vereinigten Staaten, doch in diesem Fall müsse es ein äußerst sensibles Gespür für die politischen Stimmungen seiner Schutzmacht entwickeln. Die Alternative bestünde darin, wieder zu einer Nation von Samurai zu werden, was einen gewaltigen Verteidigungshaushalt erfordern würde, der den Wohlstand des Landes beeinträchtigen könnte. Er räumte ein, daß dies eine heikle Entscheidung sei, aber das Land könne nicht beides zugleich haben. Selbstbeschränkungen seien notwendig.

Er freute sich nicht gerade auf die Verhandlungen über die Autoexporte, denn wenn Beschränkungen eingeführt werden sollten, würde es weder einfach noch angenehm sein, die Spitzen der japanischen Automobilindustrie zu bewegen, im Augenblick ihres größten Triumphes die Exporte zu zügeln. Darin sollte er recht behalten; die Verhandlungen waren noch nicht abgeschlossen, da wurde er von japanischen Blättern und Leuten aus der Automobilindustrie schon als Hure der Amerikaner beschimpft. Bei der Vorbereitung auf die Verhandlungen hatte er wieder einmal über die USA nachgedacht. Sie waren von jeher ein vom Glück begünstigtes Land, aber, so sagte er sich mit einem Anflug von Mitgefühl, es kann gefährlich sein, wenn einen das Glück zu sehr verwöhnt. Als Kinder des Wohlstands hatten die Amerikaner hochgesteckte Erwartungen ans Leben. Aufrufe, sich persönlich einzuschränken und Opfer zu bringen, würden bei ihnen nicht leicht Gehör finden.

3
Detroits düsterer Winter 1982

Es war der dritte von drei düsteren Wintern nacheinander. Lange Jahre hatten die Amerikaner, namentlich diejenigen, die von der Automobilindustrie profitierten, ein Leben im Wohlstand als selbstverständlichen Anspruch betrachtet. Doch nun, in den kalten ersten Monaten des Jahres 1982, schienen in Detroit und im Bundesstaat Michigan die Zeiten der Prosperität nur noch Erinnerung an ferne Tage zu sein – etwas, das gekommen und vergangen war, vielleicht unwiederbringlich.

Das übrige Amerika litt an einer Rezession, wie es üblicherweise genannt wurde, in Detroit hingegen und im größten Teil des alten industriellen Herzlandes im Mittleren Westen herrschte eine richtiggehende Depression. Mehr als eine Viertelmillion Automobilarbeiter hatten ihre Jobs verloren, und die Auswirkungen auf Stahlwerke, Glas- und Gummifabriken, von denen die ganze Region erfaßt wurde, waren enorm. In Tausenden kleiner und mittlerer Städte des Mittleren Westens gab es nur eine einzige Fabrik, und diese stellte nur ein einziges kleines Teil für einen der Autokonzerne her. Für diese Fabriken und damit auch für die betreffenden Gemeinden waren schwere Zeiten angebrochen. In zahllosen Familien mußten stellungslos gewordene Arbeiter frustriert zusehen, wie ihre Frauen arbeiten gingen – in einer McDonald's-Filiale oder sonst einem Produkt der neuen amerikanischen Dienstleistungswirtschaft – und ein Viertel dessen nach Hause brachten, was sie selbst früher in der Fabrik verdient hatten. Unaufhaltsam breitete sich von Michigan die nackte Not aus, hinein nach Ohio, nach Illinois und Wisconsin.

Die Prognosen für die Autoproduktion in diesem Jahr wurden ständig nach unten revidiert. Niemand hatte erwartet, daß 1982 ein wirklich gutes Jahr werden würde, so wie die Rekordjahre, als zehn oder elf Millionen Fahrzeuge vom Band liefen, die Kapazität der Werke ausgelastet war, zwei oder drei Schichten gefahren wurden, die Gewerkschafter über zu viele Überstunden klagten, die Chefmanager der Konzerne zu ihren satten Gehältern noch das Dreifache an Erfolgsprämien kassierten. Doch zu Jahresbeginn hatten die Autobauer auf eine leichte Besserung gehofft. Vielleicht, so meinten sie, ließen sich wieder acht Millionen erreichen. Es gab viele zuversichtliche Äußerungen, daß die Dinge sich zum Bessern wenden würden.

Doch Woche für Woche meldeten die lokalen Zeitungen, daß Ford oder General Motors beschlossen habe, dieses oder jenes Werk zumindest vorläufig dichtzumachen. Ende Februar stand in den Detroiter Blättern eine der für die Stadt bedeutsamsten Indexziffern zu lesen: Die Branche hatte Neuwagen für 107 Tage auf Halde. Niemand wollte kaufen. In vielen kleinen und mittleren Städten stand Ford-, GM- und Chrysler-Händlern, sonst Stützen ihrer Gemeinden, das Wasser bis zum Hals.

Die ganze amerikanische Wirtschaft schien aus dem Geleise geraten zu sein. Die Kreditzinsen waren zu hoch, schwankten zwischen fünfzehn und zwanzig Prozent. Selbst der Durchschnittsbürger kannte sich nun mit Zinssätzen und ›money funds‹ aus und legte sein Geld lieber so an, daß es sich mit zwölf Prozent verzinste, statt sechzehn Prozent Kreditzinsen für einen 8 000 Dollar teuren Wagen zu zahlen. Der Unterschied zwischen Zinserträgen und Zinszahlungen konnte für eine Familie Tausende von Dollar jährlich betragen. Viele ehemals treue Kunden fühlten sich in ihrem Vertrauen getäuscht. Die Einbrüche in den Markt waren den Japanern zunächst deswegen gelungen, weil sie kleinere und billigere Autos gebaut hatten, doch die neueren Umfragen der Branche zeigten, daß inzwischen viele Amerikaner der Ansicht waren, die Japaner produzierten auch bessere Autos.

Die Japaner waren, vom sprunghaften Anstieg des Ölpreises begünstigt, in kritischster Stunde auf dem Plan erschienen und hatten dreißig Prozent des amerikanischen Marktes erobert. Weil ihre Erfolge zuerst der Tatsache zugeschrieben wurden, daß sie kleinere, weniger kostspielige Autos bauten, die weniger Benzin verbrauchten, war man in Detroit überzeugt gewesen, die Kunden würden zurückkehren, wenn man ihnen ebenfalls im Spritkonsum sparsame Fahrzeuge anbot. Doch so war es nicht gekommen; die Japaner hatten sich bei ihren Kunden einen überraschend hohen Grad an Loyalität erworben, und jetzt zeigte sich, daß es viel schwieriger war, sie aus ihrer Stellung zu vertreiben, als irgend jemand erwartet hatte. Ja, im Frühjahr 1981 liefen ihre Geschäfte so gut, daß sie sich aus Furcht vor einschneidenden protektionistischen Maßnahmen widerstrebend bereit fanden, ihre Exporte in die Vereinigten Staaten zu limitieren – auf 1 680 000 Autos pro Jahr. Doch selbst diese Begrenzung hatte Detroit nicht gerettet. Viele Amerikaner waren einfach auf Autos umgestiegen, die aus anderen Ländern importiert worden waren und – was am entmutigendsten war – vielfach Volvos, Audis und BMWs den Vorzug vor den traditionellen amerikanischen Modellen der oberen Preisklassen gegeben.

Detroit war zerknirscht, daß so viele Amerikaner die japanischen Autos für qualitativ besser hielten, und so wurde die Qualität plötzlich zu einem heißen Thema. Universitäten boten Seminare an, in denen die japanischen Produktions- und Managementmethoden erläutert wurden. Bücher über das anscheinend harmonische Verhältnis, das in Japan zwischen Arbeitern und Managern herrschte, wurden zu Bestsellern. In Japan fanden zahllose internationale Symposien statt, auf denen japanische Manager und Arbeiter ihren mittlerweile kleinlaut gewordenen westlichen Kollegen geduldig darlegten, wie sie ein so hohes Qualitätsniveau erreicht hatten. (Der Stolz der Japaner darauf, daß die Industriewelt zu ihnen pilgerte, war offensichtlich und drückte sich in einer Reihe von Witzen aus. In einem dieser Witze werden ein Amerikaner, ein Franzose und ein Japaner von einem feindlichen Stamm zu Gefangenen gemacht. Alle drei sollen getötet werden, haben aber einen letzten Wunsch frei. Der Franzose möchte die Marseillaise singen, und der Japaner bittet darum, noch ein letztes Mal seinen Vortrag über Qualitätskontrolle halten zu dürfen. Dann ist der Amerikaner an der Reihe. Er ersucht darum, vor dem Japaner erschossen zu werden, damit er sich keine japanischen Vorträge über Qualitätskontrolle mehr anhören muß.)

Die Madison Avenue reagierte auf die Situation mit Millionen Dollar für Werbespots, in denen die steigende Qualität amerikanischer Pkw gepriesen wurde. Die Werbestrategien des Ford-Konzerns waren beinahe ausschließlich auf den Aspekt der Qualität abgestellt – er hatte erste Priorität –, und für Chrysler erklärte Lee Iacocca persönlich, in der Vergangenheit hätten amerikanische Autos es ja vielleicht an Qualität fehlen lassen, aber jetzt achte Detroit wieder auf solide, gediegene Arbeit. Iacocca stieg als Chrysler-Boß zu landesweiter Berühmtheit auf, Symbol des neuen Detroit und zugleich sein Sprecher, und damit auch Symbol für Amerikas industrielle Gesundung. Zwei Jahre vorher hatte sich Chrysler nur dank einer gewaltigen Bürgschaft der Regierung über Wasser halten können. Das war für die Vertreter der reinen Lehre in Detroit sehr schmerzlich gewesen, die nicht nur an das freie Unternehmertum glaubten, sondern sich selbst als dessen Verkörperung betrachteten. Daß einer von ihnen, einer der ›großen Drei‹, gezwungen gewesen war, die Regierung um eine verbrämte Sozialhilfe anzugehen, hatte sie tief erschüttert. Aber auch um Ford stand es nicht viel besser. 1982 hatte der Konzern zwei Jahre hinter sich, in denen er jeweils mehr als eine Milliarde Dollar Verlust machte, und die Vorausschätzungen boten nach wie vor ein düsteres Bild. Nicht einmal der mächtige General-Motors-Konzern war von der Krisenstimmung unberührt geblieben, die sich auf einen einst allmächtigen Industriezweig gesenkt hatte.

Chrysler konnte sich 1980 und 1981 über Wasser halten, aber oft nur mit knapper Not das Geld zusammenkratzen, um die Löhne zahlen zu können. Dies war in nicht geringem Maß Iacoccas kraftvoller Persönlichkeit und schierer Professionalität zu verdanken. Die Bücher begannen etwas besser auszusehen, doch das Unternehmen, ein wahrer Industriegigant, lebte noch immer von der Hand in den Mund. Iacocca hatte sich übers Fernsehen an die Nation gewandt und zu Tom Brokaw an der TV-Anstalt ABC gesagt, daß es für ihn als Chef eines produzierenden Großunternehmens ironischerweise profitabler sei, Geld arbeiten zu lassen – Chrysler praktisch zu einem Geldinstitut werden zu lassen –, als irgendwelche Produkte herzustellen.

Damit war wohl alles über das Dilemma gesagt, in dem die amerikanische Industrie zu Beginn der achtziger Jahre steckte. In der ersten Jahrhunderthälfte war Amerika die dynamischste und produktivste Gesellschaft der Welt gewesen. Nun, gegen Ende des Jahrhunderts, waren seine Kräfte geschwächt. Irgend etwas fabrikmäßig herzustellen, ja, überhaupt etwas zu produzieren war kostspielig und schwierig geworden. Um die Qualitätsstandards war es traurig bestellt. Die Arbeitskosten waren hoch. Die Managements in den Unternehmen hatten sich zu Wasserköpfen entwickelt. Nur wenige Männer an der Spitze großer Industriefirmen hatten längere Zeit selbst in Fabriken gearbeitet und gelernt, wie ein Produkt gefertigt wird. Die industrielle Basis selbst – die Maschinen und Produktionsanlagen in den Vereinigten Staaten – hatte Rost angesetzt. Länder, die gerade erst in den Kreis der Industriestaaten eintraten, besonders asiatische, erwiesen sich als unerbittliche Konkurrenten. Und auch der amerikanische Kapitalismus zeigte mit seinesgleichen nicht viel Erbarmen. Die Gewinnspannen sogenannter ›reifer‹ Unternehmen waren erwartungsgemäß stark geschrumpft, wenn überhaupt noch Gewinne gemacht wurden. Deshalb suchte Wall Street, wo man auf raschere und größere Erträge aus war, diese anderswo zu erzielen. Außerdem konnte man das Geld in ›money funds‹ stecken, wo es arbeitete und eine bessere Rendite erbrachte, als wenn man es in den erstklassigen Industrieaktien von ehedem anlegte.

Im allgemeinen ließ sich sagen, daß die Leute, die nun das große Geld machten, dies nicht im produzierenden Sektor taten, und daß diejenigen, die produzierten, dabei nicht viel verdienten. Es war für eine einst kolossal produktive Nation eine erschreckende Bilanz und für viele Unternehmen eine bittere Pille. Die ruhmvolle Vergangenheit war dahin, die Zukunft ungewiß. Manche Manager aus großen Unternehmen sprachen begeistert von Amerika als dem führenden Land der neuen Dienstleistungsökonomie; andere, aus den Industriebranchen, waren mißtrauischer und beschworen die Gefahr, mit Amerika könnte es so weit kommen, daß es der übrigen Welt die Wäsche waschen und der Lizenzverkauf von Hamburgern zum Hauptwirtschaftszweig des Landes aufsteigen würde.

Die Männer an der Spitze des Ford-Konzerns waren sich der ernsten Situation des Unternehmens bewußt und düster gestimmt. Der Sturz in der Publikumsgunst war so rasch gekommen und so drastisch ausgefallen, daß sie ihn schwerlich hätten ignorieren können. Ende der siebziger Jahre war Ford wie früher schon der zweitgrößte Industriekonzern im Land gewesen. Dann hatte die Führung des Unternehmens auf die falsche Karte gesetzt und einige fatale Fehlentscheidungen getroffen. Am Vorabend der zweiten Ökrise beispielsweise hatte man beschlossen, nicht kleine Autos, sondern Straßenkreuzer zu bauen und war damit auf einem Markt, auf dem sich der Wind drehte, in die verkehrte Richtung marschiert. Schließlich, in schwierigster Lage, war man gezwungen gewesen, Milliarden Dollar für Neuausrüstungen zum Bau kleiner, nicht besonders gewinnbringender Pkw auszugeben, und dies in einer Zeit hektischer Geldentwertung.

Nicht nur dann, wenn man auf den preisgünstigen Kleinwagen sitzenblieb, verlor Ford Geld, sondern sogar im gegenteiligen Fall; hauseigenen Analysen zufolge zahlte Ford bei seinen Escorts an die 400 Dollar pro Exemplar drauf. Die Aufwendungen für die fast vollkommene Umstellung der Modellreihe hatten den Konzern finanziell in die Bredouille gebracht und einen gewaltigen Beitrag dazu geleistet, daß zwei Jahre nacheinander ein Verlust von einer Milliarde Dollar verbucht werden mußte. Der Kurs der Ford-Aktie, 1978 auf dem Dow-Jones-Index um 32 schwankend, hatte mit der Krise im Iran zu sinken begonnen. Der Konzern war, nach den Worten eines der Spitzenmanager, am Ausbluten. Wären nicht die reichen Gewinne der Töchter in Übersee gewesen, die in den beiden Jahren geholfen hatten, die Verluste in den USA auszugleichen, hätte Ford vielleicht Bankrott gemacht oder mit einem ausländischen Automobilhersteller oder einem amerikanischen Energieunternehmen fusionieren müssen. »Wir sind im Grund ein sehr gesunder Konzern«, wurde bei Ford gewitzelt. »Den meisten unserer Werke geht es ziemlich gut. Wir haben nur ein einziges kleines Problem – Nordamerika.« In einer verspäteten Reaktion auf die kritische Lage hatte Ford die Gehälter des Managements gekappt, Werke geschlossen, Milliarden für Neuausrüstungen aufgewandt, um bessere, im Verbrauch sparsamere kleinere Autos zu bauen. Nun wartete der Konzern.

1982 gab es Hoffnungen, daß sich auf dem Markt der Wind zugunsten von Ford drehen könnte. Aber dann sah es doch nicht danach aus, und nun sprachen die Ford-Leute von 1983 und manche von 1984. Dann würden die Kunden den Konzern dafür belohnen, daß er ein Vermögen für seine neuen Modellreihen ausgegeben hatte. Jetzt aber, 1982, ging es ums nackte Überleben der Ford Motor Company.

Keith Crain, Herausgeber einer Autofachzeitschrift, sagte gern, 1945 habe Henry Ford II, damals 28jährig, das Unternehmen übernommen, um es zu retten. Damals machte es pro Tag eine Million Dollar Minus. Gerettet habe er es wohl, meinte Crain, aber jetzt, siebenunddreißig Jahre später, fahre es pro Tag drei Millionen Dollar Verluste ein. Henry Ford II hatte seinen schrittweisen Rückzug angetreten. Ende 1979 war er nicht mehr Konzernchef, 1980 auch nicht mehr Vorstandsvorsitzender, wenn er auch weiterhin eine aktive Rolle im Konzern spielte. Es erschien wie ein Spiegelbild der modernen Zeit, daß er nun viel Zeit Immobilientransaktionen widmete. Auch darin mußte er zurückstecken. Da es ihm nicht gelang, seinen riesigen Besitz in Grosse Pointe für die zwei Millionen Dollar zu verkaufen, die er dafür haben wollte, bearbeitete er die Stadtverwaltung, um eine Sondererlaubnis für den Abriß des berühmten Landsitzes und den Bau von Reihenhäusern zu erhalten.

Sein Name und der Umstand, daß er Besitzer und nicht Angestellter seines Konzerns war, verbanden ihn noch immer mit den glorreichen Zeiten. Aber er war müde geworden. Seine angeschlagene Gesundheit, eine unerquickliche Scheidungsaffäre und ein erbitterter interner Machtkampf mit Iacocca hatten ihm zu sehr zugesetzt, und er bereitete sich darauf vor, beiseite zu treten. 1982 veröffentlichte das Magazin *Forbes* eine Liste der 400 reichsten Amerikaner. Unter ihnen waren sieben aus Michigan, auch sein Bruder William Clay Ford (eine reichere Ehefrau, keine kostspieligen Scheidungen), Henry Ford selbst jedoch nicht. Sein persönliches Vermögen wurde, wie *Forbes* berichtete, auf nur achtzig Millionen Dollar geschätzt, zumeist in Ford-Papieren angelegt, deren Kurs auf ganze 23 Dollar pro Aktie gesunken war. Wäre die Liste vor 1973 erarbeitet worden, bevor die Ölkrise die Wirtschaft veränderte und als der Kurs der Fordaktie noch bei 66 Dollar lag, hätte Ford mühelos dazu gehört.

Dennoch war Henry Ford in Detroit noch immer ein König, und die Medien der Stadt behandelten ihn nach wie vor, als wäre er ein gekröntes Haupt. Er trug den berühmtesten Namen der Stadt, er war ein Mann der Gegenwart und zugleich mit der Vergangenheit verbunden, immer für einen farbigen Ausspruch gut, und seine ehelichen Eskapaden hatten in die Welt der Schwerindustrie etwas Würze gebracht, wie sie die gesetzt-unauffälligen Männer bei General Motors nur selten boten. Trotzdem war es offensichtlich, daß sein Abgang von der Bühne begonnen hatte. Zum Glück für die

Stadt gab es einen neuen Medienstar, Iacocca, mittlerweile Henry Fords geschworener Feind. Iacocca hatte von jeher eine geniale Begabung dafür gezeigt, das Scheinwerferlicht auf sich zu ziehen. Nun schien er drauf und dran, zu einer Art Nationalheld zu werden, während er in den Ruinen eines sterbenden Konzerns stand. Je schlechter es Detroit ging, desto zitierwürdiger strömten ihm die Aussprüche von den Lippen.

Doch mit Detroit ging es bergab, und Städte im Niedergang bringen nicht so leicht Helden hervor. Hatte Detroit in früheren Zeiten in großer Zahl harte, kraftvolle, rücksichtslose Draufgänger mit einem grenzenlosen Glauben an sich selbst und an die Autobranche in die Welt gesetzt, so produzierte es mittlerweile eine bläßlichere Generation von Managern, die nicht als Bastler in umgemodelten Garagen begonnen hatten, sondern als Kalkulatoren in der Buchhaltung, Jünger des Gewinn- und Verlustdenkens. Bei ihnen spürte man nichts davon, daß ihnen das Produkt etwas bedeutete.

Das alte Detroit hatte etwas Auftrumpfendes an sich gehabt. Seine Bosse hatten sich als große Männer gefühlt, die etwas Großes leisteten, in einem Maßstab, neben dem das ganze übrige Unternehmertum in den USA verblaßte. Doch dieses arrogante Selbstbewußtsein war der Stadt schon seit langem abhanden gekommen.

Und wie sich die Autobranche verändert hatte, so war auch die gesellschaftliche Atmosphäre anders geworden. Die neuen Titanen waren Männer, die komplizierte Bilanzen lesen, mit Regierungsstellen verhandeln, die Anwälte des Konzerns dirigieren konnten. Männer dieser Art hatten für ein auftrumpfendes Verhalten nichts übrig.

Überall in der Stadt hatte dieses abrupte Ende einer Erfolgsära einschneidende persönliche Auswirkungen. Manche Führungskräfte auf der oberen oder mittleren Managementebene hatten zwar ihre Jobs behalten, aber zumindest vorläufig etwas beinahe ebenso Wertvolles eingebüßt: ihre Erfolgsprämien. Diese waren vielfach doppelt so hoch gewesen wie ihre eigentlichen Gehälter, und ihre Bezieher hatten sich darauf verlassen, um ihren gewohnten üppigen Lebensstil aufrechterhalten zu können. Andere hingegen hatten ihre Jobs verloren, was im Detroit der Vergangenheit beinahe undenkbar gewesen wäre. Sie hatten ihre Kündigung im Zuge einer der ›Verschlankungskuren‹ erhalten, zu denen sich nun alle Konzerne genötigt sahen. Bei Ford beispielsweise wurden die Fixkosten um jährlich vier Milliarden Dollar reduziert, was zumeist dadurch geschah, daß man Fabriken stillegte und Arbeiter vorübergehend entließ, aber auch Gehälter von Managern beschnitt. Diese leitenden Angestellten, die bald danach ausschieden, wurden zu statistischen Zahlen, die andere Führungskräfte bei Verhandlungen mit den Gewerkschaften voll Stolz als Beweis dafür anführten, daß sie nicht nur Arbeiter, sondern auch ihresgleichen hart anpackten.

Detroit war nun eine Stadt von Männern, die, ob arbeitslos geworden oder nicht, ihren Optimismus verloren hatten. Ihre Welt gründete bis dahin auf Gewißheiten. Diese waren einfach und unkompliziert: Sie brauchten wie ihre Vorgänger nicht mehr zu tun als abzuwarten, bis sie an die Reihe kamen, dann ebenfalls Ordentliches zu leisten und würden entsprechend entlohnt werden. Wenn sie sich heute manchmal miteinander unterhielten, räumten sie ein, daß sie in jenen goldenen Zeiten von den frühen 50er Jahren bis zur ersten Ölkrise eigentlich nie recht begriffen hatten, wie gut es ihnen ging. Damals hatte Ford nur zwei Probleme – seine Belegschaften und General Motors. Mit den Arbeitnehmern gab es die geringsten Schwierigkeiten. Nach ein paar unerfreulichen Streiks hatten die Unternehmensleitungen der Konzerne in den Nachkriegsjahren Strategien entwickelt, die Belegschaften auf ihre Seite zu bringen, sie praktisch zu Juniorpartnern zu machen, ihren Lohnforderungen weit entgegenzukommen und die zusätzlichen Arbeitskosten auf die Kunden abzuwälzen.

Schwieriger hatten die Probleme ausgesehen, die Ford mit General Motors hatte. In einer Branche, in der Größe immer wichtiger wurde, in der größer soviel bedeutete wie billiger, und dies wiederum größere Gewinne, war General Motors der neue amerikanische Industriegigant. Beschloß General Motors, die Preise niedrig zu halten, selbst wenn dies eine Profitminimierung bedeutete, gerieten Ford und Chrysler sofort in Schwierigkeiten. General Motors hatte einen riesigen Schatten über seine Konkurrenten geworfen. Einer der Männer aus Ralph Naders jungem Team hatte einmal Henry Ford II gefragt, wie einem zumute sei, wenn man mit General Motors konkurrieren wolle, und die Antwort erhalten: »Wie wenn man einen Elefanten bumsen will.« Doch selbst General Motors' Macht war begrenzt; das Justizministerium war immer auf dem Posten gewesen und hatte dafür gesorgt, daß der Gigant seine Konkurrenten Ford und Chrysler nicht vom Markt verdrängte. General Motors hätte in jenen Jahren zweifellos eine Niedrigpreispolitik verfolgen und die Last auf Ford und Chrysler abwälzen können, ohne selbst Nachteile zu erleiden, unterließ es aber, und so wurde der Gigant noch wohlhabender, während Ford und Chrysler sich behaupten konnten.

Das war die Ära gewesen, die nun als eine goldene Zeit galt. Amerika war reich, die erste echte Mittelschichtgesellschaft der Welt, und die übrige Welt war damals noch arm. Die Menschen schienen nach Autos zu hungern. Eine ausländische Konkurrenz gab es praktisch nicht. Die Automobilindustrie war im Grunde ein amerikanischer Industriezweig gewesen, eine geschützte Branche (für solche, die gern Konkurrenten geworden wären, war der Zutritt zu teuer) im reichsten Land der Welt. Es hatte Warnungen vor einer gefährlichen Monopolbildung gegeben, zumeist von seiten liberaler Universitätsleute, doch eine der aufschlußreicheren war vom Chef des kleinsten Konkurrenzunternehmens gekommen, von George Romney, dem Präsidenten von American Motors. Romney war ein Einzelgänger in der amerikanischen Privatwirtschaft. Da sein eigenes Unternehmen auf unsicheren Füßen stand, hatte Romney schon früh erkannt, wie sich die Machtstellung von General Motors auf die übrige Branche auswirkte. Weil der Konzern so groß und so stark war, konnte er es sich leisten, großzügige Tarifverträge mit der Automobilarbeitergewerkschaft abzuschließen, die anscheinend für General Motors wie für die Gewerkschaft vorteilhaft waren. Vielleicht würde die Gewinnmarge etwas zurückgehen, aber der Ausstoß des Konzerns war nach wie vor so gewaltig, daß die Tarifverträge, zumindest vorläufig, hinzunehmen waren. Nicht auf General Motors' Kosten gingen also die Verträge, sondern auf Kosten der schwächeren Unternehmen, die schließlich gezwungen waren, die gleichen Bedingungen zu akzeptieren, und deren Gewinnspannen schon bald noch weiter schrumpften.

Am verwundbarsten war eindeutig Romney von American Motors, aber er sah den Tag kommen, an dem Chrysler und vielleicht sogar der mächtige Ford-Konzern in Schwierigkeiten geraten würden, wenn ihre Gewinne immer mehr zurückgingen. Romney war der Ansicht, daß die gesamte Branche unmerklich in ein monopolistisches Fahrwasser geraten und damit ihren Konkurrenzgeist und Innovationseifer einbüßen würde, denn in einem Monopol gibt es keinen Innovationsdruck.

In den 50er Jahren war Romney entschiedener Befürworter einer Zerschlagung von General Motors gewesen. Das, so glaubte er, würde alle Hersteller von Speck befreien und den Konkurrenzgeist stärken. 1957 erschien er vor dem von Senator Kefauver geleiteten Monopolausschuß des Senats. Bevor er dort seine Aussage machte, wurde er von Henry Ford II und Ernie Breech, dem Präsidenten des Konzerns, ersucht, in die Ford-Zentrale zu kommen. Die beiden machten sich Sorgen wegen Romneys bevorstehender Aussage und wollten herausbekommen, welche Stoßrichtung Romney verfolgen werde. Romney machte ihnen klar, was er wollte: die Zerschlagung des General-Motors- und vielleicht auch des Ford-Konzerns.

»Aber das würde den Wettbewerb doch nur noch verschärfen«, hatte Ford gesagt. »Wenn man General Motors zerschlagen würde, dann würden wir anderen darunter zu leiden haben.«

»Genau darauf kommt es mir an«, hatte Romney darauf erwidert.

»Hören Sie, ich finde, wir haben es ohnedies schon schwer genug – das Geld ist verdammt hart verdient«, hatte Ford geantwortet.

Danach hatte Romney den Boß von General Motors, Harlow Curtice, aufgesucht.

»Teilen Sie GM doch in einzelne Firmen auf«, hatte Romney vorgeschlagen.

»Wem zum Teufel würde das denn helfen?« hatte Curtice gefragt.

»Allen bis auf Ihnen, Harlow«, hatte Romney geantwortet, »aber Sie würden als ein ganz toller Held dastehen.«

Curtice schlug die Chance aus, ein Held von dieser speziellen Sorte zu werden. Romney wurde alsbald zu einem Paria unter seinesgleichen, und General Motors größer denn je. Doch in jenen Tagen, in den 50er und 60er Jahren, beklagte sich niemand sehr heftig darüber, denn allen Beteiligten schien es gut zu gehen. Die Schwächen des Systems, die Gefahren, die darin lagen, in einem Industriezweig, zu dem andere Länder Zugang hatten, gleichsam Teil eines Inlandsmonopols zu sein, waren noch nicht zutage getreten. So blieben andere Sektoren der amerikanischen Wirtschaft wettbewerbsfähig, doch der Automobilindustrie stellten sich keine Rivalen, bis in den siebziger Jahren die Großoffensive der Japaner begann. Als sie schließlich kam, waren selbst die Kritiker vom Ausmaß der amerikanischen Verwundbarkeit überrascht. Jahre später sagte Hal Sperlich, vielleicht der begabteste Produktmanager seiner Generation in Detroit, die frühere Ära sei praktisch von der Illusion bestimmt gewesen, es herrsche Wettbewerb und werde hart gearbeitet, in Wirklichkeit aber sei es eine Konkurrenz innerhalb einer abgeschirmten Zone gewesen, bei der es letztlich mehr um kosmetische Veränderungen als um sonst etwas gegangen sei. Er verglich die alten Zeiten mit den besten Tennisspielern in einem freundlichen Country Club, die wissen, daß alle anderen Klubmitglieder ihrem schnellen, glatten Sonntagsmatch zusehen. »Und dann«, sagte er über die Ankunft der Japaner, »kamen eines Tages Björn Borg und John McEnroe auf den Platz spaziert.«

Je größer die Branche (Stahl, Automobilbau) war, desto weniger war sie für einen harten Konkurrenzkampf gerüstet. Den amerikanischen Arbeitern war nicht klar geworden, daß sie als die höchstbezahlten der Welt gegenüber Arbeitern in anderen Ländern im Nachteil sein könnten, die hungriger, für ihre Jobs dankbarer, fügsamer und eher bereit waren, klaglos für ungleich niedrigere Löhne zu arbeiten. Auf amerikanische Arbeiter wirkten die japanischen Gewerkschaften oft wie Anhängsel des Managements. Die Ansprüche ans Leben, zu denen sich die arbeitenden Menschen in Japan berechtigt glaubten, waren erstaunlich bescheiden und ähnelten mehr denen amerikanischer Arbeiter in den dreißiger Jahren. Die Ansprüche der Amerikaner der

Gegenwart sahen ganz anders aus. Über das anspruchslose Leben der japanischen Arbeiter und ihre Bereitschaft, mit großem Fleiß zu arbeiten und einen ansehnlichen Teil des Lohns auf die hohe Kante zu legen, hatte Paul McCrakken, Nationalökonom an der University of Michigan, gesagt: »Wenn Johann Calvin auf die Erde zurückkäme, würde er sich am wohlsten in Japan fühlen, denn dort würde er seine wahren Kinder finden.«

Ebendies war das Ominöseste an der japanischen Herausforderung auf dem Automobilmarkt. Manche sahen darin mehr als nur ein zunehmendes Ungleichgewicht der Absatzziffern, verbunden mit einem wachsenden Handelsbilanzdefizit. Sie fürchteten, darin könnte sich eine Unvereinbarkeit der Werte zweier Gesellschaften spiegeln, die eine arm, aber sorgsam im Umgang mit ihren Ressourcen, die andere reich, mit gewaltigen Ressourcen gesegnet, die sie immer sorgloser konsumierte. Es ging, mit einem Wort, um einen Konflikt zwischen einer Kultur des Mangels und einer des Überflusses.

1982 dann war vielen Leuten das ganze Ausmaß der Krise offenbar geworden. Hier handelte es sich nicht um einen kleinen zyklischen Abschwung, sondern vielleicht tatsächlich um den Anfang vom Ende einer historischen Ära. Wenn es nach dem Krieg in Detroit einmal zu Schwierigkeiten gekommen war, hatte man sie gottlob bald überwunden. Es konnte passieren, daß ein Konzern das falsche Modell im falschen Jahr herausbrachte und erleben mußte, daß die Verkaufszahlen in den Keller rutschten. Oder daß sich der amerikanische Konsument aus allen möglichen wirtschaftlichen oder politischen Gründen eine Zeitlang beim Autokauf zurückhielt. Diese Krise jedoch war etwas anderes. Was sich nun abspielte, hatte nichts Vorübergehendes. Darin spiegelten sich tiefgreifende Veränderungen im Wesen menschlicher Arbeit und im Charakter der Weltwirtschaft. Die Zeiten, in denen die ›großen Drei‹ beinahe ein globales Monopol besessen hatten, waren vorüber. Ford und Chrysler konnte nicht mehr einfach General Motors bei der Festsetzung der Preise den Vortritt lassen und dann nachziehen, alles unter dem wachsamen Blick eines wohlwollenden Justizministeriums, das keinen der Konzerne vom Markt verdrängt sehen wollte. In der neuen global verflochtenen Wirtschaft hatten die Amerikaner die Japaner, diese die Koreaner und diese wiederum Hongkong und Singapur auf den Fersen.

Es gab noch andere, weniger deutlich sichtbare Anzeichen dieses tiefgreifenden Wandels. Daß japanische Importwagen den amerikanischen Markt überschwemmten, war schon schlimm genug. Nun aber baute Detroit mehr und mehr japanische und überhaupt ausländische *Teile* unter den Motorhauben amerikanischer Autos ein, und das bedeutete, daß in aller Stille Hunderttausende weiterer Arbeitsplätze das Land verließen. Dies gehörte zu einer unsichtbaren Erosion der Schlüsselbranche Automobilindustrie. In manchen Fabriken wurden Arbeiter an traditionellen Fließbändern durch ein Phänomen verdrängt, das Harley Shaiken, Professor am Massachusetts Institute of Technology, der selbst früher bei General Motors am Fließband gearbeitet hatte und sich auskannte, »Superautomatisierung« nannte. Superautomatisierung bedeutete nach seiner Definition den Einsatz von Robotern, gelenkt von hochkomplizierten Steuerungsanlagen. Während des gesamten Jahrhunderts sei es einer der unerschütterlichsten Glaubenssätze des unglaublich erfolgreichen amerikanischen Kapitalismus gewesen, daß hohe Gewinne an einen hohen Beschäftigungsgrad geknüpft seien. Die Arbeiter würden mit steigender Kaufkraft in den Kreis der Verbraucher eintreten. Doch die Superautomatisierung, so Shaikens Ansicht, werde diese Verknüpfung wahrscheinlich auflösen. Amerika befinde sich im Stadium des Übergangs von der alten Wirtschaftsform, in deren Mittelpunkt die Schwerindustrie gestanden habe, zu der neuen, an der Hochtechnologie orientierten. Die amerikanische Wirtschaft des alten Typs habe Arbeitsplätze und Wohlstand geschaffen; dieser Massenwohlstand habe sich auf die Eigentümer wie auf die Arbeiter – die bestbezahlten in der Welt – verteilt. Die Wirtschaft neuer Art biete mehr Anregung für risikofreudige Erfolgsnaturen. Begabte, unzufriedene Naturwissenschaftler fänden in ihr eine Fülle von Chancen, sich aus ihren bisherigen Jobs zu verabschieden, drei oder vier Jahre lang Tag und Nacht an irgendeinem kleinen technologischen Aspekt zu arbeiten und dann, wenn sie Erfolg hatten, viel Geld daran zu verdienen. Sowohl den Wissenschaftlern wie den sie unterstützenden risikofreudigen Kapitalbesitzern winkten große Chancen, über Nacht reich zu werden. Doch was Arbeitsplätze betraf oder jedenfalls gutbezahlte Jobs, würden die Erfindungen nicht viel bringen. Falls überhaupt eine Fabrikationsstätte entstand, dann wohl eher ein kleiner Betrieb, ohne gewerkschaftlich organisierte Arbeitnehmer und häufig genug in Übersee.

1982 war Shaiken zu der Erkenntnis gelangt, die Manager der Automobilindustrie glaubten nicht mehr daran, daß sie auf die altgewohnte Art der japanischen Konkurrenz standhalten könnten. Deshalb, so seine Meinung, versuchten sie, die Automobilbranche so umzukrempeln, daß das gleiche Gewinnniveau bei einem viel niedrigeren Beschäftigungsgrad erreicht würde. Shaiken glaubte, daß die Konzerne in zunehmendem Maß mit den Japanern und Koreanern Gemeinschaftsproduktionen von Kleinwagen vereinbaren und daß selbst für die größeren Modelle immer mehr Teile im Ausland hergestellt würden. Den in den USA verbleibenden Teil des Produktionsprozesses würden fortlaufend mehr Roboter übernehmen. Nach seiner und auch anderer Leute Ansicht bestand die Gefahr, daß die Automobilkonzerne – für die Managements beinahe unmerklich – sich allmählich aus Produktions- in Marketingunternehmen verwandelten. Ein Jahr später nahm Shaiken an einer Konferenz über Fragen der Produktivität teil. Bei den Gesprächen erklärte ein Manager von RCA, sein Unternehmen sei stolz darauf, bekanntgeben zu können, daß man es geschafft habe, Bildröhren herzustellen, die besser und billiger seien als alles, was Sony produziere. Shaiken saß halb schlafend im Publikum, als er diese Erklärung hörte, die ihn wachrüttelte. Obwohl er noch nicht ganz klar denken konnte, wurde ihm bewußt, daß der Manager von RCA *Taiwan*, nicht von RCA Indiana sprach. Für RCA mochte das einerlei sein, doch die Gemeinden, denen der Konzern Arbeit gab, konnte es nicht kalt lassen. Der Umbruch, den solche Veränderungen bargen, mußte nach Shaikens Ansicht für die ganze Region Middle Atlantic verheerende Folgen nach sich ziehen.

Nirgends waren diese Auswirkungen sichtbarer als in Michigan. 1982 lag dort nach der amtlichen Arbeitslosenstatistik der Bundesregierung die Erwerbslosenquote bei rund sechzehn Prozent, verglichen mit einem landesweiten Durchschnitt von neun Prozent. Doch in Detroit herrschte der Eindruck vor, die Ziffer liege näher bei zwanzig Prozent, und in manchen Gemeinden wurde sie auf nicht weniger als fünfundzwanzig Prozent geschätzt. Der Grund für diese Differenz lag darin, daß die Statistiker in Washington die Arbeitslosen, sobald deren Unterstützung auslief, nicht mehr mitzählten. Sie verschwanden aus der Statistik. Manche verschwanden sogar aus Michigan selbst, was aber blieb, war die schmerzliche Demütigung, daß man seinen Job verloren hatte.

Eine der großen Wanderungsbewegungen in der amerikanischen Geschichte hatte Weiße aus den ländlichen Gebieten der Appalachen und arme Schwarze aus dem Süden in der Hoffnung nach Detroit geführt, in den dortigen Autofabriken Arbeit zu finden. Sie waren aus den kleinen Dörfern des Südens nach Detroit gekommen, von der Verheißung regelmäßiger Arbeit und einer Entlohnung angelockt, die die reichen Unternehmer anscheinend locker zahlen konnten. In Boom-Zeiten waren Fabrikanten in den Süden, in kleine Orte, gefahren und hatten dort gerade genug Geld verteilt, daß die Leute sich damit eine einfache Bus- oder Eisenbahnfahrkarte nach Detroit oder sonst einer Industriestadt im Mittleren Westen kaufen konnten. Als nach dem Zweiten Weltkrieg Plantagenbesitzer in den Südstaaten (unterstützt durch Zuschußzahlungen der Bundesregierung) ihre Betriebe mechanisierten und die nicht mehr erwünschten Schwarzen von ihrem Land verdrängten, kamen die Arbeitslosen in noch größerer Zahl.

Nun, da es mit dem großen Kerngebiet der amerikanischen Industrie bergab ging, spürten die Arbeiter – wenn auch nicht die Manager – intuitiv, daß dieser Niedergang etwas Endgültiges an sich hatte und die Region nie wieder sein würde, was sie einmal gewesen war. So war bis 1982 eine Migration neuer Art in Gang gekommen. Sie führte Hunderttausende Amerikaner, weiße wie schwarze, aus der Region der Großen Seen fort und in den Südwesten der Vereinigten Staaten mit seiner florierenden, energie-dominierten Industrie. Denn die in die Höhe schießenden Energiepreise hatten zwar dazu beigetragen, die industrielle Basis der Vereinigten Staaten zu schwächen, aber der einheimischen Ölbranche und den ölverarbeitenden Industriezweigen plötzlich stärkeren Auftrieb denn je verschafft.

Das neue Migrationsmuster war eine Umkehrung des alten. Es lief so ab, daß irgendein Familienmitglied allein nach Texas fuhr und dort Ausschau nach einem Job in der Erdölförderung hielt. Fand der Betreffende einen, suchte er sich die einfachste Unterkunft, die sich bot, manchmal einen Caravan, den er mit einem anderen Arbeiter teilte. Schon bald danach rief er in Detroit an, und ein weiteres Mitglied der Sippe traf ein. Lief alles gut, kamen die Frauen und Kinder nach.

Überall in Detroit waren die Anzeichen des Verfalls einer Stadt zu bemerken, die einst so stolz auf ihre Herrlichkeit gewesen war. Den Bürgern der Frühzeit hatte eine Metropole von majestätischem Zuschnitt vorgeschwebt. Die großen Straßen sollten keinem geringeren Vorbild folgen als Paris, prachtvolle Boulevards, die wie gewaltige Speichen vom Stadtzentrum ausgingen. Zu beiden Seiten wurden riesige, reichgeschmückte Gebäude errichtet, manche davon Wohnzwecken dienend, andere Fabriken mit elegantüberladenen Fassaden, mit denen die Erbauer sich selbst wie den darin erzeugten Produkten ein Denkmal gesetzt hatten. Manche standen schon fünfzig Jahre, Symbole der Stadt und der Lebenskraft ihrer Industrie. Nun aber waren viele nur noch leere Gehäuse mit eingeworfenen Fensterscheiben und Parkplätzen, die entweder nicht genutzt wurden oder als Zentren für nächtliche Drogen-Deals dienten. Die großen Verkehrsadern waren nun mit großen Schlaglöchern übersät, und frustrierte Bürger schrieben aufgebrachte Leserbriefe an die Lokalblätter, aber die Stadt hatte kein Geld für Reparaturen. Die Autoindustrie, schrieb ein erboster Zeitgenosse, würde sich schon bald erholen, wenn genügend Bürger Detroits ihre Autos in den Schlaglöchern der Straßen ruiniert hätten. Das große Kaufhaus Hudson's im Stadtzentrum, nun im Besitz einer großen, landesweit vertretenen Ladenkette, gab bekannt, daß es schließen werde. Das Hudson's in der Innenstadt von Detroit war eine Verkörperung der glanzvollen Vergangenheit der Stadt gewesen; die anspruchsvollsten Kunden waren von Grosse Point hereingekommen, um hier die anspruchsvollsten Dinge zu kaufen, statt deswegen nach New York zu fahren – worin sich der eigensinnige Stolz des Mittleren Westens spiegelte. Am Sonnabend im Hudson's Einkäufe zu machen war eine Tradition gewesen, nicht nur in Detroit, sondern auch in allen Städten Michigans, die um Detroit herumlagen. Denn damals gab es keine Filialen, keine Einkaufszentren in den Vorstädten, die Käufer von den Stadtzentren hätten weglokken können. Eine Einkaufsfahrt zum Hudson's war etwas ganz Besonderes: Alle Familienangehörigen warfen sich in Schale; man nahm das Lunch im vorzüglichen Restaurant des Kaufhauses ein. 1953, als die Eisenhower-Ära und die Glanzjahre der Automobilindustrie begannen, hatte das Hudson's Waren für 153 Millionen Dollar abgesetzt; 1981 hatte man es nur noch auf 44 Millionen gebracht – was inflationsbereinigt etwa sechs Prozent der Gesamtsumme aus dem Jahr 1953 ausmachte. Ein großer Teil des Sortiments war sicherheitshalber mit Ketten an den Verkaufstischen befestigt, und die Artikel von besserer Qualität wurden nun in den vorstädtischen Filialen angeboten, die mehr Chic hatten und wo die Kunden sicherer waren. Die Ankündigung, daß das Hudson's im Stadtzentrum schließen werde, schien das Ende einer Ära anzuzeigen, denn nach den Rassenkrawallen von 1967 hatte sich die Stadt unwiderruflich verändert. Die Flucht der Weißen in die Außenbezirke hatte sich beschleunigt, und mit ihnen waren die Ladengeschäfte, Restaurants und Banken hinausgezogen. Die Innenstadt war zu einem Krater geworden, in den sich die Leute, die dort zur Arbeit gingen, jeden Morgen voller Bangigkeit begaben und den sie abends so rasch wie möglich hinter sich ließen. Ahnungslose Besucher von auswärts wurden ihrer persönlichen Sicherheit zuliebe davor gewarnt, sich in Hotels mit einst stolzen Namen einzuquartieren.

Natürlich befand sich nicht nur Detroit in einem Zustand der Agonie. Das ganze industrielle Herzland der USA war in Not geraten. Überall im Mittleren Westen standen Firmen mit einer glanzvollen Vergangenheit am Rande des Bankrotts. Die Stahlindustrie war in einer katastrophalen Verfassung. Wenn ein Besucher in Pittsburgh am Monongahela River entlangfuhr, sah er einstmals imposante Stahlwerke, in denen die Hochöfen erkaltet waren und Stille herrschte. An den Dächern der Fabrikgebäude waren riesige Plakate mit Telephonnummern angebracht – für den Fall, daß irgend jemand ein Stahlwerk pachten wollte. Die Stahlbranche lag noch mehr darnieder als die Autoindustrie, außerstande, gegen neue, modernere ausländische Firmen zu konkurrieren, die ausnahmslos von ihrer jeweiligen Regierung subventioniert wurden. U.S. Steel, früher eine der mächtigsten und arrogantesten amerikanischen Großfirmen, hoffte nun, sich vom Stahlgeschäft abzusetzen, hoffte auf das blanke Überleben und hatte Schritte eingeleitet, um mit Marathon Oil zu fusionieren. Nur eine Partnerschaft mit einer reichen Ölgesellschaft, so glaubte das Management von U.S. Steel, könnte dem Unternehmen überhaupt noch eine Zukunft bieten. Wer sonst würde die Aktien des Unternehmens kaufen, einer maroden Firma in einer todgeweihten Branche, die nicht mehr konkurrenzfähig war?

Denn das Stahlrevier des Landes war schwerkrank. Die Werke waren veraltet. Die Kosten für den Bau neuer Betriebsanlagen und die Einführung neuer Technologien waren wegen der Inflation derart in die Höhe geschossen, daß nur wenige Firmen in ›reifen‹ Branchen das Risiko einzugehen wagten. Es war einfacher, mit einer anderen Firma zu fusionieren, als Geld in Anlagen zu investieren, um in der schwierigen neuen Weltwirtschaftsordnung bestehen zu können. Das Management war an der Spitze überbesetzt und entschlußschwach. Manager murrten über die Belegschaften (unter vier Augen, nicht in der Öffentlichkeit, da man ihnen in delikaten Verhandlungen Konzessionen abringen wollte, die ihre Errungenschaften aus den letzten fünfundvierzig Jahren rückgängig machen würden); die Arbeiterschaft, behaupteten die Firmenleitungen, sei heutzutage weniger fleißig, dem Arbeitsethos nicht mehr so verpflichtet wie in früheren Zeiten die Kinder der großen Immigrationswellen aus Europa. Die Arbeiter ihrerseits zogen mit Bitterkeit über die Gehälter, Prämien und Zusatzvergünstigungen der ›Leitenden‹ her. Weithin wurde die Ansicht geteilt, daß es mit dem altmodischen amerikanischen Arbeitsethos schrecklich bergab gegangen sei, aber jeder schien die Schuld daran allen anderen zu geben.

Jedermann hatte seinen eigenen Sündenbock – die Japaner, die Regierung, die Araber, Wall Street. Niemand schien bereit, sich für irgendwelche Handlungen verantwortlich zu fühlen, die vielleicht die Lebenskraft der amerikanischen Industrie geschwächt hatten. Es war, als wäre das Land so mühelos zu Wohlstand gelangt, der dann so lange andauerte, daß niemand auf eine Zeit vorbereitet war, in der man sich nach der Decke strecken mußte. Die Nachkriegsjahre, der gewaltige materielle Reichtum, die Machtstellung des Landes, zwei Generationen einer beispiellosen Prosperität – all das zusammen hatte bewirkt, daß die USA sich in dem Glauben wiegten, sie hätten ein wirtschaftliches Utopia erreicht, einen gewissermaßen garantiert sicheren Nationalwohlstand. Es war, als hätte ihnen Gott sozusagen in Marathonverhandlungen die Garantie zugestanden, daß ihr Lebensstandard Jahr für Jahr zuverlässig steigen werde. In diesen paar Jahrzehnten nach Kriegsende hatte Amerika eine historische Zufälligkeit von vorübergehendem Charakter als Dauerzustand gedeutet. Dann, gleichsam über Nacht, hatte sich alles aufzulösen begonnen. »In nur fünfundzwanzig Jahren«, sagte der Finanzier und Sozialkritiker Felix Rohatyn, »sind wir aus dem amerikanischen Jahrhundert zur amerikanischen Krise gelangt. Das ist eine erstaunliche Wende – vielleicht die kürzeste Parabel in der Geschichte.«

Zweiter Teil

4
Der Gründer

Spät im Leben von Henry Ford I. diskutierte ein junger Mann mit dem alten Herrn über das Thema Bildung und stellte befremdet fest, daß dessen Einstellung dazu sehr engstirnig war. »Aber Sir«, sagte er zu Ford, »wir leben heute in einer anderen Zeit, im modernen Zeitalter, und ...« Ford ließ ihn nicht ausreden. »Junger Mann«, sagte er, »das moderne Zeitalter ist meine Erfindung.«

Tatsächlich hatte das amerikanische Jahrhundert in Detroit begonnen, und sein Schöpfer war ein Mann von schlichter, ländlich geprägter Denkart. Sein aus Irland eingewanderter Vater William Ford war praktisch mittellos nach Amerika gekommen und hatte nur seine Arbeitsgeräte mitgebracht. Wie sein Vater hatte auch Henry Ford kaum einen Dollar in der Tasche, als er begann. Während er an seinem ersten Automobil bastelte, hatte er zwei Jobs zugleich, den einen, um die Familie zu ernähren, den andern, um sich genug Geld für das Metall und die Teile zu verschaffen, die er für seinen Prototyp brauchte. Als er 1946 starb, wurde sein Vermögen auf 600 Millionen Dollar geschätzt. Von seinem berühmtesten Auto, dem Model T, verkaufte er 15 456 868 Exemplare. Er sprach einmal von der Massenfertigung als »dem neuen Messias«, und sie hatte für ihn auch gewissermaßen etwas Göttliches. Als er das Modell T zu produzieren begann, erforderte die Herstellung eines einzigen Pkw zwölfeinhalb Stunden. Damals träumte er davon, pro Minute ein Auto zu erzeugen. Dieses Ziel hatte er bereits nach zwölf Jahren erreicht, und fünf Jahre später, 1925, war die Zeitspanne auf zehn Sekunden gesunken. Sein Name verband sich nicht nur mit Autos, sondern mit einer ganzen Lebensform, ja, sogar ein eigenes Verb entwickelte sich daraus – »to fordize« (fordisieren) bedeutete, ein Produkt zu standardisieren und per Massenfertigung so billig herzustellen, daß es für den Mann auf der Straße erschwinglich war. Obwohl Fords Name in erster Linie mit der Welt des Autos assoziiert wird, lag sein wahres Genie in der Massenproduktion. Er liebte seine Fabrik schließlich mehr als ihr Produkt; er scheute keine Ausgaben, um die technische Ausstattung auf dem neuesten Stand zu halten, widersetzte sich jedoch praktisch jedem Versuch, am Modell T etwas zu verändern, bis er – und dieses selbst – von jüngeren Konkurrenten überholt wurden, die mehr Unternehmungsgeist an den Tag legten und bessere Autos produzierten. Erst dann stellte er sich um, nicht ohne Bitterkeit gegenüber den Kunden, die zu General Motors überliefen.

Als Ford zu produzieren begann, waren Automobile Luxusgüter für die Reichen. Ford war von Anfang an entschlossen gewesen, ein Auto für die einfachen Leute zu bauen. Was ihn interessierte, war ein Transportmittel für Leute seinesgleichen, insbesondere für Farmer. Der Schlüssel dafür lag in der Massenproduktion. »Jedesmal, wenn ich den Preis des Wagens um einen Dollar herabsetze«, sagte er in den frühen Tagen des Modell T, »bekomme ich tausend neue Käufer.« Und er drückte den Preis jedes Jahr gnadenlos weiter nach unten, im Visier – wie rund sechzig Jahre später dann auch die Japaner – den Marktanteil, nicht die Profitmaximierung pro Produkt. Auch erkannte er, wie nur wenige andere in jenen Tagen, mit klugem Gespür, daß er als Produzent und Arbeitgeber Teil eines wichtigen Kreislaufes war, der die Kaufkraft der breiten Massen mehrte.

Ob zum Besseren oder zum Schlechteren, Fords Wertvorstellungen deckten sich völlig mit denen des einfachen Mannes seiner Zeit. Dies ermöglichte es ihm, auf derselben Wellenlänge zu denken wie der durchschnittliche Arbeiter und Farmer. Doch obwohl er die Prinzipien, Sehnsüchte und auch die Vorurteile seiner Landsleute teilte, bewirkte er gleichwohl eine gewaltige Veränderung ihrer Lebenswelt. Was er tat, führte zu einer Umgestaltung menschlicher Arbeit und setzte einen tiefgreifenden Wandel der Beziehung des Menschen zu seiner Erwerbstätigkeit in Gang. Am Ende dieses Jahrhunderts war klar, daß er einen bedeutsamen Beitrag zur Schaffung einer Gesellschaft neuer Art geleistet hatte, in der sich die Gedanken der Menschen ebensosehr mit der arbeitsfreien Zeit wie mit der Arbeit selbst beschäftigten. Ironischerweise lehnte er selbst den Gedanken der zweckfreien Muße oder, schlimmer, einer Freizeitkultur ab. Sinn konnte in seinen Augen nur die Arbeit stiften.

Fords Vater und Menschen seinesgleichen waren ›greeners‹, neue Amerikaner. Als Irland 1846 von der Kartoffelfäule heimgesucht worden war, traf dies die Insel mit verheerender Wucht. Von den acht Millionen Iren waren eine Million verhungert und eine weitere nach Amerika ausgewandert. Zu diesen Auswanderern gehörte auch William Ford, der mit zwei geborgten Pfund und seinem Handwerkszeug in das gepriesene Land aufgebrochen war. Er war gelernter Zimmermann und zog, sobald er an Land war, rasch nach Michigan weiter. Dort hatten sich einige seiner Brüder bereits ansässig gemacht.

Die Menschen, die wie die Fords nach Amerika kamen, waren Teil der ersten umfassenden Einwanderungsbewegung. Die Immigration wurde von der Elite der amerikanischen Wirtschaft gefördert, die die Löhne der einheimischen Arbeitskräfte als zu hoch empfand und notleidende Europäer ins Land bringen wollte, die für viel weniger zu arbeiten bereit waren. In den 30er Jahren des 19. Jahrhunderts kamen 599 000 Neueinwanderer, in den 40er Jahren 1,7 Millionen und im folgenden Jahrzehnt 2,6 Millionen. Detroit war einer der großen Sammelpunkte dieses Zustroms. 1820 zählte die Einwohnerschaft der Stadt 9 000 Köpfe, am Ende des Jahrhunderts war sie auf weit über 200 000 angewachsen. Infolge seiner günstigen geographischen Lage profitierte Detroit von der anhaltenden Expansion in westlicher Richtung. Wurde Holz gebraucht, um daraus Fuhrwerke, Eisenbahnwaggons und Schwellen für das sich ausdehnende Schienennetz herzustellen? Detroits Umland war reich an Nutzholz. Wurde Eisen für die Herstellung von Maschinen verschiedenster Art gebraucht? Die Gruben im Norden der Stadt (wo die Bergleute aus Cornwall vierundsechzig Dollar im Monat verdienten, fünfmal soviel wie vorher in England) lieferten außer Eisen- auch Kupfererz. Nicht lange, und Detroiter Arbeiter produzierten pro Jahr 150 000 Eisenherde, und die Angehörigen der neuen Mittelschicht Amerikas ersetzten damit erleichtert ihre offenen Feuerstellen.

Die Detroiter Industriebranchen, die sich in der Mitte des 19. Jahrhunderts entwickelten, zogen in ihrer Frühzeit Männer mit handwerklichem Können an, aus dem dann allmählich sich die Fertigkeiten herausbildeten, die im frühen 20. Jahrhundert gebraucht wurden. Die Wagenbauer beispielsweise wurden zu Facharbeitern, die Autos bauten; die Ofenmacher zu den in den Karosserie- und Motorwerkstätten tätigen Metallarbeitern; die Männer, die früher die Kutschenpolster hergestellt hatten, produzierten nun Sitzbezüge für Automobile. Schon bald machte der Boom im Eisenbahnbau Detroit noch mehr zum Industriezentrum, wo die Arbeiter Tausende von Eisenbahnwaggons für die rasch expandierende Nation bauten.

Es war eine unkultivierte, unbeherrschte, dynamische Stadt nicht assimilierter Bewohner, die einfach nicht genug Zeit gehabt hatten, sich zu assimilieren. Das Wachstum der Stadt überschritt deren Vermögen, Menschen zu absorbieren, ein Phänomen von zentraler Bedeutung für das gespannte, antagonistische Verhältnis, das sich zwischen Arbeitern und Firmenleitungen entwickelte. Schon bald bestand Detroit aus einer Ansammlung ethnischer ›Inseln‹ – Corktown (irisch), Polacktown (polnisch), Dutchtown (holländisch),

Sauerkraut Row (deutsch) und Kentucky (Schwarze). Jede dieser Gruppen war bereit, alle Neuankömmlinge mit Haß zu empfangen. Die Menschen lebten unter schrecklichen Bedingungen, die Kindersterblichkeit war beängstigend hoch. Aber trotz alledem: Es winkte die Verheißung einer besseren Zukunft.

William Ford fand rasch Arbeit und zimmerte Eisenbahnschwellen. Mit seinen Ersparnissen kaufte er ein Stück Land und baute ein Haus, voll dankbarer Ehrfurcht vor einem Land, das ihm das so leicht machte. Für ihn bestand der Unterschied zwischen Irland und den USA darin, daß man dort auf dem Land nur Pächter, hier hingegen Eigentümer sein konnte.

Er hätte es gern gesehen, daß sein Sohn Henry Farmer geworden wäre, doch dies war eine vergebliche Hoffnung. Henry haßte die Plackerei des Farmerdaseins. Seine wahre Liebe galt den Maschinen. Er brauchte eine Maschine nur anzusehen und erfaßte im Handumdrehen, wie sie funktionierte. Er war imstande, Maschinen nicht nur zu reparieren, sondern sie obendrein noch zu verbessern. Für einen Mann von Fords Begabung hätte seine Laufbahn zu keinem günstigeren Zeitpunkt beginnen können, denn er trat genau mit dem Beginn des Maschinenzeitalters in seine Mannesjahre ein. Männer seinesgleichen gingen daran, durch Erfindungen die Arbeit auf eine Art zu mechanisieren, die das Fassungsvermögen der älteren Generationen einfach überstieg, während wieder andere gewaltige Erdölvorkommen entdeckten, die den Treibstoff für diese Maschinen liefern sollten. Die Kohle hatte Dampf erzeugt, und dieser wiederum hatte gewaltige Maschinen angetrieben, allerdings unter hohen Kosten; das Öl würde es möglich machen, große wie kleine Maschinen kostensparend zu betreiben.

»Was für eine Verschwendung«, sagte Ford einmal, »daß Menschen Stunden und Tage hinter einem langsam dahintrottenden Pferdegespann verbringen, während ein Traktor in der gleichen Zeit die sechsfache Arbeit erledigen könnte.«

1879 wurde Henry Ford sechzehn, ein Alter, dem man in jener Zeit als erwachsen galt. Am ersten Dezembertag dieses Jahres machte er sich nach Detroit auf, ein halber Tagesmarsch zu Fuß. Im Jahr 1879 war Detroit mit seinen 116 000 Einwohnern eine Stadt der Schmelzhütten, der Maschinenwerkstätten und der Wagenbauer. In Detroit gab es rund 900 gewerbliche und mechanische Betriebe, manche bescheidene Firmen mit einem einzigen Werkraum, andere jedoch große Unternehmen. Detroit war eine Industriestadt im Werden. Zehn Bahnlinien führten durch das Stadtgebiet. Der Aufstieg der Kleinindustrie setzte zu dieser Zeit mit Vehemenz ein, und ein junger Mann mit geschickten Händen konnte jederzeit Arbeit finden.

Henry Ford fand eine Anstellung bei der Michigan Car Company, wo er Maschinen reparieren sollte. Er bekam einen Tageslohn von einem Dollar und zehn Cent und arbeitete sechs Tage in der Woche. Aber er war für diesen Job zu begabt und verlor ihn schon sehr bald. Über die Gründe gibt es zwei Spekulationen. Die eine lautet, daß er irgendwelche Maschinen wieder zum Funktionieren gebracht habe, die ältere Arbeiter nicht hatten reparieren können, wodurch er sich ihre Feindschaft zugezogen habe. Nach der anderen hatte er in einer halben Stunde erledigt, wozu andere Arbeiter sechs Stunden brauchten. Doch was auch der Grund gewesen sein mag – Mangel an Talent oder Ehrgeiz war es jedenfalls nicht –, er wurde auf die Straße gesetzt. Danach nahm er Arbeit bei James Flowers and Brothers an, einer Maschinenwerkstätte, die wegen der Gediegenheit und Vielfalt ihrer Produkte hohes Ansehen genoß. Die Brüder Flowers waren, wie viele ehrgeizige Jungunternehmer in Detroit, eingewanderte Handwerker, die ihr Werkzeug zusammengepackt und Europa verlassen hatten, um in die Neue Welt zu ziehen, und obendrein waren sie Männer von Können und Phantasie. Hier tauchte Ford in die Welt der Maschinen ein und arbeitete zusammen mit Männern, die wie er selbst nur Gedanken dafür hatten, wofür Maschinen künftig eingesetzt werden könnten. Er bekam zwei Dollar fünfzig Cent Wochenlohn, mietete sich in einer Pension ein, was drei Dollar fünfzig Cent wöchentlich kostete, und ging zu Fuß zur Arbeit. Da ihm an seinem Lohn ein Dollar pro Woche für die Miete fehlte, sah er sich als ordentlicher, strebsamer junger Mann um, wie er das Fehlende beschaffen könne. Er erfuhr, daß ein Juweliergeschäft, McGill, soeben eine große Uhrenlieferung erhalten hatte. Ford erbot sich, die Uhren für fünfzig Cent pro Abend zu reinigen und instandzusetzen. Er leistete so gute Arbeit, daß er schon bald darauf Taschenuhren reparierte, wenn auch der Geschäftsinhaber darauf bestand, Ford müsse im hinteren Raum des Ladens arbeiten. Seine Jugend würde bei der Kundschaft kein Vertrauen wecken. Dieser Job brachte ihm zusätzlich zu seinem Wochenlohn noch weitere zwei Dollar ein, so daß er nun einen Dollar ›Vorsprung‹ hatte.

Von Flowers and Brothers wechselte er zu einem Unternehmen namens Detroit Dry Docks über, das Wasserfahrzeuge baute und Flußdampfer, Lastkähne, Schleppkähne und Fähren reparierte. Fords Aufgabe bestand darin, die Maschinen in Schuß zu halten, was er mit Begeisterung besorgte. Dort blieb er zwei Jahre. Doch dann kehrte er 1886 auf die Farm zurück. Nach Hause gelockt hatte es ihn, weil ihm von seinem Vater vierzig Acres Waldland mit Nutzholzbestand angeboten worden waren. William Ford hatte dieses Angebot gemacht, um den eigensinnigen Sohn vor der Großstadt und vor seinen verfluchten Maschinen zu retten; Henry Ford akzeptierte es, weil er im damaligen Augenblick Sicherheit brauchte – er stand vor der Hochzeit mit Clara Bryant. Nichts aber bestärkte ihn in seiner Liebe zu den Maschinen mehr als die Schinderei nach seiner Rückkehr auf die Farm. Wieder verbrachte er jede freie Minute damit zu basteln, um Neues herauszufinden, und jede technische Fachzeitschrift zu studieren, die er sich besorgen konnte. Er experimentierte mit dem Sägewerk auf der Farm und versuchte, eine Dampfmaschine für einen Pflug zu entwickeln. Inzwischen waren primitive stationäre Benzinmotoren konstruiert worden, und Ford war davon überzeugt, daß ein neues Zeitalter leistungsfähiger Maschinen mit Benzin als Treibstoff heraufziehen werde. Fünf Jahre später war sämtliches Nutzholz auf der Farm geschlagen, und Ford langweilte sich zu Tode. In der Gewißheit, daß jeden Augenblick wichtige neue Erfindungen auftauchen könnten, erklärte er Clara, daß er mit ihr nach Detroit zurückkehren wolle.

Er habe vor, sagte er zu seiner Frau, einen Wagen zu konstruieren, der ohne Pferde fahren würde. Doch da er erst noch eine Menge über Elektrizität lernen mußte, nahm er bei der Firma Detroit Edison einen Job für fünfundvierzig Dollar im Monat an. Bei Edison kam er rasch voran. Schon bald war er der tüchtigste Ingenieur des Unternehmens und steckte das enorme Monatsgehalt von hundert Dollar ein. Doch das reichte nicht. Er brauchte noch mehr Geld, damit er das Material für seine Erfindungsarbeit bezahlen konnte, und deshalb gab er im Detroiter Verein Christlicher Junger Männer Abendunterricht für angehende Maschinenbauer.

In den paar Jahren, die vergangen waren, seit er zum erstenmal nach Detroit gekommen war, hatte sich die Stadt beträchtlich vergrößert; nun lebten über 205 000 Menschen hier. Die Eisenbahnen hatten das Land zu erschließen begonnen, und keine andere amerikanische Großstadt, von Chicago abgesehen, war so rasch gewachsen. Detroit hatte inzwischen Straßenbeleuchtung. Die letzte Welle der Neuankömmlinge bestand zumeist aus Einwanderern, Deutschen, Skandinaviern, Iren, Polen und einigen Engländern. In dieser Stadt neigte sich die Epoche von Kohle und Stahl ihrem Ende zu.

Die Quellen an flüssigem Brenn- und Treibstoff, über die Amerika verfügte, waren zwar noch ziemlich begrenzt, keine Grenzen aber kannten die Träume der jungen Erfinder im Land. Es hatte geradezu den Anschein, als fühlte sich jeder schöpferische Bastler in den USA – wie auch in Europa – dazu bestimmt, einen brauchbaren Kutschwagen zu erfinden, der ohne Pferde fuhr. Für solche Tüftler war Detroit das ideale Zentrum. Die Stadt hatte sich auf die Fahrradproduktion spezialisiert, und einige experimentierten damit, in dieser oder jener Form einen Benzinmotor auf ein Fahrrad zu montieren. (Übrigens bezeichnete Ford sein erstes Automobil als ›quadricycle‹ – Doppelfahrrad.)

1891 benutzte er die Wohnungsküche als Labor; er befestigte einen von ihm gebauten primitiven Benzinmotor am Abwaschbecken. Schließlich aber verlegte er seine Wirkungsstätte in einen Schuppen in der Nähe, zweifellos zu Claras großer Erleichterung. 1896 dann – er war dreiunddreißig – hatte er schließlich sein erstes Automobil auf den Straßen. Im Schaffensrausch hatte er ganz übersehen, daß das Gefährt nicht durch die Garagentür paßte, da diese zu klein war. Er nahm ein Beil zur Hand und demolierte kurzerhand ein Stück der Backsteinmauer, um dem Wagen freie Bahn zu verschaffen. Später kutschierte er zur Farm seines Vaters, doch William Ford weigerte sich, damit eine Fahrt zu machen. Weshalb, fragte er, solle er für einen so kurzen Kitzel sein Leben aufs Spiel setzen?

Fords frühe Jahre, die er dem Versuch widmete, ein leistungsfähiges Automobil zu bauen, waren nicht leicht. In Detroit gab es Scharen von begabten Maschinenbauern, die genau dem gleichen Traum nachjagten. Als die Jahrhundertwende kam, reihten sich rund fünfzig neue Firmen *pro Jahr* in die Automobilbranche ein, zumeist in Detroit. Viele davon erlebten nicht einmal das Jahresende. Manchen Männern fehlte es an unternehmerischen Fähigkeiten, anderen an den finanziellen Mitteln für die Verwirklichung ihrer Träume. Und vielen mangelte es an der Passion, so daß sie aufgaben, nachdem ihre ersten Versuche nicht ganz zum Ziel geführt hatten. Henry Ford verkaufte sein erstes Automobil für 200 Dollar und verwendete das Geld dazu, unverzüglich mit der Arbeit am nächsten zu beginnen. Ermutigung hatte er durch sein großes Vorbild, Thomas Edison, erfahren, den er auf einer Tagung kennenlernte. Edison hatte dem jungen Ford eine Reihe sehr präziser Fragen gestellt. Dann, nachdem Ford seine Ideen umrissen hatte, sagte Edison zu ihm: »Junger Mann, das ist *die* Idee! Der selbstfahrende Apparat, der seinen eigenen Treibstoff mit sich führt! Halten Sie sich dran!« Mehr Zuspruch brauchte Ford nicht, zumal er von dem großen Edison kam.

Fords nächstes Modell war beträchtlich schwerer als das erste, hatte schon mehr von einem Automobil und weniger von einem vierrädrigen Fahrrad. Er konnte einen Holzhändler namens William Murphy dazu bewegen, Geld in das Projekt zu stecken. Im August 1899 brachte Murphy ein Konsortium zusammen, dessen Mitglieder 15 000 Dollar bereitstellten, um Fords Detroit Automobile Company finanziell auf die Beine zu stellen. Daraufhin verließ er die Firma Detroit Edison, um ganztägig an seinem neuen Wagen arbeiten zu können.

Ford war jedoch mit den Automobilen, die er in seiner Detroit Automobile Company baute, nicht zufrieden. Sie gaben zwar den Fahrzeugen, die Duryea oder Olds produzierten, qualitätsmäßig nicht viel nach, blieben aber für das, was ihm vorschwebte, zu teuer. Ford wollte unbedingt ein billigeres Auto bauen, doch seine Aktionäre zeigten dafür wenig Begeisterung. Bereits im November 1900 war die Firma gestorben.

Zwei Jahre später, 1903, trat er den Weg an, der zur Gründung der Ford Motor Company führte. Er war nun vierzig Jahre alt und, so fand er, lange genug in die Lehre gegangen. Schon bald hatte er den Plan für sein ideales, preisgünstiges neues Automobil entworfen, doch dazu war Kapital nötig. Nach seiner Schätzung würde er 3 000 Dollar für das Rohmaterial zum Bau des neuen Prototyps brauchen (es waren dann 4 000). Das Geld bekam er von einem Mann namens Alexander Malcolmson, der mit einem Pferdefuhrwerk Privatleute und Firmen mit Kohle belieferte; sein Firmenspruch lautete ›Heißer als Sonnenschein‹. Ford und Malcolmson statteten ihre Firma mit einem Aktienkapital von 150 000 Dollar, 15 000 Aktien zu zehn Dollar, aus.

Ford war sich im klaren, was für ein Automobil er bauen werde. Von Anfang an gab es für ihn keinerlei Zweifel an seinem Ziel – ein Fahrzeug, das mittels eines so weit wie möglich standardisierten Herstellungsprozesses in Massenproduktion gefertigt werden konnte. »Automobile«, sagte er zu John Anderson, einem der Männer, die ihn 1903 finanziell unterstützten, »baut man so, daß man ein Automobil wie ein anderes macht, genauso wie eine Nadel einer anderen Nadel, ein Zündholz einem anderen Zündholz genau gleicht, wenn es aus der Fabrik kommt.« Sein Ziel war, möglichst viele Autos zu einem niedrigen Preis zu bauen. »Besser und billiger«, sagte er oft. »Viele davon, besser und billiger.«

Doch schon bald entzweiten sich die beiden darüber, welchen Kurs das Unternehmen einschlagen solle. Malcolmson vertrat die Ansicht, beim Publikum ankommen würden Luxusautomobile, die zwischen 2 200 und 4 700 Dollar kosteten. Zu jener Zeit entfiel die Hälfte der in Amerika hergestellten Automobile auf diese Kategorie; ein Jahrzehnt später hatten solche Fahrzeuge nur noch zwei Prozent Marktanteil, was weitgehend Henry Ford zuzuschreiben war. Malcolmson wollte ein Auto für die reichen Leute, Ford eines für die Massen. Selbst Fords Vater betrachtete das Ziel eines Massenautos mit Skepsis; er warnte seinen Sohn, wenn er über eine Tagesproduktion von fünfunddreißig Fahrzeugen hinausginge, würde er den Markt verstopfen. Die frühen Modelle waren zwar erfolgreich – die Firma verkaufte in den ersten fünfzehn Monaten ihres Bestehens die erstaunliche Gesamtzahl von 1 500 Fahrzeugen –, doch erst das Erscheinen des Modell T, 1908, katapultierte Ford auf seine Erfolgsbahn. Mit dem Modell T begann das moderne industrielle Zeitalter – das Industriezeitalter, das dem einfachen Mann Gewinn statt Ausbeutung brachte.

Dieses Automobil hatte Ford schon immer bauen wollen, weil es das Auto war, das er schon immer hatte fahren wollen – einfach, robust, ganz und gar ohne Schnickschnack, ein Fahrzeug, das der Farmer benutzen und, noch wichtiger, sich auch leisten konnte. Henry Ford hielt nichts davon, Automobile für die Reichen zu bauen. Er war ein Mann, dessen Herz für die Landbevölkerung schlug, und seine eigenen Verwandten waren ja Farmersleute, einfache Menschen; es würde ihm Befriedigung verschaffen, wenn er ihnen das Leben leichter machen konnte. Er plante ein Fahrzeug mit einem herausnehmbaren Motor, den der Farmer auch dazu benutzen konnte, Holz zu sägen, Wasser zu pumpen und landwirtschaftliche Geräte zu betreiben. Das Modell T, sagte sein erster Verkaufsmanager, sei »praktisch ein Farmerauto«. Daß es Ford gelang, ein Automobil zu bauen, das für den Mann auf der Straße erschwinglich war, setzte in Amerika den Zyklus von Massenproduktion und Massenkonsum in Gang. Die Herstellung von Autos in großen Stückzahlen würde mehr und mehr Menschen einen Arbeitsplatz und einen anständigen Lohn verschaffen, und da durch die Massenproduktion die Herstellungskosten für das einzelne Auto sanken, konnten es sich die Arbeiter schon bald leisten, selbst eines ihrer Produkte zu kaufen.

Das Modell T war ein Fahrzeug von bestechender Einfachheit; wenn etwas daran nicht in Ordnung war, stieg der Besitzer mit etwas technischer Begabung einfach aus und behob den Defekt. Es fuhr ohne Schwierigkeiten über unbefestigte, für Pferde gebaute Straßen, aus denen die Mehrzahl der Verkehrswege des Landes bestand und die für anspruchsvollere Automobile unüberwindliche Hindernisse darstellten. Da sein Chassis hoch war, konnte es bequem über ziemlich hohe Buckel hinwegfahren. Nicht lange, und das größte Problem der Ford Motor Company bestand darin, mit den Auftragseingängen Schritt zu halten.

Weil das Modell T so erfolgreich war – wegen der enormen Nachfrage wurden die Händler manchmal ersucht, keine Bestellungen mehr anzunehmen –, wandte sich Fords Aufmerksamkeit nun der Herstellung seiner Produkte zu. Die Fabrik und mehr noch die Fertigung wurden zu seinen wahren Leidenschaften. Der Produktionsprozeß, erzählte er jedermann, das sei das Aufregende in seiner Welt. Er erlebe jeden Tag so dramatische Veränderungen der Produktionsmöglichkeiten und -leistungen, daß ihm die Arbeit in der Fabrik wie Zukunftsarbeit vorkomme. Bereits vor dem großen Erfolg des Modell T hatte er sich über den Herstellungsprozeß Gedanken gemacht, 1908 hatte er einen Rationalisierungsfachmann namens Walter Flanders engagiert und ihm die fulminante Prämie von 20 000 Dollar versprochen, falls er das Werk in zwölf Monaten so umorganisieren könnte, daß es im Jahr 10 000 Automobile produzierte. Flanders krempelte die Organisation in der Fabrik völlig um und unterschritt die Frist um zwei Tage. Die zunehmende Mechanisierung der Fertigung bedeutete, daß die Tage des Autobastlers in seiner Garagenwerkstatt vorüber waren. Inzwischen war die Produktion zu einem Prozeß geworden, einem *Fluß*, und dieser würde immer mehr Geld und Beschäftigte erforderlich machen. Flanders war sich im klaren darüber, daß jeder kleine Fortschritt in der Fertigung, jede Neuerung, die ein höheres Produktionstempo ermöglichte und die Herstellungskosten drückte, unvermeidlich auch ein Wachstum des Unternehmens erzwang. »In Zukunft«, sagte er zu einem Detroiter Reporter, »wird die Geschichte der Branche die Geschichte eines Ringens zwischen Giganten sein.«

Dann erwarb Ford sein Werksgelände Highland Park. Hier wollte er die modernsten Ideen für die Produktion, insbesondere die von Frederick Winslow Taylor entwickelten, in die Praxis umsetzen. Sie würden, so hatte Taylor prophezeit, die industrielle Fertigung durchgreifend rationalisieren. Der Grundgedanke bestand darin, jede Arbeit in kleinere Einheiten zu zerlegen, von denen jede einzelne mechanisiert und beschleunigt werden konnte und schließlich zu einem geradlinigen Produktionsprozeß kleiner Teile führte, die ständig größer wurden. Der Produktionsprozeß begann sich im Frühjahr 1913 zu verändern. Der erste Abschnitt des modernen Fließbands beförderte die Spulen der Magnetzündung. Früher hatte ein Arbeiter – und er mußte Fachmann sein – ganz allein eine Schwungradmagnetzündung vom Anfang bis zum Ende zusammengebaut. Eine gute Arbeitskraft brachte es pro Tag auf fünfunddreißig bis vierzig Stück. Nun aber gab es eine kontinuierliche Fertigung der Magnetzündungen. Sie war in neunundzwanzig verschiedene Handgriffe eingeteilt, die von neunundzwanzig verschiedenen Männern ausgeführt wurden. Nach der alten Methode hatte es zwanzig Minuten in Anspruch genommen, eine Zündung herzustellen; nun waren dafür nur noch dreizehn Minuten notwendig.

Ford und seine Männer gingen schon bald daran, diese Ratonalisierung auch auf die übrige Fabrik auszudehnen. Sie führten ein vergleichbares System für die Montage von Motoren und Getrieben ein. Dann, im Sommer 1913, nahmen sie sich die Endmontage vor, die mit der zunehmenden Beschleunigung des übrigen Herstellungsprozesses zum großen Engpaß geworden war. Die Arbeiter bewegten sich, so rasch sie konnten, um einen unbeweglichen metallenen Gegenstand herum, das Automobil, das sie zusammenbauten. Wenn es sich so einrichten ließe, daß die Männer an ihrem Platz blieben, während das halbfertige Fahrzeug sich zwischen ihnen hindurchbewegte, würde weniger von der Zeit der Arbeitskräfte – Fords Zeit – vergeudet werden.

Charles Sorensen, der eine der leitenden Positionen in der Produktion erreicht hatte, ließ mit Hilfe einer Winde ein Modell-T-Chassis gut fünfundsiebzig Meter über den Fabrikflur ziehen und maß mit der Uhr sämtliche Phasen des Prozesses. Hinter ihm gingen sechs Arbeiter, die von Haufen in genau bemessenen Abständen Teile nahmen und sie ans Chassis montierten. Das war die Geburt der Fertigungsstraße, des Inbegriffs dessen, woraus sich die amerikanische industrielle Revolution entwickeln sollte. Vorher hatte es rund dreizehn Stunden gedauert, ein Automobil herzustellen; jetzt hatte man die Zeit für die Montage halbiert, auf fünf Stunden und fünfzig Minuten. Damit noch nicht zufrieden, verdoppelten Fords Leute ihre Anstrengungen, verlängerten die Fertigungsstraße und setzten mehr spezialisierte Arbeiter für die Endmontage ein. Schon nach wenigen Wochen konnten diese ein Automobil in ganzen zwei Stunden und achtunddreißig Minuten fertigstellen. Nun folgte immer rascher ein Durchbruch auf den andern. Im Januar 1914 installierte Ford das erste automatische Fließband. Es war, wie er sagte, die erste bewegliche Montagestraße, die überhaupt je in einem Industriewerk eingesetzt wurde. Sie war den Elektrohängebahnen nachgebildet, die die Fleischwarenhersteller in Chicago benutzten, um geschlachtete Rinder zu bewegen. Bereits zwei Monate nach Einführung dieser Neuerung konnte man bei Ford ein Automobil in anderthalb Stunden zusammenbauen.

Die neue Ära ließ sich verheißungsvoll an. Henry Ford konnte nun seine Autos in Massenproduktion herstellen und zugleich die Preise dramatisch senken. 1909 brachte ein Automobil einen Durchschnittsgewinn von 220 Dollar elf Cent; 1913 dann, als die neue, beschleunigte Fertigung begann, betrug er nur noch 99 Dollar vierunddreißig Cent. Doch der Gesamtgewinn der Gesellschaft kletterte rasch, da Ford jetzt so viel Fahrzeuge mehr absetzte. Als die Firma das Modell T zu produzieren begann, verfügte sie über Kassenbestände von etwas über zwei Millionen Dollar. Neunzehn Jahre – und mehr als fünfzehn Millionen Autos – später, als Ford widerstrebend zu der Erkenntnis kam, er müsse die Produktion des Modell T einstellen, betrugen die Barguthaben 673 Millionen Dollar. Dies bezeugte nicht nur den Erfolg eines Unternehmens, sondern auch den Beginn einer gesellschaftlichen Revolution. Ford selbst war sich sehr bewußt, was er erreicht hatte – einen Umbruch im Leben des einfachen Mannes. »Die Massenproduktion«, schrieb er später, »geht dem Massenkonsum voraus und ermöglicht ihn durch Kostensenkung, was das Produkt für den Nutzer zugänglicher und billiger macht.«

Der Preis des Modell T sank auch weiterhin, von 780 Dollar im Geschäftsjahr 1911/12 auf 690 im folgenden Jahr, dann auf 600, 550 und am Vorabend des Ersten Weltkriegs auf 360 Dollar. Zu diesem Preis verkaufte

Ford 730 041 Autos. Er überflügelte alle anderen Produzenten in der Welt. 1914 stellte die Ford Motor Company mit 13 000 Beschäftigten 267 720 Automobile her, die anderen 299 amerikanischen Autoproduzenten, mit 66 350 Beschäftigten, fertigten zusammen nur 286 770. Während Ford bei immer rascher steigender Produktion seinen Preis drückte, erlebte er, wie sein Marktanteil hochschnellte – 1908 9,4 Prozent, 1911 20,3 Prozent, 1913 36,9 Prozent und 1914, als sich die Mechanisierung voll auswirkte, 48 Prozent. 1915 setzte das Unternehmen Autos in einem Gesamtwert von hundert Millionen ab; 1920 betrugen die durchschnittlichen Monatseinnahmen nach Steuern sechs Millionen Dollar. Etwas auch nur entfernt Ähnliches hatte die Welt noch nicht erlebt. Die Autos purzelten förmlich vom Fließband.

Fords Auftreten war beinahe perfekt mit der Entdeckung riesiger Ölvorkommen im Südwesten der Vereinigten Staaten synchronisiert. Dank diesen Funden wurden die USA die einzige Industrienation der Erde, die billige Energiequellen besaß. Nun konnte es sich jedermann leisten, ein Jedermannsauto zu fahren.

Wenn Nachiro Amaya vom japanischen Ministerium für internationalen Handel mit seiner Ansicht recht hatte, das amerikanische Jahrhundert und das Jahrhundert des Erdöls seien ein und dasselbe, dann hatte es am 10. Januar 1901 auf einem Feld gleich außerhalb von Beaumont in Texas begonnen. Das Feld wurde Spindletop (Spindelkuppe) genannt, weil die dort stehenden kümmerlichen Pinien wie Spindeln aussahen. Schon seit Jahren hatten Kinder aus dem Ort sich einen Spaß daraus gemacht, zum Spindletop hinauszugehen und brennende Zündhölzer auf das Feld zu werfen. Wenn die Zündhölzer auf die starken Petroleumdämpfe trafen, die aus dem Boden drangen, entstand eine ansehnliche Flamme. Doch jeder, der die Ansicht äußerte, unter dem Boden befinde sich wirklich Erdöl, galt als nicht recht bei Verstand. In Texas gebe es kein Öl zu entdecken; Öl finde sich nur in Gegenden wie Pennsylvania, West Virginia und Ohio.

Doch der aus Beaumont stammende Patillo Higgins ließ sich nicht davon abbringen, daß sich unter Spindletop ein Ölvorkommen befinden müsse, und versuchte mehrere Jahre lang, den Beweis dafür zu erbringen. Das hatte ihn schon 30 000 Dollar eigenes Geld gekostet, und Freunden schuldete er weitere 17 000. Ein Versuch nach dem andern scheiterte, und er war gezwungen, andere Leute um finanziellen Beistand anzugehen, um weiterbohren zu können. Damit sank sein eigener Anteil an dem Konsortium immer mehr. Higgins verlor zwar nie die Zuversicht, aber in seinem Heimatort wurde er immer mehr zu einer Spottfigur. Seine Nachbarn verpaßten ihm den Spitznahmen ›der Millionär‹. Die Bohrarbeiten gingen immer zäher voran; kurz vor dem Neujahrstag war man durch dreiundvierzig Meter massiven Felsgesteins auf eine Tiefe von 310 Metern gelangt. Am 10. Januar war es dann so weit. Ein Erdöl-Geysir schoß aus dem Boden und dreißig Meter über die Spitze des Bohrturms in die Luft. Dergleichen hatte bis dahin noch niemand gesehen, und damit kam das Wort ›gusher‹ (Springquelle) in Gebrauch.

Zunächst vermochte niemand abzuschätzen, wieviel Öl das Feld hergab. Manche meinten, 30 000 Barrel pro Tag, andere sprachen von 40 000. Tatsächlich aber lieferte diese einzige Springquelle täglich 100 000 Barrel, rund sechzig Prozent der gesamten amerikanischen Ölförderung. Die neue Quelle auf Spindletop produzierte ebensoviel wie sämtliche 37 000 Bohrlöcher ostwärts, im Rockefeller-Konzessionsgebiet. Schon kurz danach waren fünf weitere Bohrungen erfolgreich niedergebracht. Schließlich stellten Experten fest, daß das Öl aus den ersten sechs Bohrlöchern, rund 136 Millionen Barrel pro Jahr, die von Rußland als damals größtem Erdölproduzent der Welt geförderte Menge um mehr als das Doppelte übertraf. Ja, vor Spindletop hatte die gesamte amerikanische Ölförderung nur achtundfünfzig Millionen Barrel jährlich betragen, achtundvierzig davon unter der Ägide von Standard Oil.

Beaumont in Texas wurde sofort zur ersten der Ölboom-Städte im Südwesten, die explosionsartig zu gewaltigem Wohlstand aufstieg. Beinahe von einem Tag auf den andern schwoll die Kleinstadt zu einem Gemeinwesen von 50 000 Einwohnern an. Beaumont war eine rauhe Welt von Männern, die darauf versessen waren, ihr Glück zu machen – ›Oil Boomers‹, die schnelles Geld machen wollten.

Binnen eines einzigen Jahres waren in Texas 500 Firmen ins Ölgeschäft eingestiegen. Ganz allein hatte Spindletop das Bild der amerikanischen Wirtschaft, ja, der Zukunft Amerikas verändert. Vor dem Ölfund hatte man Erdöl für Beleuchtungszwecke, nicht als Energiequelle benutzt. (Bis 1911 wurde mehr Petroleum als Benzin verkauft.) Spindletop eröffnete in den USA das Zeitalter der flüssigen Brenn- und Treibstoffe. Schon ein Jahr nach der Entdeckung des Vorkommens wurde Erdöl für alle möglichen neuen Verwendungszwecke sowohl in der Industrie wie in Privathaushalten eingesetzt, und die Wirtschaft des Landes begann von Kohle auf Öl als Energieträger umzustellen. Ein ganzes Land trat in eine Epoche der Modernisierung, Industrialisierung, Mechanisierung und Elektrifizierung ein.

Geopolitisch betrachtet machten die Ölfunde Amerika zur mächtigsten Nation der Erde, obwohl dies den Amerikanern damals noch nicht bewußt wurde. Überall veränderte sich das Gleichgewicht der Macht. Der Krieg 1914–18 war der erste mit Hilfe des Öls geführte bewaffnete Konflikt. Marschall Joffre gewann die Marne-Schlacht dadurch, daß er in Paris jedes Taxi requirieren und damit seine Soldaten an die Front schaffen ließ. Die Alliierten, sagte Lord Curzon später, »trieben auf einer Woge von Öl zum Sieg.« Erich Ludendorff, der Chef des deutschen Generalstabs, führte die deutsche Niederlage darauf zurück, daß das Reich kein Öl besaß, und der französische Außenminister Aristide Briand bemerkte: »Heutzutage macht das Petroleum Außenpolitik.«

Das Erdöl war die neue Währung der industrialisierten Welt, die Vereinigten Staaten waren reich und die anderen Industrienationen vergleichsweise arm. Die Franzosen hatten in der frühen Entwicklungsphase des Automobils zwar noch größere Schrittmacherdienste geleistet, aber es fehlten ihnen sowohl der Markt als auch die Ölquellen, um bei dem stürmischen Vorstoß der Amerikaner ins Ölzeitalter mithalten zu können. Der Umfang all dieser Ölfunde hatte den Preis niedrig gehalten. Nun entstand derart viel Wohlstand, daß nicht nur die Männer der Ölbranche einen ganz eigenen Maßstab des Reichtums aufstellten, sondern auch die Massen davon profitierten. Mochte auch eine Handvoll Männer dank den Ölfunden Millionen scheffeln, die meisten Amerikaner schienen sich nicht daran zu stoßen, denn auch ihnen kam der unverhoffte Segen zugute, und ihre Lebensverhältnisse verbesserten sich rasch. Zwar empfanden sie sich im Augenblick noch als Glückskinder, doch schon bald gewöhnten sie sich daran. Sie begannen ihren unterirdischen Reichtum als selbstverständlich zu betrachten, so wie viele andere Dinge, die ihnen in den Schoß gefallen waren. Die Menschen, denen das billige Öl das Leben erleichterte, vergaßen schon bald, daß es früher ganz anders ausgesehen hatte.

Der bevorzugten Stellung der Vereinigten Staaten war man sich in anderen Ländern stärker bewußt. Da dort die Versorgung mit flüssigen Energieträgern weniger gut gesichert war, ging man behutsamer damit um. Amerika stellte seine Industrieanlagen und ihre Stromversorgung rasch auf Öl um; die Europäer warteten bis nach dem Zweiten Weltkrieg, und auch dann begannen sie erst unter dem vereinten Druck von Bergarbeiterstreiks und politischen Maßnahmen der Vereinigten Staaten von Kohle auf Öl umzuschalten. Da die Versorgung mit Erdöl für diejenigen, denen es daran fehlte, eine Quelle potentieller Verwundbarkeit darstellte, wurde in den europäischen Staaten der Benzinverbrauch stark besteuert. Infolgedessen entwickelte sich hier das Auto erst zwanzig bis dreißig Jahre später als in Amerika zu einem Fahrzeug für die breiten Mittelschichten, und die in Europa produzierten Pkw waren kleiner und sparsamer im Verbrauch. Da die amerikanischen Farmer rasch zur Mechanisierung übergingen, florierte die Landwirtschaft. Die modernen Agrarbetriebe wurden größer, und kleine, altmodische Farmen begannen auszusterben. In weiten Bereichen Europas hingegen gab es sogar noch in den fünfziger und sechziger Jahren Bauern, die kleine Felder mit Gespannen bewirtschafteten.

Die billige Energie und ein billiges Auto für die breiten Massen verwandelten alsbald die amerikanische Landschaft. Plötzlich entstanden überall Straßen, deren Bau naheliegenderweise mit einer Benzinsteuer finanziert wurde. Orte, die für einen Bahnanschluß zu klein gewesen waren, ließen sich nun über Straßen erreichen; den Farmern erschlossen sich jetzt Märkte, zu denen sie früher keinen Zugang gehabt hatten. Ländliche Geschäfte an alten Wegkreuzungen, die jeden erdenklichen Artikel feilboten, wurden schon bald durch spezialisierte verdrängt, denn nun konnten sich die Leute ins Auto setzen und dort einkaufen, wo es ihnen gefiel. In Familien, die bis dahin eher geschlossen und auf sich selbst konzentriert gewesen waren, zum Teil, weil man die Abende nirgendwo anders verbringen konnte, schwächte sich der Zusammenhalt etwas. Nun konnte man sich ins Auto setzen und unternehmen, wozu man Lust hatte. Das Auto stimulierte den Zug ins Weite der amerikanischen Psyche und die Wurzellosigkeit der Amerikaner; eine ganze Generation empfand weniger Hemmungen denn je zuvor, der regionalen Umgebung und den Lebensgewohnheiten der Eltern den Rücken zu kehren und ihre eigenen Wege zu gehen.

Wenn die USA sich schon vor dem ersten Erscheinen des Automobils von Europa insofern unterschieden hatten, als die Menschen dort keine Bindung an die Vergangenheit hatten und das Recht beanspruchten, ihr Leben selbst in die Hand zu nehmen, dann wurde dieser Unterschied durch das Auto noch gewaltig verstärkt. In Europa fühlten sich viele junge Männer und Frauen als Gefangene der Vergangenheit; sie waren in einer bestimmten Klasse in einem bestimmten Dorf herangewachsen, sie würden in diesem Dorf bleiben, die gleiche Schulbildung wie ihre Eltern erhalten und mit der gleichen Arbeit ihr Brot verdienen. In Amerika hingegen begünstigte das Automobil die neue räumliche und soziale Mobilität. Man brauchte nicht dort zu leben, wo Vater oder Großvater gelebt hatten; man war nicht gezwungen, sich auf die gleiche Weise den Lebensunterhalt zu verdienen. Wenn dem modernen Amerikaner die Kleinstadt beengend erschien, brauchte er sich nur ins Auto zu setzen und irgendwoanders hinzufahren. Das Automobil leistete seinen eigenen, überaus bedeutsamen Beitrag dazu, Klassenschranken niederzureißen und Amerika noch weiter von seinen europäischen Ursprüngen fortzuführen.

Die außergewöhnliche Expansion der Ölbranche stärkte Bedeutung und Erfolg Henry Fords in hohem Maß. Er lieferte die Autos, Texas stellte das Benzin zur Verfügung. Grenzen setzten Ford allein die Herstellungskapazitäten, und nach wie vor stand er ganz im Bann des Produzierens. Von dem Geld, das die Firma einnahm, wollte er möglichst viel wieder in die Fabrik stecken. Bankiers und Finanziers waren ihm ohnehin verhaßt, und an Aktionäre wollte er das Geld des Unternehmens nicht verschwenden. Er sah in ihnen Parasiten, Leute, die von der Mühsal anderer lebten. Die Brüder Dodge, die in den frühen Jahren viele Einzelteile für Ford hergestellt hatten und dafür mit ansehnlichen Aktienpaketen entlohnt worden waren, verklagten ihn 1917: Er schütte keine Dividenden aus und pumpe zuviel Geld in die Firma zurück. Es war ein Aufsehen erregender Prozeß, bei dem es um rund vierzig Millionen Dollar ging. Vor Gericht erklärte Ford, das Geld wieder in die Firma zu stecken, das bereite ihm als Unternehmer das größte Vergnügen. Aber dieses Vergnügen, erwiderte der Anwalt der Gegenpartei, gehe »auf Kosten der Ford Motor Company«.

»Es würde überhaupt keinen Spaß machen, wenn wir nicht versuchten, Sachen zu machen, von denen andere sagten, wir schaffen es nicht«, antwortete Ford.

In diesem Prozeß sprach er auch von seinen »schrecklichen« Gewinnen, und als ihn die Anwälte der Kläger dazu befragten, sagte er mit entwaffnendem Freimut: »Es will uns anscheinend nicht gelingen, die Profite in Grenzen zu halten.« Ford verlor den Prozeß und wurde dazu verurteilt, neunzehn Millionen an Dividenden herauszurücken, wovon elf Millionen an ihn selbst gingen. Das Urteil war für ihn vermutlich mit ein Anstoß, das Aktienkapital möglichst weitgehend unter seine Kontrolle zu bringen, damit möglichst wenig Geld ›verschwendet‹ wurde. Denn Dividenden für Aktionäre waren für ihn zum Fenster hinausgeworfenes Geld, Geld, das nicht arbeitete. Geld für die Fabrik, das war ein ganz anderer Fall.

Aus diesem Gerichtsverfahren resultierten die Mittel und die Entschlossenheit, das Werk Rouge zu bauen, sein großes Meisterstück als Unternehmer, ein ganz und gar unabhängiger industrieller ›Stadtstaat‹. In der folgenden Epoche war ihm für das Rouge nichts zu gut; das Werk bekam die besten Hochöfen, die besten Werkzeugmaschinen, die besten Labors für die Erprobung neuer Legierungen, die besten elektrischen Anlagen, die tüchtigsten Rationalisierungsexperten. In der Reifephase seiner Entwicklung, Mitte der zwanziger Jahre, ließ das Rouge alle anderen Industriekomplexe als Kümmerlinge erscheinen. Das Werk war anderthalb Meilen lang und eine Dreiviertelmeile breit. Das Areal umfaßte dreiundneunzig Gebäude, davon dreiundzwanzig besonders große. Die Bahngleise im Werkbereich waren dreiundneunzig, die Förderbänder insgesamt siebenundzwanzig Meilen lang. Von den rund 75 000 Beschäftigten hatten 5 000 nichts anderes zu tun, als für Sauberkeit zu sorgen, wofür sie pro Monat sechsundachtzig Tonnen

Seife und 5 000 Scheuerlappen verbrauchten. Nach den Maßstäben der Zeit war das Rouge denn auch eine saubere und lärmarme Arbeitsstätte.

Da Ford mit der Qualität des Stahls unzufrieden war, den ihm die Stahlkonzerne obendrein auch noch unpünktlich lieferten, fragte er einen seiner Spitzenmanager, Sorensen, wieviel es kosten würde, auf dem Gelände des Rouge ein Stahlwerk zu errichten. Etwa fünfunddreißig Millionen Dollar, antwortete Sorensen. »Worauf warten Sie dann noch?« sagte Ford. Alsbald dampften Prähme, mit Eisenerz beladen, in die Docks, und während sie noch anlegten, schwenkten schon riesige Kräne heraus und begannen mit dem Entladen. Der Prozeß war revolutionär. Am Montagvormittag traf ein mit Erz beladener Prahm im Dock ein, und das Erz kam in den Hochofen. Am Dienstag strömte das Eisen in eine Gußform, und später am selben Tag entstand daraus ein Motor. Der Wirtschaftshistoriker John DeVenter schrieb mit ehrfürchtigem Staunen: »Hier erlebt man, wie ein Rohstoff in etwa dreiunddreißig Stunden in Bargeld verwandelt wird.« Rund dreißig Jahre später wurde die Erfindung des Just-in-Time-Prinzips der industriellen Fertigung, nach der die Teile von den Zulieferern zeitlich genau richtig für die Endmontage angeliefert werden, auf das Konto von Toyota verbucht. Doch genau genommen begann diese Entwicklung bereits im Rouge. Als 1982 Philip Caldwell, der Chef von Ford, Japan besuchte, brachte Eiji Toyoda vom Toyota-Konzern einen Trinkspruch auf ihn aus und sagte: »Es ist ja kein Geheimnis, Mr. Caldwell, wie wir das, was wir tun, gelernt haben. Wir haben es im Rouge gelernt.«

All dies zusammen, der Bau des Rouge als *der* ultramodernen Industrieanlage, beschleunigte die Produktion noch mehr. Das Werk war in Etappen in Betrieb gegangen; zuerst, 1919, wurden Eagle Boats (U-Boot-Jäger) gebaut, 1920 nahm man die Roheisenproduktion auf und 1925 schließlich die Herstellung von Traktoren- und Pkw-Motoren. Erst 1928, als Ford vom Modell T zum Modell A überging, wurde das Rouge zum imposantesten integrierten Industriekomplex in der Geschichte der Industrie. Die Produktion eines Autos, vom Rohmaterial bis zum fertigen Exemplar, nahm nun nicht mehr einundzwanzig, sondern nur noch vier Tage in Anspruch.

Das Rouge war Fords größter Triumph, und nach der Vollendung des Werks war er unstreitig die dominierende Unternehmerfigur in Amerika und in der ganzen entwickelten Welt. Er hatte den industriellen Herstellungsprozeß auf den Gipfel geführt, und was er mit dem Rouge geschaffen hatte, wurde dann von zahllosen anderen in kleinerem Maßstab kopiert. Er hatte der Welt das erste Massenauto geschenkt und Reichtümer angehäuft, die er weder ausgeben konnte noch ausgeben wollte. Er hatte es auch zu einer gewaltigen Popularität gebracht – als der Mann, der in seinem Leben den amerikanischen Traum verwirklicht hatte. Doch bereits damals begannen Kräfte, die er selbst mit in Bewegung gesetzt hatte, die Schattenseite seines Charakters offenbar werden zu lassen.

Achtundfünfzig Jahre später, 1983, begegnete ein hochrangiges Mitglied der amerikanischen Botschaft in Tokio zufällig einem der Topmanager von Nippon Kokan, einem der großen japanischen Stahlhersteller. Nippon Kokan trug sich zu dieser Zeit mit dem Gedanken, das alte Stahlwerk Rouge zu erwerben, das einige Jahrzehnte früher als das modernste der Welt gegolten hatte.

»Was für einen Eindruck macht das Werk?« fragte der amerikanische Diplomat.

»Für amerikanische Verhältnisse einen sehr guten«, antwortete der japanische Manager.

»Werden Sie irgendwelche Veränderungen vornehmen müssen?« erkundigte sich der Amerikaner.

»Schon«, sagte der Japaner. »Als erstes müssen wir das Stranggußverfahren einführen.« Das war inzwischen, wie der Amerikaner wußte, zum Herzstück jedes wirklich modernen Stahlwerks geworden.

»Sonst noch etwas?« fragte er.

»Eine neue Walzstraße«, sagte der Japaner und meinte damit eine Anlage, die dem Stahl genau die gewünschte Qualität verleiht. »Und eine neue Glüherei.«

Der spricht ja, dachte der Amerikaner, von einem völlig neuen Stahlwerk.

Zu der Transaktion kam es dann doch nicht. Zwischen den japanischen Konzernherren und den amerikanischen Arbeitern gab es Meinungsverschiedenheiten, worauf die Japaner, ohnedies nicht sehr kauflustig, ihr Angebot zurückzogen. Es blieb der Ford Motor Company überlassen, das Rouge zu modernisieren. 300 Millionen Dollar kostete schließlich der Versuch, das einst modernste Stahlwerk der Welt so umzurüsten, daß es gegen die japanische und koreanische Konkurrenz bestehen konnte.

5
Der Zerstörer

Henry Ford schien alle Aspekte industrieller Unternehmungen zu beherrschen, aber seine Stärken verwandelten sich schließlich in Schwäche. Ein sattsam bekanntes Beispiel war das viel zu lange Verharren bei seinem Grundmodell, das Ignorieren technologischer Veränderungen an den Wagen selbst, gleichzeitig aber das besessene Verfolgen technologischer Veränderungen bei ihrer Produktion. Von Anfang an schmetterte er alle Versuche ab, das Modell T weiterzuentwickeln. 1912, als er sich auf einer Reise in Europa befand, nahmen seine Ingenieure ein paar kleine Änderungen vor, die den Wagen verbessern sollten. Ihre Version des T war flacher und etwa 30 Zentimeter länger. Es war ein besseres, ruhiger fahrendes Fahrzeug, und seine Mitarbeiter hofften, ihn zu überraschen und ihm eine Freude zu machen. Als er wiederkam, zeigten sie ihm das abgeänderte Modell. Er ging einige Male um den Wagen herum. Dann trat er an die linke Tür und riß sie heraus. Dann riß er die andere Tür heraus. Dann zertrümmerte er die Windschutzscheibe. Dann warf er den Rücksitz hinaus und demolierte das Wagendach mit seinem Schuh. Während der ganzen Zeit sagte er kein Wort. Es gab keinen Zweifel, wessen Wagen der T war, und keinen Zweifel, wer der einzige war, der ihn ändern durfte.

Auch eine andere Stärke Fords, die optimale Nutzung menschlicher Arbeitskraft, wendete sich zum Schlechten. Die ersten Arbeiter bei Ford waren geschickte Handwerker gewesen, die bei der Arbeit an den Entwürfen herumprobierten. Eine Stelle bei Ford, das wußte jeder, war begehrt, weil Henry Ford technisch immer ganz vorne war, immer versuchte, etwas besser zu machen, und wem an Qualität lag, der wollte in seinem Betrieb arbeiten. Doch das Förderband änderte die Arbeit. Diese neuen Arbeitsplätze verlangten weit weniger Können und boten weit weniger Befriedigung. Der Druck, die Produktion zu maximieren, wurde gnadenlos. Männer, die stolz auf ihr

Können gewesen waren und gern mit Maschinen gearbeitet hatten, sahen sich plötzlich als Sklaven dieser Maschinen, ihr Können war nicht mehr gefordert. Je mehr der Betrieb mechanisiert wurde, desto schneller löste sich die Belegschaft auf. Die Arbeiter begannen abzuwandern. Ford selbst wurde von den Arbeitern als »Tempokönig« verspottet. Detroit war als Unternehmensstadt mit schwachen Gewerkschaften bekannt. Jetzt sprach die Industriearbeitergewerkschaft IWW (Industrial Workers of the World), eine der radikaleren Arbeiterbewegungen des Landes, von einem Totalangriff auf Ford.

Die Fluktuation bei den Arbeitern betrug 1913, im Jahr der großen Mechanisierung, 380 Prozent. Und es wurde bald noch schlimmer. Um hundert Mann im Betrieb zu haben, mußte Ford fast tausend einstellen. Ford und sein Hauptgeschäftspartner James Couzens verfielen auf die Idee des 5-$-Tags – einer Verdopplung des bestehenden Lohns. Was von den meisten Beobachtern als Akt der Großherzigkeit aufgefaßt wurde, war in Wirklichkeit ein Akt der Verzweiflung. Ford rechnete damit, daß ein Tageslohn von 5 $ die besten Arbeiter anlocken, die Unruhe unter den Arbeitern verringern und ihm somit sogar einen noch höheren Gewinn bringen würde. Im übrigen hielt er es für einen Fehler, Geld für die teuersten Maschinen auszugeben und diese kostbaren Stücke dann mürrischen, unzuverlässigen, vielleicht unfähigen Arbeitern zu überlassen.

Dennoch wurde Ford von anderen Kapitalisten beschuldigt, er sei zum Verräter an seiner Klasse geworden – obwohl Ford sich nie für einen der ihren gehalten hatte; er sah sich als Angehöriger der produktiven Klasse. Das *Wall Street Journal* schrieb, dieser Lohn sei ein »wirtschaftliches Verbrechen«, die *New York Times* nannte ihn »eindeutig utopisch« und ein anderes Blatt meinte, er werde die Unterschicht für immer unglücklich machen. Fords Gespür erwies sich jedoch als richtig. Die Entscheidung brachte nicht nur die Arbeiter zur Ruhe, sie war auch eine so erfolgreiche PR-Geste, daß Ford seine Werbung erheblich einschränken konnte. Er sprach von ihr gern als einem der klügsten Schritte zur Kosteneinsparung, den er je gemacht hatte, und betonte, daß er nichts Philanthropisches im Sinn gehabt habe. Tatsächlich betrug der Gewinn der Ford Motor Company 1914, 1915 und 1916, in den ersten drei Jahren des 5-$-Lohns, nach Steuern 30 Millionen, 20 Millionen bzw. 60 Millionen Dollar. Die Arbeiter waren vom 5-$-Tag wie elektrisiert. Am Tag nach der Bekanntgabe des neuen Lohns stürmten über zehntausend Menschen die Werkstore von Ford, um sich zu bewerben. Ford hatte die Besten der Besten unter den Arbeitern haben wollen, und die hatte er jetzt. Tagelang drängten sich die Massen, und die Polizei mußte kommen, um Ordnung zu halten.

Es war wahrscheinlich das erste Mal, daß die Früchte des vom Erdöl beflügelten Industriezeitalters auch dem normalen Arbeiter zugute gekommen waren. Normalerweise hatte ein Arbeiter eine harte, undankbare Tätigkeit, die ihm kaum Chancen bot. Er beendete sein Leben so, wie er es begonnen hatte, und seine Kinder waren zum gleichen Dasein verurteilt. Jetzt jedoch, bei billigem Erdöl und Massenproduktion, änderte sich der industrielle Zyklus. Er war dynamischer, schuf sehr viel mehr Gewinn und viele neue Güter, die Käufer mit Geld erforderten, die sie kauften. Der Arbeiter wurde zum Verbraucher in einem sich ständig erweiternden Kreislauf des Wohlstands. Mehr als ein Jahrzehnt später, als Fords Privatvermögen auf fast eine Milliarde Dollar geschätzt wurde, fragte ihn ein Journalist, ob er seinen Reichtum und seine Privilegien mit denen eines Pharaos vergleichen würde. Ford erwiderte, es wäre besser, einen Artikel über das Leben eines Ford-Arbeiters zu schreiben, dessen Lohn inzwischen auf 7 $ pro Tag gestiegen war, und es zu vergleichen mit dem »eines der armen Kerle auf den Pyramiden, der für zehn Cents am Tag arbeitete«.

Henry Ford war ein seltsamer, pfiffiger, etwas streitsüchtiger Farmer aus Michigan, dessen handwerkliches Geschick ihn weit über den Platz in der Gesellschaft hinaus katapultiert hatte, auf dem er sich wohl fühlte. Er war die vielleicht größte Berühmtheit seiner Zeit. Reporter lungerten vor seinem Büro herum und zitierten jedes seiner Worte. Vieles von dem, was er sagte, war Unsinn, wenn auch höchst zitierbarer Unsinn. Über Zigaretten sagte er: »Betrachten Sie die Geschichte der Verbrecher, und Sie stoßen fast immer auf einen unverbesserlichen Raucher.« Er verabscheute das Essen der Amerikaner seiner Generation – »Die meisten Menschen graben sich ihr Grab mit den Zähnen«, sagte er einmal. Er war der Meinung, daß Leute, die eine Brille trugen, einen schweren Fehler begingen; sie sollten ihre Brille wegwerfen und ihre Augen trainieren.

Er setzte seine Volkstümlichkeit zum Wohl des Unternehmens ein und arbeitete selbst am Mythos Henry Ford. Wenn er sich in späteren Jahren bei der Arbeit den Knöchel verletzte, wurde bekanntgegeben, daß er sich beim Spielen mit seinen Enkelkindern verletzt habe. Als er sich anläßlich der Ausgabe einer Briefmarke zur Erinnerung an seinen Freund Edison nach Atlantic City begab, hatte er, wie sich herausstellte, kein Geld bei sich. Und so ging ein Foto um die Welt, das den Chef der Ford Motor Company und vielleicht reichsten Mann der Welt zeigte, der sich beim Bürgermeister von Atlantic City zwei Cents lieh, um eine Briefmarke kaufen zu können. Bei einer anderen Gelegenheit bemerkte jemand, daß seine Schuhe nicht zueinander paßten; er erklärte, daß er jedes Jahr an seinem Geburtstag einen alten Schuh anziehe, um sich daran zu erinnern, daß er einmal arm war und wieder arm werden konnte.

In mancher Hinsicht war er ein schüchterner Mann. Im alten Ford-Betrieb hatte sein Büro ein Fenster, durch das er nach draußen kletterte, wenn er Besuchern ausweichen wollte. Trotzdem war ihm sehr genau bewußt, daß sein Name der des Unternehmens war und daß seine persönliche Bekanntheit dem Unternehmen grundsätzlich nützte. In einer Zeit, in der nur wenige Personen des öffentlichen Lebens viel Post bekamen, erhielt Henry Ford bis zu achttausend Briefe in der Woche. Er war auch ein harter Mann und wurde umso härter, je älter er wurde. Er mißtraute der Freundschaft und meinte, sie mache ihn verwundbar – Freunde wollten vielleicht etwas von ihm. Er bediente sich der sogenannten Soziologischen Abteilung von Ford, die die Angestellten überprüfen und herausfinden sollte, ob sie zu Hause tranken oder mit der Gewerkschaft sympathisierten. Wurden sie eines dieser beiden Vergehen für schuldig befunden, feuerte man sie. Trotz all seiner Volkstümlichkeit beurteilte er den normalen Angestellten pessimistisch. Die Männer arbeiteten, wie er sagte, aus zwei Gründen: »Einmal wegen des Geldes, und zum anderen aus Angst davor, ihre Arbeit zu verlieren.«

In den 20er Jahren geriet Henry Ford immer mehr in die Isolation. Er hatte entscheidend dazu beigetragen, die Verhaltensweisen sowohl der Arbeiter als auch der Kunden zu verändern. Doch er blieb der alte und wurde mehr und mehr zu einer Karikatur seiner selbst. Falls Ford außerhalb von Detroit noch als Wohltäter des gemeinen Mannes galt, war dieser Ruf in Detroit selbst verblaßt. Dort war er als Unternehmer bekannt, der Menschen bis an die Grenzen ihrer Leistungsfähigkeit trieb, damit sie seine Maschinen bedienten. Seine Arbeitspraktiken wurden rücksichtslos und häßlich, und er wurde zu einem erbitterten Gewerkschaftsgegner. Als die Arbeiterschaft des ganzen Landes immer unruhiger und anspruchsvoller wurde, bediente er sich der Faust und des Prügels, um seine Macht aufrechtzuerhalten. Sein Umgang mit den Arbeitern, der einst weithin so gelobt worden war, wurde jetzt zum Symbol der Unterdrückung.

Ford war ein Riesenunternehmen, das mehr und mehr durch die Launen eines alternden, bösartigen, oft irrationalen Exzentrikers gelenkt wurde. Es war kein kreatives Unternehmen mehr, das einer aufregenden neuen Idee folgte und von einem genialen Führer geleitet wurde. Für seine Ingenieure und Konstrukteure war die Ford Motor Company, die noch vor einem Jahrzehnt der attraktivste Arbeitsplatz in Amerika gewesen war, beruflich eine Sackgasse. Seine besten Leute wurden unruhig angesichts seines engstirnigen, oft willkürlichen, ja sogar unsinnigen Vorgehens. Er ließ jeden fallen, der anderer Meinung war als er. Wer innerhalb des Unternehmens zur Bedrohung werden konnte, etwa aufgrund überragender Führungseigenschaften, wurde so oft und so öffentlich wie möglich verspottet.

Schließlich vertrieb er auch Big Bill Knudsen, den dänischen Einwanderer, der im wesentlichen für den Ausbau der Ford-Fabriken im Ersten Weltkrieg verantwortlich war und allgemein als der fähigste Mann im Unternehmen betrachtet wurde. Knudsen war ein hervorragender Produktmann, der für Organisation und Ausstattung der Montagebetriebe für das Modell T zuständig war; vierzehn Betriebe hatte er in zwei Jahren aufgebaut. Der in den gesellschaftlichen Kreisen des industriellen Detroits bewunderte Mann war ungeheuer tüchtig und arbeitsam und griff zu keiner der Einschüchterungstaktiken, der sich so viele Führungsleute bei Ford bedienten. Seine großartige Arbeit während des Ersten Weltkriegs machte ihn zum Ziel häßlicher Angriffe durch Henry Ford. Knudsen war ein mächtiger, stämmiger Mann, einsachtundachtzig groß und 230 Pfund schwer, und er trank, rauchte und fluchte, was dem puritanischen Ford ausnahmslos zuwider war. Aber noch schlimmer war, daß Knudsen innerhalb des Unternehmens ganz eindeutig so etwas wie eine unabhängige Persönlichkeit wurde. Außerdem zog es ihn zu Fords Sohn Edsel, da er ihn für einen jungen Mann mit Begabung, Weitblick und gesundem Menschenverstand hielt. Sie sprachen darüber, das Modell T zu verbessern. Sie waren überzeugt, daß eine Gangschaltung mit unterschiedlichen Übersetzungen die Sache der Zukunft war, und sie sprachen über Annehmlichkeiten wie zwei Vordertüren statt einer. All das brachte den alten Ford nur in Rage und überzeugte ihn, daß Knudsen ein Intrigant war und zu mächtig wurde. Ford rächte sich, indem er mit viel Getöse ständig Knudsens Produktionsentscheidungen rückgängig machte. Knudsen entnervten diese öffentlichen Demütigungen ebenso wie das Unvermögen des Unternehmens, sich technologisch weiterzuentwickeln.

1921 kündigte er, praktisch hinausgezwungen. »Ich habe ihn gehen lassen, nicht weil er nicht gut war, sondern weil er zu gut war – für mich«, sagte Ford später.

Knudsen ging zu General Motors, wo ihm fast auf Anhieb die Verantwortung für die schwerfällige Chevrolet-Division des Unternehmens übertragen wurde. Es war die ideale Zeit für den Einstieg bei GM. Was Ford früher besser als jeder andere gemacht hatte, machten andere jetzt ebensogut oder besser; Prinzipien der Geschäftsführung und des Marketings, die er nie gelernt hatte – es war nicht notwendig gewesen, sie zu lernen, weil er Stil und Geschmack diktieren konnte –, lernten andere jetzt mit ungewöhnlichem Geschick. Innerhalb von drei Jahren nach Knudsens Eintritt entwickelte sich GM zu einem ernstzunehmenden Konkurrenten für Ford.

Als immer mehr gute Leute gingen und GM ein immer gefährlicherer Wettbewerber wurde, reagierte Henry Ford, indem er sich in sich zurückzog und sich mit Schlägertypen umgab. Da seine Händler den Aufstieg von

Chevrolet beobachteten und merkten, daß Chevrolet im Gegensatz zu Ford auf seine Händler und Kunden hörte, bedrängten sie ihn, sich umzustellen. Er verschloß die Ohren vor ihnen. Anfang der 20er Jahre wurde das Murren unter den Händlern stärker. Sie wollten insbesondere Veränderungen an der Zündanlage. Einige von ihnen wurden nach Detroit zu einem Treffen mit Henry Ford eingeladen.

»Solche Veränderungen gibt es nur über meine Leiche«, erklärte Ford. »Diese Magnetzündung bleibt drin, solange ich lebe.«

Fast zur gleichen Zeit fragten einige Händler Ford, ob er die Farbe vom Modell T ändern würde. »Jungs, ihr könnte jede Farbe haben, solange sie schwarz ist«, antwortete Ford.

Er war so eigensinnig geworden, daß Kritik am Modell T ihn wie Kritik an ihm selbst traf. Chevrolet war bald auf dem Vormarsch. Ford blieb trotzig beim Modell T. 1922 kann vielleicht als das Jahr angesehen werden, in dem der Markt am stärksten von Ford beherrscht wurde. Der Absatz war nie höher, und bei einem Durchschnittsgewinn von 50 $ pro Wagen erzielte das Unternehmen netto mehr als 100 Millionen Dollar. Von da an ging es bergab. Als Chevrolet zum Angriff überging, wirkte Fords traditionelle Reaktion, einfach den Preis zu senken, nicht mehr. Der Erfolg dieser Maßnahme war von der Absatzmenge abhängig gewesen, und die nahm ab. Von 1920 bis 1924 senkte Ford achtmal den Preis, aber die geringeren Gewinnspannen höhlten den Erfolg Fords allmählich aus. Für das Kalenderjahr, das im Februar 1924 endete, betrug der Nettogewinn des Unternehmens 82 Millionen Dollar; davon entfielen 29 Millionen Dollar auf den Verkauf von Ersatzteilen. Wenn irgend etwas den Stillstand des Unternehmens widerspiegelte, dann diese Zahl.

1926 ging der Umsatz bei Ford von 1,87 Millionen Wagen auf 1,67 Millionen zurück. In der gleichen Zeit steigerte Chevrolet seinen Absatz von 280 000 auf 400 000 Fahrzeuge. Amerikas Straßen wurden besser, und die Leute wollten Geschwindigkeit und Komfort. Im Gegensatz zu Ford reagierte Chevrolet. Angesichts der ständigen Angriffe von GM blieb Henry Ford wieder nur die Antwort, die Preise zu senken – zweimal in jenem Jahr. Das Modell T starb. Im Mai 1927, kurz bevor das fünfzehnmillionste Modell T vom Band lief, kündigte Henry Ford endlich an, daß sein Unternehmen einen neuen Wagen herausbringen werde. Der T war tot. Fords Herrschaft über einen Markt, den er selbst geschaffen hatte, war vorüber. Er schloß seine Fabriken, um sie umzurüsten, und entließ seine Arbeiter (viele von ihnen für immer).

Der neue Wagen war das Modell A. Er hatte Stoßdämpfer, eine serienmäßige Gangschaltung, eine Benzinuhr und einen Tachometer, alles Dinge, mit denen Chevrolet vorgeprescht war und die einzubauen Ford sich geweigert hatte. Das Modell A schien in jeder Beziehung besser als sein Vorgänger zu sein – komfortabler, doppelt so stark und schneller. Anfangs schien die Nation nach dem langerwarteten neuen Wagen von Ford zu lechzen. Als er schließlich fertig war und vorgestellt werden sollte, drängten sich gewaltige Menschenmassen an allen Ausstellungsplätzen. Zeitungen stellten das Erscheinen des Modells A in eine Reihe mit Lindberghs Atlantikflug, die Topmeldung des Jahrzehnts. Der Wagen wurde ein Riesenerfolg. Schon bevor er lieferbar war, lagen 727 000 Bestellungen vor.

Doch der Erfolg des Modells A war von relativ kurzer Dauer, denn erneut fror Henry Ford seine Technologie ein. Selbst der kurze Triumph des Modells A brachte die Abwärtsspirale des Unternehmens nicht zum Stillstand. Henry Ford blieb ein Gefangener der Vergangenheit. Er wurde immer unberechenbarer und schließlich senil. Gegen Ende seines Lebens glaubte er, daß es den Zweiten Weltkrieg gar nicht gegeben habe, daß er ein Trick der Zeitungen gewesen sei, um die Rüstungsindustrie zu unterstützen. Niemand konnte den alten Mann noch erreichen. Es schien manchmal so, als ob er meinte, ein Recht auf die Vernichtung des Unternehmens zu haben, denn er hatte es ja auch aufgebaut.

Nach Knudsens Ausscheiden fiel die undankbare Aufgabe, sich mit Ford auseinanderzusetzen, seinem Sohn Edsel zu. Der freundliche und intelligente Edsel Ford war ein Produkt der Widersprüche im Leben seines Vaters. Er war zur Welt gekommen, als die Fords noch arm gewesen waren. Als er dann erwachsen wurde, war sein Vater der reichste Mann des Landes. Henry Ford wollte seinem Sohn alle erdenklichen Vorteile zukommen lassen und ihm jede Not ersparen, aber nachdem ihm das gelungen war, kam er zu der Überzeugung, daß Edsel zu zart sei, um mit der rauhen, brutalen Welt der Industrie fertig zu werden, deren Symbol niemand anders als die Ford Motor Company war.

Edsel Ford war zwar selbst kein von der Technik besessener Bastler, hatte aber sein ganzes Leben lang in der Autobranche gelernt und wußte, wer im Unternehmen gut war und wer nicht; er konnte sich mit den Ingenieuren und Konstrukteuren unterhalten. Edsel sah, daß die Zeiten sich änderten und die Ford Motor Company im Begriff war unterzugehen. Er war ein fähiger und selbstsicherer Manager und für seine Aufgabe außergewöhnlich gut ausgebildet. Der in seinem Urteil über Menschen und Autos absolut sichere Edsel Ford war beliebt bei seinen Freunden und wurde in der Autobranche wegen seines offensichtlich klaren Verstandes dennoch respektiert.

Edsel Ford war der Kronprinz in der Welt des Automobils. Er heiratete Eleanor Clay, ein Mitglied der Familie Hudson, der Detroits berühmtestes

Kaufhaus gehörte. Sie gehörten zur Gesellschaft, und die Hochzeit war ein großes Ereignis. Zwei Welten Detroits vereinigten sich, die alte und die neue, ein Ford und eine Clay. Als die Verlobung bekanntgegeben wurde, strömten die Reporter zum Haus von Eleanor, um sie zu interviewen. »Wir werden ganz einfach leben«, erzählte sie ihnen. Sie lebten ganz einfach in Grosse Pointe (in einer 30-Zimmer-Villa), in Hobe Sound, Florida, und auf Seal Island, Maine (wo das Haus so groß und die Sicherheitsmaßnahmen so umfassend waren, daß Edsels Sohn, Henry Ford II., später sagte, er habe, wenn sie im Sommer dort wohnten, außer den nächsten Familienangehörigen und den Bediensteten niemanden gesehen).

Außer seinen sonstigen Pflichten hatte Edsel vor allem die undankbare Aufgabe, einem Vater die Zukunft darzulegen, der inzwischen ganz einer zugrunde gehenden Vergangenheit verhaftet war. Edsel, der seinem Vater echte Loyalität entgegenbrachte, versuchte mit viel Geduld und Liebe, ihn zur Modernisierung des Unternehmens zu bewegen, doch der alte Mann hielt die Loaylität seines Sohnes für Schwäche und wies ihn und seinen Rat zurück. Edsel, den die ständig stärker werdende Herausforderung durch GM beunruhigte und der den Professionalismus des Managements erkannte, das Alfred P. Sloan zusammengestellt hatte, setzte sich immer wieder für einen neuen, professionellen Managerstab auch bei Ford ein; der alte Mann gab knapp zurück, wenn er eine Arbeit richtig erledigt haben wolle, würde er sich immer jemanden holen, der nichts davon verstand. Manchmal erlaubte er Edsel, ein Projekt zu starten, und ließ es dann, ohne daß Edsel es wußte, voller Schadenfreude wieder stoppen.

Wenn alle sich im Unternehmen einig waren, daß man dem alten Mann eine bestimmte Frage vorlegen mußte, wurde Edsel zum Sprecher erklärt. Jetzt, wo Knudsen nicht mehr da war, stand er meistens allein. Er war wahrscheinlich der einzige Mensch, der seinem Vater die Wahrheit sagte. Es war Edsels Aufgabe, seinem Vater zu erzählen, daß der Absatz zurückging, Edsels Aufgabe, den 6-Zylinder-Motor vorzustellen, den das Unternehmen dringend brauchte, Edsels Aufgabe, sich für bessere Federungssysteme einzusetzen. Andere, wie beispielsweise Sorensen, sollten Edsel bei diesen Zusammenkünften zur Seite stehen, taten es aber nie.

Und unterdessen verbesserte sich die Konkurrenz immer schneller. Alfred Sloan war ein hervorragender Verwaltungsmann, und Knudsen war vielleicht der fähigste Allroundkönner in der Produktion der 20er und 30er Jahre. Chevrolet führte Styling ein und bot verschiedene Farben, Temperaturregler für die Heizung und verbesserte Bremsen an. Ford trat auf der Stelle. Spielereien und Schnickschnack nannte Henry Ford diese Dinge. Er kannte seine Kunden, wußte, daß sie einfache, gottesfürchtige Leute waren, die diesen verwerflichen Luxus nicht wollten. Doch es zeigte sich, daß er seine Kunden nicht mehr so gut kannte, daß Sloan und seine intelligenten jungen Manager sie besser kannten. Chevrolet brachte 1924 hydraulische Bremsen; Ford baute sie vierzehn Jahre später ein. Als Chevrolet 1929 einen 6-Zylinder-Wagen vorstellte, drang Edsel noch nachdrücklicher in seinen Vater, den Ford-Motor zu modernisieren. Ein 6-Zylinder, entgegnete sein Vater, könne niemals ein ausgeglichener Wagen sein. Der 6-Zylinder-Motor stand zwischen den beiden Fords. Henry Ford haßte alles Neue, und er verachtete seinen Sohn, was beispielsweise in seiner Reaktion auf ein Projekt zum Ausdruck kam, an dem Edsel und Laurence Sheldrick, der Chefingenieur des Unternehmens, gearbeitet hatten. Es handelte sich um einen neuen Motor, einen 6-Zylinder, und Edsel glaubte, den Segen seines Vaters zu haben, Versuche mit dem Motor aufnehmen zu können. Er und Sheldrick schufteten sechs Monate und waren von dem Prototyp begeistert. Eines Tages, als sie kurz davor standen, ihn zu testen, erhielt Sheldrick einen Anruf von Henry Ford.

»Sheldrick«, sagte er, »ich habe eine neue Verschrottungsanlage, auf die ich sehr stolz bin. Sie läuft direkt zur Werkskuppel. Ich möchte, daß Sie kommen und sich das mal ansehen.«

Sheldrick begab sich zu Ford oben auf die Kuppel, von wo sie die Anlage arbeiten sehen konnten. Zu Sheldricks Überraschung war auch Edsel da. Die Anlage lief an. Das erste Teil, das sie heranförderte, damit es verschrottet werden konnte, war Edsel Fords und Larry Sheldricks Motor.

1936 baute Henry Ford, da sein Unternehmen unter immer stärkeren Druck geriet, widerstrebend einen 6-Zylinder-Motor. Ein Jahr später ging er in die Produktion. Doch Schritte wie dieser kamen zu spät.

Diejenigen, die einst glühende Bewunderer Henry Fords gewesen waren, sahen jetzt entsetzt mit an, wie er sein eigenes Unternehmen ruinierte. »Den schlechtesten Verkäufer der Welt« nannte *Fortune* ihn. Als seine Senilität voranschritt und die Arbeiterschaft immer unruhiger wurde, schränkte er die Macht Charlie Sorensens immer mehr ein und übertrug sie stattdessen Henry Bennett. Sorensen war ein brutaler Mann, den viele haßten, aber er verstand wenigstens etwas von der Produktion. Bennett, der Chef der Werkspolizei, war noch schlimmer. Er war ehemaliger Seemann und Berufsboxer und war in den Tagen nach dem Ersten Weltkrieg zu Macht gekommen. Seine Aufgabe bestand darin, Schläger, Exsträflinge, Ringer und Boxer anzuheuern, die helfen sollten, das Werk zu beherrschen und die Gewerkschaft fernzuhalten. Bennett war für diese Rolle bestens geeignet. Er hatte eine Pistole in seinem Büro und hielt des öfteren Schießübungen ab, während er sich mit Besuchern unterhielt. Wen er nicht vernichten konnte, versuchte er zu gewinnen. Er bot etwa jemandem wie John Davis, einem älteren Verkaufsmanager, eine Farm oder ein Haus an oder spendierte einen besseren Wagen, als der Betreffende bisher gefahren hatte.

In den 30er Jahren – Ford war inzwischen über siebzig – wuchs Bennetts Einfluß auf ihn unaufhaltsam. Er übte nahezu uneingeschränkte Macht über ihn aus, sehr zum Leidwesen der Familie.

Ganz zum Schluß benutzte Henry Ford Bennett als seine Hauptwaffe gegen seinen Sohn. Bennett, von Ford geschickt, schikanierte Edsel unbarmherzig, was dem alten Mann offensichtlich Vergnügen bereitete. Edsel, durch seinen Vater bereits psychisch ruiniert, war ein kranker Mann geworden. Er war seinem Vater gegenüber loyal geblieben und hatte dessen Demütigungen ertragen, solange er gesund gewesen war. Jetzt, da er gegen einen Magenkrebs ankämpfte, konnte er dem immer weniger entgegensetzen. 1942 bekam Edsel Maltafieber, weil er Milch aus dem Molkereibetrieb seines Vaters getrunken hatte; Ford hielt nichts von Pasteurisierung. 1943 starb Edsel. Er war nur neunundvierzig Jahre alt geworden.

Henry Ford vernichtete nicht nur seinen Sohn und ruinierte fast ein einst großes Industrieimperium; als der Zweite Weltkrieg nahte, behandelte er auch die Regierung der Vereinigten Staaten, als wäre sie ein Feind. Als Bill Knudsen, der inzwischen der Chef der Rüstungsproduktion war, 1940 zu ihm kam, um mit ihm über den Bau von Rolls-Royce-Flugzeugmotoren für die britische Spitfire bei Ford zu reden, lehnte Ford ab.

»Sie sind in Ordnung, William«, sagte er, »aber Sie haben sich da mit einem schlimmen Verein eingelassen.«

Um die Mitte des Krieges war die Ford Motor Company in einem so desolaten Zustand, daß hohe Regierungsvertreter mit dem Gedanken spielten, sie zu übernehmen, denn der Staat mußte den Koloß in Gang halten. Ohne den Anstoß durch den Krieg und die Arbeit, die er dem Unternehmen letztlich brachte, wäre Ford möglicherweise total gescheitert. Während die Regierung noch debattierte, traten zwei Frauen auf den Plan. Clara Bryant Ford und Eleanor Clay Ford, die eine Henry Fords Frau, die andere Edsels Witwe, hatten alles mit Entsetzen beobachtet – die Senilität des alten Mannes, die Demontage Edsels, den Aufstieg Bennetts –, aber auch mit einer gewissen Hilflosigkeit. Jetzt fürchteten beide Frauen, daß die gleichen Kräfte verhindern könnten, daß der junge Henry, Edsels Sohn, aufstieg und die Macht übernahm.

Henry Ford II. hatte im Krieg in der Marine gedient und einen Hauch persönlicher Freiheit genossen. Doch im August 1943 erhielt er aufgrund der Intervention seiner Mutter und seiner Großmutter einen Befehl, der ihn zurück nach Detroit schickte; die höchsten Vertreter des Staates befürchteten, daß nach Edsels Tod tatsächlich Harry Bennett die Firma übernehmen könnte. Widerstrebend kehrte er zurück, aber er war der Erstgeborene Edsel Fords, und die Familienpflicht verlangte es. Er machte sich keine Illusionen über die Herausforderung, die ihn erwartete. Ihm war klar, daß es ein schwerer Kampf werden würde und daß die Ford Motor Company mit Ausnahme einiger Männer ein korrupter und korrumpierender Ort war.

Bennett und Sorensen setzten ihn von Anfang an herab; Bennett, indem er zunichte machte, was der junge Henry tagtäglich zu tun versuchte, und Sorensen, indem er ihn vor anderen herabwürdigte und ihn immer »junger Mann« nannte. Henry Ford II. besaß vielleicht Macht auf dem Papier – im Dezember 1943 wurde er zum Vizepräsidenten ernannt – und Macht aufgrund verwandtschaftlicher Bande, aber solange sein Großvater nicht abtrat und Bennett das Unternehmen verließ, würde er niemals ans Ruder kommen können. Gerade als er zurückkam, war Bennett dabei, Sorensen zu zerstören, und der junge Henry schien sich viele Blößen zu geben. Wieder sprach Eleanor Clay Ford ein Machtwort und erzwang ein Ergebnis. Ihr Dasein als Witwe hatte in ihr die Art von Empörung geweckt, die ihrem Mann immer gefehlt hatte. Sie drohte, ihre Aktien zu verkaufen, falls Henry nicht zugunsten seines Enkels zurückträte. Ihr Sohn würde nicht so vor die Hunde gehen wie ihr Mann. Clara Bryant Ford stand voll hinter ihr. Angesichts dieser Drohung, und weil er das Gefühl hatte, daß es diesen Frauen bitterernst war, gab Henry Ford schließlich wutentbrannt auf, und Henry Ford II. übernahm die Macht.

Henry Ford hatte seine Zeit überlebt. Einst eine populäre Gestalt beim einfachen Mann, war er jetzt als einer der größten Arbeiterschinder der Nation bekannt. Er hatte mitgeholfen, eine neue Ära wirtschaftlicher Würde für den gemeinen Mann einzuläuten, aber er wurde mit den Folgen nicht fertig. Seine öffentlichen Erklärungen während der Weltwirtschaftskrise, als Millionen Menschen Not litten – einschließlich Abertausende seiner eigenen Arbeiter –, waren vielleicht das Mitleidsloseste, was je von einem Kapitalisten geäußert wurde. Wiederholt sagte er, die Depression sei gut für das Land, das einzige Problem sei, daß sie vielleicht nicht lange genug dauern werde, so daß die Menschen vielleicht nicht genug daraus lernten. »Wenn es in Amerika Arbeitslosigkeit gibt«, sagte er, »dann deshalb, weil die Arbeitslosen nicht arbeiten wollen.« Seine Arbeiter, verbittert über seine Beschäftigungspolitik, standen in den 30er Jahren gegen ihn auf und wurden von Bennetts Schlägern und Revolverhelden niedergeworfen. Die Leute seiner Werkspolizei waren so hinterhältig, daß sie sich bei Demonstrationen von Ford-Arbeitern maskierten, um nicht erkannt zu werden – eine Seltenheit in Amerika.

Geschäftlich wurde er von General Motors überholt, das unnachgiebig Konstruktion, Produktion und Marketing modernisierte. Die Käufer fingen mit einem Ford an, sofern sie noch jung waren und wenig Geld hatten, und gingen allmählich, wenn sie mehr verdienten, zu den teureren Wagen von GM über. Als Held der Arbeiter wurde er von Franklin Roosevelt abgelöst. Was einmal liebenswert an seiner ausgefallenen Art gewesen war, wurde jetzt verachtenswert.

Vierzig Jahre nach seinem Tod erinnerten sich nur wenige an das Häßliche seiner letzten Jahre. Die Härte seiner Handlungsweise war durch die Zeit gemildert worden. Er wurde wieder zum klassischen Symbol für das, was ein einfacher Mann mit der richtigen Idee tun konnte. Gelegentlich war er in Erinnerungen auch noch die Verkörperung des modernen Industriezeitalters, in dem der einfache Mann gut genug bezahlt wurde, um sowohl zu verbrauchen als auch zu produzieren. Das und seine Leistungen in bezug auf die Beschleunigung der Massenproduktion waren seine wichtigsten Beiträge zur modernen Welt. Doch in Detroit und in der Ford Motor Company blieb er in vieler Hinsicht in schlechter Erinnerung. In den ersten anderthalb Jahrzehnten war er glänzend gewesen, aber was er in den darauffolgenden dreißig Jahren dem Unternehmen angetan hatte, belastete dieses noch immer schwer.

Nichts spiegelte sein Versagen aufschlußreicher wider als das Schicksal der Produktionsstätte am Rouge. Sie war ein industrielles Meisterstück und hätte bis lange nach seinem Tod als Symbol für das Genie ihres Gründers stehen sollen. Doch die Behandlung der Menschen dort war derart niederträchtig und gewalttätig gewesen, der Ruf von Rouge so verkommen, daß es nach dem Krieg für die neuen Männer, die Ford leiteten, etwas Peinliches war, ein Ruf, der aus der Welt geschafft werden mußte.

Die Hinterlassenschaft hatte noch andere unglückliche Seiten. Durch ihren kompromißlosen Kampf gegen die Gewerkschaften hatten Ford und andere Detroiter Industrielle dafür gesorgt, daß die Gewerkschaften, wenn sie einmal an Macht gewännen, ebenso stark würden wie die Unternehmen selbst. Mißtrauen und Haß würden sich fortsetzen, und auch als Juniorpartner der Unternehmen, zu dem sie in den Nachkriegsjahren aufstiegen, würden die Gewerkschaften mißtrauisch und feindlich gesinnt bleiben. Es gab noch andere, konkretere Belastungen. Weil Henry Ford der Vergangenheit verhaftet gewesen war und seine Technologie eingefroren hatte, stand das Unternehmen am Rand des Bankrotts. Schlimmer noch, er hatte etwas getan, das wirklich unmenschlich und in einem Familienunternehmen geschäftlich ruinös war – er hatte den eigenen Erben vernichtet, einen Mann, der, wie man in Detroit sagte, ein verdammt guter Automann gewesen war. Es gab nicht

Der Zerstörer 85

den geringsten Zweifel unter den besten Ford-Leuten jener Zeit, und auch nicht unter ihren Konkurrenten von GM, daß Edsel Ford das Unternehmen gewaltig nach vorne gebracht hätte, wenn der alte Mann abgetreten wäre. Aber Edsel Ford bekam nie die Chance. Er wurde vernichtet, und eine ganze Generation guter Leute wurde hinausgeekelt, was der nachfolgenden Generation eine schwere Last auferlegte.

Als die Führung innerhalb der Familie weitergegeben wurde, fiel sie an Edsels Sohn. Der zweite Henry Ford war achtundzwanzig Jahre alt, als er die Firma im September 1945 übernahm, und hatte nur eine sehr spärliche Ausbildung in dieser riesigen und unübersichtlichen Welt genossen. Niemand, der den jungen Henry Ford in den nächsten fünfunddreißig Jahren kennenlernte, hatte je Zweifel an seiner Klugheit, Härte oder Zielstrebigkeit, an seiner Fähigkeit, die Ford Motor Company zu retten, zu sichern und zu stärken. Niemand zweifelte auch daran, daß er, der er das Unternehmen als sehr junger Mann übernommen hatte, sich gut eingeführt, fähige, ältere Manager ausgewählt, sein Selbstgefühl zurückgestellt und sich dem Urteil anderer unterworfen hatte. Doch in den folgenden 50er und 60er Jahren spürten sie bei Henry Ford Zweifel am eigenen Autoinstinkt. Es war ein Mangel an Gespür, das sich in seiner Vorsicht und seiner konservativen Haltung ausdrückte. Er war ein guter, seriöser Geschäftsmann, aber er hatte keinen natürlichen Bezug zur Branche. Er hatte nie eine richtige Lehre gemacht.

Kein großes Industrieunternehmen in Amerika ist wahrscheinlich jemals so lange so schlecht geführt worden. Nur seine Größe rettete es, und im Krieg die Tatsache, daß der Staat es für seine Rüstungsproduktion brauchte. Ein kleineres Unternehmen mit einem so mangelhaften Management hätte sicher Pleite gemacht. Anfang 1946 schätzte man, daß Ford monatlich 10 Millionen Dollar Verlust machte. Es herrschte ein bemerkenswertes Chaos, aber wenigstens ein Teil davon war bewußt herbeigeführt. Der alte Henry Ford verachtete den Staat und verabscheute insbesondere die Bundeseinkommensteuer, und er hoffte, die Bundessteuerbehörde durch ein Höchstmaß an Durcheinander in den Unterlagen täuschen zu können. Außerdem verachtete er Buchhalter und Wirtschaftsprüfer. In seinen Augen waren sie Schmarotzer, und von Zeit zu Zeit genoß er es, sich ihrer wahllos zu entledigen.

Als Arjay Miller, der spätere Präsident des Unternehmens, 1946 zu Ford kam, erhielt er einen Auftrag von Ernie Breech, dem damaligen Vizepräsidenten. Breech, der von Bendix zu Ford gekommen war, war sowohl Wirtschaftsprüfer wie Industrieller, und das erste, was er sehen wollte, war die Gewinnplanung für die nächsten Monate. Er schickte Miller also los, sie ihm zu besorgen. Miller ging nach unten ins Verwaltungsgebäude, wo die Finanzunterlagen aufbewahrt wurden. Dort stieß er auf einen langen Tisch und viele ältere Männer, die ihm wie altmodische Buchhalter vorkamen. Diese Männer saßen vor Rechnungen, Tausenden von Rechnungen, und unterteilten sie in Gruppen, A, B, C und D. Es waren unglaubliche Stapel, einen Meter und höher. Zu Millers Verblüffung schätzten die Buchhalter, wie viele Millionen Dollar auf einen Meter Papier kommen mochten. Das war das System, wenn man es als solches bezeichnen konnte.

Zwanzig Jahre früher war es noch schlimmer gewesen. Beunruhigt, weil sie der Rechnungen nicht Herr werden konnten, hatten sie sie in zwei Gruppen unterteilt, in die mit Rechnungsposten unter 10 $ und die darüber. Genauere Prüfungen hatten ergeben, daß der Durchschnittswert der Rechnungen unter 10 $ 2,43 $ betrug, und so benutzten sie diese Zahl und multiplizierten das Gesamtgewicht der Rechnungen damit.

Miller, der seinen Auftrag erledigen mußte, fragte, wie die Gewinnschätzungen für die nächsten Monate aussähen. Charles Martindale, einer der dort arbeitenden Männer, sah ihn an und fragte: »Wie hoch möchten Sie sie haben?«

»Was?« fragte Miller.

»Ich kann sie so machen, wie Sie sie haben wollen«, erwiderte Martindale.

Miller kam zu dem Schluß, daß der Mann tatsächlich meinte, was er sagte.

Henry Ford hatte Buchhalter derart gehaßt, daß er seinem Enkel das Unternehmen in finanziell absolut desolatem Zustand hinterließ. Es überraschte daher nicht, daß der junge Henry Ford bei seinem Versuch, Sinn in den Irrsinn zu bringen, auf den er überall stieß, einen völlig neuen Schlag Führungskräfte heranzog, den professionellen Manager, den intelligenten jungen Finanzfachmann, der zwar nichts von Automobilen und Produktionsbetrieben verstand, dafür aber etwas von Systemen und Ergebnissen. Sie stattete Henry Ford mit fast unbegrenzter Macht aus. So beeinflußte die Vergangenheit erneut die Zukunft. Denn die Vergangenheit war immer gegenwärtig. Wäre die alte Ordnung vernünftiger gewesen, wäre vielleicht auch die neue vernünftiger geworden.

Dritter Teil

6
Der Sieger

Das erste Bild, das Amerika sich in den Nachkriegsjahren von Japan machte, war liberal. Sinnigerweise stammte es von einem zutiefst konservativen Mann, Douglas MacArthur, dem Oberbefehlshaber der alliierten Streitkräfte. Er war der erste und letzte amerikanische Herrscher. Er hatte einen ausgeprägten Sinn sowohl für das Schicksal seiner Nation als auch für sein eigenes; wie Charles de Gaulle, dem er als Führer sehr ähnelte, sah er zwischen den beiden keinen Unterschied. Der schwierige, egoistische, hochmütige Mann verlangte von seinen Untergebenen absolute Ergebenheit, die er selbst dagegen seinen Vorgesetzten nicht immer in gleichem Maße entgegenbrachte. Er hielt sich für einen Mann, dem unter den Lebenden niemand ebenbürtig war; die einzigen Männer, von denen er seiner Meinung nach etwas lernen konnte, waren Lincoln und Washington. Sein Glaube an die eigene visionäre Kraft und an sein Schicksal waren derart ausgeprägt, daß kaum jemand wagte, ihn herauszufordern.

Kein Zivilist, der jemals mit MacArthur zu tun hatte, fand Gefallen daran. Während des Koreakrieges sagte Außenminister Dean Acheson (der ihn »das Orakel« nannte) über ihn: »General MacArthur hatte zwar viele der Eigenschaften eines fremden Herrschers und war auch ebenso schwierig, aber es schien doch nicht klug, ihn als solchen anzuerkennen«.

Er war abwechselnd zu einer noblen Geste und zu bemerkenswerter Kleinlichkeit imstande. Gehorchte man und achtete ihn, wuchs er an Größe; widersprach man ihm, wurde er gemein und gereizt und neigte zum Schmollen. In mancher Hinsicht war Japan zu jener Zeit die ideale Bühne für ihn; es war ein Land, in dem die Autorität geachtet wurde, und sein Wort würde Gesetz sein. Dort würden die Chefs von Regierung und Legislative ihm nicht, wie in Amerika, ohne weiteres entgegentreten; dort würden sie seinen Wünschen folgen, und dort würde er nicht, zumindest nicht direkt, von anderen

Amerikanern oder Japanern angegriffen. (Wenn ein amerikanischer Journalist etwas schrieb, das ihm mißfiel, zensierte er diesen Korrespondenten nicht, sondern stellte sicher – er kontrollierte die Einreise nach Japan –, daß der unbotmäßige Journalist nicht wieder in sein Reich kam.) Es war für ihn die ideale Konstellation und weckte am Ende einer herausragenden, aber oft umstrittenen militärischen Karriere seine besten Eigenschaften.

Er wußte, daß ihm eine geschichtliche Rolle zukam, und er betrachtete die Japaner mit Großmut. Er beabsichtigte, diese militaristische, autoritäre Gesellschaft, deren Praktiken in vielen Fällen noch feudalistisch waren, in das moderne Zeitalter zu führen. Dies war für ihn und sicher auch für sein Land eine Sternstunde. Sein Land verhielt sich großzügig, nicht zuletzt deshalb, weil er es dazu zwang.

Er war, wie de Gaulle, ganz und gar Schauspieler. Jede seiner Bewegungen war einstudiert; er war sich stets seiner Position und des Symbolgehalts seiner Handlungen bewußt. Eitel, was sein Äußeres anging, bemühte er sich ohne Ende, mit dem spärlichen Rest seiner Haare seine Kahlköpfigkeit zu kaschieren. Obwohl er fast immer eine Brille trug, weigerte er sich, sich damit fotografieren zu lassen. Alles, was MacArthur tat, hatte mit Wirkung und der dramatischen Tatsache zu tun, ein General zu sein. Da er seine Rolle bis zum letzten ausspielte, kamen die anderen mit ihrer Rolle immer zu kurz. Diese Eigenart bescherte ihm unzählige Feinde.

Seine Jahre in Japan spiegelten seinen geschickten Umgang mit theatralischen Mitteln. Nicht zufällig traf er beim ersten Mal unbewaffnet auf dem Flugplatz Atsugi in Japan ein. Es war unmittelbar nach der japanischen Kapitulation; nur eine Handvoll amerikanischer Truppen stand im Land, und seine Adjutanten machten sich noch Sorgen wegen eines eventuellen Aufstands der Rechten. Aber MacArthur war gelassen. Viele Jahre Dienst in Asien, so erklärte er später, »hatten den Fernen Osten gelehrt, daß ich sein Freund war«. Es war auch kein Zufall, daß er dann den rechten Augenblick abwartete und den Kaiser zu sich kommen ließ, damit auch allen klar wurde, ganz besonders dem Kaiser, daß jetzt Douglas MacArthur in seinem Land herrschte. Damit keinerlei Zweifel daran aufkämen, daß die Fackel weitergegeben worden war, erlaubte er die Veröffentlichung des Fotos ihres Treffens. Nichts hätte wirkungsvoller sein können – der Kaiser, klein, verängstigt, mit Zylinder und Stresemann; MacArthur, aristokratisch und doch letztlich der zwanglose Amerikaner, in Khakiuniform ohne Rangabzeichen, das Hemd am Kragen offen, über dem Kaiser thronend. Es konnte kein Zweifel bestehen, wer der Sieger und wer der Besiegte war.

Aber obwohl er der Sieger war, verachtete er die Besiegten nicht und empfand sogar Mitgefühl für ihre mißliche Lage. Das machte ihn zur großen

Ausnahme unter seinen Kollegen in Tokio und Washington, die nach einem so grausamen vierjährigen Kampf gegen einen als Tyrann betrachteten Feind vom Haß beherrscht wurden. Vielen der älteren Offiziere der Alliierten waren die Erinnerungen an den Krieg im Pazifik und an das, was die Japaner mit ihren Gefangenen gemacht hatten, noch gegenwärtig. Aber MacArthur stand von Anfang darüber. Seine Aufgabe war nicht zu strafen, sondern eine Gesellschaft zu schaffen, die diesen Weg nie wieder einschlagen würde. Er wußte, daß sein Gegner am Boden zerstört war; er würde somit der großmütigste Sieger sein. Im März 1945 sagte er dem Schriftsteller Robert Sherwood, der Sieg über Japan werde Amerika zur mächtigsten Nation Asiens machen. »Wenn wir diesen Einfluß wie Imperialisten ausüben«, erklärte er, »oder lediglich kommerziellen Gewinn machen wollen, lassen wir uns eine goldene Gelegenheit entgehen; aber wenn unser Einfluß und unsere Stärke sich in echtem Liberalismus ausdrücken, werden wir die Freundschaft und die Zusammenarbeit der asiatischen Völker bis weit in die Zukunft genießen.«

Das war sein Ziel. Er ließ die Japaner sich selbst entwaffnen und ersparte ihnen so die Demütigung, von ihrem Bezwinger entwaffnet zu werden. Da er wußte, daß Lebensmittel in Japan äußerst knapp waren, wies er seine Soldaten an, mit ihren Rationen auszukommen und nicht die Vorräte des Landes zu plündern. Er hob die früheren Anordnungen Eichelbergers auf, der ein Ausgehverbot verhängt und das Kriegsrecht ausgerufen hatte. Als Admiral Halsey aus Angst vor Sabotage den Fischern verbot, auf ihrem Weg zu den Fanggründen die Bucht von Tokio zu durchqueren, hob MacArthur die Anordnung auf, da ihm bewußt war, daß dies eine entscheidende Nahrungsquelle für das Land und auch der Lebensunterhalt der Fischer war. Weil er ein Gespür dafür hatte, was der Kaiser für das japanische Volk bedeutete, und sicher war, ihn für seine Ziele einsetzen zu können, hatte er Hirohitos Namen von der Liste der Kriegsverbrecher streichen lassen. Am Anfang, als viele in Washington ruhig mitangesehen hätten, wie Japan verhungerte, kämpfte er mit Nachdruck um Lebensmittel. »Schickt mir Brot oder Kugeln«, telegrafierte er in die Heimat. Gleichzeitig kämpfte er gegen diejenigen in den Vereinigten Staaten und unter den Alliierten, die Japan das bißchen Industrie nehmen wollten, das geblieben war. Als Gegengewicht zu den Kräften, die Japan in den Zweiten Weltkrieg gezogen hatten, beabsichtigte er, die Gesellschaft zu demokratisieren und sie, wie er sich ausdrückte, nach »links von der Mitte« zu rücken. Der liberale Journalist John Gunther war verblüfft über die Vollständigkeit der MacArthurschen Vision von einem veränderten Japan. Das besetzte Japan erinnerte ihn an das republikanische Spanien, bevor die Kommunisten kamen. Die Programme, schrieb Gunther, waren bemerkenswert ähnlich, »ein Versuch, den Feudalismus zu beenden, eine drastische Beschneidung alter Vorrechte, Landreform, Emanzipation der Frauen, außergewöhnlich fortgeschrittene Arbeitsgesetzgebung, Bildung für die breite Masse, ›Bücherwagen‹ für die Dörfer, Abschaffung des Adels, starker Ausbau der Sozialleistungen, Geburtenregelung und so fort«.

In jenen Jahren nach dem Krieg war vielleicht nichts wichtiger als sein Wille, vor allem seine Entschlossenheit, die japanische Gesellschaft nach seinen Vorgaben zu reformieren. Denn das Nachkriegsjapan war ein Ort gewaltiger Umwälzungen, eine Gesellschaft, die darauf wartete, neu definiert zu werden. Das Land war verwüstet. Es gab kaum Wohnungen oder Lebensmittel. Der wichtigste funktionierende Wirtschaftszweig war der Schwarzmarkt. Mitglieder adliger Familien, einst reich und mächtig, jetzt in arger Bedrängnis, tauschten ihre Erbstücke gegen Nahrungsmittel für einen Tag. Wertvolle Familienkimonos wurden für Reis weggegeben, der für zwei Personen reichte. Japan wurde fast über Nacht eine Gesellschaft ohne Form; seine traditionelle hierarchische Ordnung geriet vollkommen aus der Bahn. Je höher jemand in der alten Ordnung gestanden hatte, mit desto größerer Wahrscheinlichkeit hatte er sich durch die Beteiligung am Krieg mit Schuld beladen; nur die ganz unten, die dieser Beteiligung kritisch gegenübergestanden hatten, wurden rehabilitiert, und unter ihnen waren, wie sich herausstellte, viele Kommunisten. MacArthur hatte nichts übrig für die Sonderrechte, die das Vorkriegsjapan den *Zaibatsu* gewährt hatte, den riesigen, verflochtenen Industriekomplexen, die das Land beherrscht hatten und die in dem Ruf standen, mitgeholfen zu haben, Japan in den Krieg zu treiben. Er war der Überzeugung, die Gesellschaft müsse geändert werden, ein politischer Demokratisierungsversuch allein genüge nicht. Wenn sie nicht zugleich eine wirtschaftliche Veränderung herbeiführten, würden die Amerikaner den Boden für eine radikale neue Ordnung bereiten. Die politische Veränderung mußte von einer wirtschaftlichen begleitet werden – vor allem der Umverteilung des Landes der Großgrundbesitzer zugunsten der armen Pächter. (Aufgrund der Befehle der amerikanischen Besatzer mußten die widerstrebenden japanischen Großgrundbesitzer schließlich das Unvorstellbare tun: ihr Land an diejenigen verkaufen, die es bebauten – ein historischer Schritt.) Er wollte außerdem die Macht der *Zaibatsu* begrenzen und dem normalen Arbeiter mehr wirtschaftliche Macht geben.

Die Haltung Washingtons zu alledem war in jenen frühen Jahren recht uneinheitlich. In Europa stand bald nach Kriegsende fest, daß die Amerikaner nicht nur beabsichtigten, ihren Verbündeten wieder auf die Beine zu helfen, sondern auch ihren Gegnern; im Falle Japans waren die amerikanischen Absichten nicht annäherend so wohlwollend. Das Ausmaß der amerikanischen Hilfe beispielsweise war selbst bei Grundnahrungsmitteln sehr begrenzt.

Es war ganz und gar nicht sicher, ob außer MacArthur noch andere Amerikaner den Wunsch hatten, daß Japan als Industriemacht wiederauferstehe; bestimmt würde man nicht zulassen, daß es als Militärmacht wieder zu Kräften käme. Eine Feindschaft, die zum Teil auch rassistische Züge hatte, beeinflußte die Haltung des Durchschnittsamerikaners gegenüber dem Durchschnittsjapaner, was gegenüber dem Durchschnittsdeutschen nicht der Fall war. Außerdem gewann man, als der Krieg in Europa endete, den Eindruck, daß die Sowjetunion ein ernsthafter Gegner sei; es ergab sich also die Notwendigkeit, den besiegten Feind als Teil des Bollwerks gegen einen neuen Feind zu unterstützen. Die gleiche Notwendigkeit schien sich nicht auf Japan zu erstrecken. Bei Kriegsende galt das damals noch nicht kommunistische China als Verbündeter der Amerikaner. Der kalte Krieg erreichte Asien etwa zwei Jahre nach Europa.

Die Besetzung durch MacArthur läßt sich in zwei ganz eigenständige politische Phasen unterteilen. Die erste, die von 1945 bis in das Jahr 1947 reichte, war die idealistische Phase, deren Architekt der General in erster Linie selbst war. Die Amerikaner, entschlossen, ein völlig am Boden liegendes Japan zu retten und eine Grundlage für eine neue demokratische Ordnung zu schaffen, waren in jener Zeit tolerant gegenüber radikalen politischen Kräften, die sie privat oft verabscheuten. Japanische Geschäftsleute, die führende Positionen in den *Zaibatsu* innegehabt hatten, wurden politischen Säuberungsaktionen unterworfen. Übergriffe seitens der Gewerkschaften wurden verziehen. Die zweite Phase begann 1949. Die Politik änderte sich weniger als Folge von Ereignissen in Japan denn als Folge von Ereignissen in der Welt. In Europa hatte sich der kalte Krieg verschärft, die Kommunisten waren im Begriff, in China zu siegen, und Washington, das bereits dabei war, Westdeutschland zu stärken und wieder zu industrialisieren, fing plötzlich an, Japan anders zu sehen: Es sollte eine Bastion der freien Welt in Asien werden. Es sollte industrialisiert werden. Seine traditionelle Wirtschaftsstruktur sollte gefestigt, nicht ausgehöhlt werden. Angriffe auf die *Zaibatsu* waren einzustellen. Es sollte Druck auf die Linke ausgeübt werden, insbesondere auf die radikalen Gewerkschaften. All das wirkte sich nachdrücklich auf die endgültige Bildung der japanischen Gewerkschaften und ihrer Rolle in ihren Unternehmen aus. Die Beziehungen zwischen den japanischen Arbeitern und den Managern, die amerikanische Geschäftsleute in den 70er und 80er Jahren so enttäuschend fanden, wurden somit in den späten 40er und frühen 50er Jahren unter den Auspizien der amerikanischen Besatzer angelegt.

In dieser ersten Periode war MacArthurs Aufgabe doppelt schwierig, denn er fand nicht nur begrenzte Unterstützung in der Heimat, sondern hatte in Japan auch mit mehreren Regierungen zu tun, die jedem Gedanken an eine Reform eindeutig ablehnend gegenüberstanden. Die Amerikaner brauchten eine Regierung, mit deren Hilfe sie rechnen konnten, doch die Auswahl war ziemlich gering. Die meisten erfahrenen Personen des öffentlichen Lebens gehörten der alten Ordnung an und wollten kaum Änderungen; und die, die für den Wandel waren, hatten entweder zuwenig Erfahrung oder wollten nicht nur Wandel, sondern Revolution. Angesichts dieses Dilemmas entschlossen sich die Amerikaner, mit Hilfe der Politiker der alten Garde zu wirken, die in ihren Ansichten über die Zukunft auf jeden Fall weit konservativer waren als MacArthur. So kam es, daß die beherrschende politische Figur jener Jahre ein Mann war, den die amerikanischen Beamten nie besonders mochten.

Shigeru Yoshida leitete zwischen 1946 und 1954 fünf Kabinette, und diese Zeit wurde, durchaus zu recht, die Yoshida-Ära genannt. Sein wichtigstes Anliegen, die Wiederherstellung der alten Ordnung in Japan, brachte ihn von Anfang an in ständigen Konflikt mit MacArthur und dessen Hauptquartier. Nach Meinung der Amerikaner war der Militarismus Japans auf erhebliche strukturelle Schwächen zurückzuführen, bei denen die amerikanischen Reformen jetzt ansetzen mußten. Die Amerikaner waren entsetzt über Japans feudalistische Struktur und die Kluft, die die wenigen Privilegierten von den Millionen Nichtprivilegierten trennte. Alliierten Theoretikern zufolge hatten sich die japanischen Soldaten im Sieg infolge eines »Unterdrückungstransfers« so brutal verhalten, als Ergebnis der Härte, mit der sie selbst behandelt worden waren. Eine ausgeglichenere und demokratischere Gesellschaft wäre, so meinten die Amerikaner, nicht so leicht von Nationalisten in einen so tragischen Krieg gezogen worden.

Yoshida widersprach leidenschaftlich. Was die Amerikaner kritisierten, war das, was er vertrat. Er war die vollkommene Verkörperung der alten Ordnung, wie sie leibte und lebte – aristokratisch, intelligent, versnobt und politisch erzkonservativ. Im Gegensatz zu den Militaristen, die in den 30er Jahren an die Macht kamen und antiwestlich eingestellt waren, war er prowestlich (allerdings mehr anglophil als pro-amerikanisch). Er hatte sich dem Krieg im Pazifik widersetzt, aber nicht dem japanischen Imperialismus in China, den er unterstützte und den er als ein Unternehmen gesehen hatte, das in britischer Kolonialtradition aufgezogen werden konnte, vielleicht sogar mit britischer Zustimmung. Er hatte Pearl Harbor und den Krieg, der folgte, als ein Unglück für Japan betrachtet. In seinen Augen war die Stärkung des japanischen Militärs eine Verirrung. Während des Krieges hatte er einem Geheimbund angehört, der sich für Frieden einsetzte; Yoshida tat das, weil er wußte, daß Japan den Krieg verlieren würde und er nicht nur die unvermeidliche Niederlage fürchtete, sondern das für ihn noch beängstigendere linke Chaos, von dessen Hereinbrechen er überzeugt war, falls der Krieg andauern würde. Wegen dieser Aktivitäten war er gegen Ende des Krieges von der *Kempeitai*, der Geheimpolizei, festgenommen und vierzig Tage eingesperrt worden. Das trug nicht unerheblich dazu bei, daß die Besatzer ihn für einen verbürgten Kriegsgegner hielten. Doch von Beginn der amerikanischen Besetzung an wies er für seine Klasse jede Schuld daran zurück, was vor und während dem Krieg geschehen war. Für Yoshida hatte die vor dem Krieg herrschende Klasse nichts Unrechtes oder Schmarotzerhaftes an sich. Seiner Ansicht nach sollte Japan von den richtigen Leuten regiert werden, Männern aus der richtigen sozialen Schicht, die die richtigen Schulen besucht hatten. Er verabscheute die politische Säuberung der *Zaibatsu* durch den Oberbefehlshaber der alliierten Streitkräfte (SCAP) in den ersten Nachkriegsjahren, denn die eigentlichen Nutznießer seien, wie er sagte, die Neureichen, deren Vermögen durch den Krieg gewachsen war. Die alten Reichen, so Yoshida, hätten das Ende des Krieges begrüßt.

Er war ein barscher, abweisender, egoistischer, scharfzüngiger Mann privilegierter Herkunft. Sein leiblicher Vater stammte von den Samurai ab, seine Mutter war wahrscheinlich eine Geisha. Sein Vater war zur Zeit von Yoshidas Geburt wegen politischer Betätigung im Gefängnis, und deshalb wurde beschlossen, ihn von einem Freund seines Vaters adoptieren zu lassen, von Kenzo Yoshida. Sein neuer Vater, der eine erfolgreiche Schiffsagentur betrieb, war in kurzer Zeit zu bemerkenswertem Reichtum gekommen; als er 1887 starb, hinterließ er seinem damals neunjährigen Adoptivsohn etwa 6 Millionen Dollar. Er wuchs als anständiger junger Mann der Nach-Meiji-Ära auf. Gemessen an der Gesellschaft, der er entstammte, war er liberal; dies zeigte sich weniger in seinen Ansichten über die japanische Innenpolitik als vielmehr darin, daß er die Existenz einer Welt außerhalb Japans akzeptierte.

Yoshida und seine Frau waren in der angespannten Zeit unmittelbar vor Ausbruch des Krieges wahrscheinlich die engsten japanischen Freunde des Botschafters Joseph Grew und dessen Frau. Als der Krieg vorbei war, war Yoshida, der gerade aus der politischen Gefangenschaft kam, eine attraktive Persönlichkeit für die Amerikaner, die eine Regierung zusammenstellen wollten. Er war antimilitaristisch, pro-westlich und erfahren in internationalen Angelegenheiten. Als Yoshida 1945 Außenminister im Kabinett Shidehara wurde, sagte Prinz Fumimaro Konoe, der Premierminister der Vorkriegszeit, über ihn: »Ich stehe in meiner Bewunderung für Yoshida nicht hinter anderen zurück, aber Yoshidas Bewußtsein ist das Bewußtsein der Zeit des kaiserlichen Japans, und ich frage mich, ob das in einem besiegten Japan gutgehen kann.«

Nur zu wahr, denn Yoshidas Beziehung zu den Amerikanern war nie einfach. MacArthur nannte ihn einmal »ungeheuer faul und politisch unbeholfen«, eine klare Fehldeutung Yoshidas, der weder faul noch unbeholfen war, aber nicht das gleiche wie MacArthur wollte und daher ein außergewöhnliches Geschick entwickelte, nicht zu hören, was er nicht hören wollte. Er sah seine Aufgabe darin, Japan zu bewahren, nicht es zu ändern, und soweit er die Reformer bremsen konnte, tat er es.

Von allen Reformen des SCAP war ihm vor allem die Liberalisierung der Gesetze verhaßt, die die Bildung von Gewerkschaften erlaubten. Die Kommunisten waren ihm schon immer ein Alptraum gewesen, und er hatte die Macht gefürchtet, die sie erringen konnten, sollten die Kriegsanstrengungen zusammenbrechen. Und da waren sie wieder, seine alten Feinde, die Linken, die zurückkamen, innerhalb der Gewerkschaftsbewegung Kraft sammelten, geduldet von den Amerikanern, und die versuchten, seine Bemühungen um die Wiederherstellung des richtigen Japan zu untergraben. Schlimmer noch, sie griffen ihn persönlich an. Seine Gegnerschaft galt nicht nur den radikalen Gewerkschaften; im Innersten haßte er auch die gemäßigten. Seine Ansicht über das, was ein Arbeiter tun sollte, war relativ einfach: seine Aufgabe war es, hart zu arbeiten, um die Produktivität zu erhöhen, nicht die Unternehmensführung wegen Rechten und Löhnen herauszufordern.

Yoshida betrachtete Douglas MacArthur mit einigem Argwohn. In jener ersten Phase der Besetzung unternahm MacArthurs Führungsstab etwas ziemlich Heikles: unter den äußerst schwierigen Bedingungen von Hunger und Armut versuchte er, eine nichtkommunistische, demokratische Gewerkschaftsbewegung gegen den Widerstand einer konservativen japanischen Regierung zu unterstützen, während er gleichzeitig auf seiten einer besonders geschickten kommunistischen Führung etwas duldete, was er für Mißbrauch demokratischer Freiheiten hielt. Er tat dies – anstatt willkürlich gegen die Kommunisten vorzugehen –, weil man den Japanern eine Lektion in Demokratie erteilen wollte; es wäre trotz allen Argwohns, den MacArthur und seine Adjutanten gegen die Kommunisten hegten, unpassend gewesen, diesen Unterricht in Demokratie mit der Zerschlagung einer eben erst zugelassenen Oppositionspartei zu beginnen, insbesondere einer Partei, deren Ausdrucksweise ganz ähnlich klang wie die des SCAP. Im übrigen vertraute der SCAP auf die eigene Kraft und seine Fähigkeit, die Kommunisten zu vernichten, wenn es sein mußte.

MacArthur war nicht nur davon überzeugt, daß Gewerkschaften ein Bestandteil des neuen Japans sein mußten, eine ausgleichende Kraft zu den starken, verwurzelten Wirtschaftsinteressen; er hatte auch ernsthafte politische Ambitionen in Amerika und wollte nicht als Kandidat zurückkehren, der gerade die japanischen Gewerkschaften zerschlagen hatte. Yoshida bedrängte MacArthur immer wieder, gegen die Kommunisten vorzugehen, doch 1945 und 1946 hielt sich der General zurück.

Obwohl die kommunistische Partei in Japan ziemlich klein war (sie war im Herbst 1945 gesetzlich zugelassen worden), beherrschte sie bestimmte Gewerkschaften fast vollständig. Die einflußreichsten Führer in vielen Gewerkschaften waren Kommunisten, und die mächtigste Figur auf der Linken war Kyuichi Tokuda, der Führer der kommunistischen Partei, der gerade nach achtzehn Jahren als politischer Häftling aus dem Gefängnis entlassen worden war. Er war ein leidenschaftlicher Redner, ein begabter Organisator und ein echter Revolutionär. Er glaubte, daß Japan aufgrund der Ernüchterung über den Krieg und wegen des Hungers und der Not reif für die Revolution sei. Und die Gewerkschaften betrachtete er als das Werkzeug für diese Revolution. Nur wenige teilten diese Ansicht. Die Kommunisten waren extrem gut organisiert und besaßen beachtliches Prestige, denn keine andere Gruppe hatte unter den Militaristen auch nur annähernd soviel gelitten. Daß MacArthurs Hauptquartier nicht gegen sie vorgegangen war, erhöhte ihre Popularität bei vielen Japanern noch; wenn die Amerikaner sie nicht zerschlugen, so wurde argumentiert, unterstützten sie sie offenbar.

Der Radikalismus der Gewerkschaften schien sich 1946 zu steigern, als die wirtschaftliche Lage sich verschlechterte. Die Inflation geriet außer Kontrolle, die Staatsausgaben überstiegen die Einnahmen in jenem Jahr um etwa 67 Prozent, und das einzige, was die Regierung tun konnte, war weiter Geld drucken. Die Ernte war schlecht; einmal verfügte der Staat nur noch über Reisvorräte für vier Tage. Zum Teil war die wachsende Aufsässigkeit die Folge echter Not, zum Teil das Ergebnis von Manipulationen seitens der Kommunisten. Massenveranstaltungen vor dem Kaiserpalast zogen riesige Menschenmengen an. Es war, als ob ein Strom die Linke vorwärtsträge.

In jenen berauschenden Wochen schienen die Kommunisten unaufhaltsam auf die Macht zuzutreiben. Die Regierung wirkte wie gelähmt. Die Radikalen sahen plötzlich wie Sieger aus, und in Japan war das ein beachtliches Plus. Tokuda beabsichtigte, die Wirtschaft des Landes anzuhalten; gelang ihm das, so konnte er, wie er meinte, im allgemeinen Chaos die Macht an sich reißen. Geschickt brachte er die gemäßigteren Gewerkschaften unter seine Herrschaft, zumindest vorübergehend. Dabei half ihm Yoshidas Eigensinn. Yoshida und seine Regierung waren nicht imstande, den gemäßigten Gewerkschaften irgendwie entgegenzukommen und damit die radikaleren zu isolieren. Für den 1. Februar 1947 wurde ein Generalstreik ausgerufen. Langsam aber stetig schien die Unterstützung für den Streik zuzunehmen. MacArthurs Hauptquartier schätzte, daß vier Millionen Japaner sich beteiligen würden. Dann fand man einen kommunistischen Führer erstochen in seiner Wohnung, ein Opfer rechter Fanatiker und ein politischer Mord, der schmerzlich an die politischen Morde der Vorkriegszeit erinnerte. Das heizte die radikale Bewegung weiter an. Nach dem Mord schlossen sich die Sozialisten Tokuda an. Das bedeutete, daß vielleicht sechs Millionen Arbeiter streiken würden.

MacArthur hielt sich bis zum Vorabend des Streiks zurück. Seine Selbsteinschätzung gebot ihm, über dem Streit zu stehen und die Japaner nur mit seinen Untergebenen verhandeln zu lassen. Durch seine Unterhändler hatte er Tokuda und seinen Verbündeten bereits ganz eindeutig mitteilen lassen, daß er nicht zulassen werde, daß ein solcher Streik eine schon schwache Gesellschaft mit einer so angeschlagenen Wirtschaft ruiniere. Die Kommunisten hatten die Warnung offenbar nicht ernst genommen. Sie hielten MacArthurs überirdische Distanz fälschlicherweise für ein Zeichen von Schwäche. Das war ein Fehler. Schließlich rührte MacArthur sich, nur neuneinhalb Stunden, bevor der Streik beginnen sollte. Das Land hatte an Nahrungsmitteln und Benzin nur Vorräte für drei Tage, und er würde keinen Streik dulden, der buchstäblich lebensbedrohend war. »Ich werde«, so lautete seine Erklärung, »den Einsatz einer so tödlichen Waffe im Zustand der gegenwärtigen Verarmung und Auszehrung Japans nicht erlauben.«

Einen Augenblick dachten Tokuda und seine Leute daran, MacArthur die Stirn zu bieten. Doch stark waren sie nur an der Gewerkschaftsspitze; an der Basis hatten sie wenig Organisation und Rückhalt, und der normale japanische Arbeiter dachte in dem Augenblick nicht daran, Douglas MacArthur herauszufordern. Die Kommunisten hatten Einfluß für Macht gehalten. Sie hatten zu hoch gereizt, und als sie einen Rückzieher vor MacArthur machten, verloren sie augenblicklich ihr Gesicht. Sie hatten gehofft, bei den Aprilwahlen etwa fünfzehn Sitze im Unterhaus zu gewinnen; statt dessen verloren sie einen Sitz. MacArthur betrieb 1950, unmittelbar nach Ausbruch des Koreakriegs, eine politische Säuberungsaktion gegen Tokuda. Tokuda entwischte aus Japan und schlug sich nach China durch, wo er Mitte der 50er Jahre starb.

Nach diesem Vorfall ging MacArthur weiter gegen die Ultralinken vor. In seinem Hauptquartier gewannen die Konservativen die Oberhand über die Anhänger des New Deal. Bald fingen die Japaner an, ihre Gewerkschaften mit Hilfe der Amerikaner von Kommunisten zu säubern. 1949 ging man mit Unterstützung durch MacArthur massiv gegen kommunistische Gewerkschaftsführer bei der sogenannten »roten Säuberung« vor. In einer Gewerkschaft nach der anderen wurden die Kommunisten und einige ihrer Kollegen einfach festgenommen und von ihrem Arbeitsplatz entfernt. Im

Verlauf dieser Säuberungsaktionen wurden zehntausend Arbeiter entlassen und Hunderttausenden wurde die Gewerkschaftsmitgliedschaft entzogen.

Diese Ereignisse in Japan spiegelten die größeren Veränderungen, die in der internationalen Politik stattfanden. Die amerikanische Politik in Japan war im Begriff sich zu verlagern, weil sich die amerikanische Außenpolitik weltweit sehr schnell änderte. Der kalte Krieg verstärkte sich. Die Bündnisse aus der Kriegszeit waren zerbrochen. Frühere Verbündete waren die neuen Gegner, und alte Gegner waren dabei, zu neuen Verbündeten zu werden. Die amerikanische Verwicklung in den kalten Krieg vertiefte sich nicht nur, sie beeinflußte dabei auch die amerikanische Innenpolitik und die Einstellung Washingtons. 1948 war offensichtlich, daß Chiang Kai-sheks Macht schwand und Amerika nicht auf ein stabiles, antikommunistisches China zählen konnte. Vielmehr würde China wahrscheinlich kommunistisch werden. Das führte zu einem grundlegenden Wandel der Haltung Washingtons gegenüber Japan. In der Vergangenheit hatte MacArthur um jedes bißchen Hilfe kämpfen müssen, ob er nun Nahrungsmittel oder Geld hatte haben wollen. Ein schwaches Japan beunruhigte damals kaum einen hochrangigen Amerikaner. Aber als sich der kalte Krieg auf den Pazifik ausdehnte, änderte sich Washingtons Haltung. Plötzlich brauchte man dringend eine Bastion im pazifischen Raum. Washington, das über MacArthurs Versuche vor Ort, den Japanern Demokratie beizubringen, leicht amüsiert gewesen war (und sie nur am Rande unterstützt hatte), wurde plötzlich nervös angesichts eines wirtschaftlich derart verwundbaren Landes. Nicht mehr die Lebensqualität der Japaner stand auf dem Spiel, sondern die amerikanische Weltpolitik.

Während man sich im Hauptquartier MacArthurs ein wenig nach links gegen die alten Industriellen orientiert hatte, wollte Washington jetzt die japanische Wirtschaft fördern. MacArthur sah sich steigendem Druck konservativer Amerikaner ausgesetzt: Er sollte der japanischen Wirtschaft etwas Zusammenhalt und Stabilität verschaffen und das beenden, was einige Leute in Washington als seine Verfolgung der *Zaibatsu* betrachteten. Aus der Sicht Washingtons war MacArthur jemand, der duldsam gegenüber der Linken war und eine aufgeblähte undisziplinierte Wirtschaft unterstützte.

Der erste Schritt gegen MacArthurs Wirtschaftskontrolle war im Herbst 1947 ein Besuch von William Draper, einem ehemaligen General und Dillon Read-Banker, der damals Staatssekretär im Verteidigungsministerium war. Drapers Besuch war von einiger Bedeutung. Er hatte bereits eine entscheidende Rolle in Westdeutschland gespielt, wo er als Adjutant von General Lucius Clay, MacArthurs Pendant in Europa, Schluß mit der Entnazifizierung westdeutscher Politiker und der Zerschlagung der alten deutschen Kartelle gemacht und die Stärkung der westdeutschen Industrie in die Wege geleitet hatte. In Japan sollte er jetzt eine verblüffend ähnliche Rolle spielen. In Tokio erklärte Draper, er wolle die amerikanischen Unterstützungsausgaben für Japan senken. In Wirklichkeit wollte er jedoch die Richtung der Politik ändern. Mit aller Macht versuchte er, MacArthur gegen die Reformen des SCAP einzunehmen. Amerika müsse die japanische Wirtschaft stärken, sie nicht durch Kartellamtsmaßnahmen und Dezentralisation behindern, so argumentierte er. Außerdem drängte er darauf, die politische Säuberung von Leuten aus der Wirtschaft zu beenden. 1948 kam Draper erneut nach Tokio, um seiner Sache bei MacArthur Nachdruck zu verleihen. Inzwischen war sehr viel klarer als vorher, daß Washington seine Politik in Tokio ändern wollte. Noch immer unzufrieden mit dem seiner Meinung nach mangelnden Eifer im Hauptquartier MacArthurs, fragte Draper MacArthur, ob er damit einverstanden wäre, wenn seinem Stab vorübergehend ein Mann namens Joseph Dodge zugeteilt würde. Dodge sollte die Aufgabe übernehmen, die japanische Wirtschaft zu straffen, indem er frühere Anweisungen Washingtons durchsetzte. MacArthur erklärte, er habe nichts dagegen, solange Dodge ihm unterstehe.

Joseph Dodge traf am 1. Februar 1949 in Tokio ein. Sein Aufenthalt war nur auf drei Monate angesetzt. Dodge hatte in Detroit die High School besucht und danach, anstatt zu studieren, sofort als Bankangestellter angefangen. Nach Japan war er in einer höchst komplizierten internationalen Mission geschickt worden, doch er blieb letztlich der konservative Kleinstadtbanker (auch wenn er später eine große Bank in Detroit leitete). Nach seiner Auffassung bestand die Aufgabe des Bankmannes darin, nein zu sagen – mit wenigen Ausnahmen. Banken hatten nicht dadurch Erfolg, daß sie Weitblick zeigten und die Änderungen in der Gesellschaft vorwegnahmen, sondern dadurch, daß sie nur kleine Beträge an die sichersten Kandidaten und unter den strengsten Bedingungen ausliehen. Er war, wie ein Freund sagte, ein Pfennigfuchser.

Er hatte 1933 in einem der schlimmsten Augenblicke der Weltwirtschaftskrise die spätere Detroit Bank übernommen, als die Banken dieser Stadt wahrscheinlich härter als alle anderen im Land getroffen wurden. Dank seines konsequenten Vorgehens, der schonungslosen Art, mit der er jeden Antrag auf Kredit prüfte – und meistens abwies –, hielt er diese Bank in der schlimmen Zeit zusammen, so daß sie später, während des Krieges, sehr erfolgreich wurde. Niemand, so erklärte er gerne, habe ihm jemals etwas geschenkt, und er habe nicht die Absicht, einem anderen etwas zu schenken. Als einfacher, konservativer Mann aus dem amerikanischen Mittelwesten glaubte er an die Grundwahrheiten eines ausgeglichenen Budgets, der freien Marktwirtschaft und so weniger staatlicher Eingriffe in die Wirtschaft wie möglich. »Den kaiserlichen Buchhalter« nannte Ted Cohen ihn, einer der liberal eingestellten Mitarbeiter des SCAP.

Dodge hatte für Draper bereits in Westdeutschland gearbeitet, wo er eine neue Währung ins Leben gerufen hatte, die Deutsche Mark. Er hatte sich davor gehütet, sich mit der japanischen Gesellschaft zu befassen, war aber von Harry Truman zu der Aufgabe überredet worden. Truman hatte ihm gesagt, daß er ihn erstens unbedingt brauche, und daß er ihm zweitens absolute Rückendeckung geben werde. Der Zustand der japanischen Wirtschaft verschlug Dodge schlicht die Sprache. In seinen Augen lag bei der japanischen Wirtschaft alles im argen, was nur möglich war. Die Inflation galoppierte. Die Haushaltsdisziplin war vollkommen zusammengebrochen. Und was am schlimmsten war, zwei Drittel des japanischen Bruttosozialprodukts liefen durch die Hände des Staates. Wenn der Haushalt nicht die geplanten Zahlen erbrachte, druckte die Regierung einfach neues Geld. Was hätte sonst noch falsch sein können? Japans Wirtschaft war nach seinen Worten wie ein Mann auf Stelzen; die eine Stelze war die amerikanische Unterstützung, die andere die staatlichen Subventionen an die Industrie. Er hatte vor, Japan die Stelzen wegzuschlagen.

Er gab sich nicht der Illusion hin, irgend etwas über Japan zu wissen. In den ersten Wochen dort tat er nichts als sich mit hohen japanischen Beamten zu unterhalten, überwiegend Bankiers, die vorwiegend konservativ waren, und sich anzuhören, was sie ihrer Meinung nach brauchten. (Ihm fiel sofort ein Aspekt ihrer Planung auf: von Anfang an hatten sie beschlossen, den Yen schwach zu halten, damit das Exportieren erleichtert und das Importieren erschwert würde – für sie würde die Versuchung, westliche Güter zu kaufen, geringer sein, wenn deren Preise extrem hoch wären. Dodge, der über die Entwicklung des amerikanischen Verbraucherschutzes gar nicht glücklich war, fand das sehr einsichtig.) Dann war er soweit. Er empfahl drakonische Maßnahmen zur Steuerung dessen, was er für haushaltspolitischen Irrsinn hielt. Als allererstes beabsichtigte er, die Inflation zu stoppen. Die Japaner sollten lernen, ihren Verhältnissen entsprechend zu leben. Das ganze Land werde den Gürtel enger schnallen müssen. Und die Gürtel wurden enger geschnallt. Tausende kleiner und mittlerer Betriebe, die bereits zu stark verschuldet waren, wurden in den Bankrott getrieben. Dodge kühlte die Wirtschaft fast augenblicklich ab. »Ein Lehrbuchbeispiel dafür, wie ein Haushalt eine inflationäre Erkältung beenden kann«, erklärte er später.

Sein Verhältnis zu MacArthur war von Vorsicht bestimmt. Als Dodge MacArthur seine Empfehlungen vorlegte, die eine rücksichtslose Kürzung des bestehenden Haushalts vorsahen, war er sicher, daß der General aufbrausen würde, denn sein Vorschlag unterstellte, daß die Militärs verschwenderisch gewesen wären. Als Dodge die Notwendigkeit eines neuen, sparsameren Haushalts erläuterte, merkte er, daß sich MacArthurs Gesicht verdüsterte und kalt und zornig wurde. Der General sagte scheinbar ungewöhnlich lange nichts. Er starrte einfach aus dem Fenster. Dann ging er auf Dodge zu, bohrte ihm den Finger in die Brust (»so fest, daß ich glaubte, er hätte mich aufgespießt«, erinnerte er sich später) und sagte: »Sie haben recht – fangen wir an damit«.

Während Dodges erstem Jahr stiegen die Einnahmen auf 108,7 Prozent der Ausgaben, so daß es einen Haushaltsüberschuß von einer Milliarde Dollar gab. Aber die vielen Japaner, denen fast über Nacht bedeutet wurde, daß man sie nicht mehr brauche, bezahlten einen furchtbaren Preis dafür. Das war vor allem in einem Land schmerzlich, wo die Menschen damit rechneten, daß ein einmal gewährter Arbeitsplatz von Dauer war. Aber das Blatt hatte sich gewendet. Einst hatte man angenommen, MacArthurs Hauptquartier sei voll von Wohltätern, die in Japan Experimente durchführten, mit denen sie zu Hause in Amerika nicht durchgekommen wären. Jetzt waren die Konservativen an der Reihe. Dodge war enttäuscht gewesen von der in Amerika betriebenen Politik des New Deal. Jetzt konnte er endlich in diesem fernen asiatischen Land die scharfen Finanzmechanismen anwenden, die die Anhänger des New Deal in den Vereinigten Staaten niemals akzeptieren würden. Dies war ein Land, wo die Menschen zuhören mußten. Was Dodge sagte, war wie das Evangelium.

Die Regierung Yoshida war glücklich über die Ankunft Dodges. Vielleicht war Yoshida in weniger wichtigen Fragen anderer Meinung als Dodge, doch nach seinen Erfahrungen mit den Anhängern des New Deal in MacArthurs Hauptquartier war hier nun endlich der Vertreter des konservativen finanzpolitischen Amerika, auf den Yoshida gewartet hatte. Dodge gab Yoshida genau die Anweisungen, die dieser schon immer hatte durchführen wollen. Die Angriffe auf die *Zaibatsu* hörten bald auf. Der Yen bekam einen festen Wechselkurs. Die Dodgeschen Maßnahmen waren hart für die kleineren Firmen, die aufgrund mangelnder Bankverbindungen eine Durststrecke nicht so gut überstehen konnten, stärkten aber die Position der größeren Unternehmen. »Wir können es nicht ändern, wenn ein oder zwei Geschäftsleute Selbstmord begehen«, sagte Hayato Ikeda, Yoshidas Wirtschaftsleiter und Verbindungsmann zu Dodge, vor der Presse. Ebenso wichtig war jetzt, daß einflußreiche japanische Geschäftsleute dank Dodge und den Amerikanern den Auftrag hatten, ihre Arbeiter schärfer anzupacken, als sie es in den vergangenen zwei Jahren gewagt hatten.

Ikeda, der später Premierminister wurde, entwickelte eine ziemlich enge Beziehung zu Dodge. Eines Tages kam Ikeda zu ihrem regelmäßigen Treffen und verkündete, daß die schlimmste Zeit der Inflation vorüber sei und damit auch die schlimmste Zeit der Schwarzmarktwirtschaft. Endlich habe die Erholung begonnen, meinte Ikeda.

»Woher wissen Sie das?« fragte der argwöhnische Dodge.

»Der Polizeichef von Tokio hat es mir heute erzählt.«

»Und woher weiß es der Polizeichef von Tokio?«

»Oh, er sagte, er sei sicher, daß die Erholung eingesetzt habe, weil die Diebe in Tokio zum erstenmal seit Jahren wieder Geld stehlen würden. Bisher lohnte es nicht, Geld zu stehlen.«

In Japan nannte man es die Dodge-Methode. Sie brachte dem Land drastische wirtschaftliche Sparmaßnahmen. Hunderttausende wurden entlassen. Im ganzen Land gab es Streiks. Bis dahin schienen die Gewerkschaften den Segen der Amerikaner gehabt zu haben. Jetzt hatte es den Anschein, als neigten die Amerikaner zur anderen Seite und verlagerten ihren Einfluß bewußt dorthin. Bei Toyota versuchte Keiichi Toyoda, der Chef des Unternehmens und Mitglied der Gründerfamilie (die Familie heißt Toyoda, das Auto aber Toyota) verzweifelt, die Familientradition fortzusetzen und seine Angestellten zu halten; er beschäftigte seine Arbeiter weiter, und Toyota geriet derart in die Nähe des Bankrotts, daß Toyoda das Unternehmen verlassen mußte – die Bank bestimmte seinen Nachfolger. Was bei diesen Kämpfen Branche für Branche auf dem Spiel stand, war die zukünftige Form des japanischen Kapitalismus, auch wenn das zu der Zeit kaum jemand erkannte. Die Fähigkeit, die Arbeiter zu steuern, erwies sich letztlich als entscheidendes Moment bei der Herausforderung der anderen westlichen Länder durch Japan, aber so weit dachte niemand voraus. Kein Gedanke hätte ferner liegen können als der, die Vereinigten Staaten herauszufordern. Jeder war damit beschäftigt zu überleben. Die meisten japanischen Industriellen fragten sich damals, wie die spärlichen Ressourcen des Landes zu verteilen seien. Dodge und diese Männer stimmten überein: Japan mußte das wenige, das es besaß, für Maschinen ausgeben, nicht für höhere Löhne.

Es war somit eine Zeit voller Ironie. Die geschäftlichen Interessenten in Amerika standen voll und ganz auf der Seite der amerikanischen Mission, als gegen die Linken in den Gewerkschaften vorgegangen wurde. Das stärkte natürlich die Kapitalisten in Japan beträchtlich, schuf aber auf lange Sicht auch ein Verhältnis zwischen Arbeit und Kapital in Japan, das die Produktion stark förderte. Als eine radikale Gewerkschaft nach der anderen fiel, ersetzten die japanischen Industriellen sie durch Gewerkschaften, die den Amerikanern wie unternehmensgesponsert vorkamen. Was dabei herauskam, waren Beziehungen zwischen Management und Gewerkschaft (oder zwischen Management und Management, wie einige sagen würden), denen die Amerikaner nichts Gleiches gegenüberstellen konnten, ein Vorteil, den die amerikanischen Industriellen selbst nicht hatten.

Der Name Dodge wurde in Tokio und Detroit geachtet, wenngleich einige der Finanzgewaltigen Detroits sich in den frühen 80er Jahren, als sie den finanziellen Ruin dieser Stadt betrachteten, schmerzlich bewußt wurden, daß dafür zu einem guten Teil ihr alter Mentor Joseph Dodge verantwortlich war. Er hatte dem Herausforderer beigebracht, so gefährlich zu sein.

7
Der Bankier

Bei Nissan spielten sich in kleinerem Rahmen die gleichen Kämpfe ab wie überall im Land. In den frühen 50er Jahren waren Japans Industrielle noch immer vom Krieg erschüttert und mitgenommen. Gegen sie entstand eine energische Arbeiterklasse, die häufig von militanten Radikalen geführt wurde. Eine Konfrontation war unausweichlich. Als es bei Nissan dazu kam, trug diese Konfrontation mit dazu bei, die Zukunft Japans zu bestimmen. Auch für Amerika hatte sie tiefgreifende Folgen.

Die Militanten wollten in jeder Branche ihren Hauptstoß gegen das jeweils größte Unternehmen führen, und auf dem Automobilsektor waren das entweder Toyota oder Nissan. Weil Toyota sich in Toyota befand, einer klassischen Industriestadt in der Nähe von Nagoya, war es ein weniger attraktives Ziel als Nissan mit seiner Zentrale in Tokio. Sie glaubten, wenn es ihnen gelänge, ein so starkes Unternehmen wie Nissan zu zerschlagen, würden auch die kleineren Automobilfirmen bald fallen. Die Geschäftsleute, nicht nur die anderen Automobilhersteller, sondern auch andere Unternehmer in ganz Japan, stimmten dieser Einschätzung zu. Sie machten sich Sorgen um Nissan, denn seine Gewerkschaft war stark und gut geführt. Die Unternehmensführung war dagegen schwach und durch die Säuberungsaktionen der Amerikaner stark in Mitleidenschaft gezogen. Der Gründer Yoshisuke Ayukawa war entfernt worden. Durch sein Ausscheiden und das einiger seiner Spitzenleute war in der Führung von Nissan ein beträchtliches Vakuum entstanden. Was die Nissan-Gewerkschaft betraf, so war sie links von der Mitte geblieben, obwohl bei der roten Säuberung viele Kommunisten verjagt worden waren. Ihr Führer Tetsuo Masuda galt als brillant und charismatisch. In seinen Reden war er manchmal antiamerikanisch; eine Ironie, denn was er erreichen wollte – und was die Unternehmer fürchteten –, war die Bildung einer branchenweiten Gewerkschaft

nach amerikanischer Art, für die die amerikanische Automobilarbeitergewerkschaft das Vorbild war.

Japan unterschied sich in den Nachkriegsjahren von den westlichen Ländern, die vergleichbare Industrialisierungsphasen mitgemacht hatten. Es
hatte ein Proletariat, sah sich selbst aber nicht so, als ob er eins hätte. Es
besaß vielmehr eine Hierarchie, die jedem seine Position zuwies. (Selbst
heute, wo Japan eines der zwei oder drei am stärksten industrialisierten Länder der Welt ist und Klassenunterschiede zumindest für Amerikaner klar
ersichtlich sind, beharren die Japaner darauf, eine klassenlose Gesellschaft
zu sein. Falls das zutrifft, dann ist es eine klassenlose Gesellschaft, in der
jeder seinen Platz kennt.) Es gab kaum eine Gewerkschaftstradition, und die
Gewerkschaftsbewegung der Vorkriegszeit war mitleiderregend schwach gewesen. In der Vergangenheit waren die meisten Versuche, eine starke Gewerkschaftsbewegung zu begründen, am einflußreichen konfuzianischen Wertsy-
stem gescheitert, demzufolge ein Chef ein guter Vormund und der Angestellte ein loyaler Arbeiter sein mußte. Die amerikanische Besetzung änderte
das ein wenig. Neue, fremde Ideen, die der westlichen Tradition des Klassen-
kampfes entstammten, waren plötzlich ins Land gekommen. Das gab den
japanischen Gewerkschaftsführern großen Auftrieb, die sich bis dahin mit
der konfuzianischen Ordnung herumgeschlagen hatten. Bis zur Besetzung
führte ein Gewerkschaftsführer, der den Chef angriff, praktisch einen Schlag
gegen die Ordnung des Landes, und in Japan war die Ordnung das Land.

Doch wenn es in Japan je eine Zeit für einen Umsturz gegeben hat, dann
damals. Das alte System war gescheitert. Es hatte seine Berechtigung größtenteils verloren, weil es mit einem Krieg in Verbindung gebracht wurde, mit
dem niemand mehr etwas zu tun haben wollte. Außerdem war es eine
schreckliche Zeit. Jahre später fielen dem japanischen Durchschnittsarbeiter
oder kleinen Geschäftsmann, wenn er sich an jene Tage erinnerte, als erstes
immer zwei Dinge ein: der ständige, allgegenwärtige Hunger und das Gefühl, immer zu frieren. Die Jahre unmittelbar nach dem Krieg hatten bei den
meisten Japanern der fast ununterbrochenen Suche nach Nahrung gegolten.
Der Tag begann mit dem Gedanken an das Essen und endete mit dem Gedanken an das Essen. Reis war einmal das Hauptnahrungsmittel gewesen,
doch für die meisten Japaner war er zu knapp und zu teuer, und so nahm
man mit allem vorlieb, was aufzutreiben war – Weizen oder Maismehl oder
was sonst von den Amerikanern beschafft wurde.

Die Kälte war genauso schlimm. Wohnraum war äußerst knapp. Nach
dem endlosen Bombardement standen in Tokio von vielen Häusern nur
noch die Mauern. Was die amerikanischen Bomben zerfetzt hatten, flickten

die Menschen so gut sie konnten, um die Kälte abzuhalten. Familien hausten dichtgedrängt in halbfertigen und nicht heizbaren Räumen. Oft lebten mehrere Familien in etwas, das anscheinend einmal ein Haus gewesen war, wenngleich kaum etwas davon übriggeblieben war. Die Winter in Tokio sind ohnehin hart, nicht kalt im russischen Sinn mit schweren Schneefällen und sehr niedrigen Temperaturen, sondern kalt mit einer unbarmherzigen, durchdringenden Feuchtigkeit, die früh im Winter in die Glieder kriecht und erst wieder weicht, wenn es längst Frühling ist. Jahre später, als Japan eine erfolgreiche kapitalistische Gesellschaft war, bemerkten westliche Besucher, die im Winter im Taxi fuhren oder ein Bürogebäude betraten, daß sie ganz klar überheizt waren. Ja, räumten ihre japanischen Freunde ein, sie waren tatsächlich überheizt, aber das deshalb, weil die Erinnerung an so viele kalte Tage und Nächte noch so lebendig war. Ihre Körper versuchten gleichsam noch immer, die vor so langer Zeit vermißte Wärme aufzufangen.

Die wenigen Rohstoffe, die das Land direkt nach dem Krieg besaß, waren in die wichtigsten Industrien geflossen, in den Schienenverkehr, die Stahlindustrie und den Schiffsbau. Eine Zeitlang war es unsicher gewesen, ob Toyota und Nissan die Erlaubnis erhalten würden, Personenwagen zu bauen. Lastwagen selbstverständlich, aber selbst die waren kaum herzustellen, so knapp waren die Produktionsmittel. Ein Amerikaner namens Robert Alexander, der später Spitzenmanager bei Ford wurde, war zufällig Anfang 1946 in der Nissan-Fabrik, als der erste Nachkriegs-Lkw hergestellt wurde. Es war eine feierliche Gelegenheit. Der Kaiser war erschienen, und Alexander war beeindruckt von dem sich regenden Geist der Erneuerung. Als der erste Lastwagen vom Band lief, war Alexander fassungslos, wie nackt der Wagen aussah. Er hatte weder ein Führerhaus noch Kotflügel. Es war eine Kiste auf Rädern. Irgend jemand stieg hinein und versuchte, den Wagen zu starten. Er sprang nicht an. Alexander reiste wieder ab, nicht sehr zuversichtlich im Hinblick auf die Aussichten einer japanischen Lkw- und Autoindustrie.

Das Land brauchte Lastwagen. Personenwagen, das Symbol einer leichtfertigen Gesellschaft, waren für den Durchschnittsjapaner zu teuer. Außerdem hatte man das Gefühl, daß es ein Fehler wäre, in die Automobilherstellung einzusteigen, weil die Amerikaner auf diesem Gebiet einfach zu stark waren; wenn Japan für seine besonders erfolgreichen Bürger Wagen brauchte, konnte es ein paar aus Amerika importieren. Die meisten hohen Angestellten in der japanischen Industrie waren wohlhabende Männer in den Sechzigern und Siebzigern; sie fuhren keinen Wagen, ihre Freunde fuhren keinen Wagen, und sie sahen auch keine Notwendigkeit für einen Wagen. Doch die jüngeren Männer setzten sich durch, die Gewerkschaften arbeiteten mit darauf hin, daß Kredite aufgenommen wurden, und 1949 nahm eine rudimentäre Autoindustrie ihren Anfang.

Die ersten Nachkriegsjahre bei Nissan waren sehr schwer. Die Gewerkschaft schien stärker als das Management zu sein und gab bei den Entscheidungen über die Löhne den Ton an. Diejenigen, die das Unternehmen normalerweise geleitet hätten, waren den Säuberungsaktionen der Amerikaner zum Opfer gefallen. Und diejenigen, die das Unternehmen leiteten, standen noch immer wie unter einem Schock und zweifelten die eigene Berechtigung an. Nissan gehörte nicht zu den Industrie- und Finanzhäusern, die Ausleger einer durch einige Familien vertretenen herrschenden Klasse waren, den altehrwürdigen *Zaibatsu*, deren Geschichte mit der Geschichte des Landes eng verknüpft war. Nissan (der Name war eine Abkürzung von Nippon Sangyo, was japanische Industriewerke hieß) wurde vielmehr fast auf Anhieb ein neues *Zaibatsu*, und Yoshisuke Ayukawa, der Gründer, war ein Emporkömmling im Kreise der alten Männer der mächtigen Familienimperien Sumitomo, Mitsui und Mitsubishi. Wo sie zu Beginn des Automobilzeitalters in Japan besonders vorsichtig gewesen waren, war Ayukawa wagemutig und unternehmend. Sein Aufstieg als Industrieller in den 30er Jahren war zusammengefallen mit dem der Militärs, deren Partner er zwangsläufig wurde, vor allem beim mandschurischen Abenteuer. Gemäß der im wesentlichen faschistischen Betrachtungsweise der Militärs spiegelten die *Zaibatsu* das alte, farblose, dekadente Japan wider, ein Japan, das gegenüber dem Westen zu unterwürfig war, und so brachten sie hin und wieder auch *Zaibatsu*-Führer um, wie sie politische Rivalen beseitigten. Aber Ayukawa stand ihrer Generation altersmäßig näher, war ein Draufgänger, jemand, mit dem sie etwas anfangen konnten. Deshalb entwickelte sich sein Unternehmen in den 30er und frühen 40er Jahren schneller als die der meisten Konkurrenten. Nach dem Krieg jedoch, als Nissan zu einem Konzern aus vierundsiebzig Einzelfirmen geworden war, galt es wegen seiner Zusammenarbeit mit den Militärs als stärker kompromittiert als die meisten Großunternehmen; vor allem seine Betätigung in der Mandschurei wurde als anrüchig betrachtet. Die Folge war, daß Nissan durch den Fall des Japan, das seine Entstehung ermöglicht hatte, mehr psychisch als physisch vernichtet wurde.

Als Japan im August 1945 zusammenbrach, mußte Ayukawa einundzwanzig Monate ins Gefängnis. Nach seiner Entlassung wurde er überprüft, was bedeutete, daß er weder in einem Unternehmen noch beim Staat ein Amt bekleiden konnte – ein Bann, der bis 1951 aufrechterhalten wurde. Bis zu seinem Tod war er verbittert, weil ihm nicht erlaubt wurde, in sein altes Unternehmen zurückzukehren. Aber er war nicht allein. Auch andere, die normalerweise seine Nachfolger geworden wären, hatten sich kompromittiert. Shoji Yamamato, ein tüchtiger, energischer Mann, leitete das Unternehmen von 1945 bis 1947, als auch er überprüft und entfernt wurde. Die Männer, die von sich glaubten, daß sie Nissan führen sollten, schienen am Ende zu sein, und diejenigen, denen die Führung übertragen wurde, fühlten sich schlecht vorbereitet auf ihre neue Rolle. Sie sahen sich aufgrund der Verstrikkung des Unternehmens in die mandschurische Affäre moralisch in der Defensive. So wie das Vorkriegsbündnis mit den Militärs und der Krieg selbst das Unternehmen gestärkt hatten, schwächten sie es jetzt.

Der Präsident nach Yamamotos Entfernung 1947 war Taichi Minoura. Neu im Unternehmen, nicht vertraut mit der Technik, nicht vertraut mit der Auseinandersetzung mit einer rebellischen Gewerkschaft, und nicht vertraut mit Finanzen, wurde er von den Problemen überwältigt. Bei einer schwierigen Verhandlungsrunde mit der Gewerkschaft brach er zusammen – wie es hieß, ebensosehr aus Furcht vor den Gewerkschaftsführern wie vor Erschöpfung. Im Sommer 1947, vier Monate nachdem er seine Stelle angetreten hatte, bat er die Industriebank von Japan, ihm einen Finanzfachmann zu schicken.

Dies war der Moment, in dem der Bankier die Bühne betrat. Es war ein zweiundvierzigjähriger Mann namens Katsuji Kawamata, der nichts von Autos verstand, nicht einmal Auto fahren konnte. Noch weniger verstand er von der Produktion. Aber er verstand etwas von Geld, er war ein Mann der Bank.

Die Industriebank von Japan (IBJ) war ein mächtiger Faktor beim industriellen Wiederaufbau Japans. Das äußerst konservative Institut hatte (selbstverständlich unter Federführung des MITI) darüber zu entscheiden, wie das begrenzte japanische Kapital unter den vorwärtsstrebenden Unternehmen des Landes aufzuteilen war. Es war für die Banken aufgrund ihrer enormen Machtfülle nichts Besonderes, einen ihrer Experten abzustellen, damit er bei der Führung eines Unternehmens half. Es galt als Mittel, die Geschäftspraktiken der Unternehmen (die die Banken stets als erbärmlich ansahen) fest im Griff zu halten und diente gleichzeitig dazu, einige der überzähligen Bankmanager unterzubringen, diejenigen, die es im eigenen Haus wahrscheinlich nicht ganz schaffen würden. Dennoch hatten die Männer von der IBJ einen sehr guten Ruf. Wenn bei den meisten japanischen Unternehmen ein Mangel an guten Managern herrschte, so gab es bei der IBJ davon mehr als anderswo. Das Bankgewerbe war in Japan eine geachtete Branche; es gab keine Börse, die die fähigen Finanzleute abgezogen hätte. Aber im Gegensatz zur Industrie war das Bankwesen von den Säuberungsmaßnahmen nicht sehr stark getroffen worden. Die Amerikaner hatten entschieden, daß das Bankgeschäft etwas Passives sei, wohingegen die Managertätigkeit in einem Unternehmen, das sich an der Kriegsproduktion beteiligt hatte, etwas Aktives sei. Nur wenige Institutionen waren in den Nachkriegsjahren so konsequent wie die IBJ; sie entschied über Gedeih und Verderb großer Unternehmen. Diese Macht hatte zwangsläufig eine gewisse Arroganz zur Folge. Fünfundzwanzig Jahre später, als die Wirtschaft Japans erfolgreicher war, als man sich je erträumt hätte, hatte sich das Blatt gewendet, weil die Unternehmen die Banken nicht mehr so dringend brauchten – Toyota hatte soviel liquide Mittel, daß man von der Bank von Toyota sprach. Es gab Unternehmer, die nichts vergessen hatten und nicht vergaben. Sie bedienten sich der Banken bewußt so wenig wie möglich. Das lag weniger daran, daß die Banken schlechte Bedingungen geboten hätten, sondern eher an der Art, wie sie ihre Kunden in den Jahren behandelt hatten, als sie die ganze Macht in Händen gehalten hatten.

Kawamata, der Banker von der IBJ, war ein ungeheuer ehrgeiziger Mann, aber nur wenige seiner Kollegen bei der IBJ hatten das ganze Ausmaß dieses Ehrgeizes erkannt. Nach außen hin hatte er nicht so ambitiös gewirkt. Gemessen an den Standards der Bankiers von Tokio, von denen einige ungewöhnlich hochtrabend und soigniert waren, war er etwas zu forsch, zu laut aufgetreten, als daß er bei der Bank hätte Karriere machen können. So war er 1947 zu Nissan abgeschoben worden, das so dringend finanzielle Hilfe brauchte. Kawamata war etwas verärgert über die Abfuhr, die diese Versetzung bedeutete. Schließlich war Nissan kein sehr bedeutendes Unternehmen.

An seinem ersten Tag bei Nissan war Kawamata wie betäubt von dem chaotischen Betrieb. Am gleichen Morgen wollte er an einer Vorstandssitzung teilnehmen. Wo sind die anderen Mitglieder? fragte er. Oh, bedeutete man ihm, sie führen alle Lohnverhandlungen mit der Gewerkschaft. Später am Tag sagte man ihm, die Arbeiter seien sehr erfreut über seine Ankunft. Daß ein mächtiger neuer Mann von der IBJ gekommen war, nahmen sie als eine gute Nachricht. Für sie hieß das, das Unternehmen würde problemloser Geld leihen können, so daß sie noch höhere Lohnsteigerungen erzielen konnten. Das war nicht gerade die Art, wie Kawamata die Dinge sah. Die Anweisungen an ihn lauteten ganz anders – er sollte in ein Unternehmen, das aus dem Ruder gelaufen war, wieder etwas Ordnung bringen und vor allem die Schwierigkeiten mit der Arbeiterschaft beenden.

Es gab fast ständig Streiks. Die Gewerkschaft war stärker als die Unternehmensführung, die die Gewerkschaft fürchtete. Er war entsetzt darüber, wie schwach das jetzige Management war und wie bereitwillig es den Forderungen der Arbeiter nachgab. Was ihn betraf, sollte das abgestellt werden, und zwar bald. Aber das gelang nicht. Jahrelange Auseinandersetzungen erwarteten ihn.

Der wichtigste Mann im Management war in dieser Phase Genshichi Asahara, ein Schützling Ayukawas, des Firmengründers. Asahara, der nach den Säuberungsaktionen Präsident geworden war, war ein sanfter, fast weichlicher Mann. Er war Chemiker von Beruf und besaß weder die Neigung noch die Fähigkeit, mit der Krise fertig zu werden, die jetzt auf ihn zukam. Als der Arbeitskonflikt ausbrach, bestand Asaharas erste Reaktion darin, sich zu verstecken, was er häufig tat. Da das nichts half, fügte er sich. Er war überwältigt und entzückt von Tetsuo Masuda, dem außergewöhnlichen Gewerkschaftsführer.

Alle bei Nissan, so berichtete Kawamata Freunden bei der Bank, hätten Angst vor der Gewerkschaft. Die Gewerkschaft fordere ständig mehr Rechte, und die Arbeiter arbeiteten nie. Was war aus der Achtung der Japaner vor der Arbeit geworden? Es war eine Sache, einen Krieg zu verlieren, meinte er, aber eine andere, den Sinn für alles Japanische zu verlieren.

Ende der 40er Jahre brachen wie Buschfeuer immer wieder Streiks aus. Es ging um Lohnerhöhungen und um die Frage, ob die Unternehmensführung oder die Gewerkschaft die Beförderungen überwachen sollte. Der erste Streik, mit dem Kawamata zu tun hatte, fand 1949 statt, nach Einführung der Dodge-Methode. Im Sommer jenes Jahres war Kawamata erneut gezwungen gewesen, Geld bei der IBJ aufzunehmen. Er war zur Zweigstelle in Hiroshima gegangen, weil er dorthin bessere Verbindungen hatte, und hatte mit Erfolg einen Diskontwechsel ausgehandelt. Aber der ganze Vorgang hatte ihn zermürbt, ebenso wie das Wissen darum, daß die Kollegen bei der Bank ihm nicht unrecht taten, wenn sie ihn kühl und skeptisch ansahen und ihre Verachtung kaum verbargen – sein Haus war nicht in Ordnung. Nissan war ein schlecht geführtes Unternehmen. Die Produktion war niedrig, die Lohnkosten waren hoch. Es wurde Zeit, andere Saiten aufzuziehen. Er wußte, daß er Leute würde entlassen müssen, um die Firma zu retten. Sonst stieß er an die Grenzen, die die Bank ihm gesetzt hatte. Bei seinen Gesprächen mit der IBJ in Hiroshima und Tokio konnte er die wachsende Ungeduld dort spüren. Er wußte, daß einige Leute in der Bank meinten, Nissan werde scheitern, und er merkte, daß einige von ihnen gar nicht unglücklich darüber wären. Aber Nissan war jetzt sein Unternehmen, und er wollte nicht scheitern.

Nissan hatte zur Zeit der Dodge-Methode etwa 8 500 Beschäftigte, und Kawamata beschloß, etwa 2 000 zu entlassen. Er hatte keine Ahnung, wie er das bewerkstelligen sollte. Man würde Abfindungen zahlen müssen, und das Unternehmen war pleite; doch er ging heimlich zur IBJ und zwei Banken am Ort und erhielt für diesen Zweck 80 Millionen Yen außer der Reihe. Er bekam das Geld, weil er zusagte, daß dies der Beginn einer härteren Gangart seitens der Unternehmensführung sein werde. Im September gab Kawamata bekannt, daß das Unternehmen etwa 1 760 Beschäftigte entlassen werde. Soweit die Firma zwischen radikalen und gewöhnlichen, weniger politisierten Arbeitern unterscheiden konnte, entließ sie die radikalen. Die Gewerkschaft rief umgehend einen Streik aus. Der Streik dauerte vierzig Tage, aber am Ende behielt die Unternehmensführung die Oberhand.

Tetsuo Masuda, der Führer der Gewerkschaft, schien die Herausforderung durch Kawamata zu begrüßen. Dies war der Gegner, auf den zu treffen er sich gewünscht hatte. Er war durch den Krieg zutiefst entwurzelt und durch die Armut und die Verzweiflung im Nachkriegsjapan gründlich radikalisiert worden. Er sprach ständig über Demokratie, und nach seiner Definition von Demokratie taten die Arbeiter ebensoviel wie die Unternehmen und, was noch wichtiger war, hatten politische Herrschaft über ihren Arbeitsplatz.

Was Masuda neben seiner Intelligenz auszeichnete, war seine Unabhängigkeit. Er katzbuckelte vor niemandem, weder vor dem bestehenden Establishment noch, wie viele radikale Gewerkschaftsführer, vor der kommunistischen Partei. Er hatte nichts Zaghaftes an sich; auf keinem Gebiet zeigte er Unsicherheit. Wo die einfachen Arbeiter sich bei Auseinandersetzungen mit ihren Vorgesetzten nervös und unsicher fühlten, trat Masuda absolut selbstsicher auf.

Er selbst entstammte nicht der Arbeiterklasse. Aber das schien niemanden zu stören. Die meisten Gewerkschaftsführer jener Zeit, wie auch viele Kommunisten, kamen aus der Mittel- oder gehobenen Mittelschicht. Masuda war nach japanischen Maßstäben privilegiert, fraglos ebensosehr ein Produkt der neuen herrschenden Klasse wie Kawamata. Er war 1914 auf der Insel Tokunoshima vor Kagoshima im Süden geboren worden, einer so armen Region, daß selbst die Menschen, denen es dort am besten ging, nur einmal anstatt dreimal am Tag aßen. Nur so konnten sie das Geld sparen, um ihre Kinder auf eine der Universitäten in Tokio zu schicken. Sein Vater hatte eine kleine Versandfirma betrieben. Die Firma hatte jedoch Bankrott gemacht, als Masuda noch klein war, und die Familie war von der Insel nach Kagoshima gezogen. Sein Vater starb, als Masuda gerade ins Gymnasium kam. Um Geld zu verdienen, damit er später studieren konnte, begann er, dem Sohn eines wohlhabenden Arztes am Ort Nachhilfeunterricht zu geben, während er selbst weiter die Schule besuchte. Einem Amerikaner hätte seine Kindheit vielleicht hart vorkommen können, doch nach japanischen Begriffen jener Zeit war sie nicht sonderlich schwer. Im Vergleich mit anderen hatte er eher noch Glück, denn er konnte schließlich die Todai Universität in Tokio besuchen, die größte Universität Japans.

Todai ist das japanische Äquivalent zu Harvard oder Yale, mit dem Pflichtgefühl von West Point. Der Kampf um einen Studienplatz ist hart. In mancher Hinsicht dient Todai, anders als Harvard und Yale, nicht so sehr dem Studierenden, sondern dem Land. Es geht dort weniger um hervorragende Leistungen und Originalität als um Disziplin und Verpflichtung. In Japan gilt, daß vielleicht nicht jeder, der von der Todai Universität angenommen wird, der herrschenden Klasse angehört. Sobald aber ein junger Mann dort sein Examen gemacht hat, gehört er ihr an. Nach dem Examen wird er weniger das tun, was gut für ihn selbst ist, als das, was gut für das Land ist. Er wird, wenn er besonders tüchtig ist, einen der wichtigsten Posten in der staatlichen Verwaltung annehmen, im MITI oder im Finanz- oder Außenministerium, oder er wird für eines der führenden Unternehmen arbeiten. Er wird die bestehende Ordnung nicht antasten, denn als ein Mann von Todai ist er jetzt Teil dieser Ordnung. Er wird warten, bis die Reihe an ihn kommt, und das Recht zu herrschen wird ihm rechtzeitig zufallen. Es ist ein hervorragendes System, denn die Besten des Landes werden stets in jene Schlüsselsektoren geschleust, wo sie am dringendsten gebraucht werden.

Masuda hatte 1938 angefangen, für Nissan zu arbeiten, zu der Zeit, als jeder Japaner wußte, daß ein großer Krieg vor der Tür stand.

Masuda war intelligent, das stand außer Frage; er hatte sein Studium an der Todai Universität in nur drei Jahren beendet und dabei im letzten Jahr nichts anderes gemacht als Baseball gespielt, was damals seine große Leidenschaft gewesen war. Es war eine Zeit, in der viele junge Japaner ohne Träume und Ehrgeiz waren; jeder aus ihrer Altersgruppe wußte, daß es Krieg geben würde und nicht sie über ihr Schicksal entscheiden würden. Das Leben hatte eine seltsame Ziellosigkeit.

Masuda, früher im wesentlichen unpolitisch, kehrte als ein anderer, nun vollständig politischer Mensch aus dem Krieg zurück. Er selbst hatte es im Krieg nicht allzu schwer gehabt. Er hatte als Sanitäter bei den japanischen Streitkräften in China Dienst getan und sich dort Malaria geholt. Er war nach Hause geschickt worden, da er hohes Fieber gehabt hatte, hatte kurze Zeit bei Nissan gearbeitet und dann wieder den Dienst aufgenommen. Seine Mutter und seine Schwester waren bei der Bombardierung von Kagoshima ums Leben gekommen. In seiner Stimme schwang eine neue Bitterkeit. Manchmal sprach er über die Männer, die das Land in der Zeit vor dem Krieg regiert und es dann in den Krieg geführt hatten: »Sie haben uns ruiniert, sie haben unser Leben ruiniert. Sie haben uns nichts gelassen.« Wieder in Tokio sah er die Folgen des Krieges, wohin er schaute. Japan war nicht Amerika, meinte Hideya Nakamura, einer seiner Freunde in der Gewerkschaft; es kamen keine Veteranen zurück und erzählten Geschichten über das, was sie erlebt hatten. In Japan bestand dazu keine Notwendigkeit, denn die Zerstörungen waren ein allgegenwärtiges Erlebnis. Keine Familie war verschont worden. Wer von Okinawa oder Iwo zurückgekommen war, brauchte den Menschen aus Hiroshima nichts über die Zerstörungen zu erzählen, und niemand aus Hiroshima mußte dem, der das Glück gehabt hatte, den Brandbomben auf Tokio zu entkommen, erzählen, wie furchtbar der Krieg gewesen war.

Ziemlich selten sprachen Nakamura und Masuda über den Krieg und wenn überhaupt, dann nur in kurzen Bemerkungen. Man verständigte sich, ohne alles auszusprechen, denn das meiste war unaussprechlich. Aber einmal hatte Masuda nach einem Gespräch gesagt: »Wir dürfen nie wieder Krieg bekommen. So etwas darf nicht noch einmal geschehen. Nie mehr!« Seine Erregung war spürbar. Nakamura merkte, daß Masuda nicht im eigentlichen Sinne radikal, sondern dem Japan der Vergangenheit fast vollkommen entfremdet war. Das hatte der Krieg bei vielen bewirkt. Er hatte eine Generation Japaner auseinandergerissen, diejenigen, die, als der Krieg begann, jung gewesen waren und an all die anerkannten Werte der Nation geglaubt hatten, und die, als er zu Ende war, nicht nur alles verloren hatten, was sie besaßen, sondern auch alles, woran sie glaubten, und das war noch entscheidender.

Bei der Arbeit in Yoshiwaras Nissan-Werk kam Masuda mit der Gewerkschaft in Berührung. Seine Fähigkeiten wurden bald erkannt: große Intelligenz, absolute Furchtlosigkeit, unerschütterliche Zielstrebigkeit und ein außergewöhnliches Geschick als Redner. Schon bald richtete Nakamura, der damals die Gewerkschaft führte, es so ein, daß Masuda nach Yokohama kam, wo er dringend gebraucht wurde.

Nakamura glaubte, daß die Gewerkschaft für Masuda ein Mittel sei, die Macht der alten *Zaibatsu* zu prüfen und damit jedes Wiederaufleben eines japanischen Militarismus zu verhindern. Schließlich war Nissan Teil der *Zaibatsu* und einer der größten Nutznießer der japanischen Invasion der Mandschurei gewesen. Die Feindseligkeit, die er gegenüber der Unternehmensführung empfand, war in Wirklichkeit seine Wut auf den Krieg und die, die ihn geführt hatten. *Sie* hatten es einmal getan, sagte er Nakamura, und sie konnten es wieder tun.

Für einige von Masudas alten Freunden aus der Vorkriegszeit war dessen zunehmende Radikalisierung verwirrend. Hier war endlich ein junger Mann mit guten Aussichten, einer der führenden Männer im Unternehmen zu werden, und anstatt seine Karriere zu fördern, setzte er sie dadurch aufs Spiel, daß er gerade das System angriff, dem er mit Recht angehörte. »Sie, ein Mann von Todai, sollten sich schämen für das, was Sie tun«, hatte ihm bei Lohnauseinandersetzungen einmal ein Mitglied des Managements entgegengehalten, das ihn noch aus der Studienzeit kannte. »Schauen Sie, wer Ihre Freunde und Förderer sind.«

»Todai«, erwiderte Masura, »sollte sich schämen, daß es so wenige wie mich gibt, und so viele wie Sie. Sie waren dort und haben nichts gelernt.«

Die meisten Japaner erkannten die Hierarchie an; Masuda verachtete sie. Das System, sagte er, müßte verändert werden. »Gut ist schlecht«, sagte er. »Oben sollte unten sein, und unten oben.« Anfangs waren einige seiner Männer verwirrt, wenn er so sprach, doch mit der Zeit begriffen sie. Seine Gegner in der Unternehmensführung hielten ihn für einen Kommunisten, aber die Männer, die eng mit ihm zusammenarbeiteten, wußten es besser. Was ihn auszeichnete, war seine Unabhängigkeit; er gehörte niemandem außer seinen Arbeitern. Die meisten echten Kommunisten waren bei der roten Säuberung aus der Gewerkschaft entfernt worden. Sicher stand er links, und bestimmt deckten sich einige seiner Ansichten des öfteren mit denen der ultralinken Sozialisten oder Kommunisten, aber er wollte keine kommunistische Gewerkschaft. Das hätte bedeutet, daß sie sich jemand anderem als den Arbeitern gegenüber hätte verantworten müssen. Die Anweisungen wären vielleicht aus Moskau gekommen.

Die Kommunisten, so sagte er, wollten die Arbeiter und die Gewerkschaft für ihre eigenen Ziele einsetzen, die in erster Linie und überwiegend politisch waren. Er wollte die Gewerkschaft so bewahren, wie sie war, als Dienerin der Arbeiter.

Masuda wurde wütend auf Freunde, wenn sie sich außerhalb der Gewerkschaft politisch betätigten; er wünschte keine Vermischung von Interessen. Er konnte kein Ziel außer seinem eigenen erkennen. Wenn Nissan-Vertreter argumentierten, daß Lohnerhöhungen das Unternehmen schädigten, daß es sie nicht verkraften könne, daß es die begrenzten Mittel, die es besaß, dringend für Reinvestitionen brauche, spottete er. Es sei unmöglich, meinte er, daß etwas gut für die Gewerkschaft und schlecht für das Unternehmen sei. Das Unternehmen zählte nicht wirklich. Die Gewerkschaft zählte.

Bis zum Aufkommen der Dodge-Methode gewann Masuda fast jeden Kampf mit dem Unternehmen. Es bestand kein Zweifel, daß er das Management eingeschüchtert hatte, und auch kein Zweifel, daß ihm das Spaß gemacht hatte. Er suchte die Auseinandersetzung ganz bewußt. Rückblickend meinten einige seiner Kollegen, die frühen Jahre hätten ihn verdorben und arrogant gemacht. Er allein übte in der Gewerkschaft Macht aus, und auch wo er anderen scheinbar zuhörte, wurde bald klar, daß in einer demokratischen Gewerkschaft seiner Vorstellung die Leute dann sprachen, wenn er sie ließ. Wenn sie ausgeredet hatten, machte er genau das, was er von Anfang an im Sinn gehabt hatte. Er sprach von Demokratie und war autoritär. Kaiser Masuda nannten ihn einige Leute aus dem mittleren Management.

1951 war es an der Zeit, einen neuen Präsidenten für Nissan Automobile zu wählen. Einige meinten, Katsuji Kawamata, der Bankier, habe es auf den Posten abgesehen. Aber er war einfach noch zu neu. Die Jagd auf politisch kompromittierte Führungskräfte war gerade beendet worden, was bedeutete, daß sowohl Genshichi Asahara als auch Shoji Yamamoto Kandidaten waren. Beide waren den Säuberungsaktionen zum Opfer gefallen und jetzt darauf bedacht, in das Unternehmen zurückzukehren. Jetzt lieferte Kawamata einen ersten Beweis dafür, wie geschickt er bei internen Kämpfen agierte. Er erkannte, daß die Ambitionen des freundlichen, schüchternen Asahara ziemlich gedämpft waren – er interessierte sich nur für Autos. Von Yamamoto glaubte er dagegen, daß er durchaus fähig sei, das Unternehmen zu leiten, auch bereit dazu sei, und er vermutete bei ihm keine große Bereitwilligkeit, die Macht mit einem anderen zu teilen, vor allem nicht mit einem Finanzexperten. Kawamata erkannte, daß ihm unter Asahara viel Spielraum bleiben würde, sich weiter mit den Gewerkschaftsleuten auseinanderzusetzen, zu denen Asahara so rücksichtsvoll gewesen war, und er in diesem Falle die Kontrolle über die Unternehmensverwaltung behalten könne, während ihm unter Yamamoto nur sehr wenig Raum zum Handeln gelassen würde. So ließ er seine Unterstützung und die der IBJ Asahara zukommen. Sinnigerweise taten das auch Masuda und seine Gewerkschaft. Asahara bekam den Posten.

Aufgrund seiner frühen Siege wurde Masuda selbstsicher bis an die Grenze zur Arroganz, wie einige seiner Freunde meinten, und das war gefährlich. Die Unternehmensführung hatte sich geändert: Asahara war der Chef des Unternehmens, aber Kawamata war eindeutig die beherrschende Figur, und jeder, der Kawamata beobachtete, spürte zum erstenmal, daß der Gewerkschaft ein echter Gegner erwachsen war. Kawamata war rücksichtslos und zielstrebig. Masuda erkannte die Bedrohung nicht und merkte auch nicht, daß Kawamata sich auf eine Abrechnung vorbereitete. Denn jetzt ging es um Kawamatas eigene Karriere. Sein Ehrgeiz erstreckte sich nicht nur darauf, die Macht der Gewerkschaft zu beschneiden; er hätte nur vorübergehend bei Nissan bleiben können, doch ihm gefiel es dort, und er hatte vor, es zu seinem Unternehmen zu machen. Vom Tag seiner Ankunft an ließ Kawamata jeden wissen, daß er die Bank war, und die Bank hatte Gewalt über die Firma. Was dort nach und nach vollzogen wurde, war nichts anderes als eine Übernahme.

Viele der Asahara-Getreuen, die sich selbst als alte Hasen der Autobranche betrachteten, schätzten Kawamata mit der Zeit immer weniger. Er war ein Mann aus der falschen Welt, der sich in ihrem Unternehmen breitmachte, und sie nannten ihn mit einem besonders verächtlichen Unterton »den Bankier«, wenn auch nicht in seinem Beisein. »Der Bankier möchte einen Wagen, der sich besser verkaufen läßt, der aber weniger kostet«, sagte möglicherweise jemand sarkastisch. »Können Sie für den Bankier so einen Wagen entwerfen?« Einer von ihnen zeichnete sogar einen Wagen auf, der einen Bankier zur Bank und wieder nach Hause fahren konnte. Es war eine Spezialanfertigung, so daß ein ungewöhnlich beleibter Mann (Kawamata war gar nicht so schwer, aber sie karikierten ihn so) möglichst problemlos ein- und aussteigen konnte. Der Wagen hatte nur für eine Person Platz. Den Rest füllten große Körbe aus, in denen er all das Geld zur Bank transportieren konnte. Aber auch wenn sie über Kawamata lachten, gab es doch keinen Zweifel, daß er im Begriff war, Nissan zu übernehmen.

Kawamata ließ bei Nissan gern alle wissen, daß er hart war. Sein Auftreten war bewußt ungehobelt. Bankiers waren selbst in den Tagen unmittelbar nach dem Krieg vergleichsweise gut gekleidet. Kawamata dagegen kleidete sich nie gut. Seine Sprache war derber als die der meisten seiner Kollegen. Er schien Vergnügen an der Tatsache zu finden, daß die Männer in seiner Umgebung geschniegelter als er waren. Wenn er sich auf Sitzungen langweilte – und die meisten hochkarätigen Sitzungen waren langweilig –, hielt er ein Nickerchen; Arme und Kopf fielen auf den Tisch, und augenblicklich war er eingeschlafen, schnarchte sogar ziemlich vernehmlich. Asahara wußte nicht, wie er sich bei derartigen Vorfällen verhalten sollte, und da er vornehm war, ließ er ihn weiterschlafen. Es wurde bald deutlich, was Kawamata interessierte – Geld –, und was nicht – Technik. Wenn es um Technik ging, fielen ihm bald die Augen zu; kam die Sprache auf das Geld, war er hellwach und führte wieder Regie.

Am Anfang dachten die anderen, es sei bloße Grobschlächtigkeit, und fragten sich, ob Kawamata wußte, wie sehr er seine Kollegen schockierte und beleidigte; erst später erkannten einige von ihnen, daß dies genau das war, was er beabsichtigte. Es war ein Machtkampf, wie sie zu spät merkten. »Was er uns vermittelte – und was wir zuerst nicht begriffen –, war, daß das, was uns interessierte, ihn nicht zu interessieren brauchte«, erklärte einer von ihnen Jahre später, »aber was ihn interessierte, hatte auch uns zu interessieren.«

Die Entlassung von fast zweitausend Beschäftigten bei Nissan zu der Zeit, als die Dodge-Methode angewandt wurde, änderte sämtliche Beziehungen dort. Im Management stand Kawamata in dieser Frage anfangs fast allein da.

»Sind Sie sicher, daß Sie nicht zu hart sind?« fragte ihn einer seiner Kollegen.

»Ich weiß nicht, ob ich hart genug bin«, antwortete er.
»Wieso?« hakte der Kollege nach.

»Weil ich nicht weiß, was für eine Stelle irgend jemand von uns noch bekommen könnte, wenn wir den Leuten sagen, daß wir von einem Autohersteller kommen, der gerade dichtgemacht hat.«

Die Gewerkschaft führte ständig Verhandlungen und versuchte, die Entlassungen abzuwenden, aber Nissan spürte, wie alle anderen japanischen Unternehmen auch, daß die Dodge-Methode griff. Die Bank wurde von der Regierung unter Druck gesetzt und setzte ihrerseits Nissan unter Druck. Tag für Tag pendelte Tetsuo Masuda zwischen Sitzungen seiner Gewerkschaft und Treffen mit der Unternehmensführung hin und her. Nach jedem Treffen mit der Geschäftsführung ging er in die Fabrik in Yokohama und sprach zu den dort versammelten Arbeitern, und seine Worte wurden aufgezeichnet und in das Werk Yoshiwara übertragen. Als Redner war er ein Phänomen. Er hatte eine volle, kräftige Stimme und ein fast perfektes Gespür für die Stimmung seiner Zuhörer. Seine Reden hatten etwas Hypnotisches. Doch am Ende war Masuda der Verlierer. Die Kürzungen waren nicht nur das, was das Management und die konservativen Führer des *Nikkeiren* wünschten, des Industriellenausschusses für Gewerkschaftspolitik; sie waren auch das, worauf die Amerikaner im Rahmen der Dodge-Methode bestanden.

Masuda wurde in der Folge schärfer. Es war, als ob die Unternehmensführung und vor allem Kawamata jetzt seine persönlichen Gegner wären. Er sprach auf eine neue, feindseligere Art über sie. Für Kawamata war es ein Sieg. Die Tatsache, daß er ihn erzielt hatte, erhöhte seine Macht im Management gewaltig.

All die heroischen Schlachten zwischen 1946 und 1950 wurden um herzlich wenig geschlagen, denn es war nicht viel dran an Nissan Motors. Es gab zwei veraltete Fabriken, in denen kaum etwas produziert wurde. 1950 zum Beispiel stellte Nissan insgesamt 11 072 Lastwagen des Vorkriegsmodells und 865 Personenwagen her. Man setzte viel Geld zu. Die Auseinandersetzungen zwischen Gewerkschaft und Unternehmensführung grenzten an Leichenfledderei. Plötzlich änderte sich das alles: Der Koreakrieg hatte begonnen. Die Amerikaner brauchten dringend die Industrieanlagen der Japaner, sie brauchten Lastwagen und Jeeps und Reparaturwerkstätten, und sie ließen Geld nach Japan fließen. »Ein Geschenk der Götter« nannte Premierminister Yoshida den Koreakrieg, weil er die amerikanische Politik dauerhaft auf eine antikommunistische Position festlegte und gleichzeitig die japanische Wirtschaft in einem sehr kritischen Augenblick ankurbelte. Es war eine

Bluttransfusion für die blutarme Wirtschaft: Vor dem Koreakrieg schrieb Toyota rote Zahlen, doch ein halbes Jahr nach Kriegsbeginn bereits schwarze. Bei Nissan war es ganz ähnlich. Kleinlastwagen und Jeeps wurden jetzt produziert – und auch die Ummantelung für Napalmgranaten, wenngleich das damals geheim gehalten wurde; die Gewerkschaft mochte radikal und ihre Führung etwas antiamerikanisch eingestellt sein, aber sie brauchte die Arbeit so dringend, daß sie Politik Politik sein ließ und für die Amerikaner arbeitete. Doch selbst bei den Vorteilen, die der Krieg mit sich brachte, herrschte ein Gefühl der Verbitterung. Arbeiter, die sich früher über einen Mangel an Arbeit beklagt hatten, klagten jetzt über die primitiven Arbeitsbedingungen und darüber, daß sie Überstunden machen mußten. Die Überstunden waren ein besonders heikler Punkt. Die Arbeiter wurden schlecht bezahlt und waren auf die geringen Beträge angewiesen, die die Überstunden brachten. Bald jedoch meinten sie, die Unternehmensführung habe den Grundlohn absichtlich so niedrig angesetzt, daß sie nur mit Überstunden genug verdienen würden. Es war nach Meinung der Arbeiter ein Trick des Managements, um die tägliche Grundarbeitszeit zu verlängern.

Ende 1952, als der Koreakrieg seinen Höhepunkt überschritten hatte, kam der künstliche Boom in der japanischen Automobilindustrie zum Erliegen, nicht jedoch die durch den Krieg verursachte Inflation. Die Arbeiter verdienten mehr denn je, erklärten die Arbeitgeber. Richtig, erwiderte die Gewerkschaft, doch die Lohnerhöhungen würden durch die Inflation zunichte gemacht. Masuda wollte eine Warenkorbformel; die Arbeiter sollten das Recht haben, soviel zu verdienen, daß sie einen Warenkorb bis zu einer bestimmten Höhe füllen könnten. Die Unternehmensführung lehnte ab. Sie war der Meinung, daß die Firma, wenn sie eine Zukunft haben wollte, eine gewisse Kontrolle über ihre Finanzen brauche und einfach neue Maschinen haben müsse. Es war ihr gelungen, mit den vielleicht hinfälligsten und altmodischsten Anlagen der industrialisierten Welt Fahrzeuge herzustellen. Die Anlagen, die die Japaner Mitte der 50er Jahre benutzten, waren wahrscheinlich primitiver als diejenigen, die Amerika Mitte der 30er Jahre eingesetzt hatte. In den Augen der Männer, die Japan führten, schrieb der Zwang zur Modernisierung eine nicht zu überschreitende Obergrenze für Lohnerhöhungen vor. Nach Ansicht der fähigen und energischen Männer hingegen, die die Gewerkschaft führten, kamen die Arbeiter vor den Maschinen. Das bedeutete, daß in der kapitalistischen Gesellschaft eine Spaltung ganz grundlegender Art bestand: Wie sollte das Geld verwendet werden – zu wessen Nutzen?

Im Frühjahr 1953 dann, als im Koreakrieg ein Waffenstillstand in Sicht war, legte Masuda es mehr denn je auf eine Konfrontation mit der Unternehmensführung an. Einige seiner engen Berater in der Gewerkschaft waren unsicher. Sie stellten in jenem Frühjahr eine anscheinend echte Veränderung in der Gesinnung des Managements fest; es war nicht mehr so verhandlungsbereit. Irgend etwas war im Gange. Japan hatte soeben einen Friedensvertrag mit den Vereinigten Staaten unterzeichnet, was hieß, daß alle Einschränkungen, die die amerikanische Präsenz für die Beziehungen zur Gewerkschaft mit sich gebracht hatte, ein Ende hatten. Es gab Berichte über Geheimtreffen, an denen auch das Nissan-Management und Führungskräfte anderer Unternehmen teilnahmen. Es gab Gerüchte, Kawamata habe insgeheim Kredite von den Banken erhalten, um einen Streik zu finanzieren. Andere Gerüchte besagten, die IBJ habe beschlossen, daß Nissan den Streik diesmal durchstehen solle, um die Geschwerkschaft ein für allemal zu zerschlagen. Masudas langjähriger Freund Michio Hatada war entsetzt über den Weg, den Masuda eingeschlagen hatte. Er glaubte, Masuda habe sich auf Kollisionskurs mit der Unternehmensführung begeben, ihm fehle es an Flexibilität, und er sei inzwischen weitgehend von Leuten umgeben, die seiner Eitelkeit schmeichelten.

Je heftiger Hatada und die anderen Masuda warnten, desto weniger Einfluß hatten sie. Es war offensichtlich, daß er sie verachtete. Als einer von ihnen die angegriffene Finanzlage des Unternehmens erwähnte, wischte er die Angelegenheit vom Tisch. »Wenn auch die Firma zusammenbricht«, erklärte er, »die Gewerkschaft überlebt.« Er hörte nicht darauf, wenn jemand, dessen Informationsquellen recht gut waren, ihn warnte, daß das Unternehmen damit begonnen habe, Schlägertypen für die bevorstehende Abrechnung anzuheuern. Er hörte auch nicht auf Miyoji Ochiai, einen seiner maßgeblichen Vertreter. »Der Nagel, der herausragt, wird eingeschlagen«, zitierte Ochiai ein japanisches Sprichwort. Und er fügte hinzu: »Der Nagel, das bist du.«

8
Die Wende

Es war eine berauschende Zeit für Tetsuo Masuda. Er war auf dem Höhepunkt seiner Popularität. Je heftiger die Unternehmensführung ihn angriff, desto stärker wurde er in den Augen der Arbeiter mit nahezu vollkommener Geschicklichkeit verschaffte er sich bei ihnen in jenem Frühjahr Gehör. Er konnte sich an fünftausend Arbeiter wenden, und sobald er das Wort ergriff, waren sie ihm ausgeliefert, gleichgültig, welche Vorbehalte sie vorher vielleicht gehabt hatten. Alles, was er sagte, klang so einfach und so richtig. Zum Teil lag das daran, daß zum erstenmal ein Mann von Todai, der Universität von Tokio, die Welt von Todai in ihrem Namen angegriffen hatte. Damit hatte er etwas Verborgenes angerührt, etwas tief in ihrem Inneren, das eher psychischer als politischer Natur war. Ihr ganzes Leben lang hatte das System, die Tatsache, Japaner zu sein, sie gezwungen, all ihren Groll gegen Eltern, Lehrer, Chefs und andere zu unterdrücken, wenn sie gute Japaner sein wollten. Doch Masuda, ein Führer, eine Autoritätsperson, sagte ihnen, daß sie ein Recht auf diese stillen Klagen hätten, daß Not und Erniedrigungen nicht eingebildet seien. Sie brauchten also das Leben nicht blind so hinzunehmen, wie es war. Es war ein mächtiger Appell. Die Massen, die Masuda in jenem Frühjahr anlockte, waren beachtlich. Noch nach dreißig Jahren erinnerten sich Kollegen daran, wie er an einem regnerischen Tag vor einer Versammlung im Freien gesprochen hatte. Zunächst drückte der starke Regen auf die Stimmung. Die Arbeiter standen, über eine große Fläche verteilt, gleichmütig da, vom Nachbarn und dem Rednerpult durch ihre Schirme getrennt. Masuda fing an zu sprechen.

»Tut eure Schirme weg«, rief er ihnen zu. »Kommt näher. Ich möchte euch hören, und ich möchte, daß ihr mich hört. Wie können wir zusammenstehen, wenn uns die Schirme im Weg sind und uns davon abhalten zusammenzukommen?«

Die Schirme wurden zusammengeklappt.

»Jetzt kommt näher«, sagte er, »damit ich euch sehen kann und ihr mich.« Sie scharten sich um das Rednerpult. Der Regen war nicht mehr wichtig. Wieder einmal hatte Masuda sie in seinen Bann gezogen.

Es war eine rebellische Zeit. Die Arbeiter kamen absichtlich zu spät zur Arbeit und gingen zeitig in die Pausen. Gegen Ende des Tages, vor Schichtschluß, spielten sie Schach oder Mah-Jongg. Sie hielten zahlreiche gewerkschaftliche Vertrauenssitzungen ab, fast täglich eine, und verlangten Bezahlung für die Zeit, die sie auf diesen Sitzungen verbrachten. Die Produktion versank im Chaos. Daß überhaupt etwas hergestellt wurde, dazu noch etwas so Kompliziertes wie ein Auto, war allen ein Rätsel, die die Fabriken besichtigten. Das Unternehmen konterte mit der grundlegendsten aller Maßnahmen: keine Arbeit, kein Lohn. Gleichzeitig versuchte es, die Reihen der Gewerkschaft zu spalten. Es erklärte, daß die *Kachos*, die Gruppenleiter, nicht mehr zur Gewerkschaft gehörten, sondern zum Topmanagement. Das war ein genialer Zug. Die *Kachos* waren nicht nur im Betrieb wichtig, sondern wurden auch persönlich geachtet; daß sie Mitglied der Gewerkschaft waren, hatte sie zusätzlich legitimiert. Jetzt waren sie plötzlich keine Verbündeten mehr, sondern Feinde. Jetzt wichen sie den Arbeitern aus, lehnten ihre Forderungen ab und vertraten bei allen Auseinandersetzungen die Linie des Unternehmens. Das brachte Masuda in Wut, und er entschloß sich, dies mit physischen Einschüchterungsversuchen zu vergelten. Er dachte nach; das Management hatte zwar seine Titel und Privilegien und höhere Gehälter, aber wenn die Fabrikhallen den Arbeitern gehörten – wenn die Manager soviel Angst vor den Arbeitern hatten, daß sie sich nicht in die Hallen wagten –, dann beherrschte die Gewerkschaft das Unternehmen. Die Taktik, die er wählte, war eine Art Femegericht, das direkt in der Fabrikhalle abgehalten wurde. Der Vorgang war als *Suribachi* bekannt, was Mörser und Stößel bedeutete, Geräte, die man benutze, um etwas zu zermahlen. Dieses Etwas waren die *Kachos*, die Gruppenleiter, die jetzt die höchsten Manager waren, die direkt in der Fabrikhalle arbeiteten.

Täglich gingen die Arbeiter die Gänge entlang und umringten einen *Kacho*. Sie vermieden es, den *Kacho* anzugreifen, für den sie arbeiteten, denn das hätte als unhöflich gegolten; sie suchten den *Kacho* irgendeiner anderen Gruppe aus. Die japanischen Konventionen mußten schließlich gewahrt werden. (Im übrigen schützten sich die Arbeiter selbst, wenn sie sich einen anderen *Kacho* vornahmen; das Opfer war nicht imstande, seine Peiniger am nächsten Tag zu bestrafen.) Sie umringten den Schreibtsich ihres Opfers ganz dicht – einige setzten sich sogar auf den Tisch. Die anderen drängten von allen Seiten nach, und wieder andere stellten sich auf die benachbarten

Schreibtische. Sie alle waren Ankläger. Der *Kacho* war der Angeklagte, abgeschirmt von allen anderen in der Halle durch den Wall der Leiber. Niemand konnte hindurch, um ihm zu helfen, und wer es versuchte, wurde am nächsten Tag selbst angeklagt und verfolgt. Die Arbeiter begannen bei den stärksten *Kachos;* wenn sie diese Gruppenführer unterkriegten, würden die schwächeren sehr viel schneller folgen. Sie forderten, daß ein *Kacho* die Firmendevise »Keine Arbeit, kein Lohn« ablehnte. Tat er es nicht, knöpften sie ihn sich vor. Zunächst beschimpften sie ihn: du Bluthund der Kapitalisten, du nutzloser Bastard, du Kindermörder. Dann verhörten sie ihn. Die Verhörenden waren immer frisch. Alle zwanzig, dreißig Minuten wechselten sie sich ab, packten ihre ganze Wut in die Aktion und gingen dann zum Essen oder ruhten sich aus, während ein anderer in die Bresche sprang. Der Angeklagte fühlte sich völlig allein. Zuerst versuchte er sich zu verteidigen, aber es gab keine Verteidigung. Egal was er vorbrachte, er wurde einfach mit weiteren Beschuldigungen überhäuft. Er konnte dem Druck vielleicht drei oder vier Stunden standhalten, aber am Ende war er zermürbt. Selbst die starken *Kachos* gaben nach fünf Stunden ihren Widerstand auf und blieben einfach still. Das bedeutete jedoch nicht das Ende der Schikanen. Die Strafen schienen kein Ende zu nehmen; immer wieder kam ein ausgeruhter Arbeiter, der weitermachte; die Besetzung wechselte, wenn die Arbeiter sich ablösten und einige am Abend nach Hause gingen. Waren die Ankläger nachsichtig, durfte der Angeklagte eventuell den Waschraum aufsuchen.

Es war eine zermürbende und beängstigende Tortur. »Ich saß da«, erinnerte sich Jahre später ein *Kacho,* »und nach der vierten Stunde dachte ich bei mir, daß dies schon mein ganzes Leben so ging, daß es vorher nie etwas gegeben hatte, und schlimmer noch, daß es für den Rest meines Lebens so weitergehen würde. Es schien mein Schicksal zu sein.« Die Heimsuchungen dauerten zwanzig oder dreißig Stunden. Die Firma konnte die eigenen Leute in den eigenen Fabriken nicht schützen. Doch als die Femegerichte andauerten, wandten sich die *Kachos,* die sich zuerst durch Firmenerlaß gegen die Gewerkschaft hatten wenden müssen, jetzt auch innerlich gegen sie.

Es entbehrte nicht einer gewissen Ironie, daß Kawamata der Nutznießer der Angriffe Masudas war. Je turbulenter die Beziehungen des Unternehmens zur Gewerkschaft wurden, desto mehr wurde er zur stärksten Figur im Unternehmen und zum wichtigsten Entscheidungsträger. Falls er je daran gezweifelt hatte, daß er gegen die Gewerkschaft vorgehen müsse, machte die *Suribachi*-Affäre dem ein Ende. Die Gewerkschaft mißhandelte seine Leute, erzählte er Freunden später. So kam es, daß er beschloß, eine andere Gewerkschaft zu unterstützen, die dem Unternehmen sehr viel genehmer sein würde, weil sie, seinem Wunsch gemäß, nicht von der Arbeiterschaft, sondern vom mittleren Management gebildet würde. Der Gedanke hinter Kawamatas Plan war bestechend einfach. Die Amerikaner hatten in der neuen Verfassung verfügt, daß Arbeiter das Recht hätten, sich zu organisieren und Tarifverhandlungen zu führen. Die Amerikaner hatten den Gewerkschaftsgedanken deshalb befürwortet, weil sie sich eine egalitärere Gesellschaft haben wollten, aber sie hatten nicht verfügt, welcher Art die Gewerkschaften zu sein hätten, oder welchen Zielen und Idealen sie sich verschreiben sollten. Es hielt also nichts die Unternehmen davon ab, sich eigene loyalere, willfährigere Gewerkschaften zu schaffen, Gewerkschaften, die die Ziele des Unternehmens teilten. Falls innerhalb eines Unternehmens zwei Gewerkschaften miteinander konkurrierten, eine gegnerische und eine gleichgestimmte, würde es die natürlichste Sache der Welt sein, letzterer zu helfen.

Diese Strategie war nicht auf Nissan beschränkt; sie wurde in den frühen 50er Jahren von Firmen in ganz Japan verfolgt. Es war die Politik des *Nikkeiren* (einer Vereinigung von Geschäftsleuten). So konnte man der traditionellen japanischen Ordnung wieder Geltung verschaffen gegen das, was nach Meinung führender Geschäftsleute das japanfeindliche Wesen einiger der MacArthurschen Reformen war. Bald begann jedes größere Unternehmen, das Ärger mit den Gewerkschaften hatte, seine eigene Gewerkschaft zu gründen. Was den Konflikt bei Nissan von anderen unterschied, war das Ausmaß der Erbitterung. Bei den meisten Unternehmen – Toyota zum Beispiel – brach die erste Gewerkschaft ziemlich schnell zusammen und wurde sehr bald zu einer Firmengewerkschaft. Aber die Gewerkschaft Masudas bei Nissan war sehr stark, und jede Gewerkschaft, die sie zerschlagen wollte, mußte ebenso stark und widerstandsfähig sein.

Gerade als Kawamata sich nach einer zweiten Gewerkschaft umsah, war von einem Mann namens Masaru Miyake eine derartige Arbeiterorganisation bei Nissan gegründet worden. In gewisser Weise hatte Kawamata auf Miyake gewartet, und Miyake auf Kawamata. Sie fanden einander im Frühjahr 1953. Miyake war ein junger Mann, der im Krieg als Jagdflieger gedient und die berühmte Zero geflogen hatte, was ihm bei vielen Arbeitern zusätzliches Prestige einbrachte. Nach seiner Rückkehr nach Japan hatte er kurz mit der radikalen Linken geliebäugelt, war aber dann, nach seinem Eintritt bei Nissan, ständig nach rechts gerückt. Er hatte in der Abteilung Rechnungswesen des Unternehmens die untere Managementebene durchlaufen und war 1949 erstmals als jemand aufgefallen, der deutlich von der radikalen Gewerkschaft abrückte. Als die Gewerkschaft dem Unternehmen das Recht streitig gemacht hatte, die 1 760 Arbeiter zu entlassen, hatte Miyake ziemlich vernehmlich das Recht des Unternehmens verteidigt, ja sogar von der Notwendigkeit gesprochen, den Gürtel enger zu schnallen. Schon bald wurde er ein offener Kritiker Masudas – und ein Angriffsziel der Radikalen.

In japanischen Unternehmen konnten junge, aufstrebende Männer aus dem Management einer Gewerkschaft angehören; es war völlig normal, daß Männer, die Gewerkschaften führten, aus der Verwaltung kamen. Bei einigen der Angehörigen des mittleren Managements stieg Miyakes Ansehen infolge seiner Bereitschaft, der Gewerkschaft Paroli zu bieten, noch mehr; es erforderte in jenen Tagen beträchtlichen Mut, Masuda herauszufordern. Miyake begann sich regelmäßig mit anderen Gleichgesinnten aus dem Unternehmen zu treffen, Männern Ende Zwanzig und Anfang Dreißig, die sich auf dem Sprung ins mittlere Management befanden. Sie waren sich einig: Masuda mußte gebremst werden. Die Gewerkschaft mußte weniger aggressiv werden. Sie mußte zur Unterstützung des Unternehmens beitragen, anstatt es zu ruinieren. Diese jungen Männer hatten alle studiert und kamen sämtlich aus der Mittelschicht. Je öfter Miyake und seine Gruppe miteinander sprachen, desto besorgter wurden sie, daß die Firma Bankrott machen könnte. Schon bald unterhielten sie sich darüber, eine neue, loyale Gewerkschaft zu gründen.

Miyake und die anderen Gruppenmitglieder betrachteten Kawamata als die einzige Hoffnung des Unternehmens. Kawamata, so meinten sie übereinstimmend, war der einzige Manager, der stark genug war zurückzuschlagen. Kawamata förderte offenbar den Gedanken einer zweiten Gewerkschaft und half, wo er konnte.

Gewerkschaftsführer zu werden war das letzte, was Miyake sich bei seinem Arbeitsantritt bei Nissan gewünscht hatte. Er sah sich als Sohn der Mittelschicht; sein Vater war ein kleiner Geschäftsmann gewesen. Miyake hatte den Wunsch gehabt, in einem Großunternehmen zu arbeiten und Angehöriger des Managements zu werden. Es wäre schön gewesen, am Ende im Vorstand zu sitzen. Als Pilot während des Krieges hatte er das Fliegen geliebt, und als der Krieg vorbei war, hätte er am liebsten in der Luftfahrtindustrie gearbeitet. Aber er mußte die etwas traurige Erfahrung machen, daß man den Staaten, die einen Krieg verlieren, nicht erlaubt, ihre Luftfahrtindustrie weiterzubetreiben. So war er in die Autobranche gegangen, zu Nissan, was er für die nächstbeste Möglichkeit gehalten hatte.

Nachdem er die Stelle bei Nissan angenommen hatte, entwickelte er schon bald einen Haß auf die Gewerkschaft. Die Arbeiter wurden dafür bezahlt, daß sie zwölf Monate arbeiteten, aber bei all den Unterbrechungen und wilden Streiks arbeiteten sie in Wirklichkeit nur gut neun Monate. Er hielt Masuda für einen brutalen Kerl. Außerdem war Masuda ein Linker. In Miyakes Augen war Amerika eine äußerst seltsame Besatzungsmacht: Es war ein kapitalistisches Land und ließ doch Gewerkschaften zu, die so radikal waren. General MacArthur, so dachte er, war ein besonders eigenartiger Amerikaner. Alle Amerikaner einschließlich des Generals erklärten, er sei politisch äußerst konservativ. Aber er zog durch die Lande und schuf linke Gewerkschaften. Was wollte er eigentlich von den Japanern?

Ausschlaggebend für Miyakes ablehnende Haltung war schließlich ein Kongreß von Gewerkschaftsvertretern Mitte 1952. Miyake war eine Randfigur auf der Konferenz, ein kleiner Delegierter der Rechnungsabteilung von Nissan. Masuda trat ans Rednerpult und begann mit einem Angriff auf die Unternehmensführung. Miyake stellte ihn schließlich zur Rede und fragte ihn, wer all die Erhöhungen zahlen würde, die er forderte, und zwischen beiden entwickelte sich ein Streitgespräch. Es dauerte bis spät in den Abend. Masuda holte sich Verstärkung, Vertreter der Gewerkschaften von Toyota und Isuzu, und sie begannen Miyake einzuschüchtern. Es schien kein Ende zu nehmen. Der Angriff sollte ihm nicht nur klarmachen, daß er unrecht hatte, sondern auch, und das war noch wichtiger, daß er allein stand. An jenem Abend kam er sich sehr verlassen vor. Man griff ihn sehr persönlich an: Warum hielt er zu den Kapitalisten? Warum war er gegen die Arbeiter? Wie war seine Beziehung zu Kawamata wirklich? Auf welcher Seite stand er? Es grenzte, wie er dachte, an physische Einschüchterung, und es bestand kein Zweifel, daß jedes Wort eine Art Warnung war. Wer sich gegen uns stellt, zahlt den Preis dafür, hatte Masuda gesagt; wir merken uns unsere Feinde. Miyake hatte keinen Grund, daran zu zweifeln, ganz und gar nicht. Als er zurückkam, beschloß er, daß etwas geschehen müsse; die Arbeiter liefen nicht nur Gefahr, ihren Arbeitsplatz zu verlieren, sondern auch ihre Freiheit. Diese Gewerkschaftler waren nicht an der Produktion von Autos interessiert; die Autos waren nur Mittel zum Zweck.

Im Unternehmen traf sich Miyake jetzt häufiger mit seinen Kollegen, um über das Problem Gewerkschaft zu sprechen. Dieser Kreis wurde später unter dem Namen Geheimbund bekannt, nicht nur, weil man sich heimlich traf, sondern auch, weil das, was man plante, ein echter Putsch war, ein Versuch, der Gewerkschaft mit verdeckter Unterstützung des Managements die Macht zu entreißen. Der Geheimbund konnte enge Verbindung zu Kawamata halten, weil eines seiner Mitglieder, Kuniyuki Tanabe, ein intelligenter junger Ingenieur, ein Vetter Kawamatas war. Kawamata ließ den Geheimbund angeblich wissen, daß das Unternehmen für den Fall eines Streiks gerüstet sei; es würde sich Geld von den Banken leihen, um die Leute zu bezahlen, die auf seiner Seite standen. Die neue Gewerkschaft war somit finanziell abgesichert. Sie besaß mächtige Freunde, die eine Zerschlagung der radikalen Gewerkschaft wünschten. Dank der Verpflichtung der Banken war das Unternehmen besser gerüstet, einen langen Streik durchzustehen, als die Gewerkschaft Masudas. Ein Streik war diesmal vielleicht gar keine so schlechte Sache. Vielleicht brauchte das Unternehmen ihn.

Genau zu diesem Zeitpunkt kam eine der Schlüsselfiguren des Geschehens in das Unternehmen, ein Mann, der eine äußerst wichtige Rolle in der Geschichte Nissans spielen sollte. Er hieß Ichiro Shioji und begann seine Arbeit bei Nissan in der Personalabteilung. Er war bei seiner Einstellung sechsundzwanzig Jahre alt, und er beschloß in der ihm eigenen unbescheidenen Art, Präsident des Unternehmens zu werden. Fast wäre er überhaupt nicht eingestellt worden. Er war mit besten Empfehlungen seiner Vorgesetzten von Nippon Öl und Fette gekommen, einer Firma, die zur Nissan-Gruppe gehörte. Dort hatte er geholfen, gegen eine radikale Gewerkschaft vorzugehen und sich als energisch und körperlich fit erwiesen. Aber er hatte eine nach Meinung der Nissan-Oberen zweitklassige Universität besucht, die Meiji Universität, und bei der schriftlichen Eignungsprüfung von Nissan nicht gut abgeschnitten. Allerdings waren die Herren von Nissan, die das Vorstellungsgespräch geführt hatten, einschließlich Kawamata beeindruckt von seinem Auftreten, seinem Eifer und seinem Selbstvertrauen. An jenem Tag hatten sie sich mehrere potentielle Bewerber angesehen, die alle eine bessere Universität als Shioji besucht und in der Prüfung auch besser abgeschnitten hatten als er. Doch als der Tag vorüber war, hatte Shioji sich durchgesetzt. Vor allem Kawamata war beeindruckt gewesen: »Er ist ein zäher Bursche«, hatte er zum Personalchef gesagt, »genau das, was wir brauchen.«

Ichiro Shioji war zeitlebens umstritten. Er war der Prototyp des neuen Japaners, ein Mann, der sich zum Teil von den Beschränkungen der Vergangenheit befreit hatte. Der Aufruhr der Nachkriegsjahre hatte es einigen Männern, die unter normalen Umständen niemals eine Machtposition in Japan erreicht hätten, ermöglicht, die hierarchischen Grenzen zu überspringen, und Shioji war einer von ihnen. In einem Land, in dem die Männer ihr Ich verbargen, war Shioji unverhohlen egozentrisch; in einem Land, in dem die Männer bereit waren, nach Macht zu streben, solange niemand merkte, daß sie danach strebten, zeigte Shioji seine Machtgelüste ganz unverfroren. Er war einer der wenigen klassenlosen Menschen in der neuen, vermeintlich klassenlosen Gesellschaft. Als Gewerkschaftsführer, der er bei Nissan werden sollte, wurde er von der Linken angegriffen, weil er dem Management zu nahestehe, zugleich aber vom Management im eigenen und in anderen Unternehmen argwöhnisch beobachtet, denn die Manager waren wegen seines Machthungers beunruhigt. In einem Land gehemmter Bescheidenheit, die vielfach auch von Männern gezeigt wurde, die ganz und gar nicht bescheiden waren, hatte Shiojis hemmungslose Ichsucht etwas Erfrischendes an sich. Als ranghoher Gewerkschaftsfunktionär beherrschte er jede Sitzung, und die Männer in seiner Umgebung blieben bei allen Gelegenheiten still. Als in Shiojis Laufbahn später einer seiner Stellvertreter mit ihm brach und man zu ergründen versuchte, was das für ein junger Mann gewesen war, konnte niemand Auskunft über ihn geben. Man hatte ihn auf vielleicht zwanzig Sitzungen gesehen, aber nie ein Wort von ihm gehört.

Shioji mischte sich sofort ein. Kurz nach seiner Einstellung begab sich Kisaburo Tsubura, ein Vertreter der Gewerkschaft Masudas, in eines der Geschäftsführerbüros. Man stand kurz vor der Gründung der zweiten Gewerkschaft, und dort sah er Miyake, den Mann, der sie gründete. Es war auch ein junger Mann anwesend, den Tsubura noch nie gesehen hatte. Tsubura hatte sechs Forderungen, die er dem Unternehmen im Auftrag Masudas vorlegen sollte. Tsubura nannte die erste Forderung.

»Das ist dummes Zeug«, erklärte der junge Mann neben Miyake.

Tsubura trug eine weitere Gewerkschaftsforderung vor, diesmal nach höheren Zuschlägen.

»Das ist noch dümmeres Zeug«, sagte der junge Mann.

Tsubura unterbreitete den dritten Punkt.

»Sie sind ebenfalls dumm«, erwiderte der junge Mann »Warum machen Sie nicht, daß Sie hier rauskommen, bevor wir genauso dumm werden wie Sie?«

Tsubura bemühte sich, alle Forderungen vorzutragen. Dann verließ er die Personalabteilung so schnell er konnte. »Wer war denn der junge Mann, der sich da so aufgespielt hat?« fragte er den ersten, der es vielleicht wußte.

»Er heißt Shioji – Miyakes neuer Wasserträger«, sagte man ihm.

Einige Männer der neuen Gewerkschaft hatten sich in ihrer Rolle nie ganz wohl gefühlt. Miyake zum Beispiel hatte immer eine Position in der Unternehmensführung angestrebt. Shioji dagegen war von Anfang an in seinem Element. Er war zunächst tatsächlich Miyakes Leibwächter, und ihm gefiel am besten, wovor die meisten anderen in jenen Tagen Angst hatten – die körperliche Auseinandersetzung, Muskel gegen Muskel. Er war ein geborener Politiker und Straßenkämpfer und hatte im unruhigen Nachkriegstokio seine Lehrjahre absolviert.

Shioji war 1927 im Tokioter Bezirk Kanda zur Welt gekommen. Sein Vater und ein Onkel hatten einen kleinen milchverarbeitenden Betrieb. Shioji sollte ein guter Sohn der Mittelschicht werden, doch der Krieg machte alles zunichte. Er war noch etwas zu jung für den Militärdienst, knapp fünfzehn beim Überfall auf Pearl Harbor. Er brachte in aller Eile die Schule hinter sich und ging auf die Marineakademie, die er gerade abschloß, als Japan kapitulierte. Er kehrte in ein Tokio zurück, das die Bomben verwüstet hatten. Sein Vater starb gegen Kriegsende, und so übertrug man ihm die Verantwortung für die übrige Familie. Der Tod seines Vaters war besonders schmerzlich. Der Vater war das erfolgreichste Mitglied der Familie gewesen, der Mann, der seinen angeheirateten Verwandten ein Einkommen gesichert und ihnen Arbeitsplätze gegeben hatte. Der junge Ichiro hatte sich zu Lebzeiten des Vaters im Glanz der Stellung seines Vaters gesonnt. Auf Familientreffen hatten bestimmte Onkel ihm immer geschmeichelt und ihm gesagt, er solle auf die Universität von Kyoto gehen, wo sie wohnten, und natürlich bei ihnen leben. Auf der Beerdigung seines Vaters wandten sich die gleichen Leute kühl von ihm ab und erklärten ihm, daß sie nicht in der Lage wären, ihm zu einem Studium zu verhelfen. Ja, sie sagten, es sei vermessen von ihm, auch nur an die Universität zu denken. Er hatte Ingenieur werden wollen, doch jetzt mußte er die Schule verlassen, um seine Familie zu ernähren.

Für ihn wie für viele andere war das eine ausweglose Zeit. Tokio wimmelte von Männern, die vor dem Krieg ein durchaus respektables Einkommen gehabt hatten und jetzt, da sie ihre Familie nicht länger versorgen konnten, für immer vernichtet wurden. Shioji war fest entschlossen, zu den Überlebenden zu gehören und am Ende irgendwie zur Spitze zu gehören.

Shioji war auf der Marineakademie ein guter Ingenieurstudent gewesen und hatte immer gern mit drahtlosen Geräten gearbeitet. Nach dem Krieg erinnerte er sich daran und verkündete, er sei Elektriker, der sich darauf spezialisiert habe, Radios zu reparieren oder ganz neue zu basteln. Das Fernsehen gab es noch nicht und so war das Radio eines der wichtigsten Kommunikationsmittel. Aber es gab keine Radios zu kaufen. Wer also auf Draht war, ein Radio reparieren konnte und Zugang zu Ersatzteilen hatte – was Shioji immer gelang –, war ein gesuchter Mann. Es gab Japaner und auch amerikanische Soldaten, die Radios haben wollten, und Shioji war rührig und schaffte es zu überleben. Er machte das einige Jahre, und es gelang ihm, die schlimmste Phase der Nachkriegszeit durchzustehen.

Der Streik bei Nissan war wie ein kleiner Krieg. Er begann am 25. Mai. Das Unternehmen wollte ihn, und auch die Gewerkschaft wollte ihn. Masuda triumphierte. Die Massen, die er anzog, waren gewaltig. Fünf-, sechstausend Menschen kamen zu jeder Versammlung. Die Arbeiter hatten sich vollkommen festgelegt. Fast jeder Nissan-Arbeiter war Gewerkschaftsmitglied, und fast jeder kam zu den Versammlungen. Für Masuda war es so, als wäre der Erfolg des fünf Jahre dauernden Kampfes endlich greifbar.

Sein Motto lautete ›siegen oder sterben‹, wie ein Kollege später sagte. Dazwischen gab es nichts. Seine ältesten und engsten Verbündeten warnten ihn immer wieder, daß das Management sich geändert habe, daß irgend etwas in der Luft läge und daß er besser etwas vorsichtiger wäre. Doch je mehr sie ihm zuredeten, desto euphorischer und konfliktfreudiger wurde er. »Seht euch meine Leute an«, sagte er nach einer der Versammlungen. »Habt ihr jemals so eine Begeisterung erlebt? Zweifelt ihr, wer siegen wird?« Die Männer in der Unternehmensführung, sagte er, seien alte Männer aus der Vergangenheit, die nichts wüßten von dem, was sich in dem Japan ereignen werde, das sich gerade herausbildete. Es seien die gleichen Männer, die Japan getötet hätten, sagte er. Männer des Todes. Seine Leute seien das neue Japan, und sie würden am Ende die Herrschaft übernehmen. Das neue Japan seien Masuda und seine Arbeiter, die die Fabriken betrieben und auf ihren Rechten bestünden, und das alte Japan seien die *Zaibatsu,* sei die Bank, die Kawamata vorschickte, um eine Gewerkschaft zu zerschlagen. Jeder, der sich ihm widersetzte, repräsentierte das alte Japan. Nie zuvor war er sich seiner so sicher gewesen. Das war nicht ohne eine gewisse Ironie, erinnerte sich sein Freund Nakamura Jahre später, denn in Wirklichkeit wußten sie gar nichts. Sie waren Kinder. Keiner von ihnen war jemals Teil einer Gewerkschaft, keiner jemals im Ausland gewesen. Keiner von ihnen hatte jemals eine richtige Gewerkschaft beobachtet oder mit einem internationalen Gewerkschaftsführer gesprochen. Keiner hatte ein echtes Gespür für das Hin und Her der Beziehungen zwischen einer Gewerkschaft und dem Management oder für die Reserven, die ein Unternehmen mobilisieren konnte, eine Gewerkschaft dagegen nicht. Vor allem wußte niemand von ihnen, wieviel Druck ein normaler japanischer Arbeiter ertragen würde, wenn er mit einander widerstreitenden Definitionen von Autorität konfrontiert wurde. »Wir waren alle zu unbedarft«, sagte Nakamura.

Kawamata entschloß sich für ein hartes Vorgehen. Er nahm sich vor, die Gewerkschaft durch ihren eigenen Streik auszuhungern. Wenn die Gewerkschaft streikte, gut; man würde keine Löhne zahlen. Das Unternehmen hatte sich für die nahe Zukunft abgesichert. Man war notfalls in der Lage, einen Streik ein halbes oder ganzes Jahr durchzustehen, vor allem wenn die Arbeiterschaft gespalten wurde. Man verfügte über besondere Kredite von der IBJ, die die finanzielle Belastung um einiges verringerten. Man beabsichtigte, einiges von diesem Geld den wichtigsten Zulieferern zu leihen. Ihre finanzielle Lage war noch angespannter als die des Hauptunternehmens, und es war wichtig, daß sie den Streik überstanden. Die Zulieferer würden ihrerseits einen erheblichen Betrag an die zweite Gewerkschaft weiterleihen, sobald sie sich gebildet hatte. Es wäre ungesetzlich gewesen, wenn Nissan selbst der zweiten Gewerkschaft das Geld geliehen hätte, doch auf diese Weise war das Darlehen statthaft.

Auch der *Nikkeiren* war bereit, das Unternehmen zu unterstützen, indem er dessen Zulieferern half und dafür sorgte, daß sie vorübergehend Arbeit von anderen Produzenten bekamen. Weil das Unternehmen die Gewaltmethoden der Gewerkschaft fürchtete, heuerte es eigene Schläger an, einige hundert junge Männer, von denen viele entweder arbeitslose Hafenarbeiter oder *Yakuza* waren, Halbstarke, die sich das zum Vorbild nahmen, was sie für den Stil und die Art amerikanischer Gangster hielten. Sie protzten mit ihren Tätowierungen, und einige nahmen Rauschgift. Ältere Nissan-Manager waren fassungslos, wenn sie auf die Toilette gingen und dort ihre neuen Verbündeten sahen, die sich spritzten, um für die nächste Schlägerei mit der radikalen Gewerkschaft fit zu sein. Die Schläger waren dazu da, die zweite Gewerkschaft zu schützen, wenn sie den Kampf mit der alten aufnahm. Schließlich würde die zweite Gewerkschaft am Anfang überwiegend aus *Kachos* und *Buchos* bestehen, Männern des mittleren Managements. Sie hatten Schutz nötig, und sie würden ihn bekommen.

Die Unternehmensleitung legte nun die Hände in den Schoß und wartete ab. Zum ersten Mal ließ sie die Gewerkschaft links liegen. Wenn Masuda etwas besprechen wollte, erwiderte das Management seine Anrufe nicht. Wenn er ein Treffen abhalten wollte, gab es immer einen Grund, warum das Treffen nicht stattfinden konnte. Wichtige Leute aus dem Management, deren Aufgabe der Umgang mit der Gewerkschaft war, wurden aufgefordert, nicht zur Arbeit zu erscheinen. Viele Führungskräfte gingen zum Angeln oder versteckten sich einfach in Landgasthöfen. Ein Rumpfstab kam zur Arbeit, der gerade ausreichte, die Verwaltung aufrechtzuerhalten. Wenn Führungskräfte sich dennoch trafen, wählten sie jedesmal einen anderen Ort; sie waren auf völlige Geheimhaltung bedacht. Die zunehmend ratloser werdende Gewerkschaft versuchte herauszufinden, wo sich die Manager trafen, damit man sich dort versammeln konnte, um sie zu stören und zu belästigen. Wie einige Gewerkschaftler sehr viel später erkannten, hatte die Unternehmensführung einen sehr sorgfältig abgestimmten Plan, der vorsah, die Gewerkschaft zu ködern und zu provozieren.

Zwangsläufig griff die Gewerkschaft jetzt mehr zu Gewalt. Obwohl gestreikt wurde, nahmen sich die Gewerkschaftler die Freiheit, in die Fabrik zu gehen, wo sie zum Mittel des *Suribachi* griffen, allerdings weit brutaler als bisher. Masudas Männer trugen den Kampf in die Wohnheime der Arbeiter. Die Heime wurden das Zentrum der schlimmsten Art von Kleinkrieg, der im Rahmen des größeren geführt wurde. Dort griffen die Gewerkschaftsleute jeden an, von dem sie meinten, daß er gegen sie sei. Sie schikanierten ganze Familien, indem sie ihnen verwehrten, den Waschraum oder die Küche zu benutzen. Gelegentlich setzten sie ihre Frauen auf die Frau eines abtrünnigen Arbeiters an; die Frauen verhöhnten sie einige Tage, isolierten sie, machten sich über sie lustig und hinderten sie daran, für ihre Familie zu kochen. Ein Arbeiter erinnerte sich noch nach Jahren, wie er nach Hause gekommen war und ein riesiges Zeichen vor seiner Tür entdeckt hatte mit der Aussage: »Hier wohnt ein Firmenspion«. In der Wohnung saßen fünf Männer. Er hatte nur einen von ihnen schon einmal gesehen. »Wir wissen, was du vorhast«, sagte einer. »Denke nicht, daß du uns auf den Arm nehmen kannst.« Dann schwiegen sie. Vier Stunden saßen sie da und sagten nichts. Keiner sprach mit ihm. Wenn die Kinder herumlaufen wollten, wurden sie aufgefordert, ruhig zu sein, als ob sie Eindringlinge wären. Das einzige Geräusch war das gelegentliche Weinen eines der Kinder. Schließlich wandte sich einer der Männer an die anderen und sagte: »Meint ihr, er hat es kapiert?« Dann standen sie auf und gingen. Tagelang fragte sich der Arbeiter, was er getan hatte, daß sie zu ihm in die Wohnung gekommen waren. Er war Gewerkschaftsmitglied, er glaubte an Masuda. Sicher, er war etwas ungehalten über die Führung der Gewerkschaft, und in seinem Innersten glaubte er, daß jemand nur bezahlt werden sollte, wenn er auch arbeitete. Aber er konnte sich nicht erinnern, irgend jemandem etwas von diesen ketzerischen Gedanken erzählt zu haben, nicht einmal seiner Frau.

Neun Wochen wartete Kawamata. Er bewegte sich in absolut unerforschten Gewässern. Es war die härteste Zeit seines Lebens. Alle Mitglieder des *Nikkeiren* bestärkten ihn und munterten ihn auf, und auch sein Instinkt sagte ihm, daß dies der richtige Weg sei. Er wußte, daß er vor einem langwierigen Streik stand und hatte von den Mitgliedern des *Nikkeiren* noch eine entscheidende zusätzliche Hilfe erhalten; sie hatten mit seinen beiden Hauptkonkurrenten Toyota und Isuzu vereinbart, den langen Streik nicht dazu zu nutzen, Nissan Marktanteile wegzunehmen. Das befreite Kawamata von einer Angst, die die amerikanischen Unternehmen lange Zeit gequält und gespalten hatte und die die amerikanische Automobilarbeitergewerkschaft so geschickt ausgenutzt hatte – die Angst vor vielleicht dauerhaften Verlusten von Marktanteilen an einen Konkurrenten während eines Streiks. Allein das stärkte Kawamata ganz erheblich. Es bedeutete, daß er nur an einer Front zu kämpfen brauchte, nicht an zweien, und es bedeutete, daß die Zeit für ihn und gegen die Gewerkschaft arbeitete. Seine Strategie sah jetzt vor, die Zeit arbeiten zu lassen und die Arbeiter durch das Ausbleiben der Lohnzahlungen zu zermürben. Er spekulierte darauf, daß ihre Frauen anfangen würden, ihnen zuzusetzen. Er wollte seine Gegenzüge nicht zu schnell führen müssen. Das ideologische Feuer der Streikenden mußte durch Hunger und Angst erstickt werden. Den ganzen Juni und Juli rangen die Gewerkschaft und das Unternehmen miteinander. Dann, am 5. August, machte Kawamata endlich seinen Zug. Er sperrte die Gewerkschaft Masudas aus. Am 7. August trat die zweite Gewerkschaft bei einer Massenveranstaltung in Erscheinung, und am 10. August kam es zur entscheidenden Konfrontation.

Für Kawamata war die Aussperrung der schwerste vorstellbare Schlag. Das war, wie er später sagte, die Handlung eines verzweifelten Mannes. Die Gewerkschaft wurde völlig überrumpelt. Die Unternehmensleitung ließ Barrikaden errichten, und die ratlose Gewerkschaft antwortete mit Gewalt. Ihre Mitglieder stürmten die Barrikaden und drangen, angeführt von Masuda, in die Fabrikhallen vor. Überall gab es Handgemenge zwischen Masudas Leuten und den *Yakuza;* die Polizei wurde gerufen. Das Ringen wiederholte sich täglich. Die ersten Barrikaden waren kläglich gewesen; die nächsten waren schon stabiler, und wieder stürmten Masudas Leute sie. Masuda wurde festgenommen.

Jetzt ging die Initiative auf die Unternehmensleitung über. Zum ersten Mal legte Kawamata die Regeln fest. Er war im Gegensatz zur Gewerkschaft finanziell gut abgesichert durch Sonderkredite der IBJ und der Fuji Bank in Höhe von schätzungsweise 1,5 Millionen Dollar, auf die er zurückgreifen konnte, als er auf diesen radikalen Gegner losging. Das war eine Summe, die fast dem gesamten Jahresumsatz des Unternehmens entsprach. Er hatte die Gewerkschaft ausgesperrt, ihre Mitglieder durch das Einstellen der Lohnzahlungen mürbe gemacht und schuf nun für die meisten Arbeiter einen Ausweg. Nachdem die zweite Gewerkschaft gebildet war, durften ihre Mitglieder sofort zur Arbeit kommen und wurden auch sofort bezahlt, wiewohl das Unternehmen kaum funktionsfähig war. Die meisten Angehörigen der zweiten Gewerkschaft waren Leute aus der Verwaltung, die entsetzt gewesen waren über die *Suribachi*-Gerichte und die Feindseligkeiten der Gewerkschaft. Einige waren aufgrund direkter Anweisungen der Unternehmensleitung dort, um die kleine Gruppe der loyalen Arbeiter zu stärken. Einige waren ehemalige Mitglieder der Masuda-Gewerkschaft, die wegen Widerstands gegen den Streik hinausgeworfen worden waren. Am Anfang waren fast keine Arbeiter in der Gewerkschaft. »Wer das Unternehmen liebt, liebt auch die Gewerkschaft«, lautete einer von Miyakes Slogans. Für Miyake war es eine angstvolle Zeit. Er wußte zwar, daß er von Kawamata gestützt wurde, doch einige der Asahara-Leute gaben ihm warnend zu verstehen, daß er einen riskanten Kurs eingeschlagen habe. Zu dem Zeitpunkt, als die zweite Gewerkschaft gegründet wurde, hatte das Unternehmen etwa siebentausend Arbeiter, die alle in der Gewerkschaft Masudas waren. Bei den ersten Treffen der neuen Gewerkschaft waren vielleicht maximal vierzig Mitglieder erschienen. Sie wußten, daß sie den Kern der neuen Gewerkschaft aus der Schicht der Verwaltungsleute bilden mußten. Jedem wurde gesagt, er solle zehn Kanditaten werben.

Miyake beschloß, eine offene Versammlung abzuhalten. Er hoffte, daß fünfhundert Arbeiter kämen. Ganz Tokio schaute zu. Das Treffen wurde vom Tokioter Rundfunk übertragen, und überall sah man Journalisten. Etwa vierhundert Personen erschienen, um Miyake zu hören. Das war zwar etwas enttäuschend, aber doch nicht schlecht, wie er meinte. Vor der Halle drängten sich Masudas Leute, ungefähr zweitausend Mann, die finster und zornig dreinblickten. Viele von ihnen hatten Knüppel bei sich. Miyake und Shioji hatten ihre Schläger angewiesen, die Eingangstüren zu bewachen, aber Miyake war sich nicht sicher, ob sie die Stellung würden halten können. Jedesmal, wenn jemand die Halle betreten wollte, kam es zu Raufereien. Miyake fragte sich, ob die Wachen, die er eingestellt hatte, gut genug waren. Die Polizei war das Zünglein an der Waage. Die Regierung wollte, daß dieses Treffen stattfände. Diese Entscheidung war, wie Miyake wußte, auf sehr hoher Ebene gefallen.

Unmittelbar bevor er hinaus vor die Menge trat, wurde er von schrecklicher Angst gepackt. Ihm war klar, daß er sich nichts davon anmerken lassen durfte. Die Zuhörer waren, wie er merkte, bereits verängstigt. Die meisten saßen unruhig auf ihrem Platz und blickten starr geradeaus. In der Halle war es eigenartig still. In den letzten zwei Tagen hatte Miyake Anrufe von Freunden bekommen, die einmal sehr laut getönt hatten, welch große Rolle sie in der neuen Gewerkschaft spielen würden, und die sich jetzt ohne Angabe von Gründen entschuldigten, daß sie nicht kommen könnten. Später wurde ihm klar, wieviel Angst die zweitausend Masuda-Leute draußen gehabt haben mußten, und wie verschreckt selbst die Polizisten gewesen waren, aber daran dachte er in dem Augenblick nicht. Die Planung des Treffens hatte Miyake derart in Anspruch genommen, daß er sich nicht viele Gedanken darüber gemacht hatte, was er sagen wollte. Schließlich versuchte er, in einfachen Worten zu sprechen: »Wenn man in diesem Land das Gesetz bricht, kommt man für dieses Vergehen ins Gefängnis«, sagte er, »und man kommt nicht heraus. Aber obwohl diese erste Gewerkschaft wie ein Gefängnis ist, habt ihr die Chance herauszukommen. Ihr habt es selbst in der Hand. Aber ihr müßt darum kämpfen. Ihr müßt euch uns anschließen und einen Freund mitbringen zum nächsten Treffen, nur einen Freund. Dann haben wir tausend Mitglieder. Dann werden sie einen Freund mitbringen. Aber wenn wir nicht zurückschlagen, werden wir alle gehen müssen, denn wir werden keinen Platz in dieser Firma haben. Wir werden nicht bestimmen können, wer wir sind und wie wir arbeiten und wie viele Stunden wir arbeiten. Wir werden unseren Lebensunterhalt verlieren. Wir stehen bereits kurz davor. Deshalb müssen wir zurückschlagen.« Als die Versammlung zu Ende war, kam ein Polizeihauptmann zu Miyake auf die Bühne und sagte leise: »Würden Sie bitte mit mir kommen?« Und er führte ihn rasch durch einen Hinterausgang hinaus. Miyake war sich sicher, daß er ansonsten nie aus dem Gebäude hätte entkommen können.

Nun machte sich die zweite Gewerkschaft daran, die Macht zu übernehmen. Sie war durch diese Versammlung legitimiert. Beinahe sofort trug sie ihre Werbekampagne in die Wohnheime. Sie hatte Stellen zu bieten; sie zahlte den Arbeitern, die sich ihr anschlossen, etwa 60 Prozent ihres Lohns, während die streikenden Arbeiter nichts bekamen. Sie besaß sorgfältig ausgearbeitete Listen der Arbeiter, die dem Vernehmen nach gegen Masuda waren, die unentschlossen waren, die gemäßigt gewerkschaftsfreundlich waren und die eindeutig gewerkschaftsfreundlich waren. Miyake und Shioji gingen gern in Fünfer- oder Sechsergruppen in die Wohnheime. Sie kamen mit Zuckerbrot und Peitsche. Vielleicht saßen gerade ein paar Arbeiter in einem Zimmer. »Du bist gut gewesen, Watanabe-san«, sagte Miyake zu einem von ihnen. »Du bist ein treuer Sohn Nissans. Man hat Kawamata-san gestern von dir berichtet, und er war sehr erfreut über die guten Dinge, die gesagt wurden. Kawamata-san hat gesagt, daß Männer wie du belohnt werden sollten. Wir werden dich befördern, und du bekommst schon morgen eine Lohnerhöhung.«

Miyake und Shioji sahen es gern, wenn bei ihren Besuchen in den Wohnheimen die Frauen anwesend waren. Das Land war arm, Geld für Lebensmittel knapp, das Unternehmen arbeitete nicht gerade erfolgreich und den Frauen war nur allzu klar, was alles geschehen konnte. Sie waren besorgt über Masudas Kurs, verängstigt durch die Konfrontation und das wachsende Ausmaß an Gewalt und selbstverständlich durch die ausbleibenden Lohnzahlungen. Wenn Miyake und Shioji die Heime verlassen hatten, ließen die Frauen bestimmt keine Ruhe. Was Masuda gemacht hatte, war fremd, hoben Miyake und seine Männer immer wieder hervor. Es war japanfeindlich. Es war, als stünde irgendeine fremde Macht dahinter. Japaner waren nicht so; Japaner glaubten an die Arbeit und daran, ihre Differenzen friedlich zu lösen. Ihnen allen war zuallererst das eine gemeinsam, daß sie Japaner waren. Wer stand hinter dieser Gewerkschaft? Die Antwort Miyakas war: Kommunisten. Und das hieß die Russen.

Entscheidend war jetzt, welchen Weg die Arbeiter einschlugen. Masuda war zuversichtlich, daß sie auf seiner Seite stünden. Die Versammlungen waren größer gewesen denn je. Ihm, der voller Leidenschaft war, kam nie der Gedanke, daß die Arbeiter vielleicht nicht mehr zu ihm hielten. Er war sich der Arbeiter und ihres Bekenntnisses zur Gewerkschaft sicher. Aber einige Berater hatten das Gefühl, daß er die Arbeiter nicht so gut kenne, wie er glaubte. Er mochte ihr Führer sein, sie mochten ihn tatsächlich lieben und glauben, daß sie loyal zu ihm wären, aber er war nicht einer von ihnen. In ihrem Leben ging es, anders als in seinem, nicht um Reden und Gedanken und Polemiken; in ihrem Leben ging es darum, den nächsten Tag zu überstehen.

9
Masudas Sturz

Der Kampf fand im wesentlichen ohne die Arbeiter statt. Sie waren gleichzeitig euphorisch und voller Angst. Von Hause aus argwöhnisch, wurden sie umso argwöhnischer, je länger der Streik dauerte.

In jenem Frühjahr war Sanosuke Tanaka, ein Arbeiter im Nissan-Werk Yoshiwara, achtunddreißig Jahre alt. Damit war er einer der älteren Arbeiter im Unternehmen. Er hatte schon vor dem Krieg für Nissan gearbeitet; die meisten Männer im Werk waren erst nach dem Krieg eingestellt worden, da die Firma langsam expandiert hatte. Er war 1937 zu Nissan gekommen, nach einigen unbedeutenderen Anstellungen anderswo. Er hatte 40 Yen im Monat verdient, was gemessen an der Tokioter Mittelschicht jener Tage wenig war, aber fürstlich gemessen an dem, was Tanaka gewohnt war. Nur wenige Jahre zuvor hatte er für die Arbeit in einem Geschäft 50 Yen im ganzen Jahr bekommen. Aber für ihn zählte nicht nur der Lohn, sondern auch die Tatsache, daß er jetzt ein Mann von Nissan war. Er gehörte zu einem bedeutenden Unternehmen. »Für den Arbeiter im Westen ist die Arbeit ein Mittel zur Bereicherung und Befriedigung des eigentlich wichtigen Teils seines Lebens, der von der Arbeit streng getrennt ist. Beim japanischen Arbeiter sind Leben und Arbeit so sehr miteinander verwoben, daß man nicht sagen kann, wo das eine aufhört und das andere anfängt«, wie der japanische Schriftsteller Ichiro Kawasaki schrieb. Das galt auch für Tanaka. Nissan war ein großes Unternehmen, vielleicht nicht so groß wie die Stahlunternehmen, aber Lastwagen waren wichtig. Bei den Menschen, die er kannte, stieg sein Ansehen durch die Tatsache, daß er für Nissan arbeitete. Er beabsichtigte, für den Rest seines Lebens dort zu bleiben.

Er kam vom Land und konnte es kaum glauben, daß er einen der besten Arbeitsplätze in Japan bekommen hatte. Von seinem ersten Lohn gab er 10 Yen seiner Schwester in Yokohama, bei der er wohnte, und dann ging er ins

Kino und sah sich einen Film an. Ein paar Tage später, als er freihatte, nahm er – noch immer wie auf Wolken – etwas Geld und stieg mit einem Freund auf den Fudschijama. Dann nahm er all seinen Mut zusammen, ging in einen kleinen Laden, der Kleidung im westlichen Stil verkaufte – in Yokohama sah man immer mehr davon –, und erstand einen westlichen Anzug. Der Anzug war grau und kostete ihn 10 Yen. Sein ganzes Leben würde er sich an diesen Augenblick erinnern, als er im hinteren Teil des Ladens stand, mit dem neuen Anzug, in den Spiegel schaute und einen Menschen erblickte, den er noch nie gesehen hatte. Das ist ein wirklicher Mensch, völlig unabhängig, ging es ihm durch den Kopf, das ist ein Mann aus der Stadt. Er war stolzer als je zuvor, denn zum ersten Mal in seinem Leben fühlte er sich wirklich frei von Armut.

Tanaka wurde 1915 auf einem winzigen Bauernhof in der Präfektur Kanagawa vor den Toren Tokios geboren. In seiner Erinnerung war Japan arm, sein Dorf noch ärmer und seine Familie am allerärmsten. Sein Vater Hanshichi Tanaka war ein Pächter, der für einen reichen Grundbesitzer einen winzigen Landzipfel bearbeitete. Sein Vater konnte, unterstützt von den älteren Jungen der Familie, etwa 850 Pfund Reis im Jahr anbauen, wovon er etwa 150 Pfund für seine Familie behalten durfte. Der Rest ging an den Grundbesitzer. Wie Tanaka sagte, dachte sein Vater nie daran aufzubegehren, weil er sich eine bessere Situation nicht vorstellen konnte. Er fühlte sich verpflichtet, sich mit dem zu bescheiden, was er besaß.

In dem Dorf lebten ungefähr fünfhundert Menschen. Einigen wenigen von ihnen gehörte fast das ganze Land. Als Junge konnte man laufen und laufen und schien doch nie den Besitz dieser reichen Leute zu verlassen, erinnerte Tanaka sich. Ein paar Leute besaßen selbst ein kleines Stück Land, aber die meisten waren Pächter, wie Tanakas Vater.

Die Familie Tanaka kannte nur Not. Tanaka fragte sich als Erwachsener oft, wer das entbehrungsreichere Leben gehabt habe, sein Vater oder seine Mutter. Beide waren sie Menschen, die gelitten hatten, ohne überhaupt zu wissen, daß sie litten. Sein Vater stand morgens auf und arbeitete den ganzen Tag auf dem Reisfeld. Das war Schwerstarbeit. Wenn er überhaupt ein Vergnügen im Leben hatte, dann seinen Reiswein. Manchmal trank er zuviel und verprügelte dann seine Frau.

Tanaka meinte, seine Mutter habe ein noch härteres Leben gehabt als sein Vater. Sie stand vor allen anderen auf und bereitete das einfache Frühstück für die ganze Familie vor – Suppe aus Bohnenpaste, gekochte Gerste und Eingepökeltes. Danach packte sie für ihren Mann etwas Essen ein und ging zu ihm hinaus aufs Feld, wo beide Seite an Seite arbeiteten, bis sie etwas früher als er heimging, um das Abendessen zuzubereiten. Das war ihr Tageslauf. Sie hatte fünf Kinder geboren und jeweils bis etwa eine Stunde vor der Niederkunft auf dem Feld gearbeitet. Ihr Leben war, wie er später erkannte, erbarmungslos gewesen; sie starb, als er acht war, seiner Vermutung nach an Gelbsucht. Nach ihrem Tod wurde er, der Jüngste, zuständig für den größten Teil der Hausarbeit.

Das größte Vergnügen in Tanakas Leben war die Schule. Er liebte die Schule und war gut dort. Sechzig Jahre später ging ein Reporter durch das winzige Dorf, das jetzt einer der äußersten Vororte Tokios war, und unterhielt sich mit dem stellvertretenden Rektor der Grundschule. Er war ein Klassenkamerad Tanakas gewesen und erzählte ihm, daß jeder im Dorf schon immer gewußt habe, daß Tanaka der intelligenteste Junge des Dorfes sei und es einmal zu etwas bringen werde. Tanaka konnte sich vielleicht keine Bücher in dem kleinen Buchladen des Dorfs kaufen, an dem er täglich vorbeikam und in den er so gern gegangen wäre, aber in der Schule herrschten andere Verhältnisse. Arme und reiche Kinder wurden von den Lehrern gleich behandelt. Lernen war für ihn alles.

Sein Lehrer hieß Rennosuke Takeda, und er hatte Tanaka schon sehr früh dazu ermuntert weiterzulernen. Tanaka war ohne Frage der beste Schüler der Klasse, und Takeda erzählte dem Jungen, daß er mit viel Fleiß selbst Lehrer werden könnte. Das war ein Traum fast jenseits dessen, was Tanaka sich vorstellen konnte; Lehrer waren Menschen mit Wissen und Macht. Wenn er seinen Lehrer so reden hörte, dachte er, daß das Lehren ihn in die schönste aller Welten führen werde. Die allgemeine Schulpflicht in Japan endete jedoch mit der sechsten Klasse. Arme Kinder wie Tanaka gingen dann normalerweise von der Schule ab und arbeiteten auf dem Feld. Seine drei älteren Brüder hatten ihre Ausbildung nach der sechsten Klasse beendet. Wenn ein Kind danach weiter auf die Schule gehen sollte, mußten die Eltern zahlen. Tanakas Vater wollte nicht, daß sein vierter Sohn weiter zur Schule ging. Sechs Jahre Schule hatten für alle anderen Kinder gereicht und würden auch für seinen Sohn reichen.

Aber Takeda setzte sich für seinen Schüler ein. Er begab sich persönlich in das Haus Hanshichi Tanakas und beschwor ihn, den Jungen weiter zur Schule gehen zu lassen. Nur noch zwei Jahre, sagte er. Er ist mein bester Schüler. Er lernt gern, und er kann ein guter Lehrer werden. Er wird sicher gut abschneiden auf der pädagogischen Hochschule. Er hat eine Zukunft außerhalb dieses Dorfs. Der letzte Gedanke begeisterte den älteren Tanaka nicht sonderlich, aber am Ende setzte Takeda sich durch – er war ein Lehrer, eine Autoritätsperson, und seine Autorität behielt an jenem Tag die Oberhand in der Hütte. Der Junge durfte also weiter die Schule besuchen. Das Schulgeld betrug damals 20 Sen im Monat. Das war nicht sehr viel Geld; es reichte gerade, um drei Päckchen Zigaretten zu kaufen, aber einer sehr armen Familie fiel es schwer, das Geld aufzubringen.

Als Tanaka die achte Klasse abgeschlossen hatte, begann Takeda, ihm die nächste Stufe schmackhaft zu machen. Es gab eine normale Schule, die er besuchen konnte, ohne etwas bezahlen zu müssen; er würde allerdings verpflichtet sein, im Anschluß mehrere Jahre zu unterrichten. Takeda wollte zu ihm nach Hause kommen, um für eine Fortsetzung der Ausbildung zu sprechen, aber das war nicht mehr möglich. Tanakas Vater war diese Albernheiten leid. Der Junge hatte sein Los hinzunehmen. Er hatte bereits, ohne dem Jungen etwas davon zu sagen, dessen Dienste für fünf Jahre verkauft.

Tanaka war bitter enttäuscht. Der Wunsch, Lehrer zu werden, war stark gewesen, und der Junge, ermuntert durch seinen Lehrer, hatte geglaubt, er könnte es schaffen. Und dann erfuhr er, daß er verkauft worden war. Sein Vater hatte ihn an eine Familie im Nachbardorf verdungen. Es gab keine andere Möglichkeit, als sich zu fügen; ein junger Bursche vom Land packte nicht einfach seine Sachen und verließ sein Dorf ohne die elterliche Zustimmung. Die Bedingungen waren einfach: er würde fünf Jahre für diese Familie arbeiten. Er bekam Unterkunft und Verpflegung – das Einfachste, was sich denken ließ. Das Geld, das er verdiente, würde man seinem Vater schicken. Im ersten Jahr sollte er 50 Yen bekommen, im zweiten 70, im dritten 90, im vierten 110 und im letzten 130.

Seine Arbeit bestand darin, Kohlen von der örtlichen Kohlenhandlung zu den Familien im Dorf zu tragen. Die Frau, die die Kohlenhandlung betrieb, war Witwe, und zu seiner Arbeit gehörte es auch, ihrem zehnjährigen Sohn Nachhilfeunterricht zu geben; er wurde ihm fast wie ein Bruder. Nicht einen einzigen Tag vergaß er, daß er Lehrer hätte werden können. Als die fünf Jahre vorbei waren, konnte er mit seinem Leben endlich machen, was er wollte. Er verließ das Dorf sofort und ging nach Yokohama. Vom ältesten Sohn wurde erwartet, daß er zu Hause blieb und dem Vater half, das Land zu bearbeiten; die jüngeren Söhne sollten in die Stadt gehen. Tanakas Schwester Taka, die er von allen Familienmitgliedern am meisten liebte, lebte mit ihrer Familie in Yokohama. Sie war zu wohlhabenden Familien geschickt worden, wo sie als Haus- oder Kindermädchen gearbeitet hatte. Dann hatte ein Onkel entschieden, daß sie einen Anwalt aus seiner Familie heiraten sollte. Tanakas Schwester wollte nicht, aber sie hatte keine andere Wahl. Sie bekam neun Kinder; Tanaka hatte nicht den Eindruck, daß sie sehr glücklich in ihrer Ehe war.

Er kam nach Yokohama, als er gerade zwanzig war. Eine Zeitlang arbeitete er für eine Auslieferungsfirma. Dann sah er die Stellenanzeige von Nissan, bewarb sich und wurde angenommen. Voller Stolz schickte er Geld nach Hause.

Samstags, wenn er mit der Arbeit in der Fabrik fertig war, fuhr er hinaus aufs Land und versuchte, Lebensmittel zu beschaffen. Nur die Schwarzmarkthändler hatten Reis, und sie waren hart; sie verlangten Bargeld. Mit dem Versprechen eines armen Mannes oder seinen Tauschobjekten gaben sie sich nicht zufrieden. Sonntags, wenn er frei hatte, hielt er sich in der Gegend auf, wo die Amerikaner stationiert waren, in der Hoffnung, als Tagelöhner Arbeit zu bekommen. Wenn er keine Arbeit fand, konnte er manchmal wenigstens etwas zu essen auftreiben.

Allmählich besserte sich die Lage. Er erinnerte sich genau an die Zeit, als ihm klargeworden war, daß die Nachkriegszeit vorüber war. Auf den Märkten war wieder Reis aufgetaucht. Die Schwarzmarkthändler beherrschten den Reismarkt nicht mehr, und bald verschwanden sie einer nach dem anderen. Als die Schwarzmarkthändler keine Gewalt mehr über ihn hatten, ihm nicht mehr das Gefühl vermittelten, ein Versager zu sein, wußte er, daß der Krieg endgültig zu Ende war und der echte Frieden begonnen hatte.

Nach dem Krieg trat er der Gewerkschaft bei. Ihm gefiel der Gedanke dazuzugehören; Arbeiter, so sagte man ihm, sollten Rechte und Würde haben, und die Gewerkschaft würde ihnen helfen, sie zu erringen. Er erkannte den Gedanken an, wenngleich er auch glaubte, daß die Arbeit an sich Würde habe und man, wenn man hart arbeitete, für diese Würde nicht noch eigens kämpfen müsse. Er wurde der Gewerkschaftsvertreter einer Montagegruppe. Aber ihn bekümmerte die wachsende Unruhe bei Nissan, als die Spannungen zwischen Unternehmensleitung und Gewerkschaft zunahmen. Es gab jetzt so viele genehmigte und ungenehmigte Streiks und daneben noch Bummelstreiks, daß es fast unmöglich war zu arbeiten. Die Arbeit begann, dann gab es einen Streik, und sie wurde unterbrochen; dann lief sie wieder an, und dann stoppte sie wieder. Das mißfiel Tanaka mehr als alles andere: Er war fest davon überzeugt, daß es eine Schande sei, nicht zu arbeiten. Der Mensch war hier auf der Erde, um zu arbeiten, nicht so sehr für sich und seine Familie, sondern weil das die richtige Handlungsweise war und die Bedingungen für alle verbesserte. Die Arbeit, so glaubte er, sei Sinn und Zweck des Lebens.

Die Gewerkschaft fing an, ihn zu irritieren. Er mochte die Arbeitsunterbrechungen nicht, und er meinte, daß das Unternehmen, nicht die Gewerkschaft, das Recht habe zu entscheiden, welcher Arbeiter wo arbeitete. Er wollte gegen die Gewerkschaftsführung angehen, aber er hatte Angst. Andere hatten kein Blatt vor den Mund genommen und waren sofort Vergeltungsmaßnahmen ausgesetzt gewesen, den *Suribachi*-Gerichten. Manchmal hatte er den Wunsch, denen zu helfen, die angeklagt wurden, aber er traute sich nicht. War er ein Feigling? Er war ein Kleinbauer, und von Bauern, das wußte er, erwartete man nicht, daß sie das Wort ergriffen. Von ihnen erwartete man, daß sie ruhig waren und zuhörten und taten, was ihnen aufgetragen wurde. So machte er sich Tag für Tag seine Gedanken; nachts dachte er an all das, was er hatte sagen wollen, etwa daß sie mehr arbeiten und das Unternehmen retten müßten, und am Tag sagte er dann doch nichts. Er hatte die ganze Zeit Angst. Er wurde Masuda gegenüber mißtrauisch. Masuda war von Todai, Angehöriger der Elite – was wußte er wirklich von den Arbeitern? Hatten seine Frau und seine Kinder jemals gehungert? Die Männer, die in seiner Gewerkschaft nach oben kamen, waren die, die am weitesten links standen, nicht die, die am besten arbeiteten. War das richtig? »Masuda war der Sohn eines reichen Mannes, und ich der Sohn eines Bauern«, sagte Tanaka später. »Er war der Mond, und ich die Schildkröte.«

Als 1953 der Streik begann, war er sehr unglücklich. Er haßte es, jeden Tag ins Werk zu gehen, wenn es nichts zu tun gab. Nichts in seinem Leben schien jemals so falsch gewesen zu sein. Andere sprachen davon, die Gewerkschaft zu spalten und eine neue zu gründen, aber das erschien ihm auch falsch. Als die zweite Gewerkschaft jedoch am 30. August gebildet wurde, trat er fast sofort bei – am 13. September. Als die zweite Gewerkschaft wieder an die Arbeit ging, war auch Tanaka dabei, mit einem Gefühl großer Erleichterung. Etwas Wertvolles, seine Entschlußkraft, war ihm genommen worden und wurde ihm jetzt wiedergegeben.

Masuda blieb ungefähr zwei Wochen in Haft, und als er zurückkam, wurde die zweite Gewerkschaft täglich stärker. Masuda schien eigenartigerweise aufgekratzt zu sein. Es hatte ihm gefallen, im Gefängnis zu sein. Er war mit gewöhnlichen Verbrechern zusammengewesen, die gestaunt hatten, daß ein so gebildeter Akademiker von Todai mit ihnen in derselben Zelle gesessen hatte. Er hatte ihnen politischen Unterricht erteilt, ihnen erklärt, warum sie im Gefängnis saßen und warum sie Opfer des japanischen Klassensystems waren. Fast schien es so, als hätte er den Aufstieg der neuen Gewerkschaft vergessen. Sie werde von den Arbeitern nicht anerkannt, sagte er. Ihre Führer seien Handlanger der Unternehmensleitung. Als einige seiner Männer ihm zu erklären versuchten, daß das Blatt sich gewendet habe und die zweite Gewerkschaft sehr schnell stärker werde, fiel er ihnen ins Wort. »Die Männer sind loyal«, sagte er. »Ihr braucht nur durch die Hallen oder zu einer Versammlung zu gehen.« Seine Versammlungen waren größer denn je und weit emotionsgeladener. Das stimmte, erwiderten die anderen, es bestehe kein Zweifel, daß er den Versammlungskrieg gewinnen würde, und er würde auch eine Volksabstimmung gewinnen, aber die Unternehmensführung und die zweite Gewerkschaft gewannen den Krieg in den Wohnheimen.

Kawamata setzte die Gewerkschaft Masudas langsam unter Druck. Einige Arbeiter erhielten Kredite, die vereinbarungsgemäß nicht zurückgezahlt werden mußten. Manchmal nahmen Miyakes Männer einen unentschlossenen Arbeiter mit in eine Bar, spendierten Getränke und Lob, und vielleicht wechselte am Ende des Abends auch etwas Geld den Besitzer, ein Bonus, wie man sagte. Manchmal besuchten einige von ihnen einen Arbeiter im Wohnheim, am liebsten, wenn seine Frau dabei war, und sprachen mit ihm über die Arbeit, die er haben könnte. Es wurde jetzt ständig Druck ausgeübt. Die eine Seite hatte das Geld und die Arbeitsplätze zu bieten, die andere hingegen nur vage Hoffnungen.

Jetzt bekamen die Gruppenleiter, die bei den *Suribachi*-Gerichten so schlimm behandelt worden waren, ihre Rache. Sie gaben den Arbeitern, die zurückkamen, nicht nur den regulären Lohn, sondern noch Zuschläge. Diejenigen, die bei der Gewerkschaft Masudas blieben, warnten sie, daß sich ihnen vielleicht nie mehr eine Chance böte. Es würde Entlassungen geben. Wer zögerte, würde bestimmt nie befördert werden. Beförderungen würden denen zugute kommen, die versucht hatten, das Unternehmen zu retten. Die Lage änderte sich sehr schnell. Die neue Gewerkschaft konzentrierte sich auf Arbeiter wie Tanaka, die am wenigsten politisch engagiert waren, und auf die, die zu schwanken schienen. Diejenigen, die Masuda fest verbunden waren, ließ sie einfach links liegen. Die Gewerkschaft ist kommunistisch, erklärten Miyakes Leute immer wieder. Seht, sagten sie, selbst ihre Fahne ist rot. Wenn ein Arbeiter von Loyalität gegenüber Masuda sprach, lachten die Männer Miyakes: Masuda, sagten sie, Masuda ist von Todai, Masuda wird nicht verhungern – und du, gehst du nach Todai, wenn du deinen Job verlierst?

Es gab ständig Handgemenge und Kämpfe zwischen umherziehenden Gruppen, die immer häßlicher wurden, weil man gleichsam eine Familienfehde austrug und beide Seiten sich so gut kannten. Shioji war verantwortlich für die Trupps von Jugendlichen der zweiten Gewerkschaft. Seine Aufgabe bestand darin, ein Auge auf die erste Gewerkschaft zu haben und seine Kräfte mit den ihrigen zu messen. Der Führer der zweiten Gewerkschaft war Miyake, doch ein erheblicher Teil ihrer Energie und ihrer Strategie kam von Shioji. Er war bereits eine Macht. Ende September zählte die neue Gewerkschaft über dreitausend Arbeiter zu ihren Mitgliedern. Endlich begriff Masuda, was geschehen war. »Sie haben uns«, sagte er zu Freunden. »Das einzige, was uns bleibt, ist, so viele von unseren Leuten zu halten wie möglich.« Er sprach nie von irgendwelchen Fehleinschätzungen, die auf sein Konto gingen; soweit es ihn betraf, hatte er stets richtig gehandelt – bis eines Tages plötzlich alles schiefgegangen war. Er hatte seinen Gegner unterschätzt. Da er keine andere Wahl hatte, nahm er das Angebot des Unternehmens an, beendete den Streik und schickte seine Leute wieder zur Arbeit.

Sie gingen zurück, aber nun waren sie natürlich dem Unternehmen auf Gnade oder Ungnade ausgeliefert. Diejenigen, die stramme Masuda-Leute gewesen waren, bekamen die schlechtesten Arbeitsplätze, und einige von ihnen wurden schließlich dazu gedrängt, die Firma zu verlassen. Masuda selbst und sieben seiner Führungsleute bekamen bald blaue Briefe. Ende 1953 hatte die neue Gewerkschaft die Fabrikhallen völlig unter Kontrolle.

Masuda war am Ende. Sein erster Fehler war es gewesen, seine Gegner zu unterschätzen, und sein zweiter, vielleicht noch größerer Fehler der, seine eigenen Leute zu überschätzen, anzunehmen, daß sie an alles glaubten, was er glaubte, und daß sie auf Kurs bleiben würden. Er hatte gedacht, Japan hätte sich nach dem Krieg tatsächlich geändert, und eine neue Ordnung hätte sich durchgesetzt. Statt dessen hatte es weniger einen grundlegenden Wandel der Gesellschaft als vielmehr Veränderungen innerhalb der alten Ordnung gegeben. Die alte Ordnung war demokratischer, moderner, energischer geworden und war gesundgeschrumpft. Das Bankensystem wurde vereinfacht, die Unternehmen weniger schwerfällig gemacht, aber im Prinzip hatte das alte System sich nicht geändert. Der Streik bei Nissan war der letzte Beweis. Kaum merklich wurden Beschränkungen der politischen und wirtschaftlichen Freiheit durchgesetzt.

Nissan warf die alten Feinde hinaus und besetzte die Schlüsselstellungen mit loyalen Mitarbeitern. In den folgenden zwei Jahren wurden mehr als zweitausend Arbeiter entlassen. Jetzt, da die radikale Gewerkschaft zerschlagen und eine neue, firmenfreundliche Gewerkschaft etabliert war, stabilisierte Nissan sich. Die Grundlöhne der Arbeiter wurden im ersten Jahr um 16 Prozent gekürzt, die Produktionspläne gestrafft. Die Arbeiter griffen ihre Vorgesetzten nicht mehr an; vielmehr beobachteten die Vorarbeiter ihre Arbeiter ganz genau und registrierten jede Unmutsäußerung.

Sehr bezeichnend war das Aus für Masudas Traum von einer branchenübergreifenden Gewerkschaft, die stark genug gewesen wäre, nicht nur einem Unternehmen Paroli zu bieten, sondern der gesamten Branche und letztlich auch dem Staat. Ab jetzt würde jedes Unternehmen seine eigene Gewerkschaft haben, die absolut loyal gegenüber dem Mutterunternehmen und abhängig von dessen Markterfolg war, wenn sie selbst erfolgreich sein wollte. Das Management hatte gesiegt; man konnte zwar nicht zu den Verhältnissen vor MacArthurs Reformen zurückkehren, als es überhaupt keine Gewerkschaften gegeben hatte, aber man hatte die Gewerkschaft nach eigenen Vorstellungen gestaltet, sie in das Unternehmen eingegliedert und ihr jede Möglichkeit genommen, sich als interne gegnerische Kraft zu etablieren.

Jahre später, als Japan schließlich die Industrieunternehmen im Westen herausforderte, wurde klar, daß einer der entscheidenden Faktoren für den Erfolg der japanischen Wirtschaft die Schaffung der zweiten Gewerkschaften und die Ausschaltung der radikalen gewesen war.

Die Welt Masudas war zusammengebrochen. Fast alle seine alten Gewerkschaftsverbündeten faßten wieder Fuß. Einige gingen zu Zulieferfirmen oder schlossen sich linken Gruppen an. Masuda jedoch trieb einfach umher. In den Augen seiner Freunde zeigte sein Schicksal, daß er nie Mitglied der kommunistischen Partei gewesen war, denn die Partei, die sich ihrer Leute normalerweise annahm, tat nichts für ihn. Die anderen Mitglieder seiner Gewerkschaft fühlten sich einander verbunden und blieben in Kontakt. Sie gingen in dieselben Bars, tranken und ließen Erinnerungen wach werden und versuchten zu verstehen, was geschehen war. Nach Art der Japaner, die einen Verein für fast alles haben – sei es den Firmenverein, den Verein der Fünftkläßler oder einen Verein der Verwundeten in einem Armeelazarett –, gründeten sie eine Vereinigung derjenigen, die Nissan hatten verlassen müssen. Sie fanden sogar einen Namen für sich, die Vereinigung der bösen Buben, und sie hielten jährliche Treffs ab. Aber Masuda zeigte sich nie. Er ging seinen alten Freunden aus dem Weg. Als der Automobiljournalist Hideo Numasaki ihn interviewen wollte, erklärte ihm Masuda: »Das ist alles vorbei. Das ist alles erledigt.«

Er hatte es schwer, sich über Wasser zu halten. Lange Zeit arbeitete er gar nicht. Dann versuchte er sich als kleiner Zulieferer und machte einen Karosseriestanzbetrieb auf. Das Geld dafür hatte er sich von seiner Schwiegermutter geliehen. Schon bald hatte er ernste Schwierigkeiten mit seiner Belegschaft. Er stritt mit seinen Arbeitern, es gab Entlassungen, und die Arbeiter, die keine Gewerkschaft hatten, dachten daran, beim Gewerkschaftsrat Beschuldigungen gegen ihn vorzubringen. Freunde schalteten sich ein, und die Beschuldigungen wurden nicht vorgebracht, aber die Firma, die nie sehr stark gewesen war, ging bankrott. Als Freunde ihm bei der Suche nach einer anderen Beschäftigung helfen wollten, zog er sich zurück; er war ein stolzer Mann und wollte keine Hilfe annehmen. Anfang der 60er Jahre war er arbeitslos und lebte allein ein ungeordnetes und einsames Leben.

Man verlor Masuda immer mehr aus den Augen. Niemand hörte mehr etwas von ihm, bis 1964 ein Angestellter eines kleinen Herstellungsbetriebs in Tokio Masudas Familie anrief und berichtete, daß er an einem Herzanfall gestorben sei. Er war fünfzig Jahre alt geworden. In seiner Brieftasche fand man ein Foto seiner Familie und seine alte Adresse. Die Familie sorgte für die Beerdigung. Masudas alter Freund Hatada wurde an dem Tag, als die

Beerdigung stattfand, benachrichtigt und ging zum Friedhof. Nur er, Masudas ehemalige Frau, deren Mutter und seine drei Söhne waren anwesend. Die Familie wollte niemanden von der Gewerkschaft bei der Beerdigung dabei haben. Hatada empfand den Tag als nahezu unerträglich. Immer wieder dachte er an den so vielversprechenden und ehrgeizigen jungen Mann, an die glanzvollen Jahre des Streiks und an seine Passion für das neue Japan. Es fiel Hatada schwer zu begreifen, wie ein so hoffnunsvolles Leben in solcher Einsamkeit enden, so scheitern konnte. Er war ein japanischer Don Quichotte, dachte Hatada bei sich, ein Träumer in einem Land, das sich nicht oft Träumen hingab.

Kawamata war der große Gewinner des Streiks. Jetzt hatte er eine Gewerkschaft, die der Unternehmensleitung wohlwollend gegenüberstand. Sein Ärger mit der Gewerkschaft gehörte der Vergangenheit an. Er hatte sein Ansehen in der japanischen Finanz- und Geschäftswelt erheblich gesteigert, denn er war der Mann, der die radikalste Gewerkschaft zerschlagen hatte. Man sah in ihm jetzt nicht nur den Bankier, der zu Nissan gegangen war, sondern den Industriellen, den Mann, der es mit außergewöhnlichen Gewerkschaftsführern aufnahm und nun seine eigenen hatte. Er war jetzt ein Mann, mit dem man rechnen mußte.

Bis zum Streik war er bei Nissan eine etwas isolierte Figur gewesen, der Außenseiter, den die Bank geschickt hatte, und dem die alten Männer von Nissan nie ganz über den Weg getraut hatten. Ebenso stark, wie die Männer um Asahara ihn verachteten, weil er nichts von Autos verstand, verachtete er sie, weil sie Angst vor der Gewerkschaft hatten. Wie sich herausstellte, hatte Kawamata jedoch nicht nur eine Gewerkschaft zerschlagen, sondern gleichzeitig auch eine Art Putsch durchgeführt: Er hatte das gesamte Unternehmen übernommen. Die Grundlage seiner Macht war die Gewerkschaft Miyakes. Denn mochte er auch Gewerkschaftsführer sein, so waren die Loyalitätsverhältnisse doch äußerst kompliziert. In Amerika mußte man sich als Gewerkschaftsführer nur gegenüber den Arbeitern und der Gewerkschaft selbst verantworten; das Unternehmen, so wurde angenommen, konnte selbst für sich sorgen. Doch in Japan lagen die Dinge anders. Sicher, sie waren Gewerkschaftsführer, aber sie waren zugleich Verwaltungsleute aus dem mittleren Management, und ihr Ehrgeiz galt der Führung. Sie waren der verlängerte Arm der Unternehmensleitung.

Nun begann Kawamata damit, die Gewerkschaftsführer überall im Unternehmen an wichtigen Stellen unterzubringen. Sie bildeten einen Kader, der zu allererst ihm gegenüber loyal war. So konnten sie zum Beispiel Asahara und seine Leute unter Druck setzen, wenn es zwischen ihm und Kawamata zu einem Konflikt kommen sollte, was unvermeidlich schien. Die Gewerkschaft Miyakes übernahm praktisch die Personalabteilung des Unternehmens. Jeder, der vorwärtskommen wollte, nicht nur auf den unteren Ebenen, sondern auch im mittleren Management, brauchte jetzt die Zustimmung der Gewerkschaft. Angehörige des mittleren Managements, die in keiner der beiden Gewerkschaften waren und schon erleichtert aufgeatmet hatten, als der Streik vorbei war, wurden jetzt von der Macht der neuen Gewerkschaft und der neuen Personalpolitik des Unternehmens überrascht. Leitende Angestellte befanden sich plötzlich im Abseits, beurteilt nach politischen, nicht fachlichen Kriterien, oft von Männern, die nichts von Autos verstanden. Sie erfuhren von wichtigen Personalveränderungen nicht durch ihre Vorgesetzten, sondern durch die Gewerkschaft; die Gewerkschaft schien von diesen Veränderungen immer zuerst zu wissen. Der Zusammenhang war klar: Miyake und Shioji hatten bei der Durchsetzung der Veränderungen eine Schlüsselrolle gespielt. Die darin enthaltene Botschaft war ebenso klar: Stell dich gut mit Miyake, Shioji und Kawamata, dann kommst du vorwärts. Wenn du dich von diesem mächtigen neuen Netz fernhältst, ist deine Zukunft bestenfalls ungewiß. Jeder, der diese neue Mannschaft herausforderte, wurde in die Mangel genommen, und zwar gehörig.

Zwanzig Jahre später, als Japan sich zu einem Industriegiganten entwickelte, kam Leonard Woodcock, damals der Führer der amerikanischen Automobilarbeitergewerkschaft, zur Gründungsversammlung der japanischen Automobilarbeitergewerkschaft. Er kam auf besondere Einladung von Ichiro Shioji. Shioji, inzwischen Führer der Nissan-Gewerkschaft, war eine Art Günstling der amerikanischen Gewerkschaftsführer. Die Gewerkschaft hatte seinen Aufenthalt an der Harvard Business School gefördert, und er hatte oft ihr Büro im Haus der Solidarität in Detroit besucht. Woodcock beobachtete bei dieser Versammlung mit ungläubigem Staunen, wie sehr die Gewerkschaft Shiojis die amerikanische Automobilarbeitergewerkschaft imitierte: Man nannte sich in Anlehnung an das amerikanische Vorbild ›japanische Automobilarbeitergewerkschaft‹; das Abzeichen, das ihre Mitglieder trugen, und auch die Fahne hinter dem Rednerpult ähnelten denjenigen der amerikanischen Automobilarbeitergewerkschaft. Der entscheidende Unterschied, der die jeweilige Entwicklung der beiden Branchen maßgeblich beeinflußte, war natürlich der, daß Shiojis Gewerkschaft, wie die Gewerkschaften bei Toyota und Mazda auch, eine Firmengewerkschaft war, die amerikanische Automobilarbeitergewerkschaft dagegen eine die ganze Branche umfassende Gewerkschaft.

Woodcock war ein geehrter Gast auf der Versammlung der japanischen Automobilarbeitergewerkschaft. Die simultan ins Englische übersetzten Reden fingen an, ihn zu faszinieren, auch wenn die Übertragung fehlerhaft war. Ein Redner nach dem anderen erhob sich und sprach über irgend etwas Furchtbares, das sich 1953 ereignet hatte, und gelobte, daß es nie wieder passieren dürfe.

»Wovon sprechen die alle?« fragte er Shioji.

»Von einem Streik, den wir 1953 hier hatten«, erklärte Shioji, »einem langen und schweren Streik.«

Woodcock hatte noch nie von diesem Ereignis gehört, das den nachhaltigsten Einfluß auf seine eigene Gewerkschaft und Branche gehabt hatte und auch weiterhin haben würde. »Was ist da passiert«? fragte er.

»Es war ein sehr erbitterter Streik«, erwiderte Shioji. »Er dauerte vier Monate, und am Ende waren die Kommunisten geschlagen, und unsere Gewerkschaft wurde geboren.«

»Warum haben Sie mir nie davon erzählt?«

»Sie haben mich nie danach gefragt«, antwortete Shioji.

Vierter Teil

10
Zäher Sohn reicher Eltern

Henry Ford II. wollte gewisse Privilegien in eine Zeit hinüberretten, die für so etwas nichts übrig hatte. Das war nicht eben einfach. Einerseits trat er wie ein moderner, egalitär gesinnter Industrieführer auf, und andererseits versuchte er auch weiterhin, privat und geschäftlich jenes herrschaftliche Leben zu führen, das er gewohnt war. Dieser Widerspruch schlug sich in seinem Verhalten nieder. Zielstrebig in dem Bemühen, das Familienunternehmen zu erhalten, schien er, eigentlich ein Mann von Intelligenz, Härte und feiner Lebensart, zeitweilig entschlossen, seine Fähigkeiten zu verbergen und den ausgelassenen Lebemann zu spielen. So konnte es leicht passieren, daß man ihn unterschätzte.

Er hatte schon immer wie ein König gelebt. Von Nelson und David Rockefeller oder Averell Harriman einmal abgesehen, wuchs kein Mann des öffentlichen Lebens in einer solchen Pracht auf. Schon als Dreijähriger durfte er die Fackel halten, mit der 1920 der Hochofen der größten je gebauten Fabrik entzündet wurde. Der Sohn einer gebildeten Mutter und eines Vaters, der ein passionierter Kunstliebhaber war, wuchs in Grosse Pointe in einem Haus mit sechzig Zimmern auf. Als kleiner Junge fuhr er in seiner eigenen Kindereisenbahn, die eine maßstabsgetreue Nachbildung des Originals war und sogar eine Lokomotive mit Kohlenfeuerung hatte. In jedem Dezember fuhr er mit seinen Freunden im Schlitten zum Anwesen seines Großvaters hinaus. Dort wurden die Kinder vom Nikolaus mit Spielzeug beschenkt und durften das eigens für ihn herbeigeschaffte Rentier streicheln. Noch bevor er zehn war, hatte er einen kleinen britischen Sportwagen, mit dem er auf dem 365 000 m² großen Grundstück herumfahren konnte. Den Sommer verbrachte er gewöhnlich im Steinhaus seiner Eltern in Seal Harbor im Bundesstaat Maine, umgeben von Leibwächtern, und im Winter segelte er vor Hobe Sound in Florika an Bord der 48-m-Yacht seines Vaters, der *Onika,* auf der es ein mit Chippendale-Möbeln eingerichtetes Wohnzimmer gab. Seine Spielkameraden stammten alle aus Grosse Pointe und ihre Eltern waren Freunde seiner Eltern; sie hatten immer vor Augen, daß der kleine Henry einmal ein riesiges Industrieunternehmen erben würde. Philip Stearns, einer dieser Jungen, sagte Jahre später, daß sie in jenem magischen Haus auf dem größten Anwesen, das sie je gesehen hatten, immer das taten, was Henry wollte.

Das Grosse Pointe, in dem er aufwuchs, war ein isolierter Ort provinzieller Pracht. Wahrscheinlich gab es im Amerika der Zeit vor dem Zweiten Weltkrieg keine zweite derart abgeschirmte und derart reiche Gemeinde. Es herrschte weder wirtschaftliche noch soziale Ungleichheit. Nur Katholiken wurden mit Argwohn betrachtet und gelegentlich auch mit Haß. (Als Henry als junger Mann eine Katholikin heiratete und konvertierte, lief ein Raunen durch die Gemeinde; seine ältesten Freunde sahen darin einen Schritt, mit dem er seine Unabhängigkeit von der Vergangenheit kundtat.) Auch Juden waren nicht gern gesehen, und auf Dinnerpartys wurde immer wieder darüber diskutiert, ob Walter Chrysler nun tatsächlich Jude war, obwohl er es abstritt. Es war ein sicherer, behaglicher Ort, der vom modernen Leben weitgehend unberührt blieb. Wenn Leute aus Grosse Pointe nach New York reisten, fuhren sie mit dem Zug, mit dem *Detroiter,* in dem sie den Salonwagenschaffner kannten und er sie. Wenn sie nach Europa reisten, dann gemeinsam. Man ging davon aus, daß Grosse Pointe der Nabel der Welt sei; als die *Detroit Free Press* einmal die Verlobung einer jungen Dame aus Grosse Pointe mit einem jungen Mann aus Cincinnati bekanntgab, wählte sie die Überschrift »Hiesiges Mädchen heiratet Mann aus dem Osten«.

Das gesellschaftliche Leben spielte sich im Country Club und im Rahmen privater Einladungen ab. Dort ging es steif zu. Auf den Partys wetteiferten die Damen im Vorführen ihrer neuen Kleider miteinander und trugen soviel Schmuck wie möglich. Die Herren erschienen im Smoking und tranken mit ernsten Gesichtern, womit sie früh anfingen und spät aufhörten. Meistens waren es harte Sachen, kein Wein. Eine Karikatur aus dem *New Yorker* jener Zeit zeigt eine Gastgeberin, die einen Außenstehenden begrüßt, während hinter ihr alle Partygäste offenbar betrunken durcheinanderfallen. »Ich wette, Sie wußten nicht, daß wir hier in Grosse Pointe so extravagant sind«, sagt sie. Viele am Ort verdankten ihr Vermögen direkt oder indirekt der Automobilbranche, und so redeten die Männer die ganze Zeit vom Geschäft. Es war eine Welt, die von Dienstboten beherrscht wurde. In den meisten Familien waren die Eltern ferne, förmliche Gestalten, die sich gerade lange genug sehen ließen, um die Regeln und Verpflichtungen zu erklären.

Wenn es überhaupt so etwas wie Vertrautheit, wie Zuwendung zu Hause gab, kam sie wahrscheinlich von einem Dienstmädchen, das Mitleid mit einem der Jungen hatte und ihm ein wenig menschliche Wärme zukommen ließ. Partys zur Einführung der jungen Leute in die Gesellschaft waren Großereignisse, denn sie markierten nicht nur die Volljährigkeit des jungen Menschen, sondern auch den Status der Eltern, und man wetteiferte darum, die grandioseste Party zu geben. (Die Tradition hielt sich bis in die nächste Generation. 1959, als Henry Fords Tochter Charlotte ihre Einführungsparty gab, wurde das Fest als das ausgefallenste des Jahres bezeichnet, nicht nur in Detroit, sondern im ganzen Land; es kostete etwa 150 000 $, eine Summe, die eineinhalb Jahre später noch übertroffen wurde, als ihre Schwester Anne ihre Einführungsparty feierte, die geschätzte 250 000 $ kostete.)

In jener Welt war jeder reich, und jedes Kind war privilegiert, aber Edsel und Ellie Ford waren bei weitem die reichsten, und der kleine Henry war am privilegiertesten, weil alle stets wußten, daß er einmal die Ford Motor Company führen würde.

Daß jemand, der aus einem solchen Umfeld kam, einmal stark sein würde, widersprach den Grundüberzeugungen der Amerikaner. Eigentlich hätte er von dem Überfluß erdrückt werden und der Zügellosigkeit zum Opfer fallen müssen. Doch er erwies sich als ein kluger, arbeitsamer Unternehmensführer, der zur mitleidlosen Prüfung seiner Umgebung in der Lage war. Es war eine seltsame Mischung – er war ein Mann, der sowohl verwöhnt als auch hart war. In der Firma konnte man ihm kaum etwas vormachen. Er war aufgewachsen in dem Glauben, daß die meisten Leute, die er den Tag über traf, irgend etwas von ihm wollten, und so hatte er die Fähigkeit, Motive zu beurteilen, zu einer Art Instinkt ausgebildet.

Seine Härte ließ sich zum Teil auf die besonderen Umstände seiner Kindheit zurückführen. Denn Henry Ford mochte zwar in einem der zwei oder drei herrschaftlichsten Häuser Amerikas aufgewachsen sein, aber ein dunkler Schatten hing dennoch über allem. Er war noch ein Kind gewesen in den Jahren, in denen sein Großvater seinen Vater systematisch vernichtete, Edsel zuerst emotional und dann auch gesundheitlich ruinierte; Henry war von dieser Tragödie soweit wie möglich ferngehalten worden. Aber er blieb nicht unbeeinflußt durch einen vom Großvater zugrunde gerichteten Vater und eine Mutter, die entschlossen war, ihren eigenen Kindern nie etwas derartiges zustoßen zu lassen.

Von klein auf, seitdem feststand, daß die Gesundheit seines Vaters zerstört war, war Henry Ford der gesetzliche Erbe; er würde die Verpflichtungen der Familie übernehmen. Seine Mutter, deren Eleganz viel von ihrer inneren Stärke verdeckte, zog ihn in diesem Sinne groß. Er mußte stark genug sein, sich den Kräften zu widersetzen, die ihren Mann überwältigt hatten. Edsel Ford war zu sanft gewesen. Das würde ihr Sohn nicht sein. War ihr Mann auch vernichtet worden, ihr Sohn würde jetzt triumphieren! Sie war viele Jahre die geheime Kraft und Stärke der Ford Motor Company. Frauen hatten in Industrieunternehmen wie Ford keinen Platz. Dennoch lag die Macht bei Eleanor Clay Ford. Sie war ganz die elegante, vornehme Grosse Pointe-Dame, erschien nie in der Firma, aber kannte sie dennoch in- und auswendig. Niemand bekam ohne ihre Zustimmung eine leitende Stellung.

An einem Samstagmorgen des Jahres 1961 hatte Gene Bordinat, ein talentierter junger Mann aus dem Planungsbüro, zusammen mit seiner Frau bei Hudson eingekauft. Als sie aus dem Geschäft traten, kam ein tadellos gekleideter Chauffeur auf sie zu, fragte, ob sie Mr. und Mrs. Bordinat wären und sagte, als sie bejahten: »Mrs. Ford möchte Sie gern sprechen.« Er führte sie zu einem herrlichen, alten Reisewagen, in dessen Fond eine vornehme Dame saß. Gewandt und voller Anmut unterhielt sie sich zwanglos zwanzig Minuten mit Bordinat (er erklärte später, es sei ihm wie zwei Stunden vorgekommen). Das war offensichtlich eine Musterung, so geschickt sie auch inszeniert war. Einige Tage darauf wurde Bordinat zum Vizepräsidenten der Planungsabteilung bei Ford ernannt. Woher, so fragte er sich immer wieder, hatte Mrs. Ford gewußt, daß er an jenem Morgen bei Hudson einkaufen würde?

Henry war natürlich der begünstigte Sohn. Wenn zwischen ihm und seinen beiden Brüdern Benson und William Clay immer eine gewisse Distanz bestand, dann deshalb, weil schon sehr früh unmißverständlich klargestellt worden war, daß er die Firma übernehmen würde; er war der Älteste, und sie würden sich mit kleineren Rollen begnügen müssen.

Wenn Henry in späteren Jahren urplötzlich vom arbeitswütigen Büromenschen zum herumalbernden, fast primitiven Playboy werden konnte, glaubten seine engsten Freunde zu verstehen, warum. Es war, so meinten sie, seine einzige Möglichkeit, der Verantwortung zu entfliehen, die ihm so früh im Leben auferlegt worden war, und etwas Spaß zu haben. Henry Ford II. zu sein war eine schwere Last. Nur in der Rolle des lärmenden Zechers konnte er sich gehenlassen, ein anderer werden. Tagsüber konnte er der Chef der Ford Motor Company sein und abends ein Krakeeler. Er erlangte eine gewisse Berühmtheit dafür, bis spät in die Nacht wilde Trinkgelage zu veranstalten und am nächsten Tag vor den bemitleidenswerten Männern, die diese langen Stunden mit ihm ertragen hatten, damit zu prahlen, daß er noch nie in seinem Leben einen Kater gehabt habe. Als er noch jünger war, waren sie oft in voller Montur in den Swimming-pool gesprungen. Das wurde zu einer Art Ritual, und es gab eine Zeit, als eine Party erst dann als Erfolg angesehen wurde, wenn Henry Ford II. im Anzug in den Swimming-pool sprang.

»Was hat denn bei der Party gestern abend nicht gestimmt?« fragte Charlotte Ford einmal beim Frühstück.

»Wieso?« wollte Anne Ford wissen.

»Daddy ist nicht in den Swimming-pool gesprungen«, sagte sie.

Der Gegensatz zwischen seinem außergewöhnlichen Fleiß in der Firma und seinem unberechenbaren Verhalten außerhalb verwirrte viele und war seinem Ruf in einigen Kreisen abträglich.

»Erzählen Sie mir etwas von Henry Ford«, bat der israelische Außenminister Abba Eban einmal seinen Freund, den New Yorker Journalisten Richard Clurman.

»Nun ja, er ist ein Mensch mit einer gespaltenen Persönlichkeit«, antwortete Clurman.

»Ja«, sagte Eban, »aber wie ich höre, ist die eine Seite so schlecht wie die andere.«

Hernry Ford war entsetzlich verdorben, nicht nur durch die Macht, sondern auch durch einen außergewöhnlichen Lebensstandard und durch Menschen, deren einziger Lebenszweck darin bestand, ihn zufriedenzustellen. Er gönnte sich stets uneingeschränkt, worauf er gerade Lust hatte. Als sich der Detroiter Auto-Schriftsteller David E. Davis einmal einen neuen Anzug bei Anderson & Sheppard, dem Schneider aus der Savile Row, kaufte, hörte er den Schneider über Henry Fords Vorliebe für Hausjacken sprechen.

»Er liebt Hausjacken aus Samt«, sagte der Schneider.

»Ich habe einmal siebzehn Samthausjacken für Mr. Ford gemacht«, fuhr er fort. »Er ist ein sehr guter Kunde.«

»Kannst du dir das vorstellen?« sagte Davis zu seiner Frau, als sie den Laden verließen. »Siebzehnmal die gleiche Jacke?«

»Das liegt sicher daran, daß er so viele Häuser an so vielen Orten der Welt hat«, meinte Jeannie Davis, »und er reist gern ohne viel Gepäck.«

Kurz darauf flogen David und Jeannie Davis zurück nach Detroit. Zufällig war Henry Ford in derselben Maschine. Davis wartete bei der Gepäckausgabe, um zu sehen, mit wieviel Gepäck Henry Ford reiste. »Da hast du's«, sagte er triumphierend. »Ohne viel Gepäck – fünfunddreißig Koffer.«

Im Leben Henry Fords war es immer so zugegangen. An dem Tag, an dem er heiratete, hatte Edsel Ford ihm ein Haus in Grosse Pointe und 25 000 Aktien der Ford Motor Company geschenkt, die damals mit 135 $ je Aktie bewertet wurden – ein Hochzeitsgeschenk im Wert von gut 3 Millionen Dollar.

Als er noch ein Junge gewesen war, hatte es immer Dienstpersonal gegeben; als Erwachsener hatte er ganze Häuser voller Personal, und die Erziehung seiner Kinder überließ er seinen Dienstboten. Trotzdem mußten die Kinder selbst ihre Zimmer in Ordnung halten, denn Henry Ford II. war auf äußerste Sorgfalt bedacht. Das war ein Erbe seiner Mutter. Ellie Ford, die sich Gedanken wegen der Privilegien machte, die ihre Kinder genossen, versuchte alles, um jedem ein Gefühl der Verantwortung für das eigene Verhalten zu vermitteln. Ordentlichkeit war sehr wichtig. Wenn die Ford-Kinder im Herbst in die Schule gingen, mußten sie selbst in den Keller hinunter, ihre Schrankkoffer holen und sie ordentlich packen; kamen sie zu Sommeranfang zurück, mußten sie sie auspacken, die Sachen wegräumen und die Koffer an den alten Platz bringen. Wenn später jemand Henrys Notizbuch oder Terminkalender an einen anderen Platz legte, merkte er das sofort, und er mochte das nicht. »Wer hat meine Sachen durcheinandergebracht?« fragte er dann. Er war es gewohnt, alles auf seine Art geordnet zu haben. In seinen Augen war er nach dem Präsidenten der Vereinigten Staaten der führende VIP des Landes. Zu den persönlichen Vorrechten, die er Lyndon und Lady Bird Johnson anbot, nachdem Johnson Präsident geworden war, gehörte die Benutzung der Limousine des Unternehmens, wenn Lady Bird nach New York kam (Nummernschild FM-9), eine Annehmlichkeit, die sie gern in Anspruch nahm. Als Henry Ford einmal in die Stadt kam, um einer Wohltätigkeitsveranstaltung in der Metropolitan Opera beizuwohnen, fiel ihm auf, daß der Wagen vor ihm das Nummernschild GM-1 hatte. Dem Wagen entstieg Mrs. Johnson.

»Wieso fährt sie nicht mit unserem Wagen?« fragte er seinen Chauffeur.

»Weil Sie damit fahren, Mr. Ford«, sagte der Chauffeur.

»Das ist die richtige Antwort«, erwiderte er.

Wenn er in einem Wagen fuhr, dann war es ein schwarzer Wagen, nie ein roter. Er verabscheute rote Wagen. Der Wagen hatte auch nie Winterreifen. Er konnte Winterreifen nicht ausstehen. Während einer Sitzung in Philadelphia fing es einmal an zu schneien. »Sind Winterreifen an dem Wagen, oder muß ich mit dem Zug zurückfahren?« fragte er einen Assistenten. Der Assistent, der sich vergewissert hatte, daß an dem Wagen nicht die verhaßten Winterreifen waren, sah ihn an und sagte: »Ihr Wagen steht bereit, Mr. Ford«. Wieder war es die richtige Antwort.

In der modernen Welt jener Männer, die es aus eigener Kraft zu etwas gebracht hatten, unterschätzte man Henry Ford leicht. Die Anfänge seiner Laufbahn waren nicht sonderlich beeindruckend. In Yale war er ein etwas unglücklicher, übergewichtiger junger Mann gewesen, dem man den Spitznamen Fettarsch gegeben hatte. Die Universität hatte ihn ausgeschlossen, weil er eine Arbeit von jemand anderem hatte schreiben lassen. Daß er Yale vor dem Examen verlassen hatte, wurde von seinen Kommilitonen zuerst als greifbarer Beweis dafür angesehen, daß er nicht besonders gescheit war; später, als die Beweise für seinen Scharfsinn und sein Können sich mehrten, sah man das etwas anders. Man nahm es als ein Zeichen dafür, daß die obligatorischen Eignungstests, die das amerikanische Establishment den meisten jungen Männern als Teil der zu durchlaufenden Rituale auferlegt, für ihn nicht galten. Yale bestätigte bald darauf diese Deutung; die Yale Political Union lud ihn zu einer Rede ein. Und er bestätigte sie selbst dadurch, daß er an jenem Tag vor den Yale-Studenten stand, sein Redemanuskript hoch hielt und mit einigem Stolz erklärte: »Das hier habe ich auch nicht geschrieben.«

Als er das Unternehmen übernahm, führte er sich geschickt ein. Er war zu Beginn richtig bescheiden. Aber wen es interessierte, wie rigoros er wurde, wenn Belange der Familie auf dem Spiel standen, brauchte sich nur an die Zeit zu erinnern, als er Harry Bennett hatte entgegentreten und ihm sagen müssen, daß seine Zeit im Unternehmen beendet sei. Da Bennett als gefährlich galt – er hatte immer eine Pistole bei sich –, war es eine durchaus ernste Frage, wer sich ihm stellen sollte. Bugas, der ehemalige FBI-Agent, fragte, ob er ihn sich vornehmen dürfe. Doch der junge Henry Ford lehnte ab. Dies war eine Familienangelegenheit. Bennett gegenüberzutreten sei notwendig, hob er hervor, wenn das Unternehmen wieder in die Hände der Familie kommen sollte, der es durch die Senilität seines Großvaters entglitten war. Deshalb sei das seine Aufgabe. Außerdem ahnte er, daß Historiker diesen Vorgang einmal bewerten würden. »Wenn ich es nicht tue«, sagte er Bugas, »werden die Leute stets wissen, daß ich in einem entscheidenden Augenblick, als ich die Verantwortung hatte, einen anderen die Dreckarbeit für mich habe machen lassen.«

Um ihn zu verstehen, mußte man dieses Pflichtgefühl verstehen. Er hatte bei Ford nicht einfach nur einen Job übernommen; es war, als hätte er einen Amtseid geleistet, als hätte er geschworen, die Ford Motor Company zu stärken, sie vor allen äußeren Einwirkungen zu schützen und sie als Familiengut zu erhalten. Diesen Auftrag verlor er nie aus den Augen.

Als er sich ins Geschäft einarbeitete, war er durchaus bereit nachzugeben. Er wußte, daß er Hilfe brauchte. 1946 hatte er, wie ihm selbst klar war, das Glück, daß Ernest Breech und sein Team von Bendix und GM kamen, um das Unternehmen zu leiten. (Wie er Breech und seinen Kollegen die Sache schmackhaft machte, war recht geschickt. Ford-Aktien konnte man nicht anbieten, da das Unternehmen noch keine Aktiengesellschaft war; und die Besteuerung der Gehälter von Führungskräften war in jenen Tagen extrem hoch. Daher gab Ford Breech und den anderen eine ansehnliche Anzahl Aktien von Dearborn Tractor, einem Unternehmen, das Ford gehörte. Breech bekam 20 Prozent der Dearborn-Aktien, die anderen 10 Prozent. Die Firma, die bis dahin ein kaum beachtetes Ford-Anhängsel war, bekam plötzlich erstklassige Leute und wurde allgemein stärker beachtet. Zehn Jahre später war der Anteil von Breech 6 Millionen Dollar wert, wie es hieß.) Henry Ford war Breech gegenüber mehr als ein Jahrzehnt maßvoll und ihm aufrichtig ergeben. Es mochte Henry Fords Unternehmen sein, aber es bestand kein Zweifel, daß Ernie Breech in jenen ersten Nachkriegsjahren das Sagen hatte.

Dann bekam Henry Ford allmählich Selbstvertrauen. Ganz langsam begann sich das Gleichgewicht bei Sitzungen, an denen beide teilnahmen, zu verschieben. Henry Ford verschaffte sich mehr Geltung. Breech hatte gehofft, 1962 im Alter von fünfundsechzig Jahren auszuscheiden; statt dessen ging er schon 1961. Dies war ein weiteres Zeichen, daß der junge Erbe ebenso gefühllos sein konnte wie sein Großvater.

Von Henry Ford II. hieß es bald, daß er weniger eine Heuer- als eine Feuer-Politik betreibe. Die vertrauenswürdigsten alten Freunde konnten abgeschoben werden, wenn es ihm paßte. Hatte er zunächst noch gezögert, so entwickelte er zur gegebenen Zeit den Stil eines Potentaten. Wer intelligent genug war, konnte ihn deuten und wußte, wann man Henry Ford nicht bedrängen durfte. Er fand heraus, daß seine Angewohnheit, sich selbst zu tadeln, eine Angewohnheit war, mehr nicht. Er lernte, daß Henrys wahre Meinung zu jeder wichtigen Frage – nie ausgesprochen, aber stets präsent – lautete: *Komm mir damit nicht in die Quere.*

Henry Ford II. war eine Ausnahmeerscheinung im modernen Industriezeitalter. Selbst nachdem das Unternehmen eine Aktiengesellschaft geworden war, geriet seine Herrschaft nie ins Wanken, was er gern durch die Unverfrorenheit seines persönlichen Verhaltens demonstrierte. Das gab ihm in der neuen Ära des Managements eine Sonderstellung. Denn es waren so viele Unternehmen verkauft oder in Aktiengesellschaften umgewandelt worden, daß eine neue Klasse von Berufsmanagern entstanden war, die sich aus vorsichtigen, seriösen Männern zusammensetzte, die diese alten Firmen fünf oder sechs Jahre so nüchtern wie möglich führten und im allgemeinen selbst kaum eine Spur hinterließen. Diese neuen Männer führten ein ordentliches, vorgezeichnetes Leben. Innerhalb der anerkannten Grenzen des Wettbewerbs um die Führung waren sie vielleicht erbitterte Kämpfer, aber von ihrem Privatleben wurde erwartet, daß es über jeden Tadel erhaben sei, und in der Regel war es das auch. Es war ratsam – zumindest bis weit in die 60er Jahre hinein –, wenn irgend möglich mit der ersten Frau verheiratet zu bleiben, und es war ratsam, daß die Frau sich nicht als Spielverderberin gebärdete, das heißt, gut mit anderen Frauen auskam, jederzeit ihren Platz kannte und wußte, welche Frauen über und welche unter ihr standen.

Der Vorstandsvorsitzende war dem Vorstand zu Dank verpflichtet, und der Vorstand war stets umsichtig. Bei der Ford Motor Company war es umgekehrt. Dort gab es einen gemeinsamen Vorstand und Aufsichtsrat, aber der Vorstand mischte sich nicht ohne weiteres in Unternehmungen ein, die Henry Ford beabsichtigte. Wenn überhaupt, war der Vorstand ihm verpflichtet. Der Stab der Finanzabteilung von Ford bereitete glänzende Besprechungsunterlagen für den Vorstand vor, das Beste, was ein Unternehmen an optischen und akustischen Demonstrationen bieten konnte, aber Henrys eigentliche, oft zum Ausdruck kommende Haltung gegenüber dem Vorstand war »Bewirtet sie fürstlich und kümmert euch nicht um ihre Meinung«. Wenn im Vorstand eine wichtige Frage besprochen wurde, sagte Henry Ford lächelnd: »Ich habe hier natürlich nur eine Stimme, aber meine Antwort darauf lautet nein«. Das war seine Art, dem Vorstand den Marschbefehl zu geben; selbstverständlich votierte der Vorstand mit Nein.

In jedem Unternehmen außer seinem eigenen hätte Henry Fords persönliches Verhalten zu seinen Ungunsten ausschlagen können – sein Hang, in bestimmten Lebenssituationen, wenn es in einer seiner Ehen einmal kriselte, den Frauen hinterherzusteigen; sein Alkoholverbrauch und die sich daraus ergebenden Entgleisungen. Aber sein Verhalten war in der Ford Motor Company nie ein Problem. Er galt als Vertreter einer vergangenen Zeit, als Männer noch Männer waren und ihre Firmen führten, wie sie wollten, taten, was ihnen gerade Spaß machte, und sagten, was sie dachten. Diese Freiheit in einer so grauen Firmenwelt gab ihm etwas Menschliches und machte ihn zu einer populären Gestalt. Andere Führungskräfte waren vorsichtig und bedienten sich der Managersprache, einer bewußt farblosen Sprache frei von Gefühlen und subjektiven Meinungen, einer Sprache, die sowenig Nachhall hinterließ wie möglich. Ford, der keine Beschränkungen kannte und dem kein Vorstand über die Schulter schaute, genoß es, das zu sagen, wonach ihm zumute war. Das wurde Bestandteil seines Stils, und er war glücklich dabei. Als man ihm auf einer Sitzung berichtete, daß einer seiner Manager bei einem *Mustang* Michelin-Reifen aufgezogen hatte, sagte er: »Ich mag keine Reifen von Franzmännern«. Auf den Hinweis, daß er ausländischen Stahl billiger haben könnte als heimischen, entgegnete er nur: »Ich will diesen verdammten ausländischen Stahl in meinen Wagen nicht haben«. Als er von einer kalifornischen Polizeistreife betrunken am Steuer und in Gesellschaft einer Dame angehalten wurde, die eindeutig nicht seine Frau war, sagte er: »Erkläre nie, klage nie«. (Tatsächlich hatte er keine Lust, sich zu beklagen; wenn eine Zeitung oder Zeitschrift etwas schrieb, was ihm nicht gefiel, konnten er und seine Leute den Verantwortlichen eine Menge Ärger machen.)

Andere Männer wären über solch einen Vorfall vielleicht gestolpert, hätten zwar nicht ihre Stelle verloren, aber wären doch zumindest in Ungnade gefallen; nicht so Henry Ford II. Ein paar Tage nach diesem Vorfall ging er zu einem Treffen des Detroit Economic Club, einem Zentrum des Detroiter Establishments, und wurde mit stehenden Ovationen empfangen. Aber nicht nur anderen Managern gefiel sein Stil. Seine barsche, scheinbar freimütige Art – Henry Ford als gewöhnlicher Mensch – kam auch bei den Arbeitern am Band an. Für sie war er unabhängig und frei, ein Mann, der die anderen großen Tiere abkanzeln konnte und es auch hin und wieder tat. Auf dem Höhepunkt der Spannungen zwischen Gewerkschaft und Unternehmensleitung konnte er an einer Fertigungsstraße entlanggehen und wurde trotz allem jubelnd begrüßt; immer wieder liefen Arbeiter zu ihm, um ihm die Hand zu schütteln. Er sagte die Dinge, die sie gerne gesagt hätten, und was noch wichtiger war, er führte das Leben, das sie gerne geführt hätten.

Indem er sich als lärmender Draufgänger gebärdete, versuchte Henry, die Tatsache zu bemänteln, daß er in seine Position hineingeboren wurde, daß er aufgrund des Erstgeburtsrechts der oberste Boß der Ford Motor Company war. Er hatte einen persönlichen Stil ausgebildet, der besagte, ich bin einer von den Jungs, ich hätte es auch von unten geschafft, und ich bin genauso hart und zäh wie irgendeiner am Band. Tatsächlich wurde er wie ein Aristokrat geboren und wuchs wie ein Aristokrat auf. Er war ganz der Sohn seiner Mutter, und seine Mutter hielt sehr auf gute Manieren und einwandfreies Benehmen. Wenn er sich seiner Manieren besann, waren sie in der Tat sehr gut. Denn bei allem Gepolter und allen verbalen Grobschlächtigkeiten sprach er ausgezeichnet Französisch, und er hatte einen hervorragenden Blick für Kunst und einen vielleicht noch besseren für englische Antiquitäten. Es lag ihm vielleicht, sich in einer Fabrikhalle unter die Arbeiter des Mittelwestens zu mischen, doch sein eigentliches Vergnügen bestand darin, seine Zeit mit der amerikanischen Oberschicht und später dann mit der europäischen Schickeria zu verbringen.

Sein polterndes Verhalten war demnach mehr aufgesetzt als echt. In seinem Privatleben gab es zwar viel Draufgängertum und Prahlerei, aber gleichzeitig war er beruflich sehr behutsam und wurde immer konservativer. Unter dem wachsenden Druck, dem sich der moderne amerikanische Industrielle ausgesetzt sah (höhere Lohnkosten, mehr staatliche Vorschriften, mehr Verbraucherbewußtsein, mehr Wettbewerb), wurde er noch vorsichtiger. Er verwandte viel von seiner Kraft darauf, keine Fehler zu machen. Je länger er die Ford Motor Company führte, desto konservativer wurde sie.

11
Die Senkrechtstarter

Charles Bates Thornton verkörperte eine ganz neue Spielart der amerikanischen Erfolgsstory. Er wurde in Haskell in Texas geboren. Sein Vater hatte eine Art Feuerwehr für Ölquellenbesitzer aufgezogen und viel Geld verdient, aber ebensoviel auch wieder verloren. Er hatte seine Familie verlassen, als sein Sohn noch klein war. Seine Frau übernahm es, die Familie durchzubringen. Sie weckte in ihrem Sohn einen starken Unternehmungsgeist; er sollte mit Gelegenheitsarbeiten, bestimmte sie, Geld machen und sparen, statt es zu verschwenden. Das tat er auch. Mit zwölf fing er an zu sparen und kaufte, als er vierzehn war, 160 000 m² Land. Das war ein Anfang. Er betrieb eine Tankstelle, als er noch in Texas zur Schule ging. Dann zog er nach Washington, wo er tagsüber im Innenministerium arbeitete und abends an der George Washington Universität studierte. Nach dem Examen blieb er im Innenministerium. Dort verfaßte er in den 30er Jahren einen Bericht über kostengünstigen staatlichen Wohnungsbau. Diesen Bericht bekam Robert Lovett in die Hand, damals stellvertretender Heeresluftfahrtminister, der im hoffnungslos unterbesetzten Luftwaffenkorps der Vorkriegszeit unbedingt moderne Managementverfahren einführen wollte. Lovett erkannte sofort, daß Thornton eine neue, ganz spezielle Fähigkeit mitbrachte – er verstand es, aus anscheinend planlosen und unzusammenhängenden Statistiken Informationen herauszuholen. Er verpflichtete Thornton auf der Stelle als Leutnant der Luftstreitkräfte des Heeres. Bei Ausbruch des Zweiten Weltkriegs stellte Thornton auf Wunsch von Lovett ein Team aus hervorragenden jungen Statistikern zusammen, die die Aufgabe hatten, Ordnung und Linie in ein Unternehmen zu bringen, das eines der größten der Welt werden sollte.

Tex Thornton wollte für seinen Stab nur die Besten. Die Auswahl traf man nach der einfachsten Methode: Die besten Absolventen der Wirtschaftshochschulen des Landes wurden auf die Schule für Offiziersanwärter geschickt. Die beiden besten jeder Klasse absolvierten dann einen zweimonatigen Statistik-Spezialkurs an der wirtschaftswissenschaftlichen Fakultät von Harvard, und die beiden besten der Harvard-Kurse wurden jeweils ausgewählt, um für Thornton zu arbeiten. Arjay Miller, der spätere Präsident der Ford Motor Company, hielt das für den schnellsten Weg, die begabtesten jungen Leute für eine schlagkräftige neue Berufsdisziplin zu rekrutieren. Die begabten Jungmanager aus Thorntons Gruppe entwickelten ein statistisches Kontrollsystem, um Entscheidungen im Bereich der militärischen Produktion rationaler zu machen. Dank ihrer Kontrolle der Zahlen konnten sie entscheiden, was wo gebraucht wurde und wie es am besten dorthin zu bringen war.

Als beispielsweise der Krieg in Europa dem Ende zuging, untersuchte Thorntons Team, ob es sinnvoll wäre, die B-17-Bomber von Deutschland an den Pazifik zu verlegen. Zur Überraschung für die Militärs ergaben ihre Untersuchungen, daß es kostengünstiger wäre, die B-17 in Deutschland zu lassen und mehr B-29-Bomber für den Pazifikraum zu bauen. Eine Verlegung der B-17 von Europa würde teurer werden als erwartet. Außerdem fehlte den Flugzeugen die Reichweite, die für die großen Entfernungen auf dem Kriegsschauplatz im Pazifik gebraucht wurde. Die meisten älteren Offiziere hielten diese Empfehlung für Frevelei: Diese teuren Flugzeuge, die sich als so wertvoll erwiesen hatten, würden jetzt herumstehen und verrotten. Doch aufgrund der Schätzungen dieser noch sehr jungen, sehr selbstsicheren Männer wurden diese und viele andere derart wichtige Entscheidungen getroffen, Entscheidungen, die die jungen Statistiker oft in Gegensatz zu erfahrenen und verehrten Kriegsveteranen brachten.

Der Einsatz statistischer Kontrollsysteme, so mutmaßte man, könnte sich in Friedenszeiten als noch erfolgreicher erweisen, wenn er nicht mehr von jenem riesigen bürokratischen Apparat der amerikanischen Militärs behindert würde. Viele junge Menschen hatte der Krieg gelehrt, an manchem zu zweifeln; für diese Gruppe hingegen war er ein einziger Quell neuer Einsichten gewesen. Er hatte ihnen beigebracht, daß man ein Geschäftsunternehmen in bisher nicht für möglich gehaltenem Umfang rational führen konnte. Als der Krieg dem Ende zuging, unterhielten sie sich immer wieder über ihre Zukunft. Ermuntert von ihrem Erfolg im Pentagon und sich wie wenige in Amerika der Möglichkeiten bewußt, die ihnen ihre Fähigkeiten eröffneten, beschlossen Tex Thornton und sein Team, sich nach Kriegsende als Gruppe zu verkaufen. Sie würden sich irgendein notleidendes Unternehmen suchen; es war nicht besonders wichtig, welches, wenngleich sie ihre Arbeit im Team und ihr Können umso besser nutzen konnten, je schwächer das Unternehmen war.

Aus einer Laune heraus, und weil einer von ihnen über seine Familie mit einem Manager von Ford bekannt war, beschlossen sie, es auch bei Ford zu versuchen. Sie waren überzeugt, daß kein Unternehmen in Amerika sie dringender brauchte als Ford, das nach fünfzehn irrsinnigen Jahren des alten Mannes nur noch ein Wrack war. So schickten sie Henry Ford II. ein Telegramm, das einige von ihnen rückblickend für ziemlich unverschämt hielten. Es lautete nämlich: AUSSERGEWÖHNLICHES JUNGES MANAGER-TEAM BEREIT, IHR UNTERNEHMEN ZU MODERNISIEREN UND ZU RETTEN. Sie waren jung, begabt und selbstsicher. Thornton, ihr großer alter Mann, war ganze zweiunddreißig Jahre alt.

Henry Ford war sofort interessiert. Der Erbe des Gerippes eines einstmals großen Industrieunternehmens brauchte dringend nicht nur fähige Leute, sondern Verbündete. Er lud sie nach Detroit ein und bat John Bugas, den ehemaligen FBI-Mann und einzigen bewährten Assistenten, sich mit ihnen zu treffen und sie sich anzusehen.

»Was halten Sie von ihnen«, fragte Ford Bugas, als sie unter sich waren.

»Helle Köpfe, fast schon zu hell«, antwortete Bugas. »Jeder will etwa zwölftausend, aber ich glaube, wir kriegen sie für zehn.«

»Geben Sie ihnen zwölftausend«, sagte Henry Ford, und das Thornton-Team wurde eingestellt. Insgeheim war Henry Ford auf Nummer Sicher gegangen. Ohne daß die jungen Männer es wußten, hatte er auch ein komplettes Managementteam unter Ernest Breech von General Motors geholt. Es gab Leute bei GM, die meinten, Ford bekomme mit der Gruppe unter Breech ein besseres Team als dasjenige, das GM übernahm.

Der Einstieg der Senkrechtstarter, wie sie bald genannt wurden, war ein wichtiger Augenblick, denn er zeigte eine große Veränderung an, die vielen amerikanischen Unternehmen bevorstand. Diese beharrlichen, tüchtigen jungen Männer waren keine Autoleute. Sie waren nicht wie ihre Vorgänger in der Branche verwurzelt, nicht von ihr angezogen durch die Liebe zu technischen Apparaturen oder die Freude, etwas herzustellen. Tatsächlich hätte ihnen nichts fremder sein können. Die Senkrechtstarter waren die Vorläufer der Manager neuen Typs im amerikanischen Geschäftsleben. Sie hatten kein konkretes Wissen über ein Produkt, sondern ein abstraktes über Systeme – Systeme, die richtig angewandt jedes Unternehmen beherrschen konnten. Sie gingen im wesentlichen theoretisch vor. Ihre Sprache stand der der Wirtschaftshochschule näher als dem Fließband. Einige von ihnen, etwa Robert McNamara und J. Edward Lundy, hatten vor dem Krieg an Universitäten gelehrt und geplant, danach wieder dorthin zurückzukehren.

Bei der Anweisung, wie Hunderttausende von Ford-Angestellten vor ihnen die Stechuhr zu betätigen, gingen sie auf die Barrikaden. Sie machten ihren Vorgesetzten unmißverständlich klar, daß sie gern ins Büro kämen, daß sie zwölf und vierzehn Stunden am Tag arbeiten würden, daß sie aber keine Stechkarten stempeln würden, um ihr Handeln zu rechtfertigen oder ihre Anwesenheit zu belegen.

Innerhalb des Unternehmens wurden sie von Anfang an gefürchtet und abgelehnt. Sie gingen überall hin, steckten ihre Nase in alles und stellten endlos Fragen. Sie brachten alte Hasen mit ihrer Mischung aus Unschuld und Intelligenz aus der Fassung.

Tex Thornton, der über die Einstellung von Breech verärgert war, verließ das Unternehmen bald wieder und ging zu Hughes Aircraft.

Von dem Augenblick an, wo Thornton ging, war klar, daß Robert McNamara die treibende Kraft der Gruppe war, der Senkrechtstarter, der am ehesten Erfolg haben würde. Dabei spielten nicht nur seine Fähigkeiten eine Rolle, obwohl diese überragend waren; hinzu kam sein schonungsloser Ehrgeiz.

Niemand in der Ford Motor Company hatte jemals so einen wie Bob McNamara erlebt. Er war ein Mann, der bald alles, was quantifizierbar war, über das Geschäft wußte, gleichzeitig aber absolut kein Gefühl dafür hatte. Nach und nach wurde klar, was ihn antrieb – ein fast missionarischer Glaube an die Richtigkeit seines Handelns. Er bereitete einer neuen Art ökonomischer und unternehmerischer Philosophie den Weg, die aus Ford ein besseres Unternehmen machen sollte und, durch das gute Beispiel, aus Amerika ein besseres Land und aus der Welt einen besseren Planeten. Aber allmählich wurde deutlich, daß er bei seiner Suche nach Wahrheit auch Macht suchte.

In der Welt von Ford verschaffte er sich rasch und bewußt den Ruf eines Mannes, der sich absonderte. Wo andere aus sich herausgingen und einander auf die Schulter schlugen, blieb er kühl und distanziert. Er mied belangloses Geplauder. Das kostete Zeit und lud zu Vertraulichkeiten ein. Vertraulichkeiten aber waren unerwünscht; sie schlossen Gefühle ein und erschwerten dadurch rationale Entscheidungen.

McNamara suchte Rationalität in einer irrationalen Welt, und wenn es nach ihm gegangen wäre, hätte er nur rationale Wagen hergestellt und verkauft. Wenn andere Männer im Unternehmen Freude daran hatten, einen Wagen zu entwerfen, ein besseres, ausgeklügelteres Teil herzustellen oder aus einem Entwurf greifbare Wirklichkeit zu machen, hatte er seine Freude an seinen Zahlen. Zahlen waren für ihn nicht nur etwas Überzeugendes, sondern fast schon etwas Religiöses. Autos selbst waren beinahe nebensächlich.

Auf seinem Weg zur Macht, als er noch Generaldirektor der Ford-Division war – der Abteilung, die die Wagen herstellte, die auch tatsächlich Ford hießen, nicht Lincoln oder Mercury –, war er eines Morgens hereingekommen und hatte Don Frey, damals einer seiner besten Produktmänner, ein Stück Papier gereicht. Es war ein Kirchenzettel, auf dessen Rückseite etwas mit Bleistift notiert war. Die Notizen waren die Beschreibung eines Wagens. Aber es war keine Skizze, wie der Wagen aussehen sollte, oder eine Beschreibung, wie er sich fahren sollte, oder eine Bemerkung darüber, welche Käufergruppe er ansprechen sollte. Es war eine Anhäufung von Zahlen – was der Wagen wiegen und kosten sollte.

»Bob«, sagte Frey endlich, »Sie haben alles aufgeschrieben, nur nicht, was für eine Art von Wagen Sie haben wollen.«

»Wie meinen Sie das?« fragte McNamara.

»Wollen Sie einen zahmen Wagen, einen heißen, sexy Wagen, einen bequemen Wagen, einen Wagen für junge Leute oder einen für die mittleren Alters? Was für ein Wagen ist es, wie fühlt er sich an?«

»Das ist sehr interessant«, erwiderte McNamara. »Schreiben Sie auf, was Sie für richtig halten.«

Daß McNamara zur Ford Motor Company kam, war, wie sein Schützling Lee Iacocca einmal sagte, mit das Beste, was dem Unternehmen je widerfuhr, und daß er es verließ, so fügte Iacocca hinzu, war ebenfalls mit das Beste, was je geschah. McNamara schien die Stärken und Schwächen des neuen Managertyps zu verkörpern. Er brachte Disziplin in das Buchführungssystem – falls man das beabsichtigte Chaos des alten Henry System nennen konnte –, und er brachte in der ganzen Firma Ordnung in die unordentlichsten Vorgänge, die man sich vorstellen kann. Er und seine Kollegen bändigten das am schlechtesten geführte Großunternehmen in Amerika. Bevor die Senkrechtstarter kamen, gehörten Verschwendung und magere Gewinne bei Ford zum Alltag. McNamara befreite das Unternehmen nicht nur, er läuterte es – wenngleich die Frage, ob Läuterung einem Unternehmen gut tut oder nicht, etwa zwanzig Jahre später zu einem Thema wurde, das die Firma nicht zur Ruhe kommen ließ.

Kein Unternehmen im Land brauchte Disziplin so sehr wie die Ford Motor Company oder profitierte mehr davon. Unter McNamara wußte das Unternehmen zum ersten Mal seit mehr als fünfundzwanzig Jahren, wo es stand, wieviel es ausgab und wieviel es einnahm, und es konnte sowohl Kosten wie Erlöse planen. McNamara war ein Zahlengenie. Er konnte die Bedeutung, gar die Wahrheit von Zahlen lange vor anderen erkennen; er konnte die Beziehungen zwischen Zahlen sehen, wo andere nichts sahen. Für die, die ihn verstehen konnten, die verstehen konnten, wie sein Gehirn arbeitete, war die Zusammenarbeit mit McNamara etwas Aufregendes. Für andere, die ebensoviel oder mehr über Autos wußten, die aber bei ihren Präsentationen schwerfälliger waren, wurde der Umgang mit ihm schlicht zum Alptraum.

Er war zu stark und zu energisch, als daß er Zahlen passiv gehandhabt hätte; er gebrauchte sie aggressiv. Wie seine Kritiker meinten, überschritt er bald die Grenzen seines Wissens und drang dorthin vor, wo Zahlen nicht mehr anwendbar waren. Denn abgesehen von der Tatsache, daß er nichts von Autos verstand und auch nicht vorgab, etwas davon zu verstehen, bestand bei denen, die täglich mit ihm zusammenarbeiteten, der Verdacht, McNamara betrachte das Autogeschäft als etwas Anstößiges – all die Händler, die die Kunden schröpften, und das Unternehmen, das die Händler antrieb, so viele Extras zu verkaufen wie möglich. Freilich spürten sie auch, daß diese Geringschätzung des Autogeschäfts in Verbindung mit der ihm eigenen Unempfänglichkeit für das Vergnügen, das andere Männer in der Branche motivierte, das Vergnügen nämlich, aus Stahl wunderbare Maschinen zu bauen, McNamara zu einer noch eindrucksvolleren Gestalt bei der schonungslosen Jagd nach Gewinnen machte. Weil er kleineren und zweckmäßigeren Wagen den Vorzug gab vor denen, die sein Unternehmen herstellte, stand er unter dem noch größeren, selbstauferlegten Druck beweisen zu müssen, daß er immer größere Gewinne erwirtschaften konnte.

McNamara war ein Symbol des entwurzelten, gebildeten Amerikaners der Nachkriegszeit. Er arbeitete in Detroit und schlug sich dort sehr gut, aber er war kein Detroiter: Er wurde an der Westküste geboren, besuchte Schulen dort und an der Ostküste, und jetzt arbeitete er im Mittelwesten. Er bestimmte Ann Arbor zu seinem Wohnort, um in den Genuß der intellektuellen Atmosphäre der staatlichen Universität zu kommen und um einem gesellschaftlichen Leben zu entfliehen, das nur aus Gesprächen über das Geschäft bestand. Er und seine Leute repräsentierten einen neuen Typus. Sie waren die Vorläufer der Yuppies, der jungen, äußerst mobilen Berufstätigen. Sie hatten weit mehr Freiheiten und Möglichkeiten als ihre Eltern und waren somit viel weniger an einen Ort und Arbeitsplatz gebunden. Viele von denen, die den Senkrechtstartern zu Ford folgten, taten dies nicht, um dort Karriere zu machen, sondern benutzten das Unternehmen als Sprungbrett zu anderen Firmen. McNamara war sich dessen bewußt. Im Januar 1960 gab er dem Team des Historikers Allan Nevins, der eine autorisierte Geschichte der Firma Ford schrieb, ein Interview, in dem er den Mangel an Loyalität bei diesen begabten Neulingen beklagte, die er für weit fähiger als die alte Generation hielt (für die er sonst im allgemeinen nur Verachtung empfand, die jedoch, wie er anmerkte, ein stärkeres Gefühl für das Unternehmen zu haben schien). Er sprach wie ein Prophet. Noch im gleichen Jahr sollte er zum Präsidenten der Ford Motor Company ernannt werden, und ein paar Wochen nach dieser hoch gepriesenen Ernennung würde er das Amt des Verteidigungsministers übernehmen.

Bei Ford war bereits sehr früh klar, daß McNamara nicht nur ein brillanter, sondern auch ein ernstzunehmender Mann war. Seine besondere Fähigkeit bestand darin, eine Entscheidung mit Hilfe von Zahlen in die Richtung zu lenken, die er haben wollte, und die fast immer die Richtung war, die auch seine Vorgesetzten durchsetzen wollten. Die Argumente waren oft auf Seiten der Produktleute, die Geld ausgeben wollten, das McNamara zu sparen gedachte. Mit dieser Gabe war McNamara genau das, was der junge Henry Ford in jenen Tagen brauchte; seine Herrschaft über Zahlen machte ihn dort am stärksten, wo Ford, der sein Studium nicht abgeschlossen hatte, am schwächsten war.

Indem er die Zahlen und damit die Wahrheit auf seiner Seite hatte, setzte McNamara sich nicht nur gegen die Produktleute durch, sondern sparte auch Geld, und das Geld, das er sparte, war das Geld Henry Fords. Für einen jungen Mann, der sich seiner nicht sicher war, der den Familienbetrieb – und das bedeutete: ein großes Industrieunternehmen – zu übernehmen hatte, der argwöhnisch aufgrund der Exzesse der Vergangenheit und nervös angesichts der Zukunft war, lag etwas Tröstliches in den klinischen neuen Fähigkeiten dieser Männer. Sie waren sein Rettungssystem. Die Garantie, daß niemand etwas an ihm vorbeischmuggeln würde.

Aus diesen Erfordernissen erwuchs die gewaltige Macht der Finanzabteilung. Bei der Ford Motor Company wurde eine starke, selbstbewußte, moderne Bürokratie eingerichtet, die sich ihrer Fähigkeiten und Ziele sicher war. Sie verstand es, auf sich aufzupassen, den eigenen Leuten zu helfen und vor allem, sich zu erneuern. Denn es war nicht einfach, wirkliche Autofachleute aufzutreiben, weil keine Universität so ohne weiteres Designer hervorbrachte, die kreativ und professionell waren, oder Hersteller, die eine gesunde, erfolgreiche Fabrik betreiben konnten. Leute mit Instinkt und Kreativität, die wirklich begabt waren, kreuzten nur selten auf. Die großen Wirtschaftshochschulen Amerikas konnten zwar weder Genialität noch Intuition erzeugen, wohl aber jedes Jahr eine große Zahl tüchtiger, ehrgeiziger junger Männer und Frauen hervorbringen, die gut in Unternehmensführung waren, die Zahlen und Systeme kannten und vor allem wußten, wie man Kosten minimiert und Gewinne maximiert.

Die Einstellungspolitik des Unternehmens in den Nachkriegsjahren spiegelte dies zwangsläufig wider. Wirkliche Autofachleute waren in jungen Jahren schwer zu erkennen und brauchten lange, sich zu beweisen. Dagegen war es einfach, gescheite Finanzleute einzustellen; aufgrund der Zeugnisse und Empfehlungen konnte man relativ leicht einschätzen, wie gut sie waren. Ihr Fachgebiet war schließlich *abprüfbar*. Die Ford Motor Company war reich und konnte in jenen Tagen schnelleren Erfolg und höhere Gehälter bieten als andere Firmen. In den 50er Jahren holte sie sich die besten Absolventen der Wirtschaftshochschulen des Landes.

Die Leute aus der Finanzabteilung klonten sich, wie ein Kritiker es ausdrückte. Sie hatten ein hervorragendes Netz aufgebaut. Sie waren verbunden durch Professoren, die sie in Harvard oder Wharton gehabt hatten; wenn sie von einem bestimmten Professor zu Ford geschickt wurden, trafen sie dort natürlich auf die anderen Schützlinge des Professors. Mit zunehmendem Alter wurden sie selbst dann auch zu Mentoren. Sie nahmen sich ihrer jungen Leute an und brachten sie in wichtigen Stellungen überall im Unternehmen unter, ein Vorgehen, das zwangsläufig sowohl dem Geförderten wie dem Förderer zugute kam. Der Förderer fand Anerkennung dafür, daß er gescheite junge Assistenten hatte, und die Assistenten wurden im Zuge der neuen Dynamik des Unternehmens vom Erfolg ihrer Förderer mit nach oben gezogen. Seit dem Eintritt der Senkrechtstarter in das Unternehmen Ende der 40er Jahre häufte die Finanzabteilung immer mehr Macht an und definierte das Unternehmen nach ihren Vorstellungen neu; sie gewann eine Schlacht nach der anderen und formte so unausweichlich sowohl das Unternehmen wie auch dessen Ziel.

Ihr erster großer Sieg war der über die Produktionsabteilung. In der Vergangenheit hatte die Produktion das Unternehmen beherrscht, denn sie war die große Liebe des alten Mannes und lag ihm am meisten am Herzen. In den Fabrikhallen lag die Kultur der Ford Motor Company, eine Kultur, in der ungelernte Arbeiter aufgrund körperlicher Kraft die Macht besaßen. Nach dem Krieg mußte Ford sich ändern. Henry Ford und Ernie Breech wünschten keine Brutalität an ihren Arbeitsplätzen, und es gab inzwischen eine Gewerkschaft zum Schutz der Arbeiter. Die Herrschaftsverhältnisse im Unternehmen änderten sich. Es war damals natürlich, daß die Männer aus der Produktion das erste Angriffsziel der Finanzabteilung waren. Die Finanzleute sahen in den Fabriken das schlimmste Erbe des alten Mannes – grob, aber auch verschwenderisch und ineffizient. Angesichts dieser Herausforderung durch die neue politische Clique in der Zentrale schlug die Produktion eigensinnig und primitiv zurück. Sie wollte alles so machen wie bisher. Ihre Männer kannten sich bei Autos aus, sie wußten, wie man produziert, und ihre Fabriken waren ihre Lehnsgüter. Niemand mußte ihnen sagen, was zu machen war, und schon gar nicht irgend so ein Bürohengst von Harvard, wie die Neulinge zunächst genannt wurden. (Später hießen sie dann »Erbsenzähler«.)

Zwischen den Männern aus den Fabrikhallen und den Senkrechtstartern bestand eine Kluft, da sie jeweils ganz verschiedenen Schichten der Gesellschaft angehörten. Die Männer in den Fabriken waren in der Regel Arbeiter, die durch Energie, Eifer und Schläue aufgestiegen waren. Sie waren urtümlich, trugen jede Konfrontation körperlich aus und tranken oft nach Arbeitsschluß. Sie wußten, was sie wußten, konnten es aber selten ausdrücken, wenn, dann sehr grob und nur mit Hilfe wütender und obszöner Ausdrücke. Nur wenige hatten die Schule beendet. Die Senkrechtstarter hatten studiert, hatten ein Examen und unter Umständen sogar an großen Universitäten gelehrt. Sie waren die Spitze der neuen meritokratischen amerikanischen Mittelschicht, die im Wohlstand der Nachkriegsjahre in Amerika aufstieg und die obere Mittelschicht werden sollte. Ihre Welt hätte sich von der der Männer aus der Produktion kaum stärker unterscheiden können.

Der Gedanke, daß sie zur Verteidigung ihres Terrains einige dieser klugen jungen Männer bearbeiten und sich mit ihnen zum Nutzen der Produktion hätten verbünden müssen, kam den Männern in den Fabrikhallen zu spät. In der kurzen Zeit, in der sie auf irgendeine Annäherung hätten hinarbeiten können, hielten sie einen solchen Versuch nicht für nötig; als sie merkten, was sich getan hatte, war es zu spät. Ihnen war die Macht genommen und in Detroit zusammengefaßt worden. Sie reagierten mit Groll. Wenn sie konnten, versuchten sie, die Leute aus der Finanzabteilung von ihren Werken fernzuhalten; sie scheuten sich nicht, jemanden wie McNamara, der so offensichtlich ein kommender Mann war, einige Stunden warten zu lassen, wenn er ihnen einen Besuch abstattete.

Zu Beginn der 50er Jahre war klar, daß die Finanzabteilung die Macht anstrebte und daß die Entscheidungen mehr und mehr in Detroit fielen, und zwar nach den Vorgaben der Finanzabteilung, nicht nach denen der Werke. Verärgert über eine Anweisung aus Detroit, die den Betrag, den ein Betriebsleiter ohne Rückfrage ausgeben durfte, auf 5 000 $ begrenzte, beschloß Emil »Duke« Duquette, der das Werk in Somerville in Massachusetts leitete, einen Weg zu finden, diese Anweisung zu umgehen. Der Winter in Massachusetts war hart, und Duquette hatte keinen befestigten Lagerraum. Das bedeutete, daß im Winter ein großer Teil des Materials mit Schnee und Eis bedeckt war und im Frühjahr mit Schlamm. Enttäuscht darüber, daß Detroit sich bei diesem Problem taub stellte, genehmigte er 250 000 $ mit Belegen über jeweils 5 000 $ für die Pflasterung des Hofs. Die Finanzabteilung in Detroit fand das gar nicht lustig. Duquette war bald aus dem Unternehmen verschwunden. Er war nicht der einzige. Systematisch wurden die alten Mitarbeiter ausgewechselt, ihre Pfründe eingezogen. Nur einige wenige waren so klug, sich anzupassen.

1952 kam ein junger Finanzangestellter namens Don Lennox in das Montagewerk in Chester, Pennsylvania, und sah sich augenblicklich in einen Krieg zwischen der Zentrale und den Männern im Werk verwickelt. Lennox war nach Schule und Wirtschaftsstudium zu Ford gegangen und stolz, einer der cleveren jungen Männer im Finanzstab zu sein. Da bot Ted Rickard ihm eine Stelle im Ersatzteillager Omaha an. Rickard saß im Prüfungsbüro und war einer der wichtigsten Vertreter Ed Lundys; er war selbst einer der Senkrechtstarter und ein kommender Mann in der Finanzabteilung. Das war nicht gerade die Aufgabe, an die ein gescheiter junger Mann mit einer glänzenden Zukunft wie Lennox gedacht hatte. Die Zweifel waren seinem Gesicht offenbar anzusehen, denn Rickard erklärte sofort, daß er Lennox deutlich mehr zahlen werde und garantierte ihm, was noch wichtiger war, einen Bonus, der höher war als alles, an was er zu denken gewagt hatte. »Können Sie mir das wirklich garantieren?« fragte Lennox. Rickard nickte, griff zum Telefon und rief Ed Lundy an. »Ed, ich habe Lennox hier«, erklärte er, »und habe ihm gesagt, daß ich ihn gern im Lager Omaha hätte. Ich habe ihm gesagt, daß wir seinen Bonus garantieren.« Er nannte dann das Gehalt und den Bonus. »Danke, Ed«, sagte Rickard und legte auf. Er wandte sich an Lennox. »Es ist für alles gesorgt«, bemerkte er. Es war das erste Mal, daß Lennox sah, wie die Finanzabteilung vorging, und er ging gern nach Omaha als Mitglied dieser Elitegruppe, die so gut für ihre Leute sorgte.

Lennox leistete gute Arbeit dort und wurde 1955 zum Leiter des Rechnungswesens im Werk Chester ernannt, einem der ältesten Montagebetriebe des Unternehmens. Lennox hatte bereits zu spüren bekommen, daß die intelligenten jungen Männer aus der Finanzabteilung in den Werken nicht gern gesehen waren. Eine seiner ersten Aufgaben nach seiner Einstellung bei Ford hatte ihn ins Montagewerk in Buffalo geführt, wo er frühmorgens eine Verabredung mit Sam Simmons hatte, dem Betriebsleiter. Ungefähr eine Viertelstunde, nachdem Lennox eingetroffen war, kam Simmons herein, ging an ihm vorbei und rief dann aus seinem Büro so laut er konnte seiner Sekretärin zu: »Wer ist denn dieser Typ da draußen, der so dumm aus der Wäsche guckt?« Willkommen in Buffalo, Don, hatte Lennox bei sich gedacht. Als er in Chester ankam, war er folglich darauf vorbereitet, daß der Betriebsleiter George Vincent wahrscheinlich ähnlich glücklich sein würde, ihn zu sehen. In dieser Hinsicht enttäuschten Vincent und seine Männer ihn nicht. »College-Boy« nannte der Leiter ihn, und das war nicht gerade als Kompliment gedacht. Denn als Leiter des Rechnungswesens vertrat er die zentrale Finanzabteilung und befand sich damit außerhalb der Zuständigkeit Vincents. Ein

Betriebsleiter konnte in seinem Bereich alles überwachen, nur nicht den Leiter des Rechnungswesens; er konnte jeden im Hause vor die Tür setzen, nur nicht die Leute im Büro des Leiters des Rechnungswesens. Der Leiter des Rechnungswesens war loyal gegenüber Detroit und dem inzwischen gefährlichen Finanzstab; er war somit in den Augen des Betriebsleiters nicht weniger als ein Schnüffler, derjenige, der vielleicht all die kleinen Tricks durchschaute, zu denen ein Betriebsleiter griff, um sich vor der zunehmenden Überwachung und dem Druck aus Detroit zu schützen.

George Vincent war acht Jahre in die Schule gegangen und mißtraute offen jedem, der mehr Schuljahre aufweisen konnte. Er stammte aus einer Zeit, in der nur die Tüchtigsten überlebten. Er hatte als Arbeiter auf Stundenlohnbasis begonnen und war Vorarbeiter geworden, als sein eigener Vorarbeiter zwei Wochen in Ferien gangen war. Wie alle Mitarbeiter der Produktion aus den alten Tagen trug er im Betrieb immer einen Hut. Es war ein Zeichen seines Berufs und seines Status. Als Lennox an seinem ersten Arbeitstag ins Werk kam, führte Vincent ein Einstellungsgespräch mit ihm, aber es war gar kein richtiges Einstellungsgespräch, denn beide Männer wußten, daß Vincent in dieser Angelegenheit keinerlei Macht besaß. Er konnte nicht verhindern, daß Lennox zur Arbeit erschien. Er konnte ihn im Betrieb lediglich isolieren, was er auch prompt in Angriff nahm. Vincent ließ Lennox von Anfang an wissen, daß er mit ihm nichts zu tun haben wollte. Lennox erkannte, daß er auf dem Prüfstand war, gleichzeitig zur Loyalität gegenüber Detroit und gegenüber Vincent verpflichtet. Er würde von beiden Seiten beurteilt werden und vielleicht auf beiden Seiten scheitern. Das Werk war voller Geheimnisse aller Art, von denen Detroit nichts wissen sollte. Vincent und die anderen beobachteten Lennox, um zu sehen, ob er sie entdecken, und wenn ja, ob er sie an Detroit verraten würde. Sie beobachteten ihn auch, um festzustellen, ob er herablassend mit ihnen sprach.

Kurz nach seiner Ankunft begann das Unternehmen, die Armaturenbretter zu verkleiden. Die Verkleidung bestand aus eloxiertem Aluminium. Auf einer Sitzung sprach Vincent darüber und nannte sie »Armaturenbretter mit oxydiertem Aluminium«. Als sie später unter sich waren, nahm Lennox Vincent beiseite und sagte: »Mr. Vincent, das heißt eloxiertes Aluminium«.

»Lennox«, entgegnete Vincent, »wenn ich hier in meinem Laden sage, daß es oxydiertes Aluminium ist, dann ist es oxydiertes Aluminium, und dabei bleibt es.«

Lennox arbeitete für Detroit, alle Männer seiner Umgebung jedoch sahen in Detroit den Feind. Die Männer seines Betriebs hatten Detroit in der Vergangenheit nicht gemocht; jetzt, nach Anbruch der neuen Ära, haßten sie es. Das neue Detroit war für sie ein Ort, der willkürliche Regeln aufstellte, die

Produktionsquoten erhöhte und ihnen dann die Mittel verweigerte, diesen Anforderungen gerecht zu werden. Das Detroit unter McNamara verstand ihrer Meinung nach überhaupt nicht, was das Werk Chester machte; man schien vielmehr geringzuschätzen, was sie machten. Detroit bombardierte Chester mit Zahlen, und es gab für Chester keine Möglichkeit zu reagieren. Die Manager lebten und starben mit den wöchentlichen Bewertungstelegrammen, die die verschiedenen Fabriken nach Grundkosten einstuften. Sie ähnelten wöchentlichen Zeugnissen. Genügend schlechte Noten, und ein Manager war draußen. Lennox, der wußte, daß Vincent Schwierigkeiten wegen seiner Bewertungen hatte, machte ein paar Verbesserungsvorschläge, doch Vincent ließ ihn ganz kühl abblitzen. Lennox war ein Eindringling, und die Vorschläge eines Eindringlings waren nicht willkommen.

Schließlich wurde er doch noch akzeptiert, doch dazu kam es erst, als er die Seite wechselte. Denn nachdem die Hälfte seiner Zeit in Chester verstrichen war, tat Lennox etwas für einen Finanzmann jener Generation Ungewöhnliches. Er beschloß, von den Finanzen umzusteigen auf die Produktion. Er hatte lange darüber nachgedacht, und verschiedene Umstände hatten ihn dazu bewogen. Er liebte die Produktion einfach, hatte mehr Spaß daran, etwas zu *machen*, als mit Zahlen und Papier umzugehen. Sein Vater besaß einen eigenen Betrieb, der Bleche verarbeitete; in seiner Jugend hatte Don Lennox an den Wochenenden für seinen Vater gejobt, hatte Bleche für gewerbliche Küchen verarbeitet. Er hatte die Arbeit mehr geschätzt, als ihm bewußt geworden war. Obwohl er nach der Schule eine Wirtschaftsuniversität besuchte, hatte er später das Gefühl, im Grunde ein verkannter Ingenieur zu sein. Die Arbeit als Leiter des Rechnungswesens hatte ihm nicht besonders viel Spaß gemacht, und er hatte sich von den Fabrikhallen angezogen gefühlt. Sie hatten etwas Erregendes an sich, vor allem während der Umstellungsphasen vom Modell eines Jahres zu dem des nächsten. Die Aussicht auf eine steile Karriere in der Finanzabteilung reizte ihn nicht wie viele seiner gleichaltrigen Kollegen. Wenn er sich umsah, erkannte er, daß es in der Finanzabteilung von begabten Leuten wimmelte, und er sah voraus, daß der Wettlauf um die besten Plätze sehr hart werden würde. Einfach weil die Produktion ein so rückständiges Gebiet war und keiner von den guten Leuten dorthin wollte, hatte er eine ausgezeichnete Chance, bei Ford gut vorwärtszukommen, wenn er umstieg.

Im Lauf seiner Jahre in Chester kam Lennox allmählich dahin, daß er George Vincent bewunderte. Das war nicht immer einfach. Vincents Argwohn hatte Lennox abgestoßen, und die Fähigkeiten von Vincent waren für einen ehrgeizigen, jungen Hochschulabsolventen nicht auf Anhieb zu erkennen. Doch Lennox bekam Respekt davor, daß Vincent die harten früheren

Jahre bei Ford zu überstehen vermocht hatte, und dann noch mehr Respekt vor der Geschmeidigkeit, mit der er all den Anforderungen einer potentiell verrohenden Einrichtung nachkam. Wie Lennox etwas überrascht feststellte, machte Vincent seine Arbeit sehr gut. Er wählte klug aus, wenn er jemanden beförderte. Er hatte ein feines Gespür dafür, wieviel seine Leute verkraften konnten und wann die Last zu groß wurde. Er wußte, wann er jemanden loben und wann er ihn hart anpacken mußte. Außerdem war er richtig stolz auf das, was er machte; er verabscheute nachlässige Arbeit.

Als Lennox anfing, sich über einen Wechsel Gedanken zu machen, bemerkte er einen Wandel in Vincents Verhalten ihm gegenüber. Vincent fand sich offenbar mit der Tatsache ab, daß Lennox trotz seiner Verbindung zu Detroit zwei Herren dienen konnte. Vincent begriff jetzt, daß er einen solchen Mann brauchte, um sich vor Detroit zu schützen. Lennox sprach mit Vincent über seinen Plan, und Vincent ermunterte ihn. Er versuchte auch, ihn dazu zu bewegen, im Betrieb einen Hut zu tragen, doch vergeblich. »Sie werden von den anderen erst dann richtig akzeptiert, wenn Sie es tun«, sagte er. So kam es, daß Don Lennox, Wirtschaftshochschulabsolvent und Finanzmann, 1957 in die Herstellung überwechselte.

Nachdem Lennox umgestiegen war, bekam er zum ersten Mal Zutritt zur inneren Welt der Betriebsleiter. Sie war voller Geheimnisse, und das Spiel, das gespielt wurde, hieß »Detroit reinlegen«. Er war beeindruckt von der natürlichen Gerissenheit all dessen, und ihm war klar, daß das, was er in Chester sah, in allen Ford-Werken des Landes so ablief. Die Betriebsleiter fühlten sich geohrfeigt durch die immer häufigeren Anweisungen aus Detroit. Das war schon schlimm genug. Aber anders als ihre Vorgänger mußten sie die Anforderungen Detroits in einem Zeitalter gewerkschaftlicher Organisierung erfüllen; es war jetzt schwerer, den Arbeitern die Daumenschrauben anzusetzen. Und so hatten sie gelernt, Detroit so gut sie konnten zu betrügen, um die Integrität des eigenen Handelns zu wahren. Das taten sie mit bewundernswertem Geschick. Sollten die Wagenfenster einem Wassertest unterzogen werden, der ein starkes Unwetter simulierte? Vincents Männer hatten großes Geschick darin, herrlich realistische Wolkenbrüche zu erzeugen und gleichzeitig so an den Druckmeßgeräten zu rütteln, daß sie den maximalen Wert anzeigten, während der Wasserdruck in Wirklichkeit viel geringer war. Blieben nach Auslaufen eines Modells zu viele Ersatzteile übrig? Detroit mochte das überhaupt nicht, und so berichteten die Leute aus dem Werk ganz artig an die Zentrale, daß sie nur noch einundsechzig Stück von dem Teil und achtundvierzig von einem anderen übrighätten. Unterdessen schmissen sie Tausende nutzloser Ersatzteile in den nahen Delaware. Detroit war erfreut, wie wenig Überschuß es gab und wie zutreffend die

Berechnungen gewesen waren, und die Männer in Chester witzelten, daß man im Delaware gar nicht zu schwimmen brauche, man könnte auf den verrosteten Ersatzteilen der 1950er und 1951er Fords spazierengehen.

Wünschte Detroit einen höheren Ausstoß? Vincent konnte das Band nicht schneller laufen lassen. Dem standen eindeutige Gewerkschaftsabsprachen entgegen. Aber er konnte die Fertigungsstraße manipulieren. Auf dem Band lagen zum Beispiel Holzlatten, die die einzelnen Wagenrahmen voneinander trennten. Die Latten sollten 122 Zentimeter lang sein. Vincent ließ seine Männer die Latten einfach heimlich um 7,5 Zentimeter kürzen, was nicht auffiel. Kürzere Latten zwischen den Rahmen bedeuteten mehr Rahmen auf dem Band. Diese Maßnahme brachte etwa eine Produktionssteigerung von 6 Prozent, und 6 Prozent pro Tag und dann pro Woche und dann pro Monat machten einen erheblichen Unterschied. Die Gewerkschaftsleute wußten, daß irgend etwas nicht stimmte, fanden jedoch nicht heraus, was es war. Sie prüften die Bandgeschwindigkeit, aber sie entsprach den Abmachungen. Diese Zusatzproduktion wurde geheimgehalten, nicht nur gegenüber der Gewerkschaft, sondern auch gegenüber Detroit. Man sorgte vor für den Fall, daß Detroit mit irgendwelchen unmöglichen Produktionsquoten käme, die sie anders nicht in den Griff bekommen konnten. Der Name für diese stille Reserve war »die Kasse«, und nur eine Handvoll Leute im Werk wußte davon. Nummer eins war sonst der erste Wagen, der vom Band kam, doch Vincent ließ die eigene Zusatzproduktion gern zuerst durchlaufen; Nummer eins brauchte also nicht der erste Wagen zu sein, sondern es war vielleicht der einundfünfzigste, der diese Bezeichnung erhielt. Fünfzig Wagen kamen in die Kasse, bevor die eigentliche Produktion begann. Der Leiter des Rechnungswesens wußte von alldem nichts, aber der Betriebsleiter und seine Spitzenleute wußten es. Der Tag, an dem jemand erfuhr, welches die echte Nummer eins war, nicht die auf dem Papier, war der Tag, an dem der Betreffende von Vincent in den engsten Kreis aufgenommen wurde. Einen Monat, nachdem Lennox umgestiegen war, wurde auch er aufgenommen.

Je mehr Lennox sich mit dem Betrieb beschäftigte, desto einfallsreicher erschien ihm alles. Detroit hatte ein System für seine Qualitätsanforderungen und schickte regelmäßig Inspektoren, die in den Fabriken Kontrollen vornahmen. Aber Chester gelang es immer, das System zu hintergehen und den Prüfern genau die Wagen zu liefern, die man liefern wollte, Wagen von überdurchschnittlicher Qualität. Die vernunftmäßige Erklärung, die man sich bei Chester für diesen Betrug zurechtgelegt hatte, war einfach. Nach Meinung der Männer im Betrieb waren Detroit und die Leute aus der Finanzabteilung die eigentlichen Betrüger. Sie sprachen von McNamara verbittert als einem Mann, der die Wahrheit nicht wissen wollte. McNamara und seine Leute in Detroit waren diejenigen, die großzügige Vereinbarungen mit den Gewerkschaften trafen und gleichzeitig immer höhere Produktionszahlen festsetzten, und das bei ständig zunehmenden Qualitätsanforderungen. Sie sprachen von Qualität, gaben den Betriebsleitern aber nicht die Mittel dafür; was sie in Wahrheit wollten, war Ausstoß. Und so lieferten ihnen die Betriebsleiter, was sie haben wollten, Stückzahlen nämlich, während sie gleichzeitig Lippenbekenntnisse für die Qualität abgaben. Jahre später jonglierten in Vietnam einige amerikanische Offiziere, die McNamaras Liebe zu Zahlen kannten, geschickt mit eben jenen Zahlen und machten Spielchen bei der Erfassung der Gefallenen, um einen Krieg, der in eine Sackgasse geraten war, erfolgreicher aussehen zu lassen, als er war. Sie taten das nicht, weil sie unehrlich waren, sondern weil sie meinten, daß Washington die Wahrheit, wenn es sie wirklich hätte wissen wollen, auf ehrliche Art gesucht hätte. Durch ihr Handeln erwiesen sie sich als die geistigen Nachfolger der Ford-Betriebsleiter der 50er Jahre.

Als Don Lennox sich entschloß, in die Produktion überzuwechseln, war ihm klar, daß dies unter Karrieregesichtspunkten riskant war. In der Produktion gab es keine Clique, keine Beziehungen wie in der Finanzabteilung. Jedes Werk war selbständig, und die Werksleiter hatten kaum die Möglichkeit, jemanden besonders zu fördern oder zu beschirmen; in den 50er Jahren konnten sie nur in Deckung gehen, um sich zu schützen. Lennox entschied sich für eine Laufbahn ohne einen Sponsor in einem Unternehmen, in dem jeder, den er kannte, in irgendeiner Weise gefördert wurde. Er wußte, daß man sich in der Produktion schnell Feinde schaffen konnte, und die Feinde blieben vielleicht, die Freunde unter Umständen nicht. Als er ankam, war der Betrieb ein Dschungel, und es galten auch die Gesetze des Dschungels; er entschied, daß es seine Aufgabe sein würde zu versuchen, den Betrieb zu ändern, ihn in die moderne Zeit hinüberzuführen, ihn wirtschaftlicher und, was genauso wichtig war, ihn menschlicher zu machen. Er würde genügend Gelegenheit haben, Dinge zu finden, die geändert werden mußten.

Damit hatte er recht. 1958, kurz nachdem er Chef der Planung und technischer Leiter in Chester geworden war, kam es zu einer Störung. Die Produktion stand. Sie stand, weil die Teile nicht schnell genug zum Hauptband kamen. Die Rahmen, die für die Montage der Karosserie gebraucht wurden, standen deshalb ungenutzt herum. In einem Montagebetrieb war das eine Todsünde. Lennox und Clarence Oldenburg, der Leiter der Produktionsüberwachung, eilten zum Ort der Störung. Dort trafen sie auf einen todunglücklichen Vorarbeiter, der vor stehenden Maschinen stand und von Umständen überwältigt war, die sich seiner Kontrolle entzogen. Oldenburg ging zu ihm. »Was hab ich Ihnen gesagt, was passiert, wenn ich hier jemals wieder so einen Saustall vorfinde?« fragte Oldenburg.

»Dann könnte ich gehen«, antwortete der Vorarbeiter.

»Ist das ein Saustall?« fragte Oldenburg.

»Ja«, erwiderte der Vorarbeiter.

»Sie können gehen«, sagte Oldenburg.

Das, dachte Lennox, ist genau das, was ich unterbinden muß, und so holte er den Vorarbeiter ein paar Tage später in aller Stille, und ohne daß Oldenburg das Gesicht verlor, zurück.

Jeden Tag in der Produktion hatte Lennox den gleichen Gedanken: Hier werden die Wagen tatsächlich gebaut. Die Herausforderung, die darin lag, bereitete ihm großes Vergnügen – maßstabsgetreu etwas aus Blech zu schaffen, Ideen, die auf Papier skizziert worden waren, in Autos umzusetzen. Am schönsten war die Zeit eines Jahres, in der sie die Fertigungsstraße für die neuen Modelle umrüsten mußten. Sie hatten zwei Wochen Zeit, in der sie die auf vollen Touren laufende Produktion in ein absolutes Chaos, und dann, wenn sie Glück hatten, wieder in reibungslose Massenproduktion verwandelten. Wenn der letzte Wagen des alten Modells vom Band lief, standen die Monteure und Ingenieure schon wie die Geier da, um sich auf die Fertigungsstraße zu stürzen und sie auseinanderzunehmen. Alle arbeiteten Hand in Hand, Mechaniker, Konstrukteure, Elektriker. Die üblichen Reibereien waren vergessen. Niemals liebte Don Lennox die Ford Motor Company oder seine Arbeit mehr als in jenen zwei Wochen mit all ihrem Druck und ihrer Anpassung. Er war sicher, daß er sich aus diesem Grund für die abgeschiedenere Rolle in der Produktion entschieden hatte.

12
Ford geht an die Börse

Die Familie Ford war in den Tagen nach dem Zweiten Weltkrieg reich und verarmt zugleich. Sie befand sich in einer mißlichen Lage, die auf das Testament Henry Fords zurückging. Der alte Mann hatte den Staat, die Steuer und die Banken gehaßt. Er wollte das Unternehmen unbedingt in der Familie halten. Hätte er die Aktien seinen Enkeln überlassen, wäre der Besitz der Familie entglitten, denn die jungen Fords hätten so viele Aktien verkaufen müssen, um ihre Erbschaftssteuer zu bezahlen, daß ihr Einfluß auf das Unternehmen stark geschwunden wäre. Um dem Finanzamt ein Schnippchen zu schlagen, hatte der alte Mann eine Stiftung ins Leben gerufen, die Ford-Stiftung, und ihr den größten Teil der Aktien vermacht; die Familie erhielt einen sehr viel kleineren Anteil – nur 5 Prozent des Aktienkapitals am Unternehmen. Die Familie behielt allerdings die stimmberechtigten Aktien; die Stiftung besaß keine derartigen Aktien. Auf diese Weise konnte die Familie die Kontrolle über das Unternehmen auch weiterhin ausüben, ohne horrende Erbschaftssteuern bezahlen zu müssen.

Dieser Plan hatte zwei Haken, wie sich nach dem Tode Fords zeigte. Der erste war, daß der alte Mann, da er in keiner Weise ein wohltätiger Mensch gewesen war, eine Stiftung geschaffen hatte, die zwar über viele Aktien verfügte, aber praktisch keine Funktion hatte. Ihr tatsächliches Wirken ließ kaum je auf Großherzigkeit schließen. Das ärgerte die Kongreßbehörden, die in der Stiftung das sahen, was sie war, einen schamlosen Steuertrick. Das zweite Problem war die Familie selbst. Die verschiedenen Ford-Erben waren nicht gerade entzückt gewesen, als sie nach dem Tod des Gründers feststellten, daß sie nur 5 Prozent an ihrem eigenen Unternehmen besaßen. Die Überraschung war besonders unangenehm, weil die Familie in den Nachkriegsjahren nach ihrer Einschätzung hatte darben müssen. Die Fords waren einen sehr pompösen Lebensstil gewöhnt. Unglücklicherweise warf das Unternehmen nicht annähernd soviel Geld ab, daß sie dieses verschwenderische Dasein hätten fortsetzen können. Ernie Breech brachte das Unternehmen fraglos wieder auf die Beine, und es würde vielleicht wieder sehr erfolgreich werden. Aber die laufenden Kosten, die zur Wiederbelebung des Unternehmens aufgebracht werden mußten, waren hoch, und solange fiel an Dividende wenig für die Familie ab. Henry, Bill und Benson waren in der Firma tätig und bezogen Gehälter, die zwar beachtlich waren, aber doch nicht hoch genug, um die enormen Ausgaben ihrer Familie zu decken. Was die Familienmitglieder wollten, war Bargeld. Was sie statt dessen hatten, war ein außergewöhnlich wertvoller Vermögensanteil, der aber, was Bargeld anbelangte, sehr wenig abwarf.

Die offensichtliche Lösung bestand darin, das Unternehmen in eine Publikumsgesellschaft umzuwandeln – seine Aktien auf dem freien Markt zu verkaufen. Nicht nur die Bedürfnisse der Familie ließen diesen Schritt geraten erscheinen; auch die Erfordernisse des Unternehmens selbst, die gewaltigen Ausgaben für den Bau neuer Fabriken und den laufenden Betrieb brachten es mit sich, daß die Ford Motor Company nicht mehr wie zu Gründers Zeiten geführt werden konnte, wie ein kleiner Lebensmittelladen mit einer Registrierkasse. Es mußten neue Einnahmequellen geschaffen werden, und die besten Chancen dazu eröffnete der florierende neue Aktienmarkt. Aus Ford eine Publikumsgesellschaft zu machen war allerdings leichter gesagt als getan. Die Größe und das Ansehen des Unternehmens verlangten, daß die Aktien an der New Yorker Börse zugelassen wurden. Alles andere wäre peinlich gewesen. Aber die New Yorker Börse ließ keine stimmrechtslosen Aktien zum Handel zu. Das war nur eine der Schwierigkeiten. Irgendwie mußte ein Konzept gefunden werden, das nicht nur die New Yorker Börse zufriedenstellte, sondern auch die Ford-Familie, die Ford-Stiftung und die stets wachsame amerikanische Bundessteuerbehörde. Geheimhaltung war oberstes Gebot, denn dies war eines der heikelsten Geschäfte, das man sich vorstellen konnte. Wenn etwas an die Öffentlichkeit gedrungen wäre, hätte es beträchtlichen Widerstand gegen das geben können, was die Familie Ford vorhatte.

Die Vorbereitung der Emission dauerte drei Jahre, und es gelang, die ungewöhnliche Geheimhaltung die ganze Zeit aufrechtzuerhalten. Sidney Weinberg, der Hauptgesellschafter der New Yorker Investmentbank Goldman Sachs, in dessen Händen alle Fäden zusammenliefen, achtete darauf, daß in seinem Büro keine Akte mit übermäßig vielen Ford-Daten herumlag. Um sicherzugehen, daß keine Aktentasche mit Ford-Papieren verlegt oder gestohlen werden konnte, benutzte er gar keine Aktentasche mehr. Schließlich waren ihm die genauen Einzelheiten der finanziellen Situation der Familie Ford bekannt, in die noch kein anderer Bankier oder Normalbürger vor ihm je Einblick gehabt hatte. Das meiste davon hatte er im Kopf. Die übrigen wesentlichen Zahlen standen auf mehreren Zetteln, die er in einem alten braunen Umschlag immer bei sich trug. Einmal wäre fast alles geplatzt. Bei seiner Ankunft auf dem Flughafen Detroit anläßlich eines Treffens mit der Familie Ford machte er bei einem Zeitungskiosk halt, um eine Lokalzeitung zu kaufen. Er legte den braunen Umschlag mit den vertraulichen finanziellen Informationen über die Familie Ford aus der Hand, nahm die Zeitung und ging, ohne den Umschlag mitzunehmen. Eine halbe Stunde später, als er sich dem Haus von Eleanor Ford näherte, merkte er, was passiert war, ließ seinen Fahrer umkehren und hetzte zurück zum Flughafen. Der Umschlag war noch da, in den Händen des Mannes, der den Kiosk betrieb. Die Ford-Geheimnisse waren noch immer geheim; Weinberg hatte das in ihn gesetzte Vertrauen nicht enttäuscht. Als Henry Ford II. in einer kritischen Phase nach Europa flog, benutzten er und Weinberg einen selbstgedachten Code, um in Verbindung zu bleiben. Der junge Henry Ford war Alice, seine Brüder waren Ann und Audrey, die Firma war Agnes, der Familienanwalt Meg, die Ford-Stiftung Grace, Weinberg Edith, Gloria waren die neuen limitierten Stammaktien und Florence war der Börsenwert.

Nach dreijährigen umständlichen Verhandlungen, endlosen Treffen, Pattsituationen, Kapitulationen, neuen Hoffnungen und Augenblicken, in denen das ganze unmöglich schien, kam das Geschäft zustande. Die Kapitalverhältnisse im Unternehmen sollten neu geordnet werden. Der Familienanteil würde von 5 auf 12,1 Prozent steigen. Die Familie würde 40 Prozent der Stimmen für ihre Aktiengattung bekommen, unabhängig davon, wieviel Prozent der Aktien sie besaß. Die Ford-Stiftung würde ebenfalls einige Stimmen zu ihrem Aktienbestand erhalten; die Familie würde zwar einige ihrer stimmberechtigten Aktien aufgeben, dafür aber einen größeren Anteil am Aktienkapital des Unternehmens zurückerhalten. Was das Unternehmen betraf, so konnte es seine Aktien bei zukünftigen Emissionen öffentlich anbieten. Die New Yorker Börse erklärte sich einverstanden, die Aktien zum Handel zuzulassen, und die Bundessteuerbehörde gab ihre Zustimmung.

Im November 1955 erfolgte die Ankündigung, daß Ford an die Börse gehen wolle. Das war eine sensationelle Meldung. Ford war das letzte amerikanische Großunternehmen, das sich noch in Privatbesitz befand, und der Name Ford signalisierte Stärke und war gleichzeitig weltweit bekannt. Der Durchschnittsbürger, der Wall Street immer als fernen und fremden Ort betrachtet hatte, der den Superreichen gehörte, merkte, daß er sich beteiligen konnte, und er tat es auch.

Die Nachricht sorgte an der Wall Street für eine selten erlebte Hektik. Alle Welt wollte sich an der Emission beteiligen. Weinberg wurde von berühmten und weniger berühmten Leuten belagert, die behaupteten, ihn zu kennen, und hundert Ford-Aktien kaufen wollten. Es reichte einfach nicht. Schon zu Beginn der Verhandlungen hatten die Auftraggeber erklärt, daß 50 $ pro Aktien ein zufriedenstellender Preis wäre. Aber der Ansturm wurde immer größer. Der tatsächliche Kurs betrug schließlich 64,50 $. Rund zehn Millionen Aktien wurden verkauft, und 722 Emissionsbanken waren an den Transaktionen beteiligt. Zu einer Zeit, als 100 Millionen Dollar als ordentliches Ergebnis eines öffentlichen Zeichnungsangebots betrachtet wurden, brachte dieses 640 Millionen Dollar – allein die Größenordnung verschlug einem den Atem. Die hektische Nachfrage hielt an und trieb den Kurs in die Höhe; doch obwohl er kurz fast 70 $ erreichte, pendelte er sich bald bei 50 $ ein. Die Familie Ford hatte etwa 300 000 neue Miteigentümer an ihrem Unternehmen bekommen. Dies war, wie Keith Funston von der New Yorker Börse sagte, »ein Meilenstein in der Geschichte des öffentlichen Eigentums«. Es war auch ein Meilenstein in der Kunst, Steuerzahlungen zu umgehen; man schätzte, daß Eleanor Clay Ford und ihre vier Kinder etwa 300 Millionen Dollar Steuern sparten und doch die Herrschaft über das Unternehmen behielten.

Diese Transaktion war auch der Beginn einer historisch bedeutsamen Verschiebung im amerikanischen Kapitalismus: Der Einfluß, den Wall Street auf Unternehmen wie Ford ausüben konnte, war enorm gestiegen. Wall Street war jetzt ein Partner der Familie, und die Familie hatte auf dessen Normen Rücksicht zu nehmen. Früher hatte Wall Street nicht viel von den Unternehmen verlangt, dessen Aktien es verkaufte. Doch der Aktienmarkt änderte sich. Vor dem Krieg besaßen nur wenige Amerikaner Aktien, und sie gehörten in vielen Fällen der gleichen Schicht wie die Eigentümer der alten Unternehmen an. Der Markt war eine Art Herrenclub und für die übrige Gesellschaft praktisch tabu. Die Leute besaßen Aktien, weil ihre Familien schon immer Aktien besessen hatten. Sie investierten weniger, um Gewinne zu machen, als um sich abzusichern. Die einzige Ausnahme davon war die Zeit von 1926 bis 1929, als die Spekulation den Markt ergriff; damals kletterte die Zahl der Aktien besitzenden Amerikaner von einer Million – der normalen Zahl – auf vier bis fünf Millionen. Aber selbst damals waren sie die Ausnahme, auch wenn es Spekulanten gab; sie bestimmten nicht die Kurse. Es gab keinen wirklichen Druck seitens derjenigen, die Geld investierten, die Eigentümer der Unternehmen dazu zu bewegen, etwas mehr als einen gesunden, langfristigen Gewinn zu erwirtschaften. Wer im Markt war, war meistens reich und plante auf lange Sicht. Die Männer, die in der Wall

Street arbeiteten, kamen aus den sogenannten guten Familien. Sie waren nicht aufdringlich und warteten geduldig, um an die Spitze der guten Investmentbanken zu kommen. Gute Kinderstube war oft wichtiger als Begabung. Bestimmte Firmen der alten Schule tendierten zu den Protestantenfamilien der gehobenen weißen Mittelschicht (die WASPs), andere zu den deutschen Juden – »Unsere Leute«, wie sie sich selbst nannten –, und was ihr Benehmen anging, waren sie manchmal noch »waspischer« als die WASPs selbst.

Der Zweite Weltkrieg änderte all das. Der Wohlstand breitete sich aus, und man achtete nun stärker auf Leistung. Die großen Eliteuniversitäten Amerikas hatten unter dem Egalisierungsdruck des Krieges und des GI-Erlasses zugunsten der Kriegsteilnehmer ihre Tore für Leute geöffnet, die noch ein Jahrzehnt zuvor niemals zugelassen worden wären. Das Leistungsprinzip hielt auch in Wall Street Einzug. Die alten Familien wurden von Erbschaftssteuern bedrängt, und ihr Wohlstand und ihr Status begannen zu schwinden. Die Investmentbanken konnten sich nicht mehr so leicht in ihrer gewohnt noblen Weise behaupten, indem sie einfach für die alten Familien boten, die selbstverständlich mit den alten Unternehmen verbunden waren. Die Investmentbanken erkannten, daß sie aggressiver werden mußten.

Die alte Ordnung des amerikanischen Kapitalismus löste sich allmählich auf. Gleichzeitig erschien eine neue Ordnung. Millionen und Abermillionen, die noch nie eine Aktie besessen hatten, deckten sich jetzt ein, und in vieler Hinsicht war das gut für das Land; die Wirtschaft war demokratischer, hatte ein breiteres Fundament und war ausgeglichener. Es gab mehr genaue Prüfungen und mehr Leistungsdruck, und grundsätzlich war auch das etwas Gutes. Der *New Deal* hatte die Gewerkschaften reich und mächtig gemacht, und diese Gewerkschaften hatten Pensionsfonds, deren Geld sie investieren konnten; andere Gruppen traten als potentiell starke institutionelle Investoren auf. Neue Industrien zeichneten sich am Horizont ab, und eine neue Maklergeneration nahm ihren Platz in der Wall Street ein.

Der neue Kapitalismus war nicht nur intensiver, er weitete sich explosionsartig aus. Plötzlich kauften Millionen Amerikaner Aktien, Amerikaner, deren Eltern sich nie für den Aktienmarkt interessiert, sondern ihre begrenzten Ersparnisse für ganze 4 Prozent Zinsen zur Bank getragen hatten (und deren einzige Bekanntschaft mit einem Wertpapier darin bestanden hatte, daß sie ordentlich und pflichtschuldig Kriegsanleihen erstanden hatten – 18,75 $ pro Anleihe, die nach zehn Jahren einen Wert von 25 $ hatte). Keith Funston begann von seinem Plan zu sprechen, jeden Amerikaner zu einem Aktienbesitzer zu machen. Amerikaner der Mittelschicht lasen in den Zeitungen immer häufiger über gescheite junge Männer in den Zwanzigern oder

Dreißigern, die einen kleinen Betrag, 2 000 $ vielleicht, abzweigten und ihn in einem Jahr mittels einer magischen Einrichtung namens Investmentfonds verdoppelten oder verdreifachten. Der Investmentfonds ging auf Nummer Sicher, denn der kluge junge Makler investierte in genügend verschiedene und aussichtsreiche Unternehmen, so daß der Schaden beim Scheitern einer der Firmen aufgefangen wurde. Die meisten dieser Firmen hatten sexy klingende Namen wie Tritex oder Ultratonix. Fast über Nacht kamen Investmentfonds – eine Einrichtung, die bis dahin vollkommen unbeachtet geblieben war – in Mode.

Wall Street, die in der Vergangenheit Männer hervorgebracht hatte, deren Kultiviertheit in einem Bachrach-Foto herausgearbeitet wurde, das ihre stille Würde unterstrich, brachte jetzt etwas ganz anderes hervor: Stars. Die Stars waren die Verwalter von Wertpapierportefeuilles, die Lieblinge der Wall Street und der Medien. Sie konnten die heißen Aktien erwerben, bevor sie heiß waren, und sie wieder abstoßen, wenn sie gerade anfingen wieder abzukühlen. Der Star dieser Stars war ein Mann namens Gerry Tsai.

Nichts spiegelte den Irrwitz des Marktes besser wider als der Rummel um Tsai. Er war der erste derer, die am großen Rad drehten, ein Produkt der Nachkriegsveränderungen. Damals wollte jeder wissen, was Tsai, oder der Chinese, wie er bald in der Wall Street hieß, tat. Gerüchte darüber, was er kaufte und verkaufte, schienen die Fachsimpeleien an der Börse zu beherrschen. In Schanghai geboren, wo sein Vater, ein Absolvent der Universität von Michigan, Bezirksleiter von Ford war (»Dort wollte jeder einen Ford haben«, sagte Tsai einmal, »ein großes Statussymbol«), war er mit neunzehn nach Amerika gekommen, als die Regierung Chiang Kai-shek scheiterte. Er sagte später einmal, einer seiner Vorteile sei gewesen, keine Verbindungen mitgebracht zu haben, keine Familienbande. Er war nicht in dem Vorurteil befangen, daß die Welt nur aus erstklassigen Aktien bestehe. Ohne die Bindungen an die Vergangenheit konnte er sich ungehindert der Zukunft widmen, sich auf das konzentrieren, was als nächstes geschehen mochte. Das beste an der neuen Zeit war, wie er gerne sagte, daß man nicht benachteiligt wurde, weil man Ausländer war. Man brauchte nur etwas zu leisten. »Wenn man General Motors bei vierzig kauft, und sie steigen auf fünfzig, ist es egal, ob man Orientale, Buddhist oder Italiener ist.«

Den Durchbruch schaffte Tsai 1952 in Boston, wo er für einen Mann namens Edward Johnson arbeitete, der den Fidelity Fund (Treue-Fonds) führte. Johnson war selbst eine Art Einzelgänger. Als er den Investmentfonds vor neun Jahren übernommen hatte, hatte er sich vorgenommen, nicht ruhig und artig dazusitzen und die Dinge von allein wachsen zu lassen. Er wollte spekulieren. Er fühlte sich nicht mit einer Aktie verheiratet, wie er sagte. Es sei mehr eine Kameradschaftsehe und gelegentlich auch nur ein Verhältnis. Der Investmentfonds mit dem irreführenden Namen (Treue-Fonds) war der ideale Ort für Tsai. Er hatte einen Chef, der ihn ermunterte, er war intelligent, ein mathematisches Genie, und er verstand intuitiv die sich ändernde Wirtschaft.

Zuerst arbeitete er als Analyst für Johnson, und er war von Anfang an gut. Weil die Firma klein war, mußte er dreizehn verschiedene Branchen beobachten, unter anderem Automobile, Textilien, Stahl und Werkzeugmaschinen. Er arbeitete ähnlich wie ein Reporter, besuchte die Firmen und hörte deren besten jungen Leuten zu. Bald ahnte er Schlimmes, was die traditionellen Schornsteinbranchen anbetraf. Sie waren reif, bedrängt von hohen Lohnkosten und den Anfängen ernsthafter Auslandskonkurrenz. Wenn er sie betrachtete, sah er nichts als Probleme. Was er suchte und auch bald entdeckte, waren die kraftvollen, neuen Unternehmen, von denen viele sich mit der neuesten Technologie befaßten und nur wenige Arbeiter beschäftigten. Er erfuhr, daß eine Firma AMF eine Methode entwickelt habe, das Aufstellen der Kegel auf Bowlingbahnen zu automatisieren. Auch wenn der Einbau der Anlage für die Besitzer der Bowlingbahnen teuer sein mochte, würden sie doch bald nur noch Strom zahlen müssen. Tsai wandte sich an AMF, war von den Kegelaufstellmaschinen beeindruckt, überschlug, wie viele Bowlingbahnen es in den Vereinigten Staaten gab, glaubte, daß fast alle die Anlage kaufen würden, und beschloß, die Aktie zu kaufen. Es war ein großer Erfolg.

Nach mehrjähriger Arbeit für Johnson beschloß er, seiner Eingebung in einer größeren Sache zu folgen. Er hatte beobachtet, daß aufgrund des Nachkriegswohlstands die verschiedensten Investoren auf den Markt strömten. Der durchschnittlich angelegte Betrag lag zwischen 2 000 $ und 3 000 $. Kein Wertpapierverwalter, der etwas auf sich hielt, wollte mit derart kleinen Beträgen etwas zu tun haben, und so mußten diese Investoren ohne guten, fachkundigen Rat auskommen. Tsai sah eine Lösung für sie – Investmentfonds, bei denen die Risiken verteilt waren und die kleinen Anleger vom Können der Fondsmanager profitieren konnten. Tsai schrieb Johnson eine zweiseitige Notiz und bat um die Erlaubnis, seinen eigenen Wachstumsfonds zu gründen. Johnson rief ihn zu sich.

»Wieviel kostet es, sowas anzufangen?« fragte er.

»Zweihundertfünfzigtausend Dollar«, antwortete Tsai.

»Machen Sie's«, sagte Johnson. Tsai wußte genau, was er haben wollte – Aktien aus der High-tech- oder der Dienstleistungsbranche. Die Aktien, die er 1958 für seine erste Liste auswählte, wurden später erstklassige Werte, aber zum damaligen Zeitpunkt waren fast alle Spekulationspapiere: Polaroid,

Xerox, Texas Instruments, Avon, IBM. Er hatte, wie Kollegen bald erkannten, eine unglaublich gute Hand. Es war, als ob er einen sechsten Sinn dafür hätte, wohin der Markt tendiere.

Sein Timing war hervorragend. Zum einen betrat er die Szene, als die alten erstklassigen Wertpapiere gerade aufhörten, eine beherrschende Rolle zu spielen, und als Anlagekapital für Unternehmen verfügbar wurde, von denen noch nie jemand etwas gehört hatte. Plötzlich wollten alle das Ausgefallene. Wäre die Ford Motor Company fünf Jahre später an die Börse gegangen, hätte sie nie so ein Aufsehen erregt, denn da waren erstklassige Wertpapiere nicht mehr so wichtig. Zum anderen startete Tsai mit seinem Fonds zufällig zu der Zeit, als die erste Generation der Nachkriegsunternehmer auf den Plan trat. Tsai verstand diese neuen Firmen und das, was sie für die Zukunft bedeuteten, und er begriff auch, daß bei dem beispiellosen Wohlstand im Land das Geld da sein würde, um in sie zu investieren. Mit den 250 000 $ Startkapital von Johnson brachte er es drei Jahre später auf 200 Millionen Dollar. Als er anfing, wurden bei Investmentfonds nur 78 Millionen Dollar angelegt; innerhalb von dreißig Jahren stieg diese Zahl auf 24 Milliarden Dollar, nicht zuletzt dank der Anregung und des Beispiels von Tsai.

In jenen Tagen war er wie ein Mann am Spieltisch. Er spekulierte gern. Er kaufte in großen Paketen, zehntausend Aktien auf einmal, und der Umschlag seines Portefeuilles war enorm. Wo ein Makler früher vielleicht 5 oder höchstens 10 Prozent des Portefeuilles einer Familie im Jahr umschlug, schlug Tsai seinen Effektenbestand um mehr als 100 Prozent jährlich um. Jeder wollte wissen, was er kaufte. In mancher Hinsicht war sein Ruhm von Vorteil, dachte er, denn in dem Moment, wo bekannt wurde, daß er gekauft hatte, zogen andere nach und der Wert stieg. Aber es war schwer, seine Käufe lange genug geheimzuhalten, so daß er den gesamten Kauf zum ursprünglichen Kurs abwickeln konnte, weil so viele Trittbrettfahrer ihn nicht aus den Augen ließen und versuchten, sich einzudecken. 1965 schaffte er ein Wachstum von 50 Prozent bei einem Umschlag von 120 Prozent. Am 9. Februar 1966 überstieg der Dow Jones Index erstmals die 1000er Marke, wie Tsai es vorausgesagt hatte, was seinen Ruf als Prophet festigte.

Ende 1965, als Tsai erfuhr, daß Johnson seinen Sohn zu seinem eigenen Nachfolger machen wollte, verließ er Boston und ging nach New York, wo er den Manhattan Fund gründete, einen Exklusivfonds (einen privaten Investmentfonds, der nur reichen Anlegern offenstand; der Kunde mußte mindestens 100 000 $ anlegen). Tsai hoffte, Aktien für etwa 25 Millionen Dollar zu verkaufen, aber sein Ruf war so außergewöhnlich, daß er auf Anhieb 247 Millionen Dollar umsetzte. Er verkaufte die Firma schließlich an die CNA für 30 Millionen Dollar.

Um die Mitte der 60er Jahre war Gerry Tsai das Symbol der neuen Wall Street. Er war klug und charmant, und er war voller Tatendrang. Das Motiv, das ihn vorantrieb, war ein sich ständig steigernder Gewinn, und das gleiche galt auch für seine Freunde. Für sie war der Aktienmarkt reiner Selbstzweck, nicht das Werkzeug zur Finanzierung eines Vorhabens. Früher hatte es Loyalitäten zwischen Aktienbesitzer und Unternehmen gegeben; diese neuen Aktienbesitzer, und ganz besonders die neuen institutionellen Anleger, kannten das Unternehmen kaum. Alles, was sie kannten, waren drei oder vier Tatsachen – Zahlen letztlich. Loyalität und Gefühle waren ein Hindernis. Mitte der 60er Jahre wurde der Markt praktisch zu einer Karikatur dessen, was viele für seinen Zweck hielten, und ein Alptraum für die Manager der Unternehmen alten Stils. Kein Mensch sprach von sicheren Käufen; dazu herrschte viel zuviel Betrieb. Unternehmen wie Xerox und Polaroid verdrängten U.S. Steel und Ford als guten Kauf, und an ihre Stelle traten irgendwann Imbißketten und Pflegeheimkonsortien. Daß die Auswirkungen dieser Transaktionen, der plötzliche Anstieg und der ebenso plötzliche Rückgang der Aktienkurse, gefährlich für die Unternehmen selbst und potentiell abträglich für die langfristige Gesundheit der amerikanischen Wirtschaft sein konnten, schien nicht zu zählen. Eine grundlegende Annahme des amerikanischen Systems – was gut für den Markt war, war gut für den amerikanischen Kapitalismus und damit gut für das Land – war in Frage gestellt worden. Im Moment galt, daß gut für den Markt war, was gut für den Markt war.

Bei weniger Loyalität gab es auch weniger Stabilität für die betroffenen Firmen. Ebenso bedeutsam für alle Beteiligten – ob Investoren, Unternehmensmanager oder die intelligenten jungen Männer, die von den Wirtschaftshochschulen kamen – war der Einfluß auf die Abwanderung begabter Kräfte. Man konnte weit mehr Geld machen, wenn man an der Wall Street spekulierte – wo ein heller Kopf sofort belohnt wurde –, als wenn man in ein Unternehmen eintrat und sich einordnete, um sich mit etwas so Alltäglichem wie dem Produzieren von irgendwelchen Dingen zu befassen. Die Folgen dieser Abwanderung fähiger Leute aus den Unternehmen waren nicht berechenbar.

Nur wenige Beobachter waren über diese Entwicklung bestürzt. Einige der älteren Männer achteten auf die Konsequenzen, und einige waren klug genug zu wissen, daß es so nicht weitergehen konnte und würde, daß die Spirale sich zu steil nach oben drehte, als daß dies Bestand haben könnte, und daß kein Land so reich war oder es sich leisten konnte, so vielen Leuten so lange einen so hohen Gewinn zu bieten. Einigen war klar, daß die Leute zuviel aus den Unternehmen nahmen und, was noch schlimmer war, mehr herausnahmen, als hineingesteckt wurde. Einige der neuen Mischkonzerne wurden nicht so sehr deshalb zusammengestellt, weil ihre Tochtergesellschaften in irgendeiner Form verbunden waren, sondern weil es den Steuerberatern einen schöpferischen Ansturm auf die Steuerpolitik des Landes ermöglichte und eine Chance bot, das Erscheinungsbild eines bestimmten Bestandes zu verbessern, ohne zwangsläufig die eigentliche Produktivität des Unternehmens zu erhöhen.

All dem haftete ein gewisser Wahnsinn an, eine Raserei. Der alte Aktienmarkt, der noch lebte und für die hoffnungslos Altmodischen da war, schlug sich zu vielleicht 10 oder 12 Prozent um. Der neue Markt schlug sich zu 40 und 50 Prozent um. Bald waren es nicht mehr nur die Superprofis, die in ihn einstiegen. 1969 brachte die angesehene und zurückhaltende Ford-Stiftung, deren Name allein schon die Legitimität der alten Unternehmen widerspiegelte, einen Bericht heraus, in dem tatsächlich stand, daß institutionelle Anleger wie etwa Universitäten nicht einfach dasitzen und Coupons abschneiden sollten, sondern forscher und spekulativer mit ihrem Portefeuille umgehen sollten.

Im Lauf der Jahre wirkte sich diese Meinung nachhaltig auf das Fundament des amerikanischen Kapitalismus aus. Während der schnelle Markt diejenigen belohnte, die clever genug waren, sofort abzusahnen und die erste Erfolgswelle der Nachkriegswirtschaft zu nutzen, bedrohte er ironischerweise gerade den industriellen Kern am stärksten. Dieser sah sich benachteiligt im Wettbewerb um gute Leute. Wer wollte Anfang der 60er Jahre schon von der Harvard Business School zu U.S. Steel oder Ford oder irgendeinem Hersteller von Ersatzteilen in Ohio, wenn Xerox oder Donaldson Lufkin & Jenrette oder andere ähnlich tolle Firmen lockten? Warum in eine bereits aufgeteilte und wahrscheinlich dahinschwindende Welt gehen, wenn sich direkt vor einem völlig neue Welten auftaten? Und wer von denjenigen, die die älteren Unternehmen doch an den großen Wirtschaftshochschulen einfangen konnten, wollte schon hinaus und in einem Montagewerk arbeiten? Die traditionsreichen Unternehmen, die bereits Schwierigkeiten hatten, tüchtige junge Leute zu bekommen, mußten soviele Anreize bieten, wie sie irgend konnten. In diesen älteren Unternehmen gab es eine schnelle und eine langsame Spur. Auf der schnellen Spur mit besseren Aufstiegsmöglichkeiten und höheren Gehältern und Zuschlägen befand man sich im Management, auf der langsamen Spur, als Mensch zweiter Klasse, in den Fabriken.

Aber die langfristigen Auswirkungen waren noch ernster. Langsam, unbewußt und schleichend übernahmen die Industrieunternehmen die Maßstäbe, die von den aufregenden neuen Firmen gesetzt wurden. In einem äußerst schwierigen Klima mußten sie ihre Aktien hochtreiben, und diese Bemühungen verschafften der Finanzabteilung über zwei Jahrzehnte systematisch mehr Macht. Es war die Notwendigkeit, mit jungen Unternehmen um den Aufstieg zu kämpfen, die auf vielerlei Arten das innere Gleichgewicht dieser Unternehmen alten Stils veränderte und nicht der Produktion Macht zuspielte, sondern der Finanzabteilung. Denn schließlich waren es die Männer aus der Finanzabteilung, die wenigstens versuchen konnten, die Aktien konkurrenzfähig zu machen. Was sich in der Ford Motor Company tat, war ein gutes Beispiel. Dort kamen die Spitzenleute nicht nur überwiegend aus der Finanzabteilung, auch die Markttendenz wirkte sich unmerklich aber nachhaltig auf die Entscheidungen des Unternehmens aus. Arjay Miller, der in dieser Phase einige Zeit Präsident von Ford war, stritt später ab, daß er durch den Markt beeinflußt wurde, und es traf wahrscheinlich auch zu, daß Ford im Hinblick auf die Finanzierung weniger abhängig vom Markt war als viele andere Firmen; es mußte sich auf dem Wertpapiermarkt weniger Geld holen als andere. Aber Miller und seinesgleichen waren die Zwänge schon so selbstverständlich geworden, daß sie nur noch unbewußt darauf reagierten.

Ein gutes Beispiel für solch heimtückische Zwänge lieferten die frühen 70er Jahre, als die Vermögensverwalter der Ford-Stiftung entschieden, daß es an der Zeit sei, das Portefeuille breiter zu streuen. Das bedeutete, daß Ford-Aktien verkauft werden mußten, und je höher der Kurs war, desto besser natürlich für die Stiftung. Im Unternehmen entstand die alles erfassende Notwendigkeit, den Aktienkurs in die Höhe zu treiben. War er niedrig, verfügte die Ford-Stiftung über entsprechend geringere Mittel. Und wenn die Ford-Stiftung über geringere Mittel verfügte, war Henry Ford unglücklich. Er kam in jenen Jahren des grellen amerikanischen Wohlstands nicht gern nach New York und hörte, daß der Kurs niedrig war.

13
Der stille Mann

Die Finanzabteilung war bald eine Macht für sich. Ihre wichtigste treibende Kraft war Bob McNamara, ihre grundlegende Haltung: Was immer die Männer aus der Produktion haben wollen, wird abgelehnt. Laßt sie schmoren und ihre Forderung noch einmal vorlegen, und dann zögert es wieder so lange hinaus wie möglich. Falls sie am Ende doch erfüllt wird, teilt sie in zwei Hälften. Richtet es immer so ein, daß sie gegen die Bilanz ankämpfen, und schiebt ihnen die Beweislast zu. Auf diese Weise sind sie immer in der Defensive und überlegen es sich zweimal, bevor sie um etwas bitten.

Anfang der 50er Jahre wuchsen die Spannungen zwischen McNamara und Lewis Crusoe. Crusoe war Generaldirektor der Ford-Division geworden, einer der zwei oder drei wichtigsten Posten im Unternehmen. Er war ein Mann, der in einem im Übergang befindlichen Unternehmen beide Seiten verbinden konnte. Der ehemalige Finanzmann, der sich ursprünglich mit dem Rechnungswesen befaßt hatte, war von General Motors gekommen, wo er Abteilungsleiter gewesen war; außerdem war er als stellvertretender Leiter der Finanzabteilung bei GM tätig gewesen. Zu jener Zeit war er ein Geldmann, übergenau, stets vorsichtig bei Ausgaben. Aber er war auch durch und durch ein Mann der Autobranche, mit einer echten Liebe zu Autos, und die Männer aus der Produktion bei Ford arbeiteten gern für ihn. Er kannte all die Tricks der Finanzabteilung, und er stellte sich schützend vor die Produktion. Der ursprünglich zweisitzige Ford Thunderbird, eines der schönsten Autos der Nachkriegszeit, war gänzlich sein Werk. Da die Finanzabteilung einen zweisitzigen Sportwagen nicht für zweckmäßig hielt, hatte er den Wagen praktisch heimlich entwickeln und in die Produktion schmuggeln lassen.

Beginnend mit dem Jahr 1949 ließ er sich auf einen richtiggehenden Kampf mit McNamara und Ted Yntema ein, der die Stelle Crusoes in der

Finanzabteilung übernommen hatte; es ging um den Zustand der Produktionsbetriebe. Crusoe beklagte, daß die Fabriken in einem erbärmlichen Zustand seien. Sie seien veraltet und heruntergewirtschaftet; sie bremsten die Produktion und machten es unmöglich, Qualität zu liefern. Sie seien in Wirklichkeit übriggebliebene Modell-T-Fabriken. Die Männer in den Werken konnten nicht einmal mit einem Gabelstapler hineinfahren und Material bewegen, weil die Gänge zu schmal waren. Sie bekamen die Wagen kaum durch die Brennöfen und konnten in den Öfen nicht genug Hitze erzeugen, damit die modernen Lacke richtig trockneten.

Was sich zu einem fast dreijährigen Streit über den Zustand der Fabriken entwickelte, begann ganz harmlos. Crusoe, der entnervt war und immer wütender darüber wurde, wie die heruntergekommenen Fabriken die Qualität seiner Wagen beeinträchtigten, verlangte eine Modernisierung des Werks in Louisville. Das würde einige Millionen kosten. McNamara, damals Leiter des Rechnungswesens, sagte sofort nein; sie brauchten eine umfassende Untersuchung über alle Werke. Das leuchtete Crusoe ein, und er stimmte zu in der Annahme, die Untersuchung werde ein halbes Jahr dauern. Doch sie zog sich endlos hin. Es vergingen drei Jahre. Je mehr Informationen Crusoe und seine Leute lieferten, desto mehr wollte McNamara haben. Crusoe wußte genau, was McNamara machte; er verzögerte immer wieder – Schleichen nannten die Männer aus der Produktion es später – und schob die gewaltigen Ausgaben so lange es ging vor sich her. Unterdessen hatte sich der 1952er Ford als Renner erwiesen, aber die Werke waren einfach nicht in der Lage, die Wagen schnell genug zu liefern und die Nachfrage zu befriedigen. Crusoe war kein Mann, der leichthin Kraftausdrücke gebrauchte, doch in privatem Kreise tobte er über McNamara; was dieser Armleuchter sich erlaubt, der alle für dumm verkauft. Meine Leute, sagte er, gehen da draußen ein, weil sie die Wagen nicht fertig kriegen. Es gab immer mehr Sitzungen, immer mehr Papier.

Anfang 1953 fand die Sitzung statt, auf der über die Frage der Werksmodernisierung entschieden werden sollte. Die Gesamtkosten für den Bau neuer Werke und die Modernisierung der bestehenden sollten eine Milliarde Dollar betragen, erklärte Crusoe den Sitzungsteilnehmern. Das Geld würde nicht auf einmal ausgegeben; einige der schlechten Betriebe würde man schließen, und für die Renovierung der übrigen gab es einen Zeitplan. McNamara fing an, gegen den Ausbau zu argumentieren. Crusoe hielt dagegen, daß es nicht so sehr darum gehe, Geld für Fabriken auszugeben, sondern um die größere Frage, ob Ford eine Zukunft habe und in der Lage sein werde, es mit General Motors aufzunehmen und Chevrolet zu übernehmen, wovon er schon immer geträumt hatte. Mit Werken, die physisch zugrunde gingen, sei Ford nicht konkurrenzfähig. Er fragte weiter, ob irgend jemand auch nur einen Augenblick daran zweifele, daß die Anlagen von GM besser als diese seien. Glaube irgend jemand, daß GM in einer derart florierenden Lage nicht immer mehr Geld in seine Werke stecke? »Wir werden GM niemals packen, wenn wir uns heute nicht entschließen vorwärtszugehen«, sagte er.

Als Crusoe zu Ende gesprochen hatte, trat eine dramatische Stille ein. Schließlich sprach Henry Ford: »Will denn niemand etwas sagen?« McNamara erhob sich und erklärte, daß die Finanzabteilung den Erkenntnissen Crusoes und seines Stabes im wesentlichen zustimme. Aber angesichts der Größe des Vorhabens, des zur Debatte stehenden Betrages und der Tatsache, daß Ford sicher zur Bank gehen und sich das Geld leihen müsse, wäre es vielleicht ein guter Gedanke, wenn man das noch etwas länger prüfte (das letzte Argument traf stets den empfindlichen Nerv, sprach die traditionelle Angst der Fords vor Banken an, die auch längst nach dem Tod des alten Mannes weiterbestand).

Crusoe, der ihm zuhörte, begann vor Zorn zu beben. »Wir müssen jetzt handeln«, sagte er. »Wir können nicht länger warten. Die Qualität ist schlecht, die Lackierung ist schlecht. Wir können unsere Wagen nicht einmal richtig trocknen lassen. Wir können unsere eigenen Auflagen nicht erfüllen.« Er sprach es zwar nicht aus, glaubte jedoch, daß es gut wäre, wenn Ford Geld bei den Banken aufnähme, daß es heilsam für das Unternehmen wäre, wenn es Schulden machte, daß eines der Probleme in der Vergangenheit gewesen sei, daß Ford zu viele liquide Mittel gehabt habe und diese Mittel viele schlechte Angewohnheiten mit sich gebracht hatten.

Die Entscheidung war in der Schwebe. Henry Ford begann im Raum umherzugehen. Zuerst wandte er sich an seinen Bruder Benson. »Was meinst du, Benson?« fragte er.

»Komm, Henry«, wehrte der jüngere Bruder ab, »du weißt doch, daß ich kein großes Licht bin. Was erwartest du von mir?« Niemand sonst meldete sich freiwillig. Dies schien eine so wichtige Entscheidung zu sein, daß sie wohl von der Familie getroffen werden mußte. Und das hieß von Henry. Schließlich sprach er. »Bob, Ihr Problem ist, daß Sie die Dinge immer prüfen wollen. Sie wollen nie etwas unternehmen.« Damit gab er grünes Licht für einen Kompromiß, der etwa 500 Millionen Dollar für die Modernisierung nur der Ford-Division vorsah. Es war weniger als die Hälfte dessen, was nach Meinung Crusoes erforderlich war, wenn Ford stark und wettbewerbsfähig werden sollte, aber es war doch so etwas wie ein Sieg.

Damals war Crusoe noch davon überzeugt, daß er mit McNamara umgehen könnte. Wie McNamara kannte er sich mit Zahlen aus, aber im Gegensatz zu McNamara und dessen Stab wußte er auch über Autos Bescheid, und das verschaffte ihm einen Vorteil. Er glaubte, daß McNamara ein großer Gewinn für das Unternehmen war. Das Problem bestand darin, wie er immer sagte, den Kontrolleur zu kontrollieren. Crusoe war sicher, dazu in der Lage zu sein. Kurz nach der Modernisierungsschlacht kam McNamara als Crusoes Assistent in die Ford-Division. Wenn Kollegen Crusoe befragten, sagte er ihnen, sie sollten sich keine Sorgen machen. McNamara sei außerordentlich tüchtig – hervorragend sogar –, wahrscheinlich der intelligenteste Mann, der je in das Unternehmen eingetreten sei. Es kam darauf an, ihn in Schach zu halten; ohne klare Anweisungen wurde er zu stark, aber mit ihnen leistete er beste Arbeit. Crusoe war zuversichtlich, McNamara noch lange und erfolgreich unter sich haben zu können.

Crusoe irrte sich. Im Januar 1955 wurde er bei Ford befördert, zum Vizepräsident der Abteilung Personen- und Lastwagen; er sollte Lincoln und Mercury stärken und sich um den geheimen neuen Wagen kümmern, an dem sie arbeiteten, den Edsel. All dies war Bestandteil des langerwarteten Angriffs auf GM in der gehobenen Klasse, wo die größten Gewinnspannen erzielt wurden. Gleichzeitig bekam McNamara Crusoes alten Posten, wurde Generaldirektor und Vizepräsident der Ford-Division. Seit Kriegsende waren zehn Jahre vergangen, und mit McNamaras Ernennung hatte sich die alte Ordnung im Unternehmen zweifelsohne verändert; dies war der höchste Posten, den einer der Senkrechtstarter bisher im Unternehmen erreicht hatte. Nachdem er die Geschäfte bei Ford übernommen hatte, bestand eine der ersten Amtshandlungen McNamaras darin, Sanford Kaplan zu sich zu rufen, der Crusoes Mann gewesen war und die Verantwortung für einen erheblichen Teil der Untersuchung über die Produktionsbetriebe gehabt hatte. Er forderte Kaplan auf, einen Bericht zu schreiben, aus dem hervorgehe, daß ein Aufschub der Werksmodernisierungen für das Unternehmen günstiger gewesen wäre als deren direkte Durchführung.

»Aber das stimmt doch nicht, Bob«, entgegnete Kaplan. Er wußte genau, daß Crusoe sehr aufgebracht war wegen der entgangenen Umsätze und Produktionsraten beim 52er Ford und McNamara und dessen Widerstand gegen die Untersuchung die Schuld daran gab.

»Ich möchte, daß Sie es schreiben«, sagte McNamara und blieb hart. »Ich glaube, das wäre sehr hilfreich.« Kaplan wurde mit einem Mal klar, daß er so etwas wie einem Loyalitätstest unterzogen wurde, und daß seine Karriere davon abhing, was er machte. Er dachte lange darüber nach, dachte auch an seine Frau und seine Kinder und schrieb einen Bericht, der mit einigen Schlenkern und Abschwächungen McNamaras Standpunkt zu bekräftigen schien. Als er den Bericht schrieb, war er zum erstenmal sicher, daß er die Ford Motor Company eines Tages verlassen würde.

Beobachter der weiteren Ereignisse dachten, daß Bob McNamara es zwar nicht bewußt darauf abgesehen habe, die einst unbestrittene Macht von Produktion und Montage zu brechen. Aber diese Abteilung war ihm ein ständiger Stein des Anstoßes; er war modern und rational, und die Produktion war altmodisch, oft unredlich, und wurde gemäß ihren eigenen geheimen Richtlinien geleitet, die ihm irrational erschienen. Er verachtete die Betriebsleiter, deren Herkunft und das, was sie vertraten. Außerdem meinte er, sie wären verschwenderisch. Selbst die Besten hatten kaum eine Chance; keiner von ihnen konnte jemals zu seiner Zufriedenheit oder in seiner Sprache erklären, warum sie bestimmte Dinge machten. So ging er daran, sie umzuerziehen, aber in den Augen der Männer in den Fabriken war das, was McNamara Umerziehung nannte, Zerstörung. Tatsächlich war es ein politischer Schritt, der enorme Auswirkungen auf die Zukunft des Unternehmens haben würde. Damals dachte selbstverständlich niemand daran, daß etwas von solcher Tragweite sich ereignete.

Zunächst räumte er Max Wiesmyer aus dem Weg, den Leiter der Produktion. Wiesmyer war die zentrale Gestalt; er war der Mann, der in Detroit die Interessen der Betriebsleiter vertrat. Wenn sie wirklich etwas brauchten, riefen sie Max an, und er räumte alle bürokratischen Hindernisse aus dem Weg und besorgte es ihnen. Als einer seiner Betriebsleiter einmal ein Bewilligungsgesuch schickte, gab Wiesmyer es einem seiner Assistenten, der es prüfte und Wiesmyer dann sagte, daß es so faul wie ein 3-Dollar-Schein sei. »Max, wir müssen das zurückschicken«, sagte der Assistent. »Da stimmt einfach irgendwas nicht.«

»Hören Sie«, erwiderte Wiesmyer, »wenn einer meiner Betriebsleiter eine Bewilligung schickt, ist es nicht Ihre Aufgabe, sie zu überprüfen und herauszufinden, was nicht stimmt – Ihre Aufgabe ist es, das so zu regeln, daß McNamara es nicht platzen läßt.«

In dieser neuen Zeit war Wiesmyer der vollendete Repräsentant der alten Ära. Er kannte alle Sünden der Vergangenheit und hatte es durch Zügeln seines Ehrgeizes geschafft, nicht in die endlosen Machtkämpfe unter dem alten Henry Ford verstrickt zu werden. Als einmal einer der ihm zugeteilten klugen jungen Männer aus der Finanzabteilung sehr viele Fragen stellte, sagte Wiesmyer: »Junger Mann, dies ist ein Unternehmen, in dem man nicht immer alle Antworten wissen sollte. Was Sie nicht wissen, ist vielleicht besser für Sie als das, was Sie wissen.« Er wurde 1899 als Sohn eines Zimmermanns und Kleinunternehmers in Whitemore Lake in Michigan geboren. Als er achtzehn war, bekam er eine Stelle bei Ford, wo er für 47 Cents die Stunde im Werkzeugmaschinensaal arbeitete. In den folgenden dreißig Jahren lernte er fast alle Arbeitsplätze kennen, die es bei Ford gab. Sein Werdegang führte ihn überall hin. Er hatte in ganz Amerika und auch in Europa Fabriken aufgebaut.

Wiesmyer hielt sich soweit wie möglich aus dem Machtkampf zwischen Sorensen und Bennett heraus, der die 30er Jahre bei Ford prägte. Einer der Senkrechtstarter fragte ihn einmal, wie er die Ära Sorensen-Bennett überstanden habe, und Wiesmyer antwortete: »Ich war sehr gut darin, niemandes Feind und niemandes Günstling zu sein.«

Daß ein zutiefst zurückhaltender Mann wie Wiesmyer in einer so schwierigen Umgebung überlebt hatte, war keine geringe Auszeichnung. Das allein verschaffte ihm Achtung, denn Max hatte sich seine Integrität bewahrt, als Integrität nicht gefragt war. Seine Stärke bestand darin, daß er gut mit den ihm unterstellten Männern auskam, und daß diese unter schwierigen Bedingungen arbeitenden Männer Dinge für ihn taten, die sie für einen anderen Boß nicht getan hätten. Solange Crusoe Chef der Ford-Division war, war Wiesmyer geschützt, denn Crusoe verstand das und kannte seinen Wert. Obwohl sie sehr verschieden waren – Crusoe anspruchsvoll und mit Hochschulabschluß, Wiesmyer eher aus grobem Holz –, wurden sie Freunde, machten zusammen Urlaub in Palm Springs und sprachen, wie es schien, ihre eigene Sprache, wenn sie sich darüber Gedanken machten, wie ein so schwaches Unternehmen erhalten werden konnte. Crusoe erkannte vor allem ganz genau und wußte es zu schätzen, daß Wiesmyer einen einst großen, jetzt aber abgewirtschafteten Betrieb zusammenhielt, und daß er das dank der persönlichen Loyalitätsbeziehungen konnte, die er aufgebaut hatte. Die Montagewerke waren – wie Crusoe wußte – entscheidend. Nach seinen Worten waren sie die letzte Instanz, wo etwas entweder richtig oder aber völlig falsch gemacht wurde. Wiesmyer war der Vertreter der Männer, die diese Montagewerke leiteten. Er wußte, daß Ausschuß in das System eingebaut war, daß alle möglichen Spielchen gespielt wurden, aber er hatte vor langer Zeit beschlossen, daß sie seine Männer seien; sie leiteten ihre Betriebe unter schlimmen Bedingungen, und wenn sie zu irgendwelchen Tricks griffen, dann nur, um zu überleben, nicht aus Habgier. Seine Aufgabe bestand also darin, sie vor der Finanzabteilung und McNamara zu schützen.

Nachdem Crusoe befördert und McNamara Chef der Ford-Division geworden war, hatte Wiesmyer keine Chance mehr. Was er am besten konnte, seine große Stärke, der Umgang mit den Männern, fand bei McNamara nie Anerkennung; er mißtraute ihm deshalb vielmehr – ihm schmeckte das nach Vetternwirtschaft. Wiesmyers größte Schwäche, das Quantifizieren dessen, was in seinen Fabriken geschah, das Umwandeln dieses schwerfälligen, planlosen, mechanischen Vorgangs in eine einzige einträgliche, konstante, numerische Wahrheit, war McNamaras Stärke – und seine Waffe. Wiesmyer haßte

McNamaras Zahlen; er wußte, daß jede einen Verlust an Selbständigkeit darstellte, und er konnte nichts mit ihnen anfangen.

Wiesmyer wußte, was sich tat. Er wußte, daß McNamara es auf ihn abgesehen hatte, daß er die Macht konzentrierte, Dinge, die früher in den Zuständigkeitsbereich der Werke gehört hatten, Detroit zuspielte, wo die Finanzabteilung sie beherrschen konnte. Die Realität in der Produktion wurde immer unwichtiger; wie diese Realität den Zahlen Detroits zufolge sein *sollte* wurde immer wichtiger. McNamara wollte nicht nur Etats, was berechtigt war; er wollte immer mehr Herrschaft über die Betriebsleiter. Er ordnete beispielsweise ein Einfrieren der Löhne an, so daß in den Fabriken niemand ohne die Zustimmung Detroits eingestellt werden konnte. Jeden Monat kamen neue Vorschriften, neue Kontrollen hinzu. Es kamen jetzt ständig Anweisungen aus dieser fremden Zentrale, meistens hinsichtlich der Produktionszahlen, selten hinsichtlich der Qualität. Wiesmyer war außer sich. »Wenn McNamara die verdammten Fabriken leiten will«, sagte Wiesmyer einmal, »warum geht er dann nicht raus und übernimmt eine und leitet sie ein Jahr? Aber doch nicht auf dem Papier.«

Nichts machte die neue gespaltene Persönlichkeit der Ford Motor Company, den Konflikt zwischen moderner Leistungsfähigkeit und fehlerhafter Wirklichkeit alten Stils, deutlicher als der Kampf um die Brennöfen. Weil sich die Betriebe in schlechtem Zustand befanden und nicht in der Lage waren, genügend Wagen für die unersättlichen Nachkriegskunden zu produzieren, entbrannte wegen dieser Anlagen bald ein heftiger Streit zwischen McNamara und der Produktion. Die Männer aus den Betrieben wollten neuere und bessere Fabriken. McNamara wollte einen höheren Ausstoß der bestehenden Betriebe. Der Engpaß waren die Brennöfen, wie sich bald herausstellte. Sie waren veraltet, technisch überholt und für die neuen Wagen zu klein. Neil Waud, ein Mann aus der Produktion, war sprachlos, als McNamara in dieser Situation vorschlug, das Fahrgestell aus zwei Teilen herzustellen, zu lackieren und dann zusammenzuschweißen. Waud erklärte, daß man nicht nach dem Lackieren schweißen könnte; selbst wenn es ginge, wäre der dann entstehende Wagen erheblich schwächer und für die verschiedensten Ermüdungserscheinungen anfällig. Doch McNamara beharrte auf seinem Standpunkt; es müsse einen Weg in dieser Richtung geben, um die Produktion zu beschleunigen. Je unnachgiebiger McNamara war, desto aufsässiger wurde Waud. »Ihr Problem ist«, erregte sich Waud, »daß Sie nicht die geringste Ahnung haben, wie unsere Wagen gemacht werden.« Nach dieser Sitzung wandte sich McNamara an Sanford Kaplan, einen der Vorgesetzten Wauds, und sagte: »Ich möchte den Mann auf keiner Sitzung mehr sehen.«

Wiesmyer war, als er diese Geschichte hörte, beruhigt und beunruhigt zugleich. Sie machte ihm klar, daß er selbst nicht übergeschnappt war; sie machte ihm aber auch klar, daß es keine Aussicht auf Besserung gab.

Wiesmyer entwickelte einen regelrechten Haß auf McNamara und sprach von ihm als dem »blöden Hund«. Zuerst kämpfte er offensiv, dann jedoch, als das nichts brachte, mit einer Art passivem Widerstand. Der sonst übersprudelnde und extrovertierte Mann zog sich immer mehr in sich zurück. Er wurde mürrisch und wortkarg. Selbst McNamara fiel auf, daß irgend etwas nicht stimmte. »Was ist mit Max los?« fragte er, und Wiesmyers Freunde erklärten ihm, daß Max Angst vor McNamara habe, daß er sich nicht länger verteidigen könne und sicher sei, daß jede Sitzung irgendein Versagen seinerseits offenlegen werde. McNamara schien zwar zuzuhören, aber sein Vorgehen änderte sich nicht. Wiesmyer fingen die Hände an zu zittern. Er redete manchmal zusammenhanglos. Am Ende litt er fast an Katatonie. Nach gut einem Jahr ohne die schützende Hand Crusoes bekam er einen Nervenzusammenbruch. 1962 ging er in den Ruhestand, noch immer gezeichnet von seinen Erfahrungen.

Mit der Ausschaltung Max Wiesmyers war die Macht der Produktionsabteilung bei Ford erfolgreich gebrochen. Die Entscheidungen über die Produktion – Entscheidungen, mit denen die Betriebe täglich leben mußten – fielen jetzt in Detroit, und zwar durch Männer, die noch nie in den Werken gearbeitet hatten. Die alten Hasen und die Männer, die mit dem neuen Stil nicht Schritt halten konnten, verschwanden einfach. Sie wurden nicht vor die Tür gesetzt, von wenigen Ausnahmen abgesehen. Viele verließen das Unternehmen von sich aus. Andere, Männer Ende Vierzig und in den Fünfzigern, blieben zwar, verschwanden jedoch auf bedeutungslosen Arbeitsplätzen. Es nimmt daher nicht wunder, daß bis auf Ausnahmen wie Don Lennox die intelligenten jungen Männer bei Ford keine Lust hatten, in die Fabriken zu gehen. Die Fabriken waren Niemandsland, bestenfalls Zwischenstation.

Die geschwächte Produktion wurde so aus Mangel an frischen Kräften immer schwächer. Politisch begann ihre Macht zu schwinden. Die neue Elite des Unternehmens, die von den besten Universitäten des Landes kam, blickte auf die Männer aus der Produktion herab, die im allgemeinen mittelmäßige staatliche Schulen und Universitäten besucht hatten, was auch in ihrer Kleidung und Sprache zum Ausdruck kam. Sie wurden nicht nur persönlich weniger geachtet; einher damit ging auch eine Mißachtung dessen, was sie machten. Sie arbeiteten nicht mehr in der wichtigsten Abteilung des Unternehmens. Sie standen jetzt im zweiten Glied.

Die großen drei der Automobilindustrie waren praktisch unter sich, letztlich Inhaber eines gemeinsamen Monopols, denn der Eintrittspreis für jeden Neuling war zu hoch. In einem solchen Umfeld wanderte die Macht von den Männern aus der Produktion, die zwar Risiken eingingen, normalerweise aber die Schöpfer der Marktanteile waren, zur Finanzabteilung, deren Vertreter wußten, wie man die Gewinne eines bestehenden Marktanteils in einer statischen Branche maximierte. Da der Wettbewerb in der Automobilbranche verhalten war, bestand kein Anreiz, Neuerungen einzuführen; den Leuten aus der Finanzabteilung kamen Neuerungen nicht nur kostspielig vor, sie schienen auch unnötig zu sein. Wenn Ingenieure – in erster Linie aus dem Ausland – technische Fortschritte erzielten, wie Scheibenbremsen, Gürtelreifen und Kraftstoffeinspritzung, dauerte es Jahre, manchmal viele Jahre, bis Detroit sich schließlich rührte und diese Neuerungen serienmäßig oder als Extra anbot. Warum sich auch aufregen? Bei der stürmischen Entwicklung Amerikas zu einer Mittelschichtsgesellschaft bestand eine beinahe unersättliche Nachfrage nach Autos. Es war unmöglich, kein Geld zu machen, und man war überzeugt, daß der Umsatz, egal wie er im laufenden Jahr war, im nächsten noch höher sein würde. Es zwang also kaum etwas dazu, die Autos zu verbessern. Von 1949, als das automatische Getriebe eingeführt wurde, bis Ende der 70er Jahre glichen sich die Wagen in bemerkenswerter Weise. Was es an Neuerungen gab wurde beinahe widerwillig übernommen.

In den späteren Jahren dieser Periode wurden Veränderungen tatsächlich nicht ersonnen, um die Wagen zu verbessern, sondern um die Modelle ganz unmerklich Jahr für Jahr zu schwächen. In seinem Streben nach höheren Gewinnen übernahm das Unternehmen die Grundkonstruktion aus dem Vorjahr und überlegte sich, wie man den Gewinn erhöhen könnte, indem man die Kosten einiger Teile senkte. Rein äußerlich sah der Wagen vielleicht im wesentlichen wie sein Vorgänger aus, doch Detroit hatte eine Million Dollar hier und zwei Millionen Dollar dort eingespart, indem es geringfügige Kleinigkeiten weggelassen hatte.

Die Ford Motor Company stagnierte. Der Produktimpuls, die besten und möglichst modernsten Wagen zu bauen, wich dem Profitimpuls, sowohl den Gewinn wie auch die Aktienkurse in die Höhe zu treiben. Das alles geschah nicht über Nacht. Begonnen hatte es mit McNamara und seinen Systemen. Diese Systeme, die ursprünglich eingeführt worden waren, weil das Unternehmen sich in einem so desolaten Zustand befunden und Ordnung gebraucht hatte, wurden eine Kraft für sich. Männer wie Charley Beacham – der alte Draufgänger und Verkäufer, Lee Iacoccas großer Förderer – fingen an, sich zu beklagen, daß Männer wie Arjay Miller und Ed Lundy, beides kommende Männer, Autos nicht wirklich mochten, Händler nicht mochten und auch das Geschäft im Grunde nicht mochten.

Aber es schien, als ob das mangelnde Gespür für Autos unwichtig wäre. Die Finanzabteilung kam zu Macht, weil das Unternehmen sie und ihr Können brauchte. Die Entscheidungen, vor denen diese riesigen Nachkriegsunternehmen standen, waren neuartig und kompliziert, und niemand, der nur über den Hintergrund des durchschnittlichen Produktmannes verfügte, konnte sich Hoffnungen darauf machen, ein solches Unternehmen zu leiten oder auch nur eine entscheidende Rolle zu spielen. Der Staat war jetzt stärker in der Wirtschaft engagiert, es gab mehr Anwälte und Interessengruppen, und die Kosten für jede Unternehmung waren höher. Es wurde mit einem Wort viel schwieriger, sich wirtschaftlich zu betätigen, und das half den Leuten aus der Finanzabteilung, denn sie hatten gelernt, mit solchen Schwierigkeiten umzugehen. Sie verstanden die komplexe neue Geschäftswelt und wußten, wie man in ihr überlebt, was auf die alte Generation nicht zutraf.

Weil das Geschäft so gewinnträchtig war, wollte niemand im Management einen Streik. Die Folge war, daß die Einigungen mit der Automobilarbeitergewerkschaft von Jahr zu Jahr stattlicher ausfielen. Die Branche fuhr ansehnliche Gewinne ein, und das wußte niemand besser als Walter Reuther, der Führer der Automobilarbeitergewerkschaft. Während Nissan die lästigen Gewerkschaften zerschlug, trafen Ford und die anderen amerikanischen Autohersteller derart großzügige Abmachungen, daß das Wirtschaften jedes Jahr teurer wurde. Auch das half den Finanzleuten, weil es ihre Aufgabe war, trotz der steigenden Kosten Gewinn zu erzielen.

Außerdem meldeten sich jetzt weniger gute Produktleute, weniger Männer, die in ihrer Jugend mit Autos herumexperimentiert hatten und Liebe zur Technik mitbrachten. Es gab nicht mehr so viele autodidaktische Ingenieure in Amerika, Männer, die in ihren Garagen bastelten. Im wohlhabenderen Amerika der Nachkriegsjahre besuchten die, die als Jungen mit Maschinen gespielt hatten, nicht die Universität; wer die Universität besuchte, kam aus Familien, in denen man, wenn etwas kaputt war, in den nächsten Laden ging und sich einen Ersatz besorgte. In Detroit stellten sich zwar immer noch Ingenieure vor, aber ihre Hände waren jetzt sauber. Das technische Wissen des Landes wurde immer abstrakter. Die intelligentesten jungen Leute studierten Jura und Wirtschaftswissenschaften; die besten Ingenieure wollten in der Weltraumforschung oder der Verteidigung arbeiten.

Wie auf viele andere Unternehmen wirkte sich die neue Rolle der Wall Street auf die Ford Motor Company aus. Die traditionsreichen großen Unternehmen interessierten nicht länger, denn sie hatten das eigentliche Wachstum hinter sich; sie waren bereits groß und reich. Jetzt bestand die Kunst darin, ein Unternehmen zu entdecken, das gerade im Begriff war, groß herauszukommen, und sich einzudecken, bevor die anderen es taten, es auszureizen, solange es ein heißer Tip war, und dann abzuspringen, kurz bevor es seinen Höhepunkt erreichte. Das war der Schlüssel zum schnellen Markt. Gewinn genügte jetzt nicht mehr; Supergewinn war das Stichwort. Diese Entwicklung belastete die traditionsreichen Unternehmen besonders stark, Unternehmen, deren Gewinne, wie beachtlich sie auch sein mochten, sich stabilisiert hatten. Denn sie befanden sich im Wettbewerb mit all jenen aufregenden neuen Firmen im Land.

Allmählich reagierten die Unternehmen auf die Vorgaben der Wall Street und bemühten sich, selbst ein heißer Tip zu werden, damit sie sich am Wettlauf um Kapital beteiligen konnten. Einige dieser Unternehmen ähnelten Frauen mittleren Alters, die darum kämpften, ihren Ehemann zu halten, indem sie zuviel Make-up auflegten und Kleider trugen, die eher etwas für eine Zwanzigjährige waren. Als die Unternehmen ihren Stil änderten, änderten sie – zunächst fast kaum wahrnehmbar – auch ihre Zielsetzung. Es genügte nicht mehr, nur ein gutes Produkt herzustellen und einen soliden Gewinn zu erwirtschaften; jetzt setzte man sich immer öfter zum Ziel, die Aktienkurse in die Höhe zu treiben. Der Kurs war das wichtige, nicht das Produkt. Die neue amerikanische Öffentlichkeit bildeten nicht die Leute, die den Wagen kauften, sondern die Leute, die den Kurs kauften. Diese Fixierung auf den Kurs zwang die alten Unternehmen unweigerlich zu kurzfristigen Schritten, die die Gegenwart auf Kosten der Zukunft in gutem Licht erscheinen lassen sollten. Forschung und Entwicklung wurden gedrosselt, weil sie teuer waren, die Gewinne verringerten und das Bilanzbild beeinträchtigten. Der Zwang, die Ausgaben drastisch zu kürzen, wurde somit sehr stark. Da die Lohnkosten ständig stiegen, wurden die Einsparungen stets dadurch erreicht, daß man Abstriche bei den Innovationen, dem Produkt und der Instandhaltung der Werke machte. Diese Vorgehensweise, die ein gestandenes Industrieunternehmen wie Ford besonders hart traf, durchdrang die gesamte Wirtschaft. Ohne daß jemand es bemerkte, wurde der Spielraum für den amerikanischen Kapitalismus immer enger.

Die geänderte Zielsetzung der Unternehmen brachte eine – manchmal versteckte – Änderung in der Verteilung der Macht mit sich. So glaubten beispielsweise einige, daß Ford in den folgenden zwei Jahrzehnten, den Sechzigern und Siebzigern, Lee Iacocca gehört habe – so sehr trat er in Erscheinung, war die beherrschende Kraft. Andere meinten, es sei Henry Fords Unternehmen gewesen, einfach weil er den Familiennamen trug und die endgültigen Entscheidungen treffen konnte. Aber wieder andere, die wußten, wie es dort lief, glaubten, es sei in Wirklichkeit das Unternehmen J. Edward Lundys gewesen.

Der stille Mann

Ed Lundy war der stille Mann der Ford Motor Company. Als Finanzabteilungsleiter, dann Leiter des Rechnungswesens und 1962 als Vizepräsident für Finanzen war er der Erbe der Macht, die McNamara angehäuft hatte. Außerhalb der Firma kannte bis auf seine wichtigsten Kollegen fast niemand seinen Namen. Innerhalb der Firma war sein Name nicht nur bekannt, es war der Name schlechthin. Er spezialisierte sich darauf, die intelligentesten Absolventen der Wirtschaftshochschulen des Landes um sich zu scharen und aus ihnen einen professionellen Kader zu formen. Wenn Ed Lundy sagte, ein bestimmter junger Mann habe das Zeug dazu, stand dem Erfolg des Betreffenden nichts mehr im Weg.

Er war nie verheiratet und führte das Leben eines Mönchs. Die Ford Motor Company war seine Familie, und die gescheiten jungen Männer, deren Karrieren er steuerte, waren seine Söhne. Diejenigen, die er mochte, wurden Mitglied seiner großen Familie, und er war ungewöhnlich großzügig ihnen und ihren Familien gegenüber. Der Keller seiner schönen Eigentumswohnung in Dearborn glich einem gutsortierten Geschenkshop; von dort verschickte er jedes Jahr Hunderte von Geschenken.

Ford war sein Leben, Ford und die katholische Kirche, deren treues Mitglied er war. Wenn seine Leute ihm über das Wochenende einen statistischen Bericht zukommen lassen mußten, wurde ihnen häufig bedeutet, daß sie ihn in der katholischen St. Josephs Kirche in Dearborn abgeben müßten, wo Lundy sehr viel Zeit verbrachte.

In einer Stadt, in der zum Erfolg ein gewisses Maß an öffentlicher Zurschaustellung gehörte, führte Lundy ein äußerst asketisches Leben – der heilige Thomas von Aquin in der Autostadt, bemerkte Don Frey, ein Kollege. Die meisten seiner Kollegen schätzten die Zuwendungen, die das Unternehmen gewährte – Lundy nicht. Die Tatsache, daß Ford seine eigene Fluggesellschaft hatte (die siebzehntgrößte Fluggesellschaft der Welt wurde sie genannt), bedeutete, daß diejenigen, die sich verdient gemacht hatten, in gewissem Umfang kostenlos reisen konnten. Ed Lundy verabscheute Reisen, verabscheute es, an Sitzungen auf fremdem Boden teilzunehmen. Arbeit hieß für ihn in Detroit sein, mit Zahlen spielen und ihnen das richtige Ergebnis entlocken.

Auch wenn er ein Asket war, schätzte er doch gute Kleidung, für die er beträchtliche Summen ausgab. Er gab nicht viel auf Mode – bis weit in die 70er Jahre hinein trug er den Bürstenhaarschnitt, mit dem er als junger Major der Armee direkt aus dem Krieg zur Ford Motor Company gekommen war – und seine Kleidung war konservativ.

Lundy mochte kein öffentliches Aufsehen. Er gab nie Interviews und vermied jedes Auftreten in der Öffentlichkeit. Er war schüchtern, aber es war mehr als das; er wußte, daß es bei Ford nicht gut war, zuviel Aufmerksamkeit auf sich zu lenken. Das ging unweigerlich ins Auge, und man handelte sich damit höchstens Kritik ein. In einem Unternehmen, das berühmt war für energische Männer mit gesundem Selbstvertrauen – Ford, Breech, Thornton, McNamara, Iacocca, Frey, Caldwell und Bourke –, schien Lundy eigenartig sanft und bescheiden zu sein. Er wollte nur das, was gut für die Ford Motor Company war. Er wollte nichts für sich. Er hatte keinen Sinn für Selbstbeweihräucherung. In den ersten Jahren in der Firma hatte er nicht die eigene Karriere vorangetrieben, sondern die seines engsten Freundes Arjay Miller. Lundy hatte zuwenig Selbstvertrauen, um sich zu exponieren, aber Miller war, wie er meinte, für eine Spitzenposition wie geschaffen. Was hätte besser sein können als Miller an der Spitze und Lundy still und hilfreich im Hintergrund? Lundy wurde eine Art adoptiertes Mitglied der Familie Miller, ein zusätzlicher Onkel für Millers Kinder. Als Miller 1963 zum Präsidenten ernannt wurde, war Lundy hocherfreut. Aber ein paar Jahre später überraschte Henry Ford alle Welt mit einer jener zahlreichen Machtverschiebungen, die Ford zu einem so interessanten und schrecklichen Arbeitsplatz machten, und ersetzte Miller. Miller selbst nahm die Nachricht mit einiger Gelassenheit auf, aber Lundy war am Boden zerstört, so daß einige Freunde sich schon um seine Gesundheit sorgten. Schließlich fand er sich mit dem ab, was geschehen war, und machte weiter.

Im Lauf der Jahre entwickelte er sich zur geheimen Macht der Ford Motor Company. Einer der Gründe für seinen Erfolg lag darin, daß es für seinen Ehrgeiz eine absolute Obergrenze gab. Er strebte nie nach dem Posten des Präsidenten des Unternehmens. Der wichtigste Mann im Bereich der Finanzen zu sein genügte ihm. Er gab niemals vor, etwas vom Geschmack der Öffentlichkeit oder von Styling zu verstehen. Er hatte seine geliebten Zahlen, und das reichte ihm. Er wußte, wie man mit ihnen umgeht. Aber das Fundament seines Imperiums war, daß er die Einstellungs- und Personalpolitik des Unternehmens beherrschte. Jahr für Jahr zogen Lundy und seine Männer aus, um die besten Absolventen der führenden Wirtschaftshochschulen des Landes für Ford anzuheuern. Wenn sie dann auch noch seine Tests bestanden und der richtige Typ waren, kümmerte er sich um ihren Aufstieg und brachte sie in den entscheidenden Bereichen des Unternehmens unter.

Lundy behielt jene im Auge, die ihm positiv aufgefallen waren. Wenn ihm das, was jemand gemacht hatte, gefiel, nahm er ein kleines Kärtchen und schrieb einige lobende Worte darauf, die sorgfältig ausgewählt waren. Diese Kärtchen wurden sehr geschätzt. Das Auge Lundys bemerkte auch sehr schnell einen Missetäter. Er war wie ein strenger Pfarrer, eine Art katholischer Moralist vom Lande, wie ein Freund es ausdrückte. Als einer seiner jungen Mitarbeiter ein Verhältnis mit einer Frau aus dem Büro begann, geriet Lundy außer sich. Er rief den Chef des jungen Mannes zu sich und sagte ganz ruhig: »Schaffen Sie ihn hier fort«, und der Betreffende kam an einen ganz anderen Arbeitsplatz. Daß Lundy von den ihm Unterstellten eine Moral verlangte, an die sich der Mann, für den er arbeitete, nicht immer hielt, war offenbar unerheblich. Für ihn stellte Henry Fords gelegentliches sprunghaftes Verhalten ein praktisches Problem dar. Wenn einer von Lundys Zöglingen eine Stelle bei Ford im Ausland antreten sollte, nahm Lundy ihn beiseite und ließ ihm die geheiligste und geheimste aller Warnungen zukommen. Das bereitete Lundy einige Schwierigkeiten, denn es rührte an einen Loyalitätskonflikt; um seinen Sprößling zu schützen, mußte er etwas Kritisches über seinen Vorgesetzten sagen. Bevor Lundy die Warnung aussprach, wanderte sein Blick zur Tür, um sicher zu sein, daß niemand mithören konnte. Dann sagte er mit fast trauriger Stimme: »Mr. Ford besucht sehr gern die Werke im Ausland«, begann er, »und Mr. Ford ist, wie Sie wissen, ein sehr nobler Mann. Ein sehr nobler Mann. Aber der Moment, in dem er ein Glas mit Alkohol erhebt, ist für Sie der Augenblick, in dem Sie so schnell wie möglich verschwinden sollten.«

Die jungen Abgänger von der Wirtschaftshochschule wußten, daß die besten Aufgaben jene waren, die sie in täglichen Kontakt mit Ed Lundy brachten. Eine der begehrtesten Positionen war der persönliche Zeitungsausschnittsdienst für Ed Lundy. Die Arbeit verlangte, daß der betreffende junge Mann jeden Morgen um halb sieben im Büro war, damit Ed Lundy gegen halb acht einen vollständigen Querschnitt der jeweiligen Morgenpresse auf seinem Schreibtisch hatte. Die Aufgabe war nicht deswegen so beliebt, weil sie so interessant gewesen wäre – es hieß lediglich ausschneiden und kleben –, sondern weil sie täglichen Umgang mit Lundy bot. Das Vorrecht wurde jährlich an einen neuen intelligenten Helfer weitergegeben.

Eine ebenso begehrte Aufgabe war die Bedienung des Projektors. Der junge Mann, der damit betraut wurde, war bei allen entscheidenden Sitzungen dabei, sah, wie die Führungskräfte miteinander verkehrten, und konnte sehr gut wichtige Verbindungen knüpfen. »Wer den Projektor unter sich hat, hat auch die Firma unter sich«, hieß es bei Ford, und den Projektor hatte immer die Finanzabteilung unter sich. Der Haken an dieser Beschäftigung war, daß Lundy selbstverständlich ein strenger Zuchtmeister war, der bei jeder Vorführung Perfektion erwartete. Ein Druckfehler in einem auf die Leinwand geworfenen Schriftstück oder sonst ein Schnitzer war unannehmbar. Der Abend vor einer wichtigen Vorführung war also jedes Mal nervenzermürbend, denn der junge Mann, der den Projektor bediente, versuchte sicherzustellen, daß es keine Ausrutscher geben würde. Einmal steckte einer von ihnen ein Dia verkehrt herum in den Apparat; die Auswirkungen waren noch nach Wochen zu spüren. Man sprach von dem Vorfall nicht als von einem Fehler, sondern von einer möglicherweise ruinierten Laufbahn.

Für die Präsentationen der Finanzabteilung gab es ausgeklügelte Regeln. Einige stammten von Lundy, andere waren von seinem Vorgänger Ted Yntema übernommen und von Lundy ausgeschmückt worden. Ford hieß bei einer Vorführung immer »das Unternehmen«. Es hieß »im Vergleich mit«, nicht »im Vergleich zu«. Der Ausdruck »fällig« sollte nicht benutzt werden, weil »fällig«, wie er sagte, ein Wort sei, das im Zusammenhang mit der Ausleihe von Büchern verwendet werde. Sätze hatten nicht mit dem Wort »allerdings« anzufangen. Bei einer wichtigen Sitzung, auf der über eine Ausgabe von über 100 Millionen Dollar entschieden wurde, stellte ein junger Mitarbeiter des Stabes einmal verblüfft fest, daß der strittige Punkt zwischen Lundy und Will Caldwell, einem seiner Stellvertreter und ebenfalls Grammatik-Fan, nicht die zur Debatte stehende Frage war, sondern der richtige Gebrauch bestimmter Relativpronomen.

Lundy korrigierte gern in den Schriftstücken anderer herum, verbesserte sie auf dem Papier und im Gespräch. Marvin Runyon, damals noch ein junger Mann aus der Produktion, kam einmal zu ihm. »Mr. Lundy«, begann er, »wir haben folgendes Problem und dazu drei Alternativen.« »Nein, das haben Sie nicht«, entgegnete Lundy. »Sie haben zwei Alternativen oder drei Wahlmöglichkeiten.«

Nicht nur die Unterlagen, auch die jungen Männer selbst sollten bei einer Sitzung ein angemessenes Bild bieten. Ihre Kleidung hatte stets etwas besser als die von Mitarbeitern anderer Abteilungen zu sein – darauf legte Lundy großen Wert. Wenn einer seiner jungen Leute etwas vorführen mußte, überprüfte Lundy sein Äußeres. War die Krawatte etwas zu auffällig – unangebracht, wie er sagte –, griff Lundy in seinen Schreibtisch, in dem er immer eine kleine Auswahl Krawatten aufbewahrte, und suchte eine angebrachte heraus. Die in ihrem Verhalten einheitlichen Leute Lundys wurden so auch äußerlich einheitlich. Die Kleidung war Ausdruck von Herkunft, Ziel, Raffinesse und insbesondere der Klasse – ein weicheres Tuch, ein schmalerer Aufschlag, ein ruhigeres Muster. Sie machte deutlich, daß der Träger die richtigen Schulen und Universitäten besucht, gute Verbindungen im Unternehmen und eine vielversprechende Zukunft hatte.

Mehr als fünfundzwanzig Jahre holte Lundy sich seine Leute in die Firma, äußerst intelligente und äußerst motivierte Männer, die Systeme kannten und wußten, wie man sie am wirksamsten anwendet. Die seinige war die bei weitem bestorganisierte und diszipliniertaste Gruppe innerhalb des Unternehmens. Diese Disziplin leitete sich von Lundy selbst her; er war in der Lage, den jungen Männern seine Grundsätze einzuflößen, die Rivalitäten unter ihnen auf ein Minimum zu beschränken. Seine Fraktion war somit nie in Splittergruppen zerfallen. Er stellte sicher, daß ältere Generationen von Lundy-Zöglingen sich um die jüngeren kümmerten. Die älteren Lundy-Zöglinge schätzten sich glücklich, die jüngeren zu integrieren, denn es zeichnete einen kommenden Mann aus, daß er gute Leute bekam, die für ihn arbeiteten. Sie bildeten ein Unternehmen innerhalb eines Unternehmens.

Ihre Loyalität galt nicht dem Auto, sondern der Karriere, der eigenen oder der von Männern, denen sie dienten. Sie waren alle auf dieselben Universitäten gegangen, und sie hatten innerhalb und außerhalb des Unternehmens die gleichen Verbindungen, ihre eigenen Kommunikationskanäle, die eigenen Schlüsselworte.

Jahr für Jahr festigte Lundy seine Macht, brachte seine Leute in zunehmend wichtigeren Stellungen unter.

Zeichnete sich ein Angestellter besonders aus, so wurde seine Personalakte mit einem grünen Band gekennzeichnet. Von Lundys Leuten waren ungewöhnlich viele als herausragend eingestuft und hatten eine entsprechend gekennzeichnete Akte, zum einen weil sie klug waren, zum anderen aber auch weil sie sich gegenseitig die Personalberichte schrieben. Die Akten der anderen Abteilungen wiesen deutlich weniger Grün auf, was einige Leute reizte. Wenn Iacocca oder irgendein anderer Lundy wegen der grünen Auszeichnung eines seiner Männer angriff, ging er sofort in die Verteidigung. »Selbstverständlich ist er grün, er ist einer meiner besten Leute«, erwiderte er in solchen Fällen.

Wenn Lundy einen Unternehmensbereich für in nicht ausreichendem Maße mit Finanzleuten besetzt fand, brachte er einige seiner besonders guten Leute dort unter. Er hielt genau fest, wie viele von seinen Mannen in andere Abteilungen und andere Firmen gegangen waren, und jeder Lundy-Mann, der fortging und sich gut schlug, war eine weitere Auszeichnung für ihn, eine weitere Anerkennung, daß er die besten Leute im Land aufbaute. Die Kopfjäger im Land, die ständig nach tüchtigen, rastlosen jungen Männern Ausschau hielten, die eine Firma führen konnten, hatten Lundy in ihr Herz geschlossen, denn seine Berichte über die Leute, die er eingestellt hatte, waren detailliert und vorurteilslos, und ihre Disziplin war eine feststehende Tatsache. Lundy war ungemein stolz auf seine Leute, und es machte ihm nichts aus, sie mit anderen Abteilungen oder gar anderen Firmen zu teilen, insbesondere diejenigen, die nicht auf seiner Liste der absoluten Topleute standen. Aber Abwerben schätzte er nicht; die Fluktuation der guten Kräfte hatte zu seinen Bedingungen zu erfolgen. Ende der 60er Jahre holte sich Xerox, eine aufstrebende Firma, die gute Leute brauchte, zu viele Leute von Ford, wie Lundy meinte. Das verzieh Lundy weder Xerox noch denjenigen, die gegangen waren. Obwohl die Finanzabteilung enorme Mengen Papier erzeugte, die wieder und wieder kopiert werden mußten, ließ er nicht zu, daß seine Mitarbeiter Xerox-Geräte benutzten. Sie mußten vielmehr mit einem sehr viel primitiveren Gerät arbeiten, das nicht so leistungsfähig war und, abgesehen von anderen Mängeln, die erstellten Kopien auch nicht sortieren konnte.

Für Lundy bedeutete das Anwachsen seines Kaders, daß das Unternehmen disziplinierter denn je war, daß seine Verfahren rationaler geworden waren und es deshalb weniger Fehler machen würde. Er und seine Leute betrachteten es als ihre Aufgabe, die kreativen Mitarbeiter zu bremsen und sie zweimal denken zu lassen. Andere im Unternehmen sahen das anders. Nach ihrer Meinung hatte Lundy seine Machtbasis zu gut ausgebaut. Wo es früher ein System gegenseitiger Kontrollen gegeben hatte, gab es jetzt aufgrund der Größe der Finanzabteilung fast nur noch einseitige Kontrollen.

Lundys wachsende Macht war ein Spiegelbild der konservativen Haltung Henry Fords. Immer mehr fürchtete Ford die Risiken und wollte für sich und seine Familie bewahren, was er hatte. Das machte Lundys Rat so willkommen; er war derjenige, der stets davon sprach, das Unternehmen zu bewahren, während die Produktleute offenbar ständig davon sprachen, es aufs Spiel zu setzen. Er hatte noch eine andere Stärke: Er konnte ein gewichtiges Wort zu dem sagen, was die Wall Street von einem bestimmten Handlungsverlauf halten würde. Das war der letzte Trumpf. Wenn die Produktion auf einer Sitzung auf größere Ausgaben drängte, sprach Ed Lundy häufig über die Auswirkungen, die das auf Wall Street haben würde. Wall Street zog es offenbar immer vor, daß die Ford Motor Company sparte anstatt ihre Mittel auszugeben. »Wenn wir das tun, Mr. Ford«, sagte er etwa, »wird der Markt das übelnehmen«, oder einfach: »Der Kurs wird fallen«. Gegen dieses Argument waren die Männer aus der Produktion machtlos.

Der wachsende Einfluß der Finanzabteilung machte die kreativen Mitarbeiter verwundbarer denn je. Denn die kreativen Leute machten Fehler, egal wie gut sie waren. Kein Mann aus der Produktion war ohne Fehl; denn auf jedes Modell, das ein Erfolg war, kamen andere, die man am besten vergaß. Die Leute aus der Finanzabteilung waren dagegen behutsam. Sie wurden nie mit einem bestimmten Produkt identifiziert. Sie hatten nie etwas zu produzieren. Bei Sitzungen griffen sie an, mußten aber nie verteidigen, während die Männer aus der Produktion sich verteidigten, aber nie angreifen konnten. Iacocca, der Generaldirektor der Ford-Division, hielt Lundy einmal entgegen: »Ed, das Schöne an der Arbeit in der Finanzabteilung ist, daß Sie sich keine Sorgen zu machen brauchen über Zehntagesberichte, keine Sorgen über Umsätze, keine Sorgen über die Planung, keine Sorgen über Produktionszusammenbrüche – was macht ihr eigentlich für euer Geld?« Aber Iacocca achtete darauf, daß niemand in der Nähe war, wenn er Lundy so anpflaumte. Kritik an der Finanzabteilung oder an Lundy war statthaft, sogar ein kleiner Scherz, aber nie im Beisein Dritter.

Lundy wurde zu einem Mann, der sich absonderte. In der Geschäftsleitungskantine von Ford hatte er sogar seinen eigenen Stuhl. Alle anderen, selbst Henry Ford, setzten sich irgendwohin, wenn sie hereinkamen. Nicht so J. Edward Lundy. Im Lauf der Jahre war ihm, ohne daß irgend jemand es bemerkt hätte, gelungen, was keinem gelungen war – er hatte sich den Anspruch auf einen eigenen Stuhl verschafft. (Einige von den älteren, schon länger im Unternehmen tätigen Mitarbeitern wußten, warum – Lundy hatte Schwierigkeiten mit den Augen und saß gern mit dem Rücken zu den hellen Fenstern; aber die meisten wußten das nicht und akzeptierten es einfach.) Niemand wagte es, hereinzukommen und sich auf diesen Stuhl zu setzen. Wenn Lundy nicht zum Essen kam, blieb sein Stuhl leer. Falls definitiv feststand, daß Lundy nicht im Hause war, setzte sich vielleicht jemand auf den Platz, aber voller Unbehagen. Es handelte sich lediglich um einen Stuhl in einer Geschäftsführungskantine, einen unbedeutenden Gegenstand, aber es war auch ein Ausdruck von Macht.

Lundy war der einzige Senkrechtstarter, der seinen Weg zu Ende ging. Von der ursprünglichen Gruppe hatten sowohl McNamara als auch Arjay Miller es bis zum Präsidenten gebracht, doch McNamara blieb nur ein paar Wochen, und auch Millers Amtszeit war vergleichsweise kurz und ohne Höhepunkte. Lundy blieb bis zum Schluß und drückte mehr als die anderen beiden der Ford Motor Company seinen Stempel auf. Daß er so lange soviel Macht in Händen halten konnte, überraschte viele, die ihn früher unterschätzt hatten. Letzten Endes spiegelte sich darin das Alter des Unternehmens wider, die Notwendigkeit, zu schützen und zu bewahren, anstatt zu schaffen, und auch die Tatsache, daß Lundy auf ganz persönliche Art die Interessen der Familie Ford vertrat. Seine Aufgabe war es, Ford zu schützen. Er kannte das Unternehmen, empfand niemandem sonst gegenüber Loyalität, und er würde sowenig von Fords Geld ausgeben wie möglich. Lundy und Ford telefonierten ständig miteinander; Henry Ford besprach alles mit Ed Lundy, alles. Gesellschaftlich verkehrten sie nicht viel miteinander. Wenn irgend möglich wich Lundy gesellschaftlichen Ereignissen in Detroit und auch Auslandsreisen aus, wie seine Freunde meinten, aus Angst vor dem, was passieren konnte, wenn Henry Ford anfing zu trinken, und aus Angst vor Fords unvermittelten verbalen Ausfällen. Aber die meisten im Unternehmen wußten, wie sehr Henry Ford Lundy vertraute.

Selbst seine Gegner achteten Lundy. Er war ein Mann des guten Willens. Die Männer aus der Produktion, die die Macht der Finanzabteilung für schädlich hielten, glaubten dennoch, daß er im Gegensatz zu McNamara ein anständiger Mann war. Er schikanierte nicht die, die anderer Meinung waren. Er stellte die Fragen nicht wie McNamara so, daß nur eine Antwort möglich war. Er hatte nichts von McNamaras grenzenlosem Ehrgeiz. McNamara hatte durch die Kraft seiner Persönlichkeit geherrscht und die Leute unter sich oft eingeschüchtert; Lundy herrschte durch Freundlichkeit – fast durch Liebe, wie ein Kritiker meinte. Daß er sich dem größeren Wohl des Unternehmens verpflichtet fühlte, daran war nicht zu zweifeln. Er war anständig und gerecht, aber das System, das er schuf, war es nicht.

Fünfter Teil

14
Die gaijin-Lehrer

Die Japaner sind schon immer gute Schüler gewesen. Die Japaner suchten den ausländischen Fachmann, hörten ihm zu, lernten so viel wie möglich und übertrugen die Erkenntnisse dann auf die japanischen Verhältnisse. Die ersten Lehrer bei Nissan waren Amerikaner gewesen, und unter diesen vor allem ein außergewöhnlicher Mann namens William R. Gorham. Im Bereich der Technologie war Gorham der Gründer der Nissan Autowerke. Noch 1983, fünfundsechzig Jahre nach seinem ersten Besuch in Tokio und fünfunddreißig Jahre nach seinem Tod, sprachen Nissan-Ingenieure, die ihn nie gesehen hatten, von ihm wie von einem Gott und konnten bis in Einzelheiten von seinen Jahren bei Nissan und seinen vielen Erfindungen berichten.

Gorham war ein typischer Amerikaner, der Erfinder und Maschinenbauingenieur als Missionar. Er war ein Mann, der gerne bastelte in einer Zeit, als das Herumbasteln an technischen Apparaten im Mittelpunkt einer aufregenden, expandierenden neuen Wirtschaftsordnung stand. Als Vierzehnjähriger nahm er 1902 den einfachen Motor eines Rasenmähers und baute ihn in einen Kinderwagen ein; auf diese Weise schuf er sich einen fahrbaren Untersatz mit eigenem Antrieb. Der zur Zeit des Ersten Weltkriegs ins Berufsleben eintretende junge Mann meinte, als Erfinder für die Autoindustrie zu spät gekommen zu sein, und konzentrierte sich statt dessen auf Flugzeuge. Er entwickelte einen wassergekühlten Flugzeugmotor, den er für bahnbrechend hielt, und war enttäuscht, als die amerikanische Industrie von ihm und seiner Erfindung kaum Notiz nahm.

Sein Vater, ein Handlungsreisender, hatte den Osten bereist und den Chinesen Kautschuk für ihre Fahrräder und Öl für ihre Lampen verkauft. Er prahlte gern damit, ihnen zwei Millionen Pfund Radiergummis verkauft zu haben, bevor sie überhaupt Bleistifte hatten. Er hatte seinen kleinen Sohn

William mit auf eine Verkaufsreise nach Japan genommen. Dieses Land hatte einen starken Eindruck auf den Jungen gemacht, ein Eindruck, der noch im Erwachsenen nachwirkte. Enttäuscht über die mangelnde Anerkennung in den Vereinigten Staaten kam er zu der Überzeugung, daß Japan seiner Arbeit aufgeschlossener gegenüberstehen würde. Er meldete sich auf eine Anzeige der japanischen Regierung, die Ingenieure zur Entwicklung von Kampfflugzeugen suchte, und 1918 nahm er seine Frau Hazel und seine beiden noch kleinen Söhne und ging nach Japan. Als er in Tokio ankam, war der Krieg zu Ende, und die Japaner brauchten keine Kampfflugzeuge mehr. Aber, so behauptete er später, da er das Geld für die Heimreise nicht hatte, blieben er und seine Familie. Die Gesellschaft gefiel ihm auf Anhieb, die Höflichkeit und kleinen Liebenswürdigkeiten des japanischen Alltagslebens, und ihm gefiel auch, als großer Technikguru aus Amerika behandelt zu werden. Als Anhänger der Christian Science zollte er den persönlichen Eigenschaften der Japaner Anerkennung: Sie waren fleißig, sorgfältig, nicht verschwenderisch und nahmen ihre Arbeit ernst. Sie konnten auch gut gehorchen, und Gorham war ein Mann, der es gern hatte, wenn man ihm gehorchte, und zwar umgehend.

Gorhams Flugzeugmotor erwies sich nicht als Erfolg, und die japanische Luftfahrtindustrie war zu schwach, als daß sie ihn hätte unterstützen können. Gorham mußte sich also nach anderen Aufgaben umsehen. Auf den Straßen wimmelte es von Rikschas, und er kam zu dem Schluß, daß sie in der modernen Zeit kein akzeptables Fortbewegungsmittel mehr seien. Daraufhin entwickelte er die motorisierte Gorham-Rikscha, ein Dreirad mit einfachem Motor. Sie war auf Anhieb ein Erfolg, nicht nur in Japan, sondern in ganz Südostasien.

Nach der Erfindung der motorisierten Rikscha baute er einen Dieselmotor für die japanischen Fischerboote, der zur Legende wurde. Es gab, wie es hieß, nichts, was dieser Amerikaner nicht konnte, und, was noch wichtiger war, niemanden, den er abwies. Er war eine Art neuer Gott, ein amerikanischer technischer Gott, der gekommen war, den Japanern zu helfen. Um diese Zeit trat Yoshisuke Ayukawa, der eine japanische Automobilindustrie aufbauen wollte, in Verbindung mit ihm. Gorham mochte Ayukawa sofort. Ende der 20er Jahre begann er, mit Ayukawa zusammenzuarbeiten und ein kleines, preiswertes Auto zu entwerfen. Die wenigen Autos, die damals in Japan gebaut wurden, waren aufwendig und teuer, etwas für die ganz Reichen. Ayukawa jedoch träumte schon lange von einem Wagen wie dem Modell T, den sich der japanische Durchschnittsbürger würde leisten können. Gorham war Feuer und Flamme, denn er verehrte Henry Ford.

Gorham und Ayukawa brauchten bei ihrem Vorhaben umfangreiche fachliche Hilfe – Gorham war zwar tüchtig, konnte aber nicht eine ganze Automobilfabrik leiten –, und sie mußten eine Fertigungsstraße bauen. So machte sich Gorham 1932 nach Amerika auf, um Amerikaner anzuheuern, die mithelfen und die Japaner auf allen Ebenen schulen sollten. Sie würden nicht nur gut bezahlt, betonte er, ihre Arbeit würde auch geschätzt werden, und man würde ihnen in einer Weise zuhören, wie sie es noch nie erlebt hätten. George Motherwell kam, ein Fachmann auf dem Gebiet des Schmiedens und Harry Marshall, ein Mann von Ford, und viele andere. Gorham sah sich auch nach Produktionsanlagen um. In Detroit kamen und gingen damals die Unternehmen, und Gorham besichtigte das kürzlich geschlossene Graham-Paige-Werk, prüfte es und kaufte mit Ayukawas Zustimmung die Fertigungsstraße und die Maschinen. Alles wurde zerlegt, dann verpackt und nach Japan geschickt. In Japan wurde alles wieder zusammengebaut, und das Land hatte seine erste Fertigungsstraße für Autos. Ein Jahr später, 1933, lief der erste Datsun vom Band, ein fast vollständig von einem Amerikaner namens William Gorham entworfenes Auto, der Vorläufer von Millionen anderen, die noch kommen sollten.

Von den amerikanischen Autobauern blieb nur Gorham. Er und seine Familie führten ein japanisches Leben und aßen japanische Kost, auch wenn er nie lernte, gut japanisch zu sprechen; Gorhams Söhne sprachen japanisch und spielten mit japanischen Kindern, vor allem mit den Kindern Ayukawas, denen Hazel Gorham Englisch beibrachte.

Gorham erfand Hunderte von Dingen, von denen viele in Japan weite Verbreitung fanden, doch er verdiente nie sehr viel mit seinen Erfindungen, weil er an Geld nicht interessiert war. Er liebte die Arbeit an seinen Projekten und den Wert, den die Japaner dem beimaßen, was er schuf. Es machte ihm Spaß, mit Männern zusammenzusein, die eine Leidenschaft für Maschinenbau hatten und alles lernen wollten. Ihm gefiel, wie die Japaner allem, was er sagte, Beachtung schenkten, aber er verzweifelte oft an ihnen, weil ihr herstellerisches Können ständig hinter dem zurückblieb, was sie seiner Meinung nach hätten können müssen. Ein ums andermal dachte er, daß sie jetzt endlich soweit wären, etwas selbständig zu machen, doch dann scheiterten sie im entscheidenden Augenblick. Die Japaner hätten, wie er seinen Söhnen oft erzählte, einen unheilvollen Mangel an Selbstvertrauen. Sie besaßen so viel Geschick und Fähigkeiten, aber zugleich so wenig Selbstvertrauen, daß er sich fragte, ob sie jemals den Schritt in das moderne Industriezeitalter schaffen würden.

Mitte der 30er Jahre, als die japanischen Militärs an die Macht kamen, änderte sich die Lage; Japan zog sich auf sich selbst zurück. Es wurde bald klar, daß die Militärs nicht wünschten, daß Nissan ein Auto für den einfachen Mann baute; sie wollten statt dessen Lastwagen haben, und so kam der Bau von Personenwagen zum Erliegen. Ayukawa ging in die Mandschurei und spielte eine wichtige Rolle bei der Entwicklung der schwerindustriellen Vorhaben, die das neue kaiserliche Japan dort verwirklicht wissen wollte. Er bat Gorham, mit ihm zusammenzuarbeiten, doch zum ersten Mal schlug Gorham seinem Freund etwas aus. (Ayukawa wurde nach dem Krieg als Kriegsverbrecher der Kategorie A eingestuft; er fiel der Säuberung zum Opfer und mußte Nissam verlassen, schaffte es jedoch später, als sich die Politik der Regierung änderte, noch einige Zeit im japanischen Unterhaus zu sitzen.) Die späten dreißiger Jahre waren für Gorham eine schwere Zeit; er sah, daß es Krieg geben und er zwischen die beiden Länder geraten würde.

1940 studierte sein älterer Sohn William an der Universität Cal Tech, der jüngere Don dagegen war noch in Japan und beendete gerade sein Studium an der kaiserlichen Universität Tokio. Gorham nahm ihn beiseite. »Deine Mutter und ich«, sagte er, »haben lange darüber nachgedacht. Wir glauben, daß es Krieg gegen die Vereinigten Staaten geben wird. Hier ist unser Leben. Hier sind unsere Freunde. Wir möchten hier leben und sterben. So haben wir uns entschieden. Ich will meine amerikanische Staatsbürgerschaft bald ablegen, möchte aber damit warten, bis du sicher in Amerika bist.« Kurz bevor Don Gorham in die Vereinigten Staaten zurückkehrte, verabschiedete er sich von Ayukawa. »Solange Ayukawas Augen schwarz bleiben«, sagte der alte Mann und meinte damit, solange er lebe, »gebe ich dir mein persönliches Versprechen, daß deinem Vater nichts passieren wird.«

Sein Vater wurde tatsächlich japanischer Staatsbürger und nahm einen japanischen Namen an, Katsundo Goahamu. Nach Pearl Harbor wurden er und seine Frau unter Hausarrest gestellt, doch war es der angenehmste Hausarrest, den man sich denken konnte; sie bekamen ungewöhnlich viele Vorrechte, wurden nicht schikaniert und erhielten das Doppelte der normalen Essensrationen. Obwohl Gorham genaugenommen nicht mehr für Nissan arbeitete, überwies Ayukawa ihm die ganzen Kriegsjahre hindurch sein Gehalt. Im Haus Gorhams fanden außerdem ständig Besprechungen zwischen Gorham sowie Ayukawa und seinen jüngeren Ingenieuren darüber statt, wie man die Werkzeugmaschinen für die japanische Industrie verbessern konnte – selbstverständlich für die japanische Militärmaschinerie. Zuerst half er Werkzeugmaschinen entwickeln, und nachdem er diesen ersten Schritt getan hatte, wurde er nach und nach immer mehr hineingezogen. Bald entwarf er Flugzeuge. Das versuchte er rational zu bewältigen, indem er sich sagte, es seien nur Schulungsflugzeuge. Doch man forderte immer öfter und immer mehr Einsatz von ihm. Es wurde alles sehr geschickt gehandhabt; Ayukawa wurde von seinen Vorgesetzten unter Druck gesetzt, und von Zeit zu Zeit gab er Gorham zu verstehen, daß er, Ayukawa, der Leidtragende sein würde, wenn Gorham nicht etwas mehr täte. Das funktionierte selbstverständlich immer.

Sobald der Krieg vorbei war, stellte Gorham sich den amerikanischen Behörden und berichtete eingehend über das, was er während des Kriegs gemacht hatte. Seinem Sohn Don erklärte er, daß er in Umstände verstrickt gewesen sei, die sich seiner Beherrschung entzogen hätten. Er erbot sich außerdem, den Amerikanern zu helfen, falls sie technische Unterstützung beim Wiederaufbau der japanischen Industrie brauchten. Die amerikanischen Behörden beschlossen, ihn nicht als Verräter zu belangen; schließlich war er japanischer Staatsbürger gewesen. Sie waren vielmehr ungewöhnlich verständnisvoll. Binnen weniger Monate arbeitete er mit dem Hauptquartier MacArthurs zusammen an Industrieproblemen. Er starb 1949 in Tokio. Gegen Ende seines Lebens half er alten Freunden bei Canon bei der Entwicklung neuer Kameras. Dies war Teil der Vorbereitungen für die erste große industrielle Eroberung Amerikas durch die Japaner.

Hatte Gorham die Japaner in der Zeit vor dem Krieg für gelehrige Schüler gehalten, erschienen sie seinen direkten Nachkommen, den Amerikanern, die nach dem Krieg nach Tokio kamen, noch wißbegieriger. Die Niederlage, die ihnen die Amerikaner beigebracht hatten, und vor allem die offenkundige Überlegenheit der amerikanischen Technologie hatten den Japanern bestätigt, daß sie nichts wußten und noch alles zu lernen hatten. Das war ihr größtes Plus, das und die traditionelle Überzeugung, daß es durchaus in Ordnung war, zu den Fremden zu gehen, ob es nun Chinesen oder Bewohner westlicher Länder waren, und herauszufinden, was sie besser machten. Dies galt es dann heimzubringen und den japanischen Umständen anzupassen. Anfang der 50er Jahre begann Nissan, wie viele andere japanische Unternehmen auch, Fachleute nach Tokio zu holen und Teams nach Amerika zu schicken, die dort lernen sollten, was die Amerikaner machten und wie sie es machten. Amerika war das Land, wo alles funktionierte. Die Amerikaner würden folglich die Lehrer sein und die Japaner die Schüler. Japans einziger Reichtum waren seine Menschen, pflichtbewußt, folgsam, diszipliniert, gut ausgebildet und darauf bedacht, ihrem Land wieder zu Größe zu verhelfen. Der Schlüssel zur Größe war im modernen Zeitalter die industrielle Stärke. Die Japaner hatten in jenen Tagen nichts Arrogantes an sich. Eher waren sie zu bescheiden, zu sehr bereit, jedem Amerikaner Allwissenheit zuzugestehen. Alle Amerikaner waren Fachleute.

Als Donald Stone, ein im Ruhestand lebender Ingenieur von Willys-Overland, 1955 zu Nissan kam, um Vorträge über Maschinen zu halten, gerieten alle Nissan-Ingenieure aus dem Häuschen. Nissan hatte sich genau umgesehen und Stone herausgesucht. Es bestand kein Zweifel, daß er über außergewöhnliche Referenzen verfügte und einer der kenntnisreichsten Männer auf diesem Gebiet war.

Doch bald stellte sich Enttäuschung ein. Man hatte fünfzehn Vorlesungen in fünfzehn Abschnitten erwartet – eine Vorlesung über den Vergaser, eine über die Kurbelwelle, eine über die Zündanlage und so fort. Doch es wurde deutlich, daß Stone praktisch überhaupt nicht daran interessiert war, in dieser Weise darüber zu sprechen. Stone war, wie sich herausstellte, ein ausgezeichneter Lehrer, aber nicht von der Art, wie die Japaner es erwarteten. Er war kein Mann der Theorie, sondern ein Mann der Praxis, und er war der Überzeugung, daß der beste Ort zum Lernen und zum Lehren nicht der Seminarraum war, sondern der Arbeitsplatz.

Zu der Zeit, als Stone eintraf, traf Nissan Vorbereitungen für die Entwicklung eines völlig neuen Motors für einen kleineren Wagen. Der Wagen war für den heimischen Markt und eventuell für den Export bestimmt, wenngleich letzteres zu der Zeit noch in weiter Ferne schien. Ein neuer, von Nissan entworfener Motor war ein alter Traum. Als Nissan nach dem Krieg angefangen hatte, wieder Tritt zu fassen, war man widerwillig zu dem Schluß gekommen, daß die eigene Technologie zu begrenzt, die eigenen Ingenieure zu unerfahren waren, als daß man einen eigenen Motor hätte entwickeln können; man würde einen Motor aus dem Ausland übernehmen müssen. Genshichi Asahara, der sowohl Präsident von Nissan wie auch technischer Leiter war, hatte zunächst an die Amerikaner gedacht, die gegenüber anderen notleidenden japanischen Branchen, etwa der Stahlwirtschaft, so großzügig gewesen waren. Doch eine Auto-Ehe mit den Amerikanern war schwierig; ihre Wagen waren zu groß, und die Motoren verbrauchten zuviel Benzin. Volkswagen war an einem Geschäft interessiert, aber Asahara nicht. Der VW hatte einen luftgekühlten Motor, und die japanischen Ingenieure seien, wie er sagte, mit einem wassergekühlten Motor vertrauter. Andere meinten, seine Gründe seien vielschichtiger; es widerstrebe ihm, so kurz nach dem Krieg eine neue deutsch-japanische Verbindung herzustellen. Kurz darauf entschied er sich für Austin. 1952 kam er nach England, um den Lizenzvertrag zu unterzeichnen. Damals ging es Austin gut, und britische Technik und Fabrikation genossen weltweites Ansehen. Asahara war in Begleitung Kanichi Tanakas, eines leitenden Nissan-Angestellten. Tanaka verschlugen die Größe und die Pracht des Austin-Werks die Sprache. Es war großartiger und moderner als alles, was er sich hatte vorstellen können. Er bemerkte auch den Haß auf den Gesichtern der Arbeiter, wenn er durch die Fabrik lief. Wenn er in diese Gesichter sah, wußte er, daß der Krieg noch nicht vorüber war. Doch die Männer von Nissan bekamen die Rechte an dem Austin-Motor, der sich als der richtige erwies – ein 1,5-l-Motor, gut, solide und zuverlässig.

Doch jetzt wollte Nissan einen kleineren Motor für einen kleineren Wagen. Nur zwei Jahre nach dem großen Streik fehlte es dem Unternehmen jedoch an finanziellen und technologischen Mitteln. Die Nissan-Ingenieure baten Stone, ihnen zu helfen. »Sie brauchen gar keinen neuen Motor«, erklärte Stone zu ihrer Überraschung. »Sie haben bereits den idealen Motor für das, was Sie wollen. Den Austin. Sie brauchen nichts weiter zu tun, als die Größe anzupassen. Die Grundkonstruktion bleibt die gleiche und Sie können auch die gleiche Fertigungsstraße verwenden und so eine Menge Geld sparen.«

Stone untersuchte den Motor ein paar Tage und empfahl, da sie aus einem 1500er Motor einen 1000er machen wollten, den Hub zu verkürzen – die Strecke, die der Kolben vom unteren Punkt seiner Bewegung bis zum oberen zurücklegt. Da der Hub gegenwärtig 89 mm betrug, sollte er um ein Drittel auf 59 mm verkürzt werden. Durch den kürzeren Hub würde ein nicht ganz so starker Motor für einen leichteren Wagen entstehen. Er würde dem Unternehmen Produktionskosten ersparen und den Kunden Benzin. Niemand glaubte ihm, denn es schien unwahrscheinlich, daß die Firma so viel für so wenig bekommen konnte. Doch zu ihrer Verwunderung behielt er recht. Der Motor hielt, was Stone versprochen hatte, und erlaubte ihnen, sehr viel früher in die Produktion zu gehen, als sie erwartet hatten. Er ersparte ihnen viel Geld und bekam zu Ehren seines Initiators den Namen Stone-Motor. Er ermöglichte Nissan, auf dem Markt für kleinere Wagen mitzumischen, und mit einem Motor nach Amerika zu gehen, der wachsen konnte, wenn die amerikanischen Anforderungen einen größeren Motor nötig machen sollten.

So kam es, daß Nissan sich schon bald der japanischen Herausforderung an den Westen anschließen konnte. Und Japan war zu dieser Herausforderung bereit, lange bevor die meisten Leute im Westen sich das vorstellen konnten. Was den meisten Menschen im Westen wie eine arme, ruinierte, hilflose Gesellschaft vorkam, wurde zu Beginn der 50er Jahre eine sehr disziplinierte Gesellschaft mit einem ausgeprägten Sinn für nationale Interessen. Die Vision ihrer Führer war von erstaunlicher Unerschütterlichkeit gewesen. Selbst als der Zweite Weltkrieg zu Ende ging, planten sie die Zukunft des Landes. Der Traum von der auf militärischer Macht basierenden japanischen Größe hatte sich als falsch und zerstörerisch erwiesen. Die Trümmer dieses Traums waren allgegenwärtig. Es mußte einen anderen Weg geben. Rasch entwikkelte sich eine Auffassung, die bald zur allgemeinen Überzeugung wurde: Japan war, soweit es die Größe und natürliche Rohstoffe betraf, derart begrenzt und durch moderne Waffen verwundbar – was man in Hiroschima und Nagasaki erfahren hatte –, daß es nur dann stark werden konnte, wenn es seine ganze Kraft auf den Handel konzentrierte und militärische Lösungen vollkommen ausschloß.

Während der dunklen letzten Tage des Krieges erinnerte sich Saburo Okita, der einer der großen Architekten des japanischen Wirtschaftswunders der Nachkriegszeit werden sollte, an eine alte japanische Legende. Sie handelte von einem Mann, der ein großer Krieger werden wollte. Er gab all sein Geld für Waffen und Schilde anstatt für Nahrung aus; immer mehr bedrückt von der Last seiner Waffen, und immer schwächer durch den Mangel an Nahrung, wurde er im Kampf bald erschlagen. Die Moral der Geschichte war klar: das kleine Japan mußte in einer Welt von Supermächten wie den Vereinigten Staaten und der Sowjetunion seine Kraft bewahren und seine Macht ausschließlich aus seiner menschlichen und kommerziellen Stärke ziehen. Okita hatte seit 1941 gewußt, daß die Industrieproduktion Japans von Jahr zu Jahr abnahm, und hatte lange vor allen anderen im Land erkannt, daß die Niederlage nicht zu vermeiden war. Als der Krieg sich dahinschleppte, hatten Okita und andere, meist junge Wirtschaftswissenschaftler sich heimlich getroffen. Zu den Lektionen der jüngsten Vergangenheit gehörte, wie sie erkannten, die Tatsache, daß der amerikanische Sieg nicht auf größere Tapferkeit zurückging, auch wenn die Amerikaner tapfer gekämpft hatten, sondern auf technologische Überlegenheit. Das neue Japan mußte in höchstem Maß modernisiert und technisiert werden. Vielleicht hatte die Tragödie der Niederlage doch auch etwas Gutes, dachte Okita, denn vielleicht trat an die Stelle der alten Gesellschaft eine neue, hochindustrialisierte, weit pragmatischere Gesellschaft, die weniger befrachtet mit alten, großspurigen Mythen war.

Die Ausgangsposition war nicht ungünstig. In Japan herrschten andere Verhältnisse als in den meisten anderen asiatischen Ländern, die versuchten, ihre koloniale Vergangenheit abzulegen; es war ganz und gar unabhängig, würde eher selbst kolonisieren als kolonisiert werden. Es war auf dem besten Weg, eine städtische Gesellschaft zu werden. Seine Menschen paßten sich neuen Zeiten gut an. Es war beispielsweise kein Problem, die Geburtenrate auf die städtischen Bedingungen abzustimmen. Darüber hinaus besaß Japan ein bestens entwickeltes öffentliches Schulsystem, das dem der führenden Industriestaaten ebenbürtig war, und es würde nicht schwer sein, ein weiteres Element anzufügen: das Angebot für Universitätsstudenten im technischen

Bereich mußte enorm erweitert und verbessert werden. Die Religion war, anders als die Religionen in einigen Teilen der unterentwickelten Welt, kein Hindernis für eine Gesellschaft, die in eine moderne, wissenschaftliche Welt eintreten wollte; die Hauptreligion, der Konfuzianismus, war beinahe selbst ein Erziehungssystem. Sie stärkte die Rolle der Lehrer und half, die Macht der Hierarchie in allen Belangen des Alltagslebens zu festigen. Die Idee der *Nation* hatte, auch wenn sie unter den Erfahrungen des Zweiten Weltkriegs stark gelitten hatte, nach wie vor Kraft, war beinahe selbst eine Religion, denn Japan bildete von Natur aus eine Einheit; man war in der Tat eine Nation, denn man konnte sich aufgrund von Sprache, Geschichte und geographischer Lage als eine eigene Rasse begreifen. Die Japaner waren demnach anders als alle anderen; sie waren miteinander verbunden und aufeinander angewiesen. In Japan waren Ausländer nicht Russen oder Amerikaner oder Franzosen; sie waren zuallererst *gaijin*, »keiner von uns«. Auch wenn Japan auf den westlichen Beobachter möglicherweise einen verwüsteten Eindruck machte, das eigentliche Gefüge der Nation blieb im wesentlichen unbeschädigt. Das Nachkriegsjapan rückte eher noch enger zusammen, denn die von den Amerikanern auferlegten Reformen machten es egalitärer, steigerten den Sinn für wirtschaftliche und politische Gerechtigkeit und schwächten die häufig lähmende Macht der alten Ordnung ab. Anfang der 50er Jahre war klar, daß das Nachkriegsjapan ein gerechteres Japan war.

Das fundamentale Gefühl der Zusammengehörigkeit – etwas, das alle Japaner miteinander verband – erlaubte Wirtschaftsarchitekten wie Okita, die für die nächsten zehn Jahre planten, eine beträchtliche Opferbereitschaft beim Mann auf der Straße zu unterstellen; und die Opfer wurden stets erbracht. Ohne Frage war Japan ein Land, das sich zu jener Zeit für ernsthafte Wirtschaftsplanung eignete. Aber das lag nicht nur daran, daß die Japaner pflichtbewußt und folgsam waren. Es lag eher daran, daß das, was Okita plante – eine Art gemeinsames Wirtschaftswachstum, das gut für den Staat und gut für den Bürger war –, das war, was der Durchschnittsjapaner wollte. Japan mußte als Land wieder stark und lebensfähig gemacht werden, aber auf der Tagesordnung stand auch der Wunsch, den Menschen ein besseres Leben zu ermöglichen. Daß das Leben sich für den Normalbürger bald in vielen kleinen Schritten besserte, half Männern wie Okita ganz enorm. Leuten aus dem Westen freilich erschien Japan oft verwirrend. Orientierte man sich an westlichen Maßstäben, machte es nicht unbedingt den Eindruck einer Demokratie. Die Japaner schienen bei der Wahrnehmung ihrer persönlichen Freiheit behutsamer zu sein als die Bürger des Westens. War es dann nur eine verkappte Demokratie, ein im Grunde autoritäres Land? Wieviel freier Wille war bei alldem im Spiel?

Die Antwort lautete nicht, daß die japanische Regierung autoritär war, denn das war sie nicht, sondern daß der *Zustand* Japans autoritär, rauh, schonungslos war. Es gab zu viele Menschen auf einem zu kleinen, widrigen Stück Land, es gab zuwenig, um über die Runden zu kommen, wenn der einzelne zu egoistisch wurde. Der einzige Weg, wie die Gesellschaft zu Größe gelangen konnte, war der, daß der Durchschnittsjapaner erhebliche Einschränkungen seiner eigenen Möglichkeiten hinnahm. Er hatte soviel zu geben, wie er konnte, und nicht zuviel als Gegenleistung dafür zu verlangen. Was die persönliche Freiheit in Japan wirklich einschränkte, waren weniger die geschriebenen Gesetze als die ungeschriebenen Übereinkünfte.

Japan entwickelte seine eigene einzigartige Form eines staatlich gelenkten, gemeinschaftlichen Kapitalismus. Es war nicht die amerikanische Variante; seine Wurzeln lagen in der japanischen Gemeinschaftstradition und der Verpflichtung des einzelnen der größeren Gruppe gegenüber. Er spiegelte die Überzeugung, daß ein im wesentlichen ungelenkter Kapitalismus, wie er in Amerika existierte, für Japan verderblich sein könnte, weil ohne hinreichende Kontrolle zu wenige in einem zu armen Land zu reich werden könnten. Japan würde eine industrialisierte, kapitalistische Gesellschaft sein, aber der Kapitalismus mußte zu den Bedürfnissen und Anforderungen Japans passen.

Wie die Amerikaner, nach deren Vorbild sie die eigene Gesellschaft gestalten wollten, hatten auch die Japaner den Wunsch, zum Erdölzeitalter zu gehören. Das war eine große Herausforderung für ein Land, das so arm war, daß es sich am Anfang kaum leisten konnte, die ersten Nachkriegsbarrel Erdöl zu kaufen. Unmittelbar nach dem Krieg gab es eine Zeit, in der Japan in einem Teufelskreis gefangen zu sein schien: Um Stahl erzeugen zu können, brauchten die Japaner Kohle, und zwar die gesamte Menge, die sie förderten. Die Wirtschaft konnte sich kaum halten. Okita sah in Japan einen kranken Mann, der zum Sterben zu viel Nahrung hatte, aber zum Leben zu wenig. Schließlich bat der Premierminister Yoshida Okita, einen Brief an MacArthur aufzusetzen und um das Recht nachzusuchen, 20 000 Tonnen Schweröl für die Stahlproduktion zu kaufen. Das würde ihnen ermöglichen, sich aus dem Teufelskreis zu befreien. Mehrere Monate hörten sie nichts aus dem Hauptquartier MacArthurs. Dann kam die Antwort: Ja, das Öl könne beschafft werden, sie könnten es für die Stahlproduktion verwenden. Es war, wie Okita meinte, die erste Entscheidung der Alliierten zugunsten des neuen Japan. Bis dahin hatte es Befürchtungen gegeben, die Amerikaner könnten von Japan verlangen, sich auf eine Existenz als rückständige Agrargesellschaft zu beschränken. Diese Entscheidung in Sachen Öl war das erste Anzeichen dafür, daß die Amerikaner den Japanern vielleicht doch erlaubten, ein Industriestaat zu werden.

Am Anfang galten alle Bemühungen des Staates dem Stahl. Stahl war für eine entwickelte Industriegesellschaft unentbehrlich. 1853 war Kapitän Perry an Bord der von den Japanern hinfort so genannten »schwarzen Schiffe« in den Hafen von Tokio eingelaufen, und die Zeit der japanischen Isolation hatte ein Ende. Die schwarzen Schiffe bestanden aus Stahl und symbolisierten die Kluft zwischen dem mächtigen, fortgeschrittenen Westen und dem rückständigen, feudalen Japan. Denn Japan war eine Schiffahrtsnation und besaß doch nicht diese starken Stahlschiffe, die sowohl Handelsgüter als auch die furchteinflößenden neuen Kriegswaffen befördern konnten. Perrys Ankunft bedeutete für die Japaner, daß sie das Kostbarste verloren hatten, das sie besaßen, ihre Schiffahrtsrechte. Von da an war die Macht der Stahlerzeuger in Japan nicht mehr in Frage gestellt. Stahl ist das Land, lautete eine japanische Redensart. Wenn das Land eine starke Stahlindustrie besaß, würde es auch eine starke Schiffsbauindustrie haben und wieder ein mächtiger, geachteter Staat sein. Die Anstrengungen in den Nachkriegsjahren kreisten folglich zuallererst um den Stahl. Die Erholung ließ auf sich warten. Bei Kriegsende waren nur noch drei der fünfunddreißig Hochöfen des Landes in Betrieb; die anderen waren erloschen, als Folge des Rohstoffmangels und der amerikanischen Bomben. Das Land war arm. Doch die japanischen Stahlunternehmer steckten, unterstützt vom Staat und den Banken, Geld in neue Anlagen; das Ergebnis war die vollständige Modernisierung einer ganzen Branche, das allmähliche Sinken des Preises und ein Anstieg der Qualität, was den Japanern im internationalen Wettbewerb ausnahmslos zugute kommen würde.

Der Schlüssel dazu war etwas, das die amerikanischen Manager, die Konkurrenten der Japaner waren, bald verwünschen sollten: Die starke Abhängigkeit der japanischen Unternehmen von ihren Banken, die hohe Verschuldung im Verhältnis zu den Erträgen, die zu einem Kennzeichen der japanischen Wirtschaft wurde. Schon 1949 hatten einige Stahlmanager neue Werke gebaut, noch vor den Projekten, die der Direktor der Bank von Japan forcierte; das allein war schon bemerkenswert genug, denn eine Mißachtung der Bank war in der Tat etwas Seltenes. Aber die Stahlerzeuger waren eben anders. Es war so, als ob sie sich selbst in jenen furchtbaren Jahren einen absoluten Glauben an sich und die Zukunft ihrer Branche bewahrt hätten. Später wurde das gleiche Selbstvertrauen oft als Hochmut betrachtet, aber in jenem gefahrvollen Augenblick galt es als Mut.

Durch die gewaltigen Schulden, die die Stahlindustrie machte, geriet sie unter enormen Druck, doch um die Mitte des Jahrzehnts begann sich die Investition auszuzahlen. In den fünf Jahren nach 1949, als die japanische Stahlproduktion ihren Vorkriegsumfang wieder erreichte, verdoppelte sich die Produktion, und die Werke waren so modern, daß der Stahl eine sehr hohe Qualität hatte. Als die Produktivität stieg, sank der Preis. Zum ersten Mal erkannten die Stahlgiganten des Westens, die gegen sie antraten, welch unbarmherzige Konkurrenten die Japaner sein konnten. 1957, ganze elf Jahre nach der Zerstörung, besaß Japan nicht nur die modernsten Stahlwerke der Welt, sondern war auch der Welt größter Stahlproduzent. Aber das war nur der Anfang. In den zehn Jahren nach 1957 stieg die japanische Stahlproduktion um 170 Prozent – während die amerikanische um nur 20 Prozent zunahm. Die amerikanische Stahlindustrie, die sich für unverwundbar hielt, wurde von einem selbstgefälligen und engstirnigen Management geführt, das nur sehr langsam moderne Technologien einführte und das, selbst als der Herausforderer seine Leistung steigerte, die Branche durch immer kostspieligere Lohnabsprachen blockierte. 1964 gingen 28 Prozent der japanischen Stahlexporte nach Amerika. In Japan folgte dem Erfolg beim Stahl bald ein gewaltiger Entwicklungsschub im Schiffsbau; 1956 verdrängte Japan Großbritannien als die führende Schiffsbaunation der Welt.

Ein Jahrzehnt nach Kriegsende hatte Japan die Grundlage für die in den Kernbereichen stärkste und modernste Industrie seiner Geschichte geschaffen. Die Kraft dieser Wirtschaft war für den Durchschnittsamerikaner, der Konsumgüter kaufte, noch nicht erkennbar, aber wer sich mit Trends in der Schwerindustrie beschäftigte, sah die Flut kommen. Für die Japaner hatten sich die Opfer offenbar gelohnt.

Von Anfang an, selbst als feststand, daß Stahl und Schiffsbau Vorrang vor allen anderen Branchen haben sollten, hatte die japanische Führung verfügt, daß ihre besten jungen Leute nach Möglichkeit für eine Ingenieurslaufbahn gewonnen werden sollten. So beschlossen Männer wie Okita, ein großes neues Universitätssystem mit besonderem Schwergewicht auf der Ausbildung von Ingenieuren zu schaffen. Wer Geisteswissenschaften studieren wollte, brauchte wohlhabende Eltern; wer Naturwissenschaften studieren wollte, mußte die Hilfe seiner Eltern kaum in Anspruch nehmen, denn er wurde vom Staat unterstützt. In den Grundzügen war das Ausbildungssystem bereits vorhanden. Okita und seine Kollegen fügten einfach die übrigen Bereiche an: einen großen, neuen Technikkomplex, der Tausenden von Japanern die Chance bot, das erste studierte Mitglied ihrer Familie zu werden und gleichzeitig ihrem Land zu dienen. Das Ausbildungssystem des Landes, so der Historiker Frank Gibney in seiner Darstellung über den Aufstieg des industriellen Japan, war »der Schlüssel, mit dem die Uhr aufgezogen wird«.

Seit der Meiji-Ära, die 1844 begann, war es bei ärmeren Familien sehr oft üblich gewesen, sich des Bildungssystems zu bedienen, um ihren Status zu verbessern. Ein armer, aber begabter und fleißiger Junge hatte die Chance, so weit zu kommen, wie er vermochte. Ein Grundschullehrer in einem Dorf hatte in den Nachkriegsjahren eine viel angesehenere Stellung als ein Lehrer in einer vergleichbaren amerikanischen Kleinstadt. Das Ausbildungssystem war für den Aufstieg des modernen Japan entscheidend: Es gab bereits bestehenden Werten konkrete Formen, sanktionierte und modernisierte sie. Es räumte bei den Armen einen großen Teil der latenten Klassenvorurteile aus und bescherte Japan eine außerordentlich qualifizierte, stolze, gefügige und ehrgeizige Arbeiterschaft. Es versorgte das Land mit der richtigen Anzahl Arbeiter, der richtigen Anzahl Ingenieure und der richtigen Anzahl Manager für alle Bedürfnisse einer modernen Gesellschaft, vermittelte aber, was genauso wichtig war, den ärmsten Familien auch das Gefühl, daß es für ihre Kinder bessere Möglichkeiten gab.

15
Der Ingenieur

Als Junge hatte er gern mit Flugzeugmodellen gespielt. Sie waren das einzig Makellose in seinem Leben. Um ihn her ging die Welt zu Bruch, und die japanischen Flugzeuge verschwanden vom Himmel, aber seine Flugzeugmodelle waren perfekt und flogen wunderbar. Vierzig Jahre später, als er einem Besucher von den Vorstellungen seiner Kindheit erzählte, ging er zu einem Schrank in seinem Wohnzimmer und holte seine Sammlung von Modellflugzeitschriften jener Jahre hervor, die er sorgfältig aufbewahrt hatte, und zeigte die Abbildungen der Flugzeuge, die er mit soviel Liebe gebastelt hatte. Bei der Durchsicht seiner Kindheitsschätze stieß er auch auf ein Notizbuch, das er in der Schule benutzt hatte; außen stand sein Name, und daneben hatte er »Ingenieur« geschrieben. Für ihn hatte es nie einen Zweifel gegeben, daß er eines Tages Ingenieur werden würde.

Minoru Tanaka kam aus durchschnittlichen Verhältnissen. Seine Eltern waren relativ einfache Leute aus der Mittelschicht. Sie lebten in einem Dorf in der Nähe von Yokohama. Sein Vater war Chauffeur eines Unterhausabgeordneten gewesen, den er in einem von Japans ersten Wagen gefahren hatte. Als der Abgeordnete gestorben war, hatte die Witwe Tanakas Vater den Wagen geschenkt, der ihn als Taxi benutzt und das gesparte Geld dazu verwendet hatte, andere Wagen zu kaufen, zuerst einen Citroen, dann einen Ford, dann einen Plymouth und schließlich einen Chevrolet. Er hatte ganz früh ein Telefon gehabt und einen der ersten telefonischen Taxidienste des Landes betrieben.

Der Drang nach Bildung war Tanaka so früh eingegeben worden, daß er sich nicht an eine Zeit erinnern konnte, in der es ihm nicht wichtig gewesen wäre, sich hervorzutun. Seine Mutter war nach seinen Worten das, was die Japaner eine »Bildungsmama« nannten, die ihr Kind beim Lernen pausenlos vorantrieb und deren eigener Ehrgeiz der Ehrgeiz des Sohnes wurde. In der vierten Klasse hatte er das Glück gehabt, Takuzo Hiki als Lehrer zu haben. Hiki, der damals dreiundzwanzig und Junggeselle war, hatte nur zwei Leidenschaften – Baseball und Mathematik. Seine Liebe zur Mathematik gab er an seine besseren Schüler weiter, auch an Tanaka.

Eines Tages machte sich der von Zahlen faszinierte Tanaka nach Tokio auf, um einen Rechenschieber zu kaufen. In dem Geschäft weigerte man sich, ihm einen Rechenschieber zu geben, weil er noch so jung sei. Nur ältere Schüler konnten einen Rechenschieber bekommen, sagte der Ladeninhaber. So mußte er zurück zu Hiki gehen und sich einen Brief geben lassen, in dem stand, daß er zwar erst neun Jahre alt sei, aber doch schon ein kluger Junge, und man möge ihm doch bitte einen Rechenschieber verkaufen. Tanaka, der bald ganz von der Welt der Mathematik gefangen war, fing an, Hiki regelmäßig zu besuchen und mit ihm Mathematik zu lernen, wobei er oft so lange blieb, daß er dort schlafen mußte. Hiki gab ihm immer schwierigere Aufgaben, und als Tanaka in der sechsten Klasse war, konnte er ihm nichts mehr beibringen. So assistierte er dem Lehrer sowohl in Naturwissenschaften wie in Mathematik.

Die Modellflugzeuge, die er so gerne baute, waren für ihn eine Fortsetzung der Zahlen, die er ebenfalls liebte. Er lernte bald, daß er bei den Modellen ständig das Gewicht und die Trimmung anpassen mußte, wenn sie gut fliegen sollten – sein erstes Training als Mathematiker und Ingenieur. Mit zwölf Jahren durfte er sich endlich einen Motor für eines seiner Flugzeuge kaufen. Es war ein Tag, der ihm deutlich in Erinnerung blieb. Bei früheren Gelegenheiten hatte er das Geschäft erkundet – Tenshodo auf der Ginza –, bevor er tatsächlich zum Kauf schritt. Der Motor, den er haben wollte, war das Modell Ishizue (Grundstein). Er kostete 60 Yen, viel Geld zu einer Zeit, als viele Familien von solch einem Betrag einen ganzen Monat leben mußten, aber seine Mutter hatte das Geld regelmäßig für ihn von den Einkünften seines Vaters abgezweigt. Das Einbauen des Motors in eines seiner Flugzeuge war der aufregendste Augenblick seiner Kindheit. Daß er diese Flugzeuge nach den Angaben in den Bausätzen und Zeitschriften bauen konnte, daß sie tatsächlich flogen, so wie sie sollten, das alles war eine Freude, die ihn überwältigte.

Als Tanaka in der fünften Klasse war, ermunterte Hiki ihn, die Aufnahmeprüfung für die Oberschule Eins in Yokohama zu machen, eine der besten Schulen des Landes, auf die zu gelangen sehr schwierig war. Nach den Bestimmungen hätte Tanaka die Prüfung erst im nächsten Jahr ablegen sollen, aber aufgrund des Drängens von Hiki bewarb er sich. Er war erst der zweite Junge aus seinem Dorf, der in die Oberschule Eins in Yokohama kam. Das bedeutete, daß er später wahrscheinlich auf eine gute Universität gehen und Ingenieur werden konnte.

Tanaka war etwas zu jung für den Zweiten Weltkrieg. Als er das Einjährige hatte, besuchte er die Schule nicht weiter, was er in Friedenszeiten vielleicht getan hätte, sondern wurde Marineoffiziersanwärter. Er verbrachte die letzten Monate des Kriegs damit, auf dessen Ende zu warten, hoffend, daß er überleben werde. Er überlebte, und auch seine Familie überstand den Krieg.

Der nächste Schritt für ihn war der Versuch, das Abitur zu machen – die Voraussetzung für ein Studium. War diese Aufgabe unter den günstigsten Umständen schon schwierig, war sie jetzt plötzlich noch schwieriger geworden. Denn zu der normalen Anzahl an Bewerbern seines Alters kamen jetzt noch Tausende junger Männer, die zur Armee und zur Marine anstatt zur Schule gegangen waren und jetzt zurückkamen mit dem Wunsch, ihre Ausbildung fortzusetzen. Das bedeutete, daß die Konkurrenz mörderisch werden würde. Tanaka war überzeugt, daß es zu schwer sein würde, in die Schulen zu kommen, von denen er träumte, die Tokio Nummer Eins oder Tokio Nummer Zwei. Er beschloß, es bei der Seijo-Oberschule in Tokio zu versuchen, die zwar nicht so gut wie die beiden anderen war, aber doch noch immer eine der besten des Landes. Die Verwaltung der Seijo-Oberschule erklärte, daß es für die Aufnahme 1946 derart viele Bewerber gebe, daß nur jeder dreiundzwanzigste zugelassen werden könne. Es war, wie Tanaka wußte, überall im Land das gleiche. Einer von dreiundzwanzig. Wenn er nicht dieser eine war, wenn er einer von den zweiundzwanzig war, würde er nicht Ingenieur werden können.

Um sich für die Prüfung vorzubereiten, plante er einen 20-Stunden-Tag ein. Er sah keinen Freund und seine Familie nur selten. Bald verlor er jegliches Zeitgefühl und wußte nicht mehr, ob es Tag oder Nacht war. Es waren die schlimmsten sechs Monate seines Lebens, aber am Ende wurde er in die Seijo-Oberschule aufgenommen.

Er war ein guter Schüler. Seine Begabung in Mathematik und Naturwissenschaften ließ ihn die Anforderungen selbst einer so anspruchsvollen Schule ohne weiteres erfüllen, und der Sprung auf die Universität von Tokio gelang beinahe mühelos. Kurz bevor er auf die Todai-Universität kam, besuchte er Hiki, seinen alten Grundschullehrer. Hiki verschwand in einem anderen Zimmer und kam mit seinem kostbarsten Besitz zurück, einem Buch mit dem Titel *Eine Einführung in die Analysis,* einem Klassiker der höheren Mathematik von einem Professor namens Teiji Takagi. Hiki hatte das Buch für sich gekauft, aber es hatte sich als zu schwer herausgestellt. Jetzt schenkte er es seinem besten Schüler für Todai. Die Fackel war weitergegeben worden. Es gab eine Aufnahmefeier an der Universität, aber seine Eltern konnten nicht daran teilnehmen; sein Vater war zu sehr mit Arbeit eingedeckt, seine Mutter zu schüchtern, wie er meinte. An jenem Abend kochte seine Mutter jedoch Reis mit roten Bohnen, ein Gericht, das nur bei besonderen Gelegenheiten auf den Tisch kam. Todai, Todai, klagte sein Vater manchmal, die Studenten von Todai seien ein versnobter Haufen, die nicht mehr mit den einfachen Menschen sprächen, die sie aus ihrer Jugendzeit kannten. Seine Freunde freilich wußten: Je mehr er so redete, desto stolzer war er.

Tanaka hatte an Todai nur glückliche Erinnerungen. Er hatte nie besonders hart arbeiten müssen und war bald zu einem Zögling von Tsuyoshi Hayashi geworden, einem der großen Flugzeugexperten Japans. Hayashi galt als einer der herausragendsten Köpfe der Fakultät, obwohl er noch jung war. Er hatte selbst an der Todai-Universität studiert und 1935 als einer der wenigen Flugzeugingenieure seiner Generation dort sein Examen gemacht. Während des Krieges arbeitete er am Kampfflugzeug Zero, einem ungewöhnlich guten Entwurf. Nach dem Krieg ging er an die Todai-Universität zurück, um Flugzeugbau zu lehren, wenngleich das Fach angewandte Mathematik genannt wurde, weil die amerikanischen Behörden Japan nicht erlaubt hätten, an seinen Universitäten Abteilungen für Flugzeugbau einzurichten. Hayashi war damals unter dem Namen ›die Mauer‹ bekannt, weil er nie seine Studenten anzusehen schien, sondern immer der Tafel zugewandt war, an die er seine Formeln schrieb. Obwohl keine Möglichkeit bestand, Flugzeuge zu bauen, war Hayashi gefesselt von der großen Herausforderung des Flugzeugbaus, die darin lag, mit immer leichteren, zugleich aber immer stabileren Materialien zu bauen. Leichter *und* stabiler – das war die Richtung, in die der Professor seine Studenten lenkte. Tanaka belegte mehrere Übungen bei ihm und war in seinem letzten Studienjahr einer von nur zwei Studenten in Hayashis Oberseminar über die theoretischen Grundlagen der Leichtbauweise.

Aber nach dem Examen eine Stelle zu finden war gar nicht so einfach, denn nur wenige Arbeitgeber wußten, was angewandte Mathematik war; es klang ihnen zu vergeistigt. Hayashi führte in jenen Tagen des öfteren für seine Studenten Telefongespräche mit potentiellen Arbeitgebern, stieß aber nur auf abweisende Reaktionen. »Warum wollen Sie uns einen Mathematiker schicken«, fragte der Arbeitgeber, »wenn wir einen Ingenieur haben wollen?« Es gab kein Tätigkeitsgebiet, das in Richtung Flugzeugbau ging, denn es gab keine Flugzeugindustrie, und auch sonst nichts, was ihn interessierte. Ein Freund, der in der Schule eine Klasse über ihm gewesen war, hatte sich auf das Reparieren amerikanischer Düsenjäger verlegt, und es bestand die Möglichkeit, Tanaka diese Stelle zu verschaffen, doch das reizte den jungen Hochschulabsolventen nicht. Das war Reparieren – etwas für einen Mechaniker, nichts für einen Ingenieur. So vermittelte Professor Hayashi Tanaka eine Stelle beim Eisenwerk Niigata in der Abteilung Schiffsbau. Für Tanaka war alles, was Hayashi anregte, wie ein Befehl, und so nahm er die Stelle sofort und freudig an. Hayashi war sein Abgott, der große Lehrer, der sich herabgelassen hatte, sich etwas für Tanaka zu interessieren.

Die Stelle schien zunächst anregend zu sein, denn Japan entwickelte sich gerade zu einer großen Schiffsbaunation, und Tanaka entwarf Schiffe. Aber einige der größeren Unternehmen bauten 10 000-t-Schiffe, während Tanaka an sehr viel kleineren Schiffen arbeitete. Nach vier Jahren langweilte er sich. Zum Teil lag das an der Arbeit, die ihn nicht so ausfüllte, wie er gehofft hatte, zum Teil am Standort Niigata, weit entfernt vom quirligen Leben Tokios. Tanaka meinte später, daß Professor Hayashi von seiner Unruhe erfahren habe; jedenfalls bekam er zu dieser Zeit einen Anruf von Hayashi, der ihm eröffnete, daß Nissan einen Fachmann für Konstruktionstechnik suche, einen sehr guten Mann, weil die Firma Wagen mit selbsttragender Karosserie bauen wolle.

Tanaka verstand nichts von Autos und hatte sich bis zu diesem Augenblick nicht für sie interessiert, aber er hätte sowieso getan, was Professor Hayashi wollte, und die Tatsache, daß der Arbeitsplatz in Tokio war, gab den letzten Ausschlag. Er kam nach Tokio und wurde von vier Nissan-Managern befragt, unter ihnen Takashi Ishihara, der zukünftige Präsident des Unternehmens. »Interessieren Sie sich für die Automobilbranche?« fragte einer der Herren. »Oh ja«, erwiderte Tanaka, »das ist etwas, wofür ich mich sehr interessiere.« »Können Sie Auto fahren?« fragte er weiter. »Nein«, antwortete Tanaka, »aber ich kann es lernen.« Er meldete sich daraufhin bei einer Fahrschule an und war nach rund zwei Wochen mit einem Führerschein wieder zur Stelle. Er arbeitete für Nissan. Von den Männern, die das Gespräch mit ihm geführt hatten, war er warnend darauf hingewiesen worden, daß sie viele fähige Leute hätten und der Aufstieg daher wahrscheinlich langsam vor sich gehen werde. Aber das war ihm egal. Er tat, was sein Professor ihn geheißen hatte. Hayashi war über diese Einstellung Tanakas weit glücklicher als über die bei Niigata. Er war sicher, daß der junge Ingenieur bei Nissan mehr Gelegenheit zum Experimentieren haben würde. Außerdem meinte er, daß Autos für einen echten japanischen Ingenieur eine angemessenere Herausforderung seien. Japan war klein, und große Teile seiner Landmasse konnten nicht wirklich genutzt werden. Der japanische Ingenieur mußte daher geschickt mit dem begrenzten Raum umgehen können. Fast alles, was in Japan gebaut wurde, mußte kleiner sein und weniger Platz einnehmen als anderswo. Autos waren kleiner als Schiffe; Nissan war folglich für einen so begabten jungen Mann wie Tanaka ein sehr viel besserer Platz als Niigata.

Der Ingenieur

Wenn Professor Hayashi Männer wie Tanaka bei Unternehmen wie Nissan unterbrachte, wurde ihm immer wieder klar, daß etwas sehr Wichtiges geschah. Weil Japan keine Rüstungsindustrie hatte, nicht einmal eine Luftfahrtindustrie, wurden die besten Ingenieure in andere, scheinbar reizlosere Bereiche dirigiert wie etwa die Automobilbranche oder die Stahlindustrie. In diesen Branchen, in denen es in Amerika zunehmend schwieriger wurde, erstklassige Ingenieure zu bekommen, saßen in Japan die absoluten Spitzenleute. Diese bessere Ausstattung mit hochtalentierten Ingenieuren machte schon einen bemerkenswerten Unterschied, wie Hayashi meinte, während sich Japans Schwerindustrie anschickte, als Konkurrent auf den Weltmärkten anzutreten.

16
Der erste Sieg

Zu der Zeit, als Nissan bestreikt wurde, war Yutaka Katayama ein aufstrebender junger Manager im Unternehmen. Er war ein konservativer junger Mann aus der Oberschicht. Sein Großvater, ein reicher Grundbesitzer, war ein überschwenglicher, aufgeklärter Mann gewesen. Was immer es an Neuem gab, ob es ein Fahrrad, ein Auto oder ein Küchengerät war, er mußte es haben. Er bestand darauf, daß seine Söhne studierten, auch sein erster Sohn. Das war ungewöhnlich, denn in Japan war es die Pflicht des ersten Sohnes, zurückzustehen und das Land zu bearbeiten und nichts zu lernen, was ihn unzufrieden mit seinem Schicksal hätte machen können. Yutaka Katayamas Vater besuchte Keio, eine der Eliteuniversitäten des Landes, und bat dann gegen den Wunsch seines Vaters darum, nicht nach Hause zurückkehren zu müssen, sondern zuerst ein Jahr in der Wirtschaft verbringen zu dürfen. Er liebte die Wirtschaft und die Welt der Großstadt, und so kehrte er nie zurück. Das war ziemlich schockierend, aber zeigte die stetige Verstädterung und Modernisierung Japans.

Sein Familienname lautete nicht Katayama, sondern Asoh. Als für den jungen Yutaka Asoh die Zeit zum Heiraten kam – er heiratete die Tochter eines Mannes, der für die Bank von Tokio arbeitete, also eine gute Heirat –, nahm er den Familiennamen seiner Frau an, Katayama, weil es in ihrer Familie keine Söhne gab. Die Familie Katayama war christlich, und so wurde auch er Christ, wenn auch kein sehr gläubiger. Seine Freunde meinten später, das hätte ihn vielleicht toleranter, weniger kleinkariert gemacht. Er selbst glaubte, es habe ihn um einiges aggressiver, weniger schicksalsergeben gemacht als die meisten Japaner. Sicher hatte das Reisen seinen Horizont erweitert. Sein Vater war an vielen verschiedenen Orten eingesetzt worden, und wo immer er hinging, kam die ganze Familie mit. Später, als Leiter von Nissan im amerikanischen Westen, bezog Katayama besonders gern Brown

Palace in Denver, ein wundersames, altmodisches Hotel mit einem riesigen, zentralen Atrium. Wenn man in der Halle stand, konnte man nach oben blicken und sah bis in die Spitze einen Balkonring über dem anderen. Auf die Frage, warum ihm das Brown Palace so gefalle, antwortete er, daß sein Vater ihn als Junge nach China geschickt habe, damit er sich dort weiterbilde. Das Brown Palace erinnerte ihn an glückliche Jugendtage in einem alten chinesischen Freudenhaus; man ging einfach hinein, klatschte in die Hände, und die Mädchen liefen aus ihren Zimmern auf die Balkons, um einen zu begrüßen.

Katayamas privilegierte Kindheit hatte ihn etwas anders werden lassen als andere Japaner. Zum einen hatte sie in ihm den Wunsch nach einem größeren Maß an Unabhängigkeit geweckt. Zum anderen hatte sie ihn zum Autonarren gemacht. Er war mit klassischen Wagen groß geworden. Sein Vater hatte zwei sehr sportliche Wagen besessen, einen Erskine und einen Star Durant. In den Nachkriegsjahren, als alle damit beschäftigt waren, einen Platz zum Leben und etwas zu essen zu finden, galten Katayamas Sehnsüchte allein dem Gedanken, wie er an einen Oldtimer herankommen und eine Gegend finden konnte, in der die Straßen nicht so schlecht waren, daß sie den Wagen ruinierten. Diese Liebe zu Autos hatte ihn zu Nissan gebracht. Einmal, Anfang der 50er Jahre, als er durch die von Nissan betriebene Politik frustriert war, versuchte er, eine eigene Firma zu gründen. Er und ein Freund wollten einen eigenen Wagen entwerfen, einen ganz leichten Wagen für Menschen in einem armen Land, in dem Benzin teuer war. Fliegende Feder taufte Katayama den Wagen. Den Prototyp bauten sie im zweiten Stock eines Gebäudes in Tokio und stellten dann fest, daß sie den Wagen nicht durch die Tür nach draußen bekamen. Schließlich wurde er durch das Fenster gehievt. Katayama kam zu dem Schluß, daß er nicht praktisch genug sei, ein Unternehmen zu leiten.

Doch das schmälerte seine Liebe zu Autos nicht. Wenn er nicht bei Nissan arbeitete, fuhr er so schnell er konnte mit einem Auto durch die Gegend. In einem Land, in dem es von Gesetzen, Beschränkungen und Verboten wimmelte, bedeutete das Herumrasen mit einem Sportwagen die höchste Form persönlicher Freiheit.

Bei Nissan bezog er immer Stellung gegen die Gewerkschaft. Auf dem Höhepunkt der Streiks von 1953, als die Gewerkschaft Masudas das Werk umstellt und ein paar Manager innerhalb des Gebäudes isoliert hatte, hatte es Katayama ein diebisches Vergnügen bereitet, durch die Absperrungen zu schlüpfen und den Beinahegeiseln nicht nur zu essen, sondern auch Filme zu bringen. In seiner idealen Welt würde es keine Gewerkschaften geben. Die Manager würden ihre Arbeiter auf traditionelle, ehrenvolle, japanische

Art behandeln, die sich gut auf Arbeiterschaft und Management auswirken und beiden Seiten Würde und Ehre zukommen lassen würde; in einer etwas weniger idealen Welt, in der es Gewerkschaften geben mußte, würde die Unternehmensführung die Entscheidungen treffen, und die Arbeiter konnten so tun, als ob sie heldenhaft gekämpft hätten, um die Dinge zu verbessern. Masuda war ihm ein Greuel. Doch sein Ärger endete nicht mit dem Sturz Masudas. Er bekam bald auch mit der zweiten Gewerkschaft, der von Miyake, Schwierigkeiten. Und ebensowenig behagte ihm die Vorstellung von der Gewerkschaft als einer Erweiterung des Managements. Es war etwas, das er nicht verstand, und er widersetzte sich der neuen Gewerkschaft mit einer Hartnäckigkeit, die seiner Karriere beträchtlich schadete. Ihn ärgerte die Tatsache, daß Leute mit Beziehungen zur Gewerkschaft die besten Stellen im Management bekamen, ob sie sie verdienten oder nicht. Seine Freunde warnten ihn, er solle den Mund halten. Mach dir keine Gedanken darüber, was gut für das Unternehmen ist, warnte einer seiner älteren Freunde ihn; mach dir lieber Gedanken darüber, was am besten für Katayama ist. Er hörte nicht. Als fast alle anderen aus dem mittleren Management sich der Gewerkschaft Miyakes anschlossen, blieb Katayama abseits.

Er und ein paar Gleichgesinnte hatten das Gefühl, im Unternehmen in einem Niemandsland zu sein. Ohne Frage wurde die Macht der Gewerkschaft von Jahr zu Jahr größer. Sie war nun eine Kraft im Management und kontrollierte im Auftrage Kawamatas die Belegschaft. Die Gewerkschaft und die Personalabteilung des Unternehmens waren praktisch ein und dasselbe. Diejenigen, die die neue Gewerkschaft angegriffen hatten – die Leute aus dem Management, denen die neue, starke Rolle der Gewerkschaft Unbehagen bereitete –, wurden sehr rasch abgeschoben. Katayama selbst war ratlos. Seine Versuche, einen eigenen Wagen zu entwickeln, waren gescheitert. Er begann ernsthaft daran zu denken, das Unternehmen zu verlassen. Er war nicht allein in seiner mißlichen Lage. Gute, junge Führungskräfte verließen jetzt die Firma, nicht weil sie Angst hatten, hinausgeworfen zu werden, sondern weil sie nicht in einem Unternehmen arbeiten wollten, das unter derart verkehrten Vorzeichen geleitet wurde.

Damals war Katayama bereits ein ernsthafter Leser sämtlicher Autozeitschriften; er sprach nicht allzugut Englisch, konnte es aber lesen, und er las es, um über seine geliebte Welt der Autorennen auf dem laufenden zu bleiben. Jene Welt, erkannte er, war eine Fantasiewelt, und seine Arbeit bei Nissan die rauhe Wirklichkeit. Er hatte sich eigentlich schon entschieden, Nissan zu verlassen, als er Anfang 1958 von einer bevorstehenden Rallye in Australien las, mörderische neunzehn Tage über 16 000 Kilometer unwegsames Gelände. Die Japaner, dachte er, könnten ein solches Rennen durchaus gewinnen. Ihre Autos waren zwar nicht sehr gut, es waren unelegante Wagen mit zweifelhafter Leistung. Aber eins waren sie und mußten es auch auf den miserablen Straßen in Japan sein – robust. Die australische Rallye führte über holprige, steinige, oft schlammige Straßen, und das waren die einzigen Straßen, die die Japaner kannten. Der japanische Autobau war, wie Katayama wußte, technisch nicht sehr hochstehend, nicht sehr originell, aber er war solide. Es war durchaus möglich, daß Nissan, wenn es sich an dem Wettbewerb beteiligte, gut abschnitt. Man würde vielleicht nicht gewinnen, aber eventuell doch den einen oder anderen überraschen.

Auf eigene Faust besorgte sich Katayama das Reglement, übersetzte es sorgfältig ins Japanische und legte es dem Vorstand vor. Fast niemand im Unternehmen war interessiert. Die Japaner hatten in jenen Tagen einen tiefsitzenden Minderwertigkeitskomplex, der sich auf fast alles erstreckte, was sie machten. Seine Vorgesetzten hatten Angst einzusteigen. Wenn sie mitmachten, verloren sie vielleicht, und wenn sie verloren, brachten sie Unehre über ihr Land, ihr Unternehmen und ihre Karriere. Katayama hielt dem stets entgegen, daß jetzt die Zeit dazu wäre, falls sie sich jemals an einem Wettbewerb beteiligen wollten, denn sie hatten viel zu gewinnen und wenig zu verlieren. Schließlich hatten sie keinen Ruf, den sie aufs Spiel setzen mußten. Das schien ein zwingendes Argument zu sein, und Katayama setzte sich schließlich durch. Er selbst war für die Rallye etwas zu alt, denn sie war erbarmungslos. Außerdem mußte sich jemand um das Team kümmern. Aber er kannte einige gute Fahrer bei Nissan und glaubte, ein eigenes Team zusammenstellen zu können.

Dieser Gedanke wurde ihm bald ausgetrieben. Man würde zwei Limousinen und vier Fahrer haben, und die Fahrer würden Miyake und die Gewerkschaft bestimmen. Katayama war entsetzt, als sich die vier Gewerkschaftsmitglieder vorstellten. Sie hatten keine Ahnung vom Sportwagenfahren. Sie waren aufgrund ihrer politischen Loyalität ausgewählt worden, nicht wegen ihres fahrerischen Könnens. Einen Augenblick dachte er daran, aus dem Projekt auszusteigen, aber dann erkannte er, daß er einen großen Vorteil hatte. Der bestand nicht darin, daß er der Teamchef war, sondern daß er, wie schlecht auch immer, Englisch konnte, sie hingegen nicht. In dem Augenblick, wo sie in Australien ankämen, würden sie vollkommen auf ihn angewiesen sein. Er fand diesen Gedanken enorm beruhigend.

Es kam so, wie Katayama erwartet hatte. Als die Fahrer, die zuvor feindselig gewesen waren, in Australien ankamen, waren sie bald voller Angst und Schrecken. Es war eine Welt ohne Japaner, in der niemand japanisch sprach. Sie zogen sich in sich selbst zurück, klammerten sich an ihn und lauschten jedem seiner Worte, was sie daheim in Japan nicht getan hatten. Katayama hatte auch mit dem kleinen Datsun recht. Der Wagen war robust, eigentlich gebaut wie ein kleiner Lastwagen mit der Federung eines Lastwagens. Es war ein Auto für arme Leute aus einem Land mit armen Leuten. Es mangelte ihm an Beschleunigung, es mangelte ihm an Komfort, die Bremsen ließen einiges zu wünschen übrig, das Blech war zu dick, weil die japanische Stahlindustrie technisch noch nicht so weit war, daß sie das liefern konnte, was die Automobilindustrie haben wollte. Aber das war ideal für diesen Wettbewerb. Der Datsun war ein kleiner Panzer im Gewand eines Personenwagens. Er sollte, wenn er einmal gebaut war, ewig halten, und diese Rallye war eine Herausforderung an die Haltbarkeit, nicht an die Schönheit.

Australien wurde zu einem angenehmen Erlebnis. Alle waren sehr nett zu den Japanern. Die Leute von Volkswagen waren ganz besonders freundlich, und er hatte gewaltigen Respekt vor ihnen, mehr noch als vor den Amerikanern. Die Amerikaner waren reich und stark, die Leute von VW hingegen kämpften keine zehn Jahre nach dem Krieg, Tausende von Kilometern von der Heimat entfernt unter wesentlich ungünstigeren Bedingungen, und doch gelang ihnen alles.

Gleichzeitig versuchte er, seine Leute umzustimmen. Jeden Abend lud Katayama seine Fahrer zum Bier ein. Bei diesem geselligen Zusammensein machte er sich ihren Nationalstolz zunutze; sie müßten das alle gemeinsam durchziehen, im Land der *Gaijin* gegen all diese *Gaijin* fahren. Langsam wurden sie ein Team, und langsam übernahm er die Führung. Dann begann das Rennen, und er war überrascht. Er hatte geglaubt, daß sich der Datsun gut schlagen würde, aber nicht so gut. Der robuste Datsun hielt durch; der eine Wagen, den Katayama Fuji getauft hatte, gewann, und der andere landete auf einem guten Platz im Feld. In Japan, wo man in den Nachkriegsjahren verzweifelt nach jeder Gelegenheit zum Jubeln griff, wurde Katayama über Nacht zum Nationalhelden. Bei seiner Rückkehr kamen Kawamata, der Präsident von Nissan, und die meisten Vorstandsmitglieder zum Flughafen Haneda, um ihn zu empfangen. Es gab einen Triumphzug in die Stadt, bei dem Tausende die Straßen säumten und ihm zujubelten.

Ein Jahr lang war Katayama eine Berühmtheit. Und er war ein Mann ohne Arbeit. Während er im fernen Australien gewesen war, hatte man ihm seinen alten Posten als Werbemanager genommen. Wer steckt dahinter, fragte er, ziemlich verdutzt über diese seltsame Belohnung. »Ein sehr aktives Gewerkschaftsmitglied«, sagte ihm ein Freund. Seine Illoyalität war nicht vergessen, aber im Augenblick waren seine heroischen Taten wichtiger, und er verbrachte das Jahr damit, durchs Land zu ziehen und so bescheiden wie möglich vom Triumph Japans in Australien zu reden. Die Reaktion bei Nissan erstaunte ihn. Seine Chefs setzten ihr Produkt nicht mehr herab, sondern zählten sich jetzt zu den besten Autoherstellern der Welt. Das belustigte ihn. Die Japaner hatten gewisse Stärken, aber nur bei der Produktion. Was sie von Autos verstanden, und was sie sich aus Autos machten war bitter wenig.

Katayama genoß seine Berühmtheit eine Weile, langweilte sich aber bald. Ihm war stets bewußt, daß dies sein eigentliches Problem nicht löste, nämlich ob er eine Zukunft bei Nissan hatte oder nicht. Er erkannte vielmehr, daß sich seine Probleme unter Umständen sogar vergrößert hatten: In der Vergangenheit hatte es einflußreiche Leute gegeben, die ihn nicht gemocht hatten; jetzt, wo er so etwas wie ein Nationalheld war, haßten dieselben Leute ihn wahrscheinlich. Jetzt war er mehr denn je ein gezeichneter Mann.

So kam es, daß die Manager bei Nissan nach dem Triumph in Australien anfingen, ernsthaft über den Export von Autos nachzudenken. Sie hatten schon immer gewußt, daß sie exportieren mußten. Sie hatten die Entscheidung lange vor sich hergeschoben, weil ihr Unternehmen so anfällig und primitiv war. Aber falls sie Erfolg haben und auf dem heimischen Markt dominieren sollten, würden sie auch Wagen exportieren müssen, denn durch den Export ließen sich der Absatz gewaltig steigern und die Kosten senken. Das würde entscheidend für die Sicherung eines gesunden Anteils am Inlandsmarkt sein, was in den Augen der Manager letztlich zählte. Jeder Wagen, den sie im Ausland verkauften, senkte ihre Kosten daheim. Sie wußten, daß ihre Arbeiter genauso gut wie die in Amerika und Westeuropa waren, vielleicht sogar noch besser, und sie bekamen weniger Lohn. Dennoch waren sie unsicher im Hinblick auf Exporte nach Amerika. Sie hatten in begrenztem Umfang überwiegend Lastwagen und Busse nach Südostasien exportiert. Aber es war eine Sache, den Thais Busse oder LKWs zu liefern, und eine andere, Autos nach Amerika zu verkaufen. Wer immer die Entscheidung treffen würde, in die Vereinigten Staaten zu exportieren, würde verantwortlich gemacht werden, wenn das Vorhaben fehlschlug. Karrieren standen auf dem Spiel.

Im Grunde mußten die Leute bei Nissan dazu gedrängt werden, ihre Wagen nach Amerika zu exportieren – etwas, an das sie in späteren Jahren nicht gern erinnert wurden. Der erste Anstoß war bereits ein Jahr vor der Australienrallye von einem Mann namens Nobe Wakatsuki gekommen, der für die große Handelsfirma Marubeni arbeitete. Die Handelsfirmen spielten für die japanische Wirtschaft eine entscheidende Rolle. Weil Japan räumlich, psychologisch und sprachlich so isoliert war, fiel der Umgang mit Ausländern den meisten älteren japanischen Geschäftsleuten ungewöhnlich schwer. Ihnen mangelte es nicht nur an Sprachkenntnissen, sondern, und das war noch wichtiger, auch an der Fähigkeit, mit Leuten umzugehen, die keine Japaner waren. Da die Japaner ganz und gar auf Ex- und Importe angewiesen waren, hatten sie die *Shosha* gegründet, die Handelsfirma, die als Mittler zwischen japanischen Firmen und der großen Welt draußen auftrat.

1954 hatte die Handelsfirma Marubeni Wakatsuki zu ihrem Mann in Los Angeles bestimmt. Als er dort nach neuen Geschäftsmöglichkeiten Ausschau hielt, wurde ihm zum erstenmal klar, welche Bedeutung das Auto für das amerikanische Leben hat. Da er beständig nach einem japanischen Exportprodukt suchte, das die Amerikaner benötigen würden, etwas Grundlegendes, das aber von Zeit zu Zeit ersetzt werden müßte, kam er schließlich darauf, daß das ideale Produkt das Auto wäre. Jeder mußte einen Wagen haben, und weil es ein reiches Land war, kauften sich die Amerikaner alle drei oder vier Jahre ein neues Auto.

Auf eigene Faust erkundete Wakatsuki, welches die Bedingungen für den Import eines Wagens nach Amerika waren. Überrascht stellte er fest, wie einfach das war. In Japan füllten die Bestimmungen, wie er wußte, einen telefonbuchstarken Ordner, um Eindringlinge fernzuhalten. Der amerikanische Markt erschien demgegenüber unbekümmert offen. Die einzige Vorschrift schien zu sein, daß die Wagen Lichtfingerscheinwerfer der Firma General Electric haben mußten. Er begab sich zur kalifornischen Handelskammer und erkundigte sich über die Möglichkeit, japanische Wagen nach Amerika einzuführen. »Ich wußte gar nicht, daß die Japaner Autos herstellen«, erklärte ihm der Angestellte dort. »Ich dachte, sie bekommen ihre Wagen von Jimmy.« »Jimmy?« fragte Wakatsuki, »was für ein Jimmy?« Wie sich herausstellte, war Jimmy General Motors. Er sammelte Informationen, leitete sie an seine Marubeni-Kollegen in Tokio weiter und bedrängte diese, etwas in die Wege zu leiten. Sie wandten sich ihrerseits an Nissan, und Nissan prüfte etwas argwöhnisch Wakatsukis Bericht.

Im Herbst 1957 sollte in Los Angeles eine Automobilausstellung stattfinden, und Wakatsuki beschwor Nissan, einige Wagen dorthin zu schicken. Bei Marubeni war man skeptisch, bei Nissan auch. Schließlich beschloß Nissan, zwei Personenwagen und einen Lieferwagen auszustellen. Als Wakatsuki zum Hafen fuhr, um die mit dem Schiff aus Japan kommenden Wagen in Empfang zu nehmen, traute er seinen Augen nicht. Der Wagen war das Häßlichste, was er je gesehen hatte. Ist das ein Auto oder eine fahrbare schwarze Kiste? fragte er sich. Er wandte sich an einen Freund, der ihn begleitet hatte, und fragte ihn, wie sie so etwas jemals verkaufen sollten. »Nobe«, sagte sein Freund, »das hier ist Amerika. Das erste, was du begreifen mußt, ist, daß jeder das Recht hat, alles zu versuchen. Man wird dich immer gewähren lassen. Das zweite, was du begreifen mußt, ist, daß ein Prozent aller Amerikaner verrückt ist. Sie machen gern etwas Verrücktes, und ein paar von denen machen vielleicht etwas total Verrücktes und kaufen

Der erste Sieg 235

ein japanisches Auto.« Der Wagen wurde in Los Angeles ausgestellt, und die Besucher waren fasziniert.

»Was ist ein Datsun?« fragte ein Besucher Wakatsuki.

»Das ist ein japanischer Wagen«, antwortete er.

»Ich wußte gar nicht, daß die Japaner Autos bauen.« Dann öffnete der Besucher die Motorhaube. »Das ist ja ein Austin-Motor«, sagte er.

»Ja«, erklärte Wakatsuki, »aber es ist ein Austin-Motor, der in Japan hergestellt worden ist.« Wakatsuki entschied sich für den gleichen Preis, den ein VW-Käfer kostete, doch damit stieß er auf Widerstand. Wenn es ein japanischer Wagen war, meinten die Autokäufer, mußte er billig gemacht sein und durfte daher nicht soviel kosten. Weil der Wagen altmodisch aussah, machten die Nissan-Leute aus der Not eine Tugend und verkauften den Datsun als einen klassischen Wagen. In gewisser Hinsicht traf das zu. Mehr als selbst die Nissan-Leute erkannten, war es ein Wagen aus einer anderen Zeit. Die japanische Autoproduktion war schon vor dem Krieg primitiv gewesen; sie hatte gerade ihren Anfang genommen, als die Militärs den noch im Werden begriffenen Industriezweig in eine LKW-Produktion umwandelten. Die amerikanischen Bomben machten die meisten Werke dem Erdboden gleich. Die Produktion ähnelte sehr stark der einer amerikanischen Fabrik in den 20er Jahren. Überall sonst auf der Welt wurden weitgehend automatische Maschinen eingeführt, aber für die Japaner kam ein Kauf derartiger Anlagen nicht in Frage. Nissan freilich hatte geringe Lohnkosten. Das Unternehmen hatte die Arbeiter inzwischen fest im Griff und verfügte somit nicht nur über qualifizierte, sondern auch äußerst einsatzfreudige Arbeitskräfte. Nissan konnte diesen Vorteil nutzen, um wettbewerbsfähig zu bleiben, während es gleichzeitig die verdienten harten Devisen in moderne Maschinen investierte.

1958 starteten die Japaner ihren Angriff auf den stärksten amerikanischen Markt. Sie gingen diese Entscheidung sehr behutsam an. Sie schickten einen Personen- und einen Lieferwagen nach Amerika, um ihn dort unter amerikanischen Bedingungen zu testen. Der Wagen, mit dem Nissan diese Versuche machen wollte, war rein technisch mit dem ersten Gorham-Wagen enger verwandt, als man zugestehen wollte. Es sollte ein Personenwagen sein, ähnelte aber doch mehr einem Taxi, und die Hauptabnehmer in Japan waren auch tatsächlich Taxiunternehmen. Es war ein Nutzfahrzeug, kein Auto, das Spaß machen sollte. Der Wagen war nicht für Schnellstraßen gebaut, beschleunigte schlecht, fuhr nicht schnell und bot keinen Komfort. Er war gebaut für den Einsatz auf den schlechtesten Straßen der Welt, für Leute, die derart abenteuerlich fuhren, daß ihre Mitbürger sie Kamikazeflieger nannten. Er war gebaut für kurze Fahrten auf schlechten Straßen. Er hatte keine besonders guten Bremsen, weil niemand jemals so schnell fahren konnte, daß er wirklich gute Bremsen gebraucht hätte. Und er hielt ewig.

Mit dem Personen- und dem Lieferwagen schickte Nissan auch das erste von unzähligen von Ingenieurteams, die die amerikanischen Wagen und den amerikanischen Markt untersuchen sollten. Es war der Beginn einer Großinvasion. Die vier Männer dieses ersten Teams sollten prüfen, wie der Datsun sich bewährte – nicht unter simulierten Bedingungen, sondern im echten amerikanischen Autofahreralltag; sie sollten ferner feststellen, ob Nissan genügend kleinere Anpassungen vornehmen konnte, so daß ein exportfähiges Auto entstand. Die vier Männer, die zu Nissans besten Ingenieuren gehörten, kannten die Schwächen ihres Wagens ganz genau. Es war eigentlich kein Personenwagen, sondern ein Lkw. Er hatte einen ungewöhnlich schweren Rahmen, und das Blech der Karosserie war zu stark. Vielleicht würde die japanische Stahlindustrie künftig besser, aber noch war sie technisch nicht sehr weit und konnte die Bleche nicht in der gewünschten Stärke von nur 0,6 mm oder 0,7 mm herstellen; die Karosserie des Datsun hatte 1 mm starkes Blech. Der Wagen war außerdem unhandlich und langsam.

Sie erkannten bald, wie arm sie und ihr Land waren, und wie reich dagegen Amerika war. Dieser Kluft waren sie sich ständig bewußt. Teiichi Hara, der Leiter der Gruppe, war manchmal überwältigt vom Ausmaß der automobilen Welt in Amerika. Hier war er und versuchte, seine beiden kleinen japanischen Fahrzeuge zu testen, und um ihn her waren nichts als Autos, Tausende und Abertausende, alle größer und schneller als alles, was er je gesehen hatte, und alle preschten auf den großartigsten Schnellstraßen an ihm vorbei, auf denen er je gefahren war. Die Amerikaner in diesen Wagen hupten ihn verärgert an, wenn sein kleiner japanischer Wagen an den Auffahrten zu den Freeways nicht schnell genug beschleunigen konnte. Das Unmögliche seiner Aufgabe lähmte Hara. Selbst während er und seine Freunde sich abmühten, ihren kleinen Wagen zu verbessern, waren die Amerikaner sicher auf ihren grandiosen Teststrecken in Detroit und lernten noch mehr dazu.

Tanabe, ein anderes Mitglied der Gruppe, war jünger und empfand das alles ganz anders. Es war, als kämen sie mit einem Spielzeugauto nach Amerika, das wußte auch er. Aber anstatt vom Muskelspiel der amerikanischen Autogiganten eingeschüchtert zu sein, war er begeistert davon, wieviel es zu lernen gab. Er wollte Autos machen wie die Amerikaner, und die einzige Möglichkeit dazu bestand darin, hierherzukommen und sie zu studieren. Ein Besuch in Amerika war für ihn wie ein Studium an der größten Autouniversität der Welt. Dort hatte man sie jeden Tag vor sich, die Größe und Stärke der Autos und die Liebe zu ihnen. Die amerikanischen Wagen hatten so viel Platz und so viel Kraft. Er war berauscht vom Anblick und dem Geräusch der Autos. Aber es war so wenig Zeit, all das aufzunehmen. Die vier konnten nur einen Monat in Amerika bleiben. Sie brauchten mehr Zeit, das wußten sie, aber Zeit kostete Geld, harte Devisen, und davon hatten sie wenig; einzig das bißchen, das sie beim Verkauf jener Busse nach Thailand verdient hatten.

Da es in Japan keine Teststrecken gab, mußten sie ihre Tests auf den amerikanischen Schnellstraßen durchführen. Wie sie bald erkannten, bestanden ihre Schwierigkeiten darin, den Wagen zu stabilisieren, die Vibrationen bei höheren Geschwindigkeiten zu verringern und die Bremsen zu verbessern. Sie waren Ingenieure, keine Mechaniker, und brauchten unbedingt einen Mechaniker, weil sie jeden Tag am Motor herumbasteln mußten. Aber es war nicht genug Geld dagewesen, einen Mechaniker mitzuschicken. Wakatsuki hatte eine kleine Werkstatt ausfindig gemacht, aber den Ingenieuren fiel es furchtbar schwer, ihre präzisen technischen Forderungen auf Englisch zu erklären. Ihre Handbücher waren nicht in Englisch, und schließlich begannen sie, alles selbst zu machen. Tag für Tag fuhren sie mit dem Wagen und kamen dann zurück und bastelten am Differentialgetriebe herum, damit der Motor nicht zu hochtourig lief. Solche Arbeit hatten sie schon lange nicht mehr gemacht, und Tanabe hielt es für etwas demütigend, daß Männer, die sich für geschickte Ingenieure hielten, als Mechaniker so unbedarft sein konnten. Langsam machte sich ihr Wagen; er beschleunigte besser und wurde allmählich auch mit den amerikanischen Schnellstraßen fertig.

Der Tag, an dem Tanabe merkte, daß sie in Amerika eine Chance hätten, kam gegen Ende jenes hektischen und oft beunruhigenden Monats. Es war der Tag, an dem sie es mit einem Volkswagen aufnahmen. Sie machten täglich ihre Testfahrten auf dem kalifornischen Schnellstraßennetz. Eine Strecke auf dem San Diego Freeway außerhalb von Bakersfield mochten sie ganz besonders, denn es war die ideale Teststrecke, eine lange Steigung, die besondere Anforderungen an die Motorleistung stellte und extrem belastend für das Getriebe war. An dem besagten Tag, als sie sich dieser Strecke näherten, schob sich ein Volkswagen mit zwei Amerikanern neben den Datsun mit den beiden Japanern. Die Amerikaner starrten zu dem Datsun hinüber. Tanabe, der am Steuer saß, gefielen ihre Blicke nicht, oder vielleicht war es auch ihr Gesichtsausdruck, der zu besagen schien, daß der Datsun etwas Minderwertiges sei. Die beiden Wagen fuhren ein paar Sekunden nebeneinander her. »Die Amerikaner starrten noch immer herüber, und dann, wie es so kommt, machte der wütende und frustrierte Tanabe ein Rennen daraus. Irgendwann, so ging es ihm durch den Kopf, mußt du es versuchen. So jagten sie sich, mal der eine Wagen in Führung, dann der andere, bis sie zu der Steigung kamen, keinem steilen Berg, sondern langgezogen und stetig, für einen kleinen Wagen zermürbend. Tanabe beschloß, in den dritten Gang herunterzuschalten und den Wagen bis zum Letzten zu fordern. Ganz langsam ließ der Datsun den VW hinter sich. Zunächst waren es nur ein paar Zentimeter, dann eine Wagenlänge, und dann fiel der VW immer mehr zurück. Tanabe winkte zwar nicht aus dem Fenster, aber er ließ den Rückspiegel nicht aus den Augen, bis der VW verschwand. Wir können den Volkswagen schlagen, sagte er sich immer wieder, wir können den Volkswagen schlagen. Was für ein guter Motor, was für ein robuster kleiner Motor. Und dann dämmerte es ihm: Wenn wir den Volkswagen in einem Land schlagen können, wo die Leute noch immer Schlange nach diesem Auto stehen, sind wir in Amerika richtig, wir armen kleinen Japaner.

Sie steckten mitten in den Vorbereitungen für die Rückkehr nach Tokio, wo sie ihren Abschlußbericht vorzulegen gedachten, in dem sie feststellten, daß der Datsun mit einigen Verbesserungen eine Chance in Amerika habe, als sich der Unfall ereignete. Hara saß mit Maki im Datsun, und Tanabe folgte ihnen in einem geliehenen VW. Plötzlich bremste ein großer amerikanischer Wagen vor Hara scharf ab. Der Datsun fuhr auf den amerikanischen Wagen und der VW prallte auf den Datsun. Maki schlug mit dem Kopf gegen die Windschutzscheibe und verlor zwei Zähne. Eine kalifornische Verkehrsstreife erschien und zeigte sich etwas erstaunt darüber, daß Hara keinen Führerschein besaß. Aber irgend jemand rief Nobe Wakatsuki an, und Wakatsuki, der eine Hand dafür zu haben schien, die Dinge wieder einzurenken, die in Amerika schiefgingen, führte ein paar Telefonate, und Hara mußte nicht ins Gefängnis. Der Polizist gab jedoch zu verstehen, daß Hara nie mehr auf kalifornischen Straßen fahren solle. Hara, der Schüchternste der vier, war sehr unangenehm berührt und hielt das Ganze für äußerst beschämend. Er hatte Nissan Unehre gemacht. Er war so bekümmert, daß sie beschlossen, den Vorfall nicht zu erwähnen, wenn sie nach Tokio zurückkehrten.

Als sie auf dem Flughafen von Tokio landeten, erfuhren sie, daß Kawamata, der Präsident von Nissan, sich entschlossen hatte, den gesamten Vorstand mit zum Flughafen zu bringen. Anschließend sollten die vier ihren Bericht abgeben. Es sollte ein wirklich dramatischer Augenblick in der Geschichte Nissans werden. Maki begann mit der Verlesung des Berichts – und hielt dann plötzlich die Hand vor den Mund. Um die Tatsache zu verbergen, daß ihm zwei Zähne fehlten, hatte er versucht, sie notdürftig mit Kaugummi festzukleben. Beim Verlesen des Berichts hatten sich die Zähne gelockert. Er versuchte, sie wieder anzudrücken. Wieder lockerten sie sich. Und wieder versuchte er, sie festzumachen. »Was machen Sie denn da?« fragte Kawamata. So beichtete Maki schließlich, daß es einen Unfall gegeben hatte, und Hara, der jetzt doppelte Schande auf sich geladen hatte, mußte sich für den Unfall und auch für den Versuch, ihn geheim zu halten, entschuldigen. Dann gaben sie ihren Bericht ab. Alle waren aufgeregt; das Erscheinen des gesamten Vorstands am Flughafen erinnerte daran, was für eine schwierige Entscheidung bevorstand.

Kawamata war sehr direkt. »Gut«, sagte er nach Abschluß des Berichts. »Wie Sie sagen, ist der Lieferwagen für die amerikanischen Bedingungen geeignet. Dann vorwärts damit. Was bei dem Personenwagen nicht geändert werden kann, nun gut, daran können wir nichts machen. Aber was Sie ändern können, das machen Sie, und zwar so schnell wie möglich.«

17
Deming findet Gehör

Das erste Nachkriegsjahrzehnt war hart für die Japaner. Das wenige Kapital, das ihre Arbeit erbrachte, floß in den industriellen Wiederaufbau des Landes. Aber das Opfer war letztlich ein Opfer aller, die Not wurde gemeinsam getragen. Die Menschen kamen mit wenig aus. Nahrung und Kleidung waren immer noch teuer. Die meisten Geschäftsleute schienen nur zwei Anzüge zu besitzen, einen guten und einen schlechten. Den schlechten Anzug trugen sie zu Hause, den guten im Büro. Letzterer wirkte irgendwie immer wie frisch gebügelt. Im Zug zwischen Osaka und Tokio saßen japanische Geschäftsleute manchmal in Unterwäsche da, damit die Hose des guten Anzugs nicht knitterte. Die meisten besaßen auch nur zwei Oberhemden. Aber das Erstaunlichste für einen westlichen Besucher war ihre Sauberkeit und die Sauberkeit ihrer Kleider.

Die Aussicht darauf, daß es wieder aufwärts gehen würde, ließ die Menschen in jenen Tagen ausharren. Für die Tokioter verkörperte die U-Bahn die Hoffnung und stellte die Zukunft dar. Vor dem Krieg hatte die Stadt nur eine U-Bahnlinie gehabt. Im Tokio der frühen 50er Jahre gab es drei verschiedene Linien, und es hatte den Anschein, als würde laufend eine neue Station eröffnet, zur Freude und zum Stolz aller.

Das erste schwache Zeichen von Nachkriegswohlstand hatte sich 1950 eingestellt, als man Reis wieder kaufen konnte, ohne den schwarzen Markt in Anspruch nehmen zu müssen. Die Inflation war noch immer hoch, und selbst wer eine gute Stellung hatte, hatte das Gefühl, mehr auszugeben, als er verdiente; dies war einer der Hauptgründe für die Arbeitsunruhen der späten 40er und frühen 50er Jahre. Doch es gab bereits erste Anzeichen einer regen Konsumgesellschaft. 1953 waren die ersten Kaffeehäuser aufgekommen, die fast sofort überfüllt waren. Das lag zum Teil an dem Wunsch, aus den winzigen Wohnungen herauszukommen, denn die Menschen wohnten noch immer in drangvoller Enge, und die vollen, lauten, von Zigarettenrauch erfüllten Kaffeehäuser waren wenigstens warm und anheimelnd. Das Aufkommen der Kaffeehäuser markierte, wie einige Japaner sich erinnerten, den Beginn der Rückkehr des Vergnügens.

Schon bald gab es mehr als das Lebensnotwendigste zu kaufen. Die beiden ersten erfolgreichen Konsumgüter waren Radios und Nähmaschinen, beides teure Anschaffungen. Fernsehen gab es noch nicht, und so war es das Radio, das eine Art Gemeinschaftserlebnis und kostenlose Unterhaltung bot. Eine Nähmaschine war etwas Wertvolles; Kleider kosteten noch immer viel Geld, und die Maschine erlaubte es den Frauen, sie sich selbst zu nähen und auszubessern. Nach Radios und Nähmaschinen kamen die Kameras, und dann schon bald die Motorräder. Das Motorrad läutete eine Verbraucherrevolution ein. Es war so, als ob heute niemand eins hätte, und ein paar Wochen später hatten alle eins. Dann wurde die Kleidung allmählich besser. Toiletten mit Wasserspülung hielten Einzug in die Wohnungen. Gelegentlich waren sie noch nicht an die Kanalisation angeschlossen, aber sie standen dennoch da, und die Nachbarn pilgerten herbei, um sie zu bestaunen. Da immer mehr Wohnungen einen Wasseranschluß bekamen, verschwanden die Plumpsklos allmählich, und mit ihnen endlich auch einer der beherrschenden Düfte auf den Straßen.

Doch die Opfer waren nach wie vor gewaltig. Ende der 50er Jahre wurde die Linke, die sich in jenem Jahrzehnt überwiegend ruhig verhalten hatte, wieder attraktiver, diesmal allerdings nicht so sehr bei den Arbeitern, sondern bei Japans wertvollstem Aktivposten, den jungen Studenten. Waren die Amerikaner für die Japaner einst wie Götter gewesen, regte sich nun unaufhaltsam ein massiver Antiamerikanismus, vorwiegend bei der Jugend. Die Regierung, die sich der politischen Unruhe in der Bevölkerung bewußt war und mehr Zutrauen in die Fundamente der eigenen Wirtschaft gewonnen hatte, unternahm 1960 einiges, um einen Teil der Früchte all dieser Arbeit und Mühe den Arbeitern selbst zukommen zu lassen. Premierminister Hayato Ikeda, der einst so eng mit Joseph Dodge zusammengearbeitet hatte, kündigte ein Einkommensverdoppelungsprogramm für das bevorstehende Jahrzehnt an: Alle guten Japaner würden hart arbeiten, die Kosten würden niedrig gehalten, die Inflation überwacht werden, und im Verlauf von zehn Jahren würden sich die Einkommen verdoppeln. Er setzte für die zehn Jahre eine jährliche Wachstumsrate von 7,2 Prozent an; tatsächlich wurden es 11 Prozent, und der Anstieg hielt an. Für die Kritiker war Ikedas Programm ein Beschwichtigungsversuch, ein Mittel, die Arbeiter zu kaufen. Das könnte es durchaus gewesen sein, doch der Durchschnittsjapaner war nach dreißig Jahren Not fund Entbehrungen wenig an solchen Erörterungen interessiert.

Er nahm nach langer Zeit dankbar die ersten Früchte seiner Arbeit entgegen.

So kamen um 1960 die höchsten Beamten der Verwaltungsbürokratie und die vergleichbaren Spitzenmanager der Industrie fast gleichzeitig zu dem Schluß, daß es an der Zeit wäre, die Wirtschaft zu lockern und flexibler zu machen. Sie sollte nicht mehr so ausschließlich den Zielen des Staates dienen; es war jetzt Zeit, sie zu erweitern, um die zwar weniger dringenden, aber doch stark empfundenen Bedürfnisse der Menschen zu befriedigen. Es gab viele Anzeichen, daß die Bevölkerung unruhig war und irgendwelche Belohnungen brauchte; außerdem hatte die Kernwirtschaft einen Punkt im Wachstums erreicht, an dem sie nicht nur durch die Produktion wichtiger Industriegüter stärker wurde, sondern auch, wenn sie Konsumgüter herstellte.

Die Planer im MITI glaubten, daß Automobile das perfekte Produkt wären, um diesen Wandel zu dokumentieren. Autos waren ein begehrtes Ziel der Verbraucher, und ihre Produktion schuf gleichzeitig neue Arbeitsplätze in der Stahlindustrie. 1960 sprach Taizo Ishida, der Präsident von Toyota, von einer neuen »Yen-Revolution«. Es hatte schon die 50 000-Yen-Revolution gegeben, als es sich der Durchschnittsjapaner leisten konnte, elektrische Haushaltsgeräte in der Größenordnung von etwa 600,- DM zu kaufen. Jetzt, so Ishida, stehe die 500 000-Yen-Revolution vor der Tür, und sie würde sich auf das Auto beziehen: Wenn jemand ein Auto in dieser Preisklasse – 6 000,- DM – herstellen konnte, würde dessen Unternehmen bei den jungen japanischen Verbrauchern von Anfang an Erfolg haben. Das hatte Toyota sich mit dem Toyopet vorgenommen.

Nissan hatte noch keine Niedrigpreiswagen produziert, weil sein Präsident Katsuji Kawamata sehr vorsichtig war; wenn die Kunden billige Autos haben wollten, so sagte er, könnten sie einen Gebrauchtwagen kaufen. Sein Zögern, über das die Ingenieure von Nissan aufgebracht waren, beschied Toyota eine frühe Führung vor Nissan auf dem heimischen Markt. Trotzdem strebte Nissan, wie Toyota, die Massenproduktion an. Schließlich modernisierte man, oder fing zumindest damit an. Bis 1960 hatte sich Nissan vollkommen auf Handarbeit verlassen. Jetzt kaufte das Unternehmen erstmals einige Schweißautomaten. Das Tempo in den Fabrikationshallen begann drastisch zu steigen. Immer mehr Aufträge gingen ein und trieben die Produktionskapazitäten an ihre Grenzen. 1959 hatte Nissan nur 33 000 Personenwagen produziert; 1960 sprang die Produktion auf 66 000 Einheiten. (1964 sollten es schon 213 000 sein.) Die ständig steigenden Zuwachsraten ließen erkennen, daß Nissan seine Grundstruktur festigte und jetzt bereit war loszuschlagen. Die Kosten waren im Begriff zu sinken und die Qualität stieg.

Ende der 50er Jahre hatten ein paar amerikanische Berater angefangen, in Japan zu arbeiten und japanischen Firmen technisches Know-how zu vermitteln. Sie gehörten zu den ersten Amerikanern, die ihre Landsleute vor der zunehmenden Stärke und dem Können der japanischen Industrie warnten. Niemand schenkte ihnen anfangs größere Beachtung, und wenn man die Sache recht betrachtete, änderte sich das auch später kaum. James Abegglen schrieb als einer der ersten darüber, wie erfolgreich die Japaner ihre traditionellen kulturellen und sozialen Formen der modernen Fabrik angepaßt hätten. Es sei wichtig, erklärte er früh, die Japaner nicht zu unterschätzen. Zu Beginn einer industriellen Unternehmung wirkten sie an ihren Maschinen vielleicht langsam und unbeholfen, ihre Produkte drittklassig, aber die Amerikaner sollten sich nicht täuschen lassen. Dies war eine Gesellschaft, die sich mit Nachdruck der anspruchsvollen industriellen Leistung verschrieben hatte. Der Wettbewerb im eigenen Land war hart, es schien immer zu viele Firmen zu geben, und aus diesem heimischen Wettbewerb, gleichgültig auf welchem Gebiet, sollten einige sehr geschickte, harte und letzten Endes recht unbequeme Unternehmen hervorgehen. Sie lernten schnell. Und wenn sie gelernt hatten, nahm ihr fachliches Können in einem phantastischen Tempo zu, weit schneller als die meisten ihrer vermeintlichen Lehrer im Westen erwartet hatten. Sie pumpten Geld in ihre Fabriken, hielten Schritt mit der modernen Technologie und imitierten rücksichtslos. Ihre Ingenieure wurden sehr bald erstklassig, und damit hörten die Unternehmen auf, die unsicheren Imitatoren zu sein, die sie einmal gewesen waren, und wurden dynamisch und selbstsicher. All das beschleunigte den Weg in die Massenproduktion, und als die Japaner diesen Weg gingen, sanken ihre Kosten ganz erheblich.

Abegglen hatte das Gefühl, daß der Wettbewerb auf dem Automobilmarkt ganz besonders scharf werden würde. Erstens war schon allein wegen der Kosten eines Wagens der Einsatz ungewöhnlich groß. Zweitens war die Automobilindustrie seit dem Zweiten Weltkrieg vom MITI geschützt worden, und es war Ausländern unmöglich gewesen, auf den japanischen Markt vorzudringen. Aber jetzt, wo die Japaner exportierten, würden sie viel von diesem Schutz verlieren, und der Druck, unter den die japanischen Automobilhersteller geraten würden, wenn sie den heimischen Markt gegen Amerikaner und Europäer verteidigen mußten, würde mörderisch werden.

1960, als die Autohersteller sich bereitmachten zum Angriff, hatte Abegglen das Gefühl, das alles schon einmal erlebt zu haben; er hatte das Gleiche bei Stahl, Schiffen und Motorrädern gesehen. Er wußte, wie die Japaner vorgehen würden. Zuerst würden sie die Amerikaner und Europäer studieren und übernehmen, was ihnen ins Konzept paßte. Sodann würden sie überall auf dem Erdball das Modernste an Technologie für ihre Fabriken kaufen oder einzelne Maschinen erwerben, die sie dann kopieren und selbst bauen würden. Zu diesem Zeitpunkt würde der Gewinn unwichtig sein. Die Japaner würden ihre maßgeblichen Entscheidungen nicht vom Gewinn abhängig machen, sondern vom Marktanteil. Dem Marktanteil würden sie alles opfern. Der Gewinn, mit dem sie ihre Bankkredite zurückzuzahlen gedachten, würde sich später einstellen, wenn sie sich ihren Marktanteil gesichert hatten. Gelang es nicht, einen annehmbaren Anteil am Markt zu erobern, würde das Unternehmen Schiffbruch erleiden.

Die Verbissenheit, mit der Japan sich in den internationalen Handel stürzte, entsprang ursprünglich nicht allein dem Wunsch der Unternehmen, die Welt zu erobern, sondern auch dem Wunsch, den heimischen Konkurrenten Marktanteile abzujagen. In Japan war immer irgend jemand bereit, einen anderen zu unterbieten, und irgend jemand stand immer am Rande des Bankrotts. Die Härte dieses Wettbewerbs war für die Japaner ein starker Antrieb zum Export; je höher die Exporte, desto größer der Ausstoß, und desto bessere Möglichkeiten der Kostensenkung im Inland. Und je stärker sie die Kosten auf dem heimischen Markt senken konnten, desto besser konnten sie sich dort behaupten. Das, so wußte Abegglen, hatte sie zu besonders scharfen Konkurrenten für die ahnungslosen Amerikaner und Europäer gemacht. Denn jedes japanische Unternehmen, das sich ins Ausland wagte, hatte zuvor einen der härtesten Konkurrenzkämpfe, den man sich vorstellen konnte, überlebt und dann triumphiert. Zu Beginn der 60er Jahre nahm die Automobilindustrie gerade Fahrt auf, wie Abegglen bemerkte. Er hatte erlebt, wie japanische Unternehmen in anderen Branchen zu vergleichbaren Zeitpunkten einander nachgeeifert hatten und dabei gewaltig aufeinandergeprallt waren. Und er wußte, daß derjenige, der stark genug war, den mörderischen Kampf auf dem heimischen japanischen Automarkt für sich zu entscheiden, ein starker Konkurrent auf dem amerikanischen Markt sein würde.

Abegglen glaubte, daß die sozialen und kulturellen Kräfte, die hinter diesem industriellen Aufschwung Japans standen, zwar bedeutsam waren, daß sie aber wegen jener Dynamik doch gelegentlich überschätzt wurden. Der Erfolg Japans beruhte zu einem entscheidenden Teil auf der Tatsache, daß das Land zum einen eine industrielle Blütezeit erlebte und sich zum anderen ein mittelständischer Lebensstil durchsetzte. Die Japaner vollbrachten in einem Zeitraum von zehn oder fünfzehn Jahren etwas, für das man einige Jahrzehnte zuvor in den Vereinigten Staaten vierzig oder fünfzig Jahre benötigt hatte. Abegglen und andere Berater hatten die Statistiken studiert und waren zu dem Schluß gekommen, daß der Markt für ein begehrtes

Konsumgut in keinem anderen Land der Welt so schnell gesättigt war wie in Japan. In nur drei Jahren konnte der Markt von vielleicht knapp 15 Prozent seines Potentials auf über 75 Prozent wachsen. In Westeuropa dagegen dauerte es acht Jahre oder länger, bis ein Markt gesättigt war.

Dafür gab es mehrere Gründe. Zunächst einmal waren die japanischen Löhne und Gehälter bemerkenswert ausgeglichen; kein Bevölkerungsteil schien wesentlich reicher oder ärmer als ein anderer zu sein. Jeder mußte offenbar für einen aktuellen neuen Artikel etwa gleich lange arbeiten. Außerdem waren die Japaner geborene Verbraucher, und der Status hing aufs engste mit dem Konsum zusammen. Wenn jemand im Wohnblock das erste Fernsehgerät oder Motorrad oder Klavier hatte, oder eine Reise nach Hawaii gemacht hatte, wollten alle anderen im Block das auch haben, und es nicht zu haben bedeutete eine gewisse Schande. Und schließlich war in Japan anders als in den meisten westlichen Ländern, England vielleicht ausgenommen, die Bevölkerungsdichte sehr hoch. Das bedeutete, daß die Japaner ein für die Zeitungs- und Rundfunkwerbung ungewöhnlich leicht erreichbares Publikum waren.

Nur wenige Amerikaner erkannten nach Meinung Abegglens jemals richtig, wie groß der japanische Markt war. Irgendwie bestand im Westen die vage Vorstellung, daß Japan als kleines Land auch ein kleiner Markt sei. Dabei lebten in den Nachkriegsjahren etwa einhundert Millionen Menschen dort, doppelt so viele wie in Westdeutschland. Trotzdem war die amerikanische Automobilindustrie nicht bereit, Autos mit Rechtssteuerung für diesen Markt zu produzieren. Japan war möglicherweise einer der größten Märkte innerhalb der industrialisierten Welt, wenngleich auch ein stark geschützter. Und es war ein Markt, der zu explosiven Entwicklungen tendierte.

Der Druck, unter dem die Industriellen standen, war entsprechend groß. Abegglen sondierte Anfang der 60er Jahre für den Nissan-Präsidenten Katsuji Kawamata das Gelände. Alle kamen zu Kawamata und verlangten Geld – Geld für Fabriken, für Stahl, für Versandeinrichtungen, Ausgaben, die die bevorstehende Schlacht ahnen ließen –, und Kawamata mußte über jede Anforderung entscheiden. Selbst wenn er richtig entschied, dauerte es immer noch sehr lange, bevor erste Erträge sichtbar wurden; entschied er falsch, war er ein toter Mann. Es zeichnete sich das ab, was die Berater gern die Lernkurve einer Branche nannten. In ihrer Grundform besagt sie folgendes: je mehr Autos man produzierte, desto besser wurde man; die eigenen Ingenieure wurden besser und auch die Arbeitsprozesse. In dem Maß, in dem man mehr und bessere Autos herstellte, gingen die Kosten pro Wagen nicht nur zurück, sie sanken drastisch. In gewisser Weise war das in den Anfangsjahren bei der Ford Motor Company geschehen, als Henry Ford systematisch seine Montagebänder verbessert hatte, ohne eigentlich die Autos zu verändern. Jetzt geschah dies in Japan, allerdings mit einem wesentlichen Unterschied: Wieder und wieder hatte Henry Ford darauf warten müssen, daß die Technik seine Träume einholte, während die Japaner ihre Wachstumsperiode durchliefen, als die Technik, die häufig im Ausland entwickelt worden war, bereits zur Verfügung stand und fünfzig Jahre weiter fortgeschritten war als zu Fords Zeiten. Das bedeutete, daß das Wettrennen noch schneller war, und daß die Lernkurve noch steiler anstieg. Die Bostoner Beratungsgruppe, zu deren Gründern auch Abegglen gehörte, hatte herausgefunden, daß in Japan bei jeder Verdopplung auf der Lernkurve oder der Verdopplung der angesammelten Erfahrung (die angesammelte Erfahrung entsprach der Gesamtzahl der hergestellten Automobile) die Kosten real um 20 bis 30 Prozent zurückgingen. Da in der Zeit explosiver Wachstumsraten ein Unternehmen jedes Jahr eine Verdopplung erreichen konnte, hieß das, daß seine Kosten in einem erstaunlichen Tempo sanken. Die Japaner machten am Anfang beängstigend viele Fehler. Allerdings machten sie Fehler nie sehr lange, und ihr Qualitätsstandard sollte schon bald sehr hoch sein.

Zehn Jahre später zeigte eine Untersuchung von Thomas Hout und William Rapp, zwei von Abegglens Kollegen aus der Bostoner Beratungsgruppe, wie recht er gehabt hatte. In der Untersuchung wurden die Preise ähnlicher japanischer und amerikanischer Wagen verglichen. 1952 hatte der amerikanische Wagen 1 500 $, der japanische 2 950 $ gekostet; 1959 war die Differenz mit 1 900 $ für den amerikanischen und 2 100 $ für den japanischen Wagen schon fast verschwunden. 1961 war der japanische Wagen etwas billiger – 1 750 $ gegenüber 1 850 $ für den amerikanischen Wagen. 1964 schlugen die Einsparungen durch Erhöhung der Produktionskapazitäten eindeutig durch: Ein japanischer Wagen kostete 1 400 $, ein amerikanischer 1 900 $. 1970 schließlich war der Unterschied alarmierend – 1 210 $ für den Japaner, 2 215 $ für den Amerikaner.

Die Anspannung jener Jahre, in denen Nissan sich von einer primitiven, schwachen Firma zu einem bedeutenden Autoproduzenten mauserte, war enorm. Die Entwicklung kam auf allen Betriebsebenen, vor allem aber bei den Ingenieuren, einer Revolution gleich. Die Firma, in die der Ingenieur Minoru Tanaka 1956 eintrat, kam ihm vorsintflutlich vor im Vergleich zur Eisenhütte Niigata. Die Eisenhütte war nicht einmal nach japanischen Maßstäben ein besonders wohlhabendes Unternehmen, aber man hatte dort für die Strichzeichnungen wenigstens eine elektrische Rechenmaschine zur Verfügung. Bei Nissan mußten die Techniker mit einer hölzernen, handbetriebenen Maschine vorlieb nehmen. Tanakas erste Zusammenkünfte mit dem damaligen Technikerstab bei Nissan entsetzten ihn. Er war aus einer Welt gekommen, wo man großen Wert auf Strukturanalysen gelegt hatte und wo Pläne wissenschaftlich genau ausgeführt wurden, wobei Zahlen stets die Wahrheit sagten. Nissan unternahm überhaupt keine Strukturanalysen. Seine Ingenieure nahmen einfach vier Räder, setzten einen Kasten darauf und befestigten ihn an den Rädern. Schon bald tat sich eine Kluft auf zwischen der alten Garde und dem neuen Schlag, Männern wie ihm, die die mathematischen Kenntnisse anwenden wollten, die sie für den Flugzeugbau erworben hatten. Sehr früh erkannte Tanaka, daß Nissan der Nutznießer der Absage an eine Flugzeugindustrie war. Er bemerkte, daß ungewöhnlich viele, äußerst gut ausgebildete Ingenieure jetzt in das Unternehmen eintraten.

Sehr schnell waren die Ingenieure geteilter Meinung darüber, welches der beste Weg wäre, eine Karosserie zu bauen. Die Ingenieure der alten Garde wollten einen einfachen, schweren Rahmen nehmen und die Aufbauten daraufsetzen. Die neuen Männer mit ihrer Ausbildung im Flugzeugbau waren für die einheitliche Schalenbauweise, wie sie für Flugzeuge verwendet wurde – kein schwerer Metallrahmen, auf dem alles saß, sondern die Verteilung des Gewichts auf ein leichtes Netz aus miteinander verbundenen Verstrebungen. Schon bald nach seinem Wechsel zu Nissan begann Tanaka mit der Arbeit am A49X, einer Version des VW-Käfers in Schalenbauweise. Tanaka und seine Ingenieurskollegen waren wie vor den Kopf gestoßen, als Kawamata das Projekt schließlich ablehnte. Der 210 hatte gerade die Australien-Rallye gewonnen und damit sofort Berühmtheit erlangt. Die Unternehmensspitze befürchtete, der A49X könnte dem 210 Konkurrenz machen. Nach Tanakas Ansicht freilich war ein ausgezeichnetes Auto zugunsten eines normalen gestoppt worden.

1963 wurde Tanaka, inzwischen ein aufgehender Stern in der technischen Abteilung, beauftragt, den Nissan *Präsident* zu entwerfen, der das Flaggschiff des Unternehmens werden sollte.

Die Vorgaben an Tanaka waren einfach gewesen. Er sollte einen Luxuswagen aus der Taufe heben, in dem die Freunde des Vorsitzenden sich gerne würden fahren lassen. Der Preis spielte eine untergeordnete Rolle. Tanaka war mit dem Prototyp zufrieden, den er als den Beweis dafür ansah, daß die Schalenbauweise auch bei großen Wagen möglich war. Aber er lag 440 Pfund über dem geplanten Gewicht. Verzweifelt machte er die Runde bei den Tokioter Zulieferern und verlangte, daß sie beim Zubehör Gewicht einsparen. Aber selbst danach brachte der *Präsident* noch 220 Pfund mehr als geplant auf die Waage. Niemanden aus der obersten Etage schien das zu stören. Der Wagen kostete das Dreifache dessen, was ein Auto in Japan normalerweise kostete, aber der hohe Preis schien ihm zusätzliches Prestige zu verleihen. Von da an war Tanaka der Leiter der Planungsabteilung von Nissan.

Angemessene Produktion und Technik waren wichtige Probleme für Nissan, die Qualität des Produkts war ein weiteres. Den Japanern war klar, daß sie sich vor allem einen Ruf hinsichtlich der Qualität sichern mußten. Das Auto würde mehr als jedes andere Erzeugnis zeigen, ob sie ihren aus der Vorkriegszeit stammenden Ruf als Schundproduzenten würden ablegen können. Für die meisten Amerikaner der frühen 60er Jahre hatte dieses Image noch Gültigkeit; die Japaner hatten sich zwar schon auf Gebieten wie der Stahlproduktion und dem Schiffbau hervorgetan, aber das waren Produkte, mit denen der amerikanische Normalverbraucher nicht in Berührung kam, und daher waren sie sich dieser Veränderung nicht bewußt. Unterdessen landeten Hunderte japanischer Produktivitätsteams in den Vereinigten Staaten und grasten eine amerikanische Fabrik nach der anderen ab. Sie kamen stets in Gruppen, und den Amerikanern, die ihnen zusahen, kamen sie oft wie komische Männlein vor. Sie waren alle gleich groß und trugen den gleichen blauen Anzug und die gleiche Kamera. Sie nahmen Maß, sie fotografierten, sie machten sich Skizzen, und sie sprachen auf Band, soviel sie konnten. Ihre Fragen waren genau. Sie waren erstaunt, wie offen die Amerikaner waren – so offen, wie sie etwa englischen oder westdeutschen Besuchern gegenüber nicht gewesen wären. Recht betrachtet kam darin eine gewisse gönnerhafte Haltung zum Ausdruck; die Amerikaner waren offen, weil sie diese seltsamen, kleinen Asiaten nicht ernst nahmen. Sie hatten Vorurteile und waren großzügig.

Die Amerikaner waren damals selbstsicher und irgendwie naiv. Ihre eigene Welt war so abgerundet, daß sie eigentlich gar nicht über irgendeine Welt außerhalb ihrer Grenzen nachzudenken brauchten. Der amerikanische Markt reichte den meisten amerikanischen Managern vollkommen. Die zu Besuch weilenden japanischen Produktivitätsteams waren sowohl potentielle Kunden wie auch Studenten, aber in den großen amerikanischen Unternehmen schien niemand sonderlich daran interessiert zu sein, mit ihnen über Exporte zu reden – weder darüber, ob man ihnen ein Sortiment wichtiger Güter verkaufen könne, noch darüber, wie man ein bestimmtes Produkt gestalten müsse, damit es für den japanischen Markt in Frage käme.

Noch etwas anderes verwunderte die japanischen Besucher: die beschämende Unwissenheit der Amerikaner in bezug auf W. Edwards Deming. Deming war ein amerikanischer Experte für Qualitätssicherung und Ende der 50er Jahre so etwas wie ein Gott in Japan geworden. Douglas MacArthur vielleicht ausgenommen war er in den Jahren nach dem Krieg der berühmteste und verehrteste Amerikaner in Japan. Seit 1951 vergaben die Japaner jährlich eine zu seinen Ehren benannte Auszeichnung an die Unternehmen, die

die höchste Qualitätsstufe erreichten. (Sinnigerweise – und das war typisch für Deming – stellte er selbst das Preisgeld aus den Tantiemen seiner Bücher, die in den Vereinigten Staaten praktisch unbekannt, in Japan dagegen Bestseller waren.) Nur eine Auszeichnung durch den Kaiser war noch ehrenvoller. Aber als die japanischen Produktivitätsteams, die Amerika besuchten, Deming ihren Gastgebern gegenüber erwähnten, kannten die Amerikaner kaum seinen Namen. Die wenigen, die ihn kannten, schienen ihn für eine Art wunderlichen Kauz zu halten. Für die Japaner war das ganz besonders verwirrend, denn wenn eine japanische Gruppe in die Vereinigten Staaten kam und Stadt für Stadt, Fabrik für Fabrik ihre Runden machte, war der Amerikaner, den alle aus der Gruppe sehen wollten, Edwards Deming. Es war wie bei einer Pilgerfahrt.

Deming war die überwiegende Zeit seiner beruflichen Laufbahn in Amerika praktisch unbekannt, ein Prophet, der nichts im eigenen Land galt, und doch war er einer der bedeutendsten Gestalten der zweiten industriellen Revolution, der Herausforderung des Westens durch Ostasien. Mehr als jeder andere war er an der Herausbildung des Systems beteiligt, das den Japanern ermöglichte, ihre größte natürliche Stärke voll zu entfalten: das Potential an Menschen. Sein System der Qualitätssicherung lieferte ihnen eine Reihe mathematisch definierter industrieller Disziplinen und eine Art der Gruppenbeteiligung, die gut in die Tradition ihrer Kultur paßte. Es war im wesentlichen eine mathematische Methode zur Kontrolle des Qualitätsniveaus nach industriellen Grundsätzen, indem man immer feinere Produktionstoleranzen suchte.

Deming und Joseph Juran, die zweite führende amerikanische Autorität auf dem Gebiet der Qualitätssicherung, sagten den Japanern, daß Qualität nicht irgendeine zweitrangige Dimension sei, die man erreichen kann, indem man einige der Arbeiter auf der untersten Ebene ein oder zwei Kurse besuchen läßt, oder eine bestimmte Anzahl Prüfer anweist, die Dinge im Auge zu behalten. Wirkliche Qualität verlangte eine totale Verpflichtung, die ganz oben anfing; wenn die Unternehmensführung sich dem Gedanken der Qualität verschrieb, und wenn der Aufstieg in das Topmanagement an die Qualität gebunden wurde, würde dieser Anspruch nach unten in das mittlere und untere Management und damit zwangsläufig auch zu den Arbeitern dringen. Sie konnte nicht, wie so viele amerikanische Unternehmen offenbar meinten, auf der untersten Ebene verordnet werden. Qualität, so Deming, mußte vor allem ein zentrales Anliegen des Unternehmens sein.

Das Amerika der 50er und 60er Jahre hatte Deming und seine Lehre verschmäht und ihn letztlich dazu gebracht, sich seine Schüler außer Landes zu suchen. Amerika war in jenen Jahren reich und unangefochten. Die Kunden schienen zufrieden zu sein, und auf den meisten wichtigen Gebieten gab es kaum ausländische Konkurrenzprodukte, mit denen verglichen ein amerikanisches Erzeugnis im Urteil der Käufer schlechter abgeschnitten hätte. Die Unternehmenstheorie, die sich damals in der amerikanischen Wirtschaft durchsetzte, war neu: die Führungskräfte sollten sich nicht mehr aus altgedienten Mitarbeitern rekrutieren. Es sollten Manager sein, wie sie von den besten Universitäten und Wirtschaftsschulen kamen, und sie sollten Unternehmensführung als moderne Wissenschaft betrachten. Ihre Erfahrung sollte nicht mehr praktischer Art sein, wie das in den vorangegangenen Generationen der Fall gewesen war, sondern abstrakt. Praktische Erfahrung war höchstens hinderlich. Es waren Männer, die noch nie einen Fuß in die Fabrikationshallen gesetzt hatten, genausowenig wie die Männer in der Geschäftsführungsetage. Später, als Japan so ungeheuer erfolgreich war, wurde nach Demings Meinung die Tatsache überbewertet, daß ein normaler japanischer Arbeiter mit seiner Firma einen Lebensvertrag hatte; unterbewertet wurde dagegen die Tatsache, daß auch der japanische Manager einen vergleichbaren Vertrag besaß – er blieb auf dem eingeschlagenen Weg, hielt seinem Unternehmen und damit dem Produkt absolute Treue. Unterbewertet wurde auch die Tatsache, daß der japanische Manager normalerweise dem wissenschaftlich-technischen Bereich entstammte, wie auch die Männer in Aufsichtsrat und Vorstand, die ihn beurteilten, während der amerikanische Manager von einer wirtschaftswissenschaftlichen oder juristischen Fakultät kam, genau wie die Personen aus Aufsichtsrat und Vorstand, die *ihn* beurteilten.

Nichts beunruhigte Deming mehr als die Idee des austauschbaren Managers. »Was haben solche Leute für eine Motivation und für ein Ziel?« fragte er in solchen Fällen abwertend. »Wissen sie überhaupt, was sie machen? Was stellen sie her?« Das einzige, was sie kannten, waren Zahlen, keine Produkte. Das einzige, worüber sie sich Gedanken machten, war der Gewinn, nicht die Qualität des Produkts. Die Zahlen, so fügte er hinzu, logen selbstverständlich immer. »Sie wissen alles über die sichtbaren Zahlen, aber die sichtbaren Zahlen sagen ihnen so wenig. Von den unsichtbaren Zahlen wissen sie nichts. Wer kann die Zufriedenheit eines Kunden beziffern, und wer die Kosten eines unzufriedenen Kunden?«

Es war dieser Glaube an den Wert der Arbeit und an die Vortrefflichkeit der Produkte als eigenständiges Ziel, der ihn so sehr mit den Japanern übereinstimmen ließ. Die Japaner wußten um das niedrige Niveau ihrer Qualität vor dem Krieg, als man sich international über die Drittklassigkeit japanischer Waren lustig machte, und noch stärker im Krieg selbst, als japanische Ingenieure erlebten, wie das militärische Gerät der Amerikaner ihr eigenes immer wieder übertraf. Japans Techniker hatten lange vor der militärischen Überlegenheit der Amerikaner deren Vorsprung im Bereich der Technik und Herstellung erkannt, vor allem bei der Massenproduktion. Wenn ein amerikanisches Flugzeug erbeutet wurde, brachte man es den japanischen Ingenieuren, die es zerlegten und inspizierten. 1942 wußten diese Ingenieure, wie tief die technologische Kluft war. Bei der Untersuchung von Beutestücken wurde ihnen schmerzlich bewußt, daß die Amerikaner besser gefertigte Maschinen herstellten – noch dazu Maschinen, die offensichtlich in großen Serien produziert wurden, – und daß japanische Piloten hoffnungslos unterlegen in den Kampf geschickt wurden. Selbst in den Jahren direkt nach dem Krieg kamen die Japaner durch die Minderwertigkeit ihrer Erzeugnisse in Verlegenheit. Wenn es in Tokio regnete, konnten Zehntausende von Telefonen ausfallen.

Zur gleichen Zeit, als die Japaner an der Qualität ihrer Produktion verzweifelten, wurde Edwards Deming mit der amerikanischen Industrie unzufrieden. Seine Forderung, die Qualität der Industrieerzeugnisse durch Anwendung statistischer Kontrollen zu verbessern, fand in der florierenden amerikanischen Wirtschaft der Nachkriegsjahre, einer Zeit hektischer und unkritischer Nachfrage, keine Beachtung. Deming war von Walter Shewhart beeinflußt worden, einem amerikanischen Physiker, der in den 20er und 30er Jahren am Bell Laboratorium wegweisende Arbeit über den Einsatz der Statistik zur Sicherung industrieller Qualität geleistet hatte. Die Amerikaner hatten sich im Zweiten Weltkrieg der Techniken Shewharts bedient. Das Verteidigungsministerium hatte in Stanford sogar eine kleine Denkfabrik ins Leben gerufen, um diese Vorstellungen zu lehren und zu verbreiten, und Deming war dabeigewesen. Das Kriegsministerium war mit der Arbeit der Stanford-Gruppe so zufrieden, daß es von vielen seiner Rüstungslieferanten die Übernahme der Shewhartschen Normen verlangte. Deming wurde ein Fachmann auf diesem Gebiet und lernte diese Arbeit lieben, weil sie nicht nur mit mathematischer Brillanz zu tun hatte, sondern auch mit gesellschaftlichem Wert – sie verhalf den Menschen zu besseren Produkten und damit zu einem besseren Leben. Aber im plötzlich hereinbrechenden Überfluß der Nachkriegsjahre bestand auf einmal kein Interesse mehr an statistischen Qualitätskontrollen, zumindest nicht bei der Generation der neuen Manager. Sie meinten, es sei kein Bedarf und keine Zeit dafür da, weil kein Unternehmen in der Lage schien, schnell genug für die unersättlichen neuen amerikanischen Verbraucher zu produzieren. Nicht die Einführung von Qualitätskontrollen, sondern die Einführung von neuen Systemen zur Produktionsausweitung wurde zur aktuellen Devise der Manager in Amerika. Das Ergebnis, dessen war sich Deming absolut sicher, würde die Produktion ohne Qualität sein.

Als er mit jenen neuen Führungskräften zusammentraf und versuchte, sie von der Bedeutung seiner Ausführungen zu überzeugen, wurde ihm nachdrücklich bewußt, daß sie für solche Fragen nur Geringschätzung übrig hatten. Ihm wurde klar, daß es ihnen gleichgültig war, und für Deming war das eine ernste Angelegenheit, denn es bedeutete, daß es dem Land gleichgültig war. Da er mit seinem Hauptanliegen nicht weiterkam, nahm er als Statistiker Zuflucht beim Statistischen Bundesamt.

1946 und 1948 schickte das Amt ihn nach Japan; er sollte den Japanern beim Ausbau ihrer Erhebungsmöglichkeiten helfen, damit sie danach besser in der Lage waren, ihre Bevölkerung mit Nahrungsmitteln und Wohnungen zu versorgen. Aber sein eigentliches Interesse galt nicht den Erhebungen, sondern der Qualitätssicherung. In Tokio lernte er einige japanische Ingenieure kennen, die Shewharts Arbeit kannten und wußten, daß Deming ein Shewhart-Mann war. Beeindruckt stellte er fest, daß diese japanischen Techniker Shewharts Buch selbst übersetzt und handschriftlich kopiert hatten. Sie waren die Begründer der japanischen Ingenieursgewerkschaft. (Ausschließlich an technischen Fragen interessiert waren sie eigentlich keine Gewerkschaft, aber da MacArthur gesagt hatte, das Land könne Gewerkschaften haben, hatten sie beschlossen, daß diese Namensgebung der einfachste Weg war, offiziell anerkannt zu werden.)

1950 wurde Deming von seinen neuen japanischen Freunden gebeten, in Japan ein paar Vorträge über Qualitätssicherung zu halten. Er willigte ein, wenn auch mit einigen Bedenken. Er fürchtete, daß sich seine in Amerika gemachten Erfahrungen jetzt in Japan wiederholen würden. Deshalb erklärte er Ichiro Ichikawa, einem seiner Förderer, daß es wertlos sei, nur mit den Betriebsingenieuren zu sprechen, und daß Vorträge keinen Sinn hätten, wenn nicht auch die Topmanager des industriellen Bereichs dabei wären. Deming hatte keine Ahnung, wie in Japan damals gearbeitet wurde oder wie wichtig Ichikawa war (Es stellte sich heraus, daß er ein ehemaliger Lehrer der meisten bedeutenden Industriellen gewesen war und ungewöhnlich viel Einfluß besaß. Unter anderem war er der Vorsitzende der Keidanren, der angesehensten Wirtschaftsvereinigung Japans). Ichikawa verstand und bat die führenden fünfundvierzig japanischen Industriellen in einem Telex, zu einem Treffen zu kommen, um den Vortrag eines berühmten Amerikaners über Qualitätssicherung zu hören. Aufgrund seiner Position als geachteter Lehrer kam sein Telex einem Befehl gleich. Alle fünfundvierzig kamen, und Deming wußte, daß er im Geschäft war.

Diese Männer standen mit dem Rücken zur Wand und hatten keine andere Wahl, als sich ihm zuzuwenden. Um ihnen nicht die Hoffnung zu nehmen, erklärte er ihnen, daß sie in fünf Jahren mit dem Westen konkurrieren könnten, wenn sie auf ihn hörten. Das wäre 1955 gewesen und schien ein unerreichbares Ziel. Einer der japanischen Wirtschaftsführer schrieb in sein Tagebuch: »Da stand dieser hochgewachsene, eigenartige Amerikaner und erzählte uns, daß wir binnen fünf Jahren eine bedeutende Macht wären, wenn wir taten, was er sagte. Wir glaubten ihm nicht, aber um nicht das Gesicht zu verlieren, taten wir, was man uns sagte, und es funktionierte.« Einige Monate nach Demings erstem Vortrag berichtete ein Kabelunternehmen, dessen Präsident damals dabeigewesen war, von einem 30prozentigen Produktivitätsanstieg, und in den kommenden Monaten meldeten andere Firmen vergleichbare Verbesserungen. Demings Ruf als Prophet war gesichert. Von da an entwickelte die Qualitätssicherung eine Eigendynamik. Die Spitzenmanager kamen mit einem Lerneifer zu Deming, der an Besessenheit grenzte. Deming, der sie beobachtete und ihren eindringlichen, oft unbeholfenen Fragen zuhörte, wußte, daß er sich eine eigenartige Dauerhaftigkeit verschaffte, denn jedes Wort, das er sagte, wurde nicht nur auswendig gelernt, es wurde kodifiziert.

Deming, der es gewohnt war, nicht beachtet zu werden, erkannte, daß er an etwas Gewaltiges gerührt hatte. Sie würden Erfolg haben, das erkannte er. Er konnte es voraussagen. Niemand würde diese Leute aufhalten, weil sie den Erfolg so sehr ersehnten. Nichts war ihnen wichtiger. Sie würden jedes Opfer bringen. Vielleicht unterliefen ihnen zu Beginn viele Fehler, aber sie würden lernen, es richtig zu machen, und dann würde es kein Halten mehr für sie geben. Die Einheitlichkeit ihres Strebens – die Tatsache, daß jeder im Land, von der Spitze bis zur Basis, das gleiche Ziel hatte – machte ihn sprachlos. Die japanischen Arbeiter waren ohne Frage das Wunschbild jedes Managers – tüchtig, ausdauernd, eifrig, unverdorben –, und sie waren bestens geeignet für ein System wie das von Deming, das mathematische Fähigkeiten verlangte. Selbst einfache Arbeiter hatten erstaunliche mathematische Grundkenntnisse.

Edward Deming wurde für die Japaner nicht nur ein Berater, sondern ein Guru. Es war, als ob dieser eher wie ein Professor wirkende Mann das eigentliche Geheimnis erklären könnte, wie Amerika den Krieg gewonnen hatte. Deming erklärte nach seinen eigenen Worten lediglich Industriesysteme und -techniken; in ihren Augen aber gab er wertvolle Geheimnisse preis. Er kehrte fast jährlich zurück, um Seminare zu geben, und der Besuch dieser Seminare vermittelte ein unglaubliches Prestige. Für die Japaner, die das Vorrecht hatten, ihn zu hören, war er der beste Lehrer, zurückhaltend und im Einklang mit sich. Seine Lektionen waren einfach: Die Ingenieure des Unternehmens sollten nicht in irgendeinem schönen, sauberen Büro getrennt von der Produktion sitzen, sondern sich so oft wie möglich in der

Fabrikationshalle aufhalten, sollten genauso dazugehören wie die Arbeiter selbst.

Bald erkannten die Japaner, daß er lieber mit ihnen zu tun hatte als mit seinen Landsleuten. Es war eigenartig. Da war dieser geniale Mann, der solchen Ruhm in Japan erwarb, von dem jedes einzelne Wort so wichtig war und dessen Worte sich tatsächlich in die Praxis umsetzen ließen – es gab greifbare Beweise, daß das, was er sagte, richtig war, daß statistische Kontrollen eine höhere Qualität mit sich bringen konnten. Und doch war er in seinem eigenen Land überhaupt nicht berühmt und schien von den wichtigsten Wirtschaftskreisen ausgeschlossen. Gelegentlich schimpfte er über amerikanische Unternehmen, die meinten, daß Führungskräfte austauschbar seien. In diesem Punkt ließ er nicht mit sich spaßen. Er räumte ein, daß viele bedeutende amerikanische Theoretiker Männer wie ihn für altmodisch hielten. Aber er war sicher, daß er recht hatte, und ebenso sicher, daß am Ende die Firmen, die es versäumten, auf Qualität zu achten, schwer gestraft würden.

Selbst als er von amerikanischen Autoherstellern verächtlich abgewiesen wurde, übernahmen japanische Unternehmen seine Standards und Lehren, einschließlich Nissan. Der Vorgang zeigte, daß Beziehungen im japanischen Wirtschaftsleben immer noch eine große Rolle spielten. Demings erster Förderer war Ichiro Ichikawa gewesen, damals der Vorsitzende der Wirtschaftsgruppe *Keidanren*. Als die Qualitätskontrolle in Japan ein Gegenstand von eminenter Bedeutung wurde, wurde Ichikawas Sohn Kaoru eine der führenden Kapazitäten auf diesem Gebiet. Kaoru Ichikawa war Professor für Technik in Todai und wurde bei Nissan untergebracht. Bald darauf drängten seine ehemaligen Studenten Nissan, Demings Verfahren anzuwenden, und 1953 wurden die ersten Versuche mit Qualitätskontrollen unternommen. 1960, zu einer Zeit, als amerikanische Automobilunternehmen der Qualität überhaupt keine Beachtung schenkten, gewann Nissan den Deming-Preis.

Sechster Teil

18
Henry Kaiser
stellt Detroit auf die Probe

Es war eine Zeit des Überflusses. Das Land war reicher als jemals zuvor, und sein Reichtum war breiter gestreut. Anstelle eines kleinen Marktes der Reichen und eines großen, aber kraftlosen Marktes der Armen gab es jetzt eine riesige neue Mittelschicht, denn das Nettoeinkommen der Durchschnittsbürger hatte einen gewaltigen Sprung nach vorn gemacht. In einer scharfsinnigen Artikelserie in *Fortune* beschrieben Gilbert Burck und Sanford Parker 1953 die explosionsartige Entwicklung der Mittelschicht. 1929, so zeigten sie auf, hatte es eine Million wirklich reicher Familienclans gegeben; diese drei Prozent der Bevölkerung vereinigten auf sich 22 Prozent des Gesamteinkommens. Die Unterschicht war groß – neunundzwanzig Millionen Familien, 80 Prozent der Bevölkerung –, aber auf sie entfielen nur 46 Prozent des Volkseinkommens. 1953 hatten sich diese Zahlen radikal verändert. Die große Veränderung hatte es bei den Familien mit einem Nettoeinkommen zwischen 4 000 $ und 7 500 $ gegeben (wobei die Zahlen von 1929 auf 1952 umgerechnet worden waren). Damals als potentieller Markt unbedeutend – ihr Anteil betrug 1929 nur 15 Prozent der Gesamtbevölkerung –, machte diese Gruppe, der eigentliche Kern der Mittelschicht, plötzlich 35 Prozent der Gesamtbevölkerung aus, auf die 42 Prozent der gesamten verfügbaren Verbrauchereinkommen entfielen. Diese Gruppe war in nur fünfeinhalb Jahren um 44 Prozent gewachsen.

Diese Zahlen gaben die Vergangenheit wieder und sagten die Zukunft voraus. Ein Jahrzehnt fast ununterbrochenen Wohlstands stand bevor, in dessen Genuß zum größten Teil die neue Mittelschicht kommen sollte. Und viel von diesem Wohlstand schlug sich in dem unwiderstehlichen Drang nieder, größere Wagen zu kaufen. In dem 1950 beginnenden Jahrzehnt, als das Bruttosozialprodukt um 37 Prozent stieg, kletterte die Zahl der zugelassenen Fahrzeuge von 49,3 Millionen auf 73,8 Millionen, und obwohl die Inflationsrate relativ niedrig war, stieg der Durchschnittspreis pro Wagen von 1 270 $ auf 1 822 $. Die Autos wurden von Jahr zu Jahr größer. Mitte der 50er Jahre beschloß Chevrolet, unter dem Eindruck des Trends zu immer größeren Fords, seine 6-Zylinder auszurangieren und auf 8-Zylinder umzusatteln. Es war ein goldenes Zeitalter für Autohersteller. (Bei der besonders protzigen Feier des fünfzigmillionsten Wagens von General Motors, 1955, ließ GM-Präsident Harlow Curtice den Wagen mit einer speziellen Goldfarbe lackieren und mit vergoldeten Teilen und einem Sitzbezug aus Goldvinyl ausstatten.) Die Automobilindustrie allein erwirtschaftete in jenen Jahren beinahe 20 Prozent des amerikanischen Bruttosozialprodukts. Die Industrie war nicht nur reich, sie war im Begriff, noch reicher zu werden, denn eine der mächtigsten Interessengruppen, die jemals gebildet wurden, bestehend aus Stahlerzeugern, Autoherstellern, Baugesellschaften, Grundstücksmaklern, Gewerkschaften und anderen, hatte auf ein Gesetz für eine Bundesautobahn gedrängt. 1956, im Jahr darauf, verabschiedete der Kongreß das Gesetz, das den Staat verpflichtete, 25 Milliarden Dollar für ein riesiges Highwaynetz auszugeben, das zu 90 Prozent von der Bundesregierung finanziert werden sollte. Als aus den netten zweispurigen Straßen sechsspurige Superhighways wurden, konnten die Autos noch größer und stärker werden.

Charles Kettering von General Motors, der all das ermöglicht hatte, war komischerweise nicht glücklich über das, was er erreicht hatte. Er war der Erfinder des hochverdichteten Motors, der weit mehr Kraft entfaltete als seine Vorgänger. Mit stärkeren Motoren konnten die Wagen erheblich größer werden und mehr von dem schweren und häufig energieaufwendigen Zubehör befördern, nach dem die Amerikaner ganz verrückt waren. Das war das Ergebnis von Ketterings Erfindung, aber das hatte nicht in seiner Absicht gelegen. Er schätzte vor allem Wirtschaftlichkeit. Er hatte den hochverdichteten Motor als Mittel zu einem weit sparsameren Treibstoffverbrauch gesehen, aber diese letzte seiner vielen großen Erfindungen wurde fast von Anfang an unterlaufen. Anstatt eine Zeit größerer Wirtschaftlichkeit zu bringen, öffnete der Motor die Tür zu einer Periode beispielloser Verschwendung. Die Ära der Spritsäufer hatte begonnen.

Kettering war ein außergewöhnlicher Mann, ein wahres amerikanisches Genie. Er war 1876 auf einer Farm in Ohio zur Welt gekommen, und die ersten Jahre waren nicht leicht gewesen. Es fiel der Familie bei ihrem geringen Einkommen schwer genug, ihm eine Ausbildung zu ermöglichen. Außerdem waren seine Augen so schlecht, daß er jemanden brauchte, der ihm seine Lehrbücher vorlas, und so brauchte er sechs Jahre für sein Examen an der Ohio State University. Als frischgebackener Chemotechniker bekam er eine Anstellung bei der National Cash Register Company in Dayton, wo er einen kleinen Motor erfand, der den elektrischen Betrieb der Registrierkassen ermöglichte. Cadillac trat mit dem Wunsch an ihn heran, den Motor für das Auto weiterzuentwickeln; er sollte als Selbstanlasser die Handkurbel ersetzen. Der Gedanke reizte Kettering; beide Anwendungsmöglichkeiten verlangten einen Motor, der kurzfristig viel Leistung bringen konnte. Auf dem Heuboden einer Scheune, nach Feierabend von Ingenieurskollegen von National Cash Register unterstützt – »die Scheunenbande« nannten sie sich –, erfand er einen Anlasser, der es überflüssig machte, ein Auto mit Muskelkraft zu starten, so daß nun auch Frauen und ältere Menschen ein Auto fahren konnten. Die Neuerung, die bei den Cadillacs von 1912 eingeführt wurde, ließ den Cadillac-Absatz von zehntausend auf vierzehntausend emporschnellen. Die Firma, die Kettering gründete, bekam den Namen Dayton Engineering Laboratories Company, kurz Delco genannt. 1916 kam Delco zu General Motors, und Kettering wurde bald darauf Leiter der Entwicklungsabteilung bei GM.

Zu seinen anderen Erfindungen gehörten unter anderem Autoheizungen, das Verchromen von Metallteilen, ein Mehrzwecklack (der die Trocknungszeit der Wagen nach dem Lackieren von siebzehn Tagen auf drei Stunden verringerte), klopffester Treibstoff, Frigen für Kühlschränke und verbesserte Dieselmotoren. Seine größte Enttäuschung war der mißlungene Versuch, einen leistungsfähigen luftgekühlten Motor zu entwickeln.

Die größeren Motoren, an die Kettering dachte, brauchten ein andersartiges Benzin, dessen Gasgemisch in den Zylindern stärker komprimiert werden konnte, bevor es explodierte und die Kolben zurücktrieb. Je höher diese Kompression war, desto größer war die Leistung, die der Motor brachte. Jahrelang bedrängte er die Erdölunternehmen, Benzin mit höheren Oktanzahlen zu entwickeln, die man für die hohe Verdichtung brauchte. Doch die Erdölgesellschaften legten sich quer. Wenn er die Verdichtung erhöhte, so ihre Argumentation, würden seine Autos schlecht laufen, und die Zündanlage würde beschädigt. 1946, drei Jahre nach seinem Ausscheiden bei GM, begann er in seinem Detroiter Labor mit eigenen Experimenten; er entwickelte ein hochoktaniges Benzin und probierte es in einem Chevrolet mit einem hochverdichteten Motor aus. Die Leistung war weit höher als die eines normalen Chevrolet, und das Benzin richtete keinen Schaden am Motor an. 1947, im Alter von einundsiebzig Jahren, rund dreißig Jahre nach seiner ersten bedeutenden Erfindung, legte Kettering eine Studie vor, in der er seinen Plan erläuterte. Er schlug einen V-8-Motor mit hängenden Ventilen und einer höheren Verdichtung vor. Das bisher bestehende Verhältnis von 6,5:1 sollte praktisch verdoppelt werden. Der Motor sollte Ketterings neuen Treibstoff verbrauchen, der leicht herzustellen war. Jetzt war der Weg für sehr viel größere Wagen frei.

Ketterings Motor wurde erstmals in den 1949er Cadillac eingebaut. Obwohl der Wagen groß war, verbrauchte er nur vierzehn Liter auf hundert Kilometer. Das gefiel ihm. Was dann kam, nicht. Bald gab es riesige neue Wagen mit mächtigen Motoren und vollgestopft mit Extras wie Klimaanlage, Servobremsen und Servolenkung. Die amerikanischen Wagen waren nicht nur in ihrer Leistung, sondern auch in ihren Ausmaßen explodiert; sie wurden einen halben Meter breiter und einen halben Meter länger als bisher, und dazu brauchten sie noch mehr Leistung. Der Hubraum der Automotoren im Nachkriegsamerika nahm in atemberaubendem Tempo zu: von 1,5 l über 1,6 l auf 2,6 l und 3,4 l, und schließlich zu Chevrolets mit 5,3- und 6,5-l-Motoren. In der Werbung für ein 400-PS-Modell hieß es, den Wagen zu fahren sei »billiger als ein Psychiater«.

Die grenzenlose Verschwendung war möglich geworden, weil man gewaltige neue Erdölvorkommen entdeckt hatte – diesmal allerdings nicht im Südwesten Amerikas, sondern im Nahen Osten. Der Zweite Weltkrieg hatte Amerika gelehrt, wie wichtig Erdöl war. Nicht die amerikanischen Bomben auf die deutsche Kriegsmaschinerie hatten nach Meinung einiger Fachleute das Dritte Reich in die Knie gezwungen; es war das Versäumnis der Deutschen gewesen, genügend Erdöl zu erschließen, um die Kriegsmaschinerie in Gang zu halten. Während des Krieges hatten die Alliierten Zugang zu 86 Prozent der Welterdölvorräte gehabt. Diese Statistik hatte auf die für die nationale amerikanische Sicherheit Verantwortlichen tiefen Eindruck gemacht. Selbst als der Krieg zu Ende ging, bemühten sich die Amerikaner, die aufstrebende Macht des Westens, ihre Position im Nahen Osten zu festigen, denn sie waren sich bewußt, daß die heimische Erdölproduktion beinahe stagnierte. Von 1939 bis 1946, in einer Zeit, in der die Geologen endgültig erkannten, wie groß die Vorräte in Saudi-Arabien waren, erhöhten sich die amerikanischen Reserven nur um 6 Prozent, während die Weltreserven, die überwiegend im Nahen Osten lagen, um 60 Prozent wuchsen – »unsere Reserven«, wie Harold Ickes, Franklin Roosevelts Innenminister, sie nannte.

Selbst während des Krieges hofierten die westlichen Länder eifrig die Saudis. Die Amerikaner hatten zur Überraschung der Saudis eine Leih-Pacht-Hilfe angeboten, und als die Saudis nur sehr wenig verlangten, wollten die Amerikaner das nicht gelten lassen. Sie gaben den Saudis soviel, daß der Historiker Herbert Feis schrieb: »Sie wollten einen Karpfen angeln und zogen einen Wal an Land«. Auf dem Rückweg von der Konferenz in Teheran unterbrach Roosevelt seine Reise, um mit König Ibn Saud zusammenzutreffen, den er umwarb und dem er ein Flugzeug versprach. Einige Tage später versprach Churchill ihm einen Rolls Royce, um nicht ausgestochen zu werden. Bei dem Treffen mit Roosevelt fragte Ibn Saud danach, was mit den Juden geschehen würde. Roosevelt sagte zu, seine Haltung zu Palästina nicht zu ändern, ohne die Araber vorher zu konsultieren.

Unbemerkt, und ohne daß jemand ganz begriff, was geschah, wurde der Grundstein für die Krise gelegt. Und das waren ihre Aspekte: Die amerikanischen Energiereserven erwiesen sich als gleichbleibend, die des Nahen Ostens waren reichhaltiger denn je. Diese Vorräte waren derart riesig, daß der Gedanke an einen Erdölengpaß absurd erschien; Erdöl schien es im Überfluß zu geben. Dieses Überangebot minderte den Einfluß der Besitzerländer. Im übrigen waren sie schwach. Viele von ihnen waren gerade der Kolonialherrschaft entwachsen, ohne Vertrauen in sich und ihre Macht. Sie schrieben den westlichen Ländern, die in der Vergangenheit so verständnisvoll mit ihnen umgegangen waren, eine ehrfurchtgebietende Macht zu. Damit war ihre Ausgangsposition für Verhandlungen eher schlecht. Außerdem machten sie ihre Geschäfte weniger mit den westlichen Regierungen als mit den westlichen Erdölgesellschaften, die praktisch Staaten für sich waren. Die Gesellschaften wurden zwangsläufig ihre politischen Verbündeten, während in den Vereinigten Staaten das Außenministerium der Verbündete des neuen Staates Israel wurde. Die Frage der amerikanischen Unterstützung für Israel war gestellt, aber nicht gelöst worden. Niemand machte sich damals über den Widerspruch groß Gedanken; die Araber waren schwach und zerstritten, der Westen war stark, und das Erdöl floß so reichlich, daß eine Verknappung fast nicht vorstellbar war.

Erst da erkannten die Experten allmählich, wie wertvoll die Reserven der Saudis waren. Einige Geologen der SoCal (Standard Oil of Southern California) waren 1932 bei Arbeiten auf Bahrain, einer kleinen Insel vor der saudiarabischen Küste, auf die saudiarabischen Vorkommen gestoßen. König Abdul Asis' Finanzminister Abdullah Suleyman verlangte 50 000 Pfund Sterling in Gold für die Konzession. SoCal bot 50 000 Pfund, und die Briten, die an dem Feld nicht sonderlich interessiert waren, behandelten die Saudis mit außergewöhnlicher Geringschätzung und gaben nur ein Scheinangebot ab. 1945 schloß SoCal sich mit Texaco zu einem Unternehmen namens Aramco zusammen, um das Feld zu erschließen. Zu Beginn ließen die Amerikaner es auf dem Feld recht gemächlich angehen und trieben die Erschließung nicht sehr zügig voran, sehr zur Irritation der Saudis. Die saudiarabische Regierung übte Druck aus, um die Förderung zu steigern, und holte Esso und Mobil Oil hinzu, damit das Ganze etwas beschleunigt wurde.

SoCal hatte das Feld zunächst für wenig lohnend gehalten; erst gegen Ende des Zweiten Weltkriegs wurde sein ganzes Ausmaß erkannt. Entscheidend war das riesige Ghawar-Vorkommen. Andere große Erdöllager erstreckten sich vielleicht über 35 Kilometer; Ghawar war 225 Kilometer lang und bis zu 35 Kilometer breit. Jedesmal wenn Geologen versuchten zu schätzen, wieviel Erdöl sich da unter dem Sand befand, schienen sie ratloser als zuvor; es warf all ihre Berechnungen über den Haufen. Dieses Feld war ohne Frage das Prachtstück im Nahen Osten. Das Erdöl lag dicht unter der Oberfläche und nah am Meer, und die Förderung erfolgte in den Nachkriegsjahren bald vollautomatisch. In Texas kostete die Förderung eines Barrels Erdöl etwa 1 $, auf dem Ghawar-Feld 5 Cents. Der politische Umgang mit den Saudis war relativ problemlos; die Unternehmen hatten nur mit einem Mann zu sprechen, dem König, und die Regierung war konservativ und feudal.

Wenn die Geopolitik im Nahen Osten Gefahren barg, so schien damals doch niemand besorgt deswegen zu sein. Ein guter Politikwissenschaftler und Statistiker freilich hätte, beginnend mit den 50er Jahren, wahrscheinlich zwei Kurven aufzeichnen können, die eine Krise beträchtlichen Ausmaßes hätten erahnen lassen. Die erste hätte die zunehmende Zahl der Länder darstellen müssen, die in das Erdölgeschäft einstiegen und ihre Wirtschaft auf das Erdöl gründeten. Vor allem westeuropäische Staaten wie Frankreich und Westdeutschland stiegen von Kohle auf Erdöl um, gedrängt von den Amerikanern, die den Wiederaufbau dieser Länder finanzierten und förderten. Begünstigt wurde dieser Wechsel durch politische Überlegungen: Die Amerikaner und einige der europäischen Regierungen hüteten sich davor, ihre Abhängigkeit von der Kohle zu erneuern, denn die Bergarbeitergewerkschaften standen politisch links; das Erdöl dagegen schien eine gewerkschaftsfreie Energie zu sein. Die zweite Kurve hätte den wachsenden potentiell antiwestlichen Nationalismus im Nahen Osten wiedergeben müssen. Aber der Schnittpunkt dieser Kurven lag noch in der Zukunft; bisher floß das Erdöl aus der arabischen Welt billig und reichlich, die perfekte Rückendeckung für ein Land, das sein Geld bedenkenlos für immer größere und schwerere Wagen mit immer mehr Extras ausgab.

Kein Unternehmen eignete sich besser, diese Dynamik auszunutzen, als GM mit seiner breiten Angebotspalette, das für jede Sprosse der nach oben führenden sozialen Leiter einen passenden Wagen bereit hielt. 1955 war GM die erste amerikanische Gesellschaft, die bei einem Umsatz von 12 Milliarden Dollar einen Gewinn nach Steuern von 1 Milliarde Dollar machte. Die Großen wurden größer, während die kleineren unabhängigen Autohersteller auf der Strecke blieben, zermalmt von diesen Giganten, die in den Genuß der Einsparungen durch Erhöhung der Produktionskapazitäten kamen. Crosley starb, Hudson und Nash schlossen sich zu American Motors zusammen, Packard fusionierte mit dem schwachen Studebaker.

Der Trend hielt in den 50er Jahren auch weiterhin an, und das Jahrzehnt endete damit, daß die großen Drei anscheinend gesünder denn je waren; da es in der Vergangenheit keine Grenzen gegeben hatte, vertraute man darauf, daß es auch in der Zukunft keine geben würde und daß immer mehr Menschen immer größere Autos mit mehr Extras kaufen würden. Die Wagen wurden größer, die Unternehmen wurden reicher, die Branche straffte sich und wurde stärker gesteuert. Der Koloß GM beherrschte und diktierte die Preise. Ford belauerte GM wie ein Falke, und Chrysler belauerte Ford und versuchte zu überleben. Die Spielchen in der Branche, die dieses Monopol hervorbrachte, waren ungemein spannend, eine Parodie auf den Wettbewerb. 1956 zum Beispiel brachte Ford ein ganz neues Modell heraus, um gegen einen Chevrolet anzugehen, der sich im letzten Jahr seines dreijährigen Modellzyklus befand. Dieser Schritt schien Ford am Markt zu begünstigen. Aber weil GM so mächtig war, ging Ford bei der Preiserhöhung für den neuen Wagen sehr behutsam vor; der Preis, den man wählte, lag nur um 2,9 Prozent über dem des Vorjahresmodells. Unbeeindruckt preschte GM vor; es nahm am alten Chevrolet einige geringfügige kosmetische Veränderungen vor und erhöhte die Preise um 50 $ bis 166 $. Da wagte Ford, etwas kräftiger zuzulangen; eine Woche später setzte das Unternehmen den Preis um weitere 50 $ nach oben. Ted Yntema von Ford berichtete später vor dem von Senator Estes Kefauver geleiteten Senatsunterausschuß über Monopolfragen, dieses Preisdrama sei »wie ein spielerisches Boxen, bei dem man abzuschätzen versucht, was der Gegner machen wird... Wir haben sehr schlecht geschätzt.«

Was geschehen war, selbstverständlich ohne daß es jemand bemerkt hatte, war folgendes: die Branche war monopolistisch geworden, und Monopole, denen es an Herausforderungen und neuen Ideen fehlt, werden unweigerlich vorsichtig und gesetzt. George Romney von American Motors, das sich so durchschlug, warnte damals vor den Folgen dessen, was sich da abspielte. Während die großen Drei, wie er bemerkte, wie die Kraftmeier und unbekümmert auf dem heimischen Markt agierten – zunehmend in Praktiken verstrickt, die ihre besten Leute zwar als schädlich erkannten, die zu durchbrechen sie aber aufgrund der hohen Profite nicht imstande waren –, waren ihre europäischen Töchter häufig sehr innovativ, weil sie in Europa auf echten Wettbewerb stießen.

In den Jahren nach dem Krieg ging nicht nur die Zahl der Automobilunternehmen zurück; gleichzeitig stiegen die Kosten für die Unternehmer durch umfangreiche Abmachungen mit den Gewerkschaften, in die Höhe schnellende Löhne und Zulagen für das Management. Allein die Größenordnung der eingesessenen Unternehmen machte es immer schwerer, eine neue Firma zu gründen. Die einzige wirkliche Herausforderung für Detroit nach dem Krieg erfolgte 1945, als Henry Kaiser versuchte, ins Automobilgeschäft einzusteigen. Wenn irgend jemand je das Zeug und die Mittel gehabt hat, es als Außenseiter in der geschlossenen Welt der Autos zu schaffen, dann Henry Kaiser. »Kein Industrieller seit Henry Ford hat in so kurzer Zeit soviel erreicht«, schrieb *Fortune* einmal über ihn. Henry Kaiser war alles andere als ein Schmalspurunternehmer.

Er hatte als Straßenpflasterer an der Westküste angefangen. Als er Detroit ins Visier nahm, hatte er sich mit Erfolg in der Kies-, Aluminium- und Stahlbranche betätigt. Lange hatte er mit einem Platz in Detroit geliebäugelt. Und während des Krieges, selbst als er große Rüstungsunternehmen leitete, hatte er einige seiner besten Ingenieure alle möglichen Autos zerlegen und untersuchen lassen. Er wollte, daß seine eigenen Leute das machten, nicht Ingenieure aus Detroit, denn er wollte kein Gefangener der Detroiter Techniken werden.

Kaiser beschloß, sich mit Joe Frazer zusammenzutun, einem Einzelgänger in Detroit, einem exzellenten Verkäufer, der früher unter anderem bei Chrysler und Willys-Overland mit Erfolg tätig gewesen war und der sich entschlossen hatte, selbst einen Wagen zu bauen. Kaiser, ein Mann von grenzenlosem Selbstvertrauen und Optimismus, war ein Mann seiner Zeit, der das Risiko nicht scheute. Er hatte die meisten Amerikaner während des Krieges mit seinen Erfolgen im Schiffbau verblüfft und war für noch größere Erfolge nach dem Krieg gut. Amerika stünden goldene Jahre bevor, sagte er gerne.

Ständig weitete er seine Unternehmungen aus und begab sich auf neue Gebiete.

Er und Frazer hatten die Möglichkeit, eine Fabrik zu einem sehr niedrigen Preis vom Staat zu mieten. Alles schien zu stimmen. Doch alle, die sich in der Automobilbranche auskannten, warnten ihn vor dem Einstieg. Der Einsatz war zu hoch, die Kosten ebenfalls, und die eingesessenen Unternehmen waren zu stark. Da der junge Henry Ford im Begriff war, Ford zu verjüngen, würde der Wettbewerb wahrscheinlich, wenn überhaupt, noch härter werden als jemals zuvor. Doch diese Zweifel beeindruckten Kaiser zu keiner Zeit.

Kaiser und Frazer begaben zwei öffentliche Zeichnungsangebote für Aktien. Der Name Kaiser war ein Magnet, und das Ergebnis entsprechend gut. Wall Street war wie betäubt. Das erste Angebot lautete auf 24 $ pro Aktie, das zweite auf 20 $.

Die beiden Angebote erbrachten rund 53 Millionen Dollar. Im Januar 1946 gab Frazer ein Essen im Detroit Club zu Ehren von Henry Kaiser. An jenem Abend zeigten sich viele der Autogrößen, um das neue große Tier der

Stadt kennenzulernen. Es herrschte eine gewisse Gereiztheit, denn dies war eine Gesellschaft, die Neulinge nicht ohne weiteres aufnahm. Viele Topmanager von General Motors waren gekommen, und auch K.T. Keller, der Chrysler-Chef, ließ sich blicken. Die Leute von Ford waren bemerkenswerterweise ferngeblieben. Kaiser, der an jenem Abend ziemlich mitteilsam wurde, redete von Keller immer wieder als »meinem guten Freund K.T.«, was den Argwohn gegen ihn nicht gerade minderte. Er und Joe Frazer, so erzählte er den Gästen, unternähmen diesen Schritt nicht leichtsinnig. Dies sei ein ernstes Geschäft. Warum hätten sie sonst mehr als 50 Millionen Dollar aufgebracht, die sie restlos hier in Detroit auszugeben gedachten?

In gewisser Weise überraschte Kaiser seine Kritiker. Seinen Traum vom Aluminium-Auto oder einem Wagen mit Frontantrieb hatte er zwar aufgeben müssen, aber im Herbst 1946, ein Jahr nach ihrem ersten Handschlag, gingen er und Frazer in die Produktion. Das war eine Leistung. Die technische Qualität ihrer Wagen beeindruckte die alten Hasen in Detroit. Das Problem war immer das Geld. Es reichte einfach nie. Das Unternehmen war immer unterkapitalisiert. Wie einige Firmenmitglieder später erkannten, hätte man zehn Jahre gebraucht, um sich einen Namen zu machen und ein gutes Händlernetz aufzubauen. Die 53 Millionen Dollar waren das Startgeld, mehr nicht. Allein die Fertigungsstraße für die Motorblocks kostete 15 Millionen Dollar; weitere 10 Millionen Dollar kostete das Band für die Stoßstangen. Die Ausgaben waren derart hoch, daß den Kaiser-Leuten Hören und Sehen verging. »Henry hat die Größenordnung seines Unternehmens nie begriffen«, sagte Bedford später. »Er wußte, wie man einer Herausforderung begegnet – er konnte den Grand Coulee-Damm bauen. Er kannte sich bei Zement und Sand und Stahl aus. Aber er verstand nichts von der allein durch die Größenordnung bedingten Komplexität der Autobranche.«

Völlig unvorbereitet auf das, worauf er sich eingelassen hatte, merkte Kaiser bald, daß sein Partner Joe Frazer, der das Geschäft hätte kennen sollen, in erster Linie Verkäufer war – er wußte von dem, was in einer Fabrik vor sich geht, weniger als die Kaiser-Leute. Die Firma konnte nur Werkzeuge und Geräte kaufen, die sich binnen sechzig Tagen bezahlt machten. Es war immer ein Unternehmen, das kurztreten mußte. 1947 mußte Kaiser-Frazer 12 Millionen Dollar von der Bank of America leihen. Bald darauf beschlossen Kaiser und Frazer, eine neue dritte Stammaktienemission aufzulegen. Doch die Konsortialbank sprang ab, obwohl die Aktien vermutlich plaziert worden wären. Nichts hätte vernichtender wirken können. Das brachte das Aus für eine neue, für 1949 geplante Fertigungsstraße. Unterdessen kamen die anderen Autohersteller, deren Produktion nach dem Krieg langsam wieder anlief, wieder mit vollem Programm auf den Markt und engten Kaiser ein. 1949 brach Frazer mit den Kaisers und blieb nur noch Verkaufsberater. Die Luft wurde dünner für das Unternehmen. Der finanzielle Druck nahm zu; die Hürden wurden höher, und der Abstand zwischen ihnen verringerte sich. Das 1949er Modell verkaufte sich schlecht. Verzweifelt wandte sich Kaisers Sohn Edgar wegen weiterer Kredite an die Bank of America. »Ich gebe Ihnen Geld für alles, nur nicht für Kaiser-Frazer«, lautete die Antwort.

Das Ende stand bevor. In den ersten fünf Jahren des Bestehens hatte Kaiser-Frazer netto 34 Millionen Dollar Verlust eingefahren, und die Gläubiger hatten einen größeren Anteil am Unternehmen als die Aktionäre. 1949 baute die Firma 58 000 Wagen und machte einen Betriebsverlust von 39 Millionen Dollar. Das folgende Jahr war zwar besser, aber selbst da, als 151 000 Wagen verkauft wurden, betrug der Verlust 13 Millionen Dollar. Im gleichen Jahr verdiente Packard 5 Millionen Dollar durch den Verkauf von 72 000 Wagen. 1951, auf dem Höhepunkt des Koreakrieges, war Henry Kaiser immer noch voller Tatendrang, trotz seiner Schwierigkeiten im Unternehmen. Willow Run baute wieder Flugzeuge für die Abwehr. »Glaubst du, ich bin beunruhigt?« fragte er. »Wie sollte ich, wenn ich sehe, daß noch über fünfhundert Millionen Dollar für die Rüstungsproduktion bereitliegen. Was die Erträge angeht, kann ich mich doch nicht mit irgendwelchem Ärger über Bilanzierungsmechanik abgeben – Zahlen hin und her schieben. Aber nach dieser Geschichte [dem Koreakrieg] sehe ich Frachtflugzeuge ohne Ende am Himmel.« 1953 gingen die Reste von Kaiser-Frazer an Willys-Overland. Das kurze Bestehen des Unternehmens zeigte exemplarisch, wie schwer es ist, mit nur geringen Mitteln in das Autogeschäft einzusteigen. »Ich wußte, daß es hart wird, und ich wußte, daß wir es unter Umständen nicht schaffen«, meinte Henry Kaiser später. »Aber ich hätte nie gedacht, daß wir soviel hineinstecken, und alles verschwindet, ohne daß sich auch nur die Oberfläche kräuselt.«

Es gab keinen besseren Industriellen in Amerika, und trotzdem war er in Detroit gescheitert, gescheitert während eines Booms auf dem Automobilmarkt. Dieses Scheitern verschloß die Automobilbranche dem normalen Kapitalismus, machte sie unangreifbar für Anfechtungen durch neue Konkurrenten. Unternehmer, die sich mit dem Gedanken trugen, ins Autogeschäft einzusteigen, hatten stets den Fall Henry Kaiser vor Augen. Wie der kenntnisreiche Risikokapitalist Bill Hambrecht einmal sagte, boten sich für den Kapitalismus in Amerika Ende der 70er Jahre ideale Umstände, als der Einstiegspreis zwischen 5 und 20 Millionen Dollar lag. In diesem Bereich gediehen die High-tech-Gesellschaften; wer begabt war, einen guten wissenschaftlichen Hintergrund und die richtige Idee mitbrachte, konnte diesen Betrag aufbringen, und das war genug Geld für den richtigen Start seiner Firma. Zu viele Leute wollten nach seinen Worten unter diesem Level von 5 Millionen Dollar auf den Markt. Es war, wie er es nannte, ein Imbißbudenpreis: Bald würde es zu viele Imbißbuden geben. Am anderen Ende der Skala befand sich die Schwerindustrie – irrsinnig teuer. Dort war der Eintrittspreis so hoch, daß die meisten Möchtegernunternehmer abgeschreckt wurden. So blieben die bestehenden Unternehmen unbehelligt, und es entstand ein De-facto-Monopol.

19
Der Organisator

Mitten in einem der in den 50er Jahren periodisch wiederkehrenden Kämpfe zwischen Ford und General Motors, in dem Ford nach einer Preiserhöhung bei GM jedesmal sofort den eigenen Preis heraufsetzte, hatte Walter Reuther, der Chef der Automobilarbeitergewerkschaft, über die Ford-Leute gespottet. »Das ist das erste Mal in der Geschichte des freien Unternehmertums«, erklärte er, »daß ein Unternehmen den Preis seiner Produkte heraufsetzt, um wettbewerbsfähig zu bleiben.« Niemand hatte ein besseres Gespür für die Schwächen der Automobilunternehmen als Reuther; niemand konnte sie besser an den Ohren ziehen und ihre Schritte voraussahen und durchkreuzen, noch bevor sie selbst wußten, daß sie sie unternehmen würden. Er war Idealist und Pragmatiker, Visionär und kluger Kopf zugleich und ragte weit über die anderen Gewerkschaftsführer seiner Generation hinaus.

Er entstammte einer deutschen Einwandererfamilie, in der neben dem lutherischen Glauben nur noch der sozialistischen Politik Bedeutung zugemessen wurde. Es überraschte nicht, daß er von Grund auf Puritaner war. Wegen seines Mangels an persönlicher Nachsicht genoß er in der Welt der Gewerkschaftsführer einen legendären Ruf. Die puritanische Einstellung war für ihn etwas Natürliches, aber sie war auch eine Verlängerung seines Idealismus. Er verabscheute die jährlichen Versammlungen des US-Gewerkschaftsdachverbandes AFL-CIO, die immer in Florida stattzufinden schienen. In seinen Augen ahmte man bei den Freßorgien, die dort stattfanden, die abstoßendsten Gewohnheiten der Manager nach: Männer mästeten sich auf Kosten normaler Arbeiter. Er nahm teil, tat dies aber unter einer Art persönlichem Protest; er brachte seine eigene Saftpresse mit und kaufte sich die Orangen selbst, damit er nicht die aberwitzigen Hotelpreise für frischgepreßten Orangensaft zahlen mußte. Wenn die anderen Arbeiterführer auf Kosten der Gewerkschaft Ausflüge zur Rennbahn machten, fuhren Walter und May

Reuther zwar mit, aber nur um sich die Ställe und Pferde anzusehen; die Rennen besuchten sie nie. Wenn er mit anderen Führern der Automobilarbeitergewerkschaft zum Essen ging, zeichneten sie nicht einfach nur eine Spesenbescheinigung ab, wie die meisten vergleichbaren Angestellten in Amerika das auch machten. Reuther ließ sie alle aus der eigenen Tasche bezahlen, so daß jeder genau das zahlte, was er verzehrt hatte.

Er genehmigte sich bewußt nur ein niedriges Gehalt, um den Lebensstil der anderen Führungskräfte der Automobilarbeitergewerkschaft im Rahmen zu halten. 1945 betrug sein Gehalt 7 000 $ pro Jahr, während Charley Wilson 459 000 $ bezog, ein Unterschied, der Reuther zu trösten schien, denn er rechtfertigte seine Sache.

Ihm ging es in seinem Leben nicht um materielle Dinge. Der beständige Erfolg der Gewerkschaft war ihm Lohn genug. Zu seinen Lebzeiten und unter seiner Führung war die Automobilarbeitergewerkschaft von einer kleinen, zersplitterten Gruppe eingeschüchterter, rechtloser Arbeiter zu einer der mächtigsten und stolzesten Interessenverbände der Welt geworden. Selbst diejenigen, die den meisten Gewerkschaften kritisch gegenüberstanden, sprachen von der Automobilarbeitergewerkschaft als Sonderfall. Das war eine Gewerkschaft, bei der es um etwas mehr als nur um jährliche Lohnerhöhungen ging, eine Gewerkschaft mit einem großen Ziel. Einige der Führungskräfte aus der Automobilbranche machten ihr das größte Kompliment überhaupt. Manchmal, so sagten sie, wünschten sie sich, sie hätten es mit den Teamsters zu tun, der maroden und undemokratischen Gewerkschaft der LKW-Fahrer, und nicht mit der Automobilarbeitergewerkschaft, denn bei den Teamsters konnte man die Sache abkürzen und die einfachen Mitglieder übergehen.

Wenn das Ziel, das die Gewerkschaft vorantrieb, eine gewisse Größe hatte – die Vision einer besseren und gerechteren Gesellschaft –, dann kam vieles davon von Walter Reuther. Zum Teil lag es sicher auch an den Zeitumständen; er war der richtige Mann zur richtigen Zeit gewesen. Er war zu Beginn des *New Deal* angetreten, als Detroits riesige, notleidende, aufgebrachte Arbeiterschaft, verbittert durch die Wirtschaftskrise und voller Energie, nicht nur bereit war, den Arbeitgebern entgegenzutreten, sondern auch zum ersten Mal in diesem Jahrhundert einen gewissen staatlichen Schutz genoß. Reuther glaubte an die Gewerkschaft, an das, was er unternommen hatte. Einige meinten, seine Überzeugung, daß eine bessere Gesellschaft möglich sei, habe etwas Naives, aber er wußte, wovon er sprach.

Einige hielten ihn für zielstrebig, und damit hatten sie recht. Er hatte kaum andere Interessen, die Gewerkschaft war sein Leben, und er war nicht imstande, abzuschalten und sich mit irgend etwas anderem zu beschäftigen.

Unverbindliches Geplauder war in seiner Gegenwart unmöglich. Wenn seine Kollegen ihn einmal überredeten, mit ihnen auszugehen und sich einen lustigen Abend zu machen, scheuchte Reuther sie mitten beim Essen plötzlich wieder an die Arbeit. »Es wird kein einziger Arbeiter organisiert, wenn wir hier sitzen und palavern«, sagte er.

In den Anfangsjahren stand er viel weiter links als der Durchschnittsarbeiter. Er war ein echter Sozialist, und seine eigentlichen Ziele gingen deutlich über die elementaren Bedürfnisse der Mitglieder hinaus. Seine Hingabe an ihre Sache war so vollkommen, und er war derart anständig, offen und unbestechlich, daß selbst Arbeiter, die sich vielleicht persönlich etwas schwer mit ihm taten, ihm in Berufsdingen absolut vertrauten. Seine Überzeugung war das Ergebnis einer fast einmaligen Art von Erziehung. Wie die Söhne Joseph Kennedys zur Übernahme eines öffentlichen Amts – in erster Linie der Präsidentschaft – erzogen worden waren, waren die Söhne Val Reuthers erzogen worden, um einer industrialisierten Welt soziale Gerechtigkeit zu bringen, die ihr offensichtlich fehlte. In ihrem Elternhaus hatten sozialistische Grundsätze uneingeschränkte Geltung. Jacob Reuther, Walters Großvater, war Sozialist und Pazifist, der aus Furcht vor der steigenden Flut des preußischen Militarismus 1892 in die Vereinigten Staaten kam, damit seine Söhne nicht zur deutschen Armee eingezogen wurden.

Valentine Reuther war ganz der Sohn seines Vaters. Er war in der Neuen Welt ein guter Lutheraner geblieben, doch als er als junger Mann seinen Pastor gegen die Gewerkschaften reden hörte, begehrte er vor der ganzen Gemeinde auf, prangerte den Pastor an und verließ die Kirche für immer. Er gehörte zu der Flut von Einwanderern, wie er seinen Söhnen erzählte, zu den Männern, die in Amerika 15 Cents pro Stunde verdienten anstatt 25 Cents pro Tag im alten Land. Das machte die Dinge zwar nur etwas besser, aber in Amerika gab es mehr Hoffnung, mehr Aussicht auf Wandel. Er war ein früher amerikanischer Sozialist, und Eugene Debs, der große sozialistische Führer zu Beginn des Jahrhunderts, war sein Vorbild.

Anna Stocker Reuther, ebenfalls aus Deutschland gebürtig (sie und Val hatten sich in einer Arbeiterschenke in Wheeling kennengelernt, wo er Bier ausschenkte und sie in der Küche arbeitete), war eine energische Frau, ein gewissenhaftes Mitglied der Lutherischen Kirche. Val Reuther bemühte sich, seine Kinder politisch zu erziehen, aber seine Frau achtete ebensosehr darauf, daß ihre moralische Kraft ihrem politischen Idealismus gleichkam. Nachdem ihr Mann der Kirche den Rücken gekehrt hatte, ging Anna Reuther mit ihren fünf Kindern nach wie vor zu den Gottesdiensten. Um nicht die politische Kontrolle über seine Jungen zu verlieren, begann Val, sie über das auszufragen, was der Geistliche gesagt hatte. Diese formlosen Sitzungen entwickelten sich zu einer sonntäglichen Debattierrunde. Die Brüder maßen ihre Kräfte miteinander. Der Vater wählte die Themen aus – Frauenstimmrecht, Pazifismus, Sozialismus, Militärausgaben –, und die Jungen setzten sich in die Bibliothek und bereiteten sich die ganze Woche auf die kommende Debatte vor. Der Vater nahm die Zeit, moderierte, gab sein Urteil ab. Es war eine ernsthafte Beschäftigung, letztlich ein Reuthersches Familienrathaus. Jahre später, als sie während der Arbeitskämpfe in Detroit mit ihren Gegnern debattierten, waren sie bestens geübt in der Kunst, aus dem Stegreif zu argumentieren.

Walter Reuther war ein Kind des modernen Industriezeitalters. Er wurde 1907 geboren, ein Jahr bevor das Modell T erfunden wurde. Es war eine Zeit, in der der Durchschnittsarbeiter weitgehend machtlos war, in der die politische und rechtliche Macht überwiegend das Instrument der besitzenden Klasse war. Es war in jenen Tagen schwerer, aus der eigenen Klasse auszubrechen. Für so arme Leute wie die Reuthers war es nahezu undenkbar, die Kinder studieren zu lassen. Walter war praktisch Autodidakt. Der junge Walter Reuther brach die High-School im vorletzten Jahr ab und fing als Werkzeugmacherlehrling bei Wheeling Steel an. Er verdiente 11 Cents in der Stunde. Schließlich wurde er entlassen, weil er einen Protestmarsch angeführt hatte. Er erkannte, wie es sich für einen Sohn Valentine Reuthers ziemte, daß seine Laufbahn wohl eher die eines Arbeiterorganisators als die eines Arbeiters war. Das Organisieren war seine ganze Leidenschaft und seine Domäne. 1927 zog er nach Detroit, was wahrscheinlich unausweichlich war. Er war neunzehn und ein geschickter Werkzeugmacher, und wenn irgendeine Stadt Anziehungskraft auf einen gescheiten, ehrgeizigen, jungen Organisator ausübte, dann das Detroit Mitte der 20er Jahre.

Dort braute sich der Sturm zusammen. Detroit war seit etwa zwanzig Jahren Industriezentrum, und die Unternehmer hatten sich, hauptsächlich durch den Einsatz von Spitzeln und Schlägern, mit Erfolg einem Vordringen der Gewerkschaften widersetzt; in der einen oder anderen Form arbeiteten vielleicht 500 000 Menschen für die Autoindustrie, und niemand davon gehörte einer Gewerkschaft an. Detroit war die klassische Unternehmerstadt. Die Bezahlung, die einmal als gut gegolten hatte, war inzwischen schlecht, und die Arbeitsbedingungen waren katastrophal. Den Arbeitern wurden die elementarsten Rechte auf menschenwürdige Behandlung vorenthalten. Das Verhältnis zwischen Unternehmen und Arbeitern war durch Geringschätzung auf der einen und Furcht und Haß auf der anderen Seite geprägt. Die Unternehmer, die Richter und die Polizei standen auf der gleichen Seite; wenn Arbeiter versuchten, Streikposten aufzustellen, und Schlägertrupps der Unternehmen sie angriffen, sah die Polizei untätig zu. Aber die Zeiten änderten sich. Der *New Deal* war noch nicht verkündet, doch die Kräfte, die ihn beleben sollten, sammelten sich bereits. Wut, Enttäuschung und Bitterkeit herrschten. Zuviel Geld wurde aus zuviel Arbeit unter zu harten Bedingungen gemacht, und zuwenig ging davon an die Arbeiterschaft selbst. Die Ausbeutung hatte die Hoffnungen der Arbeiter nicht gedämpft, sie hatte vielmehr ihr Bewußtsein geschärft. Die Unternehmen selbst wurden immer repressiver; einige der leitenden Angestellten spürten, daß der Protest ständig zunahm.

Angesichts der Stärke der Unternehmen schien die Aufgabe der Gewerkschaftsorganisatoren undurchführbar. Die Unternehmen waren derart mächtig, hatten ungeheure Reserven, Spitzel, beherrschten den Staatsapparat vollkommen. Aber allein die Zahl der Arbeiter hatte eine eigene Kraft, und ihr Unmut war deutlich spürbar. Dies war keine kleine Industriestadt, wo es trotz des Fehlens moderner Arbeitsverhältnisse auf seiten der Unternehmer wenigstens eine Spur von väterlicher Verantwortung gab. Dies war die brutalste Form neuzeitlicher Industrieansiedlung, auf Hochtouren laufender Bänder, erbarmungsloser Aufseher, und in Zeiten der Not gab es nicht einmal den Schimmer eines Schutzes für die Arbeiter. So wie eine stramme rechte Diktatur häufig eine stramme linke Nachfolgerin hervorbringt, bedeuteten die bloße Stärke der großen Unternehmen, ihre Brutalität und ihre Entschlossenheit, alle gewerkschaftlichen Einflüsse abzuwehren, daß sie zwangsläufig, wie ein umgekehrtes Bild, eine starke, gegenläufige, branchenweite Gewerkschaft schaffen würden.

Walter Reuther arbeitete kurze Zeit in der Karosseriewerkstatt von Briggs, wo die Arbeitsbedingungen so schlimm waren, daß man nur vom Schlachthof sprach, und ging dann zu Ford. Als tüchtiger und erfahrener Werkzeugmacher verdiente er 1,40 $ pro Stunde zu einer Zeit, als ungelernte Arbeiter am Fließband 4 $ am Tag bekamen (in einem Unternehmen, das sich einmal etwas auf seinen 5-$-Tageslohn zugute gehalten hatte). Neben der Arbeit schloß er die High-School ab und begann am Detroit City College. In einer Bewerbung um die Mitgliedschaft in einem staatsbürgerlichen Verein der High-School schrieb er: »Mir ist klar, daß man eine Ausbildung haben muß, wenn man etwas Konstruktives im Leben schaffen will. Ich strebe nach Wissen, damit ich den Menschen dienen kann.« Er arbeitete bei Ford, als die Weltwirtschaftskrise ausbrach. Keine Stadt im Land wurde durch den beispiellosen Zusammenbruch der Wirtschaft härter getroffen. Über Nacht verschwanden Zehntausende von Arbeitsplätzen, und es gab nicht die geringsten sozialen Vorrichtungen, die die schwere Not der Arbeiter hätten lindern können. Für Walter Reuther, zu dem inzwischen sein jüngerer Bruder Victor gestoßen war, war das, was sich ereignet hatte, eine

Bestätigung all dessen, was er zu Hause immer wieder gehört hatte. Wie viele andere in dieser Zeit wurde auch er durch diese Erfahrung radikalisiert. Er schloß sich der radikalen Automobilarbeitergewerkschaft an. Bald darauf wurde er bei Ford entlassen. Er war stets davon überzeugt, daß der Grund für die Entlassung seine politische Betätigung innerhalb und außerhalb der Fabrik war.

Anstatt in Detroit herumzusitzen und die Trostlosigkeit zu verfluchen, nahmen Walter und Victor Reuther ihre ersparten 900 $ und machten sich zu einer Reise um die Welt auf, die sie durch das nationalsozialistische Deutschland und dann zu einer Automobilfabrik im russischen Gorki führte, wo sie ein Jahr zusammen mit russischen Arbeitern unter unendlich primitiven Bedingungen arbeiteten. Sie empfanden großes Mitgefühl mit den russischen Arbeitern und machten sich keine Illusionen über das harte sowjetische System. 1935 kehrten sie schließlich nach Detroit zurück, nicht mehr nur junge Kämpfer, sondern Männer, die etwas von der Welt gesehen hatten. Die Zeit war reif. Das Detroit, in das sie zurückkehrten, war im wesentlichen unverändert, und die Zeiten waren höchstens noch schlimmer. Aber Franklin Roosevelt war zum Präsidenten gewählt worden, der *New Deal* war angelaufen, und die Staatsmacht war bei wirtschaftlichen Auseinandersetzungen zum erstenmal wenigstens neutral. Roosevelt erklärte, wenn er ein Arbeiter wäre, würde er in eine Gewerkschaft eintreten; auf die Gewerkschaftsorganisatoren wirkte das elektrisierend, und die Arbeiter wurden ermutigt. Die Nation fühlte mit ihnen. Im Jahr zuvor, 1934, hatte GM 934,9 Millionen Dollar Gewinn gemacht, während ein Arbeiter im Durchschnitt 1 100 $ bekommen hatte. Die bloße menschliche Energie, die sich in Industriestädten wie Detroit seit etwa zwanzig Jahren angesammelt hatte, entpuppte sich schließlich als politische Kraft. Nicht nur der Präsident der Vereinigten Staaten hatte, anders als sein Vorgänger, Sympathien für die Arbeiter. Auch Frank Murphy, der 1936 gewählte neue Gouverneur von Michigan, stand ihnen wohlwollender gegenüber als sein Vorgänger. Gewerkschaftliche Aktivitäten, die früher unterdrückt worden wären, wurden jetzt geduldet. Zur gleichen Zeit ersannen die Reuthers und ihre Kollegen neue Widerstandsformen, wie den Sitzstreik, bei dem die Arbeiter auf ein Zeichen eine Fabrikhalle übernahmen und sich dort verbarrikadierten, während die Unternehmensführung voller Angst, die teuren Maschinen könnten bei einem Machtkampf zerstört werden, zu entscheiden versuchte, was sie machen sollte. Zum erstenmal erlebten die Gewerkschaftsorganisatoren wirkliche Verwundbarkeit bei diesen gewaltigen, reichen Unternehmen. Walter Reuther hatte eine ideale Ausgangsposition. Er war mit dem festen Entschluß nach Detroit zurückgekommen, die Produktionsarbeiter zu organisieren. Seine Mission war eine Familienangelegenheit, denn Victor schloß sich ihm bald an, und Roy, ein anderer Bruder und talentierter Organisator, befand sich schon in Flint.

1936 wurde Reuther Leiter der Ortsgruppe 174, einer kleinen Einheit im Westen Detroits. Seine Mitglieder arbeiteten bei verschiedenen Firmen, von denen Kelsey-Hayes nach seinem Dafürhalten am verwundbarsten war. Das Unternehmen lieferte Räder und Bremstrommeln für Ford. Walter ließ Victor eine Stelle als Stanzmaschinenarbeiter bei Kelsey-Hayes annehmen. Zusammen mit ein paar Kollegen arbeiteten die Reuthers ihren Plan aus. Am 10. Dezember 1936, als Victor sich in der Fabrik befand, um den Ablauf zu überwachen, begann der Streik. Eine Arbeiterin simulierte einen Ohnmachtsanfall. Victor Reuther legte den Schalter um, der das Band stoppte. Der Sitzstreik hatte begonnen.

Kelsey-Hayes erwies sich als beachtlicher Erfolg für die Automobilarbeitergewerkschaft und die Reuthers. Widerwillig lenkte die Firmenleitung ein; sie akzeptierte die Gewerkschaft und bot einen Stundenlohn von 75 Cents, das Doppelte dessen, was die Männer bisher bekommen hatten, und mehr als das Dreifache dessen, was die Frauen erhalten hatten. Reuthers Ortsgruppe 174, die den Kelsey-Hayes-Streik als eine eben flügge gewordene Einheit von weniger als hundert Mitgliedern organisiert hatte, wuchs augenblicklich auf dreitausend; innerhalb eines Jahres lag die Zahl der Mitglieder dank des Geschicks aller drei Reuthers bei fünfunddreißigtausend. Walter Reuther war damals dreißig Jahre alt. Er hatte sich als erfolgreicher Führer erwiesen, als ein Mann mit großen Zielen und den kleinen bürokratischen und taktischen Fertigkeiten, die man zu deren Verwirklichung brauchte. Er hatte eine unbedeutende Ortsgruppe im Westen Detroits übernommen und aus ihr einen Machtfaktor gemacht.

Ein noch größerer Kampf zeichnete sich praktisch zur gleichen Zeit in Flint ab, einer Stadt mit einem GM-Werk, in der 80 Prozent der Familien von diesem Unternehmen abhingen. Dort plante die Gewerkschaftsführung den gewaltigen Versuch, eines der mächtigsten Unternehmen der Welt gewerkschaftlich zu organisieren. Reuther spielte nur eine kleine Rolle beim Flint-Streik, obwohl seine beiden Brüder aktiv beteiligt waren. Der Streik sollte irgendwann 1937 stattfinden, aber als Frank Murphy zum Gouverneur gewählt wurde, konnten die Führer die Arbeiter nicht mehr zurückhalten, und die Arbeiter, die ihre Wut nicht länger zügeln konnten, schlugen am 30. Dezember 1936 los. Das Unternehmen, das zahlreiche Spitzel beschäftigte, war vorbereitet. Wyndham Mortimer, ein hoher Funktionär der Automobilarbeitergewerkschaft, war kaum in seinem Hotel abgestiegen, als das Telefon klingelte und eine Stimme sagte: »Du Strolch gehst besser dahin zurück, woher du gekommen bist, sonst kommst du nur noch im Sarg hier raus.« Die Kraftprobe hatte begonnen. Ein GM wohlgesonnener Richter erließ eine Verfügung, daß die Arbeiter das Fabrikgelände räumen sollten. Die Anwälte der Automobilarbeitergewerkschaft hakten nach und fanden heraus, daß der Richter GM-Aktien im Wert von etwa 220 000 $ besaß, ein für damalige Verhältnisse nicht untypisches Zusammentreffen. Das war das Aus für die Verfügung. Gouverneur Murphy verweigerte die Zustimmung, den Widerstand der Arbeiter mit Gewalt zu brechen. Das Unternehmen schien gelähmt.

Die Arbeiter und ihre Führer, die gewohnt waren, sich gegen eine Übermacht und massiven Polizeieinsatz zu behaupten, erwiesen sich jetzt als gewiefte Taktiker. Roy Reuther und einer seiner Kollegen, die wußten, welche Arbeiter Spitzel waren, ließen diesen gegenüber durchsickern, die Chevrolet Fabrikhalle Nummer 9 sei ihr Ziel. In Wirklichkeit hatten sie es auf die Halle 4 abgesehen, wo sämtliche Chevrolet-Motoren hergestellt wurden. Sie starteten ein Ablenkungsmanöver bei Halle 9, tricksten die GM-Führung aus, besetzten die Halle 4, verbarrikadierten sich und stoppten so die Produktion der Chevrolets. Gouverneur Murphy weigerte sich, berittene Polizei zu entsenden. (»Ich will nicht als ›mörderischer Murphy‹ in die Geschichte eingehen«, erklärte er.) Roosevelt drängte beide Seiten, sich zu einigen. Anfang Februar 1937 gab GM schließlich auf. Die Automobilarbeitergewerkschaft hatte gesiegt. Die Gewerkschaft war anerkannt. Eine Ära war zu Ende gegangen.

Jetzt kam eine Zeit des Organisierens, für Walter Reuther eine Zeit, in der es seinen Einfluß in der Gewerkschaft auszubauen galt. Die Reuthers waren inzwischen eine Macht. Gewandter als viele ihrer Kollegen und überzeugter von ihrer Aufgabe, waren sie die kommenden Männer, insbesondere Walter. Niemand in der Gewerkschaft arbeitete härter, und außerdem waren sie zu dritt. Seine Brüder verdreifachten Walters Möglichkeiten. Sie gaben ein phantastisches Nachrichtensystem ab und verschafften ihm die bemerkenswerte Möglichkeit, in Kontakt mit den Mitgliedern zu bleiben. Die Brüder waren hervorragende Verbindungsleute; wenn der Führer einer Ortsgruppe keinen Kontakt mit Walter gehabt hatte, hatte er bestimmt gerade entweder mit Roy oder Victor gesprochen. Die Gewerkschaft zerfiel in einzelne Fraktionen, als der Erfolg sich einzustellen begann, und die größte Gefahr für die Automobilarbeitergewerkschaft bestand darin, daß sie sich spaltete. Aber die Reuther-Brüder festigten systematisch ihre Position. Ihr Ehrgeiz und ihr Talent waren offenkundig, und jedem in der Gewerkschaft, der Ehrgeiz hatte, war klar, daß Walter Reuther sich nicht lange mit der Leitung einer Ortsgruppe würde zufriedengeben.

Sowohl vom rechten wie vom linken Flügel wurden die Reuthers angegriffen; für die mächtige und gutorganisierte kommunistische Splittergruppe waren sie ein rotes Tuch. Aber sie waren gerissene Politiker, und niemand konnte ihr Engagement für die Gewerkschaft oder die Ehrlichkeit ihrer Überzeugung anzweifeln. Beim Gewerkschaftstreffen 1946 schalteten sie die Leute von R. J. Thomas aus und sicherten Walter Reuther die Präsidentschaft.

Falls es irgendeinen Zweifel an seiner Stellung in der Gewerkschaft, an seiner charismatischen Macht über den Durchschnittsarbeiter gegeben hatte, wurde er durch zwei primitive Mordversuche an ihm und einen an seinem Bruder Victor beseitigt. Beim zweiten der beiden Anschläge hätten Gangster ihn mit einer Schrotflintenladung fast umgebracht, und als Victor überfallen wurde, verlor er ein Auge. Die Detroiter Polizei unternahm fast nichts, und die Funktionäre der Automobilarbeitergewerkschaft glaubten, sie sei praktisch ein Mitverschwörer gewesen. Der einflußreiche liberale Washingtoner Anwalt Joe Rauh bat den Justizminister Tom Clark, J. Edgar Hoover und den FBI einzuschalten. Hoover hatte, wie sich herausstellte, wenig für verletzte Gewerkschaftsführer übrig. »Er sagt, er schalte nicht jedesmal den FBI ein, wenn eine Niggerin vergewaltigt wird«, richtete Clark Rauh aus. Die Automobilgewerkschafter führten schließlich selbst eine Untersuchung durch. Es gab keinen Zweifel, daß die Mordanschläge von Detroiter Unterweltlern verübt worden waren, die gewerkschaftsfeindliche Unternehmer gedungen hatten. Von da an hatte Reuther seine eigene Leibwache.

Er war messianisch, wenn es die Gewerkschaft betraf. Es ging ihm nicht nur darum, höhere Löhne durchzusetzen, es ging ihm darum, ein würdevolleres Leben führen zu können. Die Automobilarbeitergewerkschaft war nicht einfach eine Gewerkschaft, sie war eine Gemeinschaft, und sie betrachtete es als ihre Aufgabe, die größere Gemeinschaft, von der sie ein Teil war, zu einem anständigeren und toleranteren Ort zu machen. Er glaubte an die Erreichbarkeit einer besseren Gesellschaft – wie nur jemand dieser Generation daran glauben konnte, der schwere Zeiten und dann die Woge jenes großen, gemeinsamen Massenwohlstands in Amerika erlebt hatte. Er war auch vor jeder konkurrierenden Vision auf der Hut, die vor seinen Arbeitern hätte ausgebreitet werden können, und schon bald, nachdem er die Führung der Automobilarbeitergewerkschaft übernommen hatte, drängte er seine alten Widersacher (die nur selten, und dann aus taktischen Gründen Verbündete gewesen waren) hinaus: die Kommunisten.

In den 50er und 60er Jahren wurde Walter Reuther eine der Symbolgestalten des amerikanischen Wohlstands, der Führer einer Gewerkschaft in einer Branche, die so reich war, daß nicht nur ihre Manager und Aktionäre wohlhabend wurden, sondern auch ihre Arbeiter ein ständig anspruchsvoller werdendes Leben führen konnten. Wo andere Gewerkschaften in ihrem Überfluß bestechlich wurden, blieb sein Haus ungewöhnlich sauber. Wo andere Gewerkschaften vor sozialen Fragen zurückschreckten, blieb die Automobilarbeitergewerkschaft ihnen verpflichtet, wenngleich durchaus zu fragen war, wieviel in den 60er Jahren von diesem sozialen Gewissen von der Führung bis zu den Arbeitern drang. An der Macht der Gewerkschaft gab es nichts zu zweifeln. Niemand wurde in jenen Jahren so ohne weiteres zum Präsidentschaftskandidaten der demokratischen Partei ernannt, ohne daß Walter Reuther seine Zustimmung gegeben hätte.

Er war ein Kritiker der Unternehmen. Aber auf eine Weise, die er nicht ganz verstand, war er nicht nur deren Gegner, sondern auch – als jeder wohlhabender wurde, Manager wie Arbeiter – deren Partner. Keiner konnte die Unternehmen besser gegeneinander ausspielen. Er durchschaute die Dynamik der Beziehungen vollkommen und verstand es, ein Unternehmen auf diesem übervollen Markt zu isolieren, ihm mit dem Verlust all seiner Gewinne zu drohen, und dann seinen Sieg über diese eine Firma in einen Sieg über alle drei Unternehmen zu verwandeln. Er hatte ein phantastisches Gespür dafür, welches Unternehmen einen Streik am wenigsten wünschte, um dann genau da anzusetzen. Die Erinnerungen an jene goldenen Zeiten, als es immer mehr gab, klangen noch lange nach, als der Kuchen anfing kleiner zu werden, und später, wenn Funktionäre der Automobilarbeitergewerkschaft zusammenkamen, schwelgten sie manchmal in Erinnerungen. Sie dachten vielleicht voller Wehmut an die Zeit, als sie GM während der Herrschaft von Ed Cole aufgesucht hatten; sie hatten im Vorraum gesessen und darauf gewartet, mit einem der Topmanager zu sprechen, als Cole hereingestürmt war und, ohne auf die dort wartenden Fremden zu achten, das Gespräch aus der gerade beendeten Sitzung fortgeführt und gesagt hatte: »Wir müssen diesen verdammten Streik beilegen, und zwar schnell – egal, was es kostet. Wir können es einfach nicht auf einen Streik ankommen lassen.« Sie hatten dagesessen und sich die Hände gerieben. Aber letzten Endes war es doch eine im wesentlichen monopolistische Gewerkschaft in einer im wesentlichen monopolistischen Branche, zu einer Zeit, als die amerikanischen Unternehmen anscheinend nie in der Lage waren, genügend Waren zu produzieren, und als ihre größte Angst die war, wegen eines Streiks nichts mehr absetzen zu können. Selbstverständlich gab es auch eine Kehrseite der Medaille. Höhere Lohnkosten wurden stets auf die Verbraucher abgewälzt. Das hatte Reuther nie gefallen, und so verlangte er 1946, als um eine kräftige Lohnerhöhung gekämpft wurde, daß es keine Preiserhöhung geben dürfe. Doch GM ließ sich darauf nicht ein. Was sie mit den Preisen machten, sei ihre Sache, erklärten sie, nicht seine. Das Abwälzen wurde in der Branche zur Norm, und die Automobilarbeitergewerkschaft nahm es notgedrungen hin. Es war eine Welt ohne Illusionen. Das Unternehmen und die Gewerkschaft hatten ineinander investiert. Größe brachte Größe hervor. Als die Unternehmen immer stärker zentralisierten, taten es die Gewerkschaften auch. Auf beiden Seiten stand immer mehr auf dem Spiel. Ihr Verhältnis hatte mit Macht und respektierten Grenzen zu tun. Am Ende war Walter Reuther ein Mann, der in dem außergewöhnlich erfolgreichen und nützlichen System gefangen war, an dessen Aufbau er mitgewirkt hatte.

Er war sich einiger der drohenden neuen Entwicklungen bewußt, insbesondere des Aufkommens der importierten Kleinwagen. Vor allem durch Volkswagen nahm die Zahl der Kleinimporte langsam beachtliche Ausmaße an. Er hatte immer geglaubt, die Amerikaner müßten in der Lage sein, gute und preiswerte Kleinwagen zu bauen. Aber er wußte, daß Detroit sich nicht für sie erwärmen konnte, daß die Unternehmen Kleinwagen für ein Loch ohne Boden hielten. Deshalb entwickelte er einen Plan, der vorsah, die drei Unternehmen von den Antitrustgesetzen auszunehmen, damit sie ihre Bemühungen zusammenführen und gemeinsam einen qualitativ hochwertigen Kleinwagen produzieren konnten. Eine Gesellschaft konnte die Karosserie, eine andere das Fahrgestell und die dritte den Motor bauen. Er ging mit seiner Idee nach Washington und rief seinen alten Freund Jack Conway von der Automobilarbeitergewerkschaft an, der damals im Amt für Wirtschaftsentwicklung arbeitete. Er bat Conway, ein Treffen mit Lyndon Johnson zu arrangieren. Conway tat dies, aber Johnson war von der Idee nicht sonderlich angetan. Zu den Autoherstellern zu gehen und die Antitrustbestimmungen zurückzustellen war das letzte, was er gern täte. Politisch gesehen, das war ihm klar, wäre das mehr als brisant. »Walter«, sagte er, »ich kenne die Welt der Autohersteller nicht sehr gut, aber ich habe da jemand, der sie kennt – Bob McNamara. Gehen Sie zu Bob und sprechen Sie mit ihm, und wenn er das für eine gute Sache hält, dann sind wir dabei.« Reuther ging zu McNamara, der den Gedanken pflichtschuldig lobte und dann sagte, daß die Gesellschaften da niemals mitmachen würden, und die Idee starb schnell wieder.

Auf diese Weise versuchte Reuther der Dynamik Einhalt zu gebieten, an der auch die Automobilarbeitergewerkschaft teil hatte. Die von der Gewerkschaft ausgehandelten Löhne und Zuschläge waren ständig gestiegen. Und dieser Anstieg war ein wesentlicher Bestandteil der Argumentationsmuster geworden, mit denen die Unternehmen die Produktion immer größerer Wagen rechtfertigten. Der Erfolg der Gewerkschaft hatte aber auch andere Auswirkungen. Reuther sah die wachsende Kluft zwischen den von amerikanischen und den von ausländischen Arbeitern hergestellten Produkten, und er erkannte die Bedrohung, die davon für die amerikanische Wettbewerbsfähigkeit letztlich ausging. Im Freundeskreis sprach er gelegentlich sehr beredt darüber. Aber er hatte sich in einem System verfangen, an dem ihm vieles mißfiel und an dem er nur weniges steuern konnte, ein System, das seinen Arbeitern ein sehr gutes Auskommen verschaffte. Bis zu seinem Tode konnte er sich nicht aus diesem Dilemma befreien. Im Mai 1970, als er mit einem kleinen Privatjet zu dem schönen neuen Erholungszentrum der Automobilarbeitergewerkschaft in Black Lake im Bundesstaat Michigan flog – Freunden gegenüber hatte er über die hohen Löhne der Bauarbeiter geklagt, die das Zentrum gebaut hatten –, stürzte die Maschine ab, und er und seine Frau fanden den Tod.

20
Der Mustang

Lee Iacocca hätte den Zeitpunkt gar nicht besser wählen können. Sein Aufstieg innerhalb der Ford Motor Company erfolgte fast im Gleichschritt mit dem wachsenden Wohlstand im Nachkriegsamerika. Als Marketingdirektor unter Robert McNamara war er Ende der 50er Jahre ein großer Verkäufer in einem Verkäuferparadies. Es gab soviel zu verkaufen und so viele Menschen mit soviel Geld, um etwas zu kaufen, und es gab das Fernsehen, eine wunderbare neue Art zu werben. Amerika war reich und zuversichtlich, und es war ein Land, das seine Autos noch immer liebte. An den Zapfsäulen blieb das Benzin billig. Aber Iacocca verkaufte nicht lediglich Autos; er paßte die Karte von Ford der neuen Karte von Amerika an. Denn dies waren Jahre großer demographischer Veränderungen. Kleine Städte starben oder verfielen. Landwirtschaftlich genutztes Land in der Umgebung zahlloser Städte wurde zu Wohngebieten gemacht. Überall schossen Vorstädte aus dem Boden, eine neue amerikanische Form der Fertiggemeinde: Der Boden wurde hergerichtet, die Parzellierung vorgenommen, der Highway gebaut, die Einkaufszentren errichtet, und das alles so schnell, daß die Landvermesser kaum fort schienen, als schon die Umzugswagen kamen. In diesen Gemeinden gab es häufig größeren Wohlstand als in den Städten, denen sie Konkurrenz machten. Erreichen konnte man sie nur mit dem Wagen, was voraussetzte, daß jede Familie ein Auto besaß. Familien mit einem Wagen kauften einen zweiten. Familien mit zwei Wagen kauften einen dritten für die Kinder.

Wie kaum ein anderer bei Ford begriff Iacocca, wie Amerika sich verändert hatte, und er leistete glänzende Arbeit, als er sicherstellte, daß jeder in diesem neuen, reicheren Amerika einen freundlichen Ford-Händler in seiner Nähe fand. Die Händler waren natürlich in den alten Innenstädten ansässig gewesen, die die Menschen im Zug des neuen Wohlstands jetzt verließen. Es war Iacoccas Aufgabe, die alteingesessenen Händler dazu zu bewegen, in das neue gelobte Land zu ziehen, ein Schritt, den viele von ihnen nur widerwillig taten. (»Es kann einen ganz schön nerven«, gestand er einem Freund, »seinen Händlern zu erzählen, daß es in einer Trabantenstadt auch Geschäfte gibt, wenn Leute dort leben, und wenn es Geschäfte gibt, dann eines Tages auch einen Rotary- oder Kiwanis-Club.«)

Als McNamara im November 1960 Präsident von Ford wurde, wurde Iacocca Generaldirektor der Ford-Produktion, eine Spitzenposition im Zentrum des Unternehmens. Iacocca war sechsunddreißig. Nur Henry Ford II., so hieß es, sei in der Firma schneller aufgestiegen. Einerseits war Iacocca McNamara dankbar, denn dieser hatte ihn nach oben geholt und seine Karriere erheblich beschleunigt. Aber er hatte auch gelitten unter McNamaras Vorsicht, seinen ganz eigenen utilitaristischen Neigungen und seiner seltsamen Überzeugung, daß Autohersteller soziale Verpflichtungen hätten, etwa auf dem Gebiet der Sicherheit. Als McNamara ein paar Monate später nach Washington ging und Verteidigungsminister wurde, fühlte Iacocca sich befreit. Schon bald wurde klar, daß Iacoccas Regime einträglicher werden würde als das McNamaras. Er schuf eine erfolgreiche LKW-Serie und erfand die Weiße Woche im Januar, für die Autohersteller seit jeher ein entsetzlicher Monat. Der Gedanke, weiße Wagen zu Sonderpreisen zu verkaufen, erschien zuerst kindisch, aber er hatte Erfolg.

Iacocca war sehr behutsam im Umgang mit Ed Lundy und seinen Finanzleuten. Hin und wieder erforderte das seine ganze Selbstbeherrschung. Er regte sich immer wieder darüber auf, daß ein im Unternehmen so einflußreicher Mann so wenig Gespür für Autos haben konnte. Aber auch wenn Iacocca im Umgang mit Leuten, die er nicht schätzte, ziemlich grob und verbohrt bis zur Empfindungslosigkeit sein konnte, war er sich stets bewußt, daß ein Angriff auf Lundy ein Angriff auf Henry Ford war, denn Lundy war Fords wichtigste Stütze. Nach einer Sitzung, im Kreis seiner eigenen Leute, wetterte er vielleicht gegen etwas, das Lundy gesagt hatte, aber im direkten Umgang war er äußerst höflich. Einmal war es um die Frage gegangen, wieviel ein bestimmter Wagen pro Monat kosten würde. Iacocca hatte sofort die monatlichen Raten genannt, aber Lundy hatte ratlos dreingeblickt, weil er nur den offiziellen Listenpreis kannte. Schließlich kaufte wohl kaum einer seiner Freunde und Geschäftsführungskollegen einen Wagen auf Raten. Aber Iacocca war der Händler-Mann, er identifizierte sich noch mit dem normalen Kunden und wußte, daß die meisten Amerikaner ihren Wagen auf Raten kauften. Für sie war die entscheidende Frage, wieviel im Monat zu zahlen war. Das waren die echten Kosten des Wagens, nicht der Listenpreis. »Ich glaube, von diesen Kerlen kennt keiner einen wirklichen Menschen«, sagte er zu einem Kollegen.

Die Leute aus der Finanzabteilung waren für ihn ein rotes Tuch. Sie hatten keine Ahnung von Autos und vereitelten doch regelmäßig, was er wollte.

Am Anfang hatte er Lundys Leute lediglich als ein Hindernis betrachtet. Später meinte er, die Finanzleute, wenn nicht gar Lundy selbst, hätten es in einer Weise auf ihn abgesehen, die fast schon persönlich sei. Aber er rächte sich nie, schlug selten zurück. Bedenkt man, was für ein lebhafter und kampfbereiter Mann Iacocca war, bereit, selbst bei der kleinsten Kränkung Vergeltung zu üben, kann man ermessen, welch erstaunliche Selbstbeherrschung er in diesem Falle übte. Aber nur jemand, der so aggressiv war wie Lee Iacocca, konnte so erfolgreich derart lange gegen die lähmende Macht der Finanzabteilung bestehen. Er wollte Erfolg und Macht einfach viel nachdrücklicher als sie. In der glatten modernen Firmenwelt von Ford triumphierte er durch die Wucht seines Ehrgeizes, dadurch, daß er mehr als jeder andere über alle Aspekte der Ford Motor Company wußte, dadurch, daß er stets besser vorbereitet war als jeder andere, mit dem er zu tun hatte. Er war eher ein Mann für Ford, nicht für GM, denn bei GM, wo das System alles war, wäre sein Ehrgeiz zu direkt gewesen; dort hätte er sich niemals lange gehalten. Bei Ford war dagegen noch Raum für persönliche Eigenart, auch wenn das System stark war. Bei GM ging man davon aus, daß Ehrgeiz sich als Streben für das System äußerte, nicht für sich selbst. Lee Iacoccas Ehrgeiz hatte sich jedoch immer auf seine Person bezogen. Die in Fraktionen gespaltene Ford Motor Company war ein weit stärker von Taktik und Strategie geprägter Schauplatz als GM, vor allem wegen des launenhaften Führungsstils von Henry Ford, seiner Vorliebe, Leute gegeneinander auszuspielen, und nicht zuletzt wegen seiner Angst, daß irgend jemand aus dem Führungsteam zu mächtig werden könnte. Hier war Iacocca, der Taktiker schlechthin, in seinem Element.

Die meisten anderen Männer in der Autobranche waren liebe, angenehme Leute aus Kleinstädten im Mittelwesten. Sie kamen aus der Mittelschicht, wenn auch manchmal aus den unteren Rängen dieser Schicht. Ihre Eltern waren möglicherweise nicht ganz so wohlhabend wie die ersten Familien der Stadt, aber sie gehörten dazu. Die meisten waren Protestanten, einige Katholiken. Sie waren, und das war der springende Punkt, niemals Außenseiter; im Gegensatz zu so vielen Einwanderern hatten sie sich nie verachtet gefühlt. Durch ihren Eintritt in die Automobilbranche, was überall im Mittelwesten ein Fanal des Erfolgs war, entschieden sich diese Männer für Ansehen und Sicherheit. Sie waren immer ehrgeizig, aber es war eine korrekte Art von Ehrgeiz, gesittet, maßvoll, geäußert im Einklang mit den Richtlinien von Klasse und Region. Sie waren die guten, verläßlichen Amerikaner aus dem Herzen des Landes, die auf die fundamentale Gerechtigkeit vertrauten, die Amerika denen garantierte, die sich an seine Regeln hielten, die ihren Vorgesetzten willig dienten und warteten, bis sie an der Reihe waren.

Der offene Konkurrenzkampf der neueren Einwanderer, der sich auf den Wettbewerb in bestimmten anderen Bereichen des amerikanischen Lebens auswirkte, berührte die oberen Ebenen der beherrschenden Industrieunternehmen kaum. Jene Einwanderer, in erster Linie Juden und Italiener, die mißtrauisch gegenüber der protestantischen Gerechtigkeit waren, hatten Söhne gezeugt, die von Unmut ebenso wie von Ehrgeiz getrieben wurden. Sie waren verbissene Konkurrenten und entschlossen, das Unrecht zu rächen, das ihren Eltern und Großeltern angetan worden war.

Die meisten Einwanderer waren vor den großen Unternehmen zurückgeschreckt. Im Bewußtsein der in ihren Heimatstädten herrschenden Vorurteile glaubten sie, in den großen, traditionellen Firmen kaum Chancen zu haben. Nicht ohne guten Grund nahmen sie an, daß bei einer Bewerbung von zwei oder drei qualifizierten Männern für eine bestimmte Stelle das Vorurteil unweigerlich gegen sie entscheiden würde. Je höher sie in den Führungsbereichen solcher Firmen gelangen würden, desto clubähnlicher würde es werden, und desto mehr würden soziale Feinheiten bei Entscheidungen über den Aufstieg ins Gewicht fallen. Im Gegensatz zu ihren Eltern hatten diese jungen Leute studieren können, aber sie hatten immer noch etwas von der Wut der Einwanderer in sich und wählten sich meistens eine Beschäftigung, bei der sie möglichst unmittelbar wegen ihrer Arbeit geschätzt wurden. Was Motive und Verhaltensweisen anbelangt, war Iacocca nicht anders als die Industriemagnaten Hollywoods oder einige der großen Anwälte oder Geschäftsleute des Landes. Aber es war beinahe einmalig, daß er erstens bei einem so großen und bürokratischen Unternehmen wie Ford anfing, und daß er zweitens, als er einmal bei Ford war, seiner selbst treu blieb und sich weigerte, in der Unternehmenskultur aufzugehen, was er ohne weiteres hätte machen können.

Im Haus des Einwanderers Nick Iacocca aufgewachsen, übernahm er von seinem Vater die eigenartige Mischung aus Liebe zu Amerika einerseits und Argwohn gegen die, die dort schalteten und walteten andererseits; ein Argwohn, der weder Vater noch Sohn jemals verließ. Außer in Gesellschaft anderer Nichtprotestanten, von denen er wußte, daß sie selbst unter Vorurteilen gelitten hatten, sprach er nie darüber. Aber von Anfang an hatten Nick und Antoinette Iacocca vor, ihren Sohn zu einem Amerikaner zu erziehen. Obwohl die Familie aus Italien kam und stolz darauf war, sprach Lee kein Italienisch, weil seine Eltern nicht wollten, daß er es lernte. Er sollte seinen Weg in der Neuen Welt machen, nicht in der Alten. Er hatte ein besonders enges Verhältnis zu seinem Vater. Wer Lees Freund war, war auch Nick Iacoccas Freund. Als Lee zum Präsidenten von Ford ernannt wurde, wohnte Nick der Feier bei, die auch für ihn ein Sieg war, ein gewaltiger persönlicher Sieg über das Vorurteil. Nick glaubte, die Welt da draußen werde von Protestanten beherrscht, die die Italiener selbstverständlich herablassend behandelten, und daß man bei ihnen keine faire Chance bekomme. Traue dieser Welt nicht, riet er seinem Sohn des öfteren. Arbeite für dich, für niemanden sonst.

Lee Iacocca hörte fast immer auf seinen Vater, aber diesen obersten Grundsatz verletzte er; er beabsichtigte, seitdem er aufs College in Lehigh ging, Ingenieur zu werden und bei Ford zu arbeiten. Es war eine Wahl voller Risiken, denn auch wenn einige Vorurteile im Amerika der Nachkriegszeit abgeschwächt wurden – die gegen Juden beispielsweise –, blieben die gegen Italiener bestehen. Der Weg zur echten Anerkennung war für die Italiener offenbar doch härter. Als aufstrebendem Managementtrainee bei Ford war Lee Iacocca klar, daß er einen langen, einsamen Kampf vor sich hatte. Er war sich immer der Vorurteile seiner Umgebung bewußt gewesen. Er wurde als andersartig eingestuft. Jahre später, als er bei Ford in die Führungsetage aufgestiegen und sein Verhältnis zu Henry Ford so gut wie nie zuvor war, war das immer noch spürbar. »Ich möchte, daß Sie meinen jungen italienischen Freund kennenlernen«, sagte Ford einmal, als er ihn vorstellte. Da war es wieder, wenn auch gutgemeint – *mein junger italienischer Freund.*

Einsamkeit und Vorsicht blieben, solange er bei Ford war. Wie sehr er auch triumphierte, er triumphierte im Lager des Gegners. Er versammelte bei Ford eine eigene Clique um sich – was zum Teil auch ein Abwehrmechanismus war. Aber selbst bei denen, denen er nahestand, ließ er sich selten gehen und offenbarte nur selten seine wahren Gefühle. Am deutlichsten zeigte sich sein Inneres in seiner beispiellosen Zielstrebigkeit; er war so weit gekommen und würde sich nicht beiseite drängen lassen. Er würde sie alle überflügeln. Er würde über die Wall Street und das Bankwesen soviel wissen wie die Finanzleute; über Technik soviel wie die Ingenieure; und über Arbeitspläne soviel wie die Männer aus der Produktion. Es würde keine Seite des Geschäfts geben, die er nicht beherrschte. Bei ihm stand stets mehr auf dem Spiel als bei anderen, und alles, was geschah, wurde persönlicher gesehen. Jeder Sieg war umso süßer, weil es ein Sieg sowohl für ihn wie für Nick Iacocca über ein System war, dem er nie traute, und jede Niederlage war deshalb umso bitterer.

Aber sein Erfolg beruhte nicht allein auf seiner Dynamik. Er besaß einen nahezu unfehlbaren Marktinstinkt – die eigentliche Basis seiner starken Position innerhalb des Unternehmens. Die Händler verehrten ihn; er kannte sie, verstand ihren Geschmack und blickte nicht auf sie herab, wie so viele der Führungskräfte des Unternehmens. Sie blieben ihm dafür bemerkenswert treu. (Als sich schließlich sein Schicksal bei Ford entschied, gab es nicht nur unterschwelliges Murren; es war von einem Händleraufstand die Rede.) Er war, wie sie glaubten, der im Unternehmen am höchsten angesiedelte Mann, der noch ihre Sprache sprach. Niemand sonst in den höheren Etagen wollte sehr viel mit ihnen zu tun haben oder nahm gar ihre Existenz gern zur Kenntnis. Schließlich waren sie durchweg lauter und frecher als die gemäßigten jungen Ford-Manager; ihre unsichere Kameradschaftlichkeit wies Mißtöne auf, sie kleideten sich poppiger und trugen ihren Materialismus zu offen zur Schau.

Bob McNamara, der sich im Autogeschäft nie leicht getan hatte, verabscheute es, sich mit den Händlern abzugeben. Er hielt sie für gewöhnliche Krämer, und am wenigsten gefiel es ihm, sie einmal im Jahr zusammenzurufen und in einer schwungvollen Rede aufzufordern, hinauszugehen und zur größeren Ehre der Ford Motor Company mehr zu verkaufen. Schon sehr früh hatte McNamara in Iacocca jemanden erkannt, der gescheit genug war, für ihn zu reden, und der in der Lage war, für ihn mit den Händlern umzugehen. Auf diese Weise beschleunigte McNamara Iacoccas Aufstieg. Iacocca war hocherfreut über die frühe Hilfe, die er von McNamara erhielt. Er betrachtete McNamara als einen mit sich selbst im Widerstreit liegenden Mann, der hin- und hergerissen wurde zwischen der Notwendigkeit, einen immer größeren Gewinn vorzuweisen, und seiner persönlichen Vorliebe für kleine, zweckmäßige Autos. Aber während Iacocca Mitgefühl für McNamara hatte, empfand er nur Abneigung gegen seine beruflichen Nachkommen, die tüchtigen jungen Männer, die nach ihm kamen, all diese ordentlichen Erfolgstypen, die auf dem richtigen College und dann der richtigen Universität gewesen waren, und denen man den Berufsweg geebnet hatte. Irgend jemand kümmerte sich immer um sie. Um ihn hatte sich außer seiner Familie niemand gekümmert. Er war nach vier Jahren Lehigh und seiner Abschlußarbeit in Princeton zu Ford gegangen und hatte als Trainee mit 185 $ pro Monat in der Firma angefangen. Er arbeitete ein Jahr als Trainee, und als er fertig war, bekam er nicht die Stelle im Verkauf, auf die er es abgesehen hatte. Statt dessen wurde er in eine kleine Fabrik in Edgewater, Pennsylvania, geschickt, wo automatische Getriebe gefertigt wurden. Er wollte sofort wieder weg und versuchte erneut, in den Verkauf zu kommen. Er bewarb sich um die Stelle eines Verkäufers in der New Yorker Niederlassung und glaubte, auch qualifiziert genug für die Stelle zu sein, aber der Manager Nelson Bowe lehnte ihn ab. Niederlagen verschiedenster Art setzten Iacocca zu; die am

Anfang seiner Karriere schmerzte besonders, weil sie vielleicht als Ausdruck eines Vorurteils zu verstehen war.

Schließlich bekam Iacocca doch einen kleinen Verkäuferposten in der Ford-Niederlassung in Chester, Pennsylvania. Dort kam er unter die Fittiche von Charley Beacham, dem Verkaufsleiter des östlichen Bezirks. Wenn McNamara und die Senkrechtstarter das Unternehmen vertraten, wie es ihrer Meinung nach hätte sein sollen, verkörperte Charley Beacham die Firma, wie sie wirklich war. Die Welt McNamaras und seiner Nachfolger bei Ford war ein kalter, asketischer Ort, wo rationale Menschen rationale Dinge taten, wo Zahlen immer Wirklichkeit wurden und wo der Ehrgeiz der Leistung galt, nicht der Gier. Beachams Welt war ein gewöhnlicher Ort, wo jeder seine Methode hatte und auch eine Scheibe von dem haben wollte, was sein Nachbar hatte. Der Schlüssel zum Verständnis menschlichen Verhaltens war nicht die Rationalität, sondern das Wissen um die Wünsche und den Hochmut der Menschen. Es war noch immer eine Welt, in der die Menschen ein Auto kauften, weil sie etwas haben wollten – weil sie den Nachbarn imponieren oder auf ein Mädchen Eindruck machen wollten.

Charley Beacham wurde Lee Iacoccas Pflegevater in der Firma. Nach außen war Charles Rufus Beacham der klassische gute alte Freund, der schulterklopfende, urige Kumpel, der, wenn er wollte, auch Shakespeare zitieren konnte. Er hatte immer eine Zigarre im Mund, die er aber nie ansteckte; Zigarrenrauchen bekam ihm nicht, und deswegen aß er sie, kaute sie zu einem Stummel. Er kam mit jedem zurecht, hatte für jede Gelegenheit einen Spaß auf Lager, insbesondere solche, die nicht für die Ohren von Frauen geeignet waren. Aber unter all dem Südstaatengehabe verbarg sich ein nüchterner Mann mit einem nüchternen Auge. Er vergaß nie, daß gute Laune und Freundlichkeit nicht Selbstzweck, sondern Mittel zum Zweck waren, Mittel, den Kunden Autos anzudrehen, von denen einige ein Auto brauchten, andere nicht. Die Frage, ob der Kauf dem Kunden nützte, stand nie zur Debatte; die einzige Frage war, ob es dem Händler nützte. Das bedeutete, die Verkäufer auf Trab zu bringen, ihnen Feuer zu machen, damit sie ihrerseits den Kunden einheizen.

In den 50er Jahren war er in einem Unternehmen, in dem es von gelackten Strebern mit Hochschulabschluß wimmelte, zu einer Figur aus dem amerikanischen Bilderbuch geworden. Er war ein Glücksritter aus der Zeit, als Amerika noch den Glücksrittern gehörte. Mit dem Aufkommen des Fernsehens sollte sich das ändern, und das Verkaufen würde größtenteils über das Fernsehen laufen, und weil das Fernsehen ein so heißes Medium war, mußte das Verkaufen kühler werden. Beacham ging die Sache elementarer an. Er verstand es, seine Verkäufer zu begeistern, denn das war entscheidend. Einmal rief er sie zusammen, um sie für ein in seinen Augen relativ schwaches Modell anzufeuern. Er machte es mit viel Geschick, ging ihnen um den Bart, bis er die Begeisterung in ihren Gesichtern sehen konnte. Er verließ den Raum, wandte sich an einen Freund und sagte: »Ich mag meine Methoden zwar nicht allzusehr, aber sie bringen was, da kannst du Gift drauf nehmen.« In einem schlechten Jahr, als die Niederlassung in Chester unter dem Zwang stand, die Kosten zu senken, ließ er, wie man sich erzählt, seine Verkäufer in zwei Reihen antreten, einen links, einen rechts. »Sie auf dieser Seite«, wandte er sich an die links Stehenden, »Sie müssen sich mit zehn Prozent weniger Gehalt abfinden.« Ihre Gesichter wurden lang. »Aber seien Sie nicht zu traurig«, fuhr er fort, »denn Sie hier drüben« – er zeigte auf die Männer rechts von sich – »Sie werden überhaupt nicht mehr hier arbeiten.«

Er wußte, wie das alles lief – wie die Händler bearbeitet wurden, damit sie ihre Verkäufer bearbeiteten, damit die ihre Kunden bearbeiteten; wie die Renner im Angebot den trägen Händlern vorenthalten und den guten Händlern als Belohnung gegeben wurden. Beachams Verhältnis zum Autogeschäft war ursprünglich. »Machen Sie Geld – lassen Sie die Puppen tanzen«, schärfte er dem jungen Iacocca ein. Iacocca gefiel ihm, weil er so gescheit war und weil Beacham spürte, daß er mehr von seinem als vom Schlage derer war, die damals ans Ruder kamen. Er mochte die Finanzleute nicht, auch wenn ihm klar war, daß die Firma sie brauchte. Er erzählte gern die Geschichte von einem Baumstamm, der im Eis eines Stroms hoch im Norden eingefroren war und bei Einsetzen des Tauwetters im Frühling flußabwärts trieb, immer schneller werdend, mit einer einzigen winzigen Ameise darauf. »Diese Ameise glaubt, sie lenkt den Baumstamm«, sagte Beacham. »Aber wissen Sie, wer die Ameise ist? Es ist ein Erbsenzähler aus der Ford Motor Company.«

Iacocca bekam seine erste Ausbildung von Beacham. Oberstes Gebot war stets, den Wagen an den Mann zu bringen. Das zweite, daß ein Wagen stets an den Mann gebracht werden konnte. War der Wagen nicht an den Mann gebracht worden, lag die Schuld beim Verkäufer, nicht beim Auto. Diese Schulung gab Iacocca ein eigenes Gepräge: In einem zunehmend vornehmer werdenden, fast schon theoretischen Beruf war er ein Mann ohne Illusionen. Er begriff auch sofort, daß er auf sich aufmerksam machen mußte, wenn er bei Ford Erfolg haben wollte, und das stellte er geschickt an. Noch als ganz junger Verkäufer, der erst ein Jahr im Unternehmen war, kam er zu dem Schluß, daß die meisten Verkäufer im Bezirk schlecht gerüstet seien. Deshalb machte er den Vorschlag, regelmäßig einen abendlichen Schulungskurs abzuhalten, um das professionelle Niveau zu heben. Damit hob er sich sofort von anderen ab. Seine Idee wurde bald auch von anderen Verkaufsbezirken übernommen, und seinen Vorgesetzten wurde klar, daß Iacocca anders war, zielstrebiger.

Er begriff außerdem, daß er Selbstsicherheit brauchte. Da er ein schüchterner junger Mann war, nahm er Dale Carnegie-Kurse und zwang sich zu mehr Selbstbewußtsein. Als sich der Erfolg einstellte, wurde er wirklich selbstsicher. Er machte sich schon bald einen Namen in der Firma. Der 1956er Ford war ein schwaches Modell und verkaufte sich nur schleppend. Iacocca, damals stellvertretender Bezirksverkaufsleiter in Philadelphia, dachte sich etwas aus, um den Verkauf anzukurbeln. Der Wagen sah seiner Meinung nach langweilig aus. Um ihn etwas rasanter erscheinen zu lassen, brachte er eine auffällige Seitenverkleidung an und ließ die Wagen zweifarbig umlackieren. Dann senkte er den Preis. Wenn ein Käufer 20 Prozent vom Verkaufspreis des neuen Fords anzahlte, entschied Iacocca, brauchte er die nächsten drei Jahre nur noch 56 $ monatlich zu zahlen. Der Slogan lautete »56 für den 56er«. Er brachte Philadelphia vom letzten Platz unter den sechsunddreißig Verkaufsbezirken auf den ersten. Und was noch mehr zählte, der Iacocca-Slogan wurde von den Ford-Händlern im ganzen Land übernommen. McNamara, damals Generaldirektor des Produktionsbereichs, erklärte später, daß Ford aufgrund von Iacoccas Idee in diesem Jahr 72 000 Wagen zusätzlich verkauft habe. Es schien typisch für die neuen Leute bei Ford zu sein, daß sie zwar selbst nicht wußten, wie man Autos verkauft, daß sie aber, sobald sie verkauft waren, ganz genau angeben konnten, wie viele Wagen aufgrund eines Slogans zusätzlich verkauft worden waren.

Damit begann Iacoccas Aufstieg bei Ford. McNamara war von ihm beeindruckt. Iacocca konnte verkaufen; das war gut, aber im Gegensatz zu den anderen sehr guten Verkäufern war er auch noch intelligent, modern und gut ausgebildet. Wo es den meisten seiner Kollegen genügte, alles über den eigenen Bezirk zu wissen, was möglich war, wollte Iacocca alles über das gesamte Unternehmen wissen. Ihm war klar, daß dies der Weg zur Macht war.

Er war unermüdlich. Ständig fertigte er Listen von Dingen an, die er wissen mußte. In seinen ersten Jahren bei Ford hatte er sich Ziele gesetzt – wieviel er mit einem bestimmten Alter verdienen würde, welche Karrierestufe er an welchem Geburtstag erreicht hätte. Er hatte sich vorgenommen, mit fünfunddreißig Vizepräsident zu sein, und war sehr aufgebracht, als er es nicht schaffte. Ein Jahr später wurde er jedoch Vizepräsident und Generaldirektor des Bereichs Produktion – der beste Posten im Unternehmen. Für jemanden, dessen Start in der Firma langsam und beschwerlich gewesen war, war es ein bemerkenswerter Aufstieg. Er hatte jeden Durchbruch selbst geschafft, dessen war er sich absolut bewußt. Er war gut im Verkaufen von

Autos gewesen, weil das die natürliche Fortsetzung dessen gewesen war, was er am besten konnte: sich selbst verkaufen.

Als McNamara nach Washington ging, und Iacocca zum mächtigsten Mann des Produktionsbereichs bei Ford wurde, machte er sich sofort daran, das auseinanderzunehmen, was McNamara geschaffen hatte. Er hatte McNamara als Menschen gemocht und ihn als reinen Geschäftsmann respektiert – als Experte in Fragen der Wirtschaftlichkeit, aber nie als Auto-Mann. Vor allem von McNamaras letztem Wagen, dem *Falcon*, hatte er nichts gehalten. Es war das pure Nutzfahrzeug und beleidigte sein Gefühl für Stil, Gewinn und Wirkung. (»McNamara«, sagte Hal Sperlich, Iacoccas Stellvertreter, in Anspielung auf McNamaras bewußt strenge Art, »hat einen Wagen gebaut, der so wie er selbst aussah – er trug diese Opa-Nickelbrille, und er hat auch ein Opa-Auto gebaut.«) Iacocca war stets der Meinung, McNamara habe das wahre Wesen des Geschäfts nicht verstanden. Die Leute wollten nicht nur von einem Ort zum anderen fahren, erklärte er; sie wollten *gesehen* werden, wie sie von einem Ort zum anderen fuhren. Die ersten, vom *Thunderbird* abgeleiteten Entwürfe für den *Falcon*, waren weit sportlicher gewesen, und er hatte miterlebt, wie McNamara sie zerpflückt und nach und nach seinen eckigen, funktionellen Wagen durchgesetzt hatte. »Mir war zum Heulen«, gestand er später. Er hielt den *Falcon* für ein Anti-Auto. Er glaubte, es diente eher der puritanischen Befangenheit des Mannes, der es baute, als den Bedürfnissen der Kunden oder des Unternehmens. Jetzt, wo er Generaldirektor der Ford-Produktion war, ging er daran, die Dinge zu ändern.

Eine seiner ersten Amtshandlungen bestand darin, Frey zu fragen, ob er aus dem *Falcon* ein Kabriolett machen könne. Frey erklärte, daß das ging, wenngleich das Ergebnis von zweifelhaftem Charme sein würde. Sie machten sich an die Arbeit, und Frey behielt recht; es war kein gelungener Wagen. Aber Frey erkannte später, daß es Iacoccas erster Versuch war, das in Angriff zu nehmen, was ihn nicht mehr losließ – den wachsenden Markt der Jüngeren.

Zur gleichen Zeit war bei Ford in Deutschland ein Kleinwagen mit dem Namen *Kardinal* in ein fortgeschrittenes Planungsstadium getreten, auf den McNamara das Unternehmen festgelegt hatte. Der *Kardinal* war klein und wirtschaftlich und hatte Frontantrieb; 35 Millionen Dollar waren bereits investiert worden. Iacocca flog nach Deutschland, um sich den Wagen erstmals anzusehen, und lehnte ihn innerlich auf Anhieb ab. Er bot in seinen Augen wenig Platz und war häßlich, und er hatte keinen Kofferraum. Er war sicher, daß niemals die 300 000 Stück verkauft würden, die geplant waren. Er flog nach Detroit zurück und erklärte Henry Ford, der Wagen sei eine Niete und lasse ihn an das Debakel mit dem *Edsel* denken. Kein anderer

Bannfluch konnte ein Auto schneller ins Aus befördern. Der *Kardinal* war gestorben, die 35 Millionen Dollar wurden abgeschrieben. Jahre später war Iacocca sich sicher, unbeabsichtigt bei Henry Ford viele Punkte geholt zu haben, als er einen Wagen aus dem Programm warf, den Ford nie gewollt hatte, und entschieden genug gewesen war, dies zu tun, obwohl schon soviel Geld in das Projekt gesteckt worden war.

McNamara hatte Ford aus dem Rennen genommen, und Iacocca wollte es wieder hineinbringen. McNamara, der seiner Zeit etwas voraus gewesen war, hatte versucht, Detroit und einem etwas undankbaren Land Sicherheit aufzuzwingen, und Iacocca verabscheute auch das. Seine ganze Leidenschaft galt Stil und Größe, ganz und gar nicht der Sicherheit. Sicherheit, so sagte er mehr oder weniger öffentlich, verkaufe sich nicht. Unter seiner Ägide, so machte er klar, werde das Verkaufen im Mittelpunkt stehen, und so war es auch. Er kannte den Markt, was bei seinem Vorgänger nicht der Fall gewesen war, und es überraschte nicht, daß die Firma, die Iacocca führte, nicht nur auffälliger und flotter war als die von McNamara, sondern auch mehr Gewinn machte.

Das Symbol der Iacocca-Jahre, der Wagen, der seinen Ruf nicht nur bei Ford, sondern im ganzen Land perfekt machte, war der *Mustang*. Er kam im Jahre 1964 heraus, das sich als der Höhepunkt des amerikanischen Jahrhunderts erwies: Das Land war reich, der Dollar stark und die Inflation niedrig. In der Mittelschicht hatten selbst die jungen Leute Geld. Fast zwanzig Jahre waren seit dem Zweiten Weltkrieg und mehr als zehn seit dem Koreakrieg vergangen. Der Vietnamkrieg war noch ein Guerilakampf, in den nur wenige amerikanische Berater verwickelt waren. Der bittere und kostspielige Teil dieses Krieges, der mehr als einundfünfzigtausend Amerikaner das Leben kosten, das Land teilen, eine galoppierende Inflation in Gang setzen und die Aufmerksamkeit des Landes völlig ablenken sollte, stand noch bevor. Die Wirtschaft expandierte. Obwohl viele der Kräfte, die die amerikanische Industrie beeinträchtigen würden, sich bereits entwickelten, waren sie doch nicht sichtbar, und die heimische Wirtschaft war noch nie so stark erschienen.

Politisch triumphierte die Mitte. Lyndon Johnson, der die Fackel von John Kennedy übernahm, nutzte den Mord an Kennedy gekonnt aus, um Sozialprogramme durch den Kongreß zu bringen. Er sprach von einer »großen Gesellschaft« und vom Kampf gegen die letzten Reservate der Armut im Land. Die Nation war so zuversichtlich und so großzügig. Die industrielle Ära, die Franklin Roosevelt vor rund dreißig Jahren mit eingeleitet hatte, stand in voller Blüte, und Barry Goldwater, der als konservativer Kandidat aus dem Südwesten gegen diese Industriemacht anstürmte, schien seltsam isoliert. In dem Jahr stand Lyndon Johnson, der für das Amt des Präsidenten kandidierte, mit Walter Reuther und Henry Ford II. auf dem Cadillac Square; es war das Symbol einer Nation, die glaubte, einen gemeinsamen Boden gefunden zu haben und die Klassenschranken einzureißen. Es gab genug für jeden; das Land erfreute sich eines beispiellosen Wohlstands, und der Kuchen war größer denn je. Es sollte sich noch herausstellen, daß der Kuchen doch begrenzt war, aber in jenem glücklichen Moment schien die Zukunft grenzenlos. Viele Proteste, die sich auf dem politischen Radarschirm gerade abzuzeichnen begannen, wie die Redefreiheits-Bewegung in Berkeley und dann Ralph Naders noch in den Anfängen steckende Verbraucher-Bewegung, wurden durch den Überfluß der Mittelschicht ebenso wie durch die Not der unterprivilegierten Klasse hervorgerufen. Sie drehten sich um die Qualität des Lebens, nicht um die Quantität. Das war der Hintergrund für den Erfolg des *Mustang* – und den von Lee Iacocca.

Weil der *Mustang* sich so gut verkaufte und mit nur geringen Investitionen soviel Gewinn abwarf, sollte die Frage, wessen Wagen es eigentlich war, wem der Ruhm gebührte, in den kommenden Jahren in der Automobilbranche noch diskutiert werden. Außerhalb der Branche galt stets Iacocca, der die Werbung für den Wagen steuerte, als der Vater des *Mustang*. Von dem Augenblick an als er Generaldirektor geworden war, hatte er nach einem jugendlichen Wagen gesucht, mit dem man den wachsenden Überfluß anzapfen und das Unabhängigkeitsgefühl der jungen Amerikaner ansprechen konnte. Bei Ford galt dagegen Don Frey, der Produktmanager, als der Kopf hinter dem *Mustang*. Es war Frey, der die eigentliche Idee zum Wagen selbst hatte, einem preiswerten Sportwagen für junge Leute, und von dem ein großer Teil des Originalentwurfs stammte. Iacocca griff Freys Idee auf, machte sie den zögernden Finanzleuten schmackhaft und stimmte schließlich den Rest des Unternehmens einschließlich dem unschlüssigen Henry Ford II. um.

Iacocca und Frey entstammten der gleichen Generation. Frey stand in der Unternehmenshierarchie unter Iacocca, war aber ein Jahr älter. Aus Detroiter Sicht war Frey der eigentliche Autonarr. Für Iacocca war ein Auto Mittel zum Zweck, und der bestand in großen Umsätzen und der Macht, die sich daraus ableitete; für Frey war das Auto Selbstzweck. Bei Ford galt Iacocca als der weit bessere Geschäftsmann, Frey als der bessere Auto-Mann. Sie waren ein seltsames Gespann, beide ehrgeizig, Iacocca der vollendete Taktiker, Frey dagegen derart vereinnahmt durch das Produkt, daß er vergleichsweise unschuldig erschien.

Freys Liebe zu Autos war bei Ford berühmt. Er saß bis spätabends am Schreibtisch und arbeitete an irgendwelchen Entwürfen. Wenn er mit seiner

Arbeit dort fertig war, ging er hinüber zur Teststrecke, um mit irgendeinem Wagen zu fahren.

Frey hatte, bevor er zu Ford kam, an der University of Michigan gelehrt, ein wirklich kluger Kopf, aber er war im Innern seines Herzens auch einer jener Bastler, wie es sie in den 30er und 40er Jahren in Amerika gegeben hatte. Er war im Osten Iowas aufgewachsen, wo sein Vater eine Farm betrieb und als Traktormechaniker arbeitete. Damals mußten Farmer ihre Maschinen selbst reparieren können; der nächste Mechaniker saß vielleicht sechzig Kilometer entfernt. Freys Vater liebte Maschinen. Als Frey in den 40er Jahren aufs College kam, stellte er erstaunt fest, daß andere Jungen mit ihren Vätern über Football und Baseball sprachen; er hatte sich mit seinem Vater immer über Maschinen und technische Wissenschaften unterhalten. Für den jungen Frey, wie für den ersten Henry Ford, hatten Maschinen etwas Geheimnisvolles, das der Landwirtschaft fehlte. Ihm gefiel es, Dinge auseinanderzunehmen und wieder zusammenzusetzen.

Als er aufs College kam, zuerst nach Michigan State und dann zur University of Michigan, schloß er die geschützte Umgebung der akademischen Welt in sein Herz. Es war der angenehmste Ort, an dem er je gewesen war, und er blieb, um dort zu lehren. 1951, als er Lehrbeauftragter für Maschinenbau war und ausschließlich theoretisch auf dem Gebiet der Metallurgie arbeitete, bekam er einen Anruf von einem Mann namens Andrew Kucher, der von Ernie Breech eingestellt worden war und die Aufgabe hatte, bei Ford ein wissenschaftliches Labor einzurichten. Kucher bot ihm eine Stelle an, doch Frey lehnte ab. Er verdiente in Michigan 3 300 $ und war rundum glücklich. Doch Kucher rief erneut an, und Frey ging schließlich mit ihm essen. Breech fragte, wieviel nötig wäre, um ihn zu Ford zu bringen. Frey dachte einen Augenblick nach und nannte den höchsten Betrag, den er sich vorstellen konnte.

»Zehntausend pro Jahr«, sagte er.

»In Ordnung«, erwiderte Breech.

Und Frey kam zu Ford. Ganz aufgeregt rief er seinen Vater an, um ihm die Neuigkeit zu erzählen. »Das ist ein harter Laden, mein Junge«, sagte sein Vater. »Deinen Doktor gibst du am besten am Eingang ab.« Nach und nach kam er von der Theorie zur stärker praktisch ausgerichteten Arbeit. Schon bald nahm er mit seinem Vorgesetzten, dem Chefingenieur Hans Matthias, an Geschäftsführungssitzungen teil. Bei so einer Gelegenheit wurde Matthias von McNamara einmal eindringlich über den Zustand eines bestimmten Wagens befragt. Er schien nicht in der Lage, McNamaras Fragen zu verstehen. McNamara seinerseits schien den Fachjargon von Matthias nicht verstehen zu können. Schließlich mischte Frey sich ein. »Mr. McNamara«, erklärte er, »was Mr. Matthias sagen will, ist, daß am Wagen beim Testen ein Teil gebrochen ist, und wir das reparieren müssen.«

»Ja, warum um Gottes Willen sagt er das denn nicht gleich?« erkundigte sich McNamara.

So wie McNamara Iacocca von unten geholt hatte, um Zugang zur lauten Welt der Händler zu bekommen, holte er nach diesem Zwischenspiel Frey von unten, um Zugang zur geheimnisvollen Welt der Ingenieure zu erhalten.

Wie sich herausstellte, gefiel Frey die Welt von Ford noch besser als die von Ann Arbor. Sie bot, wie er fand, sehr viel mehr Herausforderungen, größtenteils weil Autos so kompliziert waren. Ein Auto war in seinen Augen der Prototyp einer Maschine, eine ungeheuer komplexe Reihe von Montagegruppen, die absolut harmonisch zusammenwirken mußten, um eine Leistung zu erbringen. Ein Auto mußte aber im Gegensatz zu anderen Maschinen auch noch schön sein; Funktion und Ästhetik sollten einander dienen. Der Bau eines Autos, so glaubte er, war noch schwieriger als der eines Flugzeugs, oder für den Ingenieur zumindest interessanter. Denn der Autobauer mußte nicht nur eine Handvoll großer Fluggesellschaften zum Kauf bewegen, sondern Hunderttausende von Kunden, und das jedes Jahr. Er prüfte sich also selbst nicht nur an irgendeinem abstrakten Perfektionsmaßstab, sondern am Markt.

Iacocca und Frey sprachen oft über einen Wagen, der den expandierenden Markt der jungen Käufer erreichen sollte. Beiden war bewußt, daß sich da etwas tat, daß sich Amerika demographisch änderte und daß das Fernsehen das perfekte Medium war, um für einen sportlichen Wagen zu werben. Frey hatte die Idee, einen kleinen Sportwagen zu bauen, der gegen den *Corvette* von GM konkurrieren, aber billiger sein sollte. Es war ein Zweisitzer. Aber die Marktforscher von Ford erklärten, daß die Anziehungskraft des Autos zu begrenzt sei; man würde zuviel Geld für einen Wagen ausgeben, der einen zu kleinen Marktanteil abdeckte. Aufgrund der Zahlen der Marktforscher rechnete die Finanzabteilung aus, daß vielleicht nur fünfunddreißigtausend Amerikaner einen Zweisitzer kaufen würden. Daher überarbeitete Iacocca die Pläne und schlug Alternativen und Zusätze vor; die Zahl der voraussichtlichen Verkäufe stieg so schließlich auf fünfzigtausend.

Doch die Finanzleute waren harte Gegner. Die Jahre unter McNamara hatten ihre Stellung nachhaltiger gestärkt, als irgend jemandem aufgefallen war, und beim Streit um den *Mustang* zeigten sie jetzt ihre Muskeln. Der *Mustang*, so erklärten sie, würde die Standardmenge verringern. Die Standardmenge war zu einer unantastbaren Größe im Unternehmen geworden, der Grundabsatz aus dem vorangegangenen Jahr, im Grunde das, was Ford bereits garantiert war, ohne daß ein einziger Dollar zusätzlich ausgegeben werden mußte. Daß die Entscheidung für diese Größe als Grundlage ein extrem einschränkendes Konzept war, mit dem man sich immer stärker der Vergangenheit verschrieb, schien nicht zu stören. Für die Finanzabteilung war es die ideale Zahl, denn sie garantierte Gewinn ohne Risiko. Man hatte dort sogar eine Bezeichnung für alle Veränderungen, die das Unternehmensbudget eventuell belasteten, ohne einen Absatz zu garantieren. Eine solche Veränderung war *mindernd*. Das bedeutete im Klartext: Da das Unternehmen bereits seinen Anteil hatte, konnte jede Veränderung ihn verringern. Den *Mustang* hielt man also für mindernd.

Eine Zeitlang schien das Projekt tot zu sein. Da ließ Iacocca die Leute zu einem Brainstorming zusammenkommen. Er schlug vor, hinten Notsitze einzubauen, so daß aus dem Wagen ein Viersitzer wurde, ein vollwertiger Familienwagen. Die Zahlen sahen sofort ganz anders aus; jetzt konnte man vielleicht 100 000 bis 125 000 Stück absetzen. Doch die Finanzleute gaben noch immer nicht nach. Es sei unmöglich, daß ein verstümmelter kleiner Sportwagen wirklich ein Erfolg werde, beharrten sie. Daß es Ford vergleichsweise wenig kosten würde, den Wagen herzustellen – man konnte Fahrgestell und Motor vom *Falcon* übernehmen und mußte so nur etwa 75 Millionen Dollar aufwenden –, schien bei den Finanzleuten nicht zu Gunsten des Wagens ins Gewicht zu fallen.

Der Augenblick der Wahrheit kam, als Iacocca die Entscheidung an Henry Ford herantrug. In der Vergangenheit hatte Iacocca es außerordentlich gut verstanden, Henry Ford etwas zu verkaufen. In jenen Tagen, den guten Tagen, hatte er einen sechsten Sinn dafür, wie Henry zu nehmen war. Er bediente sich selten der offiziellen Kanäle beim Umgang mit ihm, denn Kanäle waren förmlich, und die Förmlichkeit – eine Sitzung und noch eine – arbeitete meistens gegen die Kreativität. Wenn er die Kanäle in Anspruch nahm, löste er einen Mechanismus aus: Die Finanzleute wurden sofort zu den Beschützern des Unternehmens, und er wurde jemand, der versuchte, der Firma etwas wegzunehmen. Die Auswirkung dieser Auseinandersetzung auf Henry Ford war für das Produkt fast immer tödlich. Iacocca ging anders vor: Er machte Henry allmählich zum Eigentümer an einem Modell, ließ den Wagen zu Henrys Wagen werden. Er zeigte Henry die Dinge nach und nach, bereitete ihn beinahe beiläufig vor, etwa mit einem improvisierten Rundgang durch das Planungszentrum oder einem zufälligen Blick auf ein Tonmodell, was den Teil in Henry Ford ansprach, der Autos wirklich liebte. Aber beim *Mustang* schienen Iacoccas Versuche, Henry Ford zu interessieren, nicht zu fruchten. Ford war eigenartigerweise offenbar gegen den Wagen eingenommen.

Schließlich gelang es Iacocca, Ford ins Planungszentrum zu holen. Er war sich absolut sicher, daß der Wagen unwiderstehlich wirkte. Er hatte alles sorgfältig vorbereitet und war ganz auf den Augenblick eingestellt. Er hatte erst ein paar seiner einstudierten Sätze gesagt, als Henry ihn unterbrach. »Ich möchte nichts mehr davon hören«, sagte er und ging. Alle waren am Boden zerstört. Sie waren überzeugt, daß der Wagen ein Erfolg werden würde, und Henry hatte sie im Stich gelassen. Später erfuhren sie, daß Henry Ford am Pfeiffer-Drüsenfieber erkrankt war. Er war vom Planungszentrum direkt ins Krankenhaus gefahren.

Der Rückschlag bei Henry Ford schreckte Iacocca nicht ab. Seine Stärke war es, außerhalb des Ford-Systems zu agieren. Das System, so glaubte er, gehörte seinen Gegnern. Innerhalb des Systems war er am schwächsten, weil er sich in ihrem Revier tummelte, wo Zahlen mehr Gehör fanden als Anregungen. Sich außerhalb des Systems zu bewegen war gefährlicher; es verlangte von ihm mehr Waghalsigkeit, mehr Gerissenheit, mehr Glück. Jetzt, da Ford sich offenbar sträubte anzubeißen, machte Iacocca sich daran, ihn zu umzingeln. Er tat es dadurch, daß er zuerst das übrige Unternehmen und dann die Autowelt für den *Mustang* begeisterte. Er ließ Leute von Ford und Motorjournalisten aus Detroit einen Blick auf das Auto werfen. Ihre Begeisterung, das wußte er, würde sich bald in Gerüchten in der Autogemeinde niederschlagen. Schon bald lief das Gerücht um: Ford hatte einen ganz heißen neuen Wagen. Als Außenstehende vom *Mustang* hörten, begannen sie, die Leute aus den oberen Etagen des Unternehmens mit Fragen zu bedrängen, so daß sich die Erwartungen an den *Mustang* innerhalb der Firma jetzt ebenfalls steigerten.

Iacoccas Beeinflussungsversuche begannen, die ersten Früchte zu tragen. Henry Ford entdeckte bald, daß Iacocca ihn umstellt hatte. Sowohl in der Firma als auch außerhalb wollten die Leute mit ihm über diesen tollen neuen Wagen sprechen, den Ford entwickelt hatte. Eines Tages kam er in die Planungsabteilung, um mit Iacocca und Frey zu reden.

»Ich bin es müde, von diesem verdammten Wagen zu hören«, sagte er.

Beide fragten sich, ob dies das Ende bedeutete.

»Können Sie das Ding verkaufen?« fragte er.

Iacocca bejahte das.

»Das möchte ich Ihnen auch raten«, sagte Ford.

Und sie bekamen den Wagen. Wenn es auch nicht ganz Iacoccas Wagen war, so war es doch sicher sein Sieg. War dies seine erste große Leistung, so war die zweite die Art und Weise, wie er das Unternehmen für einen Erfolg vorbereitete. Nichts in seiner Karriere bei Ford spiegelte so deutlich seine Zuversicht und seinen absoluten Instinkt für Autos wider. Das schlimmste, was einem Unternehmen passieren konnte, war, einen tollen Wagen zu haben und dann festzustellen, daß die Produktionsmöglichkeiten nicht ausreichten, um die Kundennachfrage zu befriedigen. Die höchsten Schätzungen der Marktforscher lagen zwischen 75 000 und 100 000 Stück, aber Iacocca wollte davon nichts wissen. Er bereitete im Unternehmen zuerst alles darauf vor, den Wagen in einem Werk herzustellen. Das bedeutete, Ford konnte etwa 250 000 Wagen produzieren. Nachdem er das arrangiert hatte und immer zuversichtlicher geworden war, ging er kurz vor Produktionsbeginn auf die Fertigung in zwei Werken über. Das hieß, daß sie wahrscheinlich etwa 400 000 Wagen herstellen konnten. Dann, nach der ersten Reaktion, als er sich des Erfolgs des Wagens sicher war, nahm er noch ein drittes Werk hinzu. Er ging beim *Mustang* aufs Ganze. Wenn die Kunden bereit waren, würde Ford es auch sein.

Der *Mustang,* der 1964 herauskam, erwies sich als der richtige Wagen zur richtigen Zeit. Die jungen Leute, die gerade ins Berufsleben traten, liebten ihn, und die älteren auch. Ford verkaufte im ersten Jahr 418 812 *Mustangs,* was selbst Iacoccas Ziel übertraf: Er wollte einen Wagen mehr verkaufen als die 417 174 Stück, die im ersten Jahr von McNamaras *Falcon* verkauft worden waren. Aber mehr noch: die Rentabilität war beim *Mustang* im Gegensatz zum *Falcon* hoch. Iacocca war die nackte, funktionelle Art des *Falcon* ein Greuel gewesen. Die Kunden kauften den Wagen vielleicht, aber sie nahmen kaum irgendwelche Extras. Der normale *Mustang*-Käufer dagegen stopfte seinen Wagen voll mit Zubehör. Im ersten Jahr brachte der *Mustang* Ford mehr als eine Milliarde Dollar Gewinn ein. Davon stammte vieles aus den Extras. Obwohl der Listenpreis der *Mustangs* bei 2 368 $ lag, gaben die Käufer im Durchschnitt mehr als 1 000 $ für Zubehör aus, bei dem immer auch der Gewinn höher war. Es war ein Triumph der neuen, florierenden Ära über die Zweckmäßigkeit der Zeit McNamaras.

Wie der Wagen wurde auch Iacocca zur Legende. Zwar wußte nicht ganz Detroit von seinem Erfolg, doch wurde er zu einer landesweit bekannten Persönlichkeit, was nur wenigen Autogrößen je widerfuhr. Denn er hatte sich entschlossen, sich so weit mit dem *Mustang* zu identifizieren, wie er nur konnte. Das war bei Ford eine riskante Sache, wo es ein ungeschriebenes Gesetz war, daß es nur einen Mann gab, dem jeder Erfolg angerechnet wurde – und dessen Name stand auf dem Wagen. Iacocca verstieß gegen dieses Gesetz. Für ihn war alles an Personen gebunden, und das galt auch für diesen Wagen; er war nicht so weit gekommen und hatte diesen süßen Sieg errungen, um auf die ihm zustehende Anerkennung zu verzichten. So kam es, daß er beim *Mustang* nicht nur glänzend Werbung für den Wagen machte, sondern auch für den eigenen Anspruch darauf. Es war Lee Iacoccas *Mustang.* Er rechnete sich Chancen aus, bei *Time* oder *Newsweek* auf die Titelseite zu kommen. Und so begann er, Jimmy Jones zu bearbeiten, den Leiter des *Newsweek*-Büros in Detroit, und ließ Frey, der mit Leon Jaroff, dem Bürochef von *Time*, auf die gleiche Schule gegangen war, bei *Time* vorsprechen. Iacocca und Frey flogen mit Fotos vom *Mustang* nach New York, um bei beiden Wochenmagazinen auf höchster Ebene Reklame für den Wagen zu machen.

Alles lief wie am Schnürchen – Iacocca kam nicht nur auf eine Titelseite, sondern mit einem jener seltenen Bravourstückchen in der gleichen Woche auf die von *Time* und *Newsweek*. Wenn man beide Zeitschriften las, dachte Don Frey, hätte man meinen können, Henry Ford sei lediglich irgendein Angestellter im Unternehmen. Frey meinte, Iacocca habe zum erstenmal eine Grenze überschritten, die nie überschritten werden sollte. Der Konstrukteur Don DeLaRossa, der entscheidend am Wagen mitgearbeitet hatte, stand an jenem Morgen auf, betrachtete Lees Gesicht auf beiden Titelseiten und sagte, an seine Frau gewandt: »Das ist ein Fehler, ein schwerer Fehler.«

Trotzdem schmeckte der Erfolg für Iacocca wie für Frey süß. Sie hatten die Übermacht und die Finanzleute besiegt. Sie hatten den Wagen herausgebracht, der ihnen vorgeschwebt hatte, und die Voraussagen der Finanzabteilung vervierfacht. Das ganze Land verlangte nach dem *Mustang*. Frey meinte später, wenn es in seiner ganzen Karriere bei Ford einen Augenblick gegeben habe, der all die Stunden gerechtfertigt habe, die er bei seiner Arbeit verbracht hatte, dann den, als er die ersten fertigen *Mustangs* vom Band rollen sah. Er stand da wie gebannt, als erst einer und dann ein zweiter und dann Hunderte langsam vorbeirollten.

Ein Sieg war es vielleicht, aber es gab auch drohende Anzeichen. Auch wenn Iacocca die Finanzleute besiegt hatte, signalisierte die Kollision im Zusammenhang mit dem *Mustang* in Wirklichkeit doch weniger seine Stärke als die seiner Gegner. Daß er beinahe über einen Wagen gestürzt wäre, der so offensichtlich verkäuflich und dessen Produktion so billig war, sprach Bände darüber, wessen Macht im Kommen war. Die Lehre, die man aus diesem Fall ziehen konnte, war nicht die, daß die Männer in der Produktion erfolgreich waren, sondern daß sie fast mit einem beinahe perfekten, preiswerten Wagen in einem Augenblick gescheitert wären, als die Industrie sich eines beispiellosen Wohlstands erfreute. Der *Mustang* schuf ein eigenartiges Verhältnis zwischen den führenden Männern der beiden Parteien, Iacocca und Ed Lundy. Die beiden Manager hätten überhaupt nicht verschiedener sein können; Iacocca blasphemisch, aggressiv, egozentrisch, Lundy schweigsam, zurückgezogen, tiefreligiös. Wer Lundy gut kannte, merkte, daß er Iacocca nie ganz traute, daß er glaubte, Iacocca neige dazu, die Zahlen zu frisieren; aber Lundy war beeindruckt, wieviel Geld Iacoccas *Mustang* bei einer so geringen Investition einbrachte. Iacocca war für Lundy der Teufel in

Person, und das genügte; Lundy konnte sich vorstellen, wie Iacocca die Dinge manipulierte. Als der *Mustang* entwickelt wurde, stellten sie fest, daß sie miteinander auskommen konnten. Es war der Anfang eines seltsamen und ziemlich unmöglichen Bündnisses, wenn auch keiner Freundschaft. Lundys Leute hackten vielleicht jeden Tag auf Iacoccas Leuten herum, aber ganz oben kamen die beiden Männer erstaunlich gut miteinander aus.

Mit dem Erscheinen des *Mustang* war Iacocca prominent geworden. Das allein war schon waghalsig genug. Nach Meinung einiger war seine Entscheidung, das Verdienst für den Wagen für sich in Anspruch zu nehmen, eine stillschweigende Herausforderung. Es bedeutete, daß er sich für wichtig genug, ja fast für unersetzlich hielt, um das ungeschriebene Gesetz brechen zu können. So kam es, daß gerade auf dem Höhepunkt von Iacoccas Erfolg der erste Schritt in jenem komplizierten Prozeß getan wurde, der im Verlauf des nächsten Jahrzehnts sein Verhältnis zu Henry Ford so nachhaltig in Mitleidenschaft ziehen sollte. Es war nicht so sehr der Griff nach der Macht als das Zur-Geltung-Bringen des Ichs. Er tat das, trotz der Warnungen vieler Freunde, weil er es tun mußte. In Sitzungen begegnete er Henry Ford nach wie vor mit Rspekt und war darauf bedacht, ihn nicht zu überraschen. Aber ihn verlangte es nach Publicity.

Henry Ford war diese sehr versteckte Herausforderung durchaus bewußt geworden. Zunächst sagte er kaum etwas. Dann kam verhaltenes Grollen von seiner Seite. Bei Besprechungen brachte er kleine Spitzen an, meistens über irgendein Foto von Lee in einer Zeitschrift oder Zeitung. Nach und nach wurden diese Bemerkungen bissiger. Er freue sich, sagte Henry etwa, daß Lee nicht so mit Arbeit überlastet sei, daß er keine Zeit mehr für Journalisten und Fotografen fände. Iacoccas Selbstgefühl schätzte Henry Ford nicht sonderlich, aber am Anfang war es tragbar, ein Teil des Preises, den man dafür zahlte, einen so fähigen Manager im Hause zu haben. Später, als anderes zwischen ihnen schief lief, wuchs die Abneigung gegen Iacocca. Mitte der 70er Jahre machte Henry Ford II. einmal einen Rundgang durch die Konstruktionsabteilung. Dort traf er auf einen jungen Konstrukteur, der an einem Modell arbeitete, das, wie er hoffte, einmal ein neuer Wagen würde. Etwas aufgeregt zeigte er seinem obersten Chef das Tonmodell.

»Schauen Sie, Mr. Ford«, sagte er. »Wir haben hier einen wirklich tollen Wagen. Vielleicht wird das mal ein zweiter *Mustang*.«

»Wer braucht den?« erwiderte Henry Ford.

21
Die Rivalen

Lee Iacoccas erste Jahre als Generaldirektor der Ford-Produktion vor dem *Mustang* waren fast idyllisch gewesen. Die Arbeit befreite ihn. Seine Wagen liefen stets gut, und er hatte eine Hand dafür, sie durch Zubehör noch gewinnbringender zu machen. Er steckte voller Ideen für die Verkaufsförderung. Am Anfang behandelte er Henry Ford außerdem mit großem Geschick. Schließlich war Lee nur der Chef der Produktionsabteilung, und es gab eine noch höhere Position, die anzustreben war. Auch wenn er zu jedem grob und oft sarkastisch sein konnte, Ford gegenüber war er stets nachgiebig und respektvoll; er redete ihn auch ausnahmslos mit Mr. Ford an.

Nicht alle, die die beiden Männer kannten, glaubten, daß sie zu ewiger Freundschaft bestimmt wären, denn die launische wohlwollende Art Henry Fords war im Unternehmen gut bekannt. Die Gefahr für die Freundschaft war auch nicht völlig einseitig. Denn einige der Iacocca Nahestehenden, die sein Inneres kannten und wußten, daß seine Energie und sein Ehrgeiz nicht unwesentlich durch Ressentiments genährt wurden, waren sich nicht sicher, ob Lee Henry Ford allezeit für seinen Erfolg bei Ford danken würde. Dankbarkeit, so meinten sie, war nicht unbedingt eine für Lee Iacocca typische Eigenschaft; für Iacocca lautete der erste Glaubensartikel, daß er alles, was er in dieser Welt errungen hatte, sich nicht nur verdient hatte, sondern als Sohn eines Einwanderers sogar gegen eine große Übermacht verdient hatte.

Wenn McNamara dadurch Macht besessen hatte, daß er Henry Ford nicht unerheblich einschüchterte, indem er ihn mit einer Flut von Fakten und Statistiken überfiel und das Automobilgeschäft komplizierter erscheinen ließ, als es war, dann besaß Iacocca dadurch Macht, daß er das Geschäft zumindest teilweise einfacher erscheinen ließ, Entscheidungen auf ganz grundlegende Art beschrieb, so daß jeder in der Branche ihn verstehen konnte. Es gab keine tiefergehenden Spannungen in diesen ersten Jahren von Iacoccas Herrschaft über die Produktionsabteilung von Ford, wie es sie in der Zeit McNamaras gegeben hatte, als McNamara insgeheim immer kleinere Wagen gewollt hatte. Iacocca war, wie sein Chef, für große, üppige Nobelkarossen. Ford schätzte all das, und sein Lob für Iacocca kannte in jenen ersten Jahren fast keine Grenzen. Er war einfach der gescheiteste Mann, der ihm im Autogeschäft jemals begegnet war. Lee, so sagte er, verstand die Zahlen so gut wie McNamara, aber im Gegensatz zu McNamara hatte er ein Gespür für Autos und hatte Freude daran, sie zu verkaufen. Lee, so fügte er hinzu, *liebt* das Geschäft, und auch das war ein Tadel für McNamara, denn Henry Ford hatte seinem ehemaligen Präsidenten nie dessen Mißachtung des Geschäfts verziehen.

Eine Zeitlang konnte Iacocca also kaum etwas falsch machen. Alte Freunde von Henry wurden nervös angesichts der Unbedingtheit, mit der er Lee beipflichtete. Einer von ihnen war John Bugas, der Henry geholfen hatte, die Firma von Harry Bennett zurückzukaufen, und anschließend Fords Gunst mehrmals verloren und wieder gewonnen hatte. »Seine Zuneigung zu Männern und Frauen kommt und geht«, warnte Bugas Freunde, als Ford ein so gutes Verhältnis zu Iacocca hatte. »Normalerweise hält es einige Jahre an. Nie mehr als sechs. Eine Zeitlang können sie überhaupt nichts falsch machen. Und dann kommt die Zeit, wo sie nichts mehr recht machen können.«

Nach dem Triumph des *Mustang* wurde Iacocca von vielen in der Firma als derjenige angesehen, der etwas ermöglichte, als der einzige Mann in einem zunehmend bürokratischer werdenden Betrieb, der einen Wagen entstehen lassen konnte. Deshalb wandten sich die besten Konstrukteure und Ingenieure, die unter dem Bürokratismus um sie her besonders stark litten und ihre Produkte durch das System bringen wollten, zwangsläufig an ihn. Das führte zu behutsamen und weniger behutsamen Gruppenbildungen in der Firma. Da gab es die Angestellten bei Ford und dann die Leute von Lee – Iacoccas Mafia wurden seine Männer genannt. »Er gleicht einem Medici-Fürst«, bemerkte ein Ford-Manager. »Er hat sich seinen eigenen Stadtstaat geschaffen.« Als Bill Bourke, ein Mann aus der Führungsetage, nach einigen Jahren in Europa wieder zurückkam, mied ihn Iacocca, der Bourkes gutes Verhältnis zu Ford fürchtete, beruflich und gesellschaftlich, und Lees Leute schlossen sich dem an. Manchmal konnte man an der Art, wie Mary Iacocca die Ehefrauen behandelte, erkennen, wer bei ihm gut angeschrieben war und wer nicht – und wer eine Bedrohung darstellte. Als die Bourkes zurückkamen, brüskierte sie Elizabeth Bourke; später ging sie einmal auf einer Veranstaltung zu ihr und sagte ziemlich verärgert: »Ich bin Mary Iacocca, damit

Sie das wissen, und damit Sie, wenn wir das nächste Mal zusammen in einem Raum sind, zu mir kommen und sich mit mir unterhalten können.«

Mitte der 60er Jahre war Iacocca der aufgehende Stern am Himmel eines florierenden Industriegiganten. Dann, im Februar 1968, schockierte Henry Ford die Autowelt allgemein und Lee Iacocca im besonderen, als er Simon E. Knudsen von General Motors holte und ihn zum Präsidenten von Ford machte. Niemand, am wenigsten Bunkie Knudsen und Lee Iacocca, hat jemals erfahren, warum Ford das gemacht hat. Ford hatte gerade zum zweitenmal geheiratet, und seine neue Frau Christina, eine europäische Jet-Setterin, mochte Detroit überhaupt nicht. Sie sprach immer häufiger davon, wie schön es wäre, nach Washington zu ziehen, das eine Weltstadt mit internationalem Flair war. Lyndon Johnson hatte 1964 mühelos gesiegt, er und Henry Ford waren befreundet, und es hieß, Henry Ford würde eventuell einen wichtigen Posten in Washington übernehmen. Damals war Iacocca erst dreiundvierzig, und Ford hielt ihn offenbar für zu jung, das ganze Unternehmen zu führen.

Für die meisten war die Berufung Knudsens ein Schock. Wie einige Freunde Iacoccas meinten, war es höchstwahrscheinlich eine Frage der Klasse. Es ging in Ordnung, daß Iacocca für Ford arbeitete und das Unternehmen gut aussehen ließ, aber es ging nicht in Ordnung, daß er Präsident wurde, zumindest jetzt noch nicht. Iacocca kleidete sich ein wenig auffallender als die gemäßigtere Chefetage bei Ford, die Revers etwas breiter, die Anzüge eine Idee modischer, die Krawatten ein bißchen bunter. Sein Haus war, wie ein Freund bemerkte, ziemlich protzig eingerichtet, ganz anders als die Häuser am Grosse Pointe Park.

Iacocca war durch die Ernennung Knudsens zutiefst getroffen. Er hatte sich im Unternehmen konkurrenzlos gefühlt. (Nur Don Frey war ein potentieller Rivale, ein fähiger Mann fast im gleichen Alter, doch Frey war kein besonders guter Taktiker oder Bürokrat, und seine Macht hing offenbar von Iacocca ab.) Sein Aufgabenbereich blieb unverändert, und es war eine durchaus einflußreiche Position. Und doch hatte er das Gefühl, ihm sei etwas entrissen worden. Es war so, als hätte Henry Ford ihn in die engere Wahl gezogen und dann abgelehnt. Aber schlimmer noch war, daß der Posten einem unvermuteten Rivalen angeboten worden war, einem Topmanager der allmächtigen General Motors, einem Mann, der in Detroit einen geachteten Namen trug. Die Knudsens gehörten der Crème de la crème Detroits an, was die Iacoccas mit Sicherheit nicht taten.

Bunkie Knudsen hatte bei General Motors gute Arbeit geleistet, war mit vierundvierzig Vizepräsident bei Pontiac gewesen, der jüngste Manager, der bei GM jemals einen so hohen Posten bekleidet hatte. Pontiac war es schlecht gegangen, und Knudsen hatte die Firma wieder flottgemacht. Er war klug und selbstsicher genug gewesen, den begabten und ehrgeizigen jungen John DeLorean zu fördern, anstatt sich von ihm bedroht zu fühlen. Aber dann war Knudsen bei der Ernennung des Chefs von General Motors übergangen worden. Henry Ford, der spürte, daß er vielleicht verstimmt war, war zu ihm gefahren (mit einem Chevrolet, keinem Ford, damit niemand etwas merkte) und hatte ihm angeboten, Präsident von Ford zu werden.

Bunkie Knudsen war fast so sehr wie Henry Ford ein Sproß Detroits. Sein Vater Big Bill Knudsen, ein dänischer Einwanderer, war einer der einflußreichsten Männer bei der Planung der ersten Fließbänder bei Ford gewesen. Im Gegensatz zu den meisten Führungskräften von Ford damals, die von den Arbeitern gehaßt wurden, hatte Bill Knudsen als eine Persönlichkeit von großer Stärke und ungewöhnlicher Menschlichkeit hohes Ansehen genossen. Er hatte 1921 mit Ford gebrochen und war zu GM gegangen.

Bunkie Knudsen hatte bei Ford nie eine Chance. Nicht, daß es ihm an Geschick für die Stellung gefehlt hätte; das stand eigentlich nie zur Debatte. Es lag daran, daß Ford so ganz anders als GM war. Er war ein Produkt des GM-Systems, und das System funktionierte und schützte diejenigen, die es gemeistert hatten. General Motors war ein farbloses Unternehmen und im Vergleich mit Ford etwas langweilig. Entscheidungen über die Zukunft von Mitarbeitern wurden offenbar zwanzig Jahre vor dem Zeitpunkt ihrer tatsächlichen Bekanntgabe getroffen. Ford dagegen, das den Einfluß der beiden Familienmitglieder widerspiegelte, die das Unternehmen geführt hatten, war ein höchst unsicheres Pflaster voller Cliquen und Fehden und ständiger interner Kämpfe, und all das unter den Augen, wenn nicht gar auf Betreiben der beiden Henry Fords. Knudsen glaubte, der organisatorische Apparat werde ihm loyal zuarbeiten, weil er der Präsident war, und daß es völlig genüge, den Titel Präsident zu haben. Bei GM war der Apparat unbedingt loyal. Er nahm nur wenige seiner Leute von GM mit. (Er versuchte, DeLorean nachzuholen, der bei GM bereits eine Größe war, aber es gelang ihm nicht; wäre es ihm gelungen, hätte seine Amtszeit bei Ford vielleicht einen anderen Verlauf genommen.) Er brachte gerade so viele Leute mit, um die Iacocca-Getreuen abzulösen, aber nicht genug, um das Unternehmen in die Hand zu bekommen.

Für Iacocca bedeutete die Ernennung Knudsens zweierlei. Zum einen die Bestätigung des Ratschlags seines Vaters, daß er niemandem trauen könne, daß die Welt, in der er kämpfte, voller Männer war, die weniger begabt als er, aber entweder reicher waren oder bessere Beziehungen hatten. Zum anderen stellte Bunkie Knudsen vom Tag seiner Ankunft bei Ford eine

Bedrohung dar. Wer konnte sagen, wie lange er Präsident sein würde? Wer konnte sagen, ob er nicht vielleicht einen anderen Nachfolger aufbauen würde – etwa Don Frey, zu dem er ein so gutes Verhältnis zu haben schien? Iacocca klagte seinen Freunden vom ersten Tag an, daß Bunkie dumm sei und wenig vom Geschäft verstehe. Was hatte er denn bei GM bisher geleistet? fragte er. Der *Mustang* war erfolgreicher als jeder Wagen gewesen, den Bunkie je herausgebracht hatte. Iacocca begriff, anders als Knudsen, daß Henry Ford ihn zwar zum Präsidenten gemacht hatte, er aber nur zum Teil Präsident war, daß Henry Ford nicht nach Washington gegangen und dies noch immer sein Unternehmen war. Henry Ford hatte Knudsen das übliche Meine-Tür-steht-immer-offen angeboten, und Bunkie, der nicht wußte, wie es bei Ford zugeht, hatte das für bare Münze genommen, was Iacocca nicht unangenehm war.

Die beiden Männer lagen sich wegen des Konstruktionszentrums ständig in den Haaren. Es war der Mittelpunkt der Welt Lees, aber Knudsen interessierte sich ebenso dafür. Jeden Tag begann er im Konstruktionszentrum, wie er es sein ganzes Leben bei GM getan hatte. Um sieben Uhr war er dort und pfuschte in das hinein, was Iacocca, der gewöhnlich sehr viel später zur Arbeit erschien, als *seine* Wagen betrachtete. Dies war die persönlichste Art von Angriff auf Iacocca. Und was noch schwerer wog, er kam von einem Manager, der zwar ein nicht annähernd so guter Marketingmann war, aber einen beneidenswerten Ruf als Autokenner besaß. Die Konstrukteure saßen zwischen allen Stühlen. Morgens kam Bunkie, warf einen Blick auf die Zeichnung eines Kotflügels und schlug den Konstrukteuren vor, ihn abzuändern.

»Uns gefällt er«, sagte der Chefkonstrukteur vielleicht, »und Lee auch.«

»Ändern Sie ihn ab«, entgegnete Knudsen.

Am gleichen Tag, nachdem der Kotflügel abgeändert war, stutzte Lee. »Was ist denn mit dem Kotflügel los?« fragte er den Konstrukteur.

»Bunkie wollte...«, begann der Konstrukteur.

»Sagen Sie Bunkie, er soll verduften«, erwiderte Lee dann.

Es war ein Bürgerkrieg, in dem der eine Mann sich im Kriegszustand befand, während der andere noch Frieden hielt. Don Frey erinnerte sich an diese Zeit als die schlimmste in seinem Berufsleben. Weil er und Knudsen Mitglied der gleichen Ingenieursvereinigung waren und zum Teil den gleichen Ausschüssen angehört hatten, hatte Frey Knudsen schon gekannt, bevor er zu Ford gekommen war. Freys Vater war ein Bewunderer des alten Knudsen gewesen, und Bunkie erklärte Frey zu seinem natürlichen Verbündeten. Auf der ersten Sitzung bei Ford entdeckte Knudsen Frey, das einzige bekannte Gesicht in einem Meer fremder und ziemlich kühler Ford-Leute, und begrüßte ihn wie einen lange vermißten Freund. Knudsen legte den Arm um Frey und ließ ihn lange nicht von seiner Seite. Frey führte einige seiner eigenen Aufstiegsschwierigkeiten später auf diesen Tag zurück. Bunkies Umarmung wurde weder vergessen noch vergeben. Von da an war Frey ein Gefangener zwischen den beiden Männern. Lob von Knudsen, das es des öfteren gab, war Gift. Als man bei Ford einmal einem Wagen den letzten Schliff gab, beschloß Knudsen, noch einige Verzierungen anzubringen. Iacocca, der die Verzierungen nicht haben wollte, nahm die Anweisung entgegen. Aber Frey, der danach noch einmal mit Knudsen zusammentraf, redete ihm die Sache aus. Später am gleichen Tag erklärte Knudsen vor mehreren Leuten: »Frey hat mir das ausgeredet – er meint, es sei nicht gut, und er hat recht, und ich habe meine Meinung geändert«. Diese Bemerkung war, wie Frey erfahren sollte, unglücklich, denn sie machte Iacocca klar, daß Frey einen so guten Draht zu Knudsen hatte, daß er dessen Meinung ändern konnte, und daß Frey folglich vielleicht auf Bunkies Seite stand.

Frey ahnte irgendwie, daß er die Probe nicht bestehen würde – nicht im Unternehmen oder bei Henry Ford, sondern bei Iacocca. Einmal im Sommer 1968 gingen Ford, Frey und Iacocca ins Stylingzentrum, um sich die Entwürfe für einen kleinen *Lincoln* anzusehen. Es war ein Wagen, den Iacocca unbedingt haben wollte; er hoffte, er werde dem Unternehmen im oberen Marktbereich helfen, wo Ford immer schwach gewesen war. Iacocca fragte Frey nach seiner Meinung, und Frey erwiderte, daß er den Wagen, der weit über zwei Tonnen wiegen würde, für zu schwer halte. Henry Ford war sofort der gleichen Meinung. Noch bevor Frey den Satz zu Ende gesprochen hatte, war ihm klar, daß er einen schweren Fehler begangen hatte. Die einzige Antwort in diesem Fall war die, die Lee hatte hören wollen. In der Folgezeit merkte Frey, daß er von Lees Leuten gemieden wurde. Seine eigentlich geringfügigen Fehler waren tödlich gewesen. Man machte ihm klar, daß es um seine Zukunft nicht sehr gut bestellt sei, solange Lee der Stärkere war. Er suchte Henry Ford auf und erklärte ihm, daß er es leid sei, sich zwischen Knudsen und Iacocca aufreiben zu lassen. Er werde gehen.

Er erfuhr bald, daß Iacocca denen, die er für illoyal hielt, nicht ohne weiteres verzieh. Zuerst wurde Frey bedeutet, daß man ihm keine Schlußgratifikation zahlen werde, die etwa 90 000 $ betragen hätte; Frey glaubte, das sei eine Entscheidung Iacoccas gewesen. Später las er eine Aussage Iacoccas im *Wall Street Journal*. Eine der guten Seiten an der Arbeit in einem so großen Unternehmen wie Ford, erklärte er, sei die Tatsache, daß man nie jemanden hinausschmeißen müsse, sondern ihn immer irgendwohin auf einen guten Arbeitsplatz versetzen könne. Das verletzte Frey; es wurden zwar keine Namen genannt, aber wer bis drei zählen konnte, wußte Bescheid. Die Bemerkung schmerzte ganz besonders, weil Frey Iacocca bewunderte und ihn für den bei weitem fähigsten und stärksten Mann im Unternehmen hielt; außerdem hatten sie einen großen gemeinsamen Erfolg gehabt, den *Mustang*. Machiavelli lebt, stellte er fest; ich kann nichts mehr für ihn tun, und jetzt begleicht er eine alte Rechnung.

Iacocca grollte immer noch wegen der Ernennung Knudsens. Sie hatte seinen so sorgfältig aufgestellten Zeitplan durcheinandergebracht, und er sei, wie er Freunden erzählte, sicher, daß dies etwas mit Vorurteilen zu tun habe, als ob er irgendwie nicht fein genug wäre, die Firma Ford zu leiten. Er war zunächst deprimiert gewesen, aber dann, als er sah, welche Anpassungsschwierigkeiten Knudsen bei Ford hatte, allmählich wieder zuversichtlich geworden, daß er das überstehen und Knudsen schlagen könne.

Ohne daß Bunkie Knudsen es wußte, hatte er in den Reihen bei Ford noch einen Gegner – Ed Lundy. Wenn die Leute über Knudsens Berufung sprachen, dachten sie zumeist daran, was sie für Iacoccas Zukunft bedeutete. Nur wenige dachten daran, daß bei dieser Neubesetzung Arjay Miller, der Präsident von Ford gewesen war, durch Beförderung kaltgestellt worden war und den Titel eines stellvertretenden Vorsitzenden des Verwaltungsrats erhalten hatte. Zu den ganz wenigen, die das erschüttert hatte, gehörte Ed Lundy. Miller war sein bester Freund, und er vergötterte Miller. Die Familie Miller war im wahrsten Sinne des Wortes auch die Ed Lundys. Daß das Unternehmen, das er liebte, seinen besten Freund so rücksichtslos behandelt hatte, schmerzte ihn zutiefst. Es schien so, als hätte die Nachricht Lundy fast körperlich getroffen. Wäre er selbst vor die Tür gesetzt worden, hätte das kaum schockierender gewesen sein können. Er half Bunkie Knudsen daher nie aus einer Klemme. Seine Haltung während der Knudsen-Ära erschien Iacocca wie ein gutartiges Übergehen, als habe er abwarten wollen.

Jeder wußte, daß bald etwas geschehen mußte. Das Unternehmen wurde zerrissen. Bald wurde klar, daß einer der beiden Männer gehen mußte, Bunkie oder Lee. Die Ungewißheit beeinträchtigte das Unternehmen. Diejenigen, die Ed Lundy gut kannten, glaubten, daß er die entscheidende Stimme abgeben würde. Knudsen hatte innerhalb der Infrastruktur überhaupt keinen Rückhalt, Iacocca dagegen wohl. Wenn Lundy Iacocca auch nicht unbedingt mochte, kannte er ihn doch und wußte, daß er mit ihm zusammenarbeiten konnte. Wenn Iacocca hinausgedrängt wurde, würde das Unternehmen zerfallen. Wenn Bunkie ging, würde das lediglich die Karriere eines Mannes ruinieren. Insider glaubten, daß Ed Lundy Henry Ford ganz behutsam wissen ließ, daß Bunkie wahrscheinlich gehen müsse. Der Firmenkörper stieß das neue Organ ab, nicht das alte.

Henry Ford erkannte, daß das Unternehmen Lee Iacocca brauchte. Etwa zu dieser Zeit traf ein alter Freund zufällig Ford, der ihm niedergeschlagen vorkam. Der Freund fragte, was los sei. »All meine Führungsleute sagen mir, ich müsse Bunkie gehen lassen«, antwortete Ford.

Am Freitag vor dem Tag der Arbeit im September 1969 schaute Henry Ford in Bunkie Knudsens Büro vorbei, und sie unterhielten sich über ihre Ferienpläne.

Am Tag der Arbeit selbst, am Montag um halb sieben früh, bekam Knudsen einen Anruf von Ted Mecke, Henry Fords Pressesprecher. Er sagte, er wolle gern mit Knudsen sprechen und stand eine Stunde später vor dessen Tür. »Ich wollte Ihnen nur sagen«, erklärte er Bunkie, »daß Sie nicht mehr bei der Ford Motor Company sind, und daß man Ihnen das morgen mitteilen wird.« Verdutzt fragte Knudsen ihn, warum er gekommen sei und ihm das erzähle. »Ich bin als Freund gekommen«, meinte Mecke.

Was meint er damit, er sei hier als Freund? ging es Florence Knudsen durch den Kopf. Sie hatte ihren Mann nicht gerade ermuntert, General Motors zu verlassen, wo er sicher war, um eines Unternehmens willen, von dem es hieß, es habe so viele gefährliche Strudel. Mit Henry Ford war sie niemals warmgeworden. Er spielte mit Menschen, ohne sich darum zu kümmern, was sein Handeln für ihr Leben bedeutete.

Am Tag nach Meckes Besuch fuhr Bunkie Knudsen wie gewöhnlich zur Arbeit in die Ford Motor Company. Dort eröffnete ihm Henry Ford, daß er das Unternehmen verlassen müsse. Knudsen fragte Ford, ob es einen Grund gebe. »Es ging einfach nicht auf«, antwortete Ford. Er bat Knudsen, sich mit Mecke in Verbindung zu setzen und die Einzelheiten zu klären. »Den Wagen können Sie behalten«, sagte er.

»Ich will den Wagen nicht«, erwiderte Knudsen.

Mecke tauchte umgehend mit einer Erklärung auf, die besagte, daß Knudsen ausgeschieden sei, um sich anderen Aufgaben zu widmen. Das komme nicht in Frage, sagte Knudsen. Er tippte schnell eine Mitteilung mit dem Inhalt, daß er hinausgeworfen worden sei, rief einen Freund in einer Nachrichtenagentur an und las sie ihm vor.

Kurz darauf berief Henry Ford eine Pressekonferenz ein und gab bekannt, daß er Lee Iacocca zu einem von drei gleichberechtigten Vizepräsidenten ernenne. Iacocca bemühte sich während der ganzen Pressekonferenz mit begrenztem Erfolg, seine Schadenfreude zu verbergen. Als ein Journalist ihn fragte, was er von der Nachricht halte, sagte er: »Ich habe noch nie ›Kein Kommentar‹ gesagt, aber heute tue ich es.« Lee Iacocca, der es eilig gehabt hatte, hatte Semon E. Knudsen in nur neunzehn Monaten ausgeschaltet. Es war kein angenehmes Schauspiel gewesen. »Er hatte keinen Anlaß, mich als

Bedrohung zu sehen«, meinte Knudsen fünfzehn Jahre später über Iacocca. »Ich war zwölf Jahre älter als er, und er hätte ein paar Jahre mit mir zusammenarbeiten und vielleicht sogar noch einiges lernen können, um dann den Posten zu übernehmen.« Damit gab Bunkie Knudsen 1984 zu erkennen, daß er Lee Iacocca noch immer nicht begriffen hatte.

Lee Iacocca war der Sieger. Gut ein Jahr danach ernannte Henry Ford ihn zum Präsidenten. Es war so, als hätte es das Knudsen-Interregnum nie gegeben. Iacocca war glücklich, den Posten zu bekommen, den er immer hatte haben wollen. Aber irgend etwas im Wesen der beiden Männer hatte sich verändert. Henry Ford hatte korrigieren können, was in Iacoccas Augen eine schlechte Entscheidung war, aber er hatte darüber hinaus einen schweren Fehler begangen; er hatte bewiesen, daß er im Innersten ein blasierter Amerikaner nordeuropäischer Abstammung war, der der privilegierten Schicht angehörte. Das würde Iacocca ihm nicht so schnell verzeihen. Unterdessen war es Iacoccas Unternehmen. Er war dort die treibende Kraft. Nichts konnte ohne seine Unterstützung durch das immer engmaschiger werdende Kontrollsystem der Finanzabteilung gedrückt werden. Das bedeutete, daß nicht nur der Kader Lees eigener Leute, sondern jeder im Unternehmen, der irgend etwas Kreatives beginnen wollte, nicht an ihm vorbeikam.

Zu der Zeit warf Iacocca immer größere und üppigere Wagen auf den Markt. Der einmal schlanke und sportliche und vergleichsweise einfache *Mustang* war immer größer und schwerer geworden, bis seine früheren Liebhaber ihn nicht mehr wiedererkannten. Er war immer schwerer, gewinnbringender und zu einem großen, häßlichen Wagen geworden. (In seinem Buch lastete Iacocca das Knudsen an, doch fast alle anderen, die in jenen Jahren dort arbeiteten, erinnern sich anders. Es war Lee, der den *Mustang* immer schwerer machte.) Iacocca übernahm, wie Henry Ford, das Rezept von GM, das immer größere und teurere Wagen für seine Kunden produzierte, die vermutlich immer reicher und bedeutender wurden. Denn zwischen den Produktionskosten für einen Chevrolet und einen Cadillac gab es keinen großen Unterschied, aber der Gewinnunterschied war gewaltig. In den 70er Jahren versuchte Ford, die Lücke zu schließen, nicht nur bei den Modellen der Mittelklasse, sondern auch in der gehobenen Klasse, vor allem beim Ford Continental. Die größeren Wagen warfen eben auch höhere Gewinne ab.

Iacocca entwickelte sich mit der Zeit zum Sprecher für Detroit. Die Leute von GM waren zu farblos; die GM-Organisation verlangte Anonymität und brachte nur wenige einprägsame Männer hervor. Chrysler war zu schwach. Und Henry Ford schien sich zunehmend mit anderen Dingen zu beschäftigen. Lee gefiel es, der Sprecher der Ford Motor Company zu sein, und er machte es gut, immer greifbar, immer zitierbar. Er war der neue, selbstsichere, kämpferische Typ in der Automobilindustrie. Die Branche war stark und im Begriff, noch stärker zu werden. Die Wagen waren groß und im Begriff, noch größer zu werden. Er förderte den Rennsport. »Rennen am Sonntag, verkaufen am Montag.« Er äußerte sich öffentlich geringschätzig über die früheren Bemühungen Fords um mehr Sicherheit. Als saubere Luft zu einem Thema wurde, erklärte er: »Wir müssen innehalten und uns fragen: Wieviel saubere Luft brauchen wir?« Als Journalisten etwas ansprachen, das Frontantrieb hieß und in Europa Anfang der 70er Jahre gerade in Mode kam, äußerte er sich erneut herablassend. Die Kunden, sagte er, könnten ihn nicht sehen: »Ich sage Ihnen, geben Sie ihnen Leder, das können sie riechen.« Er verachtete kleine Wagen. Obwohl die firmeneigenen Marktuntersuchungen mit beachtlicher Deutlichkeit ergaben, daß die Personen, die importierte Kleinwagen fuhren, einen wichtigen neuen Teilmarkt darstellten – Hochschulabsolventen (oft schon in der zweiten Generation), Angehörige der oberen Mittelschicht, die ihren sozialen Status nicht aus teuren Wagen ableiteten, die sie sich ohne weiteres leisten konnten, sondern aus anderen Dingen, aus Plattensammlungen, Wein, Reisen –, blieb er hartnäckig. Wie die meisten Branchenleute in Detroit war auch Iacocca nicht gewillt, diese tiefgreifende gesellschaftliche Veränderung zur Kenntnis zu nehmen. Alle Warnungen, daß diese neue amerikanische Schicht wahrscheinlich größer würde und geschmacklich oft Maßstäbe für andere setzte, beeindruckten Detroit nicht. Seine Gesetze waren die, die in den Vororten Detroits noch immer galten: Sobald man mehr Geld verdiente, kaufte man sich einen größeren Wagen und ein größeres Haus und ging in einen besseren Gesellschaftsclub. Dort waren die Statussymbole die gleichen wie in der Vergangenheit, aber an der Ost- und Westküste nicht mehr. Wenn Iacocca von kleinen Wagen sprach, dann so, wie Detroit von ihnen sprach, als eine Art wohltätige Verpflichtung gegenüber den weniger Glücklichen, Autos für die, die sich die Wagen nicht leisten konnten, die sie eigentlich gern hätten, eine Art soziale Wohlfahrt im Bereich der Produktion.

Fünfzehn Monate nach Bunkie Knudsens Ausscheiden wurde Iacocca zum Präsidenten der Ford Motor Company ernannt. Zehn Jahre danach kaufte Florence Knudsen in einem Supermarkt in Bloomfield Hills ein, als eine Frau, die sie kaum wiedererkannte, auf sie zukam. Die Frau sagte irgend etwas, und Florence Knudsen blickte immer noch etwas ratlos. Die Frau wirkte so schwach, so verwundbar.
»Ich bin Mary Iacocca, Florence«, sagte sie.

Das war etwa einen Monat, nachdem Lee Iacocca von Henry Ford vor die Tür gesetzt worden war, und Florence Knudsen, eine sehr mitfühlende Frau, deren eigenes Leben durch die Launenhaftigkeit Henry Fords so drastisch verändert worden war, griff nach ihrem Arm und sagte: »Oh, Mary, es tut mir so leid«.

»Jetzt weiß ich es«, sagte Mary Iacocca. »Jetzt weiß ich es.«

Siebter Teil

22
Die Büste

Als es auf das Jahr 1960 zuging, wurde Nissan langsam und systematisch stärker. Die schweren Arbeitskämpfe gehörten der Vergangenheit an. Das Geld, das verdient wurde – und noch sehr viel mehr –, wurde für neue Maschinen ausgegeben. Die Firmenschulden hatten gewaltig zugenommen. Auf dem Unternehmen lastete ein enormer Druck. Aber trotz aller Mühen entwickelte Nissan sich zu einer echten Industriemacht.

Kinichi Tamura, einer der Konstruktionsingenieure bei Nissan, hatte 1960 und die Jahre unmittelbar davor und danach als eine hektische Zeit in Erinnerung. Neue Fabriken wurden geplant und alte erweitert, während das Unternehmen gleichzeitig verzweifelt versuchte, planmäßig weiterzuproduzieren. In den Fabrikhallen versuchten die Männer, an ihrem Platz zu arbeiten, während Bauarbeiter rundum die alten Fertigungsstraßen abrissen und andere Männer für noch mehr Produktion plädierten. Es war wie im Irrenhaus, dachte Tamura. Er suchte gerade eine Abteilung auf, um festzustellen, ob die neuen Maschinen, die vor kurzem eingetroffen waren, installiert wurden. Man war bei der Arbeit, und er sah zu, wie ein Kran herüberschwenkte und eine Maschine absetzte. In Anbetracht der enormen Schwierigkeiten, die er hatte, war seine Begeisterung fast überschäumend. Denn er half dabei, das moderne Nissan zu schaffen, baute neue Fabrikhallen und installierte neue Maschinen. Er griff nach der Zukunft. Dies würde ein großes Unternehmen werden, und er war einer seiner Architekten.

Eine der großen Stunden Tamuras kam, als er bei der Entwicklung und Installation der ersten Transfermaschine Nissans half. Transfermaschinen gehörten in Detroit zur Grundausstattung, aber Nissan hatte nie eine besessen. Die Transfermaschine automatisierte die alten Arbeitsprozesse, bei denen die Arbeiter an hintereinanderliegenden Stationen jeweils einen kleinen Handgriff an einem Werkstück vornahmen, etwa einem Maschinenblock.

Die ungefähr neun Meter lange Maschine faßte die Arbeit von bis zu dreißig Stationen zusammen, was die Herstellung an der Fertigungsstraße erheblich beschleunigte und gleichzeitig Arbeitskräfte einsparte. Diese Maschinen konnten in Amerika bestellt werden, aber sie waren sehr teuer, mehrere Millionen Dollar pro Stück. Ob es wohl möglich wäre, selbst eine solche Maschine zu bauen, fragten einige hohe Nissan-Manager ihre Ingenieure aus der Produktion.

Zunächst schien es unmöglich, ein Traum. Doch Tamura und seine Kollegen nahmen die Sache in Angriff. Sie sammelten sämtliche Informationen, die die Produktivitätsteams von ihren Reisen durch Amerika mitgebracht hatten – Fotos und Skizzen –, und fügten sie zu einem Rohentwurf einer Transfermaschine zusammen. Als ihr Entwurf stand, gingen sie damit zu einem Maschinenhersteller am Ort. Der Besitzer sah sich den Entwurf lange an. »Es ist das größte Stück, das ich je gesehen habe«, sagte er. Je mehr er sich in das Projekt vertiefte, desto begeisterter wurde er. Ja, sagte er, er wolle es machen. Er begann mit der Arbeit 1960 und war nach knapp einem Jahr fertig. Die Konstrukteure und Ingenieure staunten, wie gut die Maschine geworden war, die sie hatten haben wollen.

Die Installation war ein großer Augenblick. Jeder in der Fabrik wollte die neue Maschine sehen. Im ganzen Werk kam die Arbeit zum Erliegen. Jahre später wertete Tamura diesen Augenblick als die Zäsur zwischen der alten Nissan Motors Company und der neuen.

Die Entscheidung, Nissan in eine wahnwitzige Expansion zu treiben, war für seinen Präsidenten Katsuji Kawamata, den Finanzexperten, der von der Industriebank gekommen war, entsetzlich. Nie waren die Männer seiner Umgebung, insbesondere die Ingenieure, von ihm so enttäuscht worden, wie in der 1958 beginnenden Phase, als der japanische Inlandsmarkt explodierte. Dies war der wichtigste Augenblick in der Firmengeschichte; endlich tat sich ein Massenmarkt auf, und Kawamata war völlig bewegungsunfähig. Er schien abwechselnd Angst zu haben, sich zu bewegen und sich nicht zu bewegen. Er sah die Zukunft vor sich, aber er war entsetzt über das Ausmaß der Verschuldung, die jede ernstzunehmende Erweiterung erforderte.

Daß Nissan vorstoßen mußte, war kaum eine Frage. Jeder wußte, daß gar keine andere Wahl bestand, vor allem da Toyota bereits in dieser Richtung plante. Schon 1956 hatte Toyota eine alte Flugzeugfabrik gekauft und damit begonnen, sie in sein neuestes Montagewerk umzuwandeln, das Motomachi hieß. Das machte jedem bei Nissan klar, daß der Einsatz schnell stieg und daß Toyota sich auf den Tag vorbereitete, an dem der neue Markt aufgeteilt werden würde. Toyota war dabei, seinen Motomachi-Handel abzuschließen, als die Produktionsingenieure von Nissan gerade anfingen, sich nach einem Standort für ein neues Werk umzusehen. Das Problem war, daß Nissan wohl kaum das einzige japanische Unternehmen war, das sich für die neue Konsumwelle bereitmachte. In dem engen, übervölkerten Korridor zwischen Tokio und Yokohama waren Grundstücke, auch Industriegrundstücke, teuer und wurden immer teurer. Günstige Gelegenheiten gab es nicht. Die frühen Versuche, Land im Umkreis von Yokohama zu finden, waren ausnahmslos fehlgeschlagen; egal womit die Agenten von Nissan aufwarteten, Kawamata schaffte es immer wieder, die Angebote abzulehnen – es war zu klein, zu weit, meistens jedoch zu teuer. Daß Kawamata auch dann noch zögerte, als Toyota mit dem Bau seiner Fabrik begann, erhöhte die Spannung bei Nissan. Unter den leitenden Produktionsleuten wuchs die Befürchtung, daß der Zug ohne sie abfahren würde.

Da gab Soichi Kawazoe, ein ehemaliger Nissan-Angestellter, der jetzt bei Fuji Motors arbeitete, Nissan den Tip, daß bei Oppama, in der Nähe von Yokosuka, etwa neunzehn Kilometer südlich von Yokohama, ein großes Areal zum Verkauf stände, das früher Fuji gehört hatte. Der Preis galt als überraschend niedrig, und es schien der perfekte Standort für Nissan zu sein. Aber Kawamata zögerte noch immer; er fing an, über den Ausbau des bestehenden Werks in Yokohama zu sprechen, ein Gedanke, der schon vor langer Zeit verworfen worden war, oder davon, einen anderen Platz zu suchen. Seine Leute aus der Produktion waren außer sich. Kawazoe besichtigte im Herbst 1958 den Standort bei Oppama mit den Topmanagern von Nissan. Die Produktionsleute waren begeistert. Aber Kawamata schob die Entscheidung vor sich her. Zehn Monate vergingen, bevor Nissan dem Finanzministerium, das den Verkauf abwickelte, endlich ein Angebot machte. Inzwischen wollten auch andere Firmen das Gelände erwerben, doch das Ministerium gab Nissan den Zuschlag. Baubeginn war erst im Februar 1961, anderthalb Jahre, nachdem Toyota sein neues Werk *eröffnet* hatte. In diesem entscheidenden Augenblick im Kampf um den heimischen Markt war Nissan drei Jahre hinter Toyota zurück.

Wenn das noch nicht gereicht hatte, so brach jetzt ein zweiter Streit aus, diesmal wegen der Größe der Fabrik. Daß man versäumt hatte, schnell zu handeln, hatte sich bereits als kostspielig herausgestellt, und als 1959 der Datsun 310 kam und sofort ein Erfolg wurde, war die alte Nissan-Fertigung hoffnungslos überlastet. (Wie Michael Cusamano in seinem ausgezeichneten Buch über Nissan und Toyota beschrieben hat, betrug die Kapazitätsauslastung des Unternehmens 1959 94,2 Prozent, und 1961 113,6 Prozent.) Menschen und Maschinen wurden bis an die Grenze der Belastbarkeit gefordert.

Die verantwortungsvolle Aufgabe, für ein großes neues Werk zu sprechen, fiel einem jungen Ingenieur namens Shiro Matsuzaki zu, der die technische Abteilung im Werk Yokohama leitete und ganz klare Vorstellungen von dem Ausmaß hatte, in dem die Nissan-Anlagen überlastet waren. Matsuzaki hatte sich mit der Geschichte der amerikanischen und europäischen Automobilindustrie beschäftigt und glaubte, daß Japan unmittelbar vor dem Absprung stehe. Er wußte außerdem, wie vorsichtig Kawamata war.

Matsuzaki suchte Kawamata auf. Er achtete Kawamata, weil er ein Vorgesetzter war. Er stellte fest, daß Kawamata dem Gedanken ablehnend gegenüberstand und ihn für zu riskant hielt. »Wissen Sie«, fragte er, »was ich tun müßte, um soviel Geld aufzutreiben? Ich müßte viele Verbeugungen vor den Bankleuten machen. Und wenn das Projekt fehlschlüge«, fuhr Kawamata fort, »müßte ich Priester werden. Wollen Sie immer noch, daß ich es mache?« Matsuzaki, der spürte, daß seine ganze Karriere auf dem Spiel stand, sagte ja, er meine, Nissan müsse vorstoßen, und alle Techniker des Unternehmens stimmten darin überein. Aber er merkte bald, daß Kawamata unnachgiebig war. Die Kosten einer so großen Fabrik – vielleicht 100 Millionen Dollar – überstiegen sein Vorstellungsvermögen. Er weigerte sich nachzugeben.

Kawamata zog ein amerikanisches Beraterteam hinzu, das schon einmal für Nissan gearbeitet hatte; es schlug einen Kompromiß in bezug auf die Kapazität des neuen Werks vor – siebentausend Wagen monatlich. Wieder weigerte Kawamata sich nachzugeben. Er beharrte auf fünftausend, und dabei blieb es. Das Werk Oppama war somit von Anfang an überlastet. Es mußte eine zweite Schicht eingerichtet werden, was hart für die Arbeiter war. Selbst mit der Doppelschicht wurde nicht genug produziert. Fast umgehend mußte Nissan in der Nähe von Zama eine weitere Fabrik bauen. Von da an hatten viele der Produktionsleute eine zwiespältige Meinung über Kawamata. Sie meinten, er sei zu vorsichtig gewesen und habe – vielleicht für immer – die Chance vertan, Toyota zu überholen. Jahre später sagte einer von ihnen: »Ich weiß nicht, ob ich ihm dankbar sein soll, daß er die Firma erhalten hat, oder ungehalten, daß er sie gelähmt hat.«

Aber trotz aller Enttäuschungen über ihn bestand Ende der 50er Jahre doch kein Zweifel, daß Nissan Kawamatas Unternehmen war. Er hatte alle möglichen Herausforderer ausgebootet. Wenn er nicht sehr selbstsicher in seinem Urteil über die Produkte und vorsichtig bei Investitionen in Fabriken war, setzte er doch äußerst kraftvoll sein strategisches Geschick ein, um seine Herrschaft zu festigen. Die Grundlage seiner Stärke waren die Gewerkschaft und ihre Führer – Masaru Miyake, der bei Nissan die vom Unternehmen akzeptierte Gewerkschaft gegründet hatte, die den radikalen Gewerkschaftsflügel aus dem Feld geschlagen hatte, und Miyakes ehrgeizige rechte

Hand Ichiro Shioji. Wenn Manager, die nicht zum Kreis Kawamatas gehörten, Kawamatas Leute angriffen oder anzugreifen schienen, schaltete sich die Gewerkschaft ein und machte ihnen das Leben so schwer wie möglich. Es gab plötzlich Verzögerungen, oder Lieferungen, die lange im voraus bestellt worden waren, wurden nicht rechtzeitig fertig. Wer sich mit Kawamata und der Gewerkschaft gut stellte, hatte keine Schwierigkeiten; wer sich querlegte, zog immer den kürzeren. Miyake und Shioji besaßen praktisch ein Vetorecht in allen Personalfragen. Einige ihrer Vertrauensleute erhielten bald Schlüsselstellungen im mittleren Management, wurden an höheren, aber weniger vertrauenswürdigen Managern mit nicht so guten Verbindungen vorbei befördert. Nichts in der Firma geschah ohne ihre Zustimmung. Dem Namen nach waren sie Gewerkschaftler, aber in Wirklichkeit gehörten sie nicht nur zum Management, sondern zum Topmanagement.

In mancher Hinsicht unterschied sich Nissan gar nicht sosehr von anderen japanischen Firmen. Obwohl die Japaner so stolz auf die Harmonie ihrer Arbeitswelt waren, sah die Wahrheit doch so aus, daß es in den meisten Unternehmen von rivalisierenden Cliquen und politischen Gruppen wimmelte und es unter der Oberfläche oft gewaltig gärte. Für den Außenstehenden waren die Differenzen vielleicht nicht erkennbar, aber sie bestanden dennoch. Bei der täglichen Arbeit wurde vieles von dieser Feindschaft unterdrückt; Angehörige des mittleren Managements gingen vielleicht nach der Arbeit gemeinsam aus und tranken viel und beklagten sich bitter über ihre Vorgesetzten, aber am nächsten Morgen gingen sie wieder zur Arbeit, respektvoll wie immer. Was sie am Abend zuvor gesagt hatten, existierte nicht mehr. Da der Unmut sich unter dem Einfluß von Alkohol äußerte, konnte man sich später jederzeit über ihn hinwegsetzen. Die Welt der japanischen Wirtschaft war also von Intrigen beherrscht, die man solange vorantrieb, bis die Streithähne schließlich ihre Differenzen beilegten und weiter ihrer Arbeit nachgingen.

Kawamatas Aufstieg und der Einsatz der Gewerkschaftsführer im Dienste seiner Interessen weckten in den oberen Rängen Unmut, und der Unmut führte zum Aufstand. 1955 beschlossen Kawamatas Gegner, sich ihm, und damit auch der Gewerkschaft, ein letztes Mal entgegenzustellen. Der Anführer der Kritiker war Asahara, damals Präsident von Nissan, den die wachsende Macht seines Vorstandsmitglieds nervös gemacht hatte. Letztlich erhob sich das alte Nissan gegen das neue. Asahara und seine Kollegen berieten sich mit Vertretern der Industriebank von Japan, der IBJ. Kawamatas Sünden wurden aufgezählt: Er war zu grob, zu ehrgeizig und zu eng mit der Gewerkschaft verbunden. Man beschloß, Kawamata zu einer weit weniger prestigeträchtigen Niederlassung abzuschieben, zu Nissan Diesel.

Der Coup traf Kawamata unvorbereitet. Am frühen Morgen erkannte er, daß er kaltgestellt worden war und schickte sofort seinen Vetter Kuniyaki Tanabe, einen Nissan-Mitarbeiter des mittleren Managements, zu seinem engsten Verbündeten Miyake, dem Gewerkschaftschef. »Sie wollen ihn abschieben«, berichtete Tanabe Miyake, »und er möchte Sie sofort sehen.« Miyake ging zum Haus Kawamatas und fand ihn vollkommen aufgelöst vor. Selbstverständlich erklärte Miyake sich sofort bereit zu helfen, wenn seine Anteilnahme auch nicht reiner Nächstenliebe entsprang. Seine Macht, die beträchtlich war, leitete sich von Kawamata her. Wenn Kawamata ging, würden als nächstes vielleicht seine Flügel gestutzt.

Miyake begab sich noch am gleichen Morgen zur IBJ und sprach mit Sohei Nakayama, dem Chef der Bank, den er von früher kannte. Im höflichsten Ton erklärte er, daß er es für einen Fehler der Bank halte, sich in die inneren Angelegenheiten des Unternehmens einzumischen, sofern nicht jemand versagt habe. Kawamata hatte ganz eindeutig nicht versagt. »Hören Sie«, sagte Nakayama, »das letzte, was die Bank möchte, ist, in etwas so Unangenehmes verwickelt zu werden. Das ist Ihre Angelegenheit, nicht unsere.« Um alle Parteien an die Macht der Gewerkschaft zu erinnern, ordnete Miyake im Werk Yokohama einen Streik an. Mit Hilfe einiger anderer trug Miyake den Sieg davon, und Kawamata kam nicht zu Nissan Diesel.

Von da an waren Asaharas eigene Tage gezählt. Zwei Jahre später entschloß er sich, das Amt des Präsidenten abzugeben und Vorsitzender des Verwaltungsrats zu werden. Er war seines Postens und aller Konflikte müde, die dieser mit sich brachte, und von denen er keinen gesucht hatte. Als Nachfolger wünschte er sich Kyoichi Harashina, einen langjährigen Freund. Harashina galt bei den Produktleuten als der fähigste Kandidat im Unternehmen, ein Mann der Technik und der Autos, und niemand von denen, die dort arbeiteten, zweifelte daran, daß er gemessen an seinen Verdiensten der natürliche Nachfolger Asaharas war. Er war ein würdevoller und erfahrener Mann und bei den Leuten in der Produktion beliebt, was Kawamata nicht war. Die Vertreter der IBJ begünstigten dagegen Kawamata; die Gewerkschaft hatte diesen Sinneswandel herbeigeführt. Miyake hatte der Bank unmißverständlich klargemacht, daß Harashina nicht tragbar sei. Die Gewerkschaft würde nur Kawamata akzeptieren, niemanden sonst. So wurde Kawamata 1957 Präsident von Nissan, und rund zwei Jahre später war es Harashina, der zu Nissan Diesel abgeschoben wurde. Kawamata hatte seine Macht gefestigt und würde Miyake und Shoji in Zukunft Loyalität schulden.

Bald war Kawamata eine Größe. Status, die Position eines Mannes innerhalb der Hierarchie, spielte in Japan eine wichtige Rolle, insbesondere, wie es schien, für Kawamata. Was einige von Kawamatas Kollegen irritierte, war die Aura, mit der er sich zu umgeben begann, als das Unternehmen erfolgreicher wurde, die indirekte Botschaft, *er* habe das vollbracht und er sei nicht so sehr Banker, sondern *Industrieller.* Das vor allem beleidigte seine Kollegen. Alles, was mit Technik zu tun hatte, hatte ihn stets gelangweilt, seine Entscheidungen waren fast immer extrem vorsichtig gewesen, hatten sich auf der untersten noch vertretbaren Risikostufen bewegt. In ihren Augen war er kein Industrieller und hatte kein Recht, sich als solcher auszugeben.

Diese Krittelei schien Kawamata nicht anzufechten. Er sprach jetzt des öfteren vor verschiedenen Gruppen als Experte für die Beziehungen zwischen Arbeitnehmern und Arbeitgebern. Seine Untergebenen lernten schnell, daß man am besten mit ihm auskam, wenn man ihm schmeichelte. Bald gab es eine Büste von ihm im neuen Werk Oppama, das er bekämpft und dann ernsthaft gefährdet hatte. Das war in japanischen Unternehmen etwas Seltenes. In einem Familienunternehmen konnte ein Enkel vielleicht eine Büste des Großvaters aufstellen oder sogar des Vaters, wenngleich letzteres schon außergewöhnlich war. Aber eine Büste eines noch lebenden Mitglieds der Geschäftsführung war beinahe unvorstellbar. »Ich wollte es nicht«, erklärte Kawamata in seinen Erinnerungen, »aber alle im Unternehmen waren dafür.«

23
Der Boß

Ichiro Shioji, die Nummer Zwei in der Nissan-Gewerkschaft, war niemand, der längere Zeit als der Stellvertreter eines anderen zubrachte. Es war, als ob irgendeine höhere Gewalt ihn jetzt an die Spitze trüge. Dies war eine Zeit, in der das japanische Establishment den wieder für sich in Anspruch genommenen Auftrag ausführte, die Arbeiterschaft zu disziplinieren und zu kontrollieren, und Shioji war ein Instrument, durch das die Vorstellungen, die dieses Establishment sich von nationalen Interessen machte, in der Fabrikhalle in die Wirklichkeit umgesetzt wurden.

Miyake, sein Vorgesetzter, gab sich bald Blößen. Nachdem er Kawamata vor der Entmachtung bewahrt und entscheidend dazu beigetragen hatte, ihm den Posten des Präsidenten zu sichern, hatte er seinen Anteil gefordert: Er wollte in den Vorstand von Nissan. Er hatte Kawamata gebeten, ihn vorzuschlagen, aber Kawamata hatte sich geweigert – er wollte, daß Miyake noch ein paar Jahre wartete. Andere, die im gleichen Alter wie Miyake waren und von seinem Verlangen hörten, waren entrüstet. Der Vorstand war ein fast heiliges Gremium, er war den Älteren vorbehalten. Das war zuviel. Ein solches Verlangen stellte nur ein Mann, dem es an Achtung vor dem System mangelte. Deshalb war er eine Gefahr. Ein Gewerkschaftler mußte seinen Platz kennen. Schon bald entbrannte ein Machtkampf zwischen Miyake und Shioji. Shioji behauptete, Miyake habe ihn einmal in einem Restaurant sogar betrunken gemacht, ihn entführt und, während er von der Außenwelt abgeschnitten war, versucht, die Fertigungsstraße zu stoppen. Das Ende all dessen war einfach: Miyakes Macht wurde beschnitten, und er verließ schließlich das Unternehmen und nahm irgendwo anders eine Stelle an, die Kawamata ihm besorgt hatte. Shioji übernahm seinen Platz, nicht direkt als Führer der Gewerkschaft, aber als der Mann, auf den Kawamata angewiesen war.

Es war ohnehin in Wirklichkeit Shiojis Gewerkschaft. Langsam und sehr behutsam hatte er seine Stellung aufgebaut. Die Männer unmittelbar unter ihm in der Gewerkschaft waren ihm treu ergeben, nicht Miyake. Sein Ehrgeiz war ausgeprägter als der Miyakes, und es war eine andere Art von Ehrgeiz. Miyake hatte immer zum Management gehören wollen; er war ziemlich unfreiwillig in die Gewerkschaft gestolpert. Selbst als Chef der Gewerkschaft hatte er eine hohe Managementposition und einen Platz im Vorstand angestrebt. Miyake wollte Erfolg – in Form von Titeln und Reichtum. Shioji dagegen wollte Macht – das war ihm Erfolg genug. Shioji war ein durch und durch politischer Mann; er begriff besser als die meisten Männer seiner Generation, daß Nissan nicht nur ein Produktionsbetrieb war, sondern auch ein politischer Organismus, mit kleinen verwobenen persönlichen Beziehungen und Abhängigkeiten aller Art. Macht konnte durch diese Abhängigkeiten ausgeübt werden; Vergünstigungen waren immer zu vergeben. Er wollte nicht irgendein farbloser Manager der mittleren Ebene sein, der dreißig Jahre auf eine Gelegenheit wartete, um im Chor anderer farbloser Manager der mittleren Ebene in einem Unternehmen eine zweitklassige Rolle zu übernehmen. Ein Gewerkschaftsführer war ein Mann, der über Menschen herrschte und ihnen Befehle gab und dessen Befehle befolgt wurden.

Er war anders als die Männer in seiner Umgebung. In einer Gesellschaft, in der alles sorgfältig auf ein Minimum an Konfrontation angelegt war, liebte Shioji die Konfrontation. Die meisten Japaner seiner Generation verbargen gern soviel sie konnten von sich, besonders ihre Ambitionen und ihr Selbstgefühl. Shioji verbarg nichts. Sein Ehrgeiz war, wie seine Wut, erstaunlich sichtbar. Wie sehr er die Freuden seines Postens genoß, war ebenso offensichtlich. In den kommenden Jahren sollte in der Presse immer wieder über seinen Lebensstil geklagt werden, seine Ausschweifungen und die Kosten seiner Yacht. An diesen Angriffen empörte ihn, daß es vergleichbare Angriffe auf Firmenmanager, die so lebten, nicht gab. Ein Topmanager konnte in Saus und Braus leben, eine Yacht besitzen, sich eine Geisha halten, und kein Mensch sagte etwas; von einer Führungskraft *erwartete* man diese Dinge geradezu. Aber sobald jemand von einer Gewerkschaft sich das herausnahm, fielen alle über ihn her. Die Regeln waren eindeutig; der Emporkömmling verstieß gegen ein allgemein anerkanntes Verhaltensmuster und bedrohte dadurch das gesamte System.

Er wußte, daß er gegen eine Übermacht aufgestanden war. Ohne die Anwesenheit der Amerikaner während der Besatzungszeit hätte es vielleicht keinen Wandel gegeben, und er wäre vielleicht nicht so erfolgreich gewesen. Die Ankunft der Amerikaner in Japan gegen Ende des Krieges hatte der lähmenden Vorkriegsgesellschaft ein Ende bereitet und ihn befreit. Es war eine außergewöhnliche Zeit gewesen, dachte er später, in der die Armen aber Starken trotz ihrer Herkunft aufsteigen konnten, in der die eigene Zukunft nicht so sehr von der eigenen Vergangenheit bestimmt wurde. Ein paar Jahre später, als die alte Ordnung wieder stärker Fuß faßte, hätte er es vielleicht nicht so gut geschafft. Er war ein Kind der Straße, und in jenen Tagen nach dem Krieg hatte ein Kind der Straße eine Chance.

Es war ein langer, beschwerlicher Weg gewesen. Nach dem Krieg hatte er verzweifelt versucht zu überleben und die einfachsten Arbeiten verrichtet: als halblegaler Lebensmittellieferant, Bastler selbsthergestellter Radios und Tanzlehrer.

In jenen politisch brisanten Tagen hatte die radikale Linke vor dem Kaiserpalast Protestkundgebungen abgehalten, die den für den 1. Februar 1947 geplanten Generalstreik vorbereiteten. Sie zogen gewaltige Menschenmassen an, und jeder schien ein rotes Fähnchen zu tragen. Etwa einen Monat vor dem geplanten Streik stieß Shioji auf eine große Demonstration außerhalb des Palastgeländes und blieb stehen, um zu sehen, was da los war. Das hatte offensichtlich auch ein uniformierter amerikanischer Soldat getan, der in der Gegend umhergelaufen war. In dem Glauben, einen Spion vor sich zu haben, ergriffen die Linken den Amerikaner sofort und schlugen und traten auf ihn ein (es war ein Irrtum; die Amerikaner schickten im allgemeinen in den USA geborene Japaner in Zivil als Spitzel aus). Shioji schritt ein und unterband die Schlägerei. Er betrachtete den Soldaten, der ihm unschuldig und lediglich verwirrt schien. Dieser Mann war kein Spitzel. Soweit es Shioji betraf, hatten die Amerikaner immer nur als Freunde gehandelt. Shioji fragte den Amerikaner in gebrochenem Englisch. Der Amerikaner erklärte, er habe die Bühne und die Fahnen gesehen und den Eindruck gehabt, daß irgendeine eigenartige japanische Theateraufführung stattfände. Die Schlichtheit dieser Antwort entsprach der Arglosigkeit des Gesichtsausdrucks. Dank der Hilfe Shiojis durfte der Amerikaner seiner Wege gehen.

Doch der Vorfall war damit nicht beendet. Auf einer Gewerkschaftsversammlung am nächsten Tag wurde die Anwesenheit eines amerikanischen Spitzels bei einer Kundgebung als ein weiterer Grund für einen Streik genannt. Shioji meldete sich und versuchte zu erklären, was geschehen war. Er sei selbst dabeigewesen, sagte er, und es sei alles ein Mißverständnis. Er wurde als Kapitalistenschwein niedergeschrien. Doch das schüchterte ihn nicht ein. Er wiederholte, was er gesehen hatte. Der Gewerkschaftsführer, der zunächst noch Geduld gezeigt hatte, wurde zunehmend gereizter. »Vielleicht ist der Soldat kein Spitzel«, sagte er, »aber die Tatsache, daß du beharrlich weiterbehauptest, er sei kein Spitzel, bedeutet, daß du ein Mitläufer der

Kapitalisten bist. Du solltest begreifen, welcher Seite du hilfst, wenn du so redest.«

Das war der Anfang seiner Politisierung. Bei den Kommunisten, so schloß er, war nicht die Wahrheit das Entscheidende; nur die Sache zählte. Shioji kam bald zu dem Schluß, daß die Gewerkschaften von den Kommunisten beherrscht wurden. Er schloß sich einer Gruppe an, die die bestehende Gewerkschaftsführung bei Nihon Farben bekämpfte, wo er beschäftigt war. Während der Phase der roten Säuberung betrieb er die Verjagung der Kommunisten von ihren Positionen in der Gewerkschaft.

Aber auch wenn er am Ende konservativer als die meisten Arbeiter jener Zeit war, wurde er von der Führungselite doch nicht ohne weiteres akzeptiert. Er arbeitete tagsüber für seine Firma und besuchte abends eine nicht sehr gute Universität. Mit einem Abendexamen einer weniger renommierten Universität konnte er wahrscheinlich keine Stelle bei einem der erstrangigen Unternehmen bekommen. Voller Verzweiflung kündigte er schließlich seine Stelle bei Nihon und meldete sich zu einer schwierigen Prüfung, die er schließlich auch bestand. Das ermöglichte es ihm, am Tage zu studieren. Jetzt, so dachte er, bin ich ein gescheiter Japaner, weil ich am Tage studiere; vorher war ich ein dummer Japaner, weil ich abends studierte. Trotzdem war ihm klar, daß er wahrscheinlich nie bei Nissan eingestellt worden wäre, wenn nicht der Streik und der Bedarf der Führung an neuen Leuten gewesen wären – harten neuen Leuten, versteht sich.

Als seine Macht wuchs, strich er gern den Unterschied zwischen sich und seinen Altersgenossen heraus – er war härter. Andere Japaner hatten irgendwie Angst vor Fremden, besonders vor Amerikanern, und schämten sich ein wenig, wenn sie zu sehr mit ihnen in Verbindung gebracht wurden. Sie übernahmen unter Umständen etwas von den Fremden, vor allem den Amerikanern, aber nur ganz oberflächlich. Die »Johnny-Walker-Japaner« nannte Shioji sie für sich; sie wollten an der größer gewordenen Welt teilhaben, ohne sich im geringsten zu ändern. Innerlich ganz Japaner widersetzten sie sich der Amerikanisierung des eigenen Selbst in solchem Maße, daß sie versuchten, so wenig Zeit bei den Amerikanern zu verbringen wie möglich. Tatsächlich arbeitete im Ausland verbrachte Zeit gegen sie, denn man glaubte, sie hätten eventuell irgendwelche fürchterlichen fremden Angewohnheiten angenommen, und wenn sie nach Hause zurückkamen, leisteten sie oftmals Sühne für ihre im Ausland verbrachten Jahre, indem sie noch chauvinistischer als ihre Kollegen wurden.

Shioji gab sich gern dem Gedanken hin, nicht nur sein Äußeres geändert zu haben, sondern auch sein Inneres. Er brüstete sich mit seinen vielen amerikanischen Freundschaften, seinen vielen Kontakten in jenem Land. Oft wünschte er sich, daß Japan mehr wie Amerika wäre, offener, leistungsorientierter. Ihm gefiel, was er in Amerika gesehen hatte. Er war in noch relativ jungen Jahren von der amerikanischen Gewerkschaftsbewegung nach oben gebracht und gefördert worden. Wenn die amerikanische Wirtschaft der japanischen kaum Beachtung schenkte, so verhielt sich die amerikanische Gewerkschaftsbewegung da ganz anders. Der amerikanische Gewerkschaftsverband AFL (und später der AFL-CIO) bemühte sich in der ganzen Welt um die Stärkung nichtkommunistischer Gewerkschaftsbewegungen. Für die Leute vom AFL war Shioji ein vielversprechender, junger japanischer Gewerkschaftsführer, der außerdem ein echter Antikommunist war. In den 50er Jahren war das die ideale Kombination. Die Amerikaner beachteten ihn, als das in seiner Heimat kaum jemand tat; sie umwarben ihn und bildeten ihn aus, und er blühte unter dieser Fürsorge auf. 1961 besuchte er als relativ unbekannter junger Mann dank der Hilfe der amerikanischen Botschaft und des AFL-CIO ein mehrwöchiges Seminar an der Harvard Business School. Er war begeistert. Gleich zu Beginn fiehl ihm an den Amerikanern auf, daß sie im Gegensatz zu den Japanern keine Angst hatten, Fehler zu machen. Wenn sie scheiterten, war das ihre Schuld. Aber die Beschränkungen waren die, die sie sich selbst auferlegten, nicht die unsichtbaren, die ihnen von der Gesellschaft aufgezwungen wurden. Die Japaner hatten, wie er meinte, Angst, eine Gelegenheit zu ergreifen, weil sie Angst vor dem Scheitern hatten. So gesehen war die amerikanische Gesellschaft offener, weniger behutsam.

Was ihn jedoch mehr als alles andere beeindruckte, war die Rolle des Gewerkschaftsführers in Amerika. Dort hatte ein Gewerkschaftsführer eine Autoritätsstellung, und diese Stellung brachte Achtung. Er war ein Prominenter. Viele Menschen beachteten ihn, nicht nur Arbeiter und Angestellte, sondern auch der normale Bürger. Als Shioji in Harvard war, hielt Walter Reuther dort einen Vortrag, und Shioji erstarrte vor Ehrfurcht. Reuther wurde sein großes Vorbild. Der Vortragssaal war überfüllt. Viele Studenten mußten stehen. Der Gedanke, daß ein Gewerkschaftsführer einen so breiten Anhang hatte, machte einen gewaltigen Eindruck auf ihn. In Japan hatte niemand einen solchen Anhang. Nach dem Vortrag fand ein Empfang statt, auf dem Shioji Reuther kennenlernte. Ein amerikanischer Freund hatte ihm am Abend zuvor geraten, wenn er Reuther die Hand gebe, die linke zu nehmen, weil Reuther viel von der Bewegungsfähigkeit seiner rechten Hand eingebüßt habe, als er vor Jahren bei den Arbeiterunruhen in Detroit angeschossen worden war. Daher reichte Shioji ihm die linke Hand, doch Reuther winkte ab und bestand darauf, ihm die rechte zu schütteln und sagte: »Mal sehen, wer von uns stärker ist.« Sie packten sich zu einer kurzen Kraftprobe, die für Shioji die Freundschaft besiegelte. Reuthers Offenheit verblüffte Shioji. Reuther wollte über Japan sprechen und über Shiojis Probleme dort.

In jenem Sommer ging Shioji nach dem Harvard-Seminar nach Detroit und blieb bei den Leuten der Automobilarbeitergewerkschaft im Haus der Solidarität. Die Amerikaner wurden seine Freunde – Reuther, Leonard Woodcock, Pat Greathouse und Doug Fraser. Sie waren in der Gewerkschaft die führenden Männer, und alle hatten sie ihn wie ihresgleichen behandelt. Als er nach Japan zurückkehrte, war sein Selbstvertrauen gewachsen; er war jetzt ein guter Freund der wichtigsten Gewerkschaftsführer der Welt. Seitdem stand für ihn fest, wer seine Vorbilder waren: die Männer von der amerikanischen Automobilarbeitergewerkschaft und insbesondere Reuther.

Die Reise nach Amerika bestärkte ihn in seinem Ziel, Gewerkschaftsführer zu werden. Er wollte nicht Manager werden, wie so viele seiner Altersgenossen. Und auch eine der geschätzten, aber in seinen Augen machtlosen und langweiligen Positionen im japanischen Unterhaus erschien ihm wenig erstrebenswert. Er wollte wie Reuther werden. Der Amerikaner verfolgte, wie Shioji erkannte, trotz aller demokratischen Gepflogenheiten einen sehr scharfen Kurs und schränkte abweichende Meinungen weitestgehend ein. Shioji beschloß, es in Japan ebenso zu machen, und führte seine Gewerkschaft, als er zu Macht kam, wie ein persönliches Lehen. Jeder Aufsteiger in der Gewerkschaft, der sich als potentieller Rivale erwies, wurde sehr schnell auf einen bedeutungslosen Posten bei einem Zulieferunternehmen abgeschoben. Shioji war immer gut über alle politischen Aktivitäten unterrichtet, mit denen er nicht konform ging. Kritik am Unternehmen war (solange Kawamata Präsident war) gleichbedeutend mit Kritik an der Gewerkschaft. Wenn ein Arbeiter sich bei einem anderen über seinen Lohn beklagte, wurde er wahrscheinlich in einen Raum zu einem Vorarbeiter geführt, der ihm auf höchst sonderbare Weise seine eigenen Worte vorhielt. Die Drohung war zugleich offen und versteckt.

Die Fusion zwischen Nissan und Prince, einem anderen Autohersteller, zeigte, wie hart Shioji war und welche Macht er nicht nur in der Gewerkschaft, sondern auch im Unternehmen darstellte. Fusionen kamen in Japan äußerst selten vor, aber diese war Teil einer Rationalisierungsaktion, die der Automobilindustrie vom Wirtschaftsministerium aufgezwungen worden war. Das MITI hatte, nicht ganz zu Unrecht, das Gefühl, daß es in Japan zu viele einheimische Autohersteller gebe; es war außerdem der Meinung, daß dies die Japaner in ihrer Wettbewerbsfähigkeit gegenüber den Amerikanern beeinträchtigen würde. (Letztlich hatte die Tatsache, daß es so viele Autohersteller gab, zu einem irrsinnigen Wettbewerb geführt; als die Japaner schließlich auf die Amerikaner stießen, waren ihre Firmen daher dank der heimischen Kraftproben widerstandsfähiger und abgehärteter als die amerikanischen Konkurrenten, deren Wettbewerb zusehends bedeutungsloser geworden war und deren Fortbestand fast vom Staat garantiert zu sein schien.) Die Aufforderung des MITI war außer bei Nissan und Prince weitgehend auf taube Ohren gestoßen. Nissan hatte sofort angebissen. Es war auf die Zuschüsse aus, mit denen das MITI lockte. Außerdem hatte Nissan, dessen eigene Anlagen schon wieder zu klein wurden, ein Auge auf die beiden Werke von Prince geworfen.

Aber Prince war ein schwaches Unternehmen mit Schwierigkeiten. Das Management von Prince wurde von der Nissan-Führung lediglich verächtlich zur Kenntnis genommen, die Prince-Gewerkschaft hingegen fürchtete man. Sie galt als radikal, weit mehr als die neuen, unternehmensorientierten Gewerkschaften, die bei den anderen großen Automobilfirmen bestanden. Die gewerkschaftlich organisierten Prince-Arbeiter gehörten zur Sohyo-Gruppe, die als links angesehen wurde, wohingegen die Nissan-Angestellten zu Domei gehörten, die von den Industriellen als kooperativer eingestuft wurde. Shioji dachte demnach keinen Augenblick an irgendeine Verschmelzung mit der Prince-Gewerkschaft; er versuchte vielmehr von Anfang an, sie zu zerstören. Die Chancen waren nie gleich verteilt. Prince ging es schlecht, und die Firmenleitung wollte die Fusion unter allen Umständen. Das bedeutete, daß sie mit dem Hut in der Hand mit Nissan verhandelte. Bei den Verhandlungen zwischen den beiden Gewerkschaften hatte die Nissan-Gewerkschaft die volle Unterstützung ihrer Firma, während das Prince-Management aus Angst, den neuen Partner vor den Kopf zu stoßen, seinen Gewerkschaftsleuten nicht half.

Die Fusion wurde im Mai 1965 angekündigt. Die Gewerkschafter von Prince vernahmen die Nachricht zunächst mit einer gewissen Befriedigung. Nissan war ein stärkeres Unternehmen, und das war ein Gewinn. Die Gewerkschafter von Prince hatten sich umgetan und herausgefunden, daß ihre Löhne und Zulagen höher als die der Nissan-Arbeiter waren. Das befriedigte sie und gab ihnen die Zuversicht, die eigenen Mitglieder halten und die Fusion in irgendeiner Form überleben zu können, es wiegte sie allerdings auch in Selbstzufriedenheit. Die Folge war, daß sie nicht sehr viel organisatorische Arbeit leisteten.

Die Nissan-Gewerkschaftler hatten dagegen eine Menge getan. Shioji hatte das alles schon beim Masuda-Streik kennengelernt und die Erfahrung gemacht, daß es entscheidend auf das organisatorische Geschick und den von den Führungskadern ausgeübten Druck ankam. Er besaß Aufzeichnungen über jeden Arbeiter bei Prince, die mit Hilfe solcher Prince-Gewerkschaftsführer zusammengestellt worden waren, die gleich zu Beginn umgeschwenkt waren; anhand dieser Aufzeichnungen unterteilte er die Prince-Arbeiter in fünf Gruppen. Ein A-Arbeiter war bereits nissanfreundlich und würde für Shioji arbeiten. Die Gruppe B umfaßte die guten Arbeiter, deren politische Einstellung sich änderte. Die Arbeiter der Gruppe C standen in der Mitte; man mußte aufpassen, denn sie konnten beide Richtungen einschlagen; grundsätzlich waren sie gute Arbeiter. D-Arbeiter galten als links orientiert und wahrscheinlich dem anderen Lager zugehörend. Einige von ihnen waren vielleicht flexibel genug umzuschwenken; wenn, dann jedoch nicht auf Dauer. E-Arbeiter waren Gegner, nach Meinung Shiojis wahrscheinlich Radikale oder gar verkappte Kommunisten.

Das taktische Vorgehen war ähnlich wie bei der Zerschlagung der Masuda-Gewerkschaft. Die Führungsmitglieder der Prince-Gewerkschaft wurden in gute Restaurants eingeladen, und man versprach ihnen eine blendende Zukunft im neuen Unternehmen, wenn sie kooperierten und die Gewerkschaft wechselten. Shiojis Botschaft war ganz einfach: Bei Nissan waren Gewerkschaft und Unternehmen das gleiche. Wer Shioji entgegentrat, trat auch Kawamata entgegen. Die meisten begriffen die Botschaft. Die Führer, die sich querlegten, hatten bald die Schlägertrupps auf dem Hals.

Was die normalen Arbeiter betraf, so gingen Shiojis Männer mit ihnen einfach in die kleinen örtlichen Imbißstuben und bearbeiteten sie dort. Sie ließen durchblicken, daß nach der Fusion vielleicht nicht jeder, der in den beiden Unternehmen gearbeitet hatte, eine Stelle bekommen werde. Bei Fusionen wußte man nie Bescheid, denn sie verliefen oft seltsam, und wahrscheinlich würde es viele Überschneidungen geben. In einem solchen Fall wäre es ein schwerer Fehler, in der falschen Gewerkschaft zu sein. Die Arbeitsplätze würden an die gehen, die in Shiojis Gewerkschaft eintraten; die guten Plätze würden an die gehen, die früh übergetreten waren und ihre Freunde mitgebracht hatten. Loyalität sei etwas Wichtiges in einem so großen Unternehmen wie Nissan. Shiojis Leute erklärten, sie könnten Widerstand bei jemandem verstehen, der die Absicht habe, nach der Fusion nicht bei Nissan zu arbeiten; aber wer eine Stelle haben wolle, für den sei es doch sinnlos, in der Prince-Gewerkschaft zu sein. Er würde sehr bald ohne Arbeit sein. Jeder Arbeiter, der übertrat, wurde gebeten, fünf Kollegen zur nächsten Versammlung mitzubringen. Es war die gleiche Taktik, die schon einmal Erfolg gehabt hatte: Einen Erziehungsprozeß nannte Shioji es, die Nissan-Schule.

Es war vorbei, bevor Suzuki, der Führer der Prince-Gewerkschaft, gemerkt hatte, was geschehen war – daß er im Schlaf überrascht worden war und es mit einem glänzend organisierten Gegner zu tun hatte. Er versuchte zurückzuschlagen und bildete sofort eine Metallarbeiterschule, auf der seine Leute indoktriniert werden sollten, aber es war zu spät. Selbst seine besten Männer hatten Angst bekommen. Er versuchte, Flugblätter zu verteilen, auf denen die Nissan-Taktik dargelegt und nachgewiesen wurde, daß die Prince-Arbeiter bessere Verträge gehabt hatten, doch Shiojis Männer schüchterten die Arbeiter ein und zerrissen die Flugblätter. Gewalt lag stets in der Luft und durchaus im Bereich des Möglichen. Als Suzuki einmal bei einigen Nissan-Leuten dagegen protestierte, wie sie seine Männer behandelten, wandte sich einer von ihnen, ein wahrer Hüne, an ihn und sagte: »Paß auf, sonst stopf ich dir das Maul und schüttel dich«. Das war die Sprache von Gangstern, ging es Suzuki durch den Kopf.

Als alles vorbei war, erkannte Suzuki, wie geschickt man alles eingefädelt hatte und daß der Mann, der ihm gegenüber gesessen hatte, ein ungemein begabter Organisator und großer Straßenkämpfer war. Er war außerdem hart und kannte keine Skrupel. Er hatte die Prince-Gewerkschaft vollkommen aufgerieben. Aus Suzukis politischer Führungsmannschaft hatte Shioji fünf Leute geholt; von den fünfundvierzig Männern des noch wichtigeren zentralen Beratungsausschusses, der im Grunde über die praktische Gewerkschaftspolitik entschied, zog Shioji dreiundvierzig an sich. Er hatte der Gewerkschaft Suzukis das Herz herausgetrennt. Mit dieser starken Führung war es vergleichsweise einfach gewesen, auch die einfachen Mitglieder zu übernehmen. Von den 7 500 Arbeitern hatte Shioji über 7 300 auf seine Seite gebracht und Suzuki nur 150 gelassen. Es war nicht nur Shiojis Gewerkschaft, wie Suzuki schließlich erkannte, es war sein Unternehmen, und er verstand sein Geschäft so gut, daß Kawamata, der Mann, den er unterstützte, wahrscheinlich nicht einmal etwas davon wußte.

Es waren harte Jahre für die Arbeiter bei Nissan. Der Arbeitsplatz hatte sich gewandelt – vom Chaos zur absoluten Kontrolle; eine abweichende Meinung war unmöglich. Es gab zwangsläufig beträchtliches Murren unter den Beschäftigten. Aber Sanosuke Tanaka, der Arbeiter, der vor dem Krieg sein Dorf im Bezirk Kamagawa verlassen und eine Arbeit bei Nissan angenommen hatte und somit schon viele Jahre dort war, hatte für diese Klagen nicht viel Verständnis. Ihm gefiel es nicht, wenn jüngere Arbeiter nach der Arbeit ausgingen und tranken und dann über ihre Arbeitsbedingungen und den Mangel an Freiheit klagten. Sie hatten seiner Meinung nach nicht genug Achtung.

Tanaka ließ auch keine Klagen über die Gewerkschaft gelten. Er war einer von Shiojis wertvollsten Männern. Je länger Shioji herrschte, desto ergebener wurde Tanaka ihm. Er war erleichtert gewesen, als der Streik von 1953 zu Ende war und Shioji gesiegt hatte. Nicht daß er Miyake und Shioji Masuda vorgezogen hätte, aber für ihn stand es außer Frage, daß die Masuda-Gewerkschaft für Unruhe sorgte und es ihm fast unmöglich machte zu arbeiten, und deshalb war er der neuen Gewerkschaft recht bereitwillig beigetreten.

1954 war wahrscheinlich das letzte Jahr, in dem er sich Sorgen um die Zukunft des Unternehmens gemacht hatte. Der Streik hatte die Firma derart erschüttert, daß man daran dachte, zweitausend Arbeiter zu entlassen. Doch die Gewerkschaft schaltete sich ein und schlug vor, sämtliche Löhne vorübergehend zu senken, damit niemand entlassen werden müsse. Das rettete Arbeitsplätze und stärkte die Treue vieler Arbeiter zur Gewerkschaft. Für Tanaka war es ein Beweis für die Berechtigung der Gewerkschaft. Schon bald ging es dem Unternehmen wieder gut, und die Löhne stiegen auf ihre ursprüngliche Höhe. Eine Zeitlang fürchtete Tanaka, daß es vielleicht zu wenig Arbeit gäbe. Aber Ende der 50er Jahre, als es bei Nissan allmählich aufwärtsging, fragte er sich, ob nicht das Gegenteil wahrscheinlicher wäre und die Gefahr bestünde, daß die Arbeit und der Druck überhandnahmen. Diese Jahre, die späten Fünfziger und frühen Sechziger, blieben ihm als die körperlich schwersten in Erinnerung. Sein Körper war immer geschunden. Es war die Zeit, als das Unternehmen mit stürmischen Schritten in die neue Ära aufbrach, seine Produktion erweiterte, die Fertigungsstraßen änderte und versuchte zu modernisieren. Die Arbeiter mußten sich sputen, um mit den Maschinen Schritt zu halten. Jedes Jahr, erinnerte Tanaka sich, schien die Produktion des Vorjahrs verdoppelt zu werden, und er dachte jedesmal, »das ist es jetzt, das ist alles, wozu ein Mensch fähig ist, es ist unmöglich, noch mehr zu leisten.« Im nächsten Jahr wurde die Produktion erneut verdoppelt. Er war stolz darauf, daß Nissan ein modernes Unternehmen wurde. 1957, als sie schließlich fünftausend Einheiten monatlich schafften, gab es eine Feier und 5 000 Yen Zulage, und ein paar Jahre später, 1960, als sie zehntausend Stück monatlich erreichten, gab es eine Zulage von 10 000 Yen. Er hatte das Gefühl, an diesem Sieg teilzuhaben. Zehntausend Fahrzeuge in einem Monat!

Aber der Preis war sehr hoch. Zunächst begrüßte Tanaka die neuen Maschinen, die Nissan an der Fertigungsstraße installierte, nicht nur, weil sie gut für die Firma waren, ein Zeichen dafür, daß das Unternehmen sich auf dem neuesten Stand befand, wie die großen Unternehmen in Amerika; er begrüßte sie auch, weil er sicher war, daß sie den Arbeitern das Leben erleichtern würden. Doch das hatte sich als unzutreffend herausgestellt. Diese Jahre des unbändigen Wachstums hatten sich vielmehr als noch härter für die Arbeiter erwiesen. Es gab immer mehr zu tun, und das mußte schneller gemacht werden, im Tempo der Maschinen, die nie ermüdeten. Jedesmal wenn man das erreichte, was man für die absolute eigene Höchstgrenze hielt, kam irgendein junger Mann vom Management und setzte noch höhere Ziele. Diese jungen Männer kamen Tanaka wie Menschen von einem anderen Planeten vor. Die Arbeit, über die sie sprachen, hatte nichts mit der Arbeit zu tun, die er verrichtete. Die Arbeit, über die sie sprachen, war einfach und bequem und unbeschwerlich und vor allem logisch. Sie waren sehr höflich, als sie umrissen, was sie brauchten, und sie sprachen vom Wohl der Firma und den Exporten nach Amerika. Er fragte sich, ob sie eigentlich wußten, was sie verlangten. Die Worte fielen ihnen so leicht, aber wenn er ihre Anweisungen ausführen mußte, war es sehr viel schwerer, als die bloßen Worte erkennen ließen. Manchmal fragte er sich, ob die Unternehmensführung wußte, daß es Grenzen für das gibt, was ein Mensch ertragen kann. *Ich bin keine Maschine!* hätte er manchmal am liebsten geschrieen.

Die Firma änderte sich rasch. Er kannte kaum noch irgendein Gesicht. Das Unternehmen expandierte so schnell, daß alle möglichen ungelernten und unfähigen Arbeitskräfte eingestellt wurden. Tanaka und seine Freunde, die wenigen noch übriggebliebenen alten Hasen, spöttelten hin und wieder über die neu Eingestellten.

»Warum ist der eingestellt worden?« fragte der eine.

»Weil er lebt«, kam die Antwort.

»Sind die sich so sicher?«

Die Unternehmensführung entschuldigte sich immer wieder dafür, daß sie ihm so viele unerfahrene junge Burschen schicke, und erklärte, daß die Firma nicht mehr die Arbeiter bekomme, die sie brauche. Gegenüber Jugendlichen aus den Städten war man mißtrauisch, weil sie oft verdorben und anspruchsvoll waren. Für die Unternehmensführung war der ideale Arbeiter ein ehrgeiziger (aber nicht zu ehrgeiziger) Jugendlicher vom Land mit neun Jahren Schulausbildung. Selbst junge Leute aus ländlichen Gegenden waren oft ein Problem, wenn sie weiterführende Schulen besucht hatten. Zunächst schienen sie dankbar für die Stelle zu sein, und der Lohn kam ihnen enorm vor im Vergleich mit dem, was sie zu Hause in Kyushu hätten verdienen können. Aber nach einem halben Jahr klagten sie regelmäßig darüber, wie langweilig die Arbeit sei, und viele kündigten und gingen zurück. Neun Schuljahre, das war das beste, nicht mehr und nicht weniger. Das hatten natürlich auch die anderen großen Industrieunternehmen entdeckt, und so riß man sich um diese soliden, vertrauenswürdigen, noch irgendwie formbaren jungen Leute. Goldene Eier nannten die Manager bei Nissan sie, weil sie so selten waren. Es gab nie genug von ihnen. In seiner Not ging das Unternehmen dazu über, mehr höhere Schüler einzustellen und sie besser zu bezahlen. Um die Stellen interessanter zu machen und den Arbeitern mehr Gemeinsinn zu vermitteln wurden in der ganzen Firma Kreise für Qualitätssicherung eingerichtet – Diskussionsgruppen. Sie nahmen der Stelle etwas von ihrer Unpersönlichkeit und waren ein Versuch, sowohl das soziale Gefüge am Arbeitsplatz wie auch die Qualität zu verbessern.

Dieser ganze Druck wurde für den Vorarbeiter zu einer enormen psychischen und physischen Belastung. Abends saßen Männer wie Tanaka und ein Freund, der Vorarbeiter Watanabe, beieinander und sprachen darüber, wie schwer es war, mit so unbedarften Hilfskräften zu arbeiten. Sie verbrachten soviel Zeit damit auszubilden, zu ersetzen und wieder auszubilden, daß sie kaum noch zu ihrer eigenen Arbeit kamen. Aber das war noch nicht alles. Infolge der Beanspruchung gingen die Maschinen oft kaputt, und weil die meisten Arbeiter neu waren, mußten auch hier wieder die Älteren einspringen und die Reparaturen vornehmen.

Aber trotz all der Mühen hielt Tanaka sich doch immer vor Augen, daß er für eines der bedeutendsten Unternehmen in Japan arbeitete, daß seine Arbeit geschätzt wurde (er hatte ein Haus, ein Fernsehgerät und die verschiedensten neuen Haushaltsgeräte, die das bezeugten) und daß er japanische Wagen herstellte, die inzwischen auch von *Amerikanern* gekauft wurden, daß sie nicht nur in scharfem Wettbewerb mit Toyota standen, sondern auch mit Ford und General Motors.

1963 wurde er zu einem richtigen Konsumenten. Er war nicht mehr nur ein Arbeiter, sondern ein Angehöriger der japanischen Mittelschicht, denn in jenem Jahr kaufte sich der ehemalige kleine Vertragsbauer Sanosuke Tanaka seinen ersten Wagen. Es war selbstverständlich ein Nissan, ein Bluebird. In dem Jahr kündigte die Firma an, daß die Mitarbeiter ab einer bestimmten Führungsebene den Kauf eines Wagens beantragen konnten. Tanaka war Abteilungsleiter, ein *Kakaricho*, eigentlich noch unterhalb der erforderlichen Ebene, aber da er die gleiche Qualifikation wie ein Angehöriger des Managements besaß, durfte auch er sich bewerben. Einige Zeit fragte er sich, ob es nicht anmaßend wäre, einen Antrag zu stellen, denn damals fuhren nur die reichsten und mächtigsten Leute einen Wagen. Aber dann sagte er sich, daß er ein Nissan-Arbeiter war und es gut wäre, wenn ein Arbeiter einen Wagen hätte; es würde den anderen Arbeitern zeigen, daß sie keine wohlhabenden Manager sein mußten, um ein gutes Leben führen zu können. Der Wagen war für einen Arbeiter teuer, aber da Tanaka nicht rauchte und selten etwas trank, hatte er einige Ersparnisse. Er zahlte auf den Gesamtpreis von 680 000 Yen 150 000 Yen an. Der Rest wurde vom Lohn abgezogen; zwei Jahre lang mußte er für seinen Besitz Abzahlungen leisten.

Tanakas Aufstieg spiegelt recht genau die stürmische Entwicklung wider, die die Mittelschicht in seinem Land erlebte. Denn im Jahr 1964 gab Japan sein Debüt als Mittelstandsgesellschaft. Wahrscheinlich war die Mittelschicht in Japan selbst in den entbehrungsreichen 40er und 50er Jahren stärker als dem normalen westlichen Beobachter klargeworden ist – arm vielleicht an Segnungen, die das Leben der Mittelschicht auszeichnet, aber reich an dessen sozialen Strukturen und Ambitionen. Jetzt aber waren auch die Segnungen zu haben. Zwanzig Jahre hatte die ganze Nation Opfer gebracht. Das Ergebnis, etwa in der Stahlindustrie, war nicht nur für jeden Japaner ersichtlich, sondern auch für jeden aufmerksamen westlichen Beobachter, und jetzt zeigte die inländische Wirtschaft Anzeichen großer Resonanz. 1964 war für die Japaner ein beziehungsreiches Jahr. Es war das Jahr der Olympischen Spiele von Tokio, letztlich ein Fest der Öffnung eines Landes, das vom Krieg und dem nationalen Gefühl der Schande heimgesucht worden war, das sich nach der Niederlage eingestellt hatte. Nach den Olympischen Spielen war Japan wieder in den Kreis der Nationen aufgenommen. Es war das Jahr, das Japans neuen internationalen Ruf für Leistungsfähigkeit und Qualität anstatt für Minderwertigkeit und Schund bestätigte.

Die Aussicht, Gastgeber der Olympischen Spiele zu sein, hatte die japanische Fantasie schon mehr als ein Jahr beschäftigt, bevor die Spiele selbst eröffnet wurden. Gebäude schossen in Tokio in die Höhe, und in großem Stil wurden Stadtautobahnen gebaut. Zu Beginn der Bauarbeiten sah die Stadt eine Zeitlang wieder so aus, als wäre sie auseinandergerissen worden. Gerry Curtis, damals ein vierundzwanzigjähriger Student und später berühmter Japanologe an der Columbia Universität, erinnerte sich besonders gern an jenes Jahr. Ein Fremder, der in jenen Tagen durch Tokio lief, konnte, wie Curtis noch weiß, das anschwellende Selbstvertrauen der Japaner förmlich spüren. Es waren, wie er sagt, nicht nur die Olympischen Spiele, sondern auch die Tatsache, daß zur gleichen Zeit der erste Wolkenkratzer der Stadt gebaut wurde, das Kasumigaseki-Gebäude. Jeden Tag um die Mittagszeit bildeten sich an der Baustelle Menschentrauben. Viele der Neugierigen hatten einen weiten Weg mit der U-Bahn zurückgelegt, einfach nur um dieses seltene Bauwerk zu bewundern, einen Wolkenkratzer, der *japanisch* war. Dies war ohne Frage ein weiterer Beweis dafür, daß Japan tatsächlich ein moderner und großer Staat werden konnte.

Überall sah man in jenem Jahr Bauarbeiter und Kräne und Bulldozer und Verkehrsbehinderungen. Und dann war plötzlich alles wie durch ein Wunder fertig, und was noch mehr wie ein Wunder anmutete, rechtzeitig. Die olympischen Gebäude waren fertig, eine Superautobahn durchschnitt jetzt die Innenstadt, und der schnellste und komfortabelste Zug der Welt verband Tokio mit Osaka. Die Tausende skeptischer *Gaijin*, die zu diesem Sportfest anreisten, waren sprachlos angesichts der Tüchtigkeit und Höflichkeit, mit der sie behandelt wurden, aber niemand war stärker beeindruckt als die Japaner selbst. Für sie war es ein elektrisierender Augenblick; sie waren erstaunt über die eigene Leistung und wurden in dem Moment bemerkenswert unjapanisch. Sie begrüßten die Fremden und umarmten sie. Die *Gaijin* waren in Ordnung, die *Gaijin* akzeptierten Japan offensichtlich. Weil es noch nicht sehr viele private Fernsehgeräte gab, kamen die Menschen in den Bars zusammen, um sich die Spiele anzusehen, und Fremde wie Curtis wurden umarmt und man trank ihnen zu; es war ihnen praktisch unmöglich, bei dieser überschäumenden Freude der Japaner sich selbst etwas zu trinken zu kaufen. Wenn man wußte, wie unbehaglich die meisten Japaner sich in Gegenwart von Ausländern fühlten, war dies ein äußerst unnatürliches Verhalten. Es war, als ob drei Jahrhunderte Zurückhaltung sich aufgelöst hätten. Was Curtis miterlebte, war der Eintritt eines Landes in das 20. Jahrhundert des Wohlstands.

Dies war genau die Zeit, in der Nissan die schwierigste Herausforderung im Rahmen der Modernisierung erlebte. Es ging zu zwei Schichten pro Tag über. Der Auftragseingang nahm in beachtlichem Tempo zu, aber die Werkskapazität war begrenzt. Die einzige Lösung bestand darin, das zu tun, was auch die Unternehmen in anderen Industriestaaten taten – in mehr als einer Schicht arbeiten. Shioji kannte das. Als er in Amerika gewesen war, hatte er amerikanische Autofabriken besichtigt und staunend festgestellt, daß die Amerikaner ihre Fabriken nicht nur sechzehn Stunden pro Tag betrieben, sondern gelegentlich auch vierundzwanzig. Die amerikanischen Arbeiter schienen nichts gegen die Nachtschichten zu haben.

Aber die Japaner hatten sehr viel dagegen. Es war im wesentlichen eine Frage des Wohnens. In Amerika mußte jemand, der in der Nachtschicht arbeitete, zwar insofern eine gewisse soziale Benachteiligung in Kauf nehmen, als sein Tageslauf nicht mit dem der meisten anderen Menschen übereinstimmte. Aber er hatte zumindest ein Schlafzimmer, das vom übrigen Familienleben abgetrennt werden konnte, so daß er am Tag schlafen konnte. In Japan waren die Wohnungen klein, die Wände dünn, und die Zimmer erfüllten oft einen doppelten Zweck; ein Raum konnte tagsüber als Wohnzimmer und nachts als Schlafzimmer dienen. Wie konnte da ein Japaner, der Nachtschicht hatte, am Tage schlafen, wenn die übrigen Familienmitglieder sich im gleichen Zimmer aufhielten? Es gab ganz einfach zu viele Menschen auf zu kleinem Raum, und daran ließ sich fast nichts ändern. Die Wohnsituation war Japans großes nationales Problem.

Shioji, dem Kawamata eröffnete, daß Nissan mit zwei Schichten arbeiten müsse, bekam sofort Ärger mit seinen Männern. Er wies darauf hin, daß es die Amerikaner gewesen seien, die als erste den Wechselschichtbetrieb eingeführt hatten. Seine Arbeiter weigerten sich, das zu glauben. Kein zivilisiertes Land, beharrten sie, würde zulassen, daß seine Arbeiter mißhandelt würden. Shioji versuchte zu erklären, wie die Amerikaner ihr System handhabten, doch selbst seine Hauptberater sträubten sich. Die Amerikaner, entgegneten sie, arbeiten zu hart, wir wollen nicht wie sie werden. (Zwanzig Jahre später dachte Shioji mit einer gewissen Ironie daran, als die Amerikaner erklärten, die Japaner arbeiteten zu hart.) Shioji erklärte ihnen, daß sie es würden versuchen müssen, daß sie keine Wahl hätten, daß für Nissan die einzige Möglichkeit, ein großer Autohersteller zu werden, darin bestehe, auf zwei Schichten überzugehen. Die Investitionen in die Maschinen seien so hoch, daß man sie nicht zwei Drittel des Tages ungenutzt lassen könne. Er erklärte, und sie hörten zu, aber sie akzeptierten nicht, was er sagte.

Alle waren gegen die frühen Experimente; selbst so geduldige und ausdauernde Männer wie Tanaka, die an die Arbeit, an das Unternehmen und an Shioji glaubten, weigerten sich. Wenn Tanaka arbeitete, wollte er schlafen, und wenn er schlief, wollte er arbeiten. Immer war er müde. Wenn er mit dem Zug fuhr, anstatt mit dem Wagen, schlief er häufig ein und fuhr über seine Haltestelle hinaus bis zur Endstation. Das Essen war ein ständiges Problem. Er hatte entweder zu großen oder überhaupt keinen Hunger. Manchmal aß er viermal am Tag. Sein Magen fing an, ihm Schwierigkeiten zu machen.

Schließlich beklagte er sich bei Shioji. Er tat es äußerst ungern, aber all seine Freunde dachten wie er. Nissan und die Gewerkschaft versuchten vier Jahre lang alles Mögliche, um einen Weg zu finden, der gangbar war. Sie versuchten es mit wöchentlichem Wechsel, dann mit zweiwöchentlichem und schließlich mit monatlichem Turnus. Niemand mochte die Abmachungen. Man versuchte es mit drei Wochen Tages- und einer Woche Nachtschicht, aber auch das gefiel niemandem. Dann bezahlte man einen Zuschlag von 50 Prozent für die Nachtschicht, doch das besänftigte den Ärger kaum. Nichts schien zu funktionieren. Noch nie hatte Shioji bei guten Arbeitern eine solche Reaktion erlebt. Nach dreijährigem Experimentieren kam er zu dem Schluß, daß es keine befriedigende Lösung gebe.

Am Ende war man wieder dort, wo man angefangen hatte, bei wöchentlich wechselnden Tag- und Nachtschichten. Für die Nachtschicht bekamen die Arbeiter 50 Prozent mehr Lohn. Shioji meinte, daß diese mißliche Situation ein Teil der Last sei, ein japanischer Arbeiter zu sein und eine kleine Wohnung und einen schwierigen Tageslauf zu haben. Es war unvermeidlich, denn die äußeren Bedingungen würden sich nicht ändern. Die Wohnungen würden nie sehr viel besser werden, Kinder nie weniger Lärm machen, und es würde nie eine Zeit geben, wo Nissan nicht in zwei Schichten würde arbeiten wollen.

24
Der Wegbereiter

Anfang 1960 mußte sich Yutaka Katayama, der Nissan zwei Jahre vorher gezwungen hatte, an der Rallye in Australien teilzunehmen, und das Team dann zum Sieg geführt hatte, in Kalifornien um Nissan zu kümmern. Der Posten war Verbannung und Belohnung zugleich. Nach seinem Sieg in Australien und einem triumphalen Jahr als Nationalheld hatte das Unternehmen keine Beschäftigung für ihn, denn er war eigentlich kein Nissan-Mann. Seinen alten Posten als Werbemanager hatte man einem treuen Gewerkschafter gegeben. Es war kein Platz für ihn in Tokio, und er gehörte nicht zu den Leuten, die sich mit einem geringeren Job zufrieden gegeben hätten. Sein Freund und Förderer Kyoichi Harashina hatte in einem Machtkampf mit Kawamata den kürzeren gezogen und war zu Nissan Diesel abgeschoben worden. Katayamas Zukunftsaussichten waren nicht rosig. Ein anderer Freund in der Nissan-Hierarchie, der ihm helfen wollte, schlug vor, ihn in die Vereinigten Staaten zu schicken, damit er Nissans noch ganz junge Bemühungen in Amerika überwachte. Es war damals eine unbedeutende Aufgabe, so daß niemand Einwände machte. Er wurde mit dieser zeitlich befristeten Aufgabe betraut; seine Familie mußte in Japan bleiben.

Katayama war klar, daß er in die Wüste geschickt worden war, aber er war dennoch begeistert. Was seine Vorgesetzten für sein Exil hielten, betrachtete er als seine Befreiung. Er war schon einmal als Student in Amerika gewesen, von seinem Vater geschickt, um seinen Horizont zu erweitern, und es hatte ihm wahnsinnig gefallen. Selbst als Junge war ihm die Freiheit aufgefallen, die die Amerikaner genossen, auch die jungen. Als er jetzt als erwachsener Mann wiederkam und in Los Angeles lebte, erstaunten ihn die Freiheit und das Gefühl für die Möglichkeiten in Amerika noch mehr. Die Amerikaner glaubten, sie könnten tun, was sie wollten, wie sie wollten und wann sie wollten. Das Fehlen alles Feierlichen und Förmlichen, wie es im Nichtvorhandensein blauer Anzüge zum Ausdruck kam, fand seinen Beifall. Wenn man in Japan ein wichtiges Geschäft abschloß, trug man einen blauen Anzug. War man nicht berechtigt, einen blauen Anzug zu tragen, trug man Arbeitskleidung. Aber in Amerika, und vor allem in Kalifornien, konnte man von der Kleidung nicht auf das schließen, was jemand beruflich machte. Hier trugen die Männer im Büro und beim Golfspiel das gleiche.

Außerdem war es höchst verwunderlich, daß es den Amerikanern offenbar egal war, daß er Japaner war; sie interessierte, was er verkaufte und unter welchen Bedingungen: War es ein gutes Geschäft? Er war sicher, daß ein Amerikaner, der versucht hätte, in Japan Geschäfte zu machen, niemals so viele offene Türen gefunden hätte, wie Katayama hier fand. Amerika schien Fremde willkommen zu heißen. Zu seinem Erstaunen fühlte sich Yutaka Katayama in Kalifornien mehr zu Hause als in Tokio. Er war verantwortlich für die Nissan-Aktivitäten im Westen der Vereinigten Staaten. Er ließ seine Familie nachkommen. Was als kurzer Ausflug gedacht gewesen war dauerte siebzehn Jahre.

Er war anfangs arm wie eine Kirchenmaus und kam so eben mit seinem Gehalt aus, aber er wußte, daß jeder harte Dollar, den er ausgab, für die Firma ein echtes Opfer war. Um Geld zu sparen, entwickelte er ein wirtschaftliches System für die Durchgabe der Berichte seiner Bezirksvertreter: Sie riefen jeden Tag zu einer bestimmten Zeit an, Ferngespräche; wenn das Telefon dreimal läutete und dann nicht mehr, hieß das, daß der Vertreter nichts zu melden hatte. Es war typisch für die Arbeit zu Beginn. Jeder Pfennig zählte.

Katayamas großes Problem in der ersten Zeit war der Wagen, den er verkaufte, der Datsun, ein schlicht entsetzliches, unfertiges und untermotorisiertes Auto. Niemand kannte es besser als seine Vertreter, die den Datsun wegen der unerträglichen Hitze im Wageninnern den »fahrbaren Sarg« nannten. Eine richtige Heizung gab es gar nicht; der Wagen wurde zwangsläufig durch den Motor aufgeheizt, und wer den ganzen Tag in einem heißen Klima wie dem im Südwesten Amerikas mit dem Wagen unterwegs war, wurde gebraten. Aber das war nur einer der Mängel. Es gab noch viele andere, von denen Tokio keinen einzigen zugestand.

Aber Tokio fing an, Techniker nach Amerika zu schicken, die den Wagen den amerikanischen Erfordernissen anpaßten. Sie kamen in kleinen Studiengruppen, den sogenannten V-Teams (V stand für Vereinigte Staaten). Katayama setzte diesen Technikern zu, bearbeitete sie unbarmherzig in seinem Sinn, was die Mängel und notwendigen Verbesserungen betraf, und schuf sich Verbündete für die Debatten, die er bereits mit Tokio führte. Er nahm sie derart in die Mangel, daß sie ihre Besprechungen mit ihm die Katayama-

Universität nannten. Er meinte, die bevorstehende Aufgabe sei weit schwieriger, als Tokio erkannte, und er hatte bereits festgestellt, wie langsam man dort das Ausmaß der Schwierigkeiten in Amerika begriff. (Enttäuscht über das Versäumnis Tokios, etwas gegen die Überhitzung des Wageninneren zu unternehmen, begann er, auf eigene Faust mit einem amerikanischen Hersteller von Klimaanlagen zusammenzuarbeiten; erst da wurde Tokio wach und entwickelte ein japanisches System.) Was die Amerikaner in einem Auto haben wollten war etwas anderes als das, was für den japanischen Inlandsmarkt richtig war. Aber am Anfang war das Unternehmen nicht reich genug, einen japanischen und einen amerikanischen Wagen herzustellen; es würde nur ein Modell geben, und das würde ein Kompromiß sein. Aber alles, was den Wagen für den amerikanischen Markt aufwertete, kollidierte mit dem, was Tokio für den Wagen daheim wollte. Katayama war unbedingt der Meinung, Nissan solle sich mehr auf die amerikanischen Bedürfnisse und den dortigen Geschmack einstellen, denn der amerikanische Markt biete gewaltige neue Möglichkeiten. Ihm war klar, daß es ein langer, beschwerlicher Weg sein würde, Tokio davon zu überzeugen. Aber selbst wenn die Firmenverwaltung hoffnungslos strategisch eingestellt war, mußte sie doch irgendwann auf die Techniker hören. Im übrigen hatten er und seinesgleichen in anderen japanischen Unternehmen einen entscheidenden Vorteil gegenüber den Männern in vergleichbaren Positionen anderswo, denn sie vertraten ein Land, das eine Planwirtschaft hatte und erpicht auf Exporte war. Japan unternahm alles, was in seiner Macht stand, um die Exporte zu fördern, und achtete gleichzeitig darauf, daß die eigenen Bürger schön sparten, indem es sie bremste, wenn es sein mußte, mit drastischen Verbrauchssteuern. In den 70er Jahren konnte daher ein Datsun oder Toyota in Los Angeles bis zu 750 $ weniger kosten als in Tokio.

Katayamas Kollege an der Ostküste war Soichi Kawazoe, der in der Heimat weit bessere Beziehungen als Katayama hatte. Tokio hielt den Osten für einen größeren und reicheren Markt als den Westen und hatte Kawazoe, seinem Favoriten, daher die bessere Aufgabe übertragen. Es überraschte nicht, daß sich zwischen den beiden Männern eine ausgeprägte Rivalität entspann.

Katayama ging langsamer vor als Kawazoe. Er entschied, daß es als erstes gelte, den amerikanischen Markt zu studieren. Er lernte sehr schnell eine ganze Reihe von Dingen. Das erste war, daß er wahrscheinlich Glück hatte, an der West-, nicht an der Ostküste zu sein, denn die Menschen in Kalifornien waren in ihren Gewohnheiten, auch den Kaufgewohnheiten, weniger starr. In den meisten Fällen waren es Menschen, die die Verbindung zu einem Teil ihrer Vergangenheit bereits abgebrochen hatten, zu dem Ort nämlich, wo sie aufgewachsen waren, und sich Richtung Westen aufgemacht hatten, um ihr Glück an einem anderen Ort zu versuchen. Sie waren also eher bereit, es mit etwas Neuem zu versuchen, etwa einem japanischen Wagen. Das Zweite und Wichtigere, was er lernte, war, daß es in Amerika im Gegensatz zu Japan entscheidend auf das Händlernetz ankam. In Japan spielten Händler beim Verkauf eines Wagens fast keine Rolle. Es war dort eine passive Arbeit. In Amerika war es eine wesentliche Tätigkeit, denn die Händler waren die eigentlichen Kunden des Unternehmens. Katayama baute nach und nach an der Westküste ein Händlernetz auf, auf das er sehr stolz war. Tokio, das schon mit der Macht nicht einverstanden war, die die Händler in Amerika hatten, tat sich mit Katayamas Netz schwer. Die Händler waren im Grunde eine ziemlich unmögliche Gruppe, die sich oft sehr exzentrisch gab. Viele von ihnen waren Männer, die ihr ganzes Leben, oft als KFZ-Mechaniker, mit Autos zu tun gehabt hatten, aber nie in der Lage gewesen waren, den großen Geldbetrag aufzubringen, den man in Amerika als Händler brauchte.

Katayama beurteilte sie nach zwei Kriterien: Wie einsatzfreudig sie waren, und ob sie genug Autoverstand hatten, um das Vertrauen der Kunden zu bewahren. Für die, die er auswählte, war es ein recht lukratives Geschäft, denn Katayama gab ihnen zwischen 18 und 20 Prozent vom Bruttogewinn. Die amerikanischen Firmen zahlten ihren Händlern dagegen nur 12 oder 13 Prozent, was ein Grund dafür war, daß sie alle bevorzugt große Wagen verkauften. Es war eine Gewohnheit, die auf den Unterschied zwischen 13 Prozent von 2 000 $ und 13 Prozent von 5 000 $ zurückging. Katayama zahlte ihnen zum Teil deswegen mehr, weil er gar keine andere Wahl hatte; gute Vertreter standen nicht Schlange, um eine Firma zu vertreten, von der noch nie jemand etwas gehört hatte, und die aus einem Land kam, dem die meisten Amerikaner mißtrauten. Er zahlte aber auch deshalb mehr, weil er die Branche in Amerika studiert und zu der Erkenntnis gekommen war, daß das Unternehmen nur dann Erfolg haben konnte, wenn die Händler reich wurden. »Wenn Sie Geld machen«, sagte er ihnen immer wieder, »machen wir auch Geld.« Tokio, das gar nicht glücklich über den Anteil war, den die Händler bekamen, hielt zwar an Katayama fest, aber widerwillig, und sah es ihm nie nach, weder daß er soviel zahlte noch daß er soviel Erfolg damit hatte.

Von Anfang an beurteilte Nissan in Tokio Katayama negativ. Die Manager erinnerten sich an seine früheren Beleidigungen und kamen, was noch schlimmer war, zu dem Schluß, daß er Amerikaner geworden sei. Aber das berührte ihn nicht. Selbst wenn das Geschäft miserabel lief, die Wagen schlecht und seine Aussichten trüb waren, bedauerte er nichts. Er hielt sich für einen glücklichen Menschen. Er hatte den Posten im wesentlichen deshalb bekommen, weil damals niemand erkannte, wie wichtig er einmal werden würde. Aus diesem Grund war er dem Veto seiner Gegner im Unternehmen entkommen. Er war außerdem glücklich, weil er, wie sich herausstellte, vom Naturell her weit besser für das Geschäft in Amerika geeignet war als für das in Japan. In Amerika hatte er sich vom ersten Tag an wohl gefühlt. In Japan, wo er stets als unvorsichtig und etwas aggressiv angesehen worden war, hatte er sich Feinde geschaffen. In Amerika gingen die Menschen auf seine Offenheit und seinen Überschwang ein, und er schuf sich Freunde. Sein Englisch war nicht sonderlich gut, aber er hatte ein so gewinnendes Wesen, daß viele Amerikaner ihm helfend die Hand reichten. Er liebe es, bei der Eröffnungsfeier eines Datsun-Händlers aufzukreuzen, liebte den Trubel dieser amerikanischen Feste: eine Grillparty in Texas (er kam auf jeden Fall mit einem riesigen Texashut), ein Fischgrillen in Louisiana oder ein mexikanisches Essen in San Diego. Die Amerikaner nannten ihn nicht Katayama – das war zu lang und auch zu fremd –, sondern Mr. K., und auch das gefiel ihm.

Bei all dem Vergnügen behielt er den Inlandsmarkt genau im Auge. Importeure, so überlegte er, würden das Zentrum des Landes zunächst sich selbst überlassen müssen; es war ein riesiges, unterbevölkertes Gebiet mit großen Entfernungen, wo die Menschen große Wagen brauchten, und das machten die amerikanischen Konzerne am besten. Wenn die Japaner ihre Energie und Mittel auf jedes Fleckchen verwandten, würden sie bestimmt scheitern. Sie begannen am besten an den Küsten, schufen sich dort ihre Brückenköpfe, verdienten allmählich das Geld für die Werbung und drangen erst dann in ausgewählte Gebiete im Herzen des Landes vor.

Er war absolut überzeugt davon, daß der wichtigste Faktor für einen Erfolg die Bereitstellung eines angemessenen Kundendienstes sei. Der amerikanische Markt war nach seiner Überzeugung in gewisser Hinsicht ein Gefangener des Wohlstands im Land. Das Land und die Menschen waren so wohlhabend, daß sie ihre Wagen nicht wirklich reparierten. Diese Einstellung beherrschte Detroit, seine Händler und deren gutgestellte Kunden, die vielleicht ein Teil austauschen ließen, aber ihren Wagen eigentlich nicht *repariert* haben wollten. Das System war darauf ausgelegt, einen Wagen herzustellen, der etwa drei oder vier Jahre fuhr und dann, wenn er anfing abzubauen, an jemand aus der ärmeren Bevölkerung abgestoßen wurde. Das war Marketing, das auf eine ständig aufsteigende Mittelschicht baute, für die ein Wagen stets den Status widerspiegeln mußte. Weil die Unternehmen und ihre Händler solchen Erfolg hatten, waren sie nachlässig bei den Reparaturen und anmaßend beim Kundendienst geworden. Für sie war es nicht nur ein Glaubenssatz, daß sie die besten Autos der Welt bauten, sie glaubten auch daran, daß ihre Kunden keine Alternative hätten. Unternehmen und Händler rissen sich kein Bein aus, um Autos zu warten, weil sie ebenso leicht ein neues verkaufen konnten. Etwas Neues war in Amerika immer die Antwort. Katayama konnte gegen dieses System nichts einwenden. Er kannte die amerikanischen Zahlen, und die waren hervorragend; das System arbeitete ohne Frage gut. Aber er wußte auch, daß es eine ganze Menge weniger wohlhabende Amerikaner gab, die nicht mit ihm zufrieden und verärgert waren, daß sie nicht den Kundendienst erhielten, den sie brauchten. Diese Amerikaner waren potentiell gute Kunden. Es waren junge Leute, ältere Leute und einige ärmere Leute, die alle dringend einen langlebigen, sparsamen Wagen brauchten. Sie waren die Opfer einer Dynamik, die die ausgedienten, schrottreifen, spritschluckenden Fahrzeuge, die teuer in der Anschaffung und noch teurer im Unterhalt waren, bei den ganz Armen ablud, die sie sich am wenigsten leisten konnten.

Volkswagen fuhr mit diesen Kunden bereits recht gut, die Detroit links liegenließ, indem es zu einem vernünftigen Preis eine gute alternative Beförderungsmöglichkeit mit ansprechender Lebensdauer und einen guten Service bot. Katayama, der in den ersten Jahren genau auf die amerikanischen Stimmen hörte, stellte fest, daß die Kunden von Volkswagen der Meinung waren, besser behandelt und mehr *geachtet* zu werden, als wenn sie versuchten, die billigsten amerikanischen Modelle zu kaufen. VW wurde für Katayama zum Vorbild. Damals, 1961, als Katayama gerade anfing, schien Volkswagen unschlagbar. Es befand sich auf dem Gipfel des Erfolgs (und sollte noch weitere zehn Jahre dort bleiben, bevor es anfing zu straucheln) und es gelang ihm alles; VW verkaufte 177 000 Wagen im Jahr und besaß stattliche 46,8 Prozent Anteil am Importmarkt. Die anderen Importmarken hielt er für anfälliger. Renault baute gute Autos und hätte in Amerika eigentlich Erfolg haben müssen, aber das Händlernetz war schwach, und Katayama hatte das Gefühl, als würden viele Renault-Händler ihr Werbegeld aufessen – das heißt nicht ausgeben, sondern selbst einstecken. Die Engländer waren einmal beachtliche Konkurrenten auf dem Markt für Kleinwagen gewesen, und Katayama war überrascht über ihren Niedergang; aber sie trugen schwer an nicht enden wollenden Gewerkschaftsproblemen. Sein Augenmerk galt Volkswagen – wenn es nicht zu schlagen war, wollte er ihm wenigstens nacheifern. Die übrigen europäischen Importmarken waren reif für die Übernahme.

Sein Problem bestand natürlich darin, daß der erste Datsun in Amerika eine Katastrophe war. Er kostete 1 616 $, und Katayama wie auch Kawazoe wunderten sich oft, daß überhaupt jemand es auf sich nahm, ihn zu kaufen. Aber nicht nur der Datsun war furchtbar. Der erste Toyota, der um die gleiche Zeit auf den amerikanischen Markt kommen sollte, war ein derartiger Reinfall, daß Toyota ihn vom Markt nahm, ihn überarbeitete und erst 1964 wieder auf den amerikanischen Markt zurückkehrte.

Das schlimmste am Datsun war der einfach zu schwache Motor. Er hatte einen Hubraum von nur 1000 cm³. Selbst die Volkswagen hatten 1300 cm³, und die kleineren amerikanischen Wagen in jenen maßlosen Tagen vor dem Erdölschock warteten mit Motoren von 5000 und 6000 cm³ Hubraum auf. Der Datsun hatte bei dem kleinen Motor eine schlechte Beschleunigung, ein echtes Problem an den Einfahrten der kalifornischen Freeways. Auch die Bremsen waren schwach. Aber das war noch nicht alles. Der Datsun war für japanische Winter gebaut, die insgesamt milder als die amerikanischen waren, und der Wagen sprang im Winter sehr schwer an, was zum Teil auch an der zu schwachen Batterie lag. Für die Datsuns im nördlichen Bereich von Ost- und Westküste stellte diese morgendliche Trägheit ein größeres Problem dar. Masataka Usami, einer der Nissan-Manager, der in Greenwood Lake im Bundesstaat New Jersey lebte und dessen eigener Wagen bei kalter Witterung schlecht ansprang, berichtete nach Tokio, daß Nissan nicht ein Auto bauen könne, das nur bei zwei von zehn Malen anspring. Tokio war keine große Hilfe. Die vermeintlichen Anlaßschwierigkeiten könnten unmöglich existieren, beharrte man, denn man habe die Sache geprüft, und Hokkaido – die nördlichste der japanischen Inseln, wo die Datsuns problemlos ansprüngen – sei genauso kalt wie New Jersey. Usami erwiderte, daß die wenigen Japaner, die auf Hokkaido das Vorrecht hätten, einen Wagen zu besitzen, jeden Abend liebevoll eine Decke über die Motorhaube legten. Tokio fragte, warum die Amerikaner es nicht ebenso machten. Usami erklärte, daß das Auto, das für den Japaner eine besondere Vergünstigung darstelle, für den Amerikaner ein Gebrauchsgegenstand sei, von dem er erwarte, daß er ohne Verhätscheln funktioniere. Bald darauf erschien ein Team aus Ingenieuren, die Usami nach Greenwood Lake in New Jersey führte. Dort prüften sie jeden Morgen um vier frierend die Auswirkungen der Temperatur auf die Batterie, die Spannung und die Viskosität des Öls. Das machten sie Tag für Tag, eine ganze Woche lang. Der Motor sprang fast nie an. Schließlich wandte sich einer der Techniker aus Tokio an Usami und sagte: »Wissen Sie, Usami-san, ich glaube, Sie haben recht.«

Katayamas Versuche, Tokio dazu zu bewegen, den Wagen aufzuwerten und den amerikanischen Verhältnissen anzupassen, waren ein ständiger Kampf. Selbst solche Kleinigkeiten wie die Bodenmatten wurden zum Problem. Die Japaner putzen ihre Autos pausenlos und ausgiebig und zogen es daher vor, die Bodenmatten herausnehmen zu können, um auch das letzte bißchen Schmutz zu erreichen; die Amerikaner nahmen das Putzen ihres

Wagens nicht so ernst; sie gingen bestenfalls kurz mit dem Staubsauger über die Matten und wollten sie daher fest verlegt haben, was sich die Zentrale daheim nicht erklären konnte. Egal was Katayama haben wollte, einen stärkeren Motor, eine bessere Beschleunigung oder bessere Bremsen, Tokio sperrte sich. Praktisch alles mußte geändert werden, und jede Änderung war ein Kampf. Katayama bestürmte ununterbrochen die Verwaltung. 1961, im Jahr nach seiner Ankunft in Amerika, schätzte er, daß es bis 1970 dauern würde, das richtige Auto für den amerikanischen Markt zu bekommen, einen Wagen mit mindestens 1600 cm³, echter Leistung und einem passablen Äußeren. Er irrte sich um ein Jahr. Der erste wirklich brauchbare Datsun erschien 1969.

Auch wenn Tokio das nur widerwillig zugab, wurde das Unternehmen in der Zwischenzeit durch Nissans kleinen Lieferwagen über Wasser gehalten. Er war handlich, er war preiswert und brachte ungeachtet der damaligen japanischen Schwächen wie beispielsweise der schlechten Form die einmalige japanische Stärke zur Geltung – die Haltbarkeit. Wie Katayama bald merkte, war im Westen Amerikas und vor allem in Kalifornien von noch größerer Bedeutung, daß der Transporter hier eine andere Funktion hatte als anderswo. Hier war er sowohl Kleinlastwagen als auch Personenwagen. Viele Amerikaner arbeiteten am Morgen, bevor sie zur Arbeit in die Fabrik fuhren, ein oder zwei Stunden auf ihrem kleinen Flecken Ackerland. Einige, die nicht mehr auf einer Farm arbeiteten, behielten trotzdem ihren kleinen Transporter, als wollten sie ihr Selbstgefühl bewahren; als Farmer waren sie auf die Welt gekommen, und auch wenn sie das Land nicht mehr bearbeiteten, konnten sie doch glauben, noch immer Farmer zu sein, wenn sie einen Transporter besaßen. Einige ältere Amerikaner fuhren gern einen Transporter, weil er lange hielt; einige jüngere liebten ihn wegen der Robustheit, die er ausstrahlte. Wer einen kleinen Betrieb mit vielleicht nur ein oder zwei Mitarbeitern hatte, brauchte einen Transporter für die Arbeit und fuhr gern einen Datsun, weil er billig und robust war.

Die Transporter verkauften sich von Anfang an. Sie verkauften sich ohne Werbung. Sie verkauften sich, weil die Mundpropaganda phantastisch war. Diese komischen kleinen Transporter, so erzählten Besitzer ihren Freunden, hielten ewig, und nichts ging jemals kaputt – sie waren ein wirklich guter Kauf. Der Absatz war so gut, daß Nissans Zweigstelle an der Westküste bald doppelt so viel wie die an der Ostküste verkaufte. 1963 zum Beispiel, in einem kritischen Jahr, als Datsun auf dem amerikanischen Markt gerade Fuß faßte (gegen Ende des Jahres stieg Nissan in die Gruppe der zehn größten Importeure auf), überflügelte die westliche Region die östliche mit 2 781 zu 1 151 Fahrzeugen. 1 597 Fahrzeuge des Gesamtumsatzes der westlichen Region waren Transporter.

Tokio empfand über diesen so dringend benötigten Erfolg eine zwiespältige Freude. Man hatte nach Amerika gehen, erstklassig sein, Personenwagen verkaufen und sich einen Ruf erringen wollen; man hatte nicht vorgehabt, dorthin zu gehen, um Transporter zu verkaufen. Aber die Transporter liefen besser als die Personenwagen. Als Katayama daher von der Notwendigkeit sprach, die Transporter zu verbessern, weigerte man sich in der Chefetage zuzuhören. Ein Transporter war ein Transporter. Katayama ließ nicht locker. Wenn wenigstens eine anständige Polsterung hineinkäme, eine bessere Federung, vielleicht eine Klimaanlage. Die Antwort war immer die gleiche: Ein Transporter war ein Transporter, und die Amerikaner hatten kein Recht, damit zur Arbeit zu fahren, insbesondere nicht ins Büro. Ein Transporter sollte zum Befördern schwerer Lasten benutzt werden. Katayama schlug einige Veränderungen vor, die es den Besitzern ermöglichten, den Wagen relativ einfach für den Familiengebrauch umzuwandeln, aber Tokio wies ihn erneut ab. Manchmal fragte Katayama sich, wie viele Transporter mehr verkauft worden wären, wenn Tokio gehört hätte. Aber selbst so trugen sie Nissan in Amerika von Anfang an.

Die Firma tragen half in jenen Tagen auch Takashi Ishihara. Auch er befand sich, wie Katayama, in einer Art vornehmem Exil, wenngleich er im Unternehmen höher stand und weit mächtiger war. Einmal war er sogar als Nachfolger Kawamatas im Gespräch. Bis vor kurzem hatte er als der kommende Mann bei Nissan gegolten, der Beste der neuen Managergeneration, die vielversprechendste Führungskraft des Unternehmens. Er war in außergewöhnlich jungen Jahren Direktor geworden und galt als sicherer zukünftiger Präsident von Nissan. Vor allem die jüngeren Manager im Unternehmen bewunderten ihn; für sie war er ein moderner, selbstsicherer, entscheidungsfreudiger Führungsmann, kein Geschöpf der Banken wie Kawamata. Seine Generation betrachtete sich als die erste Autogeneration des Unternehmens – im Gegensatz zu denen, die ihre Erfahrungen woanders gesammelt und sich bei ihren Entscheidungen nie richtig wohl gefühlt hatten, weil sie ihre Entscheidungen anhand von Einsichten trafen, die sie anderswo gewonnen hatten.

Ishihara war es gelungen, sich lange aus dem bitteren internen Parteienstreit herauszuhalten, der Nissan solche Narben zufügte. Als Asahara gegen Kawamata putschte, hatte Ishihara abseits gestanden. (Tatsächlich gab es einige, die glaubten, er habe den Schritt gegen Kawamata stillschweigend gebilligt.) Kawamata hatte ihm nicht verziehen, und zwischen den beiden Männern tat sich eine Kluft auf.

Obwohl Ishihara wie ein Automann wirkte, war er in Wirklichkeit doch ein Buchhalter, ein Mann der Zahlen. Nach dem gescheiterten Coup schien

Ishiharas Karriere in der Schwebe. Er erhielt einen Posten in Mexiko, aber etwas Besonderes war es nicht. Bald darauf übertrug man ihm die Verantwortung für den Export in die Vereinigten Staaten. Auch dieser Posten war nicht gerade das Nonplusultra, und die meisten seiner Freunde warnten ihn davor, ihn anzunehmen. Es sei, so erklärten sie, die riskanteste Stellung überhaupt. »Du wirst dorthin gehen, und wir werden dich nie wiedersehen«, sagte einer von ihnen. Er erwog die Frage sehr lange und kam dann zu dem Schluß, daß er das Angebot unmöglich ablehnen konnte, ohne sich seinen Weg bei Nissan zu verbauen. Also nahm er an.

Er war Exportleiter von Nissan, als er im Herbst 1960 Präsident der Außenstelle Amerika wurde. Auch wenn er und Katayama, sein Kollege in Amerika, nichts füreinander übrig hatten, fielen ihre Ziele eine Zeitlang doch zusammen. Schließlich lag ein Ozean zwischen ihnen, denn Ishihara zog es vor, nicht in Amerika zu leben. Katayama erschien er lediglich wie ein weiterer jener zahllosen japanischen Geschäftsleute, die Amerika als Gebiet betrachteten, aus dem man etwas holen konnte, Wissen oder Technologie oder vielleicht harte Devisen, aber nicht als Gebiet, in dem man aufging.

Trotzdem war er für Katayama ein äußerst starker Verbündeter. Denn auch wenn sie vielleicht bei bestimmten Maßnahmen unterschiedlicher Meinung waren, ihre Ambitionen vielleicht grundverschieden, und Katayama vielleicht eher bereit war, ein durch und durch amerikanisches Geschäftsgebaren anzunehmen, waren sie sich doch einig in dem großen Ziel, dem amerikanischen Vorhaben zum Erfolg zu verhelfen.

Das Entscheidende aber war, daß Katayama in Ishihara einen Verbündeten unter den Finanzleuten gewann. Die Technik und die Produktion waren nie das Problem gewesen. Dort waren die Autoleute, und auch wenn sie gelegentlich vielleicht etwas verärgert darüber waren, daß die amerikanischen Autofahrergewohnheiten anders als die japanischen waren, gab es bei Nissan doch keinen Ingenieur, der nicht begeistert gewesen wäre bei dem Gedanken, einen schnelleren, leistungsstärkeren Motor und einen schnittigeren, eleganteren Wagen zu bauen. Das Hindernis waren immer die Finanzleute gewesen. Sie waren konservativ. Ihrer Ansicht nach war das Unternehmen bereits zu sehr beansprucht, wurden zu viele neue Fabriken gebaut, waren zu wenig Barmittel vorhanden und blieb Amerika eine unsichere Welt, in der Automobilgiganten herrschten. Nur Ishihara, ein Ishihara, der in Tokio und nicht in New York lebte, konnte mit ihnen umgehen. Seine Bitten waren nicht die irgendeines fernen, kleinen Managers, der in Amerika heimisch geworden war und wahrscheinlich versuchte, sich auf Kosten von Nissan ein eigenes Reich aufzubauen. Weil Katayama in Amerika lebte, wurde er als Fremder betrachtet. Jedesmal wenn er Tokio herausforderte, war das ein weiterer Beweis dafür, daß er mehr Amerikaner als Japaner war. Den Worten Ishiharas glaubte man, denen Katayamas nicht. Ishihara war sich dessen voll bewußt. Es bereitete große Schwierigkeiten, Tokio für die amerikanischen Anforderungen empfänglich zu machen. »Ich bin der einzige, der das kann, der das durchziehen kann«, sagte er, »aber ich kann es nur von Tokio aus. Vergessen Sie das nicht.«

Das wurde immer wieder unter Beweis gestellt. Nissan stattete die amerikanische Gesellschaft mit einer Million Dollar aus. Den Japanern erschien das ungeheuer viel Geld. Es gab enge staatliche Grenzen dafür, wieviel ein Unternehmen im Ausland ausgeben durfte. Man war sicher, die eine Million Dollar würden fünf Jahre reichen. Aber Amerika erwies sich als ein furchtbar teures Pflaster. Nach zwei Jahren waren von der Million nur noch 100 000 $ übrig. Ende 1962 trat Ishihara voller Demut vor den Vorstand und bat um weitere 500 000 $. Man hatte, wie er einräumte, das Geld schneller ausgegeben als erwartet, aber das Geschäftemachen in Amerika hatte sich als weit kostspieliger erwiesen, als man sich vorgestellt hatte. Wenn man jetzt zurücksteckte, würde die amerikanische Gesellschaft zusammenbrechen, und Nissan müßte sich vom amerikanischen Markt zurückziehen, was letztlich gleichbedeutend mit dem Rückzug vom Exportmarkt wäre.

Als er sein Anliegen auf der Vorstandssitzung vorbrachte, gab es keinen ernsthaften Einwand. Der Vorstand genehmigte das Geld ziemlich schnell, und er bemerkte kaum irgendeine Erregung. Aber das amerikanische Vorhaben kostete auch weiterhin viel Geld, und Erfolge stellten sich nur zögernd ein. Ein Jahr später mußte er um weitere 500 000 $ nachsuchen. Diesmal, das wußte er, hatte er den Vorstand gegen sich. Wieder legte er dar, was er glaubte: daß Japan, wenn es auf irgendeinem Exportmarkt für Automobile in der Welt bestehen wollte, sich zuerst in Amerika beweisen mußte, gegen die Besten. Aber alle hätten sie unterschätzt, wie teuer der Start in Amerika sei. Er war sicher, daß sie Erfolg haben würden, wenn sie nur noch etwas durchhielten.

Der Vorstand bewilligte erneut 500 000 $, ließ aber keinen Zweifel daran, daß er nicht noch einmal zu kommen brauchte und im Falle eines Scheiterns am besten gleich kündigte, denn er hätte dann keine Zukunft bei Nissan mehr.

Es nahm einen ganz knappen Ausgang. 1964 machte die Gesellschaft den ersten Gewinn, etwa 200 000 $. Jahre danach, als Ishihara Präsident von Nissan war, lächelte er immer leicht belustigt, wenn er beglückwünscht wurde, wie glänzend Nissan sich in Amerika schlug, denn er wußte, mit wie knapper Not sie einem Fehlschlag entgangen waren.

25
Yukata Katayamas Befreiung

Für Katayama war Ishihara lediglich jemand in Tokio, der die Verantwortung für Amerika hatte. Er war ein Verbündeter, aber kein Kollege. Für die meisten Leute in Amerika, die in irgendeiner Form mit Nissans amerikanischem Betrieb in Berührung kamen, war es noch immer Katayamas Firma. Tat für Tag war er da, ganz bei der Sache, spornte die Händler an, versuchte Wagen zu verkaufen. Oft stellte er die Wagen den Händlern selbst zu, weil es billiger war und ihm die Gelegenheit gab zu hören, was sie sagten. Als an einem Samstagmorgen einmal ein Kunde in das Hauptgeschäft kam und ein bestimmtes Teil brauchte, war Katayama gerade allein; er ging in das Ersatzteillager und holte es. Da er nicht wußte, wieviel es kostet, berechnete er dem Kunden 1 $.

Amerika war sein Paradies, wie er später erklärte. Dort war alles möglich. Er hatte sich nie in seinem Leben so frei gefühlt. Für die meisten anderen japanischen Geschäftsleute, die er in Amerika kennenlernte, hatte er nichts als Spott übrig. Zu viele von ihnen hätten, wenn sie nach Amerika kämen, nur die Karte von Japan im Kopf, dächten nur an die Leute in der Firma daheim und trauten nur anderen Japanern. Wenn diese Japaner unter sich waren und über Amerikaner sprachen, benutzten sie immer noch das häßliche japanische Wort für »Fremde«, Gaijin. War ihnen bewußt, daß sie jetzt die Gaijin waren? Angsthasen, dachte er bei sich. Er würde Geschäfte wie ein Amerikaner machen. Er würde Gelegenheiten ergreifen und sagen, was er dachte.

»Ich bin Katayama von Nissan«, sagte er, wenn er in ein Hotel kam oder zu einem Treffen, und das genügte. Er war der Chef eines Unternehmens, so wie Lee Iacocca und Pete Estes Chefs von Unternehmen waren, wenn er auch nur etwa 25 000 $ im Jahr, d.h. rund ein Dreißigstel dessen verdiente, was sie verdienten, und etwa ein Dreißigstel dessen, was die meisten seiner

Händler bald verdienen würden. Das machte ihm nichts aus. Die anderen Automanager reisten mit großem Gefolge, und am Flughafen war immer jemand, der sie abholte. Er reiste lieber allein; er konnte so mehr lernen. Er konnte im Flugzeug, in Restaurants und an der Bar Leute kennenlernen, ohne daß er von irgendeinem übereifrigen Untergebenen von ihnen und damit zugleich von der Einsicht in die wahren Verhältnisse abgehalten wurde. Er wagte sich immer weiter vor, genoß und studierte das Land. Es gab kein Sportereignis in Los Angeles, das ihn nicht interessierte, und er wurde ein begeisterter Football- und Baseballfan. Er war ein guter Bergsteiger, und es gab im Westen keinen Berg, der diesen Namen verdiente, den er nicht bestiegen hätte. Er war auch ein guter Amateurmaler und nahm überall, wohin er ging, sein Malzeug mit, um die amerikanische Landschaft festzuhalten. Jedes Jahr nahm er das Bild, das ihm am besten gefiel, und machte daraus seine Weihnachtskarte. Zum Schluß umfaßte die Liste derjenigen, die eine solche Karte erhalten sollten, etwa zehntausend Namen. Nichts sagte nach Meinung seiner Freunde mehr über ihn aus als das; hier war ein Mann, der aus einem Land gekommen war, wo es weder Weihnachten noch Weihnachtskarten gab, und er hatte sicher eine der längsten Listen im Land zusammengestellt.

Das einzige an Amerika, das er wirklich nicht verstand und auch zutiefst haßte und fürchtete, waren Prozesse. Selbst wenn nur ein kleiner Prozeß anstand, fing er an zu zittern. Falle nannte er sie, weil sein Anwalt immer von Fall sprach. »Sie müssen mich aus dieser Falle befreien«, sagte er ihm. »Man will mich damit umbringen.«

Aber Fallen hin, Fallen her, Mitte der 60er Jahre erlebte Katayama seine schönste Zeit. Der Datsun wurde allmählich besser. Zuerst meinte Katayama, der Wagen sei nicht flott genug, und stritt sich mit Tokio, um ihn sportlicher zu machen. Aber Tokio war spießig und betrachtete ihn als übertriebenen Sportwagenfan. Auch über die Namengebung geriet er mit der Verwaltung daheim aneinander. Tokio sah furchtbare Namen wie Bluebonnet (Blaumeise; Kornblume), Cedric und Fair Lady vor. Katayama, der sich zunehmend für einen Fachmann in Sachen amerikanischer Geschmack hielt, wollte männlichere Namen wie Löwe oder Tiger haben. Die Schwierigkeit lag nun darin, daß die Namen aus Tokio persönliche Vorschläge Kawamatas waren, der offenbar irgendeine verborgene Vorliebe für England hatte. Auf diese Weise war auch Fair Lady angeordnet worden, denn Kawamata hatte einmal das Musical *My Fair Lady* gesehen und offenbar Gefallen daran gefunden. Im allgemeinen verkraftete Katayama seine Niederlagen bei der Namensvergabe recht gut. Aber als 1970 der erste japanische Sportwagen in Amerika eintraf – ein Wagen, den Katayama sich immer gewünscht hatte –, und er mit Entetzen feststellte, daß er tatsächlich Fair Lady hieß, montierte er mit seinen Leuten die Namensschilder an den Wagen einfach ab und ersetzte sie durch die firmeninterne Bezeichnung für den Wagen, 240Z. Das war sehr viel angemessener, entschieden sie, und die Verwendung der firmeneigenen Bezeichnung war die einzige Möglichkeit, wie er den Namen ändern konnte, ohne aufsässig zu sein. Hatte er auch anfangs in bezug auf die Benennungen den kürzeren gezogen, und in bezug auf die Sportlichkeit auch, so war er doch ansonsten fast überall auf der Siegerstraße. Der Wagen war an die amerikanischen Verhältnisse angepaßt, sparsam im Verbrauch, und auch der Kundendienst war sehr gut; es gab immer Ersatzteile.

Katayama war überzeugt, daß die großen amerikanischen Unternehmen ihren Kunden kein Gehör schenkten – wenn doch, dann nur über die verzerrenden Berichte der Händler. Die Händler der großen Drei, das wußte er, haßten es, Kompaktwagen zu verkaufen, weil sie viel weniger daran verdienten und weil sie, wahrscheinlich zu Recht, glaubten, daß auf jeden verkauften Kompaktwagen ein nicht verkauftes großes Modell komme. Die großen Drei gingen erst auf den Kompaktwagenmarkt, als der Gesamtimport ihre Schätzungen zu überschreiten begann, und auch dann taten sie es noch halbherzig. Als General Motors 1968 einen ausländischen Wagen aus dem eigenen Haus importierte, den Opel, einen technisch außergewöhnlich gut gemachten Wagen, stand das Unternehmen nie mit seiner institutionellen Kraft dahinter, förderte ihn nie durch eine größere Werbekampagne. Der Opel wurde über die Buick-Händler des Unternehmens vertrieben, die weder die Kenntnisse noch den Wunsch hatten, ihn gut zu verkaufen. Für sie war jeder verkaufte Opel ein Buick, den sie nicht verkauften. Als die Importe 1959 fünf Prozent vom Markt erreichten, schlug Detroit mit eigenen Kompaktwagen zurück, und die ausländischen Firmen verloren sofort an Boden. Aber nachdem Detroit die Ausländer abgewehrt hatte, reagierte es auf die ihm eigene Art: Es vergrößerte die Kompaktwagen sofort und packte sie mit Extras voll. 1963 begannen die Ausländer wieder an Boden zu gewinnen.

In den 60er Jahren bemerkte Katayama einen beginnenden Wandel im Kundenverhalten, einen immer stärker werdenden, untergründigen Unmut. Die Einwände gegen Detroit waren jetzt anderer Art. Es ging nicht mehr nur um die Größe und den Preis der Wagen, sondern um die Qualität und, was noch wichtiger war, um die Reaktion Detroits auf berechtigte Beschwerden. Detroits Einstellung schien folgende zu sein: Wenn der Kunde ein wirklich guter Amerikaner war, würde er aufhören, sich zu beschweren, und das richtige tun, nämlich einen neuen Wagen kaufen. In jenen Jahren behandelte Volkswagen seine Kunden respektvoll, dachte Katayama, und deshalb sicherte VW sich die Art von Loyalität, die einmal ausschließlich den amerikanischen Unternehmen gehört hatte. Die Kunden wurden anspruchsvoller; zum erstenmal gab es eine Vergleichsgrundlage, und sie verlangten, daß man ihnen zuhörte.

Es war immer Teil der Grundüberzeugung Detroits gewesen, daß es die Ausländer jederzeit zurückdrängen könne, wenn es nur wollte. Die Vorstellung war stets die gewesen, daß die Importwagen 5 Prozent des Marktes haben könnten, mehr nicht; überschritten die Ausländer diese magische Zahl, würde Detroit zurückschlagen. Aber Ende der 60er Jahre stieg der Anteil der Importe, im wesentlichen durch Volkswagen, und Detroit konnte den Vormarsch nicht so ohne weiteres aufhalten, auch wenn es das noch nicht richtig erkannte. Denn zum Teil spiegelte sich darin wider, daß das Land sich wandelte, und viele Angehörige der Mittelschicht nun andere Vorstellungen davon hatten, warum sie einen Wagen haben wollten und was das für ein Wagen sein sollte. 1968 gewannen die Ausländer einen Marktanteil von 10 Prozent, wobei auf VW 60 Prozent des gesamten Importmarkts entfielen. Allmählich begannen die Führungskräfte in Detroit wieder aufzumerken. Sie waren nicht wirklich besorgt; dazu verdienten sie alle viel zuviel. Sie brauchten nur, wie sie einander versicherten, wann immer sie wollten ein paar Kleinwagen zusammenzubauen. Bald brachten die Detroiter Unternehmen ihre neuen Kompaktwagen und eine kleine Ausführung derselben heraus; Ford kam 1969 mit dem Maverick und 1970 mit dem Pinto, GM 1970 mit dem unglücklichen Vega. Aber die Importzahlen fielen nicht, wie in der Vergangenheit, in sich zusammen. Was Katayama und andere erwartet hatten, bewahrheitete sich. Die Bande der Loyalität wurden durchtrennt. Detroit verlor bei vielen seiner weniger wohlhabenden Kunden seinen Ruf und unternahm nicht sehr viel, ihn zurückzugewinnen.

Katayama gab im März 1964 eine kleine Party, als der Gesamtumsatz von Nissan fünfhundert Wagen pro Monat erreichte, das Ziel, das man sich gesteckt hatte, als das Unternehmen seine Tätigkeit in Amerika aufgenommen hatte. Nach und nach blieb auch etwas Geld für die Werbung. Am Anfang hatte es nach amerikanischen Maßstäben praktisch nichts gegeben, lediglich simple, in Tokio gedruckte Schwarzweißprospekte mit Beschreibungen der Wagen in blumigem Englisch. Katayama holte sich einen Werbemann namens John Parker aus Los Angeles. Die Wahl war auf ihn gefallen, weil er jung war, nicht viel kostete und ein heller Kopf zu sein schien. Die Werbebudgets waren minimal, anfangs etwa 50 000 $ pro Jahr. Für die Werbung im Fernsehen war lange Zeit kein Geld da. Der erste Werbespot wurde 1963 für den Nissan Patrol gedreht, einen Kombi mit Allradantrieb. Parkers Firma besaß selbst kein Fernsehstudio und auch keine Filmausrüstung. Er heuerte einen Freund an, einen Polizeifotografen aus Los Angeles, der eine 16-mm-

Kamera hatte, und fuhr einen Patrol in die Cañons, wo sie einen einminütigen Werbefilm für den Wagen machten; um Geld zu sparen, agierte Parker selbst als Schauspieler, seine erste Rolle. Im Jahr darauf hörten sie, daß der Nissan Patrol dem Cowboydarsteller Roy Rogers gefalle, und Parker rief ihn an und bat ihn, mit ihm den ersten richtigen Werbefilm zu machen. Zu seiner Überraschung war Rogers sofort bereit mitzumachen. Als der Verkauf der Wagen langsam anlief, war dann auch Geld für Fernsehspots da.

Im Herbst 1964 schaffte der Datsun erstmals den Sprung in die Liste der zehn erfolgreichsten Importwagen, eine Liste, die absolut von Volkswagen beherrscht wurde. VW hatte mit 307 000 verkauften Wagen einen Anteil am Importmarkt von 63 Prozent; im Durchschnitt wurden monatlich über 25 000 Wagen verkauft. Im Juli 1965 kam der Datsun auf einen Umsatz von 1 000 Wagen pro Monat. In Japan stieg der Umsatz schnell, was Nissan ermöglichte, die Preise zu senken; der Erfolg brachte Erfolg. Der amerikanische Markt bekam ein immer vielversprechenderes Gesicht, wenngleich VW immer noch unerreichbar schien. Beständig stärkten Nissan und dann auch Toyota ihre Stellung zu Lasten der anderen Importfirmen. 1966 stand Nissan mit einem Gesamtumsatz von 22 000 Wagen auf dem sechsten Platz; vom VW Käfer wurden damals 420 000 Stück verkauft. 1967 war Nissan mit 33 000 Wagen Vierter, 1969 immer noch Vierter, aber jetzt mit 58 000 Wagen.

Die Wagen wurden immer besser, aber Katayama brauchte noch eine entscheidende Änderung – den Sprung zum 1600-cm³-Motor. Mit 1400 cm³ waren die gegenwärtigen Wagen einfach nicht kraftvoll genug. Immer wieder erklärte er Tokio, daß sie am Ende auf dem Markt stagnieren würden, wenn sie den Motor nicht verbesserten und stärker machten. Schlimmer noch – wenn sie stagnierten, würden sie das Niveau nicht halten, sondern unausweichlich zurückfallen. Tokio blieb überraschend hartnäckig; wenn 1400 cm³ für Japan gut genug waren, waren sie auch gut genug für Amerika. Katayama argumentierte, seine Wagen seien untermotorisiert, und Nissan würde nie den richtigen Wagen für Amerika haben, wenn es nicht auf 1600 cm³ hinaufging. Er versuchte es mit Schocktherapien und meldete, daß Toyota mit einem 1900er Modell dort beträchtlich an Boden gewann, wo Datsun einst stark gewesen war. Selbst das schlug fehl. Noch nie war er im Unternehmen so entmutigt worden.

Da gelang der außergewöhnliche Durchbruch. Im Herbst 1965 trat ein Mann namens Kaiichi Matsumura bei Nissan ein. Er kam vom MITI, wo er der für Automobile zuständige Mann gewesen war. Es gab in Japan eine Tradition – ein hoher MITI-Beamter ging, wenn er seine Laufbahn abgeschlossen hatte, in die Branche, für die er tätig gewesen war; ›vom Himmel hinabsteigen‹ nannten die Japaner das. Kawamata hatte ihn geholt, um Nissan einen besseren Draht zur überaus wichtigen Welt der Ministerien zu sichern. Aber Keiichi Matsumura erwies sich ganz und gar nicht als Kawamatas Mann, sondern war ungewöhnlich unabhängig. Insider merkten bald, daß zwischen den beiden Männern echte Spannungen bestanden. Im Frühjahr 1966 besuchte Matsumura Amerika und begann dort mit Katayama eine Reihe endloser Gespräche über die Probleme, die das Unternehmen hatte.

Sehr schnell wurden sie wenn nicht Freunde, so doch zumindest Verbündete. Matsumura machte es sich zur Aufgabe, so oft wie möglich in die Vereinigten Staaten zu fliegen, nicht zuletzt, um mit Katayama zu sprechen. Sie sprachen bald nicht nur über die technischen Probleme von Nissan Amerika, sondern auch über die größeren Schwierigkeiten, die das Unternehmen belasteten. Katayama kam es wie ein frischer Wind vor, der durch ein muffiges Unternehmen fuhr, wie eine Hoffnung, wo es soviel Furcht gab. Im Gegensatz zu allen anderen, mit denen Katayama zu tun gehabt hatte, hatte Matsumura einfach keine Angst vor Kawamata und Shioji; wenn Kawamata die Bank hinter sich hatte, hatte Matsumura das MITI hinter sich. Wie viele der Spitzenbeamten des MITI schien er der Beste der Besten zu sein, ein Auserwählter der Nation, ein Mann ohne Zweifel und absolut sicher in seinen Entscheidungen und Zielen.

Katayama war sofort klar, daß dies seine große Chance war, einen größeren Motor zu bekommen, und so stellte er Matsumura so nachdrücklich wie möglich die Notwendigkeit eines 1600-cm^3-Motors vor Augen. Am Ende ihrer ersten langen Besprechung sagte Matsumura: »Setzen Sie mir einen Brief auf, und ich unterschreibe.« Dann änderte er seine Meinung. »Nein, ein Telex«, sagte er. »Es ist bald eine Vorstandssitzung.« Am nächsten Tag ging unter Matsumuras Namen ein langes, eindringliches Telex ab, von dem bei Nissan jeder wußte, daß es von Katayama kam, nicht von Matsumura. Postwendend bekam Katayama eine erboste Mitteilung von Yuji Shimamoto, einem wichtigen Mann in der Exportabteilung. Shimamoto war in der Vergangenheit sein Hauptwidersacher gewesen und hatte ihn energisch wegen seiner wiederholten Forderungen nach einem stärkeren Motor angegriffen. Diesmal beklagte Shimamoto sich öffentlich bitter über Katayamas Versäumnis, nicht früher den 1600-cm^3-Motor von ihm gefordert zu haben. An jenem Abend, dem 8. April 1966, schrieb Katayama in sein Tagebuch: »Ich weiß nicht, wie oft ich die Zentrale um mehr Motorleistung angegangen bin. Ich habe sogar darum gebettelt, aber wir mußten immer den Mund halten, weil sie uns entgegenhielten, es sei unmöglich. Jetzt erklärt Shimamoto mir, daß alle einschließlich Kawamata von Matsumuras Telex geschockt waren. Wir sollten schockiert sein, nicht er.« Ohne Matsumura, so schrieb er, wäre der 1600er Motor noch ein weiteres Jahr und vielleicht noch länger hinausgeschoben worden.

Einige Tage darauf kam Kawamata mit seiner Frau nach Los Angeles. Katayama befürchtete, der Präsident könnte über das Matsumura-Telex verärgert sein. Doch Kawamata schien sich überhaupt nicht daran zu stören; er tat vielmehr so, als habe er es als eine normale Anfrage aufgefaßt. Die Zustimmung erfolgte selbstverständlich sofort, und die 1600er Maschine ging in Produktion. Das bedeutete, daß der Motor 1968 für den neuen Datsun fertig war, den 510. Es war ein bemerkenswerter Wagen, in jeder Hinsicht Yutaka Katayamas Wagen, in einem Automobilkonzern ein persönlicher Sieg von beachtlicher Bedeutung und insbesondere in einem japanischen (für Tokio später noch ein einigermaßen heikler Punkt).

Der 510 markierte in Amerika den Anfang vom Ende des Kleinwagens als einer plumpen, dürftigen Sparbüchse. Er war so gesehen die Erfüllung der Vision Katayamas, das Beste an moderner europäischer Technik zu nehmen und es mit japanischem herstellerischem Können zu verbinden, um einen preiswerten, kleinen, robusten Wagen zu produzieren, der auch eine hohe Leistung erbrachte. Diese Vision war typisch für Katayama, denn er war vor allem ein Mann, der Autos liebte und gerne Auto fuhr, was ihn in einem immer bürokratischer werdenden Unternehmen wie Nissan einmalig machte. Der BMW 1600 hatte ihn auf der Stelle begeistert; er bot die Freuden und Vorzüge eines Sportwagens in einer Limousine. Die Japaner waren dazu ebenfalls in der Lage, dessen war er sich sicher. Die Technologie stand zur Verfügung, und die Fähigkeit, gut zu produzieren, ebenfalls. Es war natürlich – und sich damit abzufinden, fiel Tokio schwer – im wesentlichen ein Wagen für den Exportmarkt, denn er eilte den Anforderungen des japanischen Inlandsmarktes jener Zeit voraus. Allmählich schwenkte Tokio um.

In den Monaten, als der Wagen seiner Fertigstellung entgegenging, telefonierte Katayama ständig mit Japan; einer seiner amerikanischen Teilhaber meinte, er gleiche eher einem Vaterfreuden entgegensehenden Mann als einem Automanager. In der Nacht vor der Ankunft der Wagen tat er kein Auge zu, und als das Schiff schließlich in San Pedro festmachte, war er aufgeregter als man ihn je erlebt hatte. Den ersten Wagen, der vom Schiff kam, fuhr er selbst aus der Parkzone. »Endlich!« rief er dem Freund zu, der mitfuhr. »Endlich haben sie es geschafft!« Der Wagen war weiß und hatte eine rote Innenausstattung. Ihn beeindruckte, wie gut die japanischen Ingenieure waren; bei praktischer, funktioneller Arbeit wie bei der Produktion eines Autos waren sie vielleicht die besten der Welt.

Der 510 war in vieler Hinsicht ein Meilenstein. Datsun kletterte mit 100 000 verkauften Wagen prompt auf den dritten Platz unter den Importeuren. Allein vom 510 wurden in fünf Jahren über 300 000 Stück verkauft, und für jeden, der die Augen offenhielt, war es ein sicheres Zeichen, daß die

Japaner angekommen waren. Sie waren jetzt imstande, nicht nur kleine, solide Wagen zu bauen, sondern auch Wagen mit bester Technologie und hoher Leistung. Es war nicht nur der erste sehr gute japanische Wagen, der auf den Markt kam; es war, was noch wichtiger war, der erste preiswerte, hochmoderne, leistungsstarke Kleinwagen auf dem amerikanischen und europäischen Markt. Sein Erscheinen machte klar, daß die Japaner in der Lage waren, Autos herzustellen, daß die explosionsartige Entwicklung, die sie in so vielen anderen Industriezweigen genommen hatten, jetzt auch in dieser Branche erfolgen würde.

Im wesentlichen war der 510, wie ein hoher Nissan-Manager damals zugab, eine hervorragende Kopie des BMW 1600, mit dem großen Unterschied, daß der BMW rund 5 000 $ kostete und der Nissan 510 etwa 1 800 $. Der 510 bezeugte die große Bewunderung der Japaner für die Sachkenntnis, die in den BMW 1600 eingeflossen war. Der 510 hatte vorne und hinten Einzelradaufhängung, eine obenliegende Nockenwelle und einen 1600-cm^3-Motor mit 96 PS. Er war sehr stark, gut produziert und wirtschaftlich im Verbrauch. Der Wagen wurde beinahe sofort zum Renner. Die Autozeitschriften äußerten sich ungewöhnlich begeistert. Autonarren liebten die neuen Datsuns. In Detroit nahmen nur wenige Topmanager der Automobilunternehmen den 510 sehr ernst, wenn sich auch bei den Technikern plötzlich die Erkenntnis durchsetzte, daß die Japaner mehr sein konnten als funktionell; sie konnten *gut* sein. Es war, dachte Mayfield Marshall, Katayamas Freund und Ghostwriter, Jahre später, ein Yuppie-Auto, bevor noch irgend jemand die Yuppies erfunden hatte, ein Wagen für junge berufstätige Städter, die nicht an der Vergangenheit hingen.

In den Wochen nach dem Verkaufsbeginn des 510 erlebten Katayama und seine Partner ein neues Phänomen: VW-Händler, die umsatteln und Wagen von Datsun verkaufen wollten. Im Jahr darauf stieg der Anteil von VW am amerikanischen Markt zum ersten Mal seit zwei Jahrzehnten nicht an. Wie Henry Ford mit seinem Modell T war Volkswagen zu lange bei seinem Käfer geblieben. In den folgenden fünf Jahren fiel der Anteil von Volkswagen am Importmarkt von 62 auf 46 Prozent, wobei fast der gesamte Verlust an die Japaner ging. 1968 überholten die Japaner die Westdeutschen und wurden der zweitgrößte Automobilproduzent der Welt.

26
Kaiser Shioji

Die Freunde von Ichiro Shioji, die Männer, mit denen er regelmäßig Golf spielte, bemerkten die Veränderung an ihm. Er war eigentlich nie direkt schüchtern gewesen, aber jetzt war er ein Mann von Welt geworden. Sein neues Selbstvertrauen setzte sie in Erstaunen. Plötzlich, so schien es, war er immer gerade unterwegs zu einer internationalen Konferenz oder kam von einer zurück. Auf dem Weg von einem Grün zum anderen oder im Umkleideraum sprach er nach solchen Geschäftsreisen ausführlich von den Amerikanern, mit denen er vor kurzem zusammengewesen war, Reuther und Woodcock und sogar einige amerikanische Politiker, deren Namen ihm offenbar eine Menge bedeuteten. Als sein Einfluß noch mehr wuchs, brachte er ihnen Geschenke aus dem Ausland mit – die Geschenke von Shioji nannten sie sie. Direkt nach einer Reise übergeben, halfen sie seinen Ruf zu begründen, den Ruf von Shioji als einem Mann in Bewegung, einem Mann der Macht.

Er war immer im Bilde. Einige seiner Leute hatte er im Unterhaus sitzen. Er hatte gute Freunde in der Kanzlei des Premierministers, und es schien egal zu sein, wer Premierminister war. Viele, die die Organisation von Nissan gut kannten, waren der Meinung, daß er zu Beginn der 70er Jahre die wichtigste Person dort war. Shioji war die treibende Kraft in jenen schwierigen und harten Jahren, als die Automobilbranche dabei war, sich zu definieren. Er vertrat die Gewerkschaft und brachte sie gleichzeitig auf Vordermann. Er hatte nicht nur eine Schlüsselfunktion bei der Zerschlagung der Masuda-Gewerkschaft innegehabt, nicht nur geholfen, die Fusion mit Prince unter für Nissan zufriedenstellenden Bedingungen zu organisieren, sondern in den 60er Jahren auch eine entscheidende Rolle auf einem anderen Gebiet gespielt. Denn auch wenn die Führungsleute von Nissan es nicht gern zugaben, war es vor allem Shioji gewesen, der geholfen hatte, die Zulieferbetriebe anzupassen.

Dieser Schritt war wichtig für die Modernisierung des Unternehmens. Mit Beginn der 60er Jahre traten die führenden Montagefirmen selbst erstmals als finanziell gesunde Unternehmen in Erscheinung. Bei den Zulieferbetrieben sah es jedoch anders aus. Viele befanden sich in einem entsetzlichen Zustand, erschreckend kleine Läden, oft mit unbefestigtem Boden und mit viel niedrigeren Löhnen, als sie in Unternehmen wie Nissan gezahlt wurden. Die Konkurrenz unter diesen Betrieben war mörderisch. Die Kapitaldecke war immer zu dünn, und ständig bewegten sie sich am Rande des Bankrotts. Ihre Qualität schwankte, und wenn sie nicht hoch war, schränkte sie die Qualität der Montagebetriebe ein. Das MITI, das dies als die eklatante Schwäche der japanischen Autoindustrie erkannte, drängte damals auf Stabilisierung und Rationalisierung der Zulieferbetriebe. Es wollte weniger, aber rentablere Zulieferbetriebe und diese sollten enger an die Montagebetriebe gebunden werden. Die so gefestigten Betriebe würden den Zugang zu Banken haben, der kleineren Firmen normalerweise verwehrt war, und sie konnten außerdem auf die langfristigen Beziehungen zu den großen Unternehmen bauen. Das ermöglichte ihnen einen Ausbau ihrer Anlagen und schließlich eine Verbesserung ihrer Qualität.

Schon bald legte Nissan einen Plan vor. Bei unentbehrlichen Teilen, ohne die ein Arbeiten an der Fertigungsstraße nicht möglich war, sollte nach Nissans Vorstellungen der Zulieferbetrieb eine direkte Tochter sein, an der Nissan 90 Prozent der Anteile halten würde. Diese Betriebe wurden in jeder Hinsicht ein Teil von Nissan. Bei Teilen, für die es gegebenenfalls auch andere Zulieferer gab, wollte Nissan 40 Prozent der Anteile des betreffenden Betriebs haben. Auch das war praktisch schon eine Übernahme. Es erlaubte den Familienunternehmen zwar, Familienunternehmen zu bleiben, stellte jedoch sicher, daß sie die Vorgaben von Nissan erfüllten und der Wille von Nissan maßgeblich war. Weigerte sich ein Betrieb, dem nachzukommen, gingen Nissan oder Toyota oder eines der anderen größeren Unternehmen einfach zum nächsten, denn dieses Vorgehen setzte sich in der gesamten Branche durch.

Viele Zulieferer fanden Nissans Vorschläge verlockend. Eine Verbindung mit Nissan war eine Garantie für Erfolg. Es war ein Angebot, das nur wenige ablehnten. Sobald das Geschäft jedoch abgeschlossen war, merkte der Eigentümer, daß er nicht mehr Herr im eigenen Hause war. Er bekam jetzt nicht nur von Nissan Anweisungen, sondern auch von Shioji. Denn wenn Nissan modern und hochtechnisiert werden sollte, mußten die neuen Zulieferbetriebe diszipliniert, ihre Lohntarife angepaßt, ihre Eigentümer und Arbeiter an den ihnen gemäßen Platz in der Hierarchie gestellt werden. Das wurde Shiojis Aufgabe. Wieder war er die treibende Kraft. Er mußte sicherstellen, daß sie und ihre Arbeiter sich Nissan zu Bedingungen anschlossen, die für das Hauptunternehmen akzeptabel waren. Falls er der Meinung war, daß sie ihre Arbeiter zu gut bezahlten, ließ er sie das wissen. Falls er der Meinung war, daß ihre Arbeiter ihn nicht genügend achteten, wenn er ihren Betrieb aufsuchte, ließ er sie das ebenfalls wissen.

Shioji beabsichtigte mehr, als Nissan Geld zu sparen. Er wollte den Chefs der Tochterunternehmen stets vor Augen halten, daß er Nissan vertrat, daß er über ihnen stand und daß sie, wenn sie sich ihm entgegenstellten, ihren Vertrag mit Nissan verlieren konnten. Einmal sollte Shioji auf einem Treffen von Zulieferfirmen sprechen, neben Kawamata und Sohei Nakayama, dem Chef der Industriebank von Japan, und anderen japanischen Führungskräften. Die anderen hatten bereits gesprochen; Shioji war an der Reihe – aber Shioji war nicht da. Schließlich fuhr er vor.

»Wir müssen uns beeilen«, sagte der Präsident der Zulieferfirma, der ihn begleitete. »Sie warten schon alle.«

»Nein«, entgegnete Shioji. »Ich habe noch nicht gegessen.«

»Aber es warten doch schon alle«, beharrte der Präsident.

»Ich habe Hunger«, erwiderte Shioji, »und ich gehe etwas essen.« Und das tat er auch, während die Chefs all der anderen Firmen warteten. Die Botschaft war klar und deutlich.

Bald hatte jeder, der in irgendeiner Form mit Nissan zu tun hatte, diese Botschaft begriffen. Man begriff zum Beispiel, daß bei bestimmten Nissan-Treffen nur Kawamata und Shioji sprachen. Vorstandsmitglieder, auf dem Papier Shiojis Vorgesetzte, wagten nie, ihn anzugreifen. Die Chefs der Zulieferunternehmen erkannten, daß er das Unternehmen darstellte; Kawamata wurde zu einer fernen Gestalt im Hintergrund, die sie selten sahen. Shioji war derjenige, mit dem man zu verhandeln hatte.

Nissan genügte es nicht, das Management der Zulieferfirmen zu beherrschen. Auch die Arbeiter dort mußten überwacht werden. Sie gehörten alle zur Zulieferergewerkschaft, die anders war als die japanische Automobilarbeitergewerkschaft Shiojis. Aber Shioji hatte als Chef der Zulieferergewerkschaft Hideo Kuze eingeschleust, einen seiner Männer. Kuze war ein Günstling Shiojis, einer seiner getreuesten Helfer. Anfang der 60er Jahre hatte es den Anschein, als ob Kuze Shiojis persönlicher Stellvertreter wäre, und einige Gewerkschaftsmitglieder meinten, Kuze würde sein Nachfolger. Ende der 60er Jahre brachte Shioji Kuze als Chef der Zulieferergewerkschaft unter. Es wurde angenommen, daß er Shiojis Wünsche bis ins kleinste befolgen würde. Doch es wurde bald deutlich, daß Kuze beabsichtigte, eine etwas unabhängigere Gewerkschaft zu führen. Zwischen den beiden Männern kam es zu kleineren Meinungsverschiedenheiten und dann zu leichten Spannungen. Irgendwann waren Verträge mit zwei Zulieferfirmen auszuhandeln. Ohne jemandem etwas davon zu erzählen, handelte Shioji die Verträge aus. Es war Kuzes Unglück, anschließend zu den gleichen Unternehmen zu gehen und höhere Zahlungen zu verlangen. Das besiegelte sein Schicksal. Mit Unterstützung des Nissan-Managements drängte Shioji Kuze heimlich hinaus. Kuze war ein geschlagener Mann, tauchte unter und unternahm mehrere vergebliche Selbstmordversuche.

Nach Kuzes Ruin war es um die Unabhängigkeit der Zulieferergewerkschaft geschehen, und Nissan beherrschte seine Zulieferer fortan nach Belieben. Es war ein entscheidender Schritt. Jetzt konnten die Zulieferfirmen als Anhängsel Nissans modernisiert werden, und es würde dort nicht zu Streiks kommen, die die Nissan-Produktion beeinträchtigten. Jetzt konnte Kawamata Qualität und Kosten in einem bisher nicht möglichen Umfang kontrollieren. Nach relativ ärmlichen Anfängen konnte Nissan nun in die Boomjahre starten; das Unternehmen war flexibel genug, die hohen Investitionen zu verkraften, die erforderlich waren, und seinen Arbeitern gleichzeitig Löhne zahlen, die sie an die Spitze der japanischen Lohnskala brachten.

Die Unterwerfung der Zulieferer war kein Ereignis, über das bei Nissan irgend jemand gern viel geredet hätte; man betrachtete es mit der Zeit als etwas, das sich einfach ergeben hatte. Das MITI hatte es vorausgesehen, und Shioji hatte es in die Tat umgesetzt. Daß er es erreicht hatte, bestätigte seine Sonderstellung bei Nissan. Shioji, ohnehin schon Kawamatas engster Vertrauter, wurde fast wie sein Sohn. Nichts Wichtiges geschah ohne seine Genehmigung.

Achter Teil

27
Krieg und Erdöl

Die Konstellation, die den Vereinigten Staaten erlaubte, weiter billiges Erdöl zu beziehen, geriet immer mehr ins Wanken. Die Unruhe im Nahen Osten nahm ständig zu, und der wachsende arabische Nationalismus (sowie eine abnehmende Fähigkeit im Westen, diesen Nationalismus zu steuern) war ab Mitte der 50er Jahre deutlich zu erkennen. 1954 war Gamal Abd el-Nasser in Ägypten durch einen Putsch an die Macht gekommen, der von jungen Armeeoffizieren eingefädelt worden war. Mehr als jeder andere Führer in der arabischen Welt schien er beseelt von der Vision eines arabischen Nationalismus. In amerikanischen Büchern hatte er gelesen, daß es die Erdölgesellschaften nur 10 Cents kostete, ein Barrel Erdöl im Nahen Osten zu fördern, und daß aus den Erdölquellen im Nahen Osten im Durchschnitt 4 000 Barrel pro Tag herauszuholen waren, weit mehr als aus den amerikanischen. Erdöl, so erkannte er, war demnach ein Kernstück arabischer Macht. Seine Machtbasis als panarabischer Führer wurde jedoch durch die Tatsache untergraben, daß es Ägypten an Erdöl fehlte. Trotzdem spielte Nasser eine wichtige Rolle als der erste wirklich bedeutende nationalistische Führer in der arabischen Welt.

1956 verstaatlichte er den Suezkanal. Französische, britische und israelische Truppen marschierten gegen ihn auf; kurz vor ihrem Sieg wurden sie durch amerikanischen Druck gezwungen, ihren Feldzug abzubrechen. Die Amerikaner hatten lebenswichtige Wirtschaftsinteressen dort, aber dreißig Jahre lang würde sie bis auf das Überleben Israels oder das Offenhalten der saudischen Erdölfelder nichts zwingen, diese Interessen mit militärischer Macht zu sichern. Das bedeutete, daß jetzt in der nachkolonialen Ära eine unvermeidliche Woge nationalistischer antiwestlicher Gefühle aufkommen würde; der Westen würde sich darauf beschränken müssen, nach Möglichkeit jene konservativen arabischen Staaten zu schützen, die seine Freunde waren, insbesondere Saudi-Arabien und den Iran. Auch wenn der Westen nicht direkt im Niedergang begriffen war, war seine militärische und politische Macht im Nahen Osten doch nicht mehr so groß wie seine wirtschaftlichen Interessen.

Die nächste wichtige Krise brach 1958 im Irak aus, wo das Militär gegen ein besonders brutales und diktatorisches Regime aufstand, das von den Briten eingesetzt worden war. Allmählich verbreitete sich der Nationalismus, den Nasser verkörperte, in der ganzen Region. Selbst die gemäßigteren Führer, die der Westen als Verbündete betrachtete, bezeichneten sich jetzt als Nationalisten. Der Schah von Persien, der ohne Frage Amerikas Mann war, wagte nicht, wie eine Marionette des Westens auszusehen. Im übrigen herrschte, gleichgültig wie konservativ und diktatorisch ein nahöstlicher Führer war, eine unterschwellige Wut gegen die westlichen Staaten, weil sie sich so viel für so wenig nahmen. Es gab eine wachsende Unzufriedenheit über die Macht der Erdölgesellschaften, ein Gefühl, daß die Gesellschaften sich nicht fair bei ihren Geschäften verhielten, und eine genauso bedeutsame Unzufriedenheit wegen der westlichen Unterstützung für Israel.

Dennoch konnten die Gesellschaften etwa zwanzig Jahre den Steuerreferenzpreis des Erdöls halten – letztlich der Preis, zu dem zu verkaufen sie beschlossen (erheblich über dem Preis, zu dem sie kauften). Es war ein Preis, der sich nicht an der problemlosen Förderung auf diesen reichen neuen Feldern orientierte, sondern an den höheren Kosten des Erdöls, das aus dem Golf von Mexiko kam. Von etwa 1948 bis 1971 blieb der Preis erstaunlich gleich, bei etwa 2 $ pro Barrel. Aber unter dieser scheinbaren Stabilität gärte es. Zum ersten Mal sprachen die arabischen Staaten von Einheit.

1967 griffen Ägypten und Syrien Israel im sogenannten Sechstagekrieg an. Die Geschwindigkeit und Vollständigkeit, mit der die Israelis ihre arabischen Gegner besiegten, machten den Arabern die eigene Schwäche nur noch bewußter und vertieften deren Wut. Danach gab es einen kurzen und etwas pathetischen Versuch, das Erdöl als Waffe zu nutzen. Aber die einzigen Opfer waren die Staaten selbst. Einige Araber versuchten, die Förderung einzustellen. (Persien schloß sich nicht an.) Die Saudis machten ihre Felder einen Monat dicht und büßten 30 Millionen Dollar an Einnahmen ein. Scheich Ahmed Jamani, der saudische Erdölminister und ein mächtiger Sprecher der Araber, räumte später ein, daß sie ihre Macht schlecht eingesetzt hatten. »Wir verhalten uns wie jemand, der eine Kugel in die Luft schießt, verfehlen den Feind und lassen es zu, daß sie auf uns selbst fällt«, sagte er. Diese Demonstration der eigenen Wirkungslosigkeit war es, die einen echten Wandel bewirkte und die arabischen Staaten schließlich zwang zusammenzuarbeiten.

Zur gleichen Zeit begann der Käufermarkt bei Erdöl sich in einen Verkäufermarkt zu verwandeln. Der Sechstagekrieg fand zweiundzwanzig Jahre nach dem Ende des Zweiten Weltkriegs statt. Westeuropa war inzwischen ein vollgültiges Mitglied der Erdölkultur geworden, ungeachtet des Rats einiger Planer wie Jean Monnet, die als Grundlage für die europäische Wirtschaft die Kohle vorgeschlagen hatten, an der Westeuropa so reich war. Statt dessen war Europa unter den Aufmunterungen der Amerikaner immer abhängiger vom Erdöl geworden. Von 1950 bis 1965 stieg die Abhängigkeit der sechs Länder des Gemeinsamen Marktes von Erdöl als Energiequelle von 10 auf 45 Prozent, während der entsprechende Wert für Kohle von 74 auf 38 Prozent fiel. Die Wirtschaft Japans, eine Kopie des amerikanischen Modells in kleinerem Maßstab, wurde immer erdölabhängiger, und auch zahllose kleinere Länder fingen an, Erdöl nachzufragen.

Ein weiterer Umstand, der unerbittlich zugunsten der Araber wirkte, war der Rückgang der amerikanischen Reserven. 1970 war die amerikanische Förderung erstmals gesunken; in diesem Jahr wurden 28 Prozent des amerikanischen Erdöls importiert, obwohl Einfuhrbeschränkungen bestanden. Bei jeder anderen Ware hätte das den Preis erheblich beeinflussen können; aber wegen der Reserven im Mittleren Osten und der scheinbaren Fähigkeit des Kartells, die Lage zu beherrschen, blieb der Preis unverändert. Normalerweise hätte der Preis drastisch steigen müssen. Aber die Erdölgesellschaften verhinderten das. Zwar gab es zwischen ihnen Rivalitäten, aber der Einsatz war so hoch, daß man sich einige ungewöhnlich raffinierte Methoden hatte einfallen lassen, um gemeinsam vorgehen zu können und die Macht nicht zu verlieren.

Zum ersten wirklichen Bruch kam es 1969 in Libyen. Im September jenes Jahres wurde König Idris von einer Gruppe radikaler Offiziere unter Führung eines jungen Armeeoberst namens Muammar Gaddafi gestürzt, eines fanatischen Moralisten, erbitterten Gegners Israels und strikten Widersachers des Westens. Er hatte die Macht übernommen, um Rache zu nehmen für die Vergangenheit, um sein Land von allen Spuren des Kolonialismus und der Verführung zu befreien, die die Kolonialisten nach seiner Ansicht seinem Land zugefügt hatten. Er hatte die Macht auch in dem Land übernommen, in dem die großen Gesellschaften am verwundbarsten waren. Denn im Gegensatz zu den meisten anderen arabischen Ländern, wo die Regierung nur mit einem Hauptkonzessionär verhandelte, hatte Libyen sich einer ganzen Reihe von Gesellschaften geöffnet, und seine Erdölfelder waren unter ihnen aufgeteilt. Jemand wie Gaddafi konnte somit beträchtlichen Einfluß auf ein einzelnes Unternehmen ausüben, das zu isolieren er beschlossen hatte. Beraten von Fachleuten gelangte er zu der Auffassung, daß sein Öl zu billig sei, und er wollte deshalb eine Preiserhöhung; die Gesellschaften wiesen seine Forderung zurück. Im Mai 1970 verlor er die Geduld und nahm sich Occidental Petroleum vor, eine unabhängige Gesellschaft und von den vielen in Libyen tätigen Gesellschaften das schwächste Glied. Gaddafi wies Occidental an, seine Förderung um 300 000 Barrel pro Tag zurückzunehmen.

Es war wahrscheinlich das erste Mal, daß eines der Ölländer mit einer Gesellschaft das machte, was die Gesellschaften mit ihnen gemacht hatten. Occidental bot umgehend eine bescheidene Preiserhöhung an, aber es war zu spät. Da er wußte, wie hilflos er war, flog Armand Hammer, der Chef von Occidental, nach New York, um mit John Jamieson, dem Chef von Exxon, ein Geschäft zu vereinbaren; er würde sich Gaddafi widersetzen, wenn Exxon für seine Verluste in Libyen aufkäme. In der Vergangenheit hatte die Gemeinsamkeit der Interessen trotz Gegnerschaft unter den Mitgliedern das Kartell stets zusammengehalten. Aber Hammer war ein Außenseiter, und Jamieson mißtraute ihm. Diese Entscheidung markierte den beginnenden Bruch im Kartell, auch wenn das damals niemand bemerkte, denn sie wurde zunächst nur als eine Abfuhr für Hammer betrachtet.

Schon bald rupfte Gaddafi auch die anderen Gesellschaften, die in Libyen Erdöl förderten. Für ihn war es ein gewaltiger Triumph, politisch, psychologisch und wirtschaftlich. Auf einem Treffen der OPEC im Dezember 1970 wurde das neue arabische Selbstbewußtsein sichtbar. Die Erdölgesellschaften konnten den Preis nicht mehr so ohne weiteres steuern. Die Erdölländer waren selbstbewußter geworden, stellten mehr Forderungen. Nicht nur die Führer der radikalen Länder, sondern auch als gemäßigt geltende Führer wie der Schah verhielten sich anders. Der Schah kritisierte jetzt offen amerikanische Praktiken im Iran. Die Gesellschaften hätten sich des Schutzes der amerikanischen Regierung bedient, um Wirtschaftsimperialismus zu praktizieren, sagte er, und drohte, sie aus dem Land zu jagen. »Die erdölexportierenden Länder wissen, daß sie betrogen werden«, erklärte er. »Sonst gäbe es nicht die gemeinsame Front... Die so mächtigen sechs oder sieben Schwestern [die großen internationalen Erdölgesellschaften] mußten ihre Augen öffnen und feststellen, daß sie im Jahr 1971 leben und nicht mehr 1948 oder 1949.« Die Verhandlungen zwischen den Gesellschaften und den Iranern wurden hart. Die Iraner wollten pro Barrel 54 Cents mehr haben, die Amerikaner boten 15 Cents. Man einigte sich schließlich auf 30 Cents und erhöhte bis 1975 auf 50 Cents. Auch wenn das im Vergleich mit dem, was bald folgen sollte, eine relativ geringe Steigerung war, wurde sie damals von den Gesellschaften doch als ruinös betrachtet.

Sie war für die Erdölgesellschaften tatsächlich insofern ruinös, als damit klar wurde, daß sie die Preise nicht länger beherrschen konnten. Im März jenes Jahres stimmten die mit Libyen Handel treibenden Gesellschaften einem Steuerreferenzpreis von 3 $ zu, was eine Steigerung von 76 Prozent bedeutete. Als der Schah diese Nachricht hörte, war er außer sich; er erkannte, wieviel mehr er hätte herausholen können. Rasch schraubten die arabischen Länder ihre Forderungen in die Höhe. Scheich Jamani war ein Spiegelbild ihres neuen Selbstbewußtseins. Die Amerikaner, erklärte er, müßten einsehen, daß sich ihre Wirklichkeit geändert habe und daß sie sich jetzt anzupassen hätten. Schon bald begannen die Amerikaner, auf mehrere Punkte Jamanis einzugehen. Er forderte vor allem eine echte Partnerschaft.

Als Sprecher der OPEC, der der industrialisierten Welt die Hiobsbotschaften übermittelte, war Jamani jetzt eine international bekannte Persönlichkeit. Er spielte seine Trümpfe mit großem Geschick aus. Seine Position war noch faszinierender dank der Tatsache, daß sein Land mit dem unermeßlichen Lager bei Ghawar die größten Reserven der Welt besaß; die anderen Länder konnten somit nichts ohne die Saudis unternehmen. Jamani verlangte zum Entsetzen der Gesellschaften einen immer höheren Anteil an den Gewinnen, und die Gesellschaften willigten zähneknirschend ein. Zur gleichen Zeit drohten die Saudis und andere vermehrt damit, sich mit anderen radikaleren Staaten zusammenzuschließen, um das Erdöl als Waffe gegen die amerikanische Unterstützung Israels einzusetzen.

Im Juni 1973 fand eine weitere OPEC-Sitzung statt, auf der die Länder eine erneute 12prozentige Erhöhung ankündigten. In jenem September stieg der Marktpreis für Erdöl erstmals über den Steuerreferenzpreis. Nichts machte die neue Macht der Länder deutlicher als diese Tatsache; sie kennzeichnete auch das Aufkommen von Marktkräften in einem Gebiet, das bisher von ihnen unberührt gewesen war.

Anfang Oktober bereiteten sich die Führer der OPEC auf ein Treffen in Genf vor. Dort wollten sie am 8. Oktober mit den Vertretern der inzwischen äußerst nervösen Erdölgesellschaften zusammenkommen. Die Erdölproduzenten beabsichtigten zu erklären, daß die alte Ära vorüber sei und sie jetzt die Bedingungen diktieren würden. Am 6. Oktober, als sie gerade nach Genf aufbrachen, drangen Ägypten und Syrien auf von Israel besetztes Gebiet vor, was dem Treffen einen dramatischen Akzent verlieh. Jamani verlangte eine Verdoppelung des Marktpreises – von gut 3 $ auf 6 $ pro Barrel. George Pierce von Exxon schlug statt dessen eine Preiserhöhung von 15 Prozent vor. Jamani machte eine Geste: Er werde eine Erhöhung um 2 $ pro Barrel oder einen Gesamtpreis von 5 $ akzeptieren. Pierce weigerte sich im Namen der Gesellschaften, über 25 Prozent hinauszugehen – was etwa 3,75 $ pro Barrel entsprach.

Die Vertreter des Westens, die mit der OPEC verhandelten, wußten, wie schwach ihre Position war – inzwischen war nicht nur eine Preiserhöhung, sondern eine weit bedrohlichere Maßnahme, ein Boykott, in den Bereich des Möglichen getreten. Sie telegrafierten an die Zentralen daheim und meinten, Jamani werde eventuell auf etwas weniger als die 5 $ eingehen, die er verlangte. Doch die Manager in den Zentralen waren aus härterem Holz und wiesen ihre Verhandlungsführer an, nicht nachzugeben. Die Araber waren zornig und flogen am nächsten Tag ab, ohne sich noch die Mühe zu machen, die Vertreter der Erdölgesellschaften zu unterrichten.

Jetzt trafen zwei starke Strömungen aufeinander – ein sich ändernder Marktwert des Erdöls und gröblich verletzte Gefühle der Araber aufgrund der amerikanischen Unterstützung für Israel. Vier arabische Außenminister flogen nach Washington, um die Amerikaner vor der Möglichkeit eines Boykotts zu warnen. Der wichtigste unter ihnen war Omar Saqquaf, der Außenminister Saudi-Arabiens. An dem Tag, an dem Saqquaf hoffte, mit Präsident Nixon zusammenzutreffen, gab der Präsident vor, zu beschäftigt zu sein, was die Saudis erzürnte.

Die Amerikaner nahmen an, die arabische Welt sei zu zerstritten, in zu viele Lager geteilt, um einen wirksamen Boykott durchzuziehen. Doch am 21. Oktober begann der Boykott, der in erster Linie auf die Amerikaner zielte. Das Embargo trug natürlich dazu bei, die Erdölpreise für die in die Höhe schnellen zu lassen, die noch kaufen durften. Jamani sprach jetzt vom Marktpreis als dem einzigen Preis, an den er glaubte. Der Westen war wie gelähmt. Erfolglose Versuche wurden unternommen, Japan unter Druck zu setzen, sich mit Preisangeboten auf dem freien Markt zurückzuhalten, denn Japan importierte sein gesamtes Erdöl.

Am 16. September 1973 veranstaltete die iranische State Oil Company zum erstenmal eine Erdölauktion. Das höchste Gebot lag bei 17 $ pro Barrel. Die meisten Bieter waren unabhängig. Shell hatte, wie es hieß, 12 $ geboten. Eine andere Auktion in Algerien brachte Gebote von 22 $. Es war klar, daß der Steuerreferenzpreis und der Marktpreis nichts mehr miteinander zu tun hatten.

Am 22. Dezember trafen sich Vertreter der sechs Anrainerstaaten des Persischen Golfs, die Mitglied der OPEC waren, in Teheran, um zu besprechen, was sie in einem so entscheidenden Augenblick tun sollten. Die Iraner waren, was die Preiserhöhungen betraf, am radikalsten; der Schah wollte einen Preis von 14 $ pro Barrel, was, wie er sagte, weniger war, als die Araber auf dem freien Markt bekommen konnten. Jamani war zurückhaltender. Er hütete sich, einen Preis festzusetzen, der so hoch war, daß er eine weltweite Depression hätte auslösen können. Auf dem Treffen bekam Jamani widersprüchlichen Rat. Einige amerikanische Erdölhändler sorgten sich wegen der kurzfristigen Auswirkungen und rieten ihm, daß die Saudis den Preis niedrig halten und mit der OPEC brechen sollten; andere Amerikaner befürchteten jedoch, daß man den Saudis nie verzeihen würde, wenn er das täte; sie stünden in ihrem eigenen Teil der Welt unter ständigem Druck; die Stabilität des arabischen Staates, der an Erdöl am reichsten und Amerika am freundlichsten gesonnen war, würde gefährdet. Jamani entschied sich gegen einen Bruch (wofür er später von König Feisal getadelt wurde). Die anderen Minister tagten noch, als der Schah im Alleingang verkündete, der neue Preis werde 11,65 $ pro Barrel betragen. Er sei, wie er sagte, auf der Grundlage »von Großmut und Freundschaft« erzielt worden.

In nur zwei Monaten hatte sich der Erdölpreis vervierfacht, und die eigentlichen Betreiber dieser niederschmetternden Änderung, die Iraner und Saudis, waren gemäßigte oder konservative Staaten, die als Verbündete des Westens galten.

Das Embargo, über das die Amerikaner einst gespottet hatten, war überraschend erfolgreich. Vor dem Embargo hatten die Vereinigten Staaten täglich 1,2 Millionen Barrel eingeführt; bis zum Februar war diese Zahl praktisch bei Null. Die Gesellschaften hatten klein beigegeben; sie waren jetzt die Juniorpartner der Araber. Es war ein wahrhaft historischer Sieg für eine Region, die unter einer Art wirtschaftlichem Neokolonialismus gelitten hatte. Es war ein sowohl psychologischer wie auch wirtschaftlicher Sieg. Die Erdölländer hatte in der Vergangenheit, wie der Schah sich ausdrückte, »die geheime Macht der Gesellschaften« zurückgehalten. Damit meinte er die geheime Macht des weißen Mannes – ein Relikt aus der Kolonialzeit –, die Araber glauben zu machen, daß er mehr wisse und stärker sei. »Solange wir unsere Stärke nicht erkannten«, so ein saudischer Beamter, »hatten wir sie nicht.«

Die amerikanische Wirtschaft und das amerikanische Volk waren auf die Veränderung überhaupt nicht vorbereitet. Die Verschwendung von Erdöl war im amerikanischen Leben fest verankert. Jeder hing von billiger Energie ab. Fast alle amerikanischen Wagen hatten zum Beispiel ein automatisches Getriebe, das 25 Prozent mehr Benzin verbrauchte als das alte Schaltgetriebe. Plötzlich war Benzin teuer und knapp. Binnen kurzem stieg sein Preis von 36 Cents pro Gallone auf 60 Cents. An den Tankstellen standen die Autofahrer stundenlang Schlange. In den ersten drei Monaten 1974 fiel der Benzinverbrauch in den Vereinigten Staaten um 7 Prozent, anstatt wie üblich um 7 Prozent zuzunehmen.

Im März 1974, gerade fünf Monate nach seinem Beginn, war der Boykott vorüber. Die Araber hatten ihre neuen Muskeln spielen lassen, ihre politischen und wirtschaftlichen Ansichten durchgesetzt und waren nun mit dem hohen Erdölpreis reich belohnt. Das Erdöl begann wieder zu fließen, wenn auch sehr viel teurer, und viele betrachteten den Boykott bald nur noch als einen kurzen Alptraum, nicht als ernstzunehmenden geschichtlichen Bezugspunkt. Das Land war kurz durchgeschüttelt worden, ging aber schon bald wieder den gewohnten Geschäften nach.

28
Henry Ford im Belagerungszustand

Schon vor dem Jom Kippur-Krieg waren die Anzeichen der Gefahr zu erkennen gewesen. Das Erdöl gehörte sicher dazu; beinahe jeder glaubwürdige Energieexperte wies warnend auf die Grenzen der heimischen Erdölreserven Amerikas und die Risiken hin, die sich aus einer zu großen Abhängigkeit von ausländischen Quellen ergaben. Aber das Erdöl war nicht das einzige Problem. Gerade als neue und beachtliche Wettbewerber, wie etwa die Japaner, sich zum großen Sturm auf den amerikanischen Markt anschickten, wurde deutlich, daß das amerikanische Lohnniveau für Manager wie für Arbeiter schwer aus dem Ruder gelaufen war im Vergeich zur übrigen Welt. Die Kluft zwischen amerikanischen und japanischen Löhnen hätte sich beispielsweise schließen müssen, als die Japaner wohlhabender wurden. Doch die Vereinbarungen, die Detroit mit der Automobilarbeitergewerkschaft traf, waren so inflationär wie eh und je, und die Unterschiede, vor allem in bezug auf die Zuwendungen, blieben beachtlich. Auch die Unternehmensgewinne waren höher denn je, und gleiches galt für die Gehälter, die in einigen Fällen eine Million Dollar im Jahr erreichten. Die Unternehmen konnten von der Gewerkschaft keine Zurückhaltung verlangen, solange die eigenen Vorstandsmitglieder sich in dieser Weise bedienten. Die Zurückhaltung hatte oben anzufangen, aber niemand wollte soviel Zurückhaltung. Im übrigen fürchtete jedes Unternehmen einen Streik, der es lahmlegte und seine Kunden abwandern ließ.

Das Ergebnis all dessen war ironischerweise nicht das Entstehen eines reichen und harmonischen Unternehmens, sondern eines Unternehmens ohne jede Harmonie, in dem Management und Arbeiter einander mißtrauten, vor allem in der Frage der Qualität. Die Arbeiter glaubten, das Reden der Manager über Qualität sei im wesentlichen ein Schwindel, und dem Unternehmen gehe es in Wirklichkeit nur darum, so viele Wagen wie möglich vom Band laufen zu lassen und den Gewinn zu maximieren. Einige jüngere Führungskräfte bei Ford waren der gleichen Ansicht. Sie fühlten sich insbesondere durch ein Programm beleidigt, das PEP hieß, Profit-Erhöhungs-Programm. Es lief Ende der 60er Jahre an und hatte mehrere Jahre Gültigkeit. Es war eine Idee Iacoccas und verdeutlichte die zunehmende Anpassung der Produktleute an die von der Finanzabteilung festgesetzten Normen. Ziel des PEP war es, die Produktionskosten eines Wagens zu senken, indem man sie aus einem bestehenden Budget herausnahm; ein Beispiel wäre die Entscheidung, einen Mercury mit Ford-Polstern auszustatten, was billiger war. Einige Traditionalisten waren überzeugt, daß das PEP systematisch die Qualität senke, ein automobiler Taschenspielertrick sei und daß hinter dem Programm insgeheim der Gedanke stand, der Kunde werde den Unterschied gar nicht bemerken. PEP fand sehr bald Eingang in den firmeninternen Jargon.

»Was ist denn mit der Verzierung an der Motorhaube passiert?« fragte vielleicht ein Produktmann.

»Oh«, antwortete sein Vorgesetzter, »die ist gepeppt worden.«

Es gab inzwischen auch andere Probleme. Zum ersten Mal wurde die Qualität angezweifelt. Iacocca sprach offener über die Schwierigkeiten von Ford, gute Wagen zu produzieren. Seine Leute, so sagte er, könnten zwar phantastische Autos entwerfen, aber sie könnten sich nicht auf die Arbeiter verlassen. »Sehen Sie«, sagte Iacocca, »in der letzten Woche bin ich raus zu unserem Werk in Wixom gefahren. Da machen wir unseren Continental, unseren besten Wagen. Ich stehe an der Fertigungsstraße und sehe einen jungen Burschen, der in Wayne State ganztags zur Schule geht, und er ist mit den Gedanken ganz woanders, und es ist ihm völlig egal, was er da zusammenbaut, und wenn der Wagen vom Band kommt, ist er vielleicht in Ordnung, vielleicht auch nicht. Einen solchen Mann können wir nicht mehr ändern. Was wir also bei Ford machen, ist folgendes: Wir werden eine Händlerorganisation schaffen, die die Wagen in Ordnung bringt und garantiert, daß sie laufen. Wir geben Ihnen einen Händler, der das repariert, was wir produzieren.« Letztlich gab Iacocca damit zu, daß Ford seine Arbeiter nicht mehr überwachen konnte, und deshalb bürdete man den Händlern die Last auf, den Kunden einen einwandfreien Wagen zu liefern.

Noch fielen diese Anzeichen kaum ins Auge. Die Männer an der Spitze waren noch überzeugt von dem, was sie machten, und überzeugt, daß sie die Kunden kannten. Iacocca war die Verkörperung dieser Überzeugung. Er glaubte, alles verkaufen zu können. *Alles.*

Iacocca sprach nicht nur für sich, sondern auch für das Unternehmen und den Mann, für den er arbeitete. »Amerikaner«, erzählte Henry Ford einmal einem Interviewer, »preschen gern mit hundertdreißig über die Autobahnen, in einem großen Wagen mit allen möglichen Extras, die Fenster hoch, Klimaanlage in Betrieb, Radio an und einen Finger am Steuer. Das wollen sie, und das kaufen sie, und das stellen wir her. Wir bauen die besten Wagen, die wir bauen können, um den Geschmack des amerikanischen Volks zu befriedigen.« Ford hatte für europäische Wagen nur Verachtung übrig. Kleine Wagen waren nach seinen Worten »kleine, billige Kisten«.

Diese Verbohrtheit sagte über Henry Ford ebensoviel aus wie über die Einstellung Detroits. 1970 mehrten sich die Anzeichen, daß ihm die Führung des Unternehmens zuwider war. Er hatte die Möglichkeit gehabt, in der Johnson-Administration als eine Art Botschafter für die Wirtschaft zu fungieren, aber das hatte sich zerschlagen, als Johnson sein Amt räumen mußte. So hatte Ford sich weiter an sein Unternehmen gehalten, und obwohl er sich weigerte, an Rücktritt zu denken, nahm der Posten ihn fraglos mit. Er reiste jetzt viel lieber und war geschäftlich öfter in Europa als in Amerika und hielt sich wahrscheinlich öfter in den europäischen Werken als in den amerikanischen auf. In Europa wurde er wie das Mitglied eines Königshauses behandelt (und er verbrachte auch viel Zeit mit echten und weniger echten Mitgliedern von Königshäusern). Es konnte vorkommen, daß sich vor einem Restaurant, in dem er aß, Menschen ansammelten, um einen Blick auf ihn zu werfen – die Verkörperung eines großen Industrieimperiums, dessen Name auf einem berühmten Produkt prangte. In Amerika war das anders; wenn er eine Fabrik besuchte, zeigte sich wahrscheinlich nicht einmal der Ortsbürgermeister, und tatsächlich konnte ein Zusammentreffen mit einem örtlichen Beamten sehr schnell in ein Aufzählen kleinlicher Beschwerden ausarten. Wenn er im Kreis guter Freunde über die Ford Motor Company sprach, tat er es wie über eine heilige Pflicht. Sie war von seiner Familie ins Leben gerufen und ihm in einem miserablen Zustand überlassen worden, und er war stolz darauf, daß er sie wieder hochgebracht und über ein Vierteljahrhundert als ein großes und erfolgreiches Unternehmen geführt hatte.

Er wünschte sich starke und energische Männer in seiner Umgebung, aber seine Beziehung zu ihnen war stets unausgeglichen: Sie mußten sich ihre Position bei ihm verdienen und ihren Charme spielen lassen. Er hingegen mußte sich seine Position bei ihnen nicht verdienen oder seinen Charme spielen lassen. Wenige Männer in der amerikanischen Wirtschaft waren so verzogen. Es war immer sein Spielzeug, und auch die Regeln waren immer die seinen. Männer stiegen und fielen in seiner Gunst. Geschickt spielte er sie gegeneinander aus, und es hieß oft über Ford, daß es ein hervorragendes Unternehmen sein könnte, wenn nicht die Hälfte der Spitzenmanager dort die meiste Zeit damit verbrächte, gegeneinander zu intrigieren, und das im allgemeinen mit Henrys Unterstützung.

Lange war es ihm gelungen, sein Verhalten als Haupt des Unternehmens von dem in seinem Privatleben zu trennen, aber Ende der 60er und Anfang der 70er Jahre änderte sich das allmählich. Vielleicht war es der wachsende Druck von seiten der Regierung, von Bürgergruppen und Gewerkschaften; es gab zu viele Menschen, die ihm sagten, was er nicht machen könne, erzählte er Freunden, und es mache einfach keinen Spaß mehr, Unternehmer zu sein. Manchmal, so fügte er hinzu, komme er sich wie im Belagerungszustand vor. Auf jeden Fall verlor sein Privatleben allmählich an Wert.

Als er noch ein junger Mann gewesen war, war es ziemlich ruhig verlaufen. 1940, mit zweiundzwanzig Jahren, hatte er eine Frau aus der Schicht geheiratet, aus der er kam. Anne McDonnell, Tochter vermögender Iren aus New York, eines von vierzehn Kindern, war wie geschaffen für einen Mann, der sein gesellschaftliches Leben als Fortsetzung seines Berufslebens und beides perfekt geordnet führen wollte. Niemand, so dachten ihre Freundinnen, würde ein großes Haus besser führen. Sie war attraktiv, wußte die richtigen Dinge zu tun und entsprach genau den Anforderungen, die Henrys gesellschaftliche Stellung mit sich brachte. Sie führten ein förmliches Haus. Bei Diners wurde oft Smoking getragen. Mit Unternehmensangehörigen kamen sie gesellschaftlich nicht zusammen, nur selten mit Leuten aus der Automobilbranche. Sie trafen sich, wie schon seine Eltern, mit der guten, kultivierten Gesellschaft von Grosse Pointe, mit Leuten ihresgleichen. Henry und Anne galten als reizendes Paar und begegneten sich mit Achtung, wenngleich ihre Beziehung etwas zwanghaft war, als würden sie sich nicht richtig kennen.

Zu Beginn der 60er Jahre merkten einige von Henrys Freunden, daß er inmitten all dieser Routine zunehmend ruheloser wurde. Wenn er eine Wohltätigkeitsveranstaltung besuchte, die von seiner Frau gefördert wurde, ließ er jetzt bei seinen Freunden durchblicken, daß er nur widerwillig dabei war, daß er zwar körperlich anwesend war, aber nicht mit den Gedanken. »Das ist alles kalter Kaffee«, klagte er einmal einem Freund. Jeden Tag nahm ihn die Arbeit im Unternehmen in Anspruch, und abends langweilte er sich. Trotz all der unermeßlichen Annehmlichkeiten führte er das Leben eines typischen Vorstädters. Er wünschte sich mehr Spaß und Unterhaltung. Er hatte das Gefühl, Anspruch auf den Umgang mit interessanteren Leuten zu haben. Sein Vorbild wurde Gianni Agnelli von Fiat. Es gab Parallelen zwischen den beiden Männern. Beide hatten das Automobilunternehmen der Familie übernommen, und beide hatten es gut geführt. Aber da endeten die Gemeinsamkeiten auch schon. Agnelli vergnügte sich. Er war eine internationale Berühmtheit, nicht nur weil er ein Automobilunternehmen besaß, sondern weil er in europäischen Gesellschaftskreisen eine Erscheinung war. In den meisten exklusiven Badeorten Europas besaß er Häuser, traf sich mit den extravagantesten Leuten zweier Kontinente und gehörte zum neuen Jet-set. Henry Ford gehörte nicht dazu. Er war eine führende Persönlichkeit in den Gesellschaften von Detroit und Grosse Pointe, und er war dessen müde.

Mitte der 60er Jahre verliebte er sich in Cristina Vettore Austin. Sie war Italienerin, hübsch, lebhaft, überschwenglich und gehörte zum Jet-set. Seine Frau beobachtete das immer öffentlicher werdende Verhältnis mit zunehmender Abscheu und hoffte, es werde sich bald im Sande verlaufen. Als das nicht der Fall war, und die beiden sich öffentlich in New York trafen (wo Cristina in einem von ihm bezahlten Appartement wohnte), tat Anne Ford, was ihr als strenger Katholikin zutiefst widerstrebte – sie reichte die Scheidung ein. Es war eine erbitterte und teure Trennung. Die Schätzungen für die Abfindung lagen bei 15 Millionen Dollar.

Henry und Cristina heirateten 1965. Eine Zeitlang war die Ehe glücklich. Aber sein altes und sein neues Leben ließen sich nicht ohne weiteres vereinen. Als in Detroit ein großes Fest zu ihren Ehren gegeben wurde, kamen all seine alten Freunde, und viele der neuen Freunde flogen von New York herüber. Die beiden Gruppen standen sich in dem Raum gegenüber, und niemand schien erpicht zu sein, auf die anderen zuzugehen; einem der Anwesenden zufolge war es wie bei einem Schachspiel, bei dem niemand eine Figur bewegt. Seine Familie akzeptierte Cristina nie. »Die Pizza-Königin« nannte Edith Ford sie, die Frau von Henrys Bruder Benson. Henry Ford tauchte an den exklusiven Orten Europas auf, war aufgekratzt und vergnügte sich mehr, als Agnelli es je getan hatte. Es lag, wie es heute scheint, weniger daran, daß er keine Ruhe bei einer Frau fand, als daran, daß er keine Ruhe im Leben fand.

Seine erste Ehe hatte über zwanzig Jahre gehalten, aber seine zweite verlor bald an Reiz. Er hatte Cristina geheiratet, weil das Detroiter Leben ihn anödete. Aber jetzt, wo es flotter zuging, war er nicht glücklicher. Die Ehe ging erstaunlich schnell auseinander. Schon nach drei Jahren beklagte er sich offen über Cristina. Manchmal schien er von ihr und ihren Freunden peinlich berührt zu sein. Das Leben des Jet-set war, wie er Freunden erzählte, weniger vergnüglich, als die Leute meinten. Viele dieser Leute waren einfach hohl. Er kam sich in diesen Jahren manchmal wie ein einsamer kleiner Junge vor; er aß häufig allein in seinem riesigen Haus in Grosse Pointe, während Cristina durch Europa reiste.

Sie war nicht glücklicher. Sie hatte zwar einen Jet-setter geheiratet, aber ihr Jet-setter lebte im amerikanischen Mittelwesten. Sie hatte sich bemüht, Detroit etwas abzugewinnen, aber es war für sie keine leichte Stadt. Es gab nichts, was sie dorthin gezogen hätte.

Für jemanden, der seine Männlichkeit so ernst, ja so selbstverständlich nahm wie Henry Ford, der gern im klassischen Stil von Mann zu Mann mit seinen Erfolgen und den Ansprüchen seiner Frauen prahlte, war es eine demütigende Zeit. Ihre Auseinandersetzungen, oft vom Alkohol angeheizt, waren häßlich.

Nach einem Vorstandstreffen hatte er einmal heftig angefangen zu trinken und sich dann in den Kopf gesetzt, er müsse etwas für das Sexualleben seines Freundes Sidney Weinberg tun. Weinberg war damals ein Mittsiebziger. Ford hatte sich an einen klugen, aufstrebenden Manager gewandt, auf Weinberg gezeigt und gesagt: »Ich möchte, daß Sie ihm ein Mädchen besorgen«. Der junge Mann machte ein verdutztes Gesicht. »Verdammt nochmal, ich habe gesagt, Sie sollen ihm ein Mädchen besorgen«, beharrte der Vorstandsvorsitzende der Ford Motor Company.

Der junge Mann irrte umher, bis er einen älteren Kollegen fand. »Was soll ich um Gottes Willen tun?« fragte er.

»Sie gehen schlafen und hoffen inständig, daß Henry Ford, wenn er aufwacht, die Sache vergessen hat. Wenn er sie nicht vergessen hat, sagen Sie ihm, Sie hätten sich überall umgetan, aber es hätte keine Damen gegeben, die der Ehre wert gewesen wären. Wenn er damit nicht zufrieden ist, schauen Sie sich am besten nach einem anderen Job um.«

Fords lärmende Trinkgelage schienen sich zu häufen und erhöhten den Streß für ihn noch. Seit einiger Zeit traf er sich mit einer hübschen jungen Frau namens Kathy DuRoss. Sie war ein Mädchen aus der Stadt, die von einem sehr schweren Schicksalsschlag betroffen worden war und hin und wieder als Modell arbeitete – sie war nach einem Autounfall, bei dem ihr Mann getötet wurde, mit neunzehn Jahren Witwe geworden und hatte zwei kleine Kinder zu versorgen. Sie war energisch und handfest – eine handfeste Amerikanerin im Gegensatz zu Cristina, die eine handfeste Europäerin war. (»Mein Vater«, sagte Charlotte Ford, »hat eine Schwäche für starke Mädchen.«) Ein paar gute Freunde wußten, daß er sich mit ihr traf, aber sonst niemand.

Fords Doppelleben endete an einem Abend im Februar 1975, als einer kalifornischen Polizeistreife ein in Schlangenlinien fahrender Wagen auffiel. Sie hielt den Wagen an und nahm den Fahrer, Henry Ford, wegen Trunkenheit am Steuer fest. Im Wagen saß auch Kathy DuRoss. Das Geheimnis war geplatzt, und die Ehe mit Cristina damit definitiv vorbei.

Die Scheidung von Cristina drohte um einiges unangenehmer zu werden als die von Anne. Cristina ließ unter Strafandrohung eine ganze Reihe Leute vorladen, die über das Privatleben ihres Mannes und über Kathy DuRoss Bescheid wußten. Aber kurz bevor der Fall vor Gericht verhandelt werden sollte, einigte man sich privat. Cristina Ford bekam etwa 16 Millionen Dollar, ungefähr den gleichen Betrag wie ihre Vorgängerin, allerdings für eine weit kürzere Zeit an der Seite Fords. Henry konnte nun Kathy DuRoss heiraten.

Bei Ford hatte er in jenen Jahren immer noch die Entscheidungsgewalt, machte aber selten von ihr Gebrauch, kam und ging, führte das Unternehmen mit viel Effekthascherei, verschwand dann, wenn es ihm einfiel – alles sehr zum Verdruß von Iacocca und anderen, die die Firma tatsächlich führten. Auf Perioden voller Arbeitswut folgten Zeiten längerer Abwesenheit. Einige seiner Topmanager meinten, es wäre besser gewesen, er hätte sich ganz aus dem Unternehmen zurückgezogen, aber dazu war er nicht bereit.

Henry Ford wurde mürrischer und streitsüchtiger. Seine Konzentrationsspanne schien kürzer zu werden. Früher hatte er in entscheidenden Sitzungen immer gern eine ablehnende Haltung eingenommen, den Advocatus Diaboli gespielt, die jüngeren Männer in der Runde ihren Standpunkt beweisen lassen. Das war gut, denn es zwang sie in die Defensive, und sie mußten sehr viel mehr tun, um ihre Sache durchzubringen. Jetzt wurde er jedoch sehr viel konservativer und seine Abneigung gegen Neuerungen nahm zu. William Clay Ford, sein Bruder, machte sich seinetwegen Sorgen. Weil er sich nie hatte scheiden lassen und nie seinen Aktienbestand hatte aufteilen müssen, besaß Bill Ford mehr Unternehmensaktien als Henry, aber er hatte beschlossen, das nicht auszuspielen, weil er der Meinung war, nur einer der Fords solle die Entscheidungen treffen.

Im Unternehmen selbst festigten Iacocca auf der Produktionsseite und Lundy auf dem Finanzsektor ihre Macht. Sie waren einflußreiche Männer, die sich in einem Machtvakuum bewegten. Sie achteten sehr darauf, sich nicht zu nahe zu treten; Iacocca war ganz besonders vorsichtig, denn er wußte, daß Lundy für die wirklichen Interessen Henry Fords und der Ford-Familie sprach. Doch andere, die sie beobachteten und wußten, wie verschieden die beiden Männer waren und wie sehr ihre wirklichen Interessen einander widersprachen – hier Iacocca, der Geld ausgeben wollte, und dort Lundy, der es sparen wollte –, glaubten, daß eine Zeit kommen werde, wo ihre beiden Lager aufeinanderprallen würden. Iacocca arbeitete beständig daran, seine Macht auszuweiten, beherrschte die Produktion, trat immer mehr in Erscheinung. Er war nie ein Mann gewesen, der der Macht und der Öffentlichkeit abgeschworen hätte, und jetzt besprachen die Leute die Dinge mit ihm, nicht mit Henry. Er hatte immer Kontakt zu den Händlern gehalten, war ihr Mann in Detroit gewesen. Dann bauten die Leute von der Produktion auf ihn, die von der vorsichtigen Haltung der Finanzabteilung enttäuscht waren. Inzwischen nahmen ihn selbst die Vorstandsmitglieder, die immer besorgter wegen Henry wurden, zur Seite und vertrauten ihm ihre Zweifel an. Immer häufiger gab es Sitzungen, bei denen Iacocca die zentrale Person war, alle Seiten der diskutierten Themen völlig beherrschte, und Henry Ford sich im Hintergrund zu verlieren schien.

Im Grunde freilich hatte Lundy immer schon gewonnen, obwohl er und Iacocca vielleicht noch um Produktion und Investition kämpften. Iacocca arbeitete nicht nach Normen, die er sich selbst setzte, sondern nach Normen, die Lundy gesetzt hatte. Das PEP war ein gutes Beispiel dafür; es zeigte sehr gut, wie die Produktion in immer engeren Grenzen arbeitete und die Vorgaben der Finanzabteilung erfüllte. Iacoccas beste Wagen in jener Zeit, selbst wenn man bis zum *Mustang* zurückging, waren zusammengeschusterte Autos. Er war entmutigt und gleichzeitig erfolgreich. Rein menschlich kam er mit Lundy überraschend gut aus, und es gab Leute, die Lundy gut kannten und meinten, seine Loyalität sei gespalten gewesen, als die Spannungen zwischen Ford und Iacocca zunahmen. Nominell galt seine Loyalität Henry Ford, aber er wußte, daß Iacocca das Unternehmen in Gang hielt. Iacocca war seinerseits noch stärker gespalten. Er hatte den Posten, nach dem er immer gestrebt hatte, er fuhr recht gut dabei, und doch nahm seine Macht ab. Von 1971 bis Ende 1973 vor dem ersten Ölschock, sogar noch als seine Beziehung zu Henry Ford zu zerfallen begann, bekam er im Jahr durchschnittlich 800 000 $ an Gehalt und Zulagen.

Das war auch die Zeit, in der Lee Iacocca, der sich seiner Loyalität gerühmt hatte, beginnende Verachtung für Henry Ford empfand. Iacocca war der Ansicht, er, nicht Ford, führe das Unternehmen. Das wurde ihm immer wieder von allen bestätigt, die er kannte, die Vorstandsmitglieder und Fords eigenen Bruder Bill eingeschlossen. War er Ford einmal dankbar dafür gewesen, daß dieser ihn von unten geholt hatte, so war diese Dankbarkeit jetzt erloschen. Immer seltener dachte er, wie vor etwa fünfzehn Jahren, daß er Glück gehabt habe, daß das Unternehmen ihn so gut aufgenommen hatte; immer stärker empfand er, daß die *Fords* Glück hatten, daß er da war und das Unternehmen für sie führte. In jeder anderen Firma, so erzählte er Freunden, hätte er den Laden ganz allein geschmissen. Ford wäre ein toter Mann gewesen. Kein nicht von einer Familie beherrschtes Unternehmen würde ein solches Verhalten dulden. Ford zog sich aus einer Reihe persönlicher Gründe vom Unternehmen zurück, und je mehr er sich zurückzog, desto dominierender wurde Iacocca in den täglichen Belangen. Als Ford dann merkte, daß alle mit Iacocca übereinstimmten und wegen Entscheidungen zu ihm gingen, ärgerte er sich. Henry Ford würde Iacocca nicht davon abhalten, das Unternehmen zu führen – er war inzwischen auf ihn angewiesen –, aber er würde ihn deswegen nicht in sein Herz schließen.

Am Anfang waren die Anzeichen für die Spannung zwischen den beiden Männern selbst für die Männer an der Unternehmensspitze kaum wahrnehmbar. Die Körpersprache änderte sich – Iacocca verkehrte nicht mehr so ungezwungen mit Henry Ford, bemühte sich, ihn zufrieden zu stellen, arbeitete in Fords Gegenwart stärker daran, er selbst zu sein. Wenn Iacocca sich früher vor allen anderen an den Vorsitzenden respektvoll als Mr. Ford gewandt hatte, war das ein Respekt, der aus Vertrauen erwuchs. Wenn Lee ihn jetzt Mr. Ford nannte, hatte das eine gewisse Künstlichkeit an sich, als suchte er irgendwie nach dem richtigen Ton. Sie rückten voneinander ab.

Nichts machte dies deutlicher als ihre Reisen nach Europa. Ford Europa war für das Unternehmen von Bedeutung, weil es eine wichtige Einnahmequelle darstellte, aber es war auch von Bedeutung, weil es ein Gebiet war, das Henry Ford gern besuchte und wo sein Ansehen und sein Ruhm greifbarer schienen. Innerhalb des Unternehmens galten Stellen in Europa immer als Rosinen, weil sie ungewöhnlichen Zugang zu Henry Ford boten, weit mehr als vergleichbare Posten in Amerika. In Detroit arbeiteten Iacocca und Ford lange und gingen dann am Ende des Tages ihre eigenen Wege; falls es große soziale Unterschiede zwischen ihnen gab, waren sie weitgehend unsichtbar. Bei Auslandsreisen dagegen, wo Arbeit und gesellschaftliches Leben sich vermischten, wurden die Klassenunterschiede sichtbar. Ford nahm eine 747 einer Fluggesellschaft, weil er die Maschine für sicherer hielt; Iacocca flog mit der firmeneigenen 727, weil ihm ihre Eleganz gefiel. Gern erzählte er den Freunden, die ihn begleiteten, daß er sich, als er als kleiner Junge in Allentown aufwuchs, nie hätte träumen lassen, einmal in seinem eigenen Düsenflugzeug über das Meer zu fliegen. In dem Augenblick war es *sein* Flugzeug, nicht das von Henry Ford.

Wieder auf der Erde traten die Unterschiede noch schärfer hervor. Henry Ford saß beim Essen Abend für Abend in den verschiedenen Speisesälen der Ford-Unternehmen mit den von ihm geschätzten Mitarbeitern von Ford Europa zusammen, die zwangloser und geselliger als die amerikanischen Topmanager waren und wegen Fords Liebe zu Europa mehr Gehör bei ihm zu finden schienen als letztere. Zur gleichen Zeit und oft im gleichen Speisesaal aßen Iacocca und seine Freunde aus Detroit zu Abend – Hal Sperlich, Gene Bordinat und Bill Benton; und sehr oft auch der Pilot und die Flugzeugcrew. Iacocca, der daheim so gewaltig war, flog mit seinen eigenen Leuten nach Europa, weil er sich dort nicht wohl in seiner Haut fühlte. Der Anblick dieser beiden Männer mit ihrem eigenen Anhang, die in Europa in einem Speisesaal von Ford saßen, spiegelte die durch Funktion und Herkunft bedingte Kluft zwischen ihnen wider. Ford und Iacocca, die gemeinsam für eines der größten Industrieimperien der Welt verantwortlich waren, wirkten in diesem Augenblick wie zwei Fremde, die zufällig hier aufeinander getroffen waren.

Der erste Schuß in einem immer bitterer werdenden siebenjährigen Kampf zwischen ihnen fiel 1972. Zur Debatte stand die Frage, wer Chef von Ford Europa werden sollte. Es war ein wichtiger Posten innerhalb des Unternehmens, vor allem da Iacocca, der jetzt in Detroit herrschte, Europa als einen Rivalen und ein noch nicht erobertes Fürstentum betrachtete. Iacocca versuchte, seinen Mann unterzubringen. Es war ein aggressiver Schritt und ein äußerst politischer dazu, denn er zeigte, daß Iacocca mit dem Status quo nicht zufrieden war und nach noch mehr Macht strebte. Iacocca hatte Hal Sperlich für den Posten vorgesehen. Seit dem Ausscheiden von Don Frey war Sperlich der wichtigste Produktmann im Unternehmen. Er hatte sich ganz der Herstellung guter Autos verschrieben, und ebenso sehr hatte er sich Iacocca verschrieben; er war bereit, wenn es darauf ankam, sich mit jedem anzulegen, den Vorstandsvorsitzenden eingeschlossen. Er war ein guter, verläßlicher Ingenieur, der zwar kaum etwas Neues auf seinem Gebiet schuf (unter seinem Namen waren nur wenige Patente angemeldet), der aber mit den Ingenieuren reden und sich ebenso wie sie einen Wagen vorstellen konnte; außerdem war er mindestens ebensosehr Geschäftsmann wie Techniker. Sperlich hatte beim Entstehen des *Mustang* eine wichtige Rolle gespielt und Tag und Nacht ein Auge auf den Wagen gehabt, als der Produktionsbeginn näher rückte.

Seine Verbindung zu Iacocca war für beide Seiten ein Gewinn. Sperlichs Können stützte Iacocca in dem Bereich, in dem er am schwächsten war, dem eigentlichen Produktentwurf, und Iacocca bot Sperlich die besten Möglichkeiten im Unternehmen, neue Ideen in die Autowirklichkeit umzusetzen. Es hatte manchmal den Anschein, als bestünde ein Vater-Sohn-Verhältnis zwischen den beiden, obwohl Sperlich gar nicht soviel jünger als Iacocca war. Der so begabte und gleichzeitig so loyale Sperlich hatte insofern eine Sonderstellung im Unternehmen, als er offen mit Iacocca streiten konnte. Wenn andere, selbst die Männer aus Lees eigener Truppe, eine andere Ansicht äußern wollten, taten sie das privat; der furchtlose und impulsive Sperlich dagegen äußerte sich in aller Öffentlichkeit und dies fröhlich.

Manchmal schien Sperlich Iacocca sogar nachzuahmen. Wenn Iacocca sich über einen Kollegen ärgerte und ihn schnitt, tat Sperlich das auch; taute Lee wieder auf, war auch Hal wieder dabei. Sperlich war Lees Favorit, und sein Vertrauen in Iacocca kannte keine Grenzen. Er war in der Vergangenheit geschützt worden und er würde dies, wie er annahm, auch in der Zukunft sein. Weil Sperlich derart von Iacocca abgeschirmt wurde und so begabt war, war er bei Ford eine Ausnahmeerscheinung. Ford war ein korporativer Platz, aber Sperlich das Gegenteil eines korporativen Mannes. In die Firma strömten immer mehr intelligente junge Männer von den Wirtschaftshochschulen des Landes, gründliche, vorsichtige und fähige Leute, die sich bei dem Spiel auskannten und wußten, wann sie etwas sagen sollten und wann nicht, die nie einen Fehler begingen und vor allem jeden Kampf vermieden. Sie konnten ein Auto oder eine Karriere ohne jede Konfrontation vernichten, ohne nur im geringsten die Stimme zu heben, während sie den Wagen oder seinen Erbauer scheinbar lobten. Sperlich war anders. Er disputierte mit jedem, sprach, wenn er gar nicht angesprochen war, und schien keinen Respekt vor der Hackordnung zu haben. Er modifizierte seine Stimme nicht, wenn er sich an Vorgesetzte wandte, Henry Ford nicht ausgenommen. Die Finanzleute haßten ihn beinahe ohne Ausnahme, nicht nur weil er sich mit ihnen stritt, sondern weil er sich nicht auf die neue Art stritt, wie sie es oft taten, geschickt und kalt, hinter verschlossenen Türen; er kämpfte mit offenem Visier, wutschnaubend. Die Ausnahme bildete Lundy, der, in der Hierarchie weit über Sperlich stehend, fast belustigt über dessen Kampfbereitschaft schien. Er nahm allerdings ein klein wenig Rache, indem er vorgab, sich nie Sperlichs Namen merken zu können. »Mir gefällt Ihr junger Mann, Lee«, sagte er. »Sie wissen, wen ich meine – wie heißt er doch gleich? Er ist recht munter.«

Warnungen konnten Sperlich nicht mäßigen. Er war der Meinung, wenn die Ford Motor Company wirklich offen und erneuerungsfähig war, mußte sie empfänglich für Ideen sein, und jeder sollte die Freiheit haben, Gedanken vorzubringen, gleichgültig ob sie nun seltsam oder orthodox anmuteten. Solange das Unternehmen sie nicht zumindest ernsthaft prüfte, konnte niemand sagen, welches die guten und welches die schlechten Ideen gewesen waren. Sperlich war von Natur aus angriffslustig, und wenn feststand, daß eine bestimmte Idee tot und das Thema abgehakt war, dann nahm sich Sperlich seiner an – fast so, als wollte er die Finanzleute provozieren, wie seine Freunde meinten. Es war, als ob er wüßte, daß sie siegen würden und im Vorteil wären, und es ihm dennoch Spaß mache, seine Gegner zu verspotten und offenzulegen, wie schwach ihre Positionen waren.

Von den Finanzleuten konnten viele ihn nicht ausstehen. Unter normalen Umständen wäre er im Unternehmen wahrscheinlich sehr schnell gescheitert, aber seine Verbindung zu Iacocca machte ihn unverwundbar. Für einige der Finanzleute war seine schroffe Art ein deutliches Zeichen für die Arroganz Iacoccas. Iacoccas Versuch, Sperlich in diese Topposition in Europa zu hieven, war daher ein gewagter taktischer Schritt. Es war nicht nur ein Versuch, den eigenen Mann in diesem konkurrierenden Reich unterzubringen; es war auch ein Versuch zu verhindern, daß Henry Ford und die Finanzabteilung ihren Mann dort postierten.

Henry Ford schmetterte die Nominierung sofort ab. Er war bereits über Iacoccas Macht innerhalb des Unternehmens beunruhigt und mochte Sperlich nicht. Ford hatte Sperlichs Respektlosigkeit in der Vergangenheit bemerkt (und um Respektlosigkeit handelte es sich tatsächlich, denn Sperlich mochte keinen Mann, der sich seiner Meinung nach so wenig um die Produktion von Autos kümmerte) und war keineswegs gewillt, ihm die europäische Krone aufzusetzen. Es war, wie er vermutete, eine direkte Herausforderung im Mäntelchen einer Routineangelegenheit. Er ernannte statt dessen Phil Caldwell zum Vorstandsvorsitzenden von Ford Europa und Bill Bourke zum Präsidenten. Beide waren potentielle Rivalen Iacoccas, der Bourke als Bedrohung ansah und Caldwell verachtete. Dies war der erste offene Zug in dem erbitterten Schachspiel, das jetzt zwischen den beiden Männern begann. Er enthüllte die Grenzen, die Henry Ford Lee Iacocca zu setzen gedachte: er konnte weiterhin das machen, was er machte, aber das war alles.

Iacocca sah in Ford nicht mehr den Mann, der Lee Iacoccas Karriere gefördert hatte; er war zu dem Mann geworden, der Lee Iacocca im Weg stand. Weil Iacocca so sehr den Selfmademan verkörperte, fiel es ihm schwer, jemanden anzuerkennen, der nicht so war, selbst wenn derjenige vielleicht größere Vorzüge hatte, eine ebenso schwere Verantwortung trug. Innerhalb des Unternehmens, selbst im Kreis der engsten Vertrauten war Iacocca noch relativ zurückhaltend. Er sprach jedoch offen mit einem Mann namens Alejandro DeTomaso, einem Automanager argentinischer und italienischer Herkunft, der von Rom aus in Europa mehrere kleine europäische Automobilfirmen vereint hatte, die Ford anschließend gekauft hatte. Henry Ford hatte sich dann gegen DeTomaso gewandt und Iacocca gezwungen, die Verbindungen Fords zu ihm zu lösen. Das hatte Iacocca zwar getan, doch der Vorfall hatte seine persönliche Beziehung zu DeTomaso gestärkt, da beide in ihren Gefühlen gegenüber Henry Ford übereinstimmten. Wenn Iacocca in Rom mit DeTomaso und einigen Partnern zusammen war, wirkte er befreiter von den Einschränkungen Detroits und sprach erbitterter über Henry Ford. Ford, so sagte er, verstehe absolut nichts vom Geschäft und dem, was er tue. Das Problem sei jetzt, den Schaden zu begrenzen, den er dem Unternehmen zufüge. Der Klotz am Bein der Autoindustrie, beklagte Iacocca, seien die dümmlichen Leute der dritten Generation wie Henry Ford, Familienvertreter, die versuchten, ihre Unternehmen zu leiten, lange nachdem ihnen der Verstand weggezüchtet worden war.

Es war kein müßiges Geplauder. Iacocca und DeTomaso sprachen darüber, daß Iacocca Ford verlassen und ein Konkurrenzunternehmen aufziehen sollte. Zuerst sprachen sie davon, mehrere kleine europäische Firmen zusammenzulegen und diese Einheit mit American Motors als dem Mutterunternehmen zu verbinden, das Iacocca führen sollte. Das Ergebnis wäre ein riesiges internationales Unternehmen mit einer ausbaufähigen amerikanischen Basis gewesen. Iacocca war zwar interessiert, hielt aber American Motors nicht für das geeignete Fundament. Er schlug statt dessen vor, sich mit Chrysler zusammenzutun und erwog den Gedanken eine Zeitlang ernsthaft. Chrysler war, was die wesentlichen Aktiva, seine Fabriken und das Händlernetz anging, stark genug, um interessant zu sein, und gleichzeitig so heruntergewirtschaftet, daß es zu haben war. Sie taten sich um und sprachen einige Zeit davon, Chrysler-Aktien aufzukaufen. Da gelang Chrysler 1973 ein Comeback, der Aktienkurs stieg, und der Plan scheiterte. Aber der Gedanke war ernsthaft erwogen worden, was zeigte, wie unruhig Iacocca geworden war und wie sehr er sich Ford entfremdet hatte.

Ford war, als die entscheidenden 70er Jahre anbrachen, ein zerrissenes Unternehmen, dessen Kraft zu großen Teilen in Machtkämpfen vergeudet wurde. Es war auch ein totes Unternehmen, das selbstgefällig von seiner Vergangenheit lebte. Die führenden Männer von Ford erklärten tatsächlich, sie seien so gut und ihre Kunden so zufrieden und fügsam, daß sie nur auf dem bestehenden eigenen Niveau bleiben müßten. Es war eine statische Welt, die auf der Standardmenge basierte. Fords Kunden würden treu bleiben, weil sie immer treu geblieben waren.

Als Henry Ford konservativer wurde, wurde Ed Lundy zwangsläufig noch mächtiger. Er war der Nutznießer der Zeit, in der sie lebten. Das Unternehmen war nicht mehr jung, es war mittelalt, und als es älter wurde, wuchs seine Verwaltung schneller als seine kreativen Teile. Im übrigen wurden dies Jahre, in denen es schwerer war, Geld zu machen. Der Vietnamkrieg hatte einen drastischen Anstieg der Inflation bewirkt, und da es teurer wurde, Geschäfte zu machen, stieg auch der Preis eines Fehlers; deshalb war es einfacher, weiterhin das zu machen, was man machte, und so wenig Neuerungen wie möglich einzuführen. Der Aktienbestand war gerade bei einem Unternehmen wie Ford von Bedeutung, bei dem ein so großer Aktienanteil sich in Familienbesitz befand. Bei anderen Firmen gab es mehrere Möglichkeiten, den Erfolg zu messen, aber bei Ford war der Aktienbestand der Gradmesser des Familienvermögens; bei hohen Kursen war die Familie reicher, bei niedrigen ärmer. Zu dem normalen Druck auf den Bestandswert kam Anfang der 70er Jahre eine enorme neue Belastung hinzu, als die Ford-Stiftung begann, ihr Kapital zu streuen und Aktien der Ford Motor Company aus ihrem Bestand zu verkaufen. Das geschah alles sehr professionell; Aktien im Wert von 1,37 Milliarden Dollar wurden geschickt abgestoßen, so daß die Kurse nicht sanken. 1971 wurden Ford-Aktien im Wert von 349 Millionen Dollar verkauft, 1972 im Wert von 466 Millionen Dollar, 1973 im

Wert von 275 Millionen Dollar, und 1974 schließlich die letzten 282 Millionen Dollar, so daß das Stiftungsportefeuille keine Ford-Aktien mehr enthielt. Es war kein Thema, über das, als es aktuell war, viel gesprochen wurde, aber es war doch etwas, dessen sich jeder im Unternehmen bewußt war; es hing über anderen Überlegungen, eine Mahnung, daß dies keine Zeit war, in der Ford unbekümmert sein und Fehler machen konnte.

Iacocca hatte seine Clique, die gut und loyal war, aber Lundy hatte etwas noch Stärkeres – einen echten Kader. Er überwachte das Personalsystem und hatte seine Leute im Verlauf von zwei Jahrzehnten in vielen Schlüsselpositionen untergebracht. Seine Leute kannten das Unternehmen wie niemand sonst. Sie waren exzellent darin, aus anderen Abteilungen Berichte zu beschaffen, das Unwichtige auszusondern und Lundy ungewöhnlich vollständige Übersichten zu liefern, so daß er und seine wichtigsten Vertreter bei Sitzungen stets die Fragen stellen konnten, die direkt den Kern einer Angelegenheit trafen.

Selbst in Finanzangelegenheiten war Ford ungewöhnlich konventionell und hatte Angst, Risiken einzugehen. Außenstehende, die das Unheil für die Ford Motor Company heraufziehen sahen, die steigenden Lohnkosten und die beginnende Konkurrenz aus Asien, verstanden nicht, warum der Konzern nicht stärker diversifizierte, auf Nummer Sicher ging und sich unabhängiger von einem so launischen, zyklischen und potentiell gefährdeten Geschäft wie dem mit Autos machte. Dies ging zum Teil auf Henry Ford, zum Teil auf Ed Lundy zurück. Ford selbst war immer argwöhnisch, wenn es um Diversifizierung ging. Bei Lundy war es das Mißtrauen gegen Welten, die er nicht kannte und nicht richtig einschätzen konnte. Selbst die eigenen Finanzberater des Unternehmens äußerten Besorgnis, daß die Investitionspolitik von Ford zu vorsichtig sei. Einer der bewährtesten von ihnen war Sidney Weinberg von Goldman Sachs, der Mann, der das öffentliche Zeichnungsangebot lanciert hatte. Er riet Ford in den 60er Jahren, das Unternehmen solle einen großen Anteil, vielleicht bis zu 49 Prozent, einer imponierenden, aber finanzschwachen Firma namens Honda kaufen, die damals Motorräder herstellte. Honda, der Außenseiter in der von Beziehungen lebenden japanischen Produktion, hatte ständig Schwierigkeiten, genügend Kapital aufzubringen. Der Gedanke einer Verbindung mit Ford gefiel Soichiro Honda und auch einigen Produktleuten bei Ford, denn die Originalität der Arbeit von Honda hatte sich bereits herumgesprochen, und Honda betrachtete sich selbst als einen Schüler des Gründers. Doch der Stab der Finanzabteilung lehnte ganz kalt ab. Man wollte nichts zu tun haben mit einem Motorradhersteller, schon gar nicht mit einem japanischen.

Ende der 60er Jahre ließ Ford auch die Chance aus, ABC zu einem sehr günstigen Preis zu kaufen. Henry Ford hatte kein Interesse an dem Unternehmen; wenn er etwas in der Art kaufen würde, dann eine große Zeitung. Lundy wollte mit all dem nichts zu tun haben; er wollte mit den Mitteln des Unternehmens haushalten und war beunruhigt über die Welt da draußen, die voller geheimer Gefahren war; wenn man ihnen das Unternehmen öffnete, führte das vielleicht zu einer Schmälerung seiner Herrschaft. Wenn Ford, was selten vorkam, doch einmal kaufte, wie etwa Philco, beruhte die Entscheidung wie alles andere auch auf der Tatsache, daß es ein sehr billiger Kauf war. Philco wurde selbstverständlich zu einem Reinfall erster Klasse.

Der Mangel an praktischer Erfahrung hätte die Finanzabteilung zu einer gewissen Bescheidenheit veranlassen können, doch dem war nicht so. In den Augen der Finanzleute war ihre Arbeit nicht abstrakt, ihre Erfahrungen nicht anders als die von Leuten, die tatsächlich etwas produzierten; nach ihrem Verständis *waren* sie das Unternehmen. Was sie nicht kannten, respektierten sie nicht.

Das Ergebnis war ein Unternehmen, das in erheblichem Maß von seiner Vergangenheit lebte. Doch die große Zeit Detroits, als sein Erfolg sich fast automatisch einstellte, war beinahe vorbei. Die Welt änderte sich, und auch der amerikanische Markt änderte sich. Die Männer, denen von der Finanzabteilung Knüppel zwischen die Beine geworfen wurden, waren gerade diejenigen, von denen die Zukunft des Unternehmens abhängen würde. Ford reagierte nicht, aber seine Führung stand nicht allein. Ende der 70er Jahre versuchte der in Japan so bekannte amerikanische Berater Jim Abegglen wiederholt, die amerikanischen Firmen warnend darauf hinzuweisen, wie gut die Japaner inzwischen geworden seien. Schließlich ließen sich auf sein Anraten einige GM-Manager herab, mit ihm und einigen Japanologen-Kollegen zusammenzutreffen, um über die japanische Automobilflut zu sprechen. Zu seiner Gruppe gehörten einige Männer, die Abegglen als Größen betrachtete – der Schriftsteller und Historiker Frank Gibney, der Harvard-Soziologe Ezra Vogel und der Columbia-Soziologe Herbert Passin. GM hatte die Grundregeln festgelegt: Abegglen und seine Gruppe konnten nicht über Automobile sprechen, da die GM-Männer über Autos bereits Bescheid wußten; statt dessen sollten sie den GM-Managern erzählen, wie die Japaner waren und warum sie so hart arbeiteten. Die GM-Leute hatten, wie Abegglen sich erinnerte, etwa die Einstellung, da gibt es da drüben diese lustigen kleinen Leute, und sie machen ihre Sache ja ganz gut, besser als wir gedacht haben, also erzählen Sie uns mal etwas von ihnen. Das Treffen war rundum angenehm; die Gäste wurden am Flughafen abgeholt, in die GM-Zentrale gefahren, konnten ihre Vorträge halten, bekamen ein gutes Essen, sehr höfliche

Dankesworte und wurden wieder zum Flughafen zurückgebracht. Das war's. Es gab keinen Gedankenaustausch. Ihre Welt war, wie Abegglen bei sich dachte, im Begriff, über ihnen zusammenzustürzen, aber sie wußten gar nichts davon.

29
Die Indifferenten

Zu Beginn der 70er Jahre gab es einige Spitzenmanager in der Autobranche, die eindeutige Anzeichen dafür entdeckt hatten, daß die Branche eine Veränderung zum Schlechteren erlebte und dabei war, in eine neue und weit schwierigere Epoche einzutreten. Diese Männer waren noch eine Minderheit, denn die Branche erzeugte oder begünstigte nur selten Pessimisten, aber gegen einige ihrer Berechnungen war nur schwer etwas zu sagen. Sie sahen die ausländische Konkurrenz ernster werden, da die Japaner die Westeuropäer als Herausforderer der Vereinigten Staaten allmählich verdrängten. Sie betrachteten die Kosten in Amerika, insbesondere die Lohnkosten, als immer belastender. Und auch die neue indifferentere Generation der amerikanischen Arbeiter bereitete ihnen Sorge.

Die Firmenmanager waren nicht die einzigen, die sich Gedanken über die Arbeiter machten. Die Spitze der Automobilarbeitergewerkschaft sorgte sich sinnigerweise ebenfalls, denn so wie sich die jüngeren Arbeiter offenbar stärker ihrer Arbeit entfremdeten als ihre Vorgänger, entfremdeten sie sich häufig auch der Führung der Automobilarbeitergewerkschaft. Niemand sah Anfang der 70er Jahre die Veränderung des Verhaltens der Arbeiter deutlicher als Doug Fraser, damals Vizepräsident der Automobilarbeitergewerkschaft und nach Meinung aller mit Sicherheit Gewerkschaftspräsident, wenn Leonard Woodcock, der Nachfolger Reuthers, 1974 sein Zwangspensionierungsalter erreichte. Fraser galt als der politisch scharfsinnigste der Gewerkschaftsführer und war bestens eingestimmt auf die sich verändernde Grundhaltung der neuen Arbeitergeneration, als die starken gesellschaftlichen Kräfte, die damals in Amerika wirkten, die Fabrikarbeiter zu beeinflussen begannen.

Es war ein Teil des neuen amerikanischen Dilemmas in der Industrie: Die goldenen Jahre waren vorüber, aber das soziale Umfeld, das sie geschaffen hatten, bestand noch; Manager und Arbeiter waren nach wie vor der Dynamik hoher Erwartungen unterworfen, und es war auf sämtlichen Unternehmensebenen außergewöhnlich schwer, diese Erwartungen nach fast fünfunddreißig Jahren ungebrochenen Überflusses zu ändern.

Mit den Arbeitern, die sich noch an die harten Zeiten erinnerten, konnte man leichter reden, dachte Fraser; aber die Arbeiter, die die Kinder des Wohlstands waren, die jungen Männer, die in den 60er Jahren angefangen hatten zu arbeiten, sie waren anders. Als Fraser in den 70er Jahren die Veränderung bei den jüngeren Automobilarbeitern beobachtete – die beinahe skeptische Hinnahme ihrer von der Gewerkschaft errungenen Vergünstigungen, ihr Mangel an Dankbarkeit, ihre Abkehr von Aspekten des amerikanischen Lebens, die ihm viel bedeuteten –, ging ihm manchmal durch den Kopf, daß sie ihre Vergünstigungen und Arbeitsplätze wahrscheinlich etwas mehr schätzen würden, wenn sie in der Haut eines Arbeiters aus den 20er oder 30er Jahren steckten. Zuviel wurde für selbstverständlich gehalten.

Fraser gehörte zu den Männern, die von Anfang an dabeigewesen waren. Der Sohn eines altgedienten Sozialisten hatte als Junge die schlimmste Zeit der Weltwirtschaftskrise erlebt und wurde in den Jahren erwachsen, als die Gewerkschaft gegründet wurde. Als wichtiger Helfer Reuthers beobachtete er, wie die Automobilarbeitergewerkschaft eine der mächtigsten und bewundertsten Einrichtungen in Amerika wurde. Er wurde ihr Chef, als die tiefgreifenden wirtschaftlichen Veränderungen der späten 70er Jahre allmählich sowohl die Industrie wie auch die Gewerkschaft untergruben. Zu Beginn der 80er Jahre stellte ein Freund fest, daß Fraser den Großteil seines Lebens als erwachsener Mann als Walter Reuthers inoffiziell designierter Nachfolger verbracht hatte, der in all den Jahren des Ruhms und der Expansion neben dem Präsidenten gesessen und darauf gewartet hatte, selbst die Gewerkschaft führen zu können, nur um sie dann zu übernehmen, als die guten Zeiten vorbei waren und die Aufgabe des Gewerkschaftschefs darin bestand, die Verluste in Grenzen zu halten.

Sein Vater, Sohn eines britischen Offiziers in der indischen Armee, war mit siebzehn Jahren nach Amerika gekommen. Als Sozialist und Gewerkschaftler gab er seinem Sohn ein gewerkschaftliches Zuhause. Der junge Doug erlebte, wie sein Vater in Detroit aus einer Stelle nach der anderen geschmissen und die Familie aus der Wohnung getrieben wurde, weil seine Eltern die Miete nicht bezahlen konnten. Als Junge lebte er in der Nachbarschaft von polnischen und irischen Einwanderern, wo während der Wirtschaftskrise keiner der Väter eine Stelle hatte. Keiner, den er als Junge kannte, ging jemals auf ein College.

Von seinen ersten Arbeitgebern wurde er gefeuert, zuerst bei Bryant Motors (wo die Männer sich jeden Tag melden mußten, ohne zu wissen, ob sie tatsächlich Arbeit bekommen würden; oft saßen sie herum und warteten und verdienten nicht einmal ihr Fahrgeld), und dann bei Everhot Heating, einer Firma, die Wasserboiler herstellte.

Bei Everhot wurde er wegen Gewerkschaftsbetätigung vor die Tür gesetzt. Unter den Arbeitern wimmelte es in jener Zeit von Spitzeln, und er hatte offenbar mit dem falschen Kollegen gesprochen. Ein Vorarbeiter erklärte Fraser, er könne Fraser die Stelle erhalten; Fraser brauche nur seine Arbeit für die Gewerkschaft einzustellen. Fraser dankte ihm und sah sich nach einer anderen Stelle um. Er fand Arbeit bei Chrysler, zuerst in Dodge Main, dann im DeSoto-Werk, wo er Metallfertigbearbeiter war. Im ersten Jahr dort arbeitete er einen Monat und wurde die übrigen elf vorübergehend entlassen. Er trat auf dem Höhepunkt des New Deal in Erscheinung, als die Gewerkschaft der Automobilarbeiter gerade zu Macht kam. Weil er jung und gebildet und redegewandt war, wurde er bald ein Gewerkschaftsführer. Die meisten seiner Arbeitskollegen waren Polen und Italiener, die Schwierigkeiten mit der Sprache und weniger Zutrauen in ihre Stellung hatten, sowohl in Amerika wie auch in der Fabrik.

1939 wurde er gewerkschaftlicher Vertrauensmann, der Vertreter von etwa zweihundert Arbeitern. Ihm war von Anfang an klar, daß seine Aufgabe darin bestehen würde, Ed Remsnyder Paroli zu bieten, dem Werkmeister, der für alle übrigen Vorarbeiter verantwortlich war. Er war eine furchteinflößende Gestalt. Sein Schreibtisch stand nicht in einem Büro, sondern direkt in der Fabrik. Er sprach nie mit den Arbeitern und lächelte nie. Seine Macht bezog er aus seinem Schweigen, aus der Art, wie er an seinem Schreibtisch saß, immer finster blickte und mit den Augen die Halle durchforschte. In regelmäßigen Abständen rief er einen der Vorarbeiter zu sich und zeigte auf einen Arbeiter, und der Vorarbeiter ging zu dem Arbeiter und brüllte ihn entweder an oder schmiß ihn hinaus.

Der New Deal hatte den Arbeitern sehr viel mehr Schutz gebracht, aber es hatte den Anschein, als ob der Einflußbereich Franklin Roosevelts und des New Deal dort endete, wo Ed Remsnyder herrschte. Hier war sein Reich. Die Gesetze, die hier galten, stammten von ihm und waren noch unberührt von der modernen Arbeitsgesetzgebung. Wenn man zur Arbeit hierher kam, ließ man den New Deal vor der Tür. Fraser wußte: Nur wenn er Remsnyder furchtlos entgegentrat, würden die Arbeiter Mut fassen, und nur dann würde diese Fabrik zu einem zivilisierten Ort. 1940 bot sich ihm die Gelegenheit. Frasers Schicht machte Kotflügel, aber wegen der unzureichenden Qualität des Blechs und der schlechten Stanzmaschinen kamen die

Kotflügel immer mit schlimmen Falten heraus. Frasers Schicht hatte die Aufgabe, die Falten zu entfernen. Es war eine mörderische Arbeit. Sie schafften mit Mühe und Not vierzehn Stück am Tag. Da erklärte Remsnyder, daß sie den Ausstoß erhöhen und sechzehn Stück pro Tag machen müßten. Die Wut der Männer war gewaltig; es war mehr als sie schaffen konnten. Aber Fraser hatte eine Idee. Er entschied, daß sie nur noch zwölf Kotflügel am Tag machten. Es sei entscheidend, erklärte er den Arbeitern, daß sie Remsnyder keinen Vorwand lieferten, irgend jemanden zu tadeln oder hinauszuschmeißen. Niemand durfte eher gehen oder zu lange auf der Toilette bleiben. Jeder mußte so hart arbeiten wie bisher, aber jetzt würden sie nur zwölf Kotflügel täglich abliefern. Eine Woche lang hielten sich alle in der Schicht minutiös an Frasers Plan. Es war ein nicht erkennbarer Bummelstreik. Die Männer arbeiteten offenbar alle ganz angestrengt, es war kein Nachlassen festzustellen, und doch wurden nur zwölf Kotflügel am Tag fertig. Aus den Augenwinkeln konnte Fraser sehen, daß Remsnyder die Halle genauer beobachtete als vorher, finster dreinblickte und seine Vorarbeiter zu sich rief. Aber sie konnten niemandem etwas anhaben.

Nach einer Woche rief Remsnyder Fraser zu sich. Er blickte ihn drohend an. »In Ordnung«, sagte er, »ihr könnt es bei vierzehn lassen.«

Es war Frasers erster Sieg als Gewerkschaftsführer und sein wertvollster. Von da an wußte er, daß dies in Zukunft seine Aufgabe sein würde. Er war klug und hart, und im Gegensatz zu Reuther, der immer so ernst war, hatte er einen schlagfertigen Charme, der ihm sehr zugute kam. Mit sechsundzwanzig Jahren war er der Leiter einer Ortsgruppe.

Fraser hatte viele Beweise, daß sich in den 70er Jahren die Einstellung zur Arbeit nachhaltig änderte – etwa die Unternehmensstatistiken, die eine drastische Zunahme des Fehlens am Arbeitsplatz erkennen ließen. Ein besonders eklatantes Beispiel ereignete sich 1974, nachdem er geholfen hatte, den Streik gegen Chrysler im Stanzwerk von Sterling Heights beizulegen. Wegen des Streiks gab es Nachschubprobleme, und deshalb setzte die Firma für Samstag und Sonntag komplette Schichten bei doppeltem Lohn an, was bedeutete, daß ein Arbeiter an jedem der beiden Tage 100 $ zusätzlich mit nach Hause nehmen konnte. An jenem Samstag rief Bill O'Brien, der stellvertretende Personalchef von Chrysler, Fraser zu Hause an.

»Doug, Sie werden diese Schweinerei nicht glauben«, sagte er, »aber wir zahlen doppelten Lohn und haben nur die halbe Mannschaft da.«

»Großer Gott, Bill, besorgen Sie mir ein Paar Handschuhe«, erwiderte Fraser, »dann geh ich selbst hin.«

Das Vorkommnis war symptomatisch, denn die Indifferenz der neuen Arbeiter gegenüber ihrer Arbeit und gegenüber soviel Geld war den Arbeitgebern ebenso ein Rätsel wie dem Gewerkschaftsführer. Die neuen Arbeiter waren im eigentlichen Sinn weniger materialistisch als die alten und weniger autoritätsgläubig. Dank neuer Techniken der Geburtenkontrolle waren sie nicht mehr schon in frühen Jahren durch die Verantwortung für eine Familie schwer belastet, wie ihre Eltern und Großeltern es gewesen waren. Ihre Frauen waren oft berufstätig. Die Abhängigkeit vom Lohn war oft nicht so stark. Um sie her entstand eine neue Dienstleistungsgesellschaft aus Büroangestellten mit guter Schulbildung, Leuten, die sich nicht die Hände schmutzig machten oder viele Abgaben zahlen mußten, die mehr verdienten und doch nie die Krawatte lockerten, und das schwächte die Dankbarkeit, die sie sonst vielleicht empfunden hätten. Ein Job am Band in einer Automobilfabrik war immer ein harter Brocken gewesen, ein Scheißjob, wie die Arbeiter sagten, den man nur annahm, weil es nichts anderes gab, und nur lobte, weil man dort mehr verdiente als bei jeder anderen verfügbaren Arbeit. Jetzt schien er mehr denn je schlecht abzuschneiden bei einem Vergleich mit anderen Arbeitsmöglichkeiten in Amerika. Immer häufiger argwöhnten die Männer am Band, daß in Amerika alle außer ihnen irgendwie auf ihre Kosten kämen. Die jüngeren Arbeiter hatten entweder mehr Möglichkeiten im Leben und waren auch bereit, sie zu nutzen, oder sie hatten in anderen Fällen, wie dem der schwarzen Arbeiter im Werk in der Jefferson Avenue, nur sehr wenige Möglichkeiten und waren darüber verbittert.

Fraser erzählte gern die Geschichte eines Arbeiters im Chrysler-Stanzwerk in Twinsburg, Ohio. Die Anwesenheitsliste des jungen Prägestempelmachers, der gerade seine Lehre beendet hatte, war abenteuerlich. Er arbeitete zwar gewissenhaft, aber nur vier Tage in der Woche. Doch das Werk war voll ausgelastet und man arbeitete sieben Tage in der Woche, weshalb man Prägestempelmacher dringend brauchte. Wenn der Bedarf an Prägestempelmachern nicht derart hoch gewesen wäre, hätte man den jungen Mann kurzerhand hinausgeworfen, dessen war sich Fraser sicher. Der Vorarbeiter disputierte mit dem jungen Mann, ging ihm um den Bart, versuchte alles mögliche. Schließlich wandte er sich völlig verzweifelt an den Produktionsleiter. »Am besten sprechen Sie mal mit ihm«, sagte er. »Ich komme nicht an ihn ran.« Der Produktionsleiter ging zu dem Handwerker und fand ihn in voller Arbeitsmontur beim Feilen eines Teils. Der Manager tippte ihn an und bedeutete ihm, daß er mit ihm sprechen wolle. Der Arbeiter zog seinen Gesichtsschutz nach unten.

»Warum arbeiten Sie nur vier Tage in der Woche?« fragte der Produktionsleiter.

»Weil ich von drei Tagen Arbeit nicht leben kann«, antwortete der junge Mann, schob den Gesichtsschutz hoch und machte sich wieder an die Arbeit.

Für Männer aus der Generation Frasers war eine solche Einstellung kaum zu begreifen. Die Automobilarbeitergewerkschaft hatte es in den 70er Jahren schwer, mit dem immer größer werdenden Problem des häufigen Fehlens am Arbeitsplatz wie mit der wachsenden Entfremdung ihrer Mitglieder und deren Auflehnung gegen die Gewerkschaft selbst fertig zu werden. Für die jüngeren Arbeiter war die Gewerkschaft, wie einige Kritiker der Automobilarbeitergewerkschaft meinten, von der gleichen Art wie das Unternehmen – lediglich der Juniorpartner in einer von Abneigung erfüllten Beziehung, eine weitere große, ferne, empfindungslose Einrichtung.

Dieser Wandel traf Fraser sehr. Früher hatte der Gewerkschaftsführer eine relativ einfache Rolle. Die Zeiten waren härter, die Regeln einfacher gewesen, und es war nicht schwergefallen, die Arbeiter mit einem Wir-gegen-die um sich zu scharen. Inzwischen war es anders. Heute versuchte man nicht mehr, Gewerkschaftsboß zu sein, man versuchte, Führer zu sein, und man hörte mehr zu. Man blickte auf die Mitglieder, sagte er, und hoffte, daß sie einem folgten und nicht jagten. Das Problem, mit dem die Gewerkschaft konfrontiert wurde, war in seinen Augen ein Problem, dem sich die Nation als Ganzes gegenübersah; sein Leben in der Automobilarbeitergewerkschaft hatte ihn gelehrt, daß die Fabrik sich nicht vom übrigen Land unterschied, sondern selbst das Land im kleinen war. Das war kein gutes Zeichen, denn diese indifferenten, satten Arbeiter wurden, ob ihnen das bewußt war oder nicht, herausgefordert von zielstrebigen, disziplinierten Arbeitern in der ganzen Welt, und ihre Arbeitsplätze und ihre ganze Lebensweise waren in Gefahr. Fraser mußte immer wieder an ein Erlebnis denken. Er war in Tokio mit einem Gewerkschaftsführer und einem Geschäftsführungsmitglied durch eine Werkhalle gegangen, als die Arbeiter gerade im Begriff waren, in die Mittagspause zu gehen. Fraser hatte auf die Uhr geblickt und gesehen, daß die Arbeiter ihr Essen herausholten. Dann ertönte die Sirene. In Amerika wäre ihre kleine Gruppe von den zum Essen strömenden Arbeitern überrannt worden. Aber hier hob der Manager nur die Hand, als wollte er halt sagen, und alle um sie her blieben stehen. Es war, als ob sie erstarrt wären, keine Menschen mehr, sondern lebensechte Statuen. Frasers Gruppe ging weiter, und erst als sie die Arbeiter passiert hatten, erwachten letztere wieder zum Leben und begaben sich in die Pause. Halb belustigt, halb wehmütig dachte Fraser, daß in Amerika ein Manager, der das gleiche versucht hätte, mitsamt seiner Gruppe von den Arbeitern in den Hintern getreten worden wäre.

30
Nader – Anwalt der Bürger

Eines der Probleme von Henry Ford in jenen Jahren war, daß er sich angegriffen fühlte, vor allem von einem Staat, den er für aufdringlich hielt, der immer entschlossener schien, ihm vorzuschreiben, was er wie zu machen hatte, ein Staat, der die Meinung Außenstehender – von Leuten, die sich nach seinem Dafürhalten in fremde Angelegenheiten mischten – derjenigen gestandener professioneller Geschäftsleute wie ihm vorzog. Nichts machte ihm das deutlicher als der Aufstieg eines jungen Reformers namens Ralph Nader.

Ralph Nader war 1966, als er sich General Motors vornahm, zweiunddreißig Jahre alt. Er war ein Einzelgänger, abweisend, argwöhnisch und traute keinem; selbst seine besten Freunde staunten immer wieder, wie wenig sie von ihm wußten. Von dem absoluten Außenseiter ohne jedes institutionelle Fundament wie einer Anstellung an einer Universität oder einer Stellung in der Regierung hätte man am wenigsten erwartet, daß er einen Industriegiganten herausfordern werde. Aber sein Timing war perfekt. Die Automobilindustrie war reif für Kritik, und viele Amerikaner waren, ohne daß sie es wußten, empfänglich für die Kriegserklärung eines Bürgers an ein Gebilde, das für sie zu einem Symbol für einen immer unbehaglicher werdenden Aspekt amerikanischen Lebens wurde – Größe und Macht ohne erkennbare Verantwortung.

1966 befand sich die amerikanische Automobilindustrie auf dem absoluten Höhepunkt ihrer Macht. Sie war derart reich und mächtig, daß ihre Arroganz, ihre Gewißheit, Amerika zu *sein*, ihr fast schon nicht mehr bewußt war. Ihre führenden Männer waren von der Außenwelt so gut abgeschirmt, daß sie nicht versuchten, Fehler beim Bau eines Wagens auszumerzen, sondern vielmehr den Fehler beim Ankläger suchten. Gleichzeitig war die Gesellschaft derart wohlhabend geworden, daß ein Verbraucherprotest tatsächlich in den Bereich des Möglichen gerückt war – was in schwierigeren Zeiten, als die Menschen dankbar für einen Arbeitsplatz waren, undenkbar gewesen wäre. Nader selbst beschrieb die Verbraucherrevolution, die er anführte, später einmal als nichts geringeres als eine qualitative Reform der industriellen Revolution. Dafür hielten sie auch viele Angehörige der Mittelschicht, insbesondere der gehobenen Mittelschicht. (Fast alle der leidenschaftlichsten Parteigänger Naders entstammten der gehobenen Mittelschicht, im Grunde die Kinder der Manager, mit denen er sich auseinandersetzte.) Für sie bedeutete mehr nicht mehr zwangsläufig besser; die Lebensqualität zählte – das und die Aufgeschlossenheit der großen Einrichtungen, der öffentlichen und der privaten.

Es fiel Nader ebenso schwer, die Titanen Detroits zu verstehen, wie ihnen, ihn zu begreifen. Ihn verwunderte beständig ihr mangelndes Gefühl für ihre Verbraucher, wie er ihre Kunden nannte. Er konnte nicht begreifen, warum sie die Wagen nicht sicherer machten, oder warum sie nicht auf die eigenen Ingenieure hörten. Sie ihrerseits verwunderte, daß ein so begabter und gutausgebildeter Mann – Princeton und Jura in Harvard – auf das System einschlagen wollte, das ihm jetzt offenstand, anstatt den ihm gebührenden Platz in ihm einzunehmen, so wie sie den ihren eingenommen hatten.

Ralph Nader war 1934 als Kind libanesischer Einwanderer in Winsted, Connecticut, einem kleinen Fabrikort mit achttausend Einwohnern, geboren worden. Sein Vater Nathra Nader war der leidenschaftlichste Amerikaner, idealistisch, engagiert und auf eine freudige und begeisterte Weise streitsüchtig. Er besaß in Winsted ein kleines Restaurant mit Bäckerei, das er auf dem Höhepunkt der Weltwirtschaftskrise gegründet hatte. Um es betreiben zu können, hatte er länger als jeder andere in dem Städtchen geschuftet. Dank dieses kleinen Ladens hatte er in der schlimmsten Zeit drei seiner vier Kinder nicht nur zur Schule, sondern auf die Universität schicken können.

Nathra und seine Frau führten ein engagiertes, aufopferungsvolles Leben; sie glaubten, daß die wahren Träume ihrer Familie durch die Kinder verwirklicht würden, sobald diese imstande wären, die besten amerikanischen Universitäten zu besuchen. Sollte Amerika sein Versprechen nicht einlösen, würde es, wie Nathra Nader gerne sagte, die Aufgabe der Generation von Ralph sein, dieses Amerika besser zu machen.

Ralph Nader war an der Universität immer gut gewesen. Er war ein ernster, eifriger Student, der sich von den anderen etwas fern hielt. Er wurde ohne Schwierigkeiten in Princeton aufgenommen. Als Student schrieb er Briefe an die *Daily Princetonian*, die nie veröffentlicht wurden, und in denen er die Universität kritisierte, weil sie auf ihrem Gelände DDT versprühte und damit die Vögel gefährdete. Princeton war ein reines Vergnügen für ihn gewesen, eine angenehme, geistig offene Universität mit unbegrenzten akademischen Möglichkeiten und ohne engstirnige Fixierung auf den späteren Beruf. Die juristische Fakultät von Harvard verabscheute er dagegen vom ersten Augenblick. Mitte der 50er Jahre war es ein von scharfem Wettbewerb geprägter Ort mit einer ganz eigenen, selbstbewußt darwinistischen Kultur, die allem, was Nader kannte, entschieden widersprach. Es ging um Erfolg im gewöhnlichsten Sinn; man erwartete von den Studenten, daß sie gegeneinander um ihren Platz an der Spitze kämpften. Die besten Examenskandidaten kamen als erste zu den berühmtesten Richtern und schließlich in die bedeutendsten amerikanischen Kanzleien. Dort, so wurde unterstellt, würden sie sich der Unternehmen in Amerika annehmen. Ralph Nader war entsetzt.

Zum erstenmal wurde klar, daß er auf irgendeine Art anders war. Er würde nicht nach materiellem Erfolg streben, und er würde auch nicht auf die Anreize reagieren, auf die zu reagieren die juristische Fakultät Harvard von ihm erwartete. Er wurde ein Außenseiter.

Er schwamm nicht mit der Strömung, die verbriefte Art amerikanischen Erfolgs. Statt dessen strebte er nach Engagement und, mehr als alles andere, nach einer ihm angemessenen Rolle. Er hatte seine eigene Vorstellung von Amerika. Dieser Vorstellung wollte er sein Leben widmen. Die üblichen materiellen Freunden des Lebens bedeuteten ihm absolut nichts.

Nach seinem juristischen Examen in Harvard arbeitete Nader kurze Zeit für ein Anwaltsbüro in Hartford, aber seine Interessen lagen woanders. Wann immer es ging, reiste er allein in die unterentwickelten Gebiete der Welt. Er schrieb Beiträge für Zeitschriften, meistens Zeitschriften, die wenig zahlten. Anfang der 60er Jahre fing er an, sich unter anderem für die Sicherheit der Autos zu interessieren; ein Harvard-Kommilitone war bei einem Autounfall zum Krüppel geworden, und Nader begann, über das Thema zu schreiben. Er verbrachte jetzt mehr Zeit in Washington und freundete sich mit Daniel Patrick Moynihan an, der sich als Ministerialdirektor im Arbeitsministerium ebenfalls mit diesem Gebiet beschäftigte. Inmitten des Glanzes der frühen Kennedy-Jahre gab Nader eine etwas exzentrische Figur ab; er lebte für sich in einer Pension und seine einfache Kleidung ließ in keiner Weise auf seine Ausbildung schließen. Sein Markenzeichen war »jener lächerliche Vogelscheuchen-Regenmantel«, wie sein Freund Nick Kotz später bemerkte.

Washington war der ideale Aufenthaltsort für ihn. Das Land hatte sich gewandelt; es gab die verschiedenartigsten brennenden neuen Fragen, mit denen die Gesellschaft sich nicht beschäftigte. Die Stadt, entschied er, war reif für eine neue Art von Herausforderung.

Er nahm Kontakt zu jenen neuen Leuten auf, die Skandale aufdeckten und sich in Washington zu sammeln begannen, und schrieb einige weitere Artikel. 1964 unterzeichnete er für die grandiose Summe von 2 000 $ einen Vertrag mit einem Verleger namens Richard Grossmann: Er sollte ein Buch über Autosicherheit schreiben. Ein Jahr darauf brachte Nader *Unsafe at Any Speed* (Unsicherheit bei jeder Geschwindigkeit) heraus, eine schonungslose Kritik am mangelnden Sicherheitsinteresse Detroits und der Überbetonung von Styling und Gewinn. Zunächst hatte es den Anschein, als ob das Buch ohne nennenswerte Wirkung untergehen würde. Aber es ging besonders scharf mit dem Corvair ins Gericht, dem neuesten Kompaktwagen von GM, und sein Erscheinen fiel außerdem zufällig mit mehreren Prozessen zusammen, die wegen Corvair-Unfällen gegen GM angestrengt worden waren.

Falls Nader auf eine größere Leserschaft aus war, verhalf ihm GM bald dazu. Zu der Zeit, als Nader sein Buch beendete, waren wegen des Corvairs 103 Prozesse gegen GM anhängig. Die wegen dieser Prozeßlawine bereits aufgescheuchten GM-Oberen wurden beim Erscheinen des Buchs dieses neuen Unruhestifters noch nervöser. Sie waren mißtrauisch: Er ging das Thema derart verbissen an und hatte dennoch keinen Auftrag. Für wen, so fragten sie sich, arbeitete er wirklich? Stand er irgendwie mit diesen Prozessen in Verbindung? Da GM nicht imstande war, Naders Motive zu begreifen, konzentrierte man sich zwangsläufig auf sein Privatleben und setzte Leute auf ihn an, um ihn in Verruf zu bringen. Die Nachforschungen waren unglaublich schäbig und plump. Sie gaben Aufschluß über die Reaktion einer mächtigen Institution, die auf eine Art angegriffen worden war, die sie nicht verstand. Es begann ziemlich harmlos mit dem Versuch, über Nader etwas mittels einer Bostoner Versicherungsgesellschaft herauszubringen, die sich auf Produkthaftungsfälle spezialisiert hatte. Diese Untersuchung ergab, daß Nader ein Muster an Rechtschaffenheit war. Bald darauf wurde eine neue Nachforschung gestartet. Eileen Murphy, eine Angehörige der Rechtsabteilung von General Motors, die einmal im Justizministerium gearbeitet hatte, rief einen Mann namens Richard Danner an, der in einer Washingtoner Anwaltskanzlei beschäftigt war. Sie bat ihn darum, Nader gründlich auszuforschen. Danner wandte sich seinerseits an Vincent Gillen, einen Privatdetektiv. Gillen, ein mißtrauischer Mann in einem mißtrauischen Gewerbe, sprach Danners Anweisungen auf Band. Die Bänder enthielten folgende Anmerkungen, die er sich bei seinem Gespräch mit Danner gemacht hatte:

»Dies ist ein neuer Klient... Könnte ein sehr wichtiger sein. Sie sind zu mir gekommen, und ich will mich um gute Arbeit bemühen, weil sie Schwierigkeiten bei der Suche nach Detektiven hatten... Sie wollen, daß ich mit jemandem zusammenarbeite, dem ich vertraue... Es geht um den Typ, der dieses Buch geschrieben hat... Sie haben nicht viel über ihn herausgebracht. Was er da schreibt, ist für die Autobranche ganz schön schädlich... Was hat er für Motive?... Geht es ihm wirklich um die Sicherheit? Wer steht hinter ihm, unterstützt ihn?... Einige linke Gruppen versuchen, die gesamte Industrie schlechtzumachen. Wovon lebt er?... Wer bezahlt ihn für dieses Material, wenn überhaupt?... Wurde er bewußt darauf gestoßen?... Ist er Ingenieur?... Keine Beweise dafür: Er war auf der juristischen Fakultät Harvard... Sie haben irgendwelche Nachforschungen in Connecticut durchgeführt... Er ist nicht dort und ist oder war offenbar in Washington... Ich weiß nicht, wo er ist... Eigenartig, aber er steht in keinem Adreßverzeichnis... Offenbar ist er Anfang Dreißig und nicht verheiratet... Interessanter Gesichtspunkt... Sie sagten: »Wen bumst er? Wenn Mädchen, wer sind sie? Wenn keine Mädchen, dann vielleicht Jungen, wen?«... Er scheint nicht ganz dicht zu sein, eine Art Spinner... Nun ja, sie wollen was wissen, egal was... Sie wollen was haben über diesen Typ, um ihn sich vom Hals zu schaffen und ihn mundtot zu machen.«

Nader, der selbst in guten Zeiten wachsam war, merkte bald, daß er beschattet wurde. Er bekam seltsame Anrufe, die zweifellos den Zweck hatten festzustellen, ob er zu Hause war oder nicht. Dann gab es provozierende Annäherungsversuche durch junge Frauen. Zwei ganz besonders unfähigen Detektiven gelang es, den falschen Mann zu beschatten, einen Reporter der *Washington Post*. Das brachte die *Post* auf die Sache. General Motors war schließlich gezwungen zuzugeben, daß man Nader hatte beschatten lassen. Zur gleichen Zeit schickte Senator Abraham Ribicoff aus Connecticut sich an, Hearings über Autosicherheit abzuhalten. Nader und Jim Roche von GM – der eine freiwillig, der andere unfreiwillig – wurden die Stars der Veranstaltung. GM mußte sich öffentlich bei Nader entschuldigen, dem Mann, den in Verruf zu bringen man sich vorgenommen hatte, und einigte sich schließlich außergerichtlich mit ihm auf Zahlung von 425 000 $ wegen Eindringens in die Privatsphäre. Es war ein Ereignis, das die schlechteste Seite eines Riesenunternehmens und die beste eines allein sich behauptenden amerikanischen Bürgers zeigte.

GM hatte Ralph Nader zu einer landesweit bekannten Gestalt gemacht. Er wurde zum Anwalt der Verbraucher erklärt und wandte sich bald auch anderen Gebieten zu – zur Genugtuung zahlreicher gebildeter Amerikaner, die empört über die Angriffe auf die Lebensqualität waren und es satt hatten, sich mit großen, unpersönlichen Institutionen abzugeben. Intelligente junge Leute aus diesen Kreisen wurden Naders Stoßtrupps, und Nader selbst wurde in Washington der journalistische Geburtshelfer in Verbraucherfragen.

Ralph Nader holte das sich schreiend und strampelnd wehrende Detroit in das Zeitalter der Autosicherheit. Was die Branche längst aus eigenem Antrieb hätte tun sollen, tat sie jetzt langsam und widerwillig unter dem Zwang der Forderungen der Öffentlichkeit, als die Nadersche Reformbewegung der 60er Jahre in den staatlichen Druck der 70er überging. Dafür erntete er in Detroit keine Zuneigung; dieser Stadt war er fremd. Er war das Symbol eines Landes, das sich änderte und von Detroit immer weniger verstanden wurde. Er war weder Ingenieur noch Geschäftsmann, sondern ein mitleidlos angreifender Quälgeist. Die Reaktion Detroits ähnelte der einiger Vietnam-Generale, die sehr bald merkten, daß junge Reporter ihrer Darstellung der Ereignisse widersprachen; in ihren Augen war das so, als ob gewöhnliche Soldaten und Unteroffiziere die rechtmäßigen Führer der Nation angreifen und damit auch noch durchkommen würden – Insubordination. Für sie hatte es den Anschein, als stünde nicht nur ihre berufliche Befähigung auf dem Spiel – wie gut sie im Bauen von Autos waren –, sondern die ganze Würde ihres Standes. Sie hatten ihr ganzes Leben hart gearbeitet, geduldig gewartet, bis sie schließlich diese gewaltigen Konzerne führten, und sahen sich jetzt von diesem seltsamen, niemals lächelnden jungen Mann abgeurteilt, dessen einzige wirkliche Beschäftigung eine kurze Anstellung als Anwalt in Hartford gewesen war. Und was noch schlimmer war, die Presse schien ihn, wie sie zu ihrem Mißfallen feststellten, ernster zu nehmen als sie.

Angetrieben von Nader und seiner Bewegung, begann der Staat langsam aber stetig damit, der Automobilbranche neue Sicherheitsnormen und Abgasvorschriften aufzuerlegen. Kurz nach den Anschuldigungen durch Nader gab es mehrere Rückrufaktionen, vor allem beim Ford Pinto, die nicht nur kostspielig waren, sondern die Ansicht Naders und seiner Anhänger zu bestätigen schienen, daß nämlich die Unternehmen sich weniger um die Sicherheit als um das Styling kümmerten. Der Aufstieg Naders und der Widerhall, den seine Anschuldigungen beim Staat und in der Presse fanden, gesellten sich zur wachsenden Auslandskonkurrenz und vermittelten den Führern in Detroit das sich verstärkende Gefühl, daß sie auf die eine oder andere Art in einen Zustand der Belagerung gerieten.

Bei Ford hatte die Produktion Ende der 60er Jahre das Gefühl, in einen ständigen Kampf um mehr Geld für die Werke verstrickt zu sein. Die Werke hatten eine geringe Priorität, und niemand an der Spitze schien sich für sie einzusetzen. Das Unternehmen war ungeheuer erfolgreich, denn es waren sehr gute Jahre, doch es gab offenbar so viele Erfordernisse – Geld für die Aktionäre, Geld für die Zulagen, Geld für die Arbeiter –, daß die Werke am Ende immer am schlechtesten abschnitten. Marvin Runyon, einer der Topmanager aus der Herstellung, meinte, einen gewissen Defätismus unter den Männern in den Werken zu bemerken. Sie wurden nicht so gut wie die Männer in der Finanzabteilung bezahlt, sie waren nicht so gut ausgebildet, und sie waren nicht so schnell oder so hoch aufgestiegen; bei hochrangigen Besprechungen befanden sie sich unweigerlich immer in der Defensive und versuchten, ihre Ausgabenwünsche zu rechtfertigen, die dann doch zusammengestrichen wurden.

Nach und nach war es soweit gekommen, daß sie an sich zweifelten. Nach wiederholten Niederlagen bei bestimmten Forderungen für ihre Werke, die sie im Laufe der Jahre erhoben hatten, gelangten sie zu der Erkenntnis, daß sie mit einigen Dingen nicht durchkommen würden, egal wie gerechtfertigt sie waren, und so begannen sie, eine Form von Selbstzensur zu praktizieren. Sie dachten an etwas, das sie brauchten, erkannten, daß sie damit nicht durchkommen würden, und reduzierten ihre Anforderung derart, daß der ursprüngliche Zweck geopfert wurde.

Sie lernten außerdem, sich der Hilfe anderer zu bedienen, um das zu bekommen, was sie haben wollten. Manchmal benutzten sie die Automobilarbeitergewerkschaft; sie griffen die Klagen der Gewerkschaft über die Bedingungen in einem Werk auf und stellten sie als vernünftige Grundlage für weitere Ausgaben hin. Oder wenn sie merkten, daß reichlich Geld in die Produktion floß, hängten sie ihre Forderungen an das Budget für ein neues Produkt an. Sobald einer neuen Fertigungsstraße zugestimmt worden war, waren sie zur Stelle und benutzten sie zur Aufwertung des Werks, indem sie soviel Geld wie möglich für die Verbesserung ihrer Anlagen abzweigten. Ohne solche Manöver hätten sie auf dem Trockenen gesessen, wie Runyon wußte. Die Leute aus der Produktion waren sich dieser Spielchen natürlich bewußt und erbost darüber, denn es trieb den Preis einer neuen Fertigungsstraße in die Höhe.

Runyon war klar, daß dies zum Teil daran lag, daß die Finanzabteilung den Kapitalbestand hoch halten mußte, um eine angemessene Verzinsung der Investitionen zu gewährleisten. Zum Teil lag es am Bonussystem, aber darüber wurde eigentlich nie richtig gesprochen, wenngleich man sich in den oberen Etagen des Managements stillschweigend darüber einig war. Die Zulagen hingen vom Gewinn ab und waren für die Männer an der Spitze der entscheidende Teil der Jahresbezüge, oft höher als ihr Gehalt. Die Bonusdynamik war somit in die Unternehmensphilosophie einbezogen, ein starker persönlicher Anreiz sowohl für das mittlere Management wie auch für die Führungskräfte, weiterhin auf Maximalgewinne zu setzen und nicht für Produktneuerungen oder bessere Anlagen zu kämpfen. Dafür Geld zu bekommen war schwer, sofern die Fertigungsstraßen nicht völlig zusammenbrachen. General Motors schien immer mehrere Fertigungsstraßen in Reserve zu haben. Bei Ford hingegen lautete die Maxime offenbar, bei einem Renner die Bänder mit einem Maximum an Überstunden laufen zu lassen, bis sie – und die Arbeiter – ihren Geist aufgaben. Diese Politik war schlecht für die Fertigungsstraßen, schlecht für die an ihnen arbeitenden Männer und schlecht für die Wagen.

Runyon wußte, daß es unmöglich war zu *beweisen,* daß die Qualität in solchen Situationen litt, aber selbstverständlich war ihm und jedem, der eine Fabrik betrieb, klar, daß es so war. Er konnte unmöglich *beweisen,* daß es für das Unternehmen auf lange Sicht besser war, wenn sie ein paar Stunden abzweigten, um die Maschinen zu warten. Im Verlauf der 60er Jahre wurde es für die Leute von der Produktion immer schwieriger, Geld für ihre Werke zu bekommen, und die Lage verschlechterte sich ständig. In den 60er Jahren war es nach Meinung Runyons schlimm, in den Siebzigern noch schlimmer.

Nichts spiegelte die geringe Priorität der Produktion und die Lippenbekenntnisse für die Qualität besser wider als die Bemühungen in den 60er und 70er Jahren, bei der Produktion ein neues Verfahren anzuwenden, die sogenannte E-Lackierung. Es war ein Verfahren, das die Entwicklungsingenieure der Produktionsabteilung von Ford 1958 selbst erfunden hatten, um die Lackierung qualitativ zu verbessern, insbesondere den Rostschutz an den Schwachstellen der Pkws und Lkws. Es war ein geniales Verfahren. Bisher hatten die Männer in der Produktion alle erdenklichen Tricks angewandt, um den Lack in die Winkel und Spalten der Fahrzeuge zu bringen, aber es war immer ein Glücksspiel gewesen, und die Autos blieben rostanfällig. Die E-Lackierung konnte dem abhelfen. Die Karosserie wurde bei diesem Verfahren vollkommen in einen Tank mit Lack getaucht und elektrisch aufgeladen; der Lack erhielt die entgegengesetzte Ladung. So gelangte der elektrisch von der Karosserie angezogene Lack auch in die kleinsten und schwer erreichbaren Ecken. Das Verfahren war von Anfang an ein unglaublicher Erfolg, und Ford war der erste Anwender. Schon bald gehörte es zum industriellen Standard. Ford Europa, das auf einem äußerst hart umkämpften Markt antreten mußte, übernahm das Verfahren sofort in allen Werken. Auch General Motors ging dazu über und zahlte Ford eine Lizenzgebühr auf der Grundlage des Lackverbrauchs. Die Japaner übernahmen das Verfahren ebenfalls. Nichts verbitterte die Männer in Detroit mehr als die Tatsache, daß eine so wertvolle Erfindung, die sie selbst gemacht hatten, an Ford Europa vergeben, Ford in Nordamerika aber vorenthalten wurde. Für sie war dies der letzte Beweis für die Arroganz ihrer Firmenleitung gegenüber ihren Kunden.

Ford selbst ließ sich viel Zeit bei der Übernahme des Verfahrens für seine amerikanischen Werke. Es war ohne Frage ein teures Verfahren, das ein riesiges Tauchbad und mehrere Brennöfen erforderte. Trotzdem symbolisierte die Abneigung des Unternehmens, eine so eindeutig überlegene und für die grundlegende Solidität so entscheidende Technik zu übernehmen, für viele in der Produktion die Gleichgültigkeit Fords gegenüber der Qualität. Im Werk Wixom wurde die E-Lackierung 1961 sofort eingeführt, denn das war der Prestigebetrieb des Unternehmens, wo die teuren Lincolns und Thunderbirds gebaut wurden. Aber die Einführung in den anderen Werken war mit weit größeren Kämpfen verbunden, als irgend jemand vermutet hätte. Selbst in der Zeit vor der Inflation Anfang der 60er Jahre kostete diese Neuerung pro Werk etwa vier bis fünf Millionen Dollar. Da es zwanzig Werke gab, war der Gesamtbetrag mit knapp 100 Millionen Dollar beträchtlich. Die Männer, die die E-Lackierung entwickelt hatten, und die Werksangehörigen, die darauf drängten, hielten das Verfahren für den Schlüssel zu einer großen Steigerung der Qualität. Leider gab es keine Möglichkeit, diese Verbesserung in Verkaufszahlen auszudrücken. Daß es ein sehr viel besseres Verfahren war, bezweifelte niemand. Aber wenn die Männer aus der Produktion und der Produktabteilung auf die Vorzüge wiesen, wies die Finanzabteilung auf die Kosten. Bestimmt würde die Produktion nicht imstande sein zu *beweisen*, daß die E-Lackierung einen Unterschied von vier Millionen Dollar ausmachte. Es dauerte vier Jahre, das Verfahren im nächsten Werk einzuführen, in St. Thomas, einem ganz neuen Betrieb. Runyon, der von anderen Kollegen aus der Produktion bestürmt wurde, forderte die Übernahme in allen Betrieben.

1975 verfügte erst die Hälfte der Ford-Werke über die E-Lackierung. Erst da, als die Konkurrenz aus Japan zunahm und es immer deutlicher wurde, daß einer ihrer Pluspunkte die überlegene Qualität einschließlich Feinblech und ausgezeichneter Lackierung war, bemühte man sich ernsthaft darum, die E-Lackierung in weiteren Werken anzuwenden. 1984, mehr als fünfundzwanzig Jahre, nachdem Ford das Verfahren entwickelt hatte, führte das Unternehmen es in den letzten beiden Werken ein, in Norfolk und im Lkw-Werk in Kansas City. Daß man versäumt hatte, ein Verfahren wie die E-Lackierung zu übernehmen, war nach Runyons Meinung ein todsicheres Zeichen für die monopolistische Haltung innerhalb der Branche.

Das Ford-System, meinte er später, war nicht nur unausgewogen – die Finanzen und das Marketing waren die bevorzugten Abteilungen –, es wies auch klarumrissene Klassengrenzen auf. Die Mitarbeiter aus der Produktion waren innerhalb des Unternehmens politisch und wirtschaftlich entrechtet. Die Finanzabteilung hatte ihren Leuten die Laufbahn vorgezeichnet: Sie mußten nie hinaus und sich tatsächlich auf die Realität des Produzierens von Autos einlassen. Waren sie gut, wollte das Unternehmen sie nicht verlieren, und sie hatten innerhalb kurzer Zeit die Gehaltsstufe 16 erreicht, bei der das höhere Management anfing. Ein junger Mann aus der Produktion stieß dagegen auf eine unterschwellige Strömung aus Herablassung und Respektlosigkeit. Wenn er doppelt so lange gearbeitet und sich auf seinem Gebiet hervorgetan hatte, kam er allmählich in die Gehaltsstufen 13 bis 15, wo er lange blieb. In der Gehaltsstufe 15 verdiente ein Mann aus der Produktion Anfang der 70er Jahre, einer relativ guten Zeit für die Branche, vielleicht 40 000 $ zuzüglich eines begrenzten Bonus. Jemand aus der Finanzabteilung, der im gleichen Alter war und Entsprechendes leistete, rangierte höchstwahrscheinlich einige Stufen über ihm und bezog sehr viel höhere Prämien; die Gesamtbezüge waren vielleicht drei- oder viermal so hoch.

Selbst der beste Mann aus der Produktion hatte kaum eine Chance, Vizepräsident zu werden. Sie waren Leute von Ford, das stimmte zwar, aber ihre Selbständigkeit war fast zwanzig Jahre lang jedes Jahr beschnitten worden, und sie kamen sich im Unternehmen wie Menschen zweiter Klasse vor.

In der Produktion bei Ford galten Marvin Runyon und Don Lennox Ende der 60er Jahre allgemein als die beiden fähigsten Männer. Xerox, das damals gerade sein Management aufbaute und einen neuen Produktionsleiter suchte, interessierte sich für beide. Schließlich bot man Runyon die Stelle an. Runyon, bei Ford unruhig geworden, entmutigt angesichts des Mangels an sich bietenden Gelegenheiten, angeödet von den Enttäuschungen seiner Arbeit, war von dem Xerox-Angebot, sofort Vizepräsident zu werden, begeistert und nahm an. Der Handel war perfekt, doch dann bekam Runyon das Gefühl, Xerox wolle die Bedingungen aufweichen, und nahm Abstand. Xerox bot die Stelle daraufhin Lennox an, der sofort zugriff.

Diese Vorkommnisse wirkten ernüchternd auf die, die sich die Mühe machten, über sie nachzudenken: Die beiden fähigsten jungen Männer aus der Produktion bei Ford konnten abgeworben werden, etwas, das zu einer anderen Zeit unmöglich gewesen wäre. Runyon hielt bei Ford aus und wurde schließlich Vizepräsident. Aber zehn Jahre später ging er, enttäuscht wie eh und je. Sehr zum Ärger vieler seiner Vorgesetzten ging Runyon nicht zu einem anderen amerikanischen Unternehmen, sondern nahm die sehr begehrte Stelle des Leiters des ersten Nissan-Werks in Amerika an.

Das erste, was Runyon bei der Arbeit für ein japanisches Unternehmen auffiel, war die sehr viel größere Selbständigkeit eines Werksmanagers. Das zweite, was ihm auffiel, war das weit höhere Ansehen der Männer aus der Produktion im Unternehmen. Im Vorstand von Nissan saßen, anders als bei Ford, sehr viele Männer, die lange Zeit ein Werk geleitet hatten.

31
Datsun spart

Wenn der erste Erdölschock nach dem Jom Kippur-Krieg 1973 die Amerikaner lediglich erboste und in Verlegenheit brachte, weil sie plötzlich mehr für Benzin bezahlen mußten, so versetzte er die Japaner in Angst und Schrecken. Denn er bedeutete keine vorübergehende Unbequemlichkeit, sondern war eine Krise, die ihre moderne Gesellschaft gefährdete. Ihre Wirtschaft stützte sich vollkommen auf das Erdöl, und sie verfügten, anders als die Vereinigten Staaten, über keine eigenen Vorkommen. Was dann folgte, war reine Panik. Es wurde augenblicklich fast alles gehamstert, Läden wurden geplündert, und die Regierung mußte zusagen, daß es genügend Toilettenpapier für alle geben werde. Ein in aller Eile auf den Markt geworfenes Buch mit dem Titel *Das Erdöl ist abgedreht* wurde sofort zu einem Bestseller. Ein großes Debattieren über die Zukunft der japanischen Wirtschaft setzte ein. Einige Intellektuelle sprachen sich für eine mehr araber- und weniger israelfreundliche Außenpolitik aus. Andere befürworteten eine einfachere Wirtschaft, die nicht so abhängig von ausländischem Erdöl sei; Japan, so meinten sie, könnte zu seiner alten Tradition zurückkehren und wieder so leben wie einst, um den *Kotatsu* geschart, jenen Ofen, um den sich die gesamte Familie versammelte, in Decken gehüllt dasitzend, um die Wärme des Feuers aufzufangen. Die Unternehmen verordneten Notmaßnahmen zur Energieeinsparung; so wurden zum Beispiel die Lackieröfen in den meisten Automobilwerken umgebaut, damit sie mit weniger Hitze auskamen. Die Stahlerzeugung wurde wegen der Energieknappheit gedrosselt. Überall in der Geschäftswelt kam aus den Wasserhähnen der Toiletten nur noch kaltes Wasser. Während dieser Zeit empfand ein zu Besuch weilender amerikanischer Manager, der durch die Zentrale eines großen japanischen Unternehmens lief, die ganze Ironie des modernen Japan: In den Hallen war das Licht ausgeschaltet, und die Korridore waren so dunkel, daß die Besucher die an den Wänden hängenden Chagalls und Picassos nicht erkennen konnten.

Diese Erfahrung bestätigte den Japanern, wie anfällig und isoliert sie als Nation waren. Bald wurde ein anderes Buch zu einem Bestseller – *Japan versinkt*-, das beschreibt, wie eine geologische Katastrophe dazu führt, daß Japan langsam im Pazifischen Ozean versinkt. Die Handlung kreist um die Frage, welche Länder sich bereit erklären, bestimmte Kontingente an Japanern aufzunehmen, als die Inseln untergehen. (Das Buch ist eine faszinierende Studie über nationale Paranoia in einem Land, das in seiner Abneigung, Flüchtlinge aus anderen Ländern, insbesondere Vietnam, aufzunehmen, fast einmalig dasteht.) Die Debatte darüber, was Japan tun sollte unter diesen neuen energiearmen Umständen, zog sich endlos hin. Einer der ersten Schritte, den die Japaner unternahmen, bestand in der außenpolitischen Abkehr von Israel und einer stärkeren Unterstützung der Araber.

Die Erholung erfolgte langsam. Die Auswirkungen des Schocks brachten letztlich eine Stärkung der Position Japans in der Weltwirtschaft, weil es disziplinierter, nicht so verschwenderisch und somit auf schlechtere Zeiten besser vorbereitet war. Aber zu Beginn war es für den japanischen Durchschnittsarbeiter wahrscheinlich härter als für die Arbeiter in anderen Ländern. Es gab eine Flut kleiner Bankrotte. Viele Japaner wurden entlassen, andere arbeiteten nicht mehr so lange. Doch schon bald wurde deutlich, daß Japan der Nutznießer dieser Krise sein würde. Einige Nissan-Manager erklärten, sie sei sogar ein Segen gewesen, weil sie die jüngeren Arbeiter wachgerüttelt habe, die die Unternehmenserfolge für selbstverständlich genommen hatten und anmaßend und verwöhnt wurden; die Krise hatte sie richtiggehend dankbar dafür gemacht, daß sie eine Stelle hatten. Japans Erfolg resultierte nicht nur daraus, daß jetzt ein größerer Bedarf an kleineren, wirtschaftlichen Wagen entstand. Begünstigend wirkte auch, daß der Yen fiel. Als der Yen fiel, wurde das Exportieren leichter.

Im Sommer 1973, einige Monate vor dem ersten Erdölschock, schickte Nissan sich an, eine größere Werbekampagne zur Aufwertung seines neuen und für japanische Verhältnisse luxuriösen Modells zu starten, des 610. Der 610, der eine umfangreichere Standardausstattung als all seine Vorgänger hatte, war Nissans erster Versuch, GM nachzueifern und mit seinen Kunden aufzusteigen, wenn diese wohlhabender wurden. Man einigte sich auf die Kampagne und billigte den Slogan »Datsun-Originale«. Die Werbung stützte sich auf Originalkunstwerke von Peter Hurd, Peter Max, Robert Rauschenberg und Salvador Dali. Gerade als die Kampagne anlief, begann die Welt sich zu ändern. Im Oktober 1973 kam es zum Jom Kippur-Krieg. Niemand bei Nissan Amerika wußte, welche Auswirkungen dieser Krieg haben würde, aber es war offensichtlich, daß er den Benzinpreis beeinflussen würde. Praktisch zur gleichen Zeit, im November 1973, erfuhren die Leute von Nissan, daß das amerikanische Verkehrsministerium soeben den ersten Verbrauchstest abgeschlossen, und daß der Datsun 1200 am besten abgeschnitten hatte, der kleinste Wagen des Unternehmens, der schon seit einigen Jahren im Programm war, und den die Unternehmensführung auszurangieren beabsichtigte.

Dann verhängten die über den israelischen Sieg erzürnten Araber ihr Erdölembargo. Auch wenn nur noch wenige 1200er für den Verkauf übrig waren, konnte Datsun das in der Produktion billige Ersatzmodell auf den Markt werfen, den 210. Fünfzehn Jahre harter Arbeit und beständiger Verbesserung der Leistung wie der Qualität zahlen sich jetzt aus. Dies war der Augenblick, in dem die Japaner ihre Position festigten. Die Deutschen konnten die neue Gelegenheit nicht nutzen, weil sie am Käfer festgehalten hatten. Der Boykott dauerte bis zum 1. März 1974.

Zu Beginn des Jahres 1974 waren die amerikanischen Automobilgesellschaften in schrecklicher Ungewißheit darüber, wie lange das Embargo dauern würde, und über die drohende Schicksalsfrage, ob die Zukunft den großen oder kleinen Wagen gehören würde. Die Produktion ging um 23 Prozent zurück. Auch die Japaner hatten Schwierigkeiten: Bei ihrer Suche nach Erdöl für den Betrieb ihrer Fabriken, beim Umgang mit der daniederliegenden Stahlerzeugung und beim Transport der Wagen, die sie bauten. Doch die Japaner paßten sich rechtzeitig der Krisensituation an. Der wirkliche Gewinn stellte sich 1975 ein. Das war ein wichtiges Jahr für sie, das Jahr, in dem Toyota Volkswagen als den führenden Importwagen ablöste.

1973 hatte VW noch beinahe so viele Wagen wie die beiden japanischen Unternehmen zusammen verkauft. 1975 konkurrierte Volkswagen jedoch mit japanischen Wagen der gleichen Preisklasse, die mehr Leistung brachten. Darüber hinaus hatten die Deutschen Wechselkursprobleme mit einer starken Deutschen Mark, die die VW-Preise in Amerika in die Höhe trieb. VW fiel hinter Toyota auf den zweiten Platz zurück und lag nur um 20 000 Einheiten vor Nissan. Aber was noch bedeutsamer war: Die importierten Personenwagen erreichten 1975 einen Marktanteil von 18,3 Prozent, und die Hälfte dieser Wagen kam aus Japan.

Yutaka Katayama beobachtete diesen überwältigenden Erfolg und wußte, daß er das Ende seiner Freiheit bedeutete. Solange Nissan in Amerika klein war, mittelmäßige Gewinne und Fortschritte machte (aber keine zu großen), war er in seiner Stellung relativ sicher. Hätte er sehr wenig Erfolg gehabt, hätte Tokio auf ihn aufgepaßt; jetzt, wo er außergewöhnlich erfolgreich geworden war, würde Tokio, wie er erkannte, noch weit mehr auf ihn aufpassen. Seine steigende Leistung und die Bekanntheit, die er erlangte, waren daheim Warnzeichen, daß er außer Kontrolle geriet und sich Verdienste für

Dinge anrechnete, auf die er, wie man meinte, keinen Anspruch hatte. Er hatte keinen Förderer in Tokio, niemanden, der für ihn sprach. Im Verlauf der Jahre, in denen er in Amerika immer bessere Arbeit geleistet hatte, hatten Freunde ihn immer wieder aufgefordert, bei seinen Besuchen in Tokio Shioji aufzusuchen und ihm Reverenz zu erweisen. Da das Gewerkschaftsbüro damals noch auf der anderen Seite des Flusses direkt gegenüber der alten Nissan-Zentrale lag, benutzten sie den Ausdruck, er solle »über die Brücke gehen«. Shioji sei empfänglich für Gunstbezeugungen, erklärten sie; die Beziehung könne noch geflickt werden. Doch Katayama weigerte sich hartnäckig. Kawazoe, sein Gegenpart an der amerikanischen Ostküste, der nicht soviel verkaufte, hatte sein gutes Verhältnis zu Shioji gepflegt und war daher noch gut gelitten. Bei einem Aufenthalt zu Hause ging Katayama schließlich doch über die Brücke zu Shioji, wenn auch widerstrebend. Shioji kam eine Stunde zu spät zu der Verabredung. In einem Land, in dem die Menschen außerordentlich pünktlich sind, konnte kein Zweifel an der Lektion bestehen, die Shioji Katayama erteilen wollte.

Als das Geschäft in Amerika immer besser lief, kamen allmählich immer mehr intelligente junge Männer aus Tokio, um Katayama zur Seite zu stehen. Vor einigen von ihnen war er sehr auf der Hut. Wenn Kawamata oder Ishihara oder Okuma sich in Amerika sehen ließen, wirkten sie kühl und ablehnend, und der sonst so überschwengliche Katayama wurde zurückhaltend. Die im Betrieb tätigen Amerikaner waren der Meinung, Katayama sei ein überragender Mann; und wenn sie die zu Besuch weilenden Führungsleute aus Tokio zu irgendeinem Termin begleiteten und unverbindlich plauderten und vielleicht erwähnten, wie gut Mr. K., wie sie ihn nannten, sein Handwerk verstehe, fanden sie es eigenartig, daß die Besucher nie reagierten, nie etwas Freundliches über ihn sagten. Katayama war in Amerika viel zu sehr in Erscheinung getreten und hatte nicht die Rolle des bescheidenen japanischen Geschäftsmannes gespielt, der alles seinen Vorgesetzten verdankt. Das würden sie ihm nicht so ohne weiteres nachsehen.

Katayama wußte selbst, daß für ihre Begriffe in amerikanischen Zeitungen und Zeitschriften zu viele Artikel über diesen phantastischen japanischen Unternehmer und Geschäftsmann in Los Angeles erschienen waren, der Nissan zu einem solchen Erfolg geführt hatte, so sehr zu einem Amerikaner geworden und offenbar Ehrensheriff in halb Texas war. Zu viele Personen hatten gesagt, es sei Katayamas Firma, und der 510 sei Katayamas Wagen. All das wurde in Tokio übel aufgenommen, das wußte er, aber das war ihm egal. Er wußte, man war in Tokio der Meinung, er sei zu amerikanisch geworden; seine Kleidung galt als zu sportlich und sein Benehmen als zu zwanglos. Er wußte auch, daß jeder seiner Wünsche nach Abänderung des Wagens, gleichgültig wie stichhaltig sie waren, und gleichgültig ob Tokio darauf einging, letztlich zu seinem Untergang daheim beitrug. Dort wurde er als Sprecher für Amerika und gegen Japan gesehen, als ein Mann, der insgeheim immer sehr kritisch gegenüber den jetzigen Datsuns gewesen war. Von Anfang an hatte er sich keine Illusionen über seine Lage gemacht. »Alles, was ich hier richtig mache«, sagte er seinen engsten amerikanischen Partnern, »wird in Tokio als etwas betrachtet, das ich falsch gemacht habe.«

Als er sich in Palos Verdes ein Haus kaufte, war ihm klar, daß ihm ein Leben auf zu großem Fuß vorgeworfen werden würde. Er wußte, er würde Tokio nie begreiflich machen können, daß die Amerikaner bei den herrlichen Wohnmöglichkeiten in den Vereinigten Staaten sich zu Hause vergnügten, während die Geschäftsleute in Japan wegen der schlechten Wohnverhältnisse, und weil Frauen nicht am Geschäftsleben teilhatten, sich vergnügten, indem sie sich gegenseitig zu sündhaft teuren Abenden auf der Ginza einluden. Gemessen an amerikanischen Maßstäben war sein neues Haus sehr schön, aber gemessen an japanischen war es ungewöhnlich aufwendig, viel aufwendiger als die Häuser, in denen seine Vorgesetzten zu Hause wohnten. Tokio akzeptierte die Idee mit dem Haus nie wirklich. Ständig kamen hohe Nissan-Manager nach Kalifornien, sahen das Haus und hielten es ihm vor, folgerten, daß Katayama, wenn er ein so herrliches Haus besaß, das Unternehmen in irgendeiner Weise ausnahm.

Es war der Anfang vom Ende, als Hiroshi Majima 1975 aufkreuzte. Er wurde Präsident, Katayama Vorsitzender. In der Vergangenheit waren mehrere japanische Führungsleute aufgetaucht, aber Katayama hatte es stets verstanden, mit ihnen fertig zu werden. Majima war anders. Er war ein Mann Ishiharas, in Tokio Vizepräsident, ein Manager mit Einfluß und Verbindungen. Es war von Anfang an klar, daß er gekommen war, um Katayama abzulösen, und daß sein Auftauchen den Abschluß einer Ära bedeutete. Die amerikanische Nissan-Zentrale hatte zwei Hauptbüros, das Büro Katayamas und ein anderes, das meistens bei feierlichen Angelegenheiten benutzt wurde. In dieses Büro zog Majima ein. Es war für alle eine unerquickliche Zeit. Katayama wußte selbstverständlich eine Menge mehr über Amerika und das Geschäftemachen dort, aber Majima war Katayama dennoch eindeutig um Längen voraus. Er hatte den Auftrag, den Betrieb von Katayama zu übernehmen. Majima sprach kein Englisch, und den Amerikanern in der Zentrale kam er kühl und aalglatt vor. Er fühlte sich unter Amerikanern nicht wohl, nur unter anderen Japanern, von denen er immer mehr in das Büro in Los Angeles brachte. Einige der Amerikaner merkten zum erstenmal, daß sie für ein japanisches Unternehmen arbeiteten.

Katayama wußte, daß seine Zeit abgelaufen war. Er hatte in Amerika ohnehin schon sein Pensionsalter überschritten, und jetzt schlug Tokio zu.

Anfang 1977 erhielt er ein Telex, das ihn ohne Erklärung nach Hause rief. Es war so, als ob er plötzlich verschwunden wäre. Bei seiner Ankunft in Tokio erklärte man ihm, daß er vor einigen Tagen in den Ruhestand getreten sei. Seine Freunde in Los Angeles wußten nicht, was los war, fürchteten jedoch das Schlimmste. Mayfield Marshall, der die Werbung machte und in der Firma wahrscheinlich Katayamas engster Freund war, schickte ihm ein Telex nach Tokio. »Hoffe, sie geben dir mehr als nur eine goldene Uhr.« Einige Wochen später kehrte Katayama zurück. Er sah Marshall an und hielt das Armgelenk hoch. Es wurde von einer goldenen Armbanduhr geschmückt. Sie war eigentlich das einzige, was sie ihm gaben.

Er hatte nicht den ausdrücklichen Wunsch, nach Japan zurückzugehen, und dachte eine Zeitlang daran, in Amerika in einer anderen Branche zu bleiben. Doch er kehrte heim, und in Tokio wollte Nissan ihn verstecken. Es war fast so, als ob er mit Schande zurückgekommen wäre. Einen Lohn für die Arbeit, die er geleistet hatte, gab es nicht. Er wurde nicht in den Vorstand berufen, obwohl das bei den Führungskräften, die eine solche Stellung innegehabt hatten und so erfolgreich gewesen waren, normalerweise geschah. Er wurde auch nicht Vizepräsident. Man gab ihm eine untergeordnete Stelle in einer Werbefiliale. »Ich bin weggegeben worden«, schrieb er Freunden in Amerika. »Wenigstens bin ich außer Reichweite der Gewerkschaft.« Nissan bemühte sich, in Japan jede öffentliche Würdigung der Rolle, die er gespielt hatte, auf ein Minimum zu reduzieren.

Aber nicht alle übergingen ihn; im April 1977 wurde Katayama vom MITI ein blaues Band für seine Arbeit im Dienste des japanischen Handels in Amerika verliehen. Es war eine besonders hohe Auszeichnung, die einige seiner Freunde in Amerika mit Befriedigung erfüllte. Aber er hatte kaum Freude an der Auszeichnung; für ihn hatte sie einen etwas bitteren Beigeschmack. Er hatte das Gefühl, daß Nissan, verunsichert durch seinen Erfolg in Amerika und durch das eigene Versäumnis, ihn durch eine Berufung in den Vorstand anzuerkennen, das MITI dazu veranlaßt hatte, ihn auszuzeichnen. Es war in gewisser Weise ein Schwindel, dachte er, und kam sich am Tag der Verleihung seltsam unbeteiligt vor.

In Amerika ging Nissan sehr bald gegen die vor, die Katayamas engste Vertraute gewesen waren. Binnen weniger Monate trennte sich das Unternehmen von John Parker, der für die Werbung verantwortlich gewesen war. (Für Tokio waren die vielen Aktivitäten Parkers immer ein rotes Tuch gewesen.) Aber in gewisser Weise erhielt Katayama doch Genugtuung. Denn in Amerika war er nicht nur populär, wurde nicht nur bewundert; er war zu einer Legende geworden. 1983 beklagte *Car and Driver,* die Nissan-Erzeugnisse seien zwar noch langlebig, aber inzwischen langweilig geworden (»Nissan ist nur noch auf finanziellem Gebiet innovativ«, schrieb die Zeitschrift), und veröffentlichte eine besondere Würdigung Katayamas als Mensch und Automann. Dank einer seltenen visionären Kraft habe er dazu beigetragen, aus einem kleinen, unzulänglichen japanischen Unternehmen etwas Besonderes zu machen, indem er es schonungslos dazu gedrängt hatte, sein Bestes zu geben. Was Nissan jetzt am dringendsten brauchte, schrieb *Car and Driver*, sei wieder so ein Mann. Die Überschrift des Beitrags sagte alles: »Wo bist du geblieben, Yutaka Katayama?«

32
Der Kampf an der Spitze

Es gab Anfang der 70er Jahre ganz klare Anzeichen dafür, daß der Inlandsmarkt sich wandelte. Einige der besonders aufgeschlossenen Leute bei Ford und GM waren von dem Erfolg aufgeschreckt worden, den Volkswagen mit dem Käfer in Amerika gehabt hatte, allerdings weniger durch die Verkaufszahlen als durch die Tatsache, daß vergleichsweise wohlhabende und anspruchsvolle Menschen den Wagen kauften. Es gab noch andere Anzeichen einer Entfremdung. In Kalifornien verkauften sich die japanischen Wagen in den unteren Marktbereichen ab etwa 1970 von Mal zu Mal besser. Die Wagen waren relativ billig und genossen einen beneidenswerten Ruf in bezug auf Qualität und Sparsamkeit im Verbrauch. Franklin Murphy, der im Vorstand von Ford saß und Chef der *Los Angeles Times* war, sprach seine Vorstandskollegen auf die japanische Invasion an, wenn er zu Sitzungen nach Detroit kam, doch sie ließen ihn regelmäßig abblitzen. Es sei ernst, beharrte er; die Japaner seien in Kalifornien sehr gut im Geschäft, einem Bundesstaat, der sehr oft Trends für das übrige Land setzte, und zwar im Geschäft mit einem gebildeten, jungen, expandierenden Teil des Marktes. Aber seine Kollegen sahen das offenbar anders: Wenn die Leute in Kalifornien japanische Autos kauften, dann lag das daran, daß Kalifornien ein unzuverlässiger Flecken war, wo sich Gesundheitsapostel tummelten, die kein Fleisch aßen, seltsame Götter verehrten und lieber in der Sonne spielten als täglich einer richtigen Arbeit nachzugehen. Die Leute, die japanische Autos kauften, lebten, wie ein Ford-Manager meinte, wahrscheinlich alle in Kommunen. Es fiel den Amerikanern einfach schwer, die Japaner ernst zu nehmen. Wenn die Japaner sich gut schlugen, so schien die Meinung zu sein, dann nur deshalb, weil die Amerikaner diesem Marktbereich nie besondere Beachtung geschenkt hatten.

Iacocca war die Verkörperung dieser Meinung. Als ihn 1971 sein Freund, der Rennfahrer Carroll Shelby, anrief und ihm erzählte, daß man ihm eine große Toyota-Vertretung in Houston angeboten habe, lachte Iacocca und sagte: »Ich will dir den besten Rat geben, den du je bekommen hast. Lehne ab!«

»Warum?« wollte Shelby wissen.

»Weil wir sie in den Pazifik zurückjagen werden«, antwortete Iacocca.

Shelby folgte dem Rat und nahm die Vertretung nicht an. Später kam er zu dem Schluß, daß es die schlechteste geschäftliche Entscheidung gewesen sei, die er jemals getroffen hatte, und die ihn in den darauffolgenden zehn Jahren runde zehn Millionen Dollar kostete.

In dieser Zeit, die mit dem Jahr 1971 begann, stand die Ford Motor Company vor einer Entscheidung, die tiefgreifende und langfristige Folgen haben würde. Es ging um die Frage, ob man in das Geschäft mit kleinen, wirtschaftlichen Wagen mit Frontantrieb einsteigen sollte oder nicht. Die bisherigen Versuche Detroits, Kleinwagen zu bauen, waren im allgemeinen halbherzig gewesen. Die Wagen waren ein zweiter Aufguß, gestutzte Versionen größerer Wagen, fast immer untermotorisiert und enttäuschend. Die Europäer dagegen gingen immer mehr zu Wagen über, die zu fahren Spaß machte, auch wenn sie klein waren. Die Welt änderte sich, und das Unternehmen mußte über den Entwurf eines völlig neuen Kleinwagens nachdenken, ein kostspieliger Schritt. Die Frage berührte die Existenz des Unternehmens, denn Ford war mit seinen Lohn- und Gehaltstarifen in eine unvertretbare Dynamik verstrickt. Weil man soviel zahlte, mußte man ständig höhere Gewinne ausweisen, und höhere Gewinne bedeuteten größere Wagen. Ohne daß es irgend jemand bemerkt hatte, war die Lohnskala von der Spitze abwärts an große Wagen gekoppelt worden und setzte ein Fehlen echter Auslandskonkurrenz voraus. Die Gewinne, die die großen Wagen abwarfen, hatten zur Abhängigkeit geführt.

Diese so wichtige Entscheidung mußte unter schlechtesten Bedingungen getroffen werden, während eines alles beherrschenden Machtkampfs zwischen den beiden höchsten Führungsleuten des Unternehmens, Henry Ford und Lee Iacocca. Der Streit hatte bereits scharfe persönliche Züge angenommen und wurde nun auch noch wirtschaftlich und weltanschaulich, wobei sich alle drei Komponenten vermischten. Es begann mit Iacoccas Versuch, Hal Sperlich zum Chef von Ford Europa zu machen. Damit war er gescheitert. So schickte er Sperlich 1971 mit einem Sonderauftrag dorthin. Iacocca hielt Ford in der unteren Hälfte des europäischen Marktes für schwach. Er betrachtete den Kontinent außerdem als fremdes Gebiet. Mit Ausnahme von Italien fühlte er sich dort nicht wohl, und er war der Meinung, daß keiner der wichtigen Männer dort zu ihm stehe. Er schickte Sperlich mit der Anweisung nach Europa, sich sechs oder sieben Monate umzusehen, alles aufzuschnappen, was er konnte, und nach Möglichkeit mit einem Konzept für einen Kleinwagen zurückzukommen. Es war eine heikle Aufgabe, denn Sperlich, der kein Fingerspitzengefühl besaß, mußte hinter den Linien in einem Gelände arbeiten, das Philip Caldwell gehörte.

Sperlichs Mission fiel gerade in die Zeit, als die Europäer ihre neuen frontgetriebenen Wagen auf den Markt brachten. Sperlich war sofort Feuer und Flamme. Kurz nach seiner Ankunft machte er eine Testfahrt mit einem Fiat 127 und war sprachlos, wieviel Spaß es machte, diesen Wagen zu fahren. Es war der kleinste und doch in der Handhabung beste Wagen, den er in den letzten Jahren gefahren hatte. Ihm war damals klar, daß diese frontgetriebenen Wagen im Kommen waren. Die Kunden würden nach ihnen verlangen. Das war Fortschritt, der sich nicht aufhalten ließ. Die einzige Frage war, wie gut und wie schnell die amerikanischen Unternehmen reagieren würden.

Der Wagen mit Frontantrieb war ein altes, immer wieder aufflammendes Thema. Am nächsten waren die Produktleute ihm mit dem Cardinal gekommen, den McNamara abgesegnet und Iacocca 1961 gekippt hatte, weil er meinte, er verkaufe sich schlecht und werfe niedrige Stückgewinne ab. (Jahre später wies er die Verantwortung dafür mit der Bemerkung von sich, der Cardinal sei seiner Zeit voraus gewesen.) Die Argumente, die er damals gegen den Cardinal anführte, kamen jetzt wie ein Spuk zurück, dem die Finanzabteilung ihre Stimme lieh. Die Firmenbedenken gegen den frontgetriebenen Kleinwagen waren gewichtig. Ein kleiner Wagen warf wahrscheinlich weniger Gewinn ab, aber was nach ihren Worten noch wichtiger war: Der Übergang zum Frontantrieb erforderte mehr als nur ein paar geringfügige Änderungen an den Fertigungsstraßen. Er bedeutete einen völlig neuen Wagen und eine neue Kraftübertragung. Der Vorschlag war somit ungeheuer kostspielig.

Es war relativ einfach, große und starke Wagen zu entwerfen, aber entschieden schwieriger, kleinere zu entwickeln. Hier wurde das Können der Ingenieure gefordert, und das war es, was sie reizte. Es war nicht einfach nur ein Wagen, der die Antriebsräder vorn hatte. Es war vom gesamten Entwurf her ein vollkommen neuer Wagen. Nicht nur der Motor lag vorne, sondern auch die gesamte Kraftübertragung. Darum lief kein großer, buckliger Tunnel mehr zur Hinterachse, der Platz einnahm und das Gewicht erhöhte. Das bedeutete, daß die Wagen kleiner und leichter sein konnten. Weil der Wagen selbst jetzt räumlich kleiner war, konnte auch der Motor kleiner sein, und weil der Motor kleiner war, war noch weniger Gewicht zu bewegen. Alles war kleiner, und alles konnte entsprechend verringert werden. Das Kleine brachte das Kleine hervor.

Sperlich hatte sich stets für den Frontantrieb interessiert, bisher jedoch geglaubt, er sei etwas für Exzentriker. Als er jetzt in Europa saß, erinnerte er sich all seiner früheren Studien. Es war die bloße mathematische Überlegenheit des Frontantriebs, die ihn nicht mehr losließ. Er war einfach deshalb dafür, weil er besser war. Die Tatsache, daß die Zeit der billigen Energie in Amerika allmählich ihrem Ende zuging, hatte ihn nicht beeindruckt. Wie die meisten Automanager glaubte er grundsätzlich, daß die Schwarzseher in Sachen Energie falschlägen und auch weiterhin falschliegen würden. Aber ihm war sehr wohl bewußt, daß Wagen mit Frontantrieb überlegen waren, und wenn Amerika sie nicht unverzüglich baute, würde es in Europa binnen kurzem aus dem Geschäft sein.

In den ersten sieben Monaten in Europa lebte Hal Sperlich wie ein Zigeuner. Nicht ein einziges Mal mietete er sich ein Haus. Er zog einfach umher, von Fabrik zu Fabrik, von Konstrukteur zu Konstrukteur, unterhielt sich, prüfte und machte Skizzen. Mit der Hilfe einiger anderer entwarf er in diesen sieben Monaten einen kleinen Wagen mit Frontantrieb. Es war ein vollkommen neuer Wagen. Sperlich stand die ganze Zeit, in der er daran arbeitete, unter Druck; er wußte, daß Volkswagen demnächst mit einem vergleichbaren Wagen auf den Markt kommen würde, der in Europa Golf und in Amerika Rabbit heißen würde, und VW war bereits ein beachtlicher Konkurrent. Er war mit seinen ersten Entwürfen zufrieden, und Iacocca auch, und als die Marktforscher sie in Europa testeten, waren die Ergebnisse ungewöhnlich gut. Die Untersuchungen ergaben, daß die Kunden nicht nur positiv ansprachen, sondern auch glaubten, der Wagen sei um einiges teurer als tatsächlich geplant war.

Sperlichs Position spiegelte die zunehmende Spaltung innerhalb des Unternehmens wider. Er war Iacoccas Nummer eins und hatte sich mit einem Sonderauftrag Iacoccas in das fremde Europa begeben. Er hatte ohne Frage den Auftrag, dort irgend etwas durchzudrücken. Aber in Wirklichkeit besaß er nur teilweise Einfluß in einem gespaltenen Unternehmen, und die Entstehung seines Wagens ging nicht ohne Schwierigkeiten voran. Der Chef von Ford Europa war Phil Caldwell. Caldwell war zwar kein Finanzmann im strengen Sinn, doch im Unternehmen galt er als ebenso wahres Abbild der Finanzmentalität wie jeder andere auch. Er hatte die Harvard Business School besucht und war ein systematischer Mann, ordentlich, gründlich und äußerst behutsam bei Entscheidungen. Henry Ford hielt ihn für einen intelligenten, anspruchsvollen Mann mit einem weiten Horizont, aber viele derjenigen, die mit ihm zusammenarbeiteten, hielten ihn eher für pedantisch als behutsam. Er wirkte eigentlich nicht wie ein Mann der Autobranche, sondern weltläufig und kultiviert, verglichen mit vielen Männern in Detroit, und sprach lieber über europäische Politik als über das Unternehmen. Er war offenbar das genaue Gegenteil Iacoccas. Iacocca schien nur aus Instinkt zu bestehen, der Revolverheld als Führungsmann (wenngleich er in Wirklichkeit vorsichtig in Geschäftsdingen war). Iacocca, sagte ein Kollege, sah sich den Entwurf eines neuen Wagens an und dachte an die Möglichkeiten; Caldwell sah sich den gleichen Entwurf an und dachte an alle Risiken. Iacocca war bewußt gewöhnlich, Caldwell bewußt weltmännisch.

Für viele Kritiker verkörperte Caldwell das Problem des modernen Unternehmens Ford, das die Leute von der Harvard Business School heraufbeschworen: zu viele Informationen, zu viele Möglichkeiten, zuwenig Gespür für Autos. »Das Schlimme bei Ihnen ist, Phil«, sagte Iacocca ihm einmal, »daß Sie in Harvard waren, wo man Ihnen gesagt hat, nichts zu unternehmen, solange Sie nicht alle Fakten beisammen haben. Sie haben fünfundneunzig Prozent beisammen, aber Sie brauchen ein weiteres halbes Jahr, um die letzten fünf Prozent zu bekommen. Und in der Zeit sind Ihre Fakten veraltet, und der Markt ist Ihnen auf und davon.«

Für Männer wie Iacocca und Sperlich, die sich ihres Geschmacks und Urteils sicher waren, war Caldwell der Prototyp des Ford-Systems, ein Mann, der aus ihm hervorgegangen war und von ihm beschützt wurde. Iacocca betrachtete ihn mit kaum verhohlener Verachtung als einen Mann, der keine Entscheidung treffen konnte. Aber Iacoccas Geringschätzung war gar nichts im Vergleich zu derjenigen Sperlichs, der, als er Caldwells Nachfolge bei den Lastwagen angetreten hatte, sich in aller Öffentlichkeit darüber beklagt hatte, wie wenig er auf den Zeichenbrettern oder im Planungsstadium vorgefunden habe. »Ein leerer Schrank«, hatte Sperlich gesagt. Caldwell, so erklärte er, hatte bei den Lastwagen alle größeren Projekte bekämpft oder verzögert und dann, als einige dieser Projekte schließlich verwirklicht und ein Erfolg wurden, das Verdienst daran für sich reklamiert – war herumgezogen und hatte sich, wie Sperlich sagte, als »Mister Lkw« ausgegeben. Sperlich hatte, wie es seine Art war, sehr freimütig kundgetan, wie demotiviert er die Leute im Bereich Lastwagen vorgefunden, und wie wenig sich in der Planung befunden hatte. Das war nicht unbemerkt geblieben. Sperlich hatte sich einen erbitterten Feind geschaffen. Jetzt drängte Sperlich auf ein neues Herstellungsprogramm für ein Gebiet, in dem Caldwell das Sagen hatte, und Caldwell war sowohl vor dem Mann wie vor dem Wagen auf der Hut.

Sperlich hatte keine Schwierigkeit, Iacocca den Wagen zu verkaufen. Iacocca war zwar ein Freund großer Wagen, doch er verstand Sperlichs Begeisterung, und Sperlich war sein Mann. Außerdem glaubte er, daß in Europa Bedarf an dem Wagen bestände und man ihn schließlich nach Amerika bringen könnte. Henry Ford war nicht so einfach zu bewegen. Ein völlig neuer

Wagen wie dieser war teuer; einige der Schätzungen der Produktionskosten kamen bis auf 700 Millionen Dollar. Die Finanzabteilung rechnete mit einem geringen Erlös. Die Angelegenheit begann, im Unternehmen hin und her zu gehen. Iacocca und Sperlich erklärten, daß die Finanzabteilung unrecht habe, daß der Wagen einen höheren Erlös erbringen werde. Aber sie führten noch ein weiteres Argument an: daß der Wagen gut sei, daß dies die Welle der Zukunft sei und daß man es wagen müsse, ungeachtet aller Kostenschätzungen, weil die Konkurrenz vergleichbare Modelle auf den Markt bringe. Jetzt zu zögern, Ford bei einem so entscheidenden Durchbruch in der Entwicklung des Kleinwagens zurückzuhalten, bedeute nicht nur, auf einen kleinen Teil des Marktes zu verzichten, sondern vielleicht auf den Markt überhaupt.

Dieses Argument stach letzten Endes, und die Ford Motor Company machte mit Sperlichs Wagen für den europäischen Markt weiter – dem Fiesta, dem vielleicht besten Kleinwagen, den Ford oder ein anderes amerikanisches Unternehmen jemals gebaut hatte. Aber es war eine überraschend knappe Entscheidung. Wäre der Fiesta nur nach seinen Vorzügen beurteilt worden, hätten sie den Wagen vielleicht verloren, dachte Sperlich. Lediglich zwei ausgefallene Umstände halfen ihnen, den Sieg davonzutragen. Der eine war, daß Henry Ford nach Spanien gehen und dort Wagen für einen expansiv eingeschätzten Markt produzieren und sich die relativ niedrigen spanischen Arbeitslöhne zunutze machen wollte. Anstatt damals eine alte Fabrik für viel Geld umzurüsten, konnten sie in Spanien ein neues Werk für die Produktion des Fiesta bauen. Der andere Umstand war eine Änderung des westdeutschen Wechselkurses, wodurch sich die Kosten des Rabbit beträchtlich erhöhten, was Ford wiederum erlaubte, etwas mehr für den Fiesta zu verlangen und so einen größeren Gewinn zu machen.

So konnte Sperlich also ans Werk gehen. Er hatte das Gefühl, daß Caldwell ihn die ganze Zeit bekämpft hatte, und zwar gekonnt, denn Sperlich hatte ihn nie direkt überführen können. Es hatte nie einen greifbaren Beweis für Caldwells Widerstand gegeben, keine Fingerabdrücke, wie Sperlich es später ausdrückte, aber er spürte dennoch ganz deutlich, daß Caldwell ihn bei jeder Gelegenheit bremste, zusätzliche Informationen verlangte, Entscheidungen verzögerte, sie komplizierter anstatt einfacher machte. Sein Assistent Reickert spürte all diese Hindernisse, die dem Fiesta in den Weg gelegt wurden, aber sie waren nie richtig greifbar; es gab eine unterschwellige Strömung gegen den Wagen, die jedoch niemand genau lokalisieren konnte.

Doch sie wurden auch durch Henry Ford gebremst. Er war bei diesem Wagen nicht ihr Verbündeter. Natürlich machte die Finanzabteilung Ford mit ihren Kostenschätzungen und dubiosen Rentabilitätsberechnungen nervös. Aber noch stärker wirkte sich auf Ford die Tatsache aus, daß zu der

Zeit, als die Debatte über den Wagen stattfand, der Kampf zwischen ihm und Iacocca erbitterter geworden war. Wenn Lee Iacocca etwas wollte, wußte Henry Ford nicht mehr, ob er es auch wollte. In den folgenden sechs Jahren, als sich der Markt dramatisch änderte, stand das Unternehmen vor einer Reihe bedeutsamer Entscheidungen über kleine oder große Wagen. Bei diesen Entscheidungen wurde es immer schwerer, zwischen weltanschaulichen Unterschieden und persönlicher Animosität zu unterscheiden.

1974 trennten sich die Wege der beiden Männer endgültig und unwiderruflich. Die persönlichen Spannungen waren schon schlimm genug, wurden aber jetzt noch durch die Nachwirkungen des ersten Erdölschocks verschärft. Im Oktober 1973, am Vorabend des höchsten jüdischen Religionsfestes, hatten die Araber Israel angegriffen und den Jom Kippur-Krieg ausgelöst, den Israel gewann. Die daraus folgenden wirtschaftlichen Auswirkungen waren verheerend für einen unvorbereiteten Westen. Erdöl war zu dem Zeitpunkt deutlich unterbewertet. Der Jom Kippur-Krieg trieb die arabischen Länder gegen Israel und seine westlichen Helfer zusammen und führte zum ersten Erdölembargo. Dieses Ereignis wirkte sich auf Henry Ford traumatisch aus; es war, als ob ein Alptraum Wirklichkeit geworden wäre. Große Wagen waren zu einer Belastung geworden, die die gesamte Zukunft seines Unternehmens gefährdete. Der altmodische und etwas angegriffene Ford entschloß sich für die gefährlichste Möglichkeit, sich aus der Krise zu retten. Er zog umgehend zwei Milliarden Dollar aus dem Entwicklungsprogramm für neue Erzeugnisse ab. Für Iacocca war das ein vernichtender Schlag. Er hatte sich Ford und Lundy in der Vergangenheit angepaßt, immer wieder in entscheidenden Produktangelegenheiten nachgegeben, aber dies war ein inakzeptabler Rückzug. Weder mochte er den Mann, für den er arbeitete, noch achtete er ihn, und nun erlebte er ihn voller Angst vor der Gegenwart und der Zukunft, schlecht gerüstet, die Firma in einer Zeit der Bedrängnis zu führen. Die Folge war eine drastische Verschärfung ihrer Feindschaft. Es kam zu einigen häßlichen Szenen. Anfang 1974 flog die Führungsmannschaft von Ford nach New York zu einem Treffen mit den Autoanalysten der Anlagefirmen. Es war etwas, das Henry Ford nicht besonders gern tat. Er hatte einige der Empfindungen seines Großvaters gegenüber der Wall Street geerbt und trat nicht gern vor eine Gruppe junger Analysten, um seine eigenen Aktien anzupreisen. Dabei war New York nur die erste von drei Stationen, und Henry Ford wurde begleitet von Ed Lundy und Iacocca.

Das erste Treffen in New York sollte bei einem Essen im Universitäts-Club stattfinden. Schon vor dem Essen trank Henry Ford sehr viel und war, als das Essen begann, in schlechter Verfassung. Wir sind auf dem Weg ins

Nichts, erklärte er den versammelten Analysten, wir werden untergehen. Am Kopfende des Tisches beugte sich Lundy zu Iacocca und sagte: »Ich weiß nicht, wie Sie es anstellen, aber es ist wohl am besten, Sie retten uns.« Und Iacocca sprach, tat, was er konnte. Am nächsten Tag strich der wieder nüchterne Henry Ford die beiden noch ausstehenden Städte von der Liste. »Sie sprechen mit zu vielen Leuten draußen«, hielt er Iacocca vor. Es war sicher vorzuziehen, sich stärker zurückzuhalten. Iacoccas PR-Mann Walter Murphy meinte, sein Niedergang im Unternehmen habe an diesem Tag begonnen.

Immer häufiger war es jetzt nicht mehr fachliche Kritik, die Henry Ford an Iacocca übte, sondern persönliche. Er sprach von ihm in immer abfälligeren Worten. Iacocca wurde »dieser verdammte Itaker«. Dieser verdammte Itaker würde Henry Fords Unternehmen nicht übernehmen. Iacocca seinerseits wurde im Kreis seiner engsten Freunde immer krasser in seinen verächtlichen Äußerungen über Henry Ford. Ford wurde »dieser dümmliche, verzogene, miese Typ«. Es verband sie einzig noch die Wertschätzung der Fähigkeit Iacoccas, mit der Ford Motor Company Gewinne zu machen. Iacocca besaß einen brennenden Ehrgeiz, er wollte alles; aber Henry Ford sah in ihm lediglich einen Angestellten, zwar einen fähigen und sehr gut bezahlten Angestellten, aber mehr nicht.

Doch von größerer Bedeutung war die Frage der Loyalität. Die gesellschaftlichen Überschreitungen wären zu verzeihen gewesen, wenn Iacocca weniger ehrgeizig gewesen wäre. Denn Iacocca war gut, zweifellos der fähigste Mann im Unternehmen, aber Henry Ford war zu der Überzeugung gekommen, daß Iacocca nicht mit dem zufrieden sei, daß er mehr wolle, daß er das Unternehmen nicht nur führen, sondern zu seinem Unternehmen machen wolle. Diese Überzeugung machte Ford ganz besonders zu schaffen, denn hier wurde eine wichtige interne Frage berührt. Dieses Unternehmen war vor allem anderen ein Familienunternehmen, aber der Altersunterschied zwischen Henry Ford und seinem Sohn Edsel war beträchtlich, etwa einunddreißig Jahre, Fords Gesundheit war angeschlagen, und es bestand keine Möglichkeit für ihn, das Unternehmen direkt an Edsel zu übergeben.

Wie zuvor flammten die Spannungen zwischen ihnen eher in Europa als in den Vereinigten Staaten auf. Im Frühjahr 1975 fand eine Sitzung in Westdeutschland statt. Sämtliche Spitzenleute von Ford Deutschland waren anwesend, ebenso wie der Anhang Iacoccas. Als das Essen beginnen sollte, setzten sich die Iacocca-Leute an einen Tisch. An den anderen Tischen saßen Amerikaner von Ford Europa und die Deutschen bunt gemischt. Im Verlauf des Abends schien sich Fords Gesicht zu verdüstern, und er fing an zu trinken. Vorher hatte er seinen Assistenten gesagt, daß er an diesem Abend nicht sprechen werde. Als der Nachtisch aufgetragen wurde, erhob sich Bill Bourke, die Nummer zwei bei Ford Europa, und sagte, daß Ford zwar bei dieser Gelegenheit nicht habe sprechen wollen, daß er aber dennoch wolle, daß sich alle wohl fühlten. Bourke hatte kaum zu Ende gesprochen, da stand ein ziemlich verärgerter Henry Ford auf und fing an zu reden. Er habe, so sagte er, diese Amerikaner satt bis obenhin, die zu Ford Deutschland kämen und nicht mit den Deutschen verkehrten, und was ihn betreffe, so würde er sie am liebsten in ein Flugzeug verfrachten und diese ganze Bagage zurück nach Detroit bringen und die Deutschen ihre Geschäfte selbst führen lassen. Es war ein äußerst peinlicher Augenblick, aber es war noch mehr: Es war die bisher deutlichste öffentliche Bekundung der Spaltung an der Spitze des Unternehmens.

Kurze Zeit darauf nahm Henry Ford an einer Sitzung europäischer Manager der Führungsebene teil, der auch Iacocca und seine Gruppe beiwohnten. Anschließend wurde Ford zurück in sein Hotel gefahren. Bourke und noch ein anderer Manager begleiteten ihn. Während der Fahrt war Ford lange Zeit sehr schweigsam. Plötzlich wandte er sich an Bourke und fragte: »Bill, haben Sie irgendeinen Zweifel daran, wer der Chef der Ford Motor Company ist?« Bourke versicherte ihm, daß er keine Zweifel hätte. Dann wandte sich Ford an den anderen Manager und fragte ihn das gleiche, und der Mann erklärte, daß auch er keine Zweifel hätte. »Ich freue mich, das zu hören«, sagte Henry Ford. Es war eine Frage, die Ford noch nie gestellt hatte; daß sie gestellt wurde, war ebensosehr eine Antwort wie eine Frage.

Selbst die 727 wurde zu einem wunden Punkt. Geschäftlich war sie im wesentlichen Iacoccas Flugzeug, privat das von Cristina, und beide mochte Henry Ford mit der Zeit immer weniger. Die Maschine war für Transatlantikflüge ausgestattet, aber Henry Ford wollte sie nicht. Er war einmal mit einer Großraummaschine von Kennedy gestartet, bei der zwei der Motoren Feuer gefangen hatten. Das Flugzeug war sofort umgekehrt und wieder gelandet, aber von da an wollte er seine Überseeflüge nur noch mit einer 747 machen, die vier Motoren hatte. Die 727 hatte fünf Millionen Dollar gekostet, und dann waren noch einmal 250 000 $ für Umbauten nötig gewesen; es war eines der wenigen Male gewesen, daß die Finanzabteilung etwas lockerer mit Geld umgegangen war. Alles über fünf Millionen Dollar mußte über den Vorstand laufen, aber in diesem Fall hatte man beschlossen, daraus zwei kleinere Anforderungen zu machen, so daß man den Vorstand umgehen konnte. Iacocca liebte das Flugzeug. Obwohl er später verbittert über die Ausnutzung von Firmenvorrechten durch Henry Ford schrieb, benutzte doch niemand lieber einen eigenen Firmenjet als er. Iacocca konnte jederzeit in Rom zu tun haben, und auch wenn Bologna keines der Automobilzentren der Welt war, gab eine Zwischenlandung in Bologna auf dem Weg von Rom zu einem Treffen in Deutschland normalerweise Gelegenheit zum Essen und zum Einkauf einiger Paar Schuhe. Henry Ford mißfiel zusehends, daß Iacocca das Flugzeug benutzte, doch im Unternehmen nahm man allgemein an, daß Fords wachsende Verärgerung über Cristina, ihre Reisen und ihre Beziehung zu Imelda Marcos das Schicksal der Maschine besiegelte. 1974 beschloß Henry Ford schließlich, das Flugzeug zu verkaufen. Der Schah von Persien kam am ehesten als Käufer in Betracht. Ein Topmanager von Ford wurde mit dem Flugzeug nach Teheran geschickt. Von einem sehr erzürnten Henry Ford bekam er den Auftrag, nicht eher zurückzukommen, bis er einen Scheck über fünf Millionen Dollar in der Tasche hätte; andernfalls sollte er sich auf die Startbahn setzen und warten. Das war das Ende einer der hochgeschätzten Vergünstigungen Lee Iacoccas und gab den genauen Beobachtern zu erkennen, wie schlecht es um die zweite Ehe Henry Fords stand.

Kurz danach, im Sommer 1975, erlebte Iacocca auf schmerzliche Weise, wie sehr sich sein Verhältnis zu Henry Ford verschlechtert hatte. Er erfuhr, daß Henry Ford eine rechtliche Überprüfung seiner Person, insbesondere seiner Freundschaft mit einem Mann namens Bill Fugazy, betrieb. Fugazy war tatsächlich Iacoccas Mann in New York. Er war im Reisegeschäft tätig und bekannt als Freund gefeierter Persönlichkeiten, ein Mann, der berühmte Leute anderen berühmten Leuten vorstellte. Er war mit Kardinal Spellman bekannt gewesen und kannte Kardinal Cooke, aber auch Bob Hope, Frank Sinatra und Roy Cohn. Er bewegte sich vornehmlich im Milieu der Kunst- und Unterhaltungsbranche und schien kleine oder große Gefälligkeiten zu gewähren, ohne scheinbar etwas dafür als Gegenleistung zu verlangen. Die höheren Würdenträger der katholischen Kirche in New York schätzten ihn, weil Billy unter anderem bei Spendenaktionen ein Meister darin war, große Beträge von Leuten beizubringen, die nicht immer im Ruf der Mildtätigkeit standen. Seine Verbindungen zur Kirche reichten weit über New York hinaus, bis in den Vatikan. Als Papst Paul VI. 1964 nach New York gekommen und in einem Triumphzug durch die Straßenschluchten der Stadt gefahren war, hatte er in einem Lincoln Continental gesessen – ein in der Autobranche großer Coup für Ford, den Bill Fugazy eingefädelt hatte. Als Iacocca in Rom gewesen war, hatte er eine Audienz beim Papst erhalten, was ebenfalls das Werk Fugazys gewesen war.

Die Welt Fugazys übte auf Iacocca eine gewaltige Anziehung aus, der nicht nur nach wirtschaftlichem und geschäftlichem Erfolg strebte, den Detroit ihm bieten konnte, sondern nach etwas Größerem, das Detroit nicht gewähren konnte: die *Anerkennung*, die sich mit dem Erfolg einstellt. Die Titelgeschichten der Nachrichtenmagazine hatten ihm einiges davon beschert, und jetzt bescherte auch Billy Fugazy es ihm. Iacocca war dankbar. Wenn er in Billys Gesellschaft war, hatte er Spaß und war mit Stars zusammen. Im Kreis um Iacocca gab es einige, die sich wegen der Freundschaft mit Fugazy Sorgen machten und der Meinung waren, daß Iacoccas Dankbarkeit fehl am Platz sei – daß Lee, als er zu Beginn nach New York gekommen war, seine eigene Zugkraft als Star unterschätzt habe. Anstatt Lee Türen zu öffnen, so meinten sie, hänge sich Billy an Iacoccas wachsenden Ruhm an und vermittle gleichzeitig den Eindruck, als hätte er, Fugazy, Iacocca diese Umgebung geschaffen. Aus welchen Gründen auch immer, die Freundschaft war eng. Wenn Iacocca sich in New York aufhielt, war er auch bei Billy Fugazy.

Fugazy hatte im Laufe der Jahre geschäftlich viel mit Ford zu tun gehabt. Wie die meisten großen Unternehmen hatte auch Ford einige Motivationsprogramme für erfolgreiche Händler – Reisen nach Hawaii oder in die Karibik. Für die Reisebranche war das ein sehr bedeutendes Geschäft, und der Kampf um diese Verträge war hart. Schon Ende der 60er Jahre, noch unter Bunkie Knudsen, hatten andere Reisebüros bei Ford schwere Klage gegen Fugazy geführt. Sie beklagten, daß Fugazys Firma stets in letzter Minute ein Angebot unterbreite, das gerade unter dem des niedrigsten Anbieters liege. Auch die Finanzabteilung von Ford hatte berichtet, daß es schwieriger sei, die Fugazy-Konten zu bearbeiten als die anderer Firmen. Einige der Beschwerden waren direkt zu Henry Ford gelangt.

Mehrere Freunde Iacoccas hatten wegen dessen Verbindung zu Fugazy ein ungutes Gefühl. Fugazy schien immer viel über das Unternehmen zu wissen, zuviel – oder wenn er nicht so viel wußte, hatte er doch wenigstens so eine Art, sie glauben zu machen, daß er eine Menge wisse. Henry Ford gefiel der Gedanke nicht, daß Billy Fugazy mit seinem Unternehmen verbunden war; ihm gefiel im Grunde nichts von dem, was er über ihn hörte. Fugazy war einmal im Boxgeschäft gewesen, und das war für Ford ein sicheres Zeichen, daß es nicht mit rechten Dingen zuging. Ford traf sich zu der Zeit mit Kathy DuRoss und war überzeugt, daß Fugazy in New York wenig Schmeichelhaftes über sie und ihre Vergangenheit erzählte, und das machte ihn rasend. Aber wieder war die eigentliche Frage, um die es ging, die Loyalität. War Iacocca gegenüber einem Kumpel wie Fugazy loyaler als gegenüber der Ford Motor Company? Das war die Frage, die Henry Ford in bezug auf Iacocca beunruhigte.

Zu Anfang hatte Ford versucht, ihm die Freundschaft mit Fugazy auszureden, aber Iacocca war eigenartig unnachgiebig gewesen. Er werde sich seine Freunde, bitte schön, selbst aussuchen, und Henry Ford werde ihm nicht vorschreiben, wer diese Freunde wären, ließ er seine Umgebung wissen. Als deutlich wurde, daß dies für Henry keine Bagatelle war, sondern ein ganz entscheidender Punkt, bedrängten einige von Iacoccas Freunden, die normalerweise immer zu ihm standen, den Präsidenten von Ford, auf seinen Chef zu hören und etwas Distanz zwischen sich und Fugazy zu bringen. Aber das machte ihn nur noch halsstarriger. Seine Freunde waren überrascht; einige von ihnen hielten Fords Bedenken für berechtigt. Sie wunderten sich, daß Lee, der in der Vergangenheit bereit gewesen war, Leute fallenzulassen, jetzt eine so harte Linie verfolgte. Sie meinten am Ende, es sei ein Zeichen für Lees steigende Verachtung für Henry Ford sowie die eigene wachsende Unzufriedenheit mit seinem Status, Angestellter und nicht Eigentümer des Unternehmens zu sein.

Die Überprüfung bei Ford zielte in erster Linie und vor allem auf Iacocca, wie immer sie auch vorgelegt wurde. Sie zog sich über mehrere Monate hin und kostete über eine Million Dollar. Nichts, was gegen Iacocca gesprochen hätte, wurde jemals nachgewiesen (»Ich bin sauber«, sagte er zu Freunden), und tatsächlich hieß es, die Überprüfung habe unbeabsichtigt mehr Ungereimtheiten in den Spesenabrechnungen Henry Fords zutage gebracht als in denen Iacoccas.

Die Überprüfung zeigte, daß Henry Ford Lee Iacocca aus dem Unternehmen entfernen wollte, sich jedoch nicht stark genug fühlte, ihn aus eigener Kraft abzuschieben. Iacocca hatte inzwischen zuviel Macht, als daß er ohne Grund hätte hinauskomplimentiert werden können. Die Überprüfung war eine Suche nach dem Grund gewesen. Falls kein Grund gefunden werden konnte, würde die Überprüfung doch zumindest Iacoccas Position schwächen, indem sie anderen im Unternehmen klarmachte, daß man im Begriff war, seine Macht zu beschneiden.

So gesehen, war es ein erfolgreicher Schritt, denn er traf Iacocca schwer. Jeder im Unternehmen wußte, was vorgefallen war, und wußte, daß der Vorsitzende es darauf abgesehen hatte, den Präsidenten loszuwerden. Iacoccas Stärke hatte in der Vergangenheit in seinem Ruf bestanden, etwas möglich machen zu können, ein Mann zu sein, der einen Wagen durch den bürokratischen Apparat bringen konnte und der das Vertrauen von Henry Ford besaß. Aber jetzt, wo die Entfremdung offenkundig geworden war, war er ein gezeichneter Mann. Der Vorsitzende gab ihm keine Rückendeckung mehr. Kurz nach der Überprüfung fand eine Sitzung statt, auf der Henry Ford die Leistung des Unternehmens mit bittern Worten kritisierte. Iacocca wurde nicht ein einziges Mal erwähnt, doch jeder im Raum, einschließlich Iacocca, wußte, daß der Angriff ihm galt. Es war so, als ob irgendein großes, allmächtiges und oft unsichtbares Wesen die Jagd auf Iacocca für eröffnet erklärt hätte. Seine Gegner in der Finanzabteilung glaubten jetzt, freie Hand zu haben und ihn angreifen zu können, wenn die Angriffe auch geschickt vorgetragen werden mußten. Das ging etwa so: *Wie lange kann das Unternehmen damit rechnen, vom Erfolg des Mustang zu leben?* Der Mustang war vor über zehn Jahren auf den Markt gekommen. Oder, was besonders wirkungsvoll war: *Ja, Iacocca ist gut, das steht außer Frage* – es mußte stets dieses Zugeständnis gemacht werden; der Angriff war viel wirkungsvoller, wenn der Betreffende den Anschein erweckte, auf Iacoccas Seite zu stehen –, *aber wenn er so gut ist, warum wächst dann Fords Marktanteil nie, warum ist er offenbar bei 23 Prozent eingefroren?* Die schlimmste Zeit für Iacocca war immer die unmittelbar nach dem Erscheinen der Zehntages-Berichte. Man schien nie von der Stelle zu kommen, hielt immer nur das bereits bestehende Gebiet, und darauf stürzte man sich mit nicht wenig Schadenfreude.

Iacocca blieb bei alldem still. Lundys Leute nahmen ihn auseinander, aber er reagierte kaum. Einmal kam er durch Zufall in den Besitz eines der Hilfsmemos, das die Finanzabtzeilung Ed Lundy für eine wichtige Sitzung zusammengestellt hatte. Für die Finanzabteilung offenbarte das ein schweres Sicherheitsmanko, denn während es in Ordnung war, die Gegenseite die Tendenz der beabsichtigten Positionen der Finanzabteilung wissen zu lassen, waren die Memos selbst doch tabu. Als Lundy ihn bei dieser Sitzung Punkt für Punkt bedrängte, sagte Iacocca: »Schauen Sie, Ed, ich habe alle Ihre Fragen hier vor mir, und wenn Sie wollen, lese ich Ihnen gerade die Antworten vor, die Ihre Leute Ihnen vorbereitet haben. Das erspart uns einige Zeit.« Es war einer jener seltenen siegreichen Augenblicke, kurz zwar, aber süß. Iacocca war fest davon überzeugt, daß das Unternehmen nicht genug in seine Wagen investiere und daß der Ölschock Henry Ford gelähmt habe. Aber das behielt er für sich. Er kannte die Spielregeln: Wenn er offen die Finanzabteilung angriff, griff er Henry Fords Hilfssystem an. Deshalb hielt er sich zurück und trat immer mehr in den Hintergrund.

All das hätte vielleicht nichts geschadet, wäre lediglich ein normaler Kampf zweier Gruppen gewesen, wäre nicht das Timing gewesen. Die Auswirkungen des ersten Ölschocks auf das Unternehmen würden verheerend sein. Die Firma war sträflich unvorbereitet, und an Wirtschaftlichkeit im Verbrauch dachte dort kein Mensch. Man war vielmehr vollkommen damit beschäftigt, GM im Bereich der großen Wagen einzuholen. Die Angriffe auf GMs Cadillac waren immer schwerfällig gewesen. Die Lincoln Mercury-Gruppe verlor *immer* Geld. 1968 kam das Unternehmen schließlich mit einem starken Wagen auf den Markt, dem Mark III, einem sportlichen Modell in der Luxusklasse, das junge Leute fahren konnten, ohne wie Frühpensionäre zu wirken. Es hatte den Unterbau vom Thunderbird und einen vom Rolls Royce entliehenen Kühler, eine lange Motorhaube und ein kurzes Heck. Es wurde augenblicklich ein Erfolg. Der Wagen verkaufte sich auf Anhieb besser als der Cadillac Eldorado. Ford verdiente an jedem Stück 2 000 $, und Iacocca prahlte gerne damit, daß die Lincoln-Gruppe in einem Jahr einen Gewinn von fast einer Milliarde Dollar machte. Es war ein Erfolg von verlockender Art, und Ford blickte dementsprechend in die eine Richtung, während der Markt im Begriff war, sich in die andere zu entwickeln. Ben Bidwell, einer der höheren Marketingmänner von Ford, meinte, Ford habe das Tanzen gelernt, gerade als die Musik aufhörte.

Aber Ford war nicht allein. Der Durchschnittsverbrauch der amerikanischen Wagen am Vorabend des Jom Kippur-Kriegs lag bei unfaßbaren 18 Litern auf 100 Kilometer. Und auch die Regierung war keine große Hilfe. Sie hatte Detroit endgültig dazu gebracht, sich um eine Verringerung der Abgasschadstoffe zu bemühen, und Detroits Ingenieure arbeiteten daran, versuchten, das Problem in den Griff zu bekommen, wie man die Schadstoffe vermindern konnte, die ihre Autos in die Luft und die Lunge der Amerikaner pusteten. Es war etwas, das die Branche zwanzig Jahre früher und freiwillig hätte tun sollen; jetzt tat sie es unter der Drohung von Vorschriften. Es bedeutete, daß viel von der technologischen Kraft und dem Können Detroits in das Erfüllen von Emissionsvorschriften floß, anstatt in Bemühungen, die Wagen wirtschaftlicher zu machen. Dann entschied der Staat, daß er auch einen sparsamen Verbrauch wünsche, und setzte den Automachern hohe Normen, die es zu erfüllen galt. Aber der Staat hatte der Branche nur eine halbherzige Politik beschert; er verlangte zwar einen sparsamen Verbrauch, bemühte sich aber trotz der Unbeständigkeit der erdölproduzierenden Welt nie darum, den Benzinpreis an den Tankstellen zu stabilisieren. Eine schnelle, energische Entscheidung zugunsten einer drastischen Besteuerung des Benzins an der Zapfsäule hätte den Amerikanern vielleicht klargemacht, daß die alte Zeit der Verschwendung vorbei war und daß Amerika wie Europa jetzt sparsam mit Treibstoff umgehen mußte. Dadurch wären die amerikanischen Verbraucher darüber informiert worden, wie der zukünftige Energiepreis sein würde, und es hätte ihnen gezeigt, daß das, was sie bei einem neuen Wagen bevorzugten, nicht so wichtig war wie das, was sie sich leisten konnten. Es wäre vielleicht auch eine Warnung für die arabischen Staaten gewesen und hätte ihnen die Möglichkeit verwehrt, den Erdölpreis nach Belieben zu erhöhen. Aber diese Steuer kam nie. Amerika war im entscheidenden Augenblick bewegungsunfähig. Sein politischer Apparat war nicht bereit, grundlegende Wahrheiten an seine Wähler weiterzugeben. Anstatt daß also die amerikanische Regierung den Verbraucher besteuert und damit sowohl die Automobilbranche wie auch den Dollar stabilisiert hätte, erlaubte Amerika letztlich den Arabern, es zu besteuern.

Sehr bald wurde das Land von einer schweren Inflation heimgesucht, und die Preise aller wichtigen Waren und Dienstleistungen wie Wohnen, Nahrungsmittel, Verkehr und Gesundheitsfürsorge schossen in die Höhe. Gleichzeitig trat der Staat endlich mit Vorschriften für langfristige Präventivmaßnahmen auf den Plan. Im Dezember 1975, rund zwei Jahre nach dem Jom Kippur-Ölschock, gab Washington seine Anforderungen bekannt: Es schrieb für 1978 (die Wagen von 1978 waren 1975 entworfen worden) einen Flottenverbrauch – das ist der Durchschnittsverbrauch aller Wagen eines Herstellers – von 13 Litern, und für 1980 von 11,75 Litern auf 100 Kilometer vor. Es war eine weitreichende Entscheidung: Sie verpflichtete die Unternehmen, ohne die Kunden unbedingt zu überzeugen. Es bedeutete, daß die Unternehmen ihre Wagen unter enormem Termindruck umrüsten und stark aufgeblähte neue Kosten auf sich nehmen mußten. Eine Denkfabrik in Cambridge, Massachusetts, schätzte, daß die Unternehmen für die Erfüllung der neuen Normen etwa 60 bis 80 Milliarden Dollar ausgeben müßten – praktisch ihr gesamtes Kapitalvermögen. Das legte der Branche eine bedenkliche Last auf, und was noch bedenklicher war, die Last traf die Firmen im umgekehrten Verhältnis zu ihrer Stärke. Als Folge davon, so Maryann Keller, einer der klügsten Autoanalysten, »werden die Reichen noch reicher, und die Armen noch ärmer«. Und so kam es tatsächlich: American Motors entschied sich einfach für Motoren, die andere Unternehmen hergestellt hatten; Chrysler, das sich nach jahrelangem Mißmanagement durch Finanzexperten in einem kritischen Zustand befand, stand am Rande des Bankrotts; und selbst das mächtige Ford erlebte einen so schweren Schock, daß sich am Ende des Jahrzehnts die Frage erhob, ob das Unternehmen zumindest in der Form, in der es bisher bestanden hatte, überleben werde oder nicht.

Es war mehr als offenkundig, daß sowohl Ford wie auch die anderen Unternehmen die Größe der meisten ihrer Wagen reduzieren und das gesamte Programm sparsamer im Verbrauch machen mußten. Die Frage, wie man verkleinern sollte, beherrschte das Unternehmen seit 1974, seit zwei Jahren. Es war eine vollkommen chaotische Zeit. Der Benzinpreis hatte sich nach anfänglicher Panik scheinbar stabilisiert, und niemand wußte, was das für Auswirkungen auf den Wunsch des Kunden nach kleineren Wagen haben würde. Detroit schien keinerlei Ahnung zu haben, was der Verbraucher wollte. Das heißt, wußte der Verbraucher eigentlich selbst, was er wollte? Aber Ford mußte eine Entscheidung treffen, und es würde wahrscheinlich die teuerste Entscheidung der Firmengeschichte. Die Kosten der Verkleinerung, vor allem wenn Ford zu einem ganz neuen Modell überging – also neue Karosserie, neuer Motor und neue mit der Kardanwelle kombinierte Achse –, konnten bis zu drei Milliarden Dollar erreichen. Es war tatsächlich der höchste Einsatz auf die Entwicklung des Marktes, den jemals jemand im Unternehmen hatte setzen müssen.

Diese Debatte fand auf dem Höhepunkt der Auseinandersetzung zwischen Ford und Iacocca statt. Für einen kleinen, vollkommen neuen Wagen, einen amerikanischen Fiesta, traten Iacocca und Sperlich ein. Sperlich war absolut besessen von dem Gedanken, einen kleinen, dem neuesten Stand der Technik entsprechenden Wagen zu bauen, wie er es in Europa gemacht hatte. Er würde alle Vorzüge des Fiesta aufweisen, aber mit Rücksicht auf die größeren Amerikaner im Innenraum etwas mehr Beinfreiheit haben. »Ein aufgeblasener Fiesta«, meinte Iacocca. Sperlich war sicher: Wenn Ford keinen kleinen, dem neuesten Stand der Technik entsprechenden Wagen baute, würde es jemand anderes machen. Iacocca hatte er bald überzeugt. Aber so gut er als Automann war, so fast einmalig schlecht war er für das ungeheuer komplizierte bürokratische Spiel gerüstet, das gespielt werden sollte. Er war eine gefährdete Spezies, die zu ahnungslos war, um zu erkennen, daß sie eine gefährdete Spezies war.

Iacoccas Beweggründe lagen etwas anders. Sperlich war sein Produktmann, und der Instinkt sagte Iacocca, daß er zu seinem besten Mann halten mußte. Er wußte, daß man auf seine Begabung hören mußte, vielleicht nicht bei jeder Sache, aber bestimmt bei etwas, das so gewichtig war wie dies. Anders zu handeln hätte bedeutet, daß er einen Fehler gemacht und den falschen Mann auf den ersten Platz gesetzt hatte. Über Sperlichs Begabung war er sich sicher; er meinte zwar, den Markt besser als Sperlich zu kennen, aber er hatte keine Zweifel hinsichtlich der Fähigkeiten Sperlichs, erst einen Wagen zu sehen und ihn dann zu entwickeln. Aber in seinem Innersten war Iacocca nach wie vor ein Mann der großen Wagen, staatlicher Druck hin, staatlicher Druck her. Er hatte seine Wagen gern groß, mit vielen Extras. Er hatte gerade gelernt, den Lincoln gegenüber dem Cadillac wettbewerbsfähig zu machen. Und jetzt kam Sperlich und verlangte ein Auto, das zu bauen ungewöhnlich teuer sein würde, und das dazu auch noch klein war.

Ihm war klar, daß die Finanzabteilung Sperlichs Wagen in der Luft zerreißen würde. Aber er wußte, daß er den Wagen aus zwei Gründen vertreten konnte: Erstens mußte Ford in diesem entscheidenden Augenblick einfach den bestmöglichen Kleinwagen herausbringen, und zweitens, und das war vielleicht noch wichtiger, schrieb der Staat einen Flotten*durchschnitt* vor. Das hieß, Detroit konnte nicht mehr einfach verkaufen, was es wollte, sondern mußte ein gemischtes Programm verkaufen. Wenn Ford einen sehr guten Kleinwagen mit geringem Verbrauch herstellte, verbesserte das den Durchschnittsverbrauch für das Unternehmen und ermöglichte ihm, um so mehr größere, schwerere und gewinnbringendere Wagen zu verkaufen. Jeder Fiesta erlaubte ihnen vielleicht, einen Lincoln mehr zu verkaufen. Lee Iacocca, so witzelte einer seiner engsten Vertrauten, fand Gefallen am Fiesta, weil er die großen Wagen liebte.

Ihnen gegenüber in diesem Kampf standen Henry Ford und Ed Lundy mit seinen Leuten. Henry Ford war aus mehreren Gründen gegen den neuen Frontantrieb. Er war ein Kind seiner Zeit. Er selbst mochte keine kleinen Wagen und glaubte, daß auch die Amerikaner sie nicht mochten. Aber was schlimmer war: Dies war unerforschte Zukunft. Es kostete wahrscheinlich viel Geld, und selbst wenn die Wagen ein Erfolg wurden, wenn sie gut waren und sich gut verkauften, brachten sie dem Unternehmen vielleicht doch nicht sonderlich viel Geld.

Er war außerdem ein zunehmend konservativer werdender Mann. Seit dreißig Jahren war er jetzt im Unternehmen, er war müde, und um seine Gesundheit stand es schlecht. 1976 hatte er erstmals Schmerzen in der Brust, ein erstes Anzeichen für eine schwere Herzerkrankung, Angina pectoris. Wegen seines Gesundheitszustands war er außerordentlich besorgt um die Zukunft des Unternehmens; es mußte in den Händen der Familie bleiben. Das machte ihn vorsichtiger bei Ausgaben und gereizter, wenn er darum angegangen wurde.

Der andere Grund dagegen war in den Augen Fords, daß Iacocca dafür eintrat. Die Animosität war inzwischen so groß, daß Henry nach Meinung einiger Führungsleute von Ford wahrscheinlich für Kleinwagen mit Frontantrieb plädiert hätte, wenn Iacocca für größere Wagen gewesen wäre. Das machte ihn für die Argumente der Finanzabteilung empfänglicher denn je. Die Finanzleute standen einem so teuren Vorhaben äußerst ablehnend gegenüber. An keiner Stelle sahen ihre Berechnungen jemals irgendwelche Vorkehrungen für eine nachhaltige Änderung des Energiepreises vor, oder für das, was diese Änderung vielleicht für den Markt bedeutete. Sie weigerten sich einfach vorauszuschauen. Angesichts einer Krise wurden sie zurückhaltender denn je, waren nicht mehr so leicht bereit, ein Risiko einzugehen. Jahre später hatten einige ihrer Gegner auf der Produktseite ein bescheidenes Vergnügen daran, sich hämisch über das Versagen der Finanzabteilung zu freuen, die nicht vorauszusagen vermocht hatte, daß der Markt sich vielleicht änderte und die arabischen Ölquellen unsicher waren. Für viele von ihnen war es der Beweis, daß die Finanzleute engstirnige Bürokraten ohne Phantasie waren, die ihr ganzes Können darauf verwandten, das Unternehmen anhand ganz normaler Zahlen zu überwachen. Je kleiner das Problem, desto geschickter waren sie. Jetzt, so behaupteten ihre Kritiker, bewies der

Ölschock, daß sie umso bewegungsunfähiger waren, je größer das Problem war. »Die gerühmte Finanzabteilung von Ford«, sagte Don Lennox, »verschlief den wichtigsten Ruf der modernen Zeit restlos.«

33
Wieder große Wagen

In dem zweijährigen Ringen um kleinere Wagen entwickelte sich Sperlich von einem bloßen Verfechter seiner Sache zu einem zornigen, leidenschaftlichen Propheten. Er war so überzeugt von der Richtigkeit seiner Argumente und verachtete seine Gegner derart, daß seine Geduld Monat für Monat schneller schwand und seine Geringschätzung immer offenkundiger wurde. Er war umgeben von Männern, denen er in Europa entgegengetreten war, als sein Beschützer Iacocca noch mächtiger gewesen war. Seine eigene Macht schwand, weil auch die Macht Iacoccas verblaßte. Aber das zählte für Sperlich nicht. Was zählte war, daß Iacocca ihm gesagt hatte, er solle die Sache durchziehen. »Ich war«, so erinnerte er sich, »ein guter deutscher Sohn guter deutscher Eltern und war erzogen worden, zu gehorchen und mich niemals gegen meinen Chef zu wenden, und Lee war mein Chef.« Das allein bot schon eine wichtige Einsicht: Iacocca, nicht Ford, war sein Chef.

Der Wagen, über den ab Ende 1974 diskutiert wurde, sollte 1978 oder 1979 auf den Markt kommen. Sperlich war sicher, daß sich der amerikanische Markt bis dahin ändern würde und der Käufer dann kleine Wagen würde haben wollen. Mit dieser Meinung stand er gegen einen beträchtlichen Teil der leitenden Angestellten von Ford. Henry Ford selbst machte von Anfang an klar, daß er keinen Kleinwagen mit Frontantrieb wollte; er glaubte nicht, daß der Markt sich so schnell ändern würde. Ihm schwebte vor, einen bestehenden Ford der Mittelklasse zu nehmen, ihn abzuspecken und leichter zu machen. Dieser Wagen firmierte in der Diskussion unter dem Namen Panther und war Henry Fords Liebling. Nach Meinung Sperlichs war Ford ein fast bewegungsunfähiger Mann, ein Mann, der jedes Gespür dafür verloren hatte, was für sein Unternehmen richtig oder falsch war. Für Sperlich war der Panther einfach ein weiterer Wagen wie gehabt, die immer gleichen alten Modelle teuerst aufgemöbelt. Es war nach seinem Dafürhalten ein unzulänglicher Wagen, ein weiterer verspäteter Versuch auf einem dahinsiechenden Markt. Es war die Art der Verkleinerung, wie sie üblicherweise in Detroit vorgenommen worden war, wenn man einen kleineren Wagen gebraucht hatte; das Ergebnis waren immer mittelmäßige Autos gewesen.

Diese Monate waren ein Alptraum für ihn – Einwände gegen seine Vorschläge zu hören, sich wieder ans Zeichenbrett zu setzen und die Probleme durchzuarbeiten, um dann festzustellen, daß es keinen Unterschied machte. Den Satz »kleine Wagen bedeuten kleine Gewinne« hörte er im Lauf dieser Auseinandersetzung bestimmt hundertmal. Und die Frage »Wie wird Wall Street reagieren?« hörte er bestimmt zweihundertmal. Man erzählte ihm ein ums andere Mal von mangelnder Rentabilität pro Wagen, und er erklärte immer wieder, daß Rentabilität bei einem Auto nicht alles sei, daß Packard in dem Jahr, in dem das Unternehmen von der Bildfläche verschwand, die höchste Gewinnspanne pro Wagen in der Geschichte des Automobils erwirtschaftet hatte. Es gab eine Zeit, so führte er aus, in der man dem Markt nur zu folgen brauchte, ob er sich nun in die Richtung bewegte, in die man selbst wollte, oder nicht. Sperlich legte Tabellen vor, die zeigten, wie Fords Anteil am Weltmarkt in den letzten Jahren zurückgegangen war, weil Ford auf dem Markt der Kompaktwagen nicht besonders gut abgeschnitten hatte. Was sich weltweit ereignete, so sein Argument, ereigne sich auch in Amerika, weil Amerika wie die Welt wurde, ob einem das gefiel oder nicht.

Ihm wurde im Verlauf der Auseinandersetzung klar, daß Iacocca nicht mehr soviel Einfluß hatte. Er registrierte auch, daß Henry Ford zum erstenmal die Empfehlungen seiner Stabsleute ablehnte. Unterdessen sah er, ganz in dem Ringen befangen, in Henry Ford die Verkörperung all dessen, was er am Geschäft haßte. »Was willst du machen?« sagte Iacocca resignierend. »Du kannst nicht gegen den Mann angehen. Es ist seine Firma.« Beide waren überzeugt, daß Henrys Panther ein teurer Wagen würde – es war kein neuer Wagen, aber er wies doch so viele Änderungen auf, daß das rund eine Milliarde Dollar verschlingen würde –, und das würde, wie Ford selbst sagte, das gesamte verfügbare Kapital aufbrauchen und es damit unmöglich machen, einen neuen Wagen wie den Fiesta zu bauen. Iacocca und Sperlich wollten den kleinen Fiesta machen und dann einen mittelgroßen Wagen verkleinern, um Ford zufriedenzustellen. Es sollte eine vergleichsweise einfache Verkleinerung werden, so daß der größte Teil des Geldes für den Kleinwagen übrigblieb. Dieser leicht verkleinerte Wagen hieß in der Diskussion der Tiger.

Ende 1975, als Iacocca den Einwand nicht mehr hören konnte, wie teuer eine neue kleine Fertigungsstraße sei, kam ihm eine Idee. Hondas Technik hatte ihn beeindruckt, und Honda war Ford beim Frontantrieb weit voraus.

In aller Stille, ohne anzudeuten, was er vorhatte, flog er nach Japan, um mit Soichiro Honda zusammenzutreffen. Die Tagesordnung war geheim. Er verbrachte herrliche Stunden mit dem alten Mann, dem wahren Außenseiter der japanischen Autobranche, einem Mann, der das Wirtschaftsestablishment Japans verachtete. Für ein hochkarätiges japanisch-amerikanisches Treffen war ihre Zusammenkunft ungewöhnlich herzlich. Honda hatte die Erlaubnis erhalten, ein großes Feuerwerk zu veranstalten, und das ganze Viertel kam bei seinem Haus zusammen. Er schenkte Iacocca eine schöne Vase, und dann ließ Iacocca so bühnenreif wie möglich einen nagelneuen, weißen Mustang von einem Lastwagen rollen und machte ihn Honda zum Geschenk. Dann kam Iacocca zur Sache: Er wollte, daß Ford den Fiesta baute, aber mit einem Motor und einem Getriebe von Honda. Honda war begeistert; nichts hätte er lieber gemacht als diese Gemeinschaftsproduktion mit einem amerikanischen Unternehmen, dessen Namen allein er schon verehrte. Die japanischen Teile würden nur 711 $ kosten. Er konnte 300 000 Einheiten liefern, und das umgehend. Iacocca war noch begeisterter; er hatte sofort einen Wagen, und einen unschlagbaren dazu. Er konnte in nur achtzehn Monaten bei den Händlern im Fenster stehen. Er war sicher, damit auch Henry Fords Einwände gegen den Fiesta entkräftet zu haben. Der Wagen würde billig sein, und keines der Ford-Werke mußte umgerüstet werden. Der Gedanke war so gut, daß sie ihn für fehlerlos hielten. Als Iacocca Henry Ford von dem Geschäft unterrichtete, war Ford empört. »Unter die Haube eines Autos, das meinen Namen trägt, kommt kein Japsenmotor«, erklärte er. Damit war die Idee gestorben. Mehr noch, es zeigte unwiderruflich, daß es egal war, was sie vorlegten, egal, wie hoch die Kosten oder wie stark die Argumente waren – sie würden immer verlieren.

Die Aussichtslosigkeit des Kampfes in den letzten Monaten schien die Wut, mit der Sperlich zurückschlug, noch zu erhöhen. Er war schonungslos, aggressiv, unnachgiebig. Er besiegelte sein Schicksal, nicht nur was diesen Wagen anging, sondern auch in bezug auf seinen Verbleib in der Firma. Als 1976 schließlich die Zeit für die Kraftprobe zwischen dem Tiger und dem Panther kam, war es ein kampfloser Kampf. Alle Fragen waren gestellt, alle Antworten gegeben worden. Es war so, als gäbe es im Unternehmen nur noch eine Person, die glaubte, daß Sperlich gewinnen könne, und das war Sperlich.

Ihm selbst blieb diese Zeit als unheimlich in Erinnerung. Er hatte immer geglaubt, das Unternehmen wäre in dieser Frage tatsächlich gespalten, es gäbe zwei etwa gleich starke Seiten, die sich gegenüberstünden. Und dann fiel plötzlich das Machtwort, und es gab nur noch eine Seite. Während der gesamten letzten Woche sprangen Leute ab, die er und Iacocca für Verbündete gehalten hatten. In den Tagen vor der letzten Sitzung stieß er auf eine Wand des Schweigens – Leute, die Anrufe nicht erwiderten, keine Aktennotizen beantworteten. Es war eigenartig, dachte er, wie allein man in solchen Augenblicken in einem vollbesetzten Speisesaal sein konnte.

Unmittelbar vor der Sitzung herrschte eine seltsame Atmosphäre. Normalerweise war vor einer großen Sitzung im Unternehmen alles voller Tatendrang; es gab hektische Vorbereitungen, wenn jede Seite sich mit ihren Leuten traf, ihre Argumente noch einmal durchging und versuchte, neue Mitstreiter zu gewinnen. Ihm hatte diese Stimmung immer gefallen, die Aufregung und die Herausforderung. Diesmal stellte sich diese Stimmung nicht ein. Sie wurde verdrängt von einer eigenartigen Stille.

Kurz vor der Sitzung rief Henry Ford Lee Iacocca an und erklärte ihm, er könne das Projekt des Kleinwagens nicht weiterverfolgen, weil nicht genug Geld da sei. Das war wahrscheinlich ein Wink, Sperlich zurückzupfeifen, doch Sperlich ließ sich nicht bremsen. An jenem Tag sah er sich als der letzte Sprecher der Produktabteilung und der Zukunft. Wenn er ein Märtyrer für kleine Wagen werden sollte, würde er ein Märtyrer sein. Er war offenbar der einzige Anwesende im Raum, der nicht wußte, daß die Sache gelaufen war. Iacocca und Bourke, seine Hauptverbündeten, waren sehr ruhig geworden, aber Sperlich preschte vor. Er stritt derart hartnäckig und unnachgiebig für seine Fakten, daß Henry Ford wütend darüber wurde, daß Sperlich so unerbittlich kämpfte, wo die Entscheidung doch längst gefallen war, und das ungeschriebene Gesetz verletzte. Und in seinem Zorn wandte er sich mit einer Stimme, wie sie so schneidend noch niemand bei ihm gehört hatte, an Sperlich und sagte: »Ich möchte von Ihnen kein einziges Wort mehr hören. Halten Sie jetzt endlich den Mund!«

Das war es. Der zweijährige Kampf war zu Ende. Ford hatte sich entschlossen, einen teilweise verkleinerten Wagen zu produzieren. Es ergab sich, daß dieser Wagen 1979 auf den Markt kam, gerade als die Ereignisse im Iran eskalierten und der Benzinpreis wieder in die Höhe schnellte. Iacocca sagte über diese Entscheidung, daß Henry Ford mit ihr nicht nur eine Schlacht verloren habe, sondern den ganzen Krieg, weil er das Unternehmen so schlecht vorbereitet auf eine so bedeutsame Veränderung am Markt ließ.

Henry Fords Freunde meinten, diese Entscheidung sei eine der schwersten seines Lebens gewesen. Er war sich ihrer Bedeutung und der möglichen Folgen absolut bewußt. Die erforderlichen Investitionen waren gewaltig, und auch wenn er die Argumente, die Sperlich vorgebracht hatte, keinen Augenblick unterschätzte, sprachen sie doch gegen alles, was er über das Geschäft gelernt hatte. Der einzige Markt, den er kannte und dem er traute, war der amerikanische Markt, wo die Käufer größere Wagen haben wollten.

Im Augenblick der Entscheidung hatte er sich folglich in die Enge getrieben gefühlt. Zwei Jahre später, als er über eine andere, ähnliche Situation sprach, gab er die Denkweise zu erkennen, die ihn zu der Panther-Tiger-Entscheidung veranlaßt hatte. Diesmal, im Frühjahr 1978, stand er unter dem Zwang, zwei Wagen mit Frontantrieb herauszubringen, einen kleineren Wagen, der während der Entwicklungsphase Erica genannt wurde, und einen Wagen der Mittelklasse, der im hausinternen Sprachgebrauch Monica hieß. Nach einer langen Sitzung entdeckte er Ben Bidwell auf dem Parkplatz. »Hören Sie«, sagte er zu Bidwell, »ich werde das Erica-Programm machen. Ich möchte es gar nicht machen, weil es nach den Schätzungen bestenfalls plus minus Null ausgeht, aber ich mache es trotzdem, weil ich muß. Aber Monica mache ich nicht. Ich weiß, es ist ein guter Wagen, und es ist durchaus verständlich, daß jemand wie Sie sich dafür stark macht. Aber für mich und die Familie ist es zuviel; einfach zuviel, was da ausgegeben wird. Wenn ich ein Manager wie Sie wäre, würde ich es auch so sehen wie Sie. Aber ich bin der Eigentümer, dies ist das Unternehmen meiner Familie. Die Aktien sind unser eigentliches Vermögen. Ich bin jetzt einundsechzig, und ich werde das Unternehmen nicht hoch verschulden. Wir haben einfach nicht die Milliarden, die es kosten würde, beides zu machen. Ich wünschte, wir hätten sie, aber wir haben sie nicht.« Nachdem Henry Ford sehr viel mehr offenbart hatte, als er eigentlich wollte, schüttelte er den Kopf und ging.

Etwa sechs Monate, nachdem die Schlacht um den Fiesta geschlagen war, wurde Sperlich entlassen, aber nicht wie die meisten Führungskräfte entlassen wurden – mit einem grandiosen Titel und einer von der PR-Abteilung verfaßten Lobeshymne, die verschleierte, was geschehen war, oder mit einem goldenen Handschlag, mit dem für den Ausscheidenden bis an dessen Lebensende gesorgt war. Sperlich war nach seinen eigenen Worten der Empfänger einer altmodischen, hartherzigen Kündigung. Er hatte den Vorsitzenden ganz persönlich angegriffen, und so rief Henry Ford Lee Iacocca im November 1976 an, der damals gerade in New York weilte. Ford erklärte ihm, er wünsche noch am gleichen Tag Sperlichs Entlassung. Iacocca machte einige kurze Einwendungen. Ford sagte, wenn Sperlich nicht entlassen würde, dann würde Iacocca auch entlassen. Iacocca rief daraufhin Bill Bourke in Detroit an – Bourke war der Chef für den Bereich Nordamerika – und bat ihn, Sperlich zu entlassen. Bourke erklärte Sperlich, daß er gehen könne. Sperlich war in seiner Unschuld wie versteinert. Das Blut schien ihm aus dem Gesicht zu weichen. So wurde Sperlich vor die Tür gesetzt, und das gesamte Unternehmen wußte jetzt, daß Iacocca seinen Intimus nicht hatte schützen können. Es war der Beweis für seine Machtlosigkeit im Unternehmen. Später am gleichen Tag sprach Sperlich mit Iacocca, aber sie konnten beide nicht viel sagen. »Es tut mir leid«, erklärte Iacocca. »Ich konnte absolut nichts machen ... absolut gar nichts.«

Sperlich wurde rasch zu einer Unperson. Er räumte seinen Schreibtisch und zog in ein abgelegenes Büro um, wo er nicht mit alten Kollegen zusammentraf und sie durch seine Gegenwart in Verlegenheit brachte. Er bat um ein letztes Gespräch mit Henry Ford, das ihm einige Tage später gewährt wurde. Es war eine eigenartige, ergebnislose Begegnung. Sperlich fragte, was er falsch gemacht hätte. Er habe, wie er sagte, dem Unternehmen zwanzig Jahre seines Lebens gegeben, er hatte Anteil an einigen seiner größten Erfolge, und er sei stets loyal gegenüber dem Produkt gewesen. »Ich habe«, sagte er, »nie etwas getan, was man nicht von mir erwartet hätte.« Henry Ford sah Sperlich lange an und sagte dann Worte, die auch schon beim Ausscheiden anderer leitender Angestellter gefallen waren, »Ich glaube, es ist so am besten«.

Lee Iacoccas Tage bei der Ford Motor Company waren jetzt ebenfalls gezählt. Die Entlassung Sperlichs war eine offene Demütigung gewesen. Seine Autorität war nachdrücklich untergraben. Obwohl Ford Vorsitzender und Iacocca Präsident des Unternehmens war, sprachen sie kaum miteinander. Bill Bourke konnte nicht an die Feindschaft zwischen den beiden Männern glauben. Er hatte Botschaften vom einen zum anderen zu bringen, wie ein Kind, dessen Eltern vor der Scheidung stehen und nicht mehr miteinander reden. Henry Ford beklagte sich immer offener über Iacocca. Ein Freund riet ihm, wenn er derart empfinde, sollte er Iacocca gehen lassen und dem Hin und Her ein Ende machen.

Aber Ford schien noch nach dem richtigen Vorwand zu suchen. Mit der Überprüfung der Verbindung Iacoccas zu Fugazy war er gescheitert. Jetzt holte er sich von der Firma McKinsey ein Beraterteam, das eine Untersuchung über die Anforderungen erstellen sollte, die in Zukunft auf das Unternehmen zukämen. Iacocca begriff diesen Schritt sofort, und er haßte die McKinsey-Leute von der Sekunde an, wo sie zur Tür hereinkamen. Die Berater, so sagte er, seien strohdumme Eierköpfe, die noch nie in ihrem Leben ein Auto gebaut hatten, und ausgerechnet sie rieten Ford, was zu tun sei. Wie vorauszusehen war, kündigte Henry Ford binnen eines Jahres auf Empfehlung der McKinsey-Berater die Schaffung einer neuen Stellung an, die des Chief Executive Officers (ähnlich wie Vorstandsvorsitzender). Den Titel gab er sich selbst, den Posten des Stellvertreters bekam Phil Caldwell. Damit stand Caldwell, den Iacocca verachtete, über Iacocca. Henry Ford, dem die Bedeutung selbst der kleinsten sozialen Riten und Annehmlichkeiten sehr wohl bekannt war, ging nun dazu über, Iacocca langsam das Messer in den Leib zu stoßen. Er achtete genau darauf, daß Caldwell bei wichtigen Essen an Platz zwei saß (er selbst saß an Platz eins) und Iacocca an Platz drei. Das Signal, das er dem Unternehmen übermittelte, war klar und deutlich. Trotzdem ging Iacocca nicht. Er suchte statt dessen verzweifelt nach Verbündeten; bisher hatte er Bill Bourke als Rivalen gefürchtet, doch als Caldwell jetzt über ihnen beiden stand, bemühte er sich um die Freundschaft Bourkes.

Bei der alltäglichen Ausübung von Autorität schwand seine Macht. Die Fähigkeit, etwas in Gang zu setzen und zu bewirken, war immer Teil seiner Liebe zu seinem Beruf gewesen. Jetzt hatte er auch das eingebüßt. Die Leute in der Verwaltung merkten, daß seine Stärke nachließ, und Männer, die ihn in der Vergangenheit niemals angegriffen hätten, standen plötzlich gegen ihn auf.

Seinen übriggebliebenen Freunden schien es manchmal so, als ob er starke Depressionen hätte. Einige rieten ihm, zu kündigen und auszusteigen, doch er blieb. Nach der Arbeit fuhr er einfach nach Hause und saß bei zugezogenen Vorhängen allein in einem Zimmer, brütete vor sich hin und versuchte zu rekonstruieren, wieso alles schiefgelaufen war. Seine Frau, die nicht mit ansehen konnte, wie ihn die Sache mitnahm, drängte ihn zu kündigen. Als er Jahre später über seine letzten Monate bei Ford sprach, gab er zu, eins bereut zu haben, nämlich nicht in Henry Fords Büro gegangen zu sein und ihm die Sachen hingeschmissen zu haben. Aber das tat er nicht. Er schien bewegungsunfähig, nicht in der Lage zu glauben, daß er die Beherrschung über ein Unternehmen verloren hatte, das er vollkommen im Griff gehabt hatte, und auch nicht in der Lage, sein Gehalt von jährlich knapp einer Million Dollar aufzugeben.

Anfang Juni 1978, mehr als anderthalb Jahre nach Sperlichs Entlassung und ein Jahr, nachdem die McKinsey-Berater seinen Abstieg institutionalisiert hatten, wurde Iacocca einer noch größeren Demütigung ausgesetzt. Caldwell wurde zum stellvertretenden ersten Vorsitzenden gemacht, und Iacocca bekam die Anweisung, durch ihn Bericht zu erstatten. Diese Veränderung hatte großen Nachhall im Vorstand gehabt und zur Bildung eines Unterausschusses des Vorstands geführt, der aus Cullman, Bennett und Murphy bestand und der das zu überwachen hatte. Ein paar Wochen danach tat Iacocca, frustriert, niedergeschlagen, das Undenkbare. Er nahm die Firmenmaschine und flog zuerst nach Boston, um mit Bennett zu sprechen, und dann nach New York, um Cullman zu treffen. Mit Murphy sprach er am Telefon.

Der Gang zum Vorstand war die Handlung eines verzweifelten Mannes, denn Henry Ford würde das als Akt höchster Mißachtung ansehen. Für Henry Ford war der Vorstand im ganz persönlichen Sinn sein Vorstand. Die Ford Motor Company mochte im Besitz vieler Aktionäre sein, aber in seiner

Vorstellung war sie noch immer ein privates Familienunternehmen. Die nicht hauptberuflichen Vorstandsmitglieder sollten ihm nicht in die Quere kommen; sie sollten aufmarschieren, bewirtet werden, ihren kostenlosen Firmenwagen und ihr Honorar entgegennehmen – bis zu 50 000 $ pro Jahr – und keinen unnötigen Lärm machen. Mit dem Gang zum Vorstand überschritt Iacocca eine geheiligte Linie, und wahrscheinlich war dies der Fehler, auf den Henry Ford so lange gewartet hatte, die illoyale Handlung, die er haben wollte. Die Handlung allein zeigte die Hoffnungslosigkeit der Lage Iacoccas, denn er erzwang eine Auseinandersetzung, die zu gewinnen er keine Chance hatte. Die nicht hauptberuflichen Vorstandsmitglieder mochten ihn vielleicht mehr als Henry Ford, sie hielten ihn vielleicht für einen fähigeren und erfolgreicheren Automanager, aber solange Fords Fehltritte nicht merklich schlimmer wurden als bisher, würden sie auch dem fähigsten Manager nicht erlauben, das amtierende Oberhaupt der Familie anzugreifen.

Iacocca war sehr behutsam in dem, was er den Vorstandsmitgliedern sagte. Er sprach nicht über Henrys persönliche Probleme. Er sagte, das Unternehmen befinde sich in großen Schwierigkeiten, er sei der einzige, der es wieder aufrichten könnte, Henry sei seit seinem Herzleiden nicht mehr der alte, und das Unternehmen sei führerlos. Die meisten von ihnen stimmten ihm zu, zumindest privat. Henry Ford war jedoch innerhalb weniger Stunden von Iacoccas Schritten unterrichtet. Ein paar Tage später, als der Vorstand wieder zusammenkam, erklärte Henry Ford, daß er beabsichtige, sich von Iacocca zu trennen, weil sie nicht miteinander auskämen. Diesmal setzten sich einige Vorstandsmitglieder mit ihm auseinander, insbesondere Bennett. Bennett war ein Bostoner Finanzfachmann und glaubte nicht nur, daß Iacocca der fähigste Mann im Unternehmen war, sondern auch, daß sein Wert sich materiell im Kurs der Unternehmensaktie niederschlug. Sowohl die Wall Street wie die State Street würdigten Iacoccas Arbeit. Wenn Iacocca entlassen würde, sagte er einigen Kollegen, könnte das den Aktienkurs beeinflussen, denn dieser Vorgang könnte das Vertrauen der Investoren in die Ford Motor Company erschüttern.

Am ersten Tag wurde die Entlassung abgewendet. Am nächsten Morgen bemühten sich die Iacocca freundlich gesinnten Vorstandsmitglieder hektisch darum, irgendeinen Kompromiß zu finden, der ihm ermöglichen würde zu bleiben. Es war eine eigenartige Szene. Zum einen Henry Ford in seinem Büro, der darauf wartete, etwas vom Vorstand zu hören, kühl und distanziert, die Zügel jetzt ganz fest in der Hand, zum anderen Iacocca in seinem Büro am anderen Ende der Halle, der auf Ergebnisse wartete, und schließlich die Vorstandsmitglieder, die zwischen diesen beiden Männern standen und versuchten, die Scherben wieder zu kitten. Der Vorstand wollte auf jeden

Fall irgendeinen Kompromiß, aber erst als die Minuten vergingen und sie zwischen den beiden Büros hin- und herpendelten, wurde ihnen klar, daß Henry Ford keinen Kompromiß wollte; er wollte Iacocca nicht mehr in seinem Unternehmen haben. Sie kamen immer wieder mit neuen Kompromissen, etwa dem, einige der Aufgaben Caldwells auf Iacocca zu übertragen und diesem mehr Bereichsverantwortung zu geben, doch Ford lächelte und sagte, »Nein, entweder er oder ich«. Und dann fügte er hinzu: »Passen Sie auf, ich gehe raus, und Sie können es ohne mich ausmachen.«

»Nein, Henry«, erwiderte Franklin Murphy und sprach für sie alle, »das brauchen Sie nicht.«

Sie waren Mitglieder des Ford-Vorstands und würden bei einer Kraftprobe nicht den amtierenden Vertreter dieser Familie angreifen, der auf seine Art und insbesondere in Augenblicken wie diesem hart wie sein Großvater war. So gaben sie klein bei. Nicht einmal Bill Ford konnte Iacocca helfen. Er schwankte noch schmerzlicher als die anderen Vorstandsmitglieder zwischen Loyalität gegenüber dem Unternehmen und Loyalität gegenüber der Familie. Die Blutsbande waren stärker. An jenem Nachmittag war er dabei, als sein Bruder Lee Iacocca entließ. Iacocca fragte, was er falsch gemacht habe, und Henry Ford antwortete: »Ich mag Sie einfach nicht«. Zum Schluß erklärte Iacocca Ford, daß er einen Fehler mache, daß sie gerade 1,8 Milliarden Dollar nach Steuern verdient hätten. »Das werden Sie nie wieder verdienen«, sagte Iacocca. Das Gespräch war kurz. Als Bill Ford, dem die Tränen in den Augen standen, mit Iacocca das Büro verließ, wandte er sich an ihn und sagte: »Es tut mir leid, Lee. Es tut mir leid.« Es war vorüber. Am Ende dieses Arbeitstages gingen einige der Führungsleute, die vage von den Sitzungen wußten, zu ihrem Wagen und fanden am Lenkrad eine Notiz, die besagte, daß sie jetzt nicht mehr Lee Iacocca, sondern Phil Caldwell zu berichten hätten. Die Ära Iacocca war zu Ende.

Spät am Abend kam Henry Ford mit Mitgliedern des Vorstands zusammen. Die unerfreulichen Vorgänge schienen der Vergangenheit anzugehören. Er erwähnte sie kaum. Einige der Vorstandsmitglieder hatten ihn noch nie so entspannt gesehen. Gegen Ende der Zusammenkunft kam er dann auf die Frage der Abfindung zu sprechen. »Wissen Sie«, sagte er beiläufig, wieder ganz Herr der Lage, »wir sollten Lee gegenüber sehr großzügig sein.« Und dann fügte er noch hinzu, so als hätte er es fast vergessen: »Er war sehr gut für das Unternehmen.« Das war es. Iacocca war gekommen und hatte sich abgemüht und gekämpft und manipuliert und die Spitze erklommen und triumphiert und war dann vor die Tür gesetzt worden, und Henry Ford war immer noch da. Aber er war sehr gut für das Unternehmen gewesen.

34
Eine freie Stelle bei Chrysler

Lynn Townsend, gescheit, oberflächlich und schroff, wurde in erster Linie deswegen Präsident von Chrysler, weil das Unternehmen in großer Bedrängnis war. Er war ein reiner Zahlenmensch. (Eine ältere, sehr positive Darstellung von ihm in der Zeitschrift *Fortune* begann mit den Worten: »Die Zahlen sprechen zu Lynn Townsend...«) Er hatte eine entbehrungsreiche Kindheit gehabt. Als Junge führte er die Bücher der Autowerkstatt seines Vaters. Mit vierzehn wurde er Waise. Er arbeitete sich bis zur University of Michigan durch, wo er als begabter Student des Faches Rechnungswesen galt. Nach bestandenem Examen arbeitete er für ein Detroiter Wirtschaftsprüfungsbüro. Dann war er Soldat im Zweiten Weltkrieg. Nach seiner Rückkehr ging er zu Touche Ross, dem damals noch jungen, aber schließlich einem der größten Wirtschaftsprüfungsunternehmen des Landes, wo er bald die Geschäftsbücher von Chrysler zu bearbeiten hatte. 1957 geriet Chrysler unter immer größeren Druck, und er scherte aus und versuchte, Leiter des Rechnungswesens bei diesem Unternehmen zu werden. Niemand kannte das Unternehmen so gut wie er. 1961, Chrysler steckte in einer Krise, holte George Love, praktisch geschäftsführender Vorstandsvorsitzender und selbst Chef einer Kohlenfirma, Townsend als Geschäftsführer in das Unternehmen. »Er ist der richtige Mann, weil er sich an Zahlen hält«, erklärte Love. »Früher war es möglich, das Unternehmen mit persönlichem Kontakt zu steuern. Aber wenn ein Unternehmen so groß wird, kennt man nicht mehr alle Leute. Man kann nicht mehr feststellen, daß der und der faulenzt. Man braucht also einen Mann, für den die Zahlen leben. Man lenkt das Unternehmen durch die Kenntnis der Zahlen. Townsend kann an ihnen die Schwierigkeiten ablesen.«

Mit zweiundvierzig schien Townsend zunächst das Wunderkind von Detroit zu sein. Er war eine energische und fesselnde Persönlichkeit und duldete keinerlei Einmischung, weder von der Produktion noch vom Vorstand. Weil er die Finanzsituation des Unternehmens so gut kannte, kam er mit einem sicheren Gespür für dessen Schwächen an die Spitze. Er wußte, wo gekürzt und wo die begrenzten Mittel des Unternehmens eingesetzt werden mußten. Er legte Chrysler und Plymouth zusammen, schloß einige Fabriken, verkleinerte die Verwaltung und ordnete an, daß Chrysler auf jeden verkauften Wagen eine Garantie für fünf Jahre oder 80 000 Kilometer gewährte. In ihrer Gesamtheit stabilisierten all diese Schritte das Unternehmen. Es war die Zeit der multinationalen Gesellschaften, und so internationalisierte Townsend Chrysler, indem er einige ausländische Firmen direkt und von anderen Aktienanteile erwarb. Die europäischen Firmen, in die er sich einkaufte – Rootes in England, Simca in Frankreich, Barreiros in Spanien –, waren alle zweite Wahl, wie er einräumte, aber nur sie waren noch zu haben, und so mußte er sich entweder mit ihnen zufriedengeben oder dem internationalen Markt fernbleiben. Sein Ziel war ein »Weltauto«, ein Grundmodell, das überall verwendet werden konnte, und er war zuversichtlich, aus dieser zweiten Wahl aufgrund seiner Fähigkeiten erste Wahl machen zu können.

Als er die Firma übernahm, hätte Chrysler kaum schlechter dastehen können. 1962 war der Marktanteil auf ganze 8,3 Prozent gesunken. Townsend schien sie schnell wieder in Form zu bringen. Ende 1963 war der Marktanteil auf 12,4 Prozent gestiegen und erreichte 1968 18,1 Prozent.

Auf dem Papier machte sich das, was er tat, gut; das war ein Teil des Problems. Kaum merklich und unausweichlich wurde immer mehr Energie auf solche Dinge verwandt, die sich auf dem Papier gut machten, anstatt auf solche, die gut für die Wagen waren. Er beschäftigte sich hauptsächlich mit all dem, was den Aktienkurs in die Höhe trieb, und deshalb machte es auch seine Umgebung so. Es gab unzählige Anreize und Prämien für diejenigen, die die Zahlen gut aussehen lassen konnten – und dies war alles nur von kurzfristiger Wirkung. Es war so, als wären die Aktionäre die eigentlichen Kunden des Unternehmens, nicht die Personen, die Autos kauften. Die Fixierung auf die Kurse blieb nicht ungestraft. Chrysler verstrickte sich in einen gewaltigen und tödlichen Selbstbetrug. Dazu kam es, weil eine der Hauptregeln der Produktion, daß nämlich echte Aufträge vorliegen mußten, bevor produziert wurde, bei Chrysler verfälscht wurde. Das Warten auf den Auftragseingang hätte vielleicht die Zahlenspielerei verlangsamt. Tom Killefer, der bei Chrysler Leiter der Finanzabteilung war, sagte einmal, die Politik Townsends habe darin bestanden, »Autos wie Konservendosen in einem Regal zu stapeln«. Die nicht bestellten und daher unerwünschten Wagen, die zur Aufblähung der Chrysler-Zahlen hergestellt wurden, wurden zur sogenannten »Umsatzbank« gebracht, wie der Lagerbestand verschlüsselt hieß.

Das war in Wirklichkeit ein riesiger Detroiter Parkplatz. Die Umsatzbank, die Anfang der 60er Jahre aufkam, bestand 1966 aus rund 60 000 Wagen. Bis zum Februar 1969 stieg die Zahl der ohne Händlerbestätigung produzierten Wagen auf 408 302. Die Wagen, die mit immer weniger Bemühen um Qualität ausgestoßen wurden, standen herum, und die Vertriebsleute drückten sie in das Händlernetz, und die Händler ihrerseits versuchten, sie den Kunden anzudrehen. Diese Politik war verheerend für die Beziehung des Unternehmens zu seinen Händlern, die unter dem Zwang, Wagen abzunehmen, bald lernten, daß sie Wagen mit enormen Preisabschlägen bekommen konnten, wenn sie nur so lange warteten, bis der Firma das Wasser bis zum Hals stand. Die Wagen, die den Händlern nicht aufgeladen werden konnten, wurden einer Einrichtung zugeteilt, die sich Chrysler Finanzgesellschaft nannte, damit der Anschein einer Bleibe erweckt wurde und es etwas gab, das als Auftragsformular durchging. Oft standen sie monatelang bei der Umsatzbank im Freien, selbst die Detroiter Winter hindurch. Das war ruinös, sowohl für die Autos wie für die Moral des Unternehmens.

Waren die 60er Jahre für Townsend bei Chrysler eine wunderbare Zeit, in der er fast einstimmig gelobt wurde, änderte sich die Lage Anfang der 70er Jahre zum Schlechten. Die Firma hatte sich übernommen; ihre internationalen Beteiligungen fingen an, sie zu schwächen anstatt zu stärken.

Bei aller Schwäche war Chrysler doch nicht verschuldet gewesen, als Townsend 1961 eingestiegen war. 1970 betrug die Verschuldung dagegen 791 Millionen Dollar, war damit höher als die von GM, und sie wuchs ständig an. Nach dem Bankrott von Penn Central im Jahr 1970 versuchten Angestellte mehrerer Finanzinstitutionen abzuschätzen, welches der nächste größere Zusammenbruch sein könnte, um Verluste bei einer ähnlichen Pleite zu vermeiden – sie kamen auf Chrysler. Deshalb flogen Chryslers Führungskräfte in Begleitung ihrer Bankfachleute von Manufacturers Hanover im Land herum, um bei anderen Kreditgebern von Chrysler weiteres Geld aufzutreiben. Das erbrachte zwar 180 Millionen Dollar, löste aber nicht das Problem. Selbst in den Tagen der Hochkonjunktur war Chrysler ein krankes Unternehmen gewesen, das auf Kosten seiner zukünftigen Gesundheit lebte. Es wurde besonders anfällig, als 1974 das Erdölembargo verhängt wurde. Sehr viel von dem Marktanteil, den die ersten Importe aus Deutschland und Japan errungen hatten, war zu Lasten von Chrysler gegangen; jetzt, wo die gesamte Branche bedroht war, kam Chrysler in echte Schwierigkeiten. Es kam zu Massenentlassungen, nicht nur unter den Arbeitern, sondern auch unter den Ingenieuren, und gleichzeitig zu einem Rückgang der Investitionen für Anlagen, aber auch für die Forschung und Entwicklung. Ein Jahr darauf, im Juli 1975, trat Lynn Townsend zurück – auf Anraten des Vorstands, wie gerüchteweise verlautete.

Hal Sperlich ging an seiner Entlassung zugrunde. Ihm war nie der Gedanke gekommen, daß Iacocca nicht in der Lage sein würde, ihn zu schützen. Ford war sein Leben gewesen, sonst nichts; selbst die Niederlagen waren belebend gewesen, wie er nach seinem Ausscheiden erkannte. Er erhielt gute Angebote von namhaften Firmen wie Xerox und Bendix, aber er wollte nicht lernen, wie man Fotokopiergeräte oder Kleinmaschinenteile entwirft. »Ich bin ein Automann«, sagte er zu Freunden. »Von anderen Dingen verstehe ich nichts.«

Unglücklicherweise boten sich einem Mann wie ihm in einer so begrenzten Branche nur wenige Möglichkeiten. Bei Ford war er draußen, und GM, dessen gutorganisiertes Führungssystem von Männern wimmelte, die in seinem Alter waren und Schlange nach einer Beförderung standen, kam nicht in Frage. Man bot ihm zwar die Stelle des Präsidenten der DeLorean Motor Company an, doch er mißtraute DeLorean. Das bedeutete, daß Chrysler seine einzige Hoffnung war. Iacocca rief Gil Richards an, den Präsidenten von Budd, einem großen Zulieferunternehmen, und bat ihn, Sperlich bei Chrysler zu helfen. Im November 1976, einen Monat nach seiner Entlassung, begann Sperlich seine Gespräche mit Führungsleuten von Chrysler. Im März 1977 fing er dort als Vizepräsident in der Produktionsplanung an.

Sperlich wußte zwar, daß das Unternehmen in Schwierigkeiten war, aber er hatte keine Ahnung, wie er später sagte, daß es Krebs im Endstadium hatte. Immerhin hatte es sowohl 1975 wie auch 1976 Geld gemacht. Er war erschüttert über den Verfall und die Gleichgültigkeit, die er vorfand. Was immer er bei Ford an Enttäuschungen erlebt hatte, er hatte sich doch an die Erleichterungen und Mittel dort gewöhnt. Bei Ford hatte es immer genügend begabte Leute gegeben, und die Betriebe befanden sich, auch wenn sie vielleicht nicht hinreichend modernisiert waren, stets in verhältnismäßig gutem Zustand. Bei Chrysler war die Moral schlimm; viele der besten Leute hatten das Unternehmen bereits verlassen, und die Betriebe waren in einem schlechten Zustand. Sperlich argwöhnte, daß er der erste war, der im Rang oberhalb eines Abteilungsleiters seit Jahren eingestellt worden war. Weil keine Fachleute von draußen hereingekommen waren, wußten die Männer hier überhaupt nicht, was sie falsch machten.

Das Unternehmen wurde von einer anhaltenden Krisenstimmung beherrscht. Die Probleme waren so groß und die Zuständigkeitsbereiche so schlecht abgegrenzt, daß die Leitung des Unternehmens – um mit Sperlich zu sprechen – in der Hand ganzer Schwärme von Managern lag. Welche Probleme sich auch an einem Tag stellten, der gesamte Führungsstab stürzte sich darauf wie auf einen fallengelassenen Ball. Die Fabriken waren schmutzig und oft nicht geheizt. Bei vielen waren die Fensterscheiben zerbrochen, so daß im Winter der Wind hindurchpfiff. Die Spannungen zwischen den Rassen waren erheblich. In einigen Werken wurden ganz offen Drogen genommen. Die Wagen selbst waren langweilig, schwache Imitationen von Ford und GM. Qualität war zu einem Witz geworden. Schließlich verdroß Sperlich besonders, daß die Finanzleute zwar wie bei Ford Macht besaßen, es aber versäumt hatten, irgendeines der Schutzsysteme zu schaffen, die es bei Ford gab. Das Unternehmen kam zwar in den Genuß der Lasten der Finanzabteilung, aber nicht in den einer ihrer Stärken.

Chrysler war in noch stärkerem Maß als Ford die Verkörperung all dessen, was in den letzten zwanzig Jahren in der amerikanischen Schwerindustrie falsch gelaufen war. Je mehr verlangt wurde, desto weniger wurde hineingesteckt. Das Unternehmen hatte sich immer in der Spitzengruppe der *Fortune*-Liste der fünfhundert größten Unternehmen befunden und rund zwanzig Jahre wie der Prototyp des erfolgreichen Unternehmensgiganten gewirkt. Doch es war morsch.

Sperlich widmete seine ersten Monate bei Chrysler dem Versuch, ein paar Wagen für das 1980er Programm zusammenzuschustern, doch er wurde schon bald von einem Problem in Anspruch genommen, das von entscheidender Bedeutung für Chryslers Zukunft werden sollte: Sollten die 1981er Modelle Frontantrieb bekommen oder nicht? Keine Entscheidung hätte schwieriger sein können. Das Unternehmen litt unter akutem Mangel an flüssigen Mitteln, und John Riccardo, der Lynn Townsend zuerst als Präsident und dann als Vorstandsvorsitzender abgelöst hatte, sah vor sich die Möglichkeit eines Verlusts in Höhe von einer Milliarde Dollar. Gleichzeitig stand Chrysler, wie Ford und GM auch, unter dem hohen Druck, die staatlich vorgeschriebenen Emissionsnormen zu erfüllen. Die Regierung hatte jede gemeinsame Nutzung technologischen Wissens in dieser Frage untersagt, wenngleich das amerikanische Volk letztlich der Nutznießer gewesen wäre. Die Kosten würden für alle drei Unternehmen zwar gewaltig sein, das Verbot einer Zusammenarbeit begünstigte aber dennoch indirekt GM und Ford, weil ihr bereits kränkelnder Konkurrent am stärksten belastet wurde.

Im Grunde mußte das Unternehmen die Fertigungsstraße für die kleinen Wagen ersetzen. Jedem war klar, daß das nächste Modell leichter, kompakter und sparsamer im Verbrauch sein mußte. Zum einen gab es den Wagen H, der Hinterradantrieb hatte. Von den zwei möglichen Modellen war er voraussichtlich der schwerere und nicht so leistungsfähige Wagen, aber er konnte die bestehende Kraftübertragung und Federung übernehmen und würde so nur etwa 400 Millionen Dollar kosten. Die Kosten des Modells mit Frontantrieb, des Wagens K, wurden auf 700 Millionen Dollar geschätzt, denn er brauchte eine neue Kraftübertragung und erforderte weit höhere Ausgaben für neue Technologie. Für ein Unternehmen, das vor der realen Möglichkeit eines Bankrotts stand, war es eine fast über die Kräfte gehende Entscheidung, und es oblag John Riccardo, sie zu treffen. Riccardo war Finanzfachmann. Wie Townsend, dessen Zögling er gewesen war, kam er von der Wirtschaftsprüfungsgesellschaft Touche Ross und fühlte sich nicht gerüstet, derart schicksalhafte, vielleicht vernichtende Entscheidungen für Chrysler zu treffen. Er war, wie Sperlich meinte, für seine Position so wenig geeignet, wie Henry Ford es gewesen war, mit dem wichtigen Unterschied, daß er nicht mit einem überzogenen Selbstgefühl belastet war. Das Beste an Riccardo war in Sperlichs Augen, daß er wußte, was er nicht wußte und nichts anderes vorgab.

Zu der Zeit, als Sperlich sich in den Meinungsstreit einschaltete, stand fest, daß die Männer aus der Produktion fast einmütig für den Frontantrieb waren und die Manager überwiegend den Wagen mit Hinterradantrieb und die Einsparung von 300 Millionen Dollar favorisierten. Der Frontantrieb war natürlich das, was Sperlich bei Ford mehr als fünf Jahre lang angestrebt hatte, und ganz behutsam begann er, das Chrysler-Management umzustimmen. Gewissenhaft stellte er beide Modelle vor, aber sein Herz schlug für den Wagen K. Nach Meinung seiner Freunde änderte er die Entscheidung, indem er John Riccardo änderte. Er hob hervor, daß der Frontantrieb Chrysler die Zukunft eröffne, und daß der Wagen K auf Kurzstrecken im Vergleich zum Wagen H 0,85 km/l und vielleicht sogar 1,25 km/l mehr herausholen könnte. Für ein krisengeschütteltes Unternehmen, das von einer staatlichen Anordnung bedroht war, die Normen für die gesamte Flotte eines Unternehmens festlegte – einen Durchschnitt von 13 Litern pro 100 Kilometer für 1978 und 11,8 Liter pro 100 Kilometer für 1980 –, war dieser Unterschied beträchtlich. Sperlich beharrte darauf, daß es zum Frontantrieb keine wirkliche Alternative gebe; die staatlichen Normen seien von Dauer, sie erforderten langfristiges Denken. Für Sperlich, der die Kämpfe bei Ford gewohnt war, war Riccardos Toleranz eine willkommene Abwechslung. Er schlug nie zurück, er hörte einfach zu. Am Ende entschied sich John Riccardo für den Wagen K.

Es war eine mutige Entscheidung. Alte Hasen aus der Chrysler-Produktion wie Jack Withrow, die ganz entschieden für den Wagen K waren, aber bis zum Auftauchen Sperlichs kaum Hoffnung gehabt hatten, meinten, daß Sperlichs Eingreifen den Ausschlag gegeben habe. Die Entscheidung für den Frontantrieb, die vor der Krise im Iran erfolgte und über ein Jahr, bevor Lee Iacocca zu Chrysler kam, brachte dem Unternehmen einen Vorsprung vor seinen amerikanischen Konkurrenten. Jahre später, als Chrysler wieder gesund war und seine Aktien kletterten, erklärte Jack Withrow oft, daß vor allem Hal Sperlich das Unternehmen gerettet habe.

Riccardo traf auch andere außergewöhnliche Entscheidungen. Er beschloß, den europäischen Bereich zu verkaufen, das Unternehmen damit von einer großen Belastung zu befreien und etwa 300 Millionen Dollar bar zu erlösen. Dann entschied er sich dazu, Lee Iacocca zu holen, obwohl er wußte, daß dies eine Bedrohung seiner eigenen Führungsposition im Unternehmen war.

Sperlich half selbstverständlich dabei, Lee Iacocca zu überreden, zu Chrysler zu kommen. Da Sperlich wußte, daß Iacocca über den Posten nachdachte, fuhr er zu seinem alten Förderer. Er zeigte ihm die besten neuen Entwürfe von Chrysler, den Wagen K, der sich bereits in der Vorbereitung befand, und die Skizzen für einen kleinen Lieferwagen, den sie bei Ford nie hatten bauen dürfen. Aber wieviel Sperlichs Ermunterungen Iacocca auch immer bedeutet haben mögen, seine Entscheidung, zu Chrysler zu gehen, hatte doch den Beigeschmack des Unausweichlichen. Als er bei Ford entlassen worden war, war er mit Angeboten überschüttet worden. Die Entlassung hatte seinem Ruf in keiner Weise geschadet; sie war von der Geschäftswelt vielmehr als eine Handlung betrachtet worden, die mehr über die launenhafte Art des Geschäftsgebarens Henry Fords aussagte als über Iacoccas Fähigkeiten. Aber er hatte gezögert, einen der ihm angebotenen Posten anzunehmen, wie lohnend sie auch gewesen waren. Er wollte in der Autobranche bleiben. Dort kannte er sich am besten aus; er mochte diese Größenordnung. Und nicht zuletzt wollte er sich an Henry Ford rächen. Er wußte, daß Chrysler krank war, und hatte das Gefühl, daß man ihm unter Umständen die Spitzenposition dort anbieten würde, und so hatte er sich von einigen Experten einen Bericht über die Finanzsituation des Unternehmens erstellen lassen. Sie war noch trostloser, als er gedacht hatte. Schließlich kam das Angebot von Chrysler. Am 2. November 1978 trat Lee Iacocca in das Unternehmen ein. Am gleichen Tag gab John Riccardo bekannt, daß die Verluste im dritten Quartal die Rekordhöhe von 158,8 Millionen Dollar erreicht hatten.

Von Anfang an war Iacocca entsetzt über das, was er vorfand. Nach seinem ersten Rundgang durch den Betrieb wandte er sich an Sperlich: »Du Mistkerl, warum hast du mir nicht gesagt, daß es so schlimm aussieht?«

»Wenn ich es getan hätte, wärst du nie gekommen«, antwortete Sperlich.

Einige, die Iacocca gut kannten, meinten, er habe bei seinem Antritt bei Chrysler nicht nur das ganze Ausmaß der Unternehmenskrise falsch eingeschätzt, sondern auch deren Kernpunkt. Ihm war klar, daß das Unternehmen krank war, aber er glaubte, daß es aufgrund falscher Entscheidungen kränkele, nicht wegen schrecklicher Systemzwänge, die falsche Entscheidungen erzwungen hatten. Der Einsatz eines guten Managementteams, des Iacocca-Teams, würde, wie er glaubte, die Lage folglich schnell ändern. Gute Entscheidungen würden an die Stelle schlechter Entscheidungen treten. Bald würde es so wie bei Ford früher sein, nur mit einem kleineren, besseren Team. Ein Ereignis schien das zu belegen. Für eine Sitzung mit der Produktplanung von Chrysler hatte Bernard Robertson, einer der leitenden Produktmanager, ein Papier zusammengestellt. Darin stand, daß Chrysler seine begrenzten Mittel auf kleine Wagen konzentrieren sollte, daß es mit großen Wagen nie Geld verdient habe, daß es seinen guten Ruf (wie ramponiert er auch sein mochte) bei den kleineren, preiswerteren Wagen habe, und daß die knappen Mittel, über die das Unternehmen verfüge, in einer so schweren Zeit auf einen Bereich konzentriert werden sollten, in dem das Unternehmen bereits etwas Vertrauen besaß. Als Robertson gesprochen hatte, hielt Iacocca ihm und den anderen Anwesenden einen gönnerhaften Vortrag darüber, wie man ein Einheitsfahrgestell nehmen konnte, eine anständige Kühlerverkleidung und ein paar Verzierungen anbrachte, und schon zogen die Gewinne an.

Diese Geschichte machte im Nu die Runde im Unternehmen und in der Autobranche und brachte einige Leute zu der Überzeugung, daß Iacocca die Katastrophe bei Chrysler nicht richtig erkenne und sich im Grunde nicht geändert habe. Sie führte auch zu einem wütenden Wortwechsel zwischen zwei alten Freunden, David E. Davis von der Zeitschrift *Car and Driver* und Hal Sperlich, die beide dem alten Detroit kritisch gegenüberstanden und beide Befürworter der neuen Wagen mit Frontantrieb waren. An einem Abend, kurz nach dem Eintritt Iacoccas bei Chrysler, hatten sie einen erbitterten Streit, bei dem Davis, dem die Geschichte von Iacoccas Vortrag über große Wagen bei Chrysler zu Ohren gekommen war, Sperlich vorhielt, daß Iacocca lediglich das alte Detroit in einem neuen Büro sei und daß, schlimmer noch, Iacocca in Wirklichkeit überhaupt nicht an Sperlichs schöne benzinsparende Autos mit Frontantrieb glaube, daß er Sperlich nur benutze. Das war für Sperlich peinlich, und er entgegnete Davis: »Ich verlange nichts weiter, als daß du einmal mit ihm essen gehst. Einmal nur. Und dann mach dir selbst ein Bild.«

Das Essen wurde ordnungsgemäß vereinbart, und Davis war am Ende beeindruckt. Iacocca hatte, wie Davis merkte, inzwischen das ganze Ausmaß der Krise bei Chrysler erkannt, und es hatte Davis gefallen, mit welchem Unmut Iacocca die Umsatzbank bei Chrysler betrachtete. Mehr noch, anders als die meisten Autoleute seiner Generation, die der Vergangenheit verhaftet waren, erschien Iacocca Davis wie ein Mann, der zu einer wirklichen Änderung fähig war. Er redete nicht nur von Änderung, er hatte sich tatsächlich geändert. Er war bereit, Risiken einzugehen, den neuen Realitäten Beachtung zu schenken und sein Denken an ihnen auszurichten. Er war, wie Davis entschied, durch und durch Pragmatiker.

Nichts bei Chrysler beleidigte Iacoccas Pragmatismus mehr als die Umsatzbank. Er war fassungslos, daß ein Unternehmen versuchen konnte zu wirtschaften, indem es sich selbst belog und betrog. R.K. Brown, der scheidende Vizepräsident für Marketing, erklärte ihm das System kurz nach seinem Eintritt. Später kam Brown zu ihm und wollte etwas Geld für eine Anzeigenkampagne haben, um die Wagen der Umsatzbank zu verkaufen. Es war März, der letzte Monat des Quartals. In der Umsatzbank standen nach seinen Worten 100 000 Wagen. Iacocca war wie vom Donner gerührt. 100 000 Wagen verkaufen, im Wert von Abermillionen? Und sie unter Termindruck verkaufen? Aber Brown war ziemlich zuversichtlich, daß sie das schaffen würden. Sie hätten es immer so gemacht, erklärte er. Sehen Sie sich die letzten zehn Märztage der letzten zehn Jahre an, sagte er zu Iacocca. Jeder aus dem Verkäuferstab ging in die Zelle, einen großen Raum, und teilte die Gebiete, die Händler und die Zahl der Wagen ein. Und tatsächlich wurden in Iacoccas erstem Jahr rund 66 000 Wagen hinausgejagt. Doch das brauchte seine Zeit, und unterdessen fuhr Iacocca jeden Tag auf seinem Weg ins Büro beim alten Ford-Werk am Highland Park vorbei. Chrysler hatte es von Ford gemietet, um seine Umsatzbank dort unterzubringen. Der Anblick seiner Autos, die da vor sich hinrosteten, zwischen denen das Unkraut wucherte, machte ihn fast krank. Er errechnete später, daß es pro Wagen etwa 125 $ kostete, die Fahrzeuge wieder verkaufsfähig zu machen. Ihm war sofort klar, daß die Händler jedes Jahr einfach bis zur letzten Minute warteten und sich dann bei diesen Notverkäufen mit Wagen eindeckten.

Die Unternehmenskrise glich einer schleichenden Krankheit. Um Mitte der 70er Jahre die Kosten zu senken, hatte Townsend die Leute entlassen, die für die Zukunft des Unternehmens unentbehrlich waren, die Ingenieure und Fachleute aus der Forschung und Entwicklung. Jetzt, Ende der 70er Jahre, mußte das Unternehmen dafür bezahlen. Außerdem gab es die Schwierigkeiten mit den staatlichern Sicherheits- und Emissionsnormen. Im Dezember 1978, auf dem Höhepunkt des verzweifelten Überlebenskampfes von Chrysler, begab sich John Riccardo ins Weiße Haus, um für einen zweijährigen Aufschub der staatlichen Vorschriften zu plädieren. Er erklärte, daß Chrysler andernfalls in den nächsten zwei Jahren mit seinem Kapitalbedarf um mehr als eine Milliarde Dollar in Verzug geraten könnte, und er lastete die Schuld an vielen Problemen der Bundesregierung an, denn damit die neuen Benzineinsparungsvorschriften erfüllt werden konnten, war eine teure Umrüstung erforderlich.

Nichts war in Iacoccas erstem Jahr leicht. Chrysler machte 205 Millionen Dollar Verlust, und die nächsten beiden Jahre sollten noch um einiges schlimmer werden. »Wir haben eine ziemlich genaue Buchführung, die belegt, daß wir im vergangenen Jahr eine Milliarde Dollar Verlust gemacht haben«, erklärte Jerry Greenwald seinen Kollegen aus der Geschäftsleitung sarkastisch, kurz nachdem er als Leiter des Rechnungswesens in das Unternehmen gekommen war. »Das einzige Ärgernis ist, die Systeme sind so schlecht, daß wir nicht die leiseste Idee haben, warum oder wo wir die eine Milliarde verloren haben.« Selbst unter optimalen Bedingungen wäre eine Erholung schwierig gewesen, doch die Krise im Iran stand bereits vor der Tür. GM und Ford wurden von ihr schwer getroffen, aber Chrysler ging daran fast zugrunde.

Wahrscheinlich hätte niemand außer Iacocca das zuwege bringen können, was dann folgte: die staatliche Hilfe für Chrysler und der langsame, beschwerliche Prozeß der Wiederbelebung eines im Koma liegenden Unternehmens. Viele andere gute Leute spielten eine wichtige Rolle, doch was die Hilfsoperation in Wirtschaftskreisen und beim Kongreß legitimierte, waren Name und Ruf Iacoccas. (Der politische Einfluß der amerikanischen Automobilarbeitergewerkschaft unter einer demokratischen Regierung schadete selbstverständlich nicht.) Dabei halfen ihm nicht nur seine Stärken, sondern auch sein nicht immer angenehmer Hang, alles persönlich zu nehmen. Bei seinem Kampf war das ein großes Plus. Für ihn war die Schlacht zur Rettung Chryslers nicht nur eine besonders schwierige Aufgabe, die erfolgreich zu lösen schön sein würde; sie war auch eine Chance, sich selbst zu bestätigen. Sie war das moralische Äquivalent zum Krieg Lee Iacocca gegen Henry Ford.

Iacocca hatte noch zwei weitere Vorzüge, die sich als wesentlich erwiesen. Der erste bestand darin, daß er wahrscheinlich der einzige Mann in der Welt der Automobile war, der gute Leute in ein so krankes Unternehmen holen konnte. Er brachte einige der vielversprechendsten jungen Ingenieure von Ford mit, denen er keine Reichtümer bot, sondern die aufregende Aufgabe, ein kränkelndes Unternehmen wieder flott zu machen und einige der Dinge zu tun, die zu tun man ihnen bei Ford verboten hatte.

Der zweite Vorzug war von grundlegenderer Art. In einer Branche, in der die führenden Männer immer vorsichtiger und finanzorientierter geworden waren, orientierte er sich am Markt. Er sprach auf das Produkt an. Selbst in den dunkelsten Tagen bei Chrysler bewahrte er sich seinen Instinkt für das Produkt, für das, was der Kunde wollte.

In jenen kritischen Monaten war Iacocca sehr oft unausstehlich. Nicht nur erwies sich die Aufgabe, Chrysler zu retten, als extrem schwierig, hinzu kam noch, daß seine Frau im Sterben lag. Die ständige Notwendigkeit, in Washington den Kongreß oder die Banken zu hofieren, zwang ihn, zuviel Zeit getrennt von ihr zu verbringen.

Seine Freunde und die Mitarbeiter gewöhnten sich an seine Wutausbrüche und Flüche, an seine Neigung, jeden für seine Probleme verantwortlich zu machen, nur nicht sich selbst. Die Launen gingen immer schnell vorüber. Er fuhr jeden an, zu Überraschung aller sogar seine Mutter.

Zum Glück für Iacocca und Chrysler war Sperlich schon dort, als er kam, und der Wagen K stand bereits auf dem Reißbrett. Sonst hätte es das Unternehmen nie geschafft. Von dem Augenblick, in dem John Riccardo dem Wagen K zustimmte, begab sich Chrysler in einen Wettlauf mit dem Bankrott, bis das Unternehmen im Herbst 1980 mit dem Wagen auf den Markt kam. In den folgenden zwei Jahren gab es Zeiten, da es so aussah, als würde das Unternehmen nicht bis zum Erscheinen des Wagens K durchhalten. Alle üblichen Finanzierungskanäle waren ausgetrocknet. Keine Bank war mehr daran interessiert, Chrysler noch mehr Geld zu leihen, kein Geldinstitut begierig darauf, Chrysler-Aktien auszugeben. Die einzige Hoffnung des Unternehmens war der Staat. Selbst bei den größten Bemühungen von Chrysler – den glänzendsten und teuersten Lobbyisten in Washington, der Stärke der gewerkschaftlich organisierten Arbeiter, dem zusätzlichen Einfluß der Schwarzen (Chrysler war in den Vereinigten Staaten der größte industrielle Arbeitgeber von Schwarzen) und dem Einsatz sämtlicher Chrysler-Händler – war das Programm oft in Frage gestellt. Um die Kritiker im Kongreß zufriedenzustellen, die einen Sündenbock haben wollten, trat Riccardo als Vorstandsvorsitzender zurück. Er hatte sich bei ihnen mit seiner Kritik an den staatlichen Durchführungsprogrammen nicht beliebt gemacht. Im September 1979 wurde Iacocca Vorstandsvorsitzender von Chrysler. In den Wochen danach geriet das Unternehmen gefährlich nah an den Rand des Bankrotts, und im Dezember gingen die Entwürfe zur Rettung Chryslers an beide Kammern des Kongresses. Die Regierung bewegte sich langsam, und die Banken, die Chrysler bereits unterstützten, waren noch langsamer, doch schließlich wurde ein ungeheuer kompliziertes Rettungsprogramm gebilligt, das dem Unternehmen garantierte Mittel in Höhe von 1,2 Milliarden Dollar brachte, genug, um weiter am Wagen K arbeiten zu können.

1980 war das Unternehmen über längere Zeiträume hinweg praktisch bankrott und seinen Tausenden von Zulieferern auf Gedeih und Verderb ausgeliefert, die es freundlich und höflich hinterging. Etwa vier Monate trugen die Zulieferer die Firma; jeder von ihnen hätte ihr den Todesstoß versetzen können, indem er auf Zahlung bestanden hätte. Der interne Aderlaß bei

Chrysler war entsetzlich. An dem Tag im August 1980, als der Wagen K in Produktion ging, entließ Chrysler dreitausend seiner sechstausendfünfhundert Ingenieure. Es war einfach kein Geld mehr da, sie zu bezahlen. Es war einer der schwärzesten Tage in der Geschichte der Firma Chrysler. Selten hatte ein so großes Unternehmen an einem so dünnen Faden gehangen.

Der erste Wagen K kam im Oktober 1980 auf den Markt, während noch 100 000 Wagen aus dem Vorjahr unverkauft waren. Er war nicht der sofortige Erfolg, den alle erhofft hatten. Der Kreditzins für erstklassige Kunden war gerade gestiegen, und die Kunden hielten sich zurück. 1981 war ein schlechtes Jahr für Autos, so unmittelbar nach dem Sturz des Schahs. Der Umsatz der Autobranche ging insgesamt um 27 Prozent zurück. Die Zinsen waren so hoch, daß man kaum zwischen Banken und wucherischen Geldverleihern unterscheiden konnte. Außerdem mußten beim Wagen K anfänglich zu viele Extras bezahlt werden, und der Preis war zu hoch. In der Grundausführung sollte der K für 5 880 $ verkauft werden; das Durchschnittsmodell in den Ausstellungsräumen der Händler kostete etwa 2 000 $ mehr. Iacocca hatte sich dafür entschieden, auf maximalen Stückgewinn zu setzen. Es war ein Versuch, zusätzliche Barmittel zu bekommen, doch bei der damaligen Wirtschaftslage erwies sich das als der falsche Schritt. Das traumatisierte Unternehmen wollte sein Glück zu schnell zwingen, doch bei Zinssätzen, die häufig über 15 Prozent lagen, hielten sich viele potentielle Kunden zurück und ließen ihren alten Wagen reparieren. Die Eile drohte auch, dem Ruf des K zu schaden; nicht jeder glaubte, daß der Wagen bereits ganz ausgereift für die Auslieferung war, daß alle Kinderkrankheiten ausgemerzt waren.

Iacocca kämpfte weiter, tat, was er konnte, um die Kosten niedrig zu halten. Erbarmungslos strich er den Verwaltungsstab zusammen und halbierte ihn am Ende. Das war wahrscheinlich der schwierigste Teil seiner Kostensenkung. Die Gewerkschaft machte Zugeständnisse, zum Teil vielleicht deshalb, weil er eine enge, auf gegenseitiger Achtung basierende Beziehung zu Doug Fraser von der Automobilarbeitergewerkschaft knüpfte, die Mitglied im Vorstand von Chrysler wurde. Viele Zulieferer gewährten Chrysler weiterhin Aufschub bei der Begleichung von Rechnungen und räumten dem Unternehmen dadurch einen zusätzlichen zinsfreien Kredit in Höhe von mehreren hundert Millionen ein. Ein Rückschlag konnte jederzeit erfolgen. Chrysler taumelte durch das Jahr 1981, ein schreckliches Jahr, das einen Verlust von 479 Millionen Dollar brachte.

Auf dem Höhepunkt der Krise traf Iacocca eine Entscheidung, die beträchtliche Auswirkungen auf die langfristige Qualitätsfrage haben sollte. Bei den Herstellern von Ford war es ein ständiger Grund zur Klage gewesen, daß das System der Zulagen und Abfindungen die Qualität untergrub und selbst die anständigsten Leute dazu verleitete, ihre kurzfristigen Eigeninteressen über die größeren Belange des Kunden, des Produkts und der Zukunft des Unternehmens zu stellen. Es gab eine finanzielle Belohnung für die Maximierung des Jahresgewinns, aber keine Belohnung für Voraussicht, und so bestand die Neigung, sich immer für den Gewinn zu entscheiden, weil er so direkt mit den Zulagen verbunden war. Iacocca war sowohl bei Ford wie auch bei Chrysler Nutznießer dieses Systems gewesen. Die Qualität war immer auf der Strecke geblieben. Jetzt, bei Chrysler, tat er etwas, um die Qualität zu sichern. 1981, als das Unternehmen besonders unsicher dastand, erklärte er dem Führungskreis, daß er die Fünfjahres- oder 80 000-km-Garantie von Lynn Townsend wieder aufgreifen wolle, die es seit zehn Jahren nicht mehr gab.

Er stieß auf Zweifel. Steve Miller, der zu den Spitzenkräften in der Finanzabteilung zählte, sprach sich dagegen aus, weil die finanziellen Aufwendungen zur Abdeckung einer solchen Garantie beängstigend sein würden – niemand konnte voraussagen, wieviel das verschlingen würde, vielleicht 100 Millionen Dollar im Jahr, vielleicht mehr. Selbst Jim McNaughton, der Marketingmann, war dagegen. Was ihn anging, hätte er das Geld, wenn das Unternehmen soviel hatte, lieber für Werbung ausgegeben. »Nein«, schob Iacocca ihre Einwände beiseite, »wenn wir die Fünf-Achtzig-Garantie haben, wenn wir ihre Anforderungen erfüllen müssen, dann weiß ich ganz genau, daß die Finanzabteilung uns das Geld für die Werke gibt, und ich weiß, daß das Marketing sie in seiner Werbung auch wirklich rausbringt, und ich weiß, daß die Produktion, wenn es um die Frage geht, tausend neue Teile zu produzieren, oder eine kleinere Anzahl richtig, es richtig machen wird.« Er behielt recht. Es war ein wichtiger Sieg des aufgeklärten Iacocca über den alten Iacocca.

Endlich, zunächst noch ganz zögernd, fing die Lage an, sich zu bessern. Hal Sperlich und seine Kollegen hatten gute Arbeit geleistet, und der Wagen K verbrauchte im Durchschnitt 9,45 l auf 100 Kilometer. Anfang März 1982 verkaufte Chrysler seine Panzerabteilung für 335 Millionen Dollar an General Dynamics. Die flüssigen Mittel stärkten das Unternehmen augenblicklich und milderten die angespannte Lage bei den Zulieferern. Die Japaner erklärten sich zu einer freiwilligen Beschränkung ihrer Exporte bereit, und da sie mit den verbleibenden Wagen verstärkt auf den Markt der Mittelklasse anstatt der unteren Klasse drängten, befreite das Chrysler und den Wagen K von weiterem Druck. Im ersten Quartal 1982 wies Chrysler einen Gewinn aus, allerdings nur wegen des Verkaufs der Panzerabteilung. Ohne ihn hätte das Unternehmen 90 Millionen Dollar Verlust gemacht. Im zweiten Quartal gab es dann tatsächlich einen Gewinn, 107 Millionen Dollar. Es war das erste Mal seit fünf Jahren, daß das Unternehmen zwei erfolgreiche Quartale hintereinander verbuchte. In jenem Sommer fielen die Zinssätze wieder deutlich, und der Markt für Neuwagen belebte sich daraufhin nachhaltig. Chrysler merkte das augenblicklich. »Es sieht so aus, als ob Lee der Kugel wieder mal ausgewichen ist«, sagte sein alter Kollege Don Frey in jenem Sommer. Aber die Kugel hätte ihn fast erwischt.

Bald darauf war Iacocca ein umjubelter Mann. Der Detroiter Automacher war ein Nationalheld. Der einstige Schöpfer großer, luxuriöser Wagen bei Ford hatte Chrysler mit kleinen, benzinsparenden Autos aus den Trümmern auferstehen lassen. Irgend jemand hatte vorgeschlagen, ihn in den Werbespots von Chrysler auftreten zu lassen. Er genieße Vertrauen, hieß es, die Chrysler Corporation dagegen nicht. (»Warum ist man auf dich gekommen, Lee?« fragte ein Freund. »Man wollte Walter Cronkite haben«, antwortete er in Anspielung auf den den Umfragen zufolge glaubwürdigsten Mann des Landes, »aber er wollte nicht, und da hat man mich gefragt.«) Es war riskant, mit einem Vorstandsvorsitzenden Werbespots für ein bedrängtes Unternehmen zu machen, denn seine Karriere konnte irreparablen Schaden nehmen, wenn das Unternehmen trotz der Werbung tiefer in die roten Zahlen sank. Aber Chrysler befand sich in einer so schlechten Verfassung, daß derartige Bedenken unwichtig waren. Iacocca selbst stand dem Gedanken dagegen zwiespältig gegenüber; er wußte zwar, daß es dem Unternehmen unter Umständen half, es würde aber auch zu beträchtlichen Beeinträchtigungen seines Privatlebens führen. Wendell Larsen, der PR-Chef des Unternehmens, wies warnend darauf hin, daß die Kampagne, selbst wenn sie Erfolg hätte, den Eindruck hinterlassen könnte, daß Chrysler nur deshalb gerettet worden war, weil Lee Iacocca ein Superverkäufer mit einem schnellen Mundwerk war, der die Amerikaner überreden konnte, beinahe alles zu kaufen, sogar minderwertige Autos. Obwohl er ein etwas eigenartiges Gefühl dabei hatte, machte Iacocca es schließlich, und im Herbst 1980 wurde der erste Werbespot mit Iacocca als dem bedeutendsten Protagonisten des Unternehmens ausgestrahlt. Schlanker als in der Vergangenheit, die Anzüge weniger auffällig, mit weniger Weiß-in-Weiß-Hemden im Schrank, war er der neue Iacocca.

Für jemanden, der am Anfang seiner Karriere so schüchtern gewesen war, und der – ungeachtet seines Auftretens – immer noch schüchtern war, war dies eine bemerkenswerte Wandlung.

Mitte 1982 setzte er seine Helfer unter Druck, ihn auf die Titelseite des Nachrichtenmagazins *Time* zu bringen, als ob diese eine Tatsache die Wende bei Chrysler bekräftigen und verbürgen könnte. Als sich andere Auszeichnungen einstellten, wurde das Titelbild von *Time* zur fixen Idee. Ständig sprach er von Leuten, die er im Verlagswesen kenne und sie erklärten, sie könnten das für ihn arrangieren. Bei *Time* war man dagegen skeptisch, ob die Erholung von Chrysler von Dauer sein würde, und zögerte. Als John DeLorean im Herbst 1982 bei einer Drogenrazzia festgenommen wurde und *Time* ihn auf der Titelseite brachte, schäumte Iacocca. »Ich rette hier diesen verdammten Laden und komme nicht auf den Titel«, schimpfte er, »und dieser Penner DeLorean wird beim Dealen erwischt und schafft es. Was für ein Magazin ist das eigentlich? Was ist eigentlich mit diesen Leuten los?« *Time* kam schließlich doch auf ihn zu, und ein Iacocca, der mehr als ihm vielleicht lieb war wie ein Marktschreier aussah, schmückte eine Märzausgabe 1983.

Als sich die finanzielle Situation Chryslers weiter verbesserte, wurde Iacocca egozentrischer denn je. Bei Sitzungen ging er oft ungewöhnlich hart mit seinen alten Freunden ins Gericht. Er fing an sich zu beklagen, daß es schwer sei, an der Spitze zu stehen, weil jeder etwas von ihm wolle. Das entbehrte nicht einer gewissen Ironie, wie einige seiner früheren Gefährten dachten, denn es war genau die Haltung, die er bei Henry Ford so gehaßt hatte. Wenn ihm noch eine gewisse Schüchternheit anhaftete, dann war es ihm recht gut gelungen, sie zu verbergen. Er war blendend im Umgang mit der Presse – schnell, lustig und immer, wie es schien, angriffsbereit. In einem Land, das etwas in die Defensive geraten war, fand das ganz besonderen Anklang. Er war der Mann, der Chrysler gerettet hatte. Je mehr öffentliche Anerkennung er dafür bekam, desto mehr glaubte er es.

Die Rolle anderer Beteiligter an Chryslers neu errungenem Erfolg verblaßte in seiner Vorstellung allmählich. Er war nicht sehr großherzig, wenn es darum ging, die Anerkennung mit denen zu teilen – etwa Greenwald, Sperlich und Miller –, deren Anteil an der Rettung Chryslers dem seinen sehr nahe kam. Natürlich war es nie eine seiner Stärken gewesen, Anerkennung zu teilen. 1982 gewann eine kleine Konstruktionsfirma, Cars and Concepts aus Brighton im Bundesstaat Michigan, die ganz individuelle, neue Karosserien für die größeren Unternehmen baute, Chrysler für die Idee, das Kabriolett wiederzubeleben. Im Gegensatz zu den anderen großen Unternehmen war Chrysler bereit, das Risiko einzugehen, und schon bald war das von Cars and Concept entworfene Kabriolett auf dem Rahmen des K in der Produktion. Es war ein schöner kleiner Erfolg für Chrysler. Die Aufnahme in der Öffentlichkeit war überwältigend. Der Wagen brachte einen bemerkenswerten Gewinn, und allen machte die Produktion Spaß. Aber als ein Motorjournalist Cars and Concepts anrief, um weitere Einzelheiten über die Entstehungsgeschichte des Wagens zu erfahren, wurde ihm bedeutet, diese Sache nicht unbedingt weiterzuverfolgen, denn von Chrysler war die Kunde zu ihnen gelangt, daß die ursprüngliche Idee nicht von ihnen, sondern von Mr. Iacocca gekommen sei.

Er spielte auch eine entscheidende Rolle, als das Startsignal für einen Wagen gegeben wurde, den die Produktplaner bei Chrysler und Ford schon lange hatten bauen wollen und der als Minivan bekannt wurde. Seit 1974 hatten die Männer aus der Produktion bei Chrysler an Plänen für einen relativ billigen, lieferwagenähnlichen Kombi gearbeitet, der einfach zu fahren sein, viel Platz haben und sparsam im Verbrauch sein sollte. Bisher waren ihre Pläne durchkreuzt worden. Von dem Augenblick an, als Sperlich zu Chrysler kam, hatte er das Programm vorangetrieben, doch der Wagen K hatte fast alle Mittel des Unternehmens in Anspruch genommen, und als Iacocca schließlich kam, war der Minivan beinahe vergessen. Dennoch war er etwas, das Iacocca wie auch Sperlich schon lange hatten machen wollen.

Ende der 60er Jahre hatte bei Ford Don DeLaRossa, einer der besten Konstrukteure des Unternehmens, eher beiläufig mit seinem Chef Gene Bordinat über eine Idee zu einem neuen, modernisierten und leistungsfähigen Kombi gesprochen. Bordinat war sofort darauf eingegangen. Es gab, wie Bordinat meinte, im Leben eines Konstrukteurs einige wenige Augenblicke, in denen er wußte, wirklich wußte, daß er einen Renner hatte, und das hier war einer. DeLaRossa hatte von einem Mehrzweckfahrzeug gesprochen, weder reiner Kombi noch Lieferwagen, den Frauen ebenso wie Männer fahren konnten, einem Wagen für die Hausfrau in der Vorstadt während der Woche und für die Familie am Wochenende, einer abgesägten Kreuzung aus Lieferwagen und Kombi mit viel Innenraum.

Sperlich und Bordinat liebten den Mini-Max, wie er genannt wurde, mehr als die anderen Führungsleute im Unternehmen. Iacocca schien sich zwar dafür zu interessieren, war aber deswegen nicht gerade aus dem Häuschen und machte ihn in den ausgedehnten Kämpfen, die folgten, nie in ähnlicher Weise zu seinem Wagen wie den Mustang.

Wie Sperlich meinte, lag das Problem von Anfang an darin, daß Henry Ford gegen den Mini-Max war. Es beunruhigte Ford, daß der Mini-Max ein völlig neuer Wagen sein sollte; er konnte nicht als Ableger einer bestehenden Technologie konzipiert werden. Damit der Mini-Max etwas wurde, mußte er Frontantrieb haben. Der gleiche Wagen mit Hinterradantrieb hätte höher und schwerer sein müssen, eher wie ein Kleinlastwagen; mit Frontantrieb und einer mit Kardanwelle kombinierten Achse konnte der Wagen niedriger sein und war leichter zu handhaben. Aber der Widerstand gegen den Frontantrieb war enorm. Henry Ford scheute noch davor zurück, sich derart festzulegen, und jetzt verlangte man gar von ihm, noch einen weiteren Wagen mit Frontantrieb abzusegnen.

Von Zeit zu Zeit brachten die Konstrukteure das Projekt vor, aber es wurde immer wieder abgelehnt. Es war etwas Neues, etwas noch nicht Erprobtes, und daher war es wahrscheinlich riskant und teuer. Die Finanzabteilung konzentrierte sich auf diesen Punkt und blieb dabei, obwohl es erdrückende Belege dafür gab, daß der Wagen wahrscheinlich ein großer Erfolg werden würde. Dieses Material wurde von der Marktforschung geliefert und von einem Mann namens Norman Krandall zusammengestellt. Die Untersuchung ergab, daß vom Mini-Max im ersten Jahr wahrscheinlich mehr als 800 000 Stück verkauft werden könnten, fast 400 000 mehr als vom Mustang. Und mehr noch, dieser Umsatz würde den der anderen Ford-Modelle nicht schmälern; er würde auf Leute entfallen, die herkömmliche Limousinen besaßen, große Wagen, die es auf vier bis fünf Kilometer pro Liter brachten. Der Mini-Max würde es auf fünf Kilometer *mehr* pro Liter bringen – und genauso viele Kinder und Lebensmittel befördern. Krandell, der seinen Augen nicht traute, beschloß, die Untersuchung zu wiederholen; das Ergebnis war das gleiche. Aber das war noch nicht alles. Seine Erkenntnisse zeigten, daß Ford einen sehr guten Preis für den Wagen verlangen konnte, zwischen 8 000 $ und 10 000 $, 1976 ein hoher Preis. Diese Zahlen ließen Iacocca zum ersten Mal wirklich aufhorchen.

Selbst die Marktuntersuchung für den Mustang, die bemerkswerte Ergebnisse erbracht hatte, hatte nie solche Zahlen ergeben. Es war ein außergewöhnlicher Markt, der nur darauf wartete, genommen zu werden, erklärte Krandall, und wenn Ford schnell handelte, konnte es vor allen anderen zur Stelle sein und zwei oder drei Jahre absahnen, bevor GM reagieren konnte.

Krandall war überrascht, wie schwach die Reaktion auf seine Untersuchung ausfiel. Er hatte einen völlig neuen Markt entdeckt, und die Ford Motor Company sollte auf diesen Markt reagieren. Aber wie er erkannte, interessierte der Markt die meisten Männer, die das Unternehmen leiteten, überhaupt nicht mehr; sie glaubten, den Markt dirigieren zu können. Iacocca war durchaus interessiert, das merkte er, doch ihm schien allmählich die Aggressivität auszugehen; vor zehn Jahren wäre er bei solchen Zahlen nicht zu halten gewesen.

Krandall legte seine Statistiken erstmals 1976 vor. Zwei Jahre später, als sich nichts tat, brachte er sie erneut auf den Tisch. Damals hatte die schwere Zeit das Unternehmen noch nicht getroffen, und Ford hatte mindestens 3 Milliarden Dollar auf der hohen Kante. In der entscheidenden Sitzung griff Krandall sowohl Philip Caldwell an, der damals stellvertretender Vorstandsvorsitzender war, wie auch Ed Lundy.

Krandall führte aus, Ford müsse nicht nur das Escort-Programm machen, für das man sich inzwischen entschieden hatte, sondern auch den Mini-Max. Lundy hielt dem sofort entgegen, daß das Unternehmen nicht genug Geld habe, um auch den Kombi zu machen. Krandall war aufsässig.

Wenn man nicht genug Geld habe, sagte er, warum leihe man sich dann nicht welches, um den Mini-Max zu produzieren?

»Wenn wir uns das Geld leihen«, entgegnete Lundy ziemlich scharf, »verlieren wir unsere Einstufung als erstklassige Kreditadresse.«

»Wenn wir das Geld nicht leihen und dem Markt nicht mit Wagen wie diesem folgen«, erwiderte Krandall, »verlieren wir sie auch so.«

Er wußte, daß er sich nicht an die Spielregeln hielt; er hätte schon viel früher einlenken müssen. Aber seine Untersuchung war hieb- und stichfest, und nicht nur sein eigener Ruf hing mit ihr zusammen, wie er glaubte, sondern auch der des Unternehmens.

Philip Caldwell schaltete sich ein. »Ich möchte nicht beleidigend werden«, sagte er, »aber wir können bestimmte Verpflichtungen einfach nicht eingehen. Es gibt einfach eine Grenze für das, was wir machen können.«

In dem Augenblick ging Lundy, der normalerweise der Inbegriff guten Benehmens war, erneut auf Krandall los. »Ich möchte beleidigend werden«, fauchte Lundy. »Wir können es nicht machen, und wir werden es nicht machen.« Der Mini-Max war erledigt, dachte Krandall, und er wohl auch. Es ging jetzt nur noch darum, die Bedingungen für sein Ausscheiden auszuhandeln, denn seine Karriere bei Ford war beendet.

Jetzt bei Chrysler sahen Sperlich und Iacocca im Mini-Max oder Minivan, wie Chrysler ihn nannte, eine Möglichkeit, sich zu behaupten. Im übrigen glaubte Iacocca fest an die Marktchancen des Wagens. »Zum Teufel mit dem, was die Leute meinen«, sagte er zu Sperlich. »Irgendwie werden wir einen Weg finden, ihn zu bauen. Wir wollen doch um Gottes willen nicht vergessen, daß wir hier sind, um Autos zu machen.« Er gelang ihm, gerade so viel Geld und Ingenieure aufzutreiben, daß das Programm weiterlaufen konnte. Die Entscheidung, den Wagen K herzustellen, hatte Chrysler am Leben erhalten, und Iacoccas nächste Entscheidung, die im Frühherbst 1980 fiel, als die Umstände noch entsetzlich waren, nämlich mit dem Minivan weiterzumachen, trug mit dazu bei, dem Unternehmen wieder auf die Beine zu helfen.

Im wesentlichen wurde der Wagen von den gleichen Leuten gemacht, die ihn schon bei Ford hatten machen wollen, aber inzwischen zu Chrysler gegangen waren – Sperlich, DeLaRossa und Iacocca –, zusammen mit einigen Chrysler-Leuten, die auf die gleiche Art wie diese frustriert worden waren. Von seinen ursprünglichen Vätern bei Ford war nur Gene Bordinat nicht zu Chrysler gekommen. Den Wagen herzustellen erwies sich gar nicht als so schwierig. Sie hatten den Frontantrieb und das Chassis vom Wagen K; die Marktuntersuchung hatte Ford freundlicherweise bereits geliefert. Norman Krandalls Untersuchung stellte sich als im wesentlichen zutreffend heraus, denn der Wagen kam den Bedürfnissen vieler Amerikaner in den Vorstädten entgegen. Im Herbst 1983 kam der Minivan von Chrysler, der bei Ford lange geplant und immer wieder auf Eis gelegt worden war, auf den Markt und wurde ein ungewöhnlicher Erfolg.

Neunter Teil

35

Die Karrieremacher

Takashi Ishihara, der einmal als das Wunderkind von Nissan galt, brauchte nur vierzig Jahre, um Präsident des Unternehmens zu werden. Er war 1937, mit fünfundzwanzig Jahren, eingestellt worden und hatte versucht, das auf Beziehungen und Gefälligkeiten beruhende System der japanischen Wirtschaft aufzubrechen. Er hatte keine besonders guten Beziehungen, da er von einer zweitklassigen Universität kam, und war in eine Firma eingetreten, die damals allgemein als zweite Wahl betrachtet wurde. Während des Krieges, an dem er nicht teilnahm, stieg er rasch auf. »Ich hatte Glück«, sagte er später. »Die intelligenteren jungen Männer mußten alle zum Militär, und daher gab es in meiner Generation wenig Konkurrenz.«

Ishihara wurde 1954 einer der Direktoren, mit nur dreiunddreißig Jahren. Eine Zeitlang war sein beruflicher Weg blockiert, weil das Unternehmen politisch gespalten war, doch in den 60er Jahren, als sich die ersten Exporterfolge einstellten, kam er wieder nach oben. Mitte der 60er Jahre machte er sich als Generaldirektor für einen kleinen 1-Liter-Wagen für den heimischen Markt stark. Kawamata widersetzte sich dem mit aller Macht. Der Wagen wurde gebaut, Ishihara eröffnete ihm einen eigenen Verkaufskanal, und er wurde das erfolgreichste Modell von Nissan. 1973 meinten viele Vorstandsmitglieder, daß jetzt Ishihara an der Reihe wäre, Präsident zu werden, doch Kawamata überging ihn zugunsten eines der Gewerkschaft wohlgesonnenen Kandidaten. Vier Jahre später kam schließlich Ishiharas Zeit. Er war fünfundsechzig Jahre alt.

Seine erste große Bewährungsprobe kam 1978, nur wenige Monate, nachdem er den Posten übernommen hatte. Etwa fünf Jahre waren seit dem Jom Kippur-Krieg vergangen, der den ersten großen Erdölschock ausgelöst und den Preis für Erdöl auf das Vierfache getrieben hatte. Die Japaner mit ihren kleineren Wagen waren die unmittelbaren Nutznießer dieser Umwälzung gewesen, doch die amerikanischen Verbraucher hatten sich in den fünf Jahren den neuen Preisen allmählich angepaßt. 1978 betrachtete man den Jom Kippur-Schock nicht mehr als den Beginn einer komplizierten, weniger stabilen Phase der Weltpolitik, sondern eher als eine vorübergehende Verirrung. Große Wagen verkauften sich wieder.

Der immer schon launische Weltmarkt für Automobile schien jetzt unberechenbarer denn je zu sein. Diesmal waren es die japanischen Firmen, denen der Umschwung zum Verhängnis wurde. Ihre kleinen Wagen ließen sich einfach nicht verkaufen; sie reihten sich an den Stränden Kaliforniens Stoßstange an Stoßstange.

Ishihara war ratlos. Er wußte, daß er energisch handeln mußte. Diese Bestände mußten verschwinden. Er wußte zwar noch nicht, womit das zu bewirken war – mit welchen Tricks, Verkaufsanreizen, Preisnachlässen –, aber es mußte geschehen. Er beschloß, den Nissan-Direktoren mitzuteilen, daß sie sich auf einen Produktionsstopp für den Export einstellen sollten, der unter Umständen den gesamten Zeitraum von April bis September umfassen würde. Als erstes reduzierte er die Überstunden. Aber das reichte nicht aus, wie ihm bewußt war.

Dann kam es zu den Ereignissen im Iran. Zunächst erschien es Ishihara unvorstellbar, daß der Schah mit seiner hochmodernen amerikanischen Militärausrüstung, die Milliarden von Dollar gekostet hatte, einem Häuflein Aufrührer zum Opfer fallen könnte, aber seine Berater berichteten ihm bald, daß der Schah sich womöglich nicht halten würde. Zuerst hatte Ishihara kaum eine Vorstellung von den langfristigen Auswirkungen dessen, was geschah. Nach und nach erkannte er, daß dies keine belanglosen, sondern folgenschwere Ereignisse waren, die den Erdölpreis nachhaltig beeinflussen würden. Mit der Zeit wurde ihm klar, daß die Welt des Autos durch teures Benzin bedroht wurde und die großen Wagen als erste betroffen waren, was dem kleinen Wagen große Möglichkeiten eröffnete. Er war der Chef eines Unternehmens, das einige der besten kleinen Wagen der Welt herstellte.

Der Markt folgte seiner Voraussage. Im März mußte er keinen Produktionsstopp anordnen; er gab vielmehr die Anweisung, die Produktion zu erhöhen. Jahre danach erklärten die amerikanischen Autohersteller, er und die anderen japanischen Manager hätten Glück gehabt, denn bis zum Zusammenbruch des Schahregimes seien sie wie gestrandete Wale gewesen. Vielleicht war es Glück, dachte Ishihara, doch hatten er und die anderen bei Nissan sehr lange und sehr hart für dieses Glück gearbeitet.

Japans Erfolg auf dem Automobilmarkt kam so schnell, daß er die lange akzeptierte Wirtschaftshierarchie Japans umzustürzen drohte. Für das japanische Establishment war es verwirrend und lästig, daß die Automobilindustrie, die wenig geschätzt wurde und die nicht mit Japans Vergangenheit verbunden war, von Jahr zu Jahr mächtiger wurde.

Als die Macht der Autobranche wuchs, wuchs auch die von Katsuji Kawamata, dem Vorstandsvorsitzenden von Nissan. Er war jetzt der Automobilrepräsentant in der mächtigen Wirtschaftsvereinigung *Keidanren*, wenn er auch nur gewählt worden war, weil andere ausgeschieden waren.

In der Vergangenheit waren die Führer der *Keidanren* aus Branchen gekommen, über deren Rolle im Land absolute Klarheit herrschte. Stahl beispielsweise war in Japan seit 1853 von größter Bedeutung gewesen, als Admiral Perry mit seinen schwarzen Stahlschiffen in die Bucht von Tokio eingelaufen war und die Japaner derart beeindruckt hatte. Die Stahlunternehmer galten nicht als grobe, rücksichtslose Kapitalisten, sondern als Männer, die den Geist des Landes verkörperten. Dieses hohe Ansehen stand ihren Geschäftspraktiken jedoch in keiner Weise im Wege; die Stahlbranche war ein echtes Kartell. Nachdem der erbitterte Wettbewerb der früheren Jahre abgebaut worden war, kamen die Manager der einzelnen Unternehmen regelmäßig zusammen, um die Preise festzulegen, die sie dann ihren Kunden mitteilten. Keine andere Branche außer der Landwirtschaft hatte sich in den ersten Jahren der Erholung Japans nach dem Krieg einer so umfassenden Unterstützung durch den Staat erfreuen können. Jetzt, wo die Landwirtschaft für die Wirtschaft des Landes keine so bedeutende Rolle mehr spielte, war Stahl der Favorit der Regierung. In der Branche tummelten sich Beamte aus dem MITI und dem Finanzministerium, die nach Beendigung ihrer staatlichen Laufbahn in die Stahlindustrie gingen. Aufgrund dieser Hilfe durch den Staat, die Banken und eine aufsteigende neue Klasse von Ingenieuren war die japanische Stahlindustrie Anfang der 60er Jahre die beste der Welt. Die überragende Leistungsfähigkeit der Stahlindustrie war ein wichtiger Umstand beim Erfolg der Automobilindustrie gewesen. Sie erfüllte nicht nur die Anforderungen der Autohersteller, sondern übertraf noch die Qualität des amerikanischen Stahls, vor allem was die Rostfreiheit anging. Den Amerikanern hatte die gleiche Technologie zur Verfügung gestanden, doch sie hatten versäumt, sie zu nutzen.

Der Status der Stahlindustrie geriet jedoch in den 70er Jahren in Bedrängnis, und nichts demonstrierte den Aufstieg der Autobranche deutlicher als ihre Macht im Umgang mit ersterer. »Wir mußten sehr viele Verbeugungen vor ihr machen, als wir noch jünger waren«, vertraute Kawamata einmal einem Freund an. »Wir müssen uns nicht mehr so oft verbeugen.« Nach dem Jom Kippur-Krieg, als sich das Gleichgewicht änderte, begann die Autobranche, die Stahlindustrie zu kritisieren, weil diese es versäumt habe, die

Anlagen schnell genug zu modernisieren, weil die Preise zu hoch seien, weil sie träge werde jetzt, wo sie nicht mehr von den Amerikanern herausgefordert werde.

1977 forderten die Stahlhersteller einen höheren Preis. Die Autohersteller waren einverstanden, erklärten jedoch, daß sie jährliche Preissteigerungen nicht länger hinnehmen würden. Sie gingen dazu über, in großen Mengen zu kaufen, was ein Automanager ihr eigenes »Kartell« nannte. Den Stahlerzeugern gefiel das nicht, doch sie konnten wenig dagegen tun. Allmählich fing die Autobranche an, die Bedingungen zu stellen. 1982 wollten die Stahlunternehmer die Preise um 10 Prozent anheben. Als die Preiserhöhung am Ende 5 1/2 Prozent betrug, wurde der Eindruck erweckt, daß die Stahlindustrie wie immer bekommen habe, was sie die ganze Zeit wollte, wenngleich die Autohersteller die Genugtuung hatten zu wissen, daß die Stahlbranche nur gut die Hälfte dessen bekommen hatte. Ihre Vertreter waren so mächtig, daß sie diese Macht nicht öffentlich zur Schau zu tragen brauchten.

Diese neue Macht wurde von Katsuji Kawamata symbolisiert. Einige Kollegen meinten, er betreibe offen Politik, um Vorsitzender der *Keidanren* zu werden. Für sie war ein solches Ergebnis undenkbar. Er war ein Emporkömmling, der erste Mann in einem traditionslosen Unternehmen. Viele alte Unternehmer fühlten sich von der Unverblümtheit seines Ehrgeizes und seiner Beziehung zur Gewerkschaft abgestoßen. Außerdem war der Vorsitz der *Keidanren* nicht etwas, das man anstrebte; es war etwas, das sich ergab. »Er ist derjenige«, sagte eines der älteren Mitglieder, ein Textilunternehmer, »der in seiner eigenen Fabrik eine Büste von sich stehen hat!«

36
Greathouse in Tokio

Der Erfolg der japanischen Industrie hatte Takashi Ishiharas Stellung als Präsident von Nissan weit komplizierter gemacht als die Kawamatas gewesen war, als er dieses Amt innegehabt hatte. Kawamata hatte das Unternehmen während der einfachen Jahre geleitet, als die Japaner arm waren, Loyalität leichter zu fordern war und japanische Güter mit einer solchen Verachtung betrachtet wurden, daß die Japaner für ihre ausländischen Konkurrenten beinahe unsichtbar waren. Ishihara hingegen war angetreten, als sich im Westen der Protektionismus breitmachte, als man die Japaner nicht mehr für schwache kleine Brüder hielt, die die Wohltaten des Westens empfingen, sondern für gefährliche Konkurrenten aus dem Osten, und als ihnen rassistische Vorurteile in versteckter und weniger versteckter Form entgegenschlugen. Fast jede Entscheidung, die er traf, war ebensosehr politischer wie wirtschaftlicher Natur. Kawamata hatte die Aufgabe gehabt, erfolgreich zu sein; Ishiharas schwierigere Aufgabe war es, erfolgreich zu sein *und* sich die Ausländer nicht zu Feinden zu machen. Das war nur eines der Dilemmas, denen sich Ishihara gegenübersah, als er eine neue Ära bei Nissan einläutete. Denn er war ein Mann der alten Ordnung in einer ganz neuartigen Situation.

Er war vom Rechnungswesen gekommen, nicht von der Technik, und die Wertschätzung, die er bei den besten Ingenieuren des Unternehmens genoß, hielt sich in Grenzen. Seine Stärke war, daß er Fachmann für alle Geldangelegenheiten war und das Vertrauen der Männer hatte, die die Bank leiten. Und doch war er, anders als Kawamata, nicht von der Bank gekommen, wurde also von seinen Managern nicht als Außenseiter betrachtet. Auch seine imposante Erscheinung hatte geholfen – er sah wie ein Industrieller aus. Aber die eigentlich treibende Kraft seines Erfolges war der Ehrgeiz. Fanatisch verfolgte er die eigenen Interessen, wie es verständlich bei einem Mann war, der solange im Schatten eines anderen gewartet hatte.

Ishihara war fünfundsechzig, als er auf Kawamata folgte, und bei Nissan kursierten zahllose Geschichten über seine Schachzüge, Geschichten darüber, wie er direkt mit Westdeutschen oder Italienern Geschäfte machte und dabei die Nissan-Mitarbeiter vor Ort nicht nur hinterging, sondern nicht einmal von den Geschäften unterrichtete; Geschichten darüber, wie er Katayama in den Vereinigten Staaten Konkurrenz machte und die Abmachungen unterbot, die Katayama mit International Harvester für Nissan-Motoren ausgehandelt hatte. Im Unternehmen zogen sich einige, die normalerweise seine Verbündeten hätten sein können, von ihm zurück, als sie merkten, daß sie keine Verbindung zu ihm herstellen konnten, so wie er sich von ihnen zurückzuziehen schien. »Die Insel« nannten ihn einige Kollegen.

Jetzt stand Ishihara wie die Führer anderer japanischer Unternehmen unter dem wachsenden Druck, internationaler zu werden, mit Ausländern so umzugehen, wie er es vorher nie getan hatte, und im Ausland Fabriken einzuweihen. Denn die Japaner brauchten den Westen nicht länger um Gefallen zu bitten. Der Westen erbat sich jetzt Gefallen von ihnen. Dieser Wandel war ablesbar an den neuen Verhaltensweisen von Takashi Ishihara und Nissan.

Einer der ersten, der diesen Wandel bermerkte, war Pat Greathouse, der bei der amerikanischen Automobilarbeitergewerkschaft für die internationalen Angelegenheiten zuständig war. Greathouse war ein guter Freund von Ichiro Shioji; er besuchte Japan erstmals 1973 und danach noch viele Male. Bei seinen Besuchen dort sprach Greathouse auch immer wieder mit den Japanern über ihre Verantwortung in Amerika: Wenn sie dort so viele Autos verkauften, sollten sie auch einmal über die Möglichkeit nachdenken, dort einige Arbeitsplätze zu schaffen. Eine japanische Fabrik in Amerika war als eines der großen Ziele der amerikanischen Automobilarbeitergewerkschaft sichtbar geworden. Greathouse glaubte tatsächlich, daß Nissan sich ihm gegenüber ziemlich früh verpflichtet habe, und daß die einzigen noch offenen Fragen sich darum drehten, welche Art von Fabrik die Japaner bauen wollten und wo. Wenn es ein Montagewerk würde, so kombinierte er, würde es an der Westküste stehen; wenn es ein Produktionsbetrieb würde, läge er wahrscheinlich in der Nähe von Kansas City.

Bei diesen frühen Zusammenkünften entwickelten sich die Dinge zu Greathouses Zufriedenheit. Er meinte, inzwischen einen guten Draht zu Masataka Okuma zu haben, dem Vizepräsidenten. Okuma erklärte, daß die Japaner nach Amerika kämen, und daß ihr Werk, wenn sie kämen, gewerkschaftlich organisiert würde. (Wer versierter darin gewesen wäre, japanischen Geschäftsleuten zuzuhören, hätte das, was Okuma sagte, ganz anders verstanden und erkannt, daß das Wichtige das war, was er *nicht* sagte.) 1978, bei einem, wie er hoffte, entscheidenden Besuch, wurde Greathouse von seinem Freund Shioji gewarnt, nicht zu optimistisch zu sein. Nissan, vertraute er ihm an, nehme Abstand von seinen ursprünglichen Plänen, ein Werk in Amerika zu bauen, Greathouse verwandte daher viel Zeit darauf, die japanischen Führungskräfte, mit denen er zusammentraf, vor einer Welle des Protektionismus in Amerika zu warnen; dem lasse sich am besten durch den Bau einer Fabrik in den Vereinigten Staaten entgegenwirken. Zum Abschluß seines Besuchs gaben er und Shioji eine gemeinsame Pressekonferenz, auf der beide den Gedanken einer japanischen Produktion in Amerika guthießen. Fast ohne nachzudenken propagierte Greathouse die 250 000-Stück-Regel: Ein Unternehmen, das mehr als 250 000 Wagen jährlich in den Vereinigten Staaten verkaufte, sollte dort ein eigenes Werk bauen. Dieser Wert basierte auf einer optimalen Produktion in einem Werk mit zwei Schichten und einer Kapazität von sechzig Wagen pro Stunde.

Shioji mit seinen guten Verbindungen zur amerikanischen Automobilarbeitergewerkschaft und zu Männern wie Woodcock, Greathouse und Fraser, seinen Freunden und Förderern, wollte ein Werk in Amerika. Er wollte dort Personenwagen herstellen, keine Lastwagen, und er wollte, daß es eine gewerkschaftlich organisierte Fabrik würde. Die amerikanische Automobilarbeitergewerkschaft hatte ihn unterstützt, als die japanische Autoindustrie klein und schwach gewesen war; jetzt, wo sie stark war, schuldete er ihr vergleichbare Hilfe. Doch jetzt, wo Ishihara das Unternehmen leitete, schwand sein Einfluß und seine Position wurde schwierig. Mehr als jeder andere im Unternehmen war er einer amerikanischen Fabrik verpflichtet, und bei so chauvinistischen Leuten wie den Japanern konnte eine solche Position sehr leicht gegen ihn verwandt werden. Eine Verbindung zu den Amerikanern, im japanischen Leben einmal ein großer Pluspunkt, schien jetzt eher von Nachteil.

Ishihara hatte die Vereinigten Staaten immer als ein Land der Kunden, weniger der Arbeiter betrachtet. Trotz seiner jahrelangen Tätigkeit in den Staaten hatte er keine Bindungen an Amerika. Privat hatte er die Fähigkeiten der amerikanischen Arbeiter und die Qualität ihrer Erzeugnisse stets verspottet, wobei seine Kritik schon an Verachtung grenzte. Amerika, das für Verkäufer ein Paradies war, war in seiner Sicht eine Hölle für die Männer in der Produktion. Da er Amerika nicht näher kannte, war er unsicher, welchen Weg er einschlagen sollte. Die Frage beschäftigte den Vorstand in der einen oder andern Form seit fast zehn Jahren. Die Lösung hatte immer darin bestanden, die Entscheidung zu vertagen.

In den Tagen nach dem Erdölschock änderte sich das Gleichgewicht. Jetzt erhöhte sich der Druck, eine Fabrik in Amerika zu bauen. Weil die amerikanische Industrie so eindeutig in Bedrängnis war, häuften sich in Amerika die Stimmen, die sich für protektionistische Maßnahmen aussprachen, und diese Stimmen wurden in Japan stets aufgebauscht. Aufgrund des ausgeprägten Nationalismus der japanischen Gesellschaft wurde alles, was sich diesbezüglich in Amerika ereignete, in Tokio breit ausgewalzt, ob sich nun ein Kongreßmitglied über Japan beklagte oder Arbeiter in Detroit einen Toyota demolierten. Den Japanern kam es so vor, als ob sich jetzt das ereignen würde, was sie immer befürchtet hatten: daß sie aufgrund ihres Erfolgs auf Ablehnung stießen – und aufgrund ihrer Rasse. Nichts von all dem machte in Ishiharas Augen die Entscheidung einfacher.

Ishihara hegte auch noch andere Befürchtungen für den Fall, daß er sich zu sehr festlegte, Autos in Amerika zu produzieren. Er argwöhnte, die Amerikaner könnten ihre Unternehmen dann wieder in Ordnung bringen, wieder hervorragende Autos herstellen und die Japaner in Amerika scheitern lassen. Toyota, das in der Frage einer eigenen Produktion in Amerika noch unsicherer war, befand sich in der gleichen unangenehmen Lage.

Die Verhandlungen machte noch schwieriger, daß sie mit der sich verschärfenden Fehde zwischen Ishihara und Shioji zusammenfielen. Die Feindschaft zwischen den beiden Männern bestand schon seit über zwanzig Jahren. Ishihara hatte das Verhältnis zwischen Kawamata und Shioji stets mit einem unguten Gefühl betrachtet. Wie viele leitende Angestellte reagierte er mit zunehmendem Unmut auf den Einfluß der Gewerkschaft auf den höheren Unternehmensebenen und auf die Tatsache, daß Shioji über Kawamatas Absichten oft besser informiert zu sein schien als der Vorstand.

Als Ishihara die Leitung des Unternehmens übernahm, hätte es eigentlich, wie er meinte, sein Unternehmen sein sollen. Aber solange Kawamata mit Shioji verbündet war, würde es schwer für Ishihara werden, sich gegen sie durchzusetzen, schwer, das Unternehmen zu seinem Unternehmen zu machen.

Was als Gebietsstreit mit Shioji begann, wurde zu einer richtiggehenden Fehde. Auch wenn das, was die beiden Männer trennte, oft einen durchaus realen Bezug hatte – Ishiharas Wunsch, die Personalentscheidungen zu beherrschen, Shiojis Wunsch, in den Vereinigten Staaten eine Nissan-Fabrik zu errichten –, trennten sie doch in Wirklichkeit ihr ausgeprägtes Selbstgefühl und ihre Liebe zur Macht. Der immer erbitterter werdende Kampf zog sich etwa acht Jahre hin. Es gab keinen Zweifel, daß er dem Unternehmen schadete. Wenn das in Amerika nicht so offen zutage trat, wo Nissan stark und erfolgreich schien (wenn auch mit immer langweiligeren Autos), dann doch in Japan, wo das Unternehmen hinter Toyota zurückfiel.

So kam zu den Problemen, die die Amerikaner mit Nissan ohnehin schon hatten, jetzt auch noch dieses hinzu. Ihr Hauptverbündeter war Shioji, und was Shioji wollte, wollte Ishihare höchstwahrscheinlich nicht. Das war keine Hilfe für Pat Greathouse, der Japan weiterhin regelmäßig besuchte. Er machte zwei potentiell gefährliche und widersprüchliche Strömungen in den beiden Staaten aus, die als Verbündete galten. In Amerika, wo die Automobilindustrie erste Anzeichen eines Abschwungs erkennen ließ, bemerkte er eine wachsende Abneigung gegen die Japaner und einen zunehmenden Protektionismus, zwar nicht bei den Führern der amerikanischen Automobilarbeitergewerkschaft, die noch immer im wesentlichen internationalistisch gesinnt war, aber bei den Arbeitern selbst. Gleichzeitig entdeckte er bei den Japanern etwas, das in Richtung Großspurigkeit ging. Es war so, als ob sie jetzt, da sie bessere Wagen als die Amerikaner produzierten, sicher wären, auch eine bessere Gesellschaft zu haben. Das zeigte sich unter anderem in dem geringeren Interesse Nissans, ein Werk in den Vereinigten Staaten zu bauen. Es war daher keine Überraschung, daß Greathouse es 1980 gründlich leid war, noch weiter mit den Japanern zu verhandeln.

Im Februar jenes Jahres sollte Doug Fraser, der Präsident der amerikanischen Automobilarbeitergewerkschaft, als Mitglied einer speziellen Gruppe amerikanischer Führungskräfte nach Japan fliegen. Sie waren vom amerikanischen Botschafter Mike Mansfield ermuntert worden, sich mit ihren japanischen Kollegen zusammenzusetzen und einige der störenden wechselseitigen Probleme auszuräumen. Greathouse warnte Fraser, daß der Umgang mit Japanern ganz anders sei als der mit anderen Ausländern. Die Amerikaner kamen darauf zu sprechen, wie schwer es sei, Güter nach Japan zu exportieren. Ishihara hielt dem entgegen, der japanische Markt sei offen. Das zerriß augenblicklich die Bande der Höflichkeit, denn die Männer von der Gewerkschaft hatten nicht vor, sich mit höflichen, feierlichen Unverbindlichkeiten abspeisen zu lassen. Sie fühlten sich beleidigt durch die Unterstellung, sie seien dumm und wüßten nicht, wie ausgeklügelt der Protektionismus der japanischen Gesellschaft war. Danach wurde das Klima des Treffens schlechter. Fraser versuchte, über die Auswirkungen der Flut von importierten Wagen auf die Wirtschaft Amerikas zu sprechen und wurde wütend, als Ishihara seiner Meinung nach die Zahlen verdrehte. Fraser beharrte auf der Zahl, die allgemein akzeptiert wurde, nämlich rund 360 000 Wagen pro Jahr allein von Nissan. Ishihara schien dagegen entschlossen, die Zahl zugrunde zu legen, die im Zusammenhang mit der unmittelbar vor der Krise im Iran erfolgten Produktionsdrosselung festgesetzt worden war. »Habe ich etwa den weiten Weg nach Tokio gemacht, damit dieser Mensch mir frisierte Zahlen vorlegt und mich für dumm verkauft?«, fragte sich Fraser. Bald darauf schrien sie sich an.

»Ihr Problem in Amerika«, rief Ishihara, »ist hausgemacht. Es liegt an Ihren Arbeitern, an Ihrem ganzen amerikanischen System. Keiner will mehr arbeiten.«

Fraser sah darin die Verachtung zutagetreten, die Männer wie Ishihara für Amerika empfanden. »Sie würden Amerika nicht verstehen«, entgegnete er, »weil Sie ein so undemokratischer Mensch sind und aus einem so undemokratischen Land kommen. Aber wenn ich zwischen den beiden Ländern zu wählen hätte, gäbe es selbst bei all unseren Problemen nie eine Frage. Sie wüßten nicht einmal, wie Sie in einem freien Land existieren sollten.«

Die Leute von Nissan und die Amerikaner sollten am Abend gemeinsam essen gehen, aber eine Zeitlang sah es so aus, als ob das Essen abgesagt würde. Es fand schließlich doch statt, und das Klima war ein wenig entspannter. Zwei Tage später wurde ein weiteres Treffen einberufen, auf dem die Japaner erklärten, sie wollten im Süden der Vereinigten Staaten ein Werk bauen. Einige Monate danach gab Nissan bekannt, man wolle in Tennessee eine Lkw-Fabrik errichten. Die Verpflichtung, das Werk gewerkschaftlich zu organisieren, die die Japaner, wie Greathouse meinte, ihm gegenüber eingegangen waren, war natürlich gar keine Verpflichtung. Dieses Werk würde, sollte Nissan irgend etwas damit zu tun haben, gewerkschaftsfrei sein.

Für Shioji war es bitter. Er entschuldigte sich später bei Fraser. Er sagte, er habe versucht, was er konnte, um sicherzustellen, daß die Fabrik im Norden gebaut würde, aber Ishihara habe trotz seiner Zusagen oder vermeintlichen Zusagen von vornherein nie die Absicht gehabt, mit der amerikanischen Automobilarbeitergewerkschaft zusammenzuarbeiten.

Fraser war mit diesem Ergebnis zunächst einmal zufrieden, auch wenn er nicht wußte, ob sein Zornesausbruch dazu beigetragen hatte, die Japaner zum Bau der Fabrik zu bewegen, oder aber alle Chancen zunichte gemacht hatte, deren Arbeiter gewerkschaftlich zu organisieren. Aber, so meinte er, jeder Arbeitsplatz, der an einen Amerikaner ging, ob Gewerkschaftsmitglied oder nicht, war besser als einer, der im Ausland blieb. Je mehr Fraser jedoch über das Werk in Tennessee und das Ausmaß erfuhr, in dem Nissan sich der Gewerkschaft widersetzen wollte, desto wütender wurde er. Nicht nur, weil Ishihara in Amerika auf einer gewerkschaftsfreien Fabrik bestanden hatte, sondern weil Ishihara, der die Entscheidung zum Bau eines Werks in den Vereinigten Staaten so lange vor sich hergeschoben hatte, jetzt mit aller Macht die Errichtung einer Fabrik in England betrieb. Und was noch schlimmer war, Ishihara hatte erklärt, daß Nissan bereit sei, mit den englischen Gewerkschaften zu verhandeln. Für Fraser war das ein Schlag ins Gesicht. »Es sind zweierlei Maß«, schimpfte er. »Ich kann verstehen, daß das amerikanische Modell hart für die Japaner ist, daß es ganz andersartige Gewerkschaftsbeziehungen gibt. Ich kann dieses Argument sogar beinahe akzeptieren. Aber nach England zu gehen! Mit fünf Gewerkschaften verhandeln! Was, zum Teufel, gibt es da für einen Vorwand?«

Die Auseinandersetzung mit den Japanern war für Doug Fraser äußerst schmerzlich, insbesondere ihre offensichtliche Verachtung für amerikanische Arbeiter und daß sie glaubten, seine Gewerkschaft habe die amerikanische Autoindustrie geschwächt. Wie alle in der Gewerkschaft hatte er noch zu Lebzeiten gesehen, wie sich die wechselseitigen Beziehungen zwischen Unternehmensführung und Gewerkschaft allmählich ausgebildet hatten, wie die Arbeiter aus äußerster Armut zu Wohlstand gelangt waren. Aber jetzt kritisierten verschiedene Fachleute die Gewerkschaft gerade wegen ihres Erfolgs. Nach deren Ansicht hatte die Gewerkschaft die Löhne der organisierten Arbeiter zu weit über die der anderen Industriearbeiter in Amerika und der Automobilarbeiter im Ausland angehoben. Was in der Vergangenheit weithin als ein Symbol der Gerechtigkeit der amerikanischen Wirtschaft mit Beifall bedacht worden war, war aufgrund des japanischen Wettbewerbs beinahe über Nacht zu einem Symbol amerikanischer Verschwendung geworden. Er hielt es für ungerecht, daß viele Kritiker, die in der Automobilindustrie nach Bösewichtern suchten, vor allem die Gewerkschaft beschuldigten. Denn nach seinem Dafürhalten waren die Löhne der gewerkschaftlich organisierten Automobilarbeiter im Vergleich zu den Gewinnen der Unternehmen oder den Gehältern und Zuschlägen der leitenden Angestellten nie unverhältnismäßig gewesen. Was einst Quelle des Stolzes gewesen war, war jetzt zum Stein des Anstoßes geworden.

Zehnter Teil

37
Ein Mann des Systems

Daß in der Frage, wer als erstes Nichtmitglied der Familie die Ford Motor Company führen solle, die Wahl auf Philip Caldwell fiel, schien zunächst eigenartig. Im Gegensatz zu Henry Ford und Lee Iacocca besaß er keine besondere Ausstrahlung. Er war sorgfältig und vorsichtig, ein Mann ohne Besonderheiten, wie ein Zeitgenosse sagte. In seinen ersten Jahren im Unternehmen hatten nur wenige seiner Kollegen in ihm ein mögliches Vorstandsmitglied gesehen. Aber nach seinem Aufstieg erkannten sie widerwillig an, daß gerade die Eigenschaften, die seine Untergebenen und Kollegen aufgeregt hatten, ihn Henry Ford als den idealen Nachfolger empfohlen hatten. Ford, der seine aufreibende Verantwortung mit einigem Bangen abgab, aber nicht genau wußte, wieviel Macht er tatsächlich delegieren wollte, beschloß, sich ein gewisses Vetorecht vorzubehalten, auch wenn es kaum sichtbar war. Als er sein Unternehmen in einer schwierigen Zeit und vor allem nach den Erschütterungen der Iacocca-Jahre einem Außenstehenden anvertraute, wollte er einen Mann haben, der das Unternehmen und die Interessen der Familie bewahrte. Caldwell war weit davon entfernt, sich außerhalb des Systems zu bewegen – er *war* das System.

Caldwell war auf seinem Weg nach oben außergewöhnlich ehrerbietig gegenüber seinen Chefs gewesen und verlangte jetzt, wo er Topmanager geworden war, von seinen Untergebenen das gleiche. Seine Position mußte in jeder Einzelheit zum Ausdruck kommen, wie nebensächlich sie auch immer sein mochte.

Als Caldwell Vorstandsvorsitzender wurde, führte er sogar ein Aufbruchsritual ein. In dem Augenblick, wo er abends bereit war zu gehen, nahm seine Sekretärin seinen Aktenkoffer und rief seinen Fahrer an, der in der Garage der Ford-Zentrale wartete. Dann stellte sie das Köfferchen in den Geschäftsführungsaufzug, in dem es allein hinunter in die Garage fuhr.

Der Chauffeur holte den Aktenkoffer aus dem Aufzug und legte ihn in den Wagen. Kurz darauf fuhr Philip Caldwell nach unten, mit leeren Händen. Seine ranghohen Kollegen zerbrachen sich lange den Kopf darüber, warum der Aktenkoffer zuerst ging, und sie kamen schließlich zu folgendem Schluß: Caldwell dachte, wenn man ihn mit dem Aktenkoffer über den Gang laufen sähe, wüßten alle, daß er nach Hause ging und würden nicht mehr so eifrig arbeiten; ging er dagegen ohne, dachten sie vielleicht, er hielte sich noch im Haus auf. Unter anderem solche Dinge ärgerten seine Untergebenen.

Es war nicht leicht, für oder mit Caldwell zu arbeiten. Jedes Projekt, mit dem er zu tun hatte, wurde mit grenzenloser, peinlichster Gründlichkeit angegangen. Es war Unternehmensführung durch Ausschöpfung aller Reserven, wie ein Vertreter meinte, ein schonungsloses Suchen nach dem letzten bißchen Information, das den perfekten Personen- oder Lastwagen ergeben könnte. Einige seiner Kollegen glaubten, dieses Vorgehen sei weniger ein Suchen nach Wahrheit als ein Ausweichen vor Entscheidungen; es war nicht die Methode eines Mannes, der sich seiner sicher ist.

Selbst etwas vergleichsweise Einfaches, wie das Halten eines Vortrags bei einem Automobilseminar, wurde zu einer monumentalen Aufgabe – zehn Leute aus zehn verschiedenen Abteilungen des Unternehmens saßen drei Wochen daran, Vorschläge auszuarbeiten.

Sitzungen mit Caldwell schienen ewig zu dauern. Man erzählte sich scherzhaft, daß es nicht damit getan war, daß Caldwell die Teilnehmer sechs Stunden am Stück festhielt, sondern daß er auch, weil er nie Kaffee oder Tee trank, nie auf die Toilette mußte. Einige behaupteten, wenn ein Kollege sich hartnäckig einer Sache widersetzte, die Caldwell wollte, wartete Caldwell, bis sein Widersacher zur Toilette ging, und verlangte dann eine Abstimmung. Besonders schwer tat er sich mit den kreativen Mitarbeitern, für die Entscheidungen fast eine Sache des Instinkts und der Reflexe waren. Wenn sie mit ihm zu tun hatten, hatten sie das Gefühl, von ihm als nachlässig und oberflächlich eingestuft zu werden. Je kreativer die Leute waren, mit denen er zu tun hatte, vor allem Konstrukteure und Ingenieure, desto frustrierter waren sie. Sie kamen vielleicht mit der Vision von einem neuen Wagen in eine Sitzung, und er antwortete mit Zahlen, weigerte sich, mit ihnen nach ihren Vorstellungen darüber zu diskutieren, ihre Begeisterung auch nur einen Augenblick zu teilen. Er entdeckte statt dessen immer den schwachen Punkt in ihrer Darstellung und schickte sie zurück, um weiterzuarbeiten, und ließ sie selbstverständlich wissen, daß sie ihn enttäuscht hatten.

Caldwell erinnerte einige der intelligenten jungen Männer bei der Ford Motor Company an ihre Väter, vielleicht weil er mehr mit Männern gemein hatte, die durch magere Zeiten geformt worden waren, als mit denen, die in einem Wohlstand groß geworden waren, der zum Risiko ermunterte. Er hatte keine einfache Kindheit gehabt. Die Weltwirtschaftskrise von 1929 hatte die kleinen Farmer Amerikas als erste getroffen, schon zu Beginn der 20er Jahre, und sein Vater war ein solcher Farmer gewesen.

Das Ende der Weltwirtschaftskrise erlebte Philip im College. 1940, unterstützt von einem Stipendium des Harvard Clubs in Cleveland in Höhe von 300 $ jährlich, kam er auf die Harvard Business School. Das war der Anfang seines eigentlichen Lebens. Er genoß die Vorlesungen und bewunderte die Professoren, die die einflußreichsten Wirtschaftsführer des Landes kannten. George Doriot fragte die Studenten zu Beginn des Semesters, von wem sie gern einen Vortrag hören würden, und brachte ihnen, wen sie haben wollten. Ein Redner ganz anderer Art, ein Werbeoffizier der Marine, sprach am Montag, dem 8. Dezember 1941, zu seinen Studenten. Der ganze Kurs meldete sich, wie es schien freiwillig.

Auch Caldwell war gern bei der Marine. Es war ein erregender Krieg, und seine Aufgabe kam seinen Fähigkeiten entgegen. Manchmal, so sagte er gerne, kann aus etwas Schrecklichem etwas Positives entstehen. In seinem Fall traf es sicher zu, daß die Marine ihm neue Perspektiven eröffnete. Er war zuerst einem Kapitän zugeteilt worden, der die Aufgabe hatte, vorab die Stützpunkte und Soldaten zusammenzustellen, die von den Streitkräften benötigt wurden, sobald sie einige von den Japanern gehaltene Inseln eroberten. Die Stützpunkte waren Miniaturstädte mit militärischen Funktionen, komplett ausgestattet mit Hospital, Treibstoffdepot und Feldzeugbereich. Sie mußten in dem Augenblick mit allen Mann fertig zum Auslaufen von Oakland sein, in dem die einzelnen Inseln befreit wurden. Hier wurde nicht gekämpft, sondern gelernt, wie man einen Riesenapparat so funktionieren lassen konnte wie einen kleinen.

Caldwell verrichtete Stabsarbeit für die Invasion Japans, die für den 1. November 1945 geplant war, als der Krieg endete. Da er nicht genug Punkte hatte, um sofort entlassen zu werden, mußte er bis Mai 1946 in der Marine bleiben. Es machte ihm jedoch solchen Spaß, daß er noch länger blieb und acht Jahre als Ziviloffizier Dienst tat; er wurde schließlich der höchste zivile stellvertretende Kommandeur des Landes in der militärischen Beschaffung. 1953 ging er zu Ford, eine Entscheidung, die nichts mit Autos zu tun hatte, sondern mit seiner Erfahrung im Bestellen, Bewegen und Ausfindigmachen enormer Vorratsmengen in einer riesigen Organisation. Als er zu Ford kam, waren die Beschaffungsmethoden noch bemerkenswert primitiv – die Abteilung wurde, wie er sich ausdrückte, noch von besseren Expedienten geleitet.

Am wichtigsten für Caldwells Aufstieg war wahrscheinlich, was er für Philco leistete. Die Firma, die hauptsächlich Radios herstellte, war innerhalb der Ford Motor Company jederzeit für eine Katastrophe gut. Ford, das keine Erfahrung mit Firmenerweiterungen außerhalb der eigenen Branche besaß, hatte Philco 1961 übernommen, war aber nie in der Lage gewesen, die Firma richtig zu führen. Mehrere Manager hatten bei dem Versuch ihre Karriere ruiniert. In einer Hinsicht hatte Caldwell allerdings Glück; als er zu Philco geschickt wurde, waren die Erwartungen Henry Fords schon erheblich gesunken. Caldwell sollte weniger Wundertäter, sondern eher Vollstrekker sein. Doch er modernisierte die Firma. Er verbesserte die Autoradios, so daß die kritischen Ford-Ingenieure sie akzeptierten, stieß mehrere nicht ausgelastete ältere Fabriken in den Vereinigten Staaten und Europa ab und begann, die Auslandsproduktion in Ländern wie Taiwan und Brasilien auszuweiten. Die Kosten sanken, und die Firma wurde rentabel genug, daß Ford sie ohne Schwierigkeiten verkaufen konnte, nachdem Caldwell die Produktion in Nordamerika übernommen hatte.

Philip Caldwell hatte bewiesen, daß er ein guter Manager für ein bedrängtes Unternehmen war. Kein brillanter oder origineller Mann, sondern sorgfältig, schonungslos und gründlich – gut, um die Kosten zu senken und ein Unternehmen durch schwere Zeiten zu geleiten. Das mußte er jetzt nämlich, denn als er ganz gegen Ende der 70er Jahre die Leitung von Ford übernahm, war das Unternehmen wieder in Schwierigkeiten geraten. Die Kosten waren außer Kontrolle, den Wagen mangelte es an Qualität, und sie besaßen keine Anziehungskraft mehr. Alle ungünstigen Trends waren zusammengekommen.

»Alle schwierigen Aufgaben entfielen auf ihn«, sagte Henry Ford einmal von Philip Caldwell, »und das in der schwierigen Zeit.«

Das Unternehmen machte ein Milliarde Dollar Verlust im Jahr. Doch diese Zahl gab nur ungenügend wieder, wie schlecht es Ford ging. In den nordamerikanischen Betrieben, der traditionell starken Hochburg Fords, verlor das Unternehmen mehr als zwei Milliarden Dollar im Jahr; in den drei schwierigsten Jahren von 1979 bis 1982 betrugen die Verluste rund sieben Milliarden Dollar. Nur Ford Europa hielt das Unternehmen über Wasser. Entscheidungen waren in jenen Tagen von Gefahren umlauert; in der überhitzten Wirtschaft schlugen Fehler nicht in Millionen, sondern in Milliarden zu Buche, und es schien unmöglich, keine Fehler zu machen. Das Programm von Ford war langweilig und bot überwiegend schwere Wagen, die keine Käufer fanden. Und was noch schlimmer war, es gab zahlreiche stichhaltige Beweise, daß die japanischen Wagen nicht nur kleiner, sondern auch besser waren. Die Mietwagenfirma Hertz stellte Ford ihre Wartungsberichte zur Verfügung, denen die alarmierende Tatsache zu entnehmen war, daß die japanische Qualität fast doppelt so gut wie die amerikanische war.

Caldwell mußte die Ford Motor Company unter denkbar schlechten Umständen umstrukturieren. Das Unternehmen mußte die Japaner abwehren (was es zum Teil dadurch tat, daß es sich mit seinem ganzen Einfluß hinter die protektionistischen Bestrebungen stellte), die Qualität verbessern, die Gewerkschaft dazu bringen, neuen, weniger belastenden Abmachungen zuzustimmen, preisgünstigere Wagen mit Frontantrieb entwickeln und, was am dringlichsten war, die Fixkosten senken. Nirgendwo bewies Caldwell mehr Geschick oder verdiente mehr Anerkennung als bei letzterem. Es war blutiger Ernst. Im März 1980 wurde das Programm für die folgenden fünf Monate um 250 000 Wagen gekürzt. Das bedeutete Entlassungen, Kurzarbeit und geschlossene Fabriken. Sieben Werke wurden insgesamt geschlossen. Tausende von Mitarbeitern aus dem mittleren Management bekamen ihre Papiere. Alten Freunden wurde bedeutet, sich anderswo umzusehen. Einstmals wohlhabende Männer waren plötzlich arbeitslos. Tausend Händler verloren in jenen Jahren ihren Vertrag. Innerhalb von achtzehn Monaten in den Jahren 1980 und 1981 reduzierte Caldwell die Fixkosten Fords um 2,5 Milliarden Dollar. Ein Topmanager nannte diese Zeit den Winter in Valley Forge. Ein Jahr danach schenkte der Vorstand Caldwell eine Kopie des berühmten Gemäldes, das Washington beim Überqueren des Delaware mitten im härtesten Winter des Krieges zeigt – wobei das Gesicht des Generals durch das Caldwells ersetzt worden war.

38
Schwere Zeiten brechen an

Im Herbst 1978 merkte der dreiunddreißigjährige Joel Goddard, ein Spritzgußstempelmacher im Fordwerk im ländlichen Rawsonville im Bundesstaat Michigan, daß das Unternehmen, für das er arbeitete, in Schwierigkeiten war und daß sein Betrieb, der Gehäuse für Kleinteile wie Scheibenwischer und Vergaser herstellte, die Belegschaft abbaute. Mehrere Stempelmacher waren schon entlassen worden. Goddard nahm die Entlassungen zunächst nicht so ernst, weil er einer der Besten innerhalb einer Elitegruppe war. Die meisten Stempelmacher stellten Normalteile her, aber die Spritzgußstempelmacher waren die wahren Künstler – sie stellten die Formen für die wichtigsten Außenteile des Autos wie etwa den Kühlergrill her. In den sechs Jahren, in denen er im Betrieb gearbeitet hatte, war seine Berufsgruppe von Entlassungen immer verschont geblieben. Wenn er Gewerkschafter von anderen Unternehmen über Entlassungen sprechen hörte, stellte er sich eine Welt vor, in der ungelernte Arbeiter in Randbranchen sich Sorgen um ihren Arbeitsplatz machten. Seine Stelle schien dagegen stark und sicher zu sein. Die Automobilindustrie war eine mächtige Branche, und er war ein versierter Künstler, der, wenn überhaupt, dann zuviel Arbeit hatte – mindestens achtundvierzig Stunden pro Woche. Seine berufliche Situation schien nie besser gewesen zu sein, und 1978 hatte als ein sehr gutes Jahr für die Autobranche begonnen.

In jenem Jahr kaufte er sich einen neuen Thunderbird für 10 000 $. Aber das Unternehmen fing bereits an, auf die Ereignisse im Iran zu reagieren, und weil die Stempelmacher auch die Formen für andere Ford-Werke herstellten, spürten sie die ersten Erschütterungen früher als die Männer an der Fertigungsstraße. Da die Unternehmensleitung für 1979 mit einem schlechten Jahr rechnete, ging das Unternehmen sofort daran, bei den Stempelmachern Stellen abzubauen.

In seiner Abteilung arbeiteten sechzig Leute, in einem Betrieb mit 5 200 Beschäftigten. Die Entlassungen begannen im Frühjahr. Im April wurden zehn seiner Kollegen nach Maßgabe der Betriebszugehörigkeit entlassen; diejenigen, die zuletzt eingestellt worden waren, mußten als erste gehen. Obwohl er die Betriebszugehörigkeit aller Männer seiner Abteilung kannte und daher wußte, daß er bei den nächsten Entlassenen sein würde, weigerte sich Joel Goddard, sich Sorgen zu machen. Er war ganz sicher, daß es, selbst wenn er entlassen würde, nur kurze Zeit dauern würde. Es war nur ein kurzer Abschwung, der bald vorüber sein würde, und dann würde er zu den ersten gehören, die man wieder einstellte. Der Gedanke, daß er und Männer wie er am Rande eines Abgrunds lebten, kam Goddard nie. Er freute sich sogar darauf entlassen zu werden. In seiner Vorstellung war das ein längst überfälliger bezahlter Urlaub.

Da Goddard vor rund dreizehn Jahren die Schule verlassen hatte, hatte er hart arbeiten müssen, um wie ein richtiger Angehöriger der Mittelschicht leben zu können. Um sich den Lebensstil leisten zu können, den andere hatten, die nur fünf Tage in der Woche arbeiteten, mußte er oft an Samstagen und Sonntagen arbeiten. Anders als die meisten anderen Angehörigen der Mittelschicht arbeitete er zu ungewöhnlichen Zeiten, sehr oft nachts. So war er der Meinung, diesen Urlaub verdient zu haben. All die Jahre hatte er monatlich etwa 30 $ Gewerkschaftsbeitrag gezahlt und bekam jetzt endlich eine kleine Verzinsung seiner Einlage. Dieses Geld war lediglich eine Leistung, die die Gewerkschaft ihm schuldete. Als man ihm kurz vor Erntedank mitteilte, daß er entlassen sei, freute er sich. Er hatte schon einen sechswöchigen Urlaub in Florida geplant, wo die Eltern seiner Frau lebten. Bald würde das alles vorüber sein, und er würde wieder arbeiten – in sechs bis acht Wochen, schätzte er. Dreieinhalb Jahre später, im März 1982, wurde er wieder eingestellt. Er kam als ein anderer Mensch zurück.

So begann die eigentliche Lehre Joel Goddards, geboren am 5. Juli 1945, ein echtes Kind des amerikanischen Nachkriegswohlstands. Bis zu seiner Entlassung hatte er, wie er später gestand, nie realisiert, wie gut es ihm gegangen war. Nichts war ihm jemals wirklich danebengegangen. Er leistete gute Arbeit und arbeitete gern. Er war ein hochspezialisierter Facharbeiter, dessen Fähigkeiten sehr gefragt waren, und er bekam eine gute Gegenleistung dafür. Im letzten Jahr vor seiner Entlassung hatte er rund 35 000 $ verdient. Diese Zahl, die ungefähr dem entsprach, was Goddard normalerweise in den Jahren davor verdient hatte, war nicht schlecht im Vergleich mit dem, was die Männer bei Ford an der Fertigungsstraße bekamen, 22 000 $, was wiederum recht gut im Vergleich mit dem war, was andere amerikanische Arbeiter erhielten. Als Spritzgußstempelmacher gehörte er zum Arbeiteradel und kam der Mittelschicht näher als die meisten seiner Kollegen. Er hatte zwei Jahre ein College besucht und nicht einen Tag am Band gestanden. Bis zum Herbst 1978 war Goddards Leben wie eine amerikanische Erfolgsgeschichte verlaufen.

Das erste Anzeichen, daß seine Entlassung doch etwas Ernsteres als ein bezahlter Urlaub sein könnte, war die Nachricht, daß nach seinem Ausscheiden eine weitere größere Anzahl Stempelmacher entlassen worden war. Das raubte ihm die Illusion, der erste zu sein, der wieder eingestellt würde. Jetzt waren auch Männer arbeitslos, die beträchtlich mehr Arbeitsjahre vorzuweisen hatten. So vergingen die nächsten Wochen; jede neue Nachricht aus dem Betrieb war schlecht. Von den einst drei Schichten war man inzwischen zu zweien übergegangen, und bald sollte nur noch eine Schicht gearbeitet werden. Ein paar Monate nach seiner Entlassung war er die Nummer fünfzehn unter den Stempelmachern, die auf eine Wiedereinstellung warteten, und es stand fest, daß die Lage eher schlechter als besser würde. Goddards Abteilung, die früher sechzig Mann stark gewesen war, schrumpfte auf etwa zwanzig Leute mit sehr langer Betriebszugehörigkeit, bevor eine Stabilisierung eintrat, was bedeutete, daß die Wirtschaft und das Unternehmen sich ganz erheblich erholen mußten, bevor er zu Ford würde zurückkehren können.

Goddard war dennoch klar, daß er besser daran war als viele andere Ford-Arbeiter, die entlassen worden waren. Seine Fähigkeit als Stempelmacher war ein gefragter Aktivposten. Einige seiner Freunde von der Fertigungsstraße hatten nichts Vergleichbares. In einem Bundesstaat, in dem die Arbeitslosenrate stieg, konnten sie keine besondere Fähigkeit vorweisen. Er war besser gerüstet für die vor ihm liegende schwere Zeit als die meisten anderen. Er besaß ein Haus, und da es nicht in Detroit lag, hatte er auf einem rückläufigen Markt eine bessere Chance, es zu verkaufen. Aber selbst unter diesen Umständen geriet seine so sorgfältig geplante Welt aus den Fugen. Zunächst belastete ihn, daß er nicht arbeitete, dann, daß er Arbeiten verrichtete, die ihm nicht gefielen, für Leute, die er nicht mochte. Erst da erkannte er, wie wichtig seine Arbeit für ihn gewesen war und daß sein Erfolg dabei einen nicht unerheblichen Sieg innerhalb der Familie bedeutet hatte.

Anfang 1979, als die Entlassung immer noch nicht rückgängig gemacht worden war, fing Joel Goddard an, den Nachrichten etwas mehr Beachtung zu schenken. Er hatte etwas gegen Vorurteile, aber er ertrug den Gedanken nicht, daß irgendein unbedeutendes arabisches Land wie der Iran in der Lage war, die Vereinigten Staaten von Amerika herauszufordern, den Benzinpreis nach Belieben zu verändern und sein Leben auf den Kopf zu stellen. Er kam sich eigenartig machtlos vor. Er haßte Iraner und Araber. Und die Japaner waren genauso schlimm. Im Zweiten Weltkrieg haben wir sie fertiggemacht, und das war richtig so, dachte er, und dann haben wir ihnen wieder auf die Beine geholfen, und jetzt kommen sie und nehmen uns die Arbeitsplätze. Je aufmerksamer er die internationalen Nachrichten verfolgte, desto unbehaglicher wurde ihm hinsichtlich seines Arbeitsplatzes. Die Freude über den Ausstand-als-Urlaub war längst vergangen und hatte der Angst Platz gemacht. Die Nachrichten aus dem Betrieb wurden ebenso entmutigend wie die im Fernsehen: Anstatt wieder Leute einzustellen, dachte Ford daran, noch mehr zu entlassen.

Alle zwei Wochen ging er zuerst zum Arbeitsamt, um seinen Scheck über 300 $ abzuholen, und dann zu Ford wegen der zusätzlichen Arbeitslosenunterstützung, die etwa 95 Prozent seines Grundlohns entsprach. Da sein Grundlohn für vierzig Stunden rund 550 $ betrug, was nach Steuern 375 $ ergab, und sein Arbeitslosengeld von dem Betrag abgezogen wurde, den er erhielt, bezog er im ersten Jahr, in dem er arbeitslos war, wöchentlich ungefähr 375 $.

Nach etwa einem halben Jahr wurde es ihm langweilig, zu angeln und am hellichten Tag fernzusehen. Er studierte täglich die Stellenangebote in der Zeitung, doch für einen Stempelmacher war nichts dabei. Etwa ein halbes Jahr später hörte er von einer Versicherungsgesellschaft, die Männer wie ihn als Vertreter einstellte. Er machte einen Versuch und war bald angewidert. Seine ersten Abschlüsse machte er fast ausnahmslos bei Freunden. Der Gedanke, etwas zu verkaufen, hatte ihm immer mißfallen; jetzt, da er so offensichtlich eine Fehlbesetzung war, hatte er nur Erfolg dadurch, daß er seine Freundschaften ausnutzte. Es bekümmerte ihn, am Telefon Verkaufsgespräche mit Fremden zu führen und mehr noch, direkt zu verkaufen. Nur wenn er an seine Rechnungen und die Bedürfnisse seiner Familie dachte, konnte er sich dazu aufraffen. Nach ein paar Monaten kündigte er; sein Selbstvertrauen war durch diese Erfahrung schwer angeschlagen worden.

Joyce Goddard nahm eine Arbeit als Abrechnungsprüferin in einem Supermarkt an. Es war das erste Mal, daß sie arbeitete, seit sie verheiratet waren. Sie wußte, daß sie das Geld für den Haushalt brauchte und dachte, Joel würde ihre Unterstützung gern sehen. Solange sie arbeitete, hatten sie wenigstens immer etwas zu essen. Doch ihr Erfolg – sie machte sich gut und wurde bald befördert – fiel mit seinem Scheitern zusammen und untergrub sein Selbstwertgefühl noch mehr. Er sah sich gern als starken Mann, unabhängig, von niemandem einzuschüchtern, als Mann, der für seine Familie sorgen konnte, dessen Frau nicht zu arbeiten brauchte. Eine amerikanische Erfolgsgeschichte. Jetzt kam er allmählich zu der Überzeugung, es sei sein

Fehler, daß er arbeitslos war. Zum erstenmal bekamen die Goddards ernsthafte Eheprobleme. Er wurde wütend auf Joyce, weil sie arbeitete und er nicht, und so suchte er ständig Streit mit ihr.

1980 war ihr schlimmstes Jahr. Die Unterstützungszahlungen von Ford waren ausgelaufen, die Nachrichten im Fernsehen nach wie vor schlecht, und Aussicht auf Arbeit bestand nicht. Er zog sich völlig zurück, sprach mit niemandem, schlief lange. Er wurde zum gewohnheitsmäßigen Fernseher, auch am Tage.

Goddard fürchtete sich vor der Zukunft und bezweifelte, daß er jemals wieder bei Ford arbeiten würde. Ende 1980, zwei Jahre nach seiner Entlassung, bewarb er sich bei Firmen in Texas und im Nordwesten. Der Gedanke, Pinckney zu verlassen, die Stadt, die er liebte, fiel ihm schwer, aber er war bereit wegzuziehen. Aber vorher, so nahm er sich zum neuen Jahr vor, wollte er noch ein letztes Mal versuchen, eine Arbeit in der näheren Umgebung zu finden. Im Januar 1981 fand er Arbeit in einem kleinen Handwerksbetrieb. Mehr als zwei Jahre war er inzwischen arbeitslos.

Die Einstellung verlief nicht gerade angenehm. Er zeigte dem Chef seine Handwerkerkarte von Ford, auf deren Besitz er ganz besonders stolz war. »Diese Dinger kann man auf der Straße kaufen. Wir haben schon viele Leute von Ford gehabt, und keiner von ihnen hat was getaugt.« Auf die Frage, was er bei Ford verdient habe, sagte Goddard fünfzehn Dollar die Stunde. »Meine Handwerker kriegen elf«, sagte der Chef. »Bei Ihnen fangen wir mit zehn an.«

Am Montag kaufte Goddard sich neue Arbeitskleidung. Am Dienstag ging er zur Arbeit. Das erste, was ihm an jenem Morgen auffiel, waren die eisigen Blicke der Arbeiter, als er von einem Ende des Betriebs zum anderen lief. Es gab keine Wärme, kein Leben an diesem kalten, feindseligen Ort. Der Betrieb glich einem Schauplatz aus dem 19. Jahrhundert. Es stank entsetzlich, der Geruch von Öl, Fett und Schmutz eines Ortes, an dem nie sauber gemacht worden war. Das Licht war trüb. Wie, so fragte er sich, kann jemand bei so schlechtem Licht arbeiten? Er hatte plötzlich panische Angst. Ich schaffe es nicht, dachte er, hier schaffe ich es nicht.

Am ersten Tag wurde ihm aufgetragen, ein Teil, das er hergestellt hatte, zu fluchten. Aber aufgrund der Spezialisierung bei Ford hatte Fluchten dort nicht zu seiner Arbeit gehört, und er wußte nicht, wie es geht. Der Chef kam hinzu und sagte: »Was ist denn das für ein Mist? Was machen Sie denn da? Ich dachte, Sie sind ein bei Ford ausgebildeter Stempelmacher.«

»Das bin ich auch«, erwiderte Goddard.

»Ein Ford-Mann, Mist«, sagte der Chef. »Sowas kann doch jeder Depp.«

Am Abend ging Goddard nach Hause und erklärte Joyce, daß er es nicht schaffen werde. Sie glaubte ihm selbstverständlich nicht. »Ich habe mein ganzes Selbstvertrauen verloren«, meinte er. Sie sagte ihm, er solle weitermachen, es werde schon klappen. Am nächsten Tag ging er wieder zur Arbeit. Der Chef rief ihn zu sich. »Hören Sie«, begann er, »Sie machen mir zuviel Schrott. Ich weiß nicht, ob Sie's hier bringen. Sie müssen zuviel lernen. Ich kann es mir nicht leisten, Ihnen das zu zahlen, was ich zahle, wenn ich Ihnen alles beibringen muß. Ich mach Ihnen einen Vorschlag – Sie kriegen acht, solange Sie noch lernen.«

Das war eine weitere Demütigung. Dieser Tag war noch schlimmer als der erste. Goddard nahm schließlich seine drei Werkzeugkästen und trottete davon. Er wußte nicht einmal genau, ob er gekündigt hatte oder gefeuert worden war, aber wenn er gefeuert worden war, dann von einem Arschloch.

Als er nach Hause kam, verbarrikadierte er sich im Schlafzimmer. Vier Tage blieb er in seinem Zimmer. Am Montag kam er heraus, griff zum Telefon und rief seine Freunde an, um zu hören, ob sie nicht von irgendeiner Arbeit wußten. Ein Freund, der in einer Werkstatt etwa fünfzig Kilometer entfernt arbeitete, hatte von einer Stelle dort gehört. Goddard ging hin und bekam die Stelle. Er fing mit 11,50 $ die Stunde an.

Sanosuke Tanaka freute sich über den Erfolg von Nissan. Als er vor über vierzig Jahren dort als noch ganz junger Mann Arbeiter geworden war, war es eine kleine Firma gewesen. Heute war es ein Riesenunternehmen, und er war einer von dessen bewährtesten und besten Arbeitern. Er hatte die schrecklichen Zeiten mitgemacht, den Streik, die Nachkriegsjahre, als es nicht genug Arbeit gegeben hatte, und die frühen 60er Jahre, als sie zuviel Arbeit hatten, die furchtbaren Jahre, als er in der Nachtschicht gearbeitet hatte und nicht hatte schlafen können. Er war sehr stolz auf seinen Anteil an einer so großen Unternehmung, und wenn er auch nicht übertrieb, was er geleistet hatte, weil er wußte, daß es wenig war, war ihm doch bewußt, daß Nissan und Japan nur dank Männern wie ihm, Tausenden von ihnen, so erfolgreich gewesen war. Richtig stolz war er auf seine Generation, die im Krieg soviel durchlitten hatte und dann zurückgekommen war, um mitzuhelfen, Japan wieder zu einem angemessenen Platz in der Welt zu verhelfen. Es war nichts, was er ausposaunte, denn er war nicht unbescheiden, aber es war doch etwas, das er im stillen empfand. Daß Japan diesen bemerkenswerten Triumph in Amerika erzielt hatte, daß die Amerikaner jetzt anfingen, japanische Produktionsmethoden zu studieren, erfüllte ihn mit großem Stolz.

Er hatte auch das Gefühl, durch sein erfülltes Arbeitsleben reichlich belohnt worden zu sein. Das Unternehmen hatte ihn sogar nach Mexiko und in andere fremde Länder geschickt, damit er dort vor Nissan-Arbeitern sprach. Zu seiner großen Überraschung gab es jedoch noch eine weitere Belohnung. Im Mai 1979 erfuhr der damals vierundsechzigjährige Tanaka von seinen Vorgesetzen, daß er wegen seiner ausgezeichneten und langjährigen Arbeit und weil er anderen Arbeitern ein Vorbild gewesen war, eine besondere Belohnung erhalten werde. Es war die Oju Hosho, die Medaille mit dem Gelben Band, die vom Kaiser selbst verliehen wurde.

Das würde selbstverständlich der bedeutendste Augenblick im Leben Tanakas werden. Am Tag vor der Feier ging er zum Friseur. Am Abend nahm er das längste Bad, an das er sich je erinnerte, und schrubbte sich sehr gründlich. Er schlief wenig und war am nächsten Morgen schon bei Dämmerung auf den Beinen. Er zog das neue weiße Hemd an, das seine Nichten ihm geschenkt hatten, die neuen Schuhe, die er gekauft hatte, und den feierlichen Cut und die Hose, die er sich bei einem Verleih besorgt hatte, unterstützt von seiner Tochter. Er kam sich ein bißchen unbeholfen in diesem Aufzug vor – er war schließlich einem so einfachen Mann nicht angemessen –, doch er wußte, daß es richtig war, den Cut zu leihen und zu tragen, denn er würde mit dem Kaiser zusammentreffen. Dann trat er vor den kleinen Altar in seinem Haus und dachte an seine verstorbene Frau und erzählte ihr, daß er bereit für diesen Tag sei. Lange bevor die von einem Chauffeur gesteuerte Limousine vorfuhr, war er fertig.

Er wurde zuerst zum Arbeitsministerium gefahren, wo er gemeinsam mit all denen wartete, die ebenfalls eine Auszeichnung erhielten. Einige von ihnen waren berühmte Leute, über die Tanaka in den Zeitungen gelesen oder die er im Fernsehen gesehen hatte. Es schien unpassend, daß er zusammen mit ihnen dort wartete, als wäre irgendein entsetzlicher Fehler passiert und man würde ihn bald ertappen. Der Arbeitsminister überreichte ihm eine Urkunde und dann die Medaille. Danach wurden Tanaka und die anderen Ausgezeichneten mit einem Bus zum Kaiserpalast gebracht, wo sie in eine große Halle traten. Schließlich kam der Kaiser und begann, auf die Bühne zu steigen. Er war sehr alt, und Tanaka war betroffen, wie gebrechlich er aussah. Er sorgte sich, ob der Kaiser die Stufen würde erklimmen können. Wenn er zusammenbräche und stürzte, fragte Tanaka sich, wessen Aufgabe wäre es dann, ihm zu helfen? Doch dann konzentrierte er sich auf das, was geschah, darauf, daß es für ihn geschah, daß er vor dem Kaiser stand, und er dachte erneut an seine Frau und wünschte, sie würde noch leben und wäre an diesem besonderen Tag bei ihm.

Der Kaiser lobte alle Ausgezeichneten, die ihm einzeln dankten. Dann machten sie einen Rundgang durch den Palastgarten. Sie bekamen Zigaretten mit dem kaiserlichen Zeichen der Chrysantheme gereicht, und obwohl Tanaka nicht rauchte, nahm er sie mit, damit er sie seinen Freunden in der Firma geben konnte. Am Abend wurde gefeiert, zuerst im Kreis der Familie. Alle Familienmitglieder erklärten ihm, wie stolz sie auf ihn wären. Dann gab Nissan ein Fest im Neuen Grand Hotel, dem vielleicht aufwendigsten Hotel in ganz Yokohama. Mehrere hundert Personen waren eingeladen worden, fast alle von ihnen Vorgesetzte Tanakas. Auf diesem Fest fing er schließlich an zu weinen. Auch einige seiner besten Freunde aus der Firma waren anwesend, und sie begleiteten ihn zur dritten Feier des Abends, ihrer eigenen. Es war ein herrlicher Abend für Tanaka. Später fiel es ihm manchmal schwer zu glauben, daß es sich wirklich zugetragen hatte, daß sein Leben soviel bedeutet hatte, und daß er der einzige Nissan-Angestellte war, der jemals die Medaille mit dem Gelben Band bekommen hatte, obwohl Nissan schon seit fünfzig Jahren bestand.

39
Ein Befürworter der Marktwirtschaft stürzt

Die von diesen bedeutenden Ereignissen ausgehenden Erschütterungen führten sehr bald dazu, daß sowohl Ford wie auch die amerikanische Automobilarbeitergewerkschaft den Protektionismus mit ganz anderen Augen sahen. Die Reaktion der Gewerkschaft erfolgte instinktiv; schließlich waren ihre Arbeiter unmittelbar bedroht. Aber auch das Unternehmen änderte seine Ansicht rasch.

Die Ford Motor Company hatte sich seit den Tagen ihres Gründers, der seinen Namenszug überall auf der Welt angebracht hatte, nachdrücklich für den Freihandel eingesetzt. Selbstverständlich war die Befürwortung des Freihandels etwas ganz Natürliches für ein Unternehmen, das Jahr für Jahr Erzeugnisse für Abermillionen im Ausland absetzte und keine ernsthafte Auslandskonkurrenz hatte. Um die Mitte der 70er Jahre änderte sich jedoch die Haltung des Unternehmens allmählich.

Einer der Hauptzeugen dieses Wandels war ein junger Mann namens William Niskanen, der 1975 als leitender Wirtschaftsexperte von Ford eingestellt wurde. In der Vergangenheit waren Volkswirtschaftler bei General Motors wie auch bei Ford vollkommen unwichtig gewesen. Die oft begabten Männer und Frauen saßen in ihren Büros und lieferten glänzende Zukunftsentwürfe, nur um dann festzustellen, daß niemand ihnen auch nur die geringste Beachtung schenkte. Ihre Warnung, daß eine bestimmte Vereinbarung mit der Gewerkschaft zu kostspielig sein könnte, zählte einfach nicht, weil es keine echte Konkurrenz gab und die Kosten abgewälzt werden konnten. Egal wie begabt die Wirtschaftswissenschaftler waren, sie waren noch unbedeutende Figuren in der Befehlskette, Leutnants, die die Generäle über sich warnten, daß eben diese Generäle mit dem Feuer spielten. Wenn die Führungskräfte eines Automobilunternehmens einmal gelernt hatten, einen Wirtschaftswissenschaftler das erste Mal zu übergehen, war es in Zukunft ganz einfach.

Ein Befürworter der Marktwirtschaft stürzt 485

Bei Niskanen war es anders. Der zweiundvierzigjährige Niskanen war nicht unbedingt begabter als viele seiner Vorgänger bei Ford, hatte jedoch einen beachtlichen Namen sowohl in der akademischen Welt wie auch in konservativen Politikerkreisen. Er war Professor für Volkswirtschaft in Berkeley gewesen und galt als einer der möglichen Kandidaten für den Wirtschaftssachverständigenrat für den Fall, daß Ronald Reagan oder ein anderer Konservativer zum Präsidenten gewählt würde, was immer wahrscheinlicher wurde. Niskanen war nach seinen eigenen Worten ein seriöser, konservativer Ideologe und Anhänger der freien Marktwirtschaft. Seine Stellung bei Ford empfand er als ungewöhnlich. Er besaß innerhalb der Unternehmensstruktur keine Macht, da er keinem der verschiedenen Herzogtümer bei Ford angehörte, und doch nahm er an allen Vorstandssitzungen teil, hatte offensichtlich Zugang zu den wichtigsten Leuten und war im Hause ein Mann mit wirklichem Ansehen. Einige Gruppen bei Ford, etwa die Leute der internationalen und der juristischen Abteilung, erbaten ganz offen seinen Rat. Er spürte jedoch sofort eine gewisse Vorsicht im Verhalten mehrerer Ed Lundy-Leute ihm gegenüber, weil er keinen festen Platz in der Hierarchie hatte und eventuell dazu neigte, nicht vorprogrammierte, firmenfremde Antworten zu geben.

Niskanen kam genau in dem Augenblick, als die leichten Jahre endeten und die Volkswirtschaftler des Unternehmens folglich erheblich wichtiger wurden. Aus verschiedenen Gründen, vor allem wegen des ersten Erdölschocks, nahm die Inflation drastisch zu, was Ford gleich mehrfach traf. Zum einen ließ es die Gesundheitskosten des Unternehmens jährlich um 10 bis 15 Prozent steigen. Das erhöhte direkt die Lohnkosten des Unternehmens, weil sowohl die Löhne der Automobil- wie auch der Stahlarbeiter über einen Index damit zusammenhingen. Die ehemals annehmbare Kluft zwischen den Löhnen der Automobilarbeiter und denen anderer Industriearbeiter wurde beängstigend tief. Zu Beginn der 70er Jahre verdienten Automobil- und Stahlarbeiter etwa 30 Prozent mehr als andere Industriearbeiter; gegen Ende des Jahrzehnts bekamen Automobilarbeiter 60 Prozent mehr als der Durchschnittsarbeiter in anderen Branchen. (Beim Stahl betrug der Unterschied 70 Prozent.) Doch das Unternehmen schien blind zu sein und wirtschaftete weiter so, als ob es keine drastische Veränderung der Wirtschaft gegeben hätte.

Auf einer Vorstandssitzung 1978 setzte sich Bill Bourke, der Vizepräsident für Nordamerika, mit Nachdruck dafür ein, einen Spezialstahl zu kaufen, der verzinkt und damit korrosionsbeständiger als normaler Stahl war. Die amerikanischen Stahlunternehmen stellten diesen Spezialstahl noch nicht her, aber man konnte ihn von den Japanern kaufen und, was noch mehr zählte, er war nicht nur besser als amerikanischer Stahl, sondern auch billiger. Es entbrannte eine hitzige Diskussion. Schließlich wurde ein Kompromiß ausgearbeitet: Bourke konnte den ausländischen Stahl kaufen, bis auch amerikanische Hersteller ihn liefern konnten. Der Preis sollte nicht das Kriterium sein, nur die Lieferbarkeit. Bourke kam später zu dem Schluß, daß dies der letzte Atemzug der alten Ordnung war, in der Amerika, unempfänglich für die wirtschaftliche Herausforderung durch die übrige Welt, auf die Kosten pfiff.

Qualität wurde zu einem immer wichtigeren Punkt, wenn auch etwas im geheimen. Fords eigene Garantieunterlagen wiesen auf wachsende Probleme bei der Fertigung und eine nachlassende Disziplin bei den Beschäftigten hin, doch diese Anzeichen waren lange Zeit nicht zur Kenntnis genommen worden; jetzt kam von Hertz die schonungslose Bestätigung der überlegenen japanischen Qualität. Diese Nachricht traf die Leute an der Unternehmensspitze schwer. Es verblüffte Niskanen, daß trotz derart eindeutiger Aussagen über die Qualität und trotz der offenkundigen Tatsache, daß die amerikanischen Lohntarife gefährlich hoch waren, bei Ford weiter so gewirtschaftet wurde, als wäre alles beim alten. Die Abschlüsse mit der Automobilarbeitergewerkschaft in jenem Jahr waren seiner Meinung nach eindeutig inflationär. Jedem, der sich mit den Tatsachen beschäftigte, war klar, daß die Japaner bereits zu sehr ernstzunehmenden Konkurrenten geworden waren und daß einer ihrer Vorteile in den niedrigeren Lohnkosten lag. Niskanen wußte, daß die Geschäftsleitung von Ford sich in einer ungünstigen Position befand, um die Lohnspirale anzuhalten. 1978 war ein sehr gutes Jahr gewesen, und die Zulagen für die Topmanager hatten phantastische Höhen erreicht. Sowohl Caldwell als auch Bourke hatten 630 000 $ zusätzlich zu ihrem Gehalt bekommen. Es war nicht gerade der geeignetste Augenblick, um bei den Arbeitern scharf durchzugreifen. Die Selbstdisziplin hatte an der Spitze anzufangen, doch davon war nichts zu merken.

Niskanen beobachtete, wie ein großes, dem freien Handel verschriebenes Unternehmen – bedroht von den Japanern und in seinem eigenen Lohn- und Gehaltskreislauf gefangen – sich allmählich dem Protektionismus zuwandte. Die Führungsspitze von Ford sah keinen anderen Weg aus dieser mißlichen Lage – ein Streik konnte täglich eine Million Dollar kosten. Das Unternehmen mußte sein Programm auf Vordermann bringen, die Qualität steigern und seine Arbeitskostensituation ändern, suchte aber statt dessen nach externen Mitteln gegen die Japaner. Es sah so aus, als wären die neuen Schwierigkeiten Fords allein durch die Verschlagenheit der Japaner, ihren Protektionismus und ihr Geschick, den Yen schwach zu halten, entstanden. 1980 wurde beschlossen, sich für protektionistische Maßnahmen einzusetzen.

Nach Meinung Niskanens war es eine Notlösung, die aus der Ratlosigkeit geboren wurde, und er beschloß, dagegen anzugehen, obwohl sie von Phil Caldwell und dessen Namensvetter Will Caldwell, der Ed Lundy gerade als Leiter der Finanzabteilung abgelöst hatte, unterstützt wurde. In einer Aktennotiz schrieb Niskanen: »Eine grundsätzliche Verpflichtung, auf das Streben nach speziellen Vergünstigungen zu verzichten, hat die gleiche wirtschaftliche Funktion wie eine grundsätzliche Verpflichtung, auf Diebstahl zu verzichten.« Er warnte, daß eine mögliche Hilfe des Staates ihren Preis hätte; je mehr der Staat sich einschaltete, desto mehr Einfluß könnte er darauf nehmen, wie die Ford Motor Company wirtschaftete. Dieser Einwand beeindruckte seine Vorgesetzten nicht sonderlich, ebensowenig wie der übrige Teil seiner abweichenden Meinung. Er kritisierte die Heuchelei von Ford, einerseits nach Protektionismus und die heimische Wirtschaft bevorzugenden Gesetzen zu rufen, andererseits gleichzeitig die eigenen Importe von Motoren und Getrieben aus dem Ausland zu erhöhen.

Viele Führungsleute erklärten Niskanen im Vertrauen, daß sie seine Haltung teilten, doch die beiden Caldwells waren anderer Meinung. Im Februar 1980 wurde Bill Niskanen, sehr zu seiner Überraschung, entlassen. Niskanen glaubte, nur deshalb hinausgeworfen worden zu sein, weil er eine abweichende Meinung vertreten habe. Einige seiner Freunde meinten dagegen, er sei aus einem anderen Grund entlassen worden: Er habe die Höhergestellten bei Ford in Verlegenheit gebracht, weil er nach wie vor an das glaubte, woran sie in der Vergangenheit geglaubt hatten.

Er war eines der ersten Opfer eines zunehmenden neuen Protektionismus in Amerika. Trotz aller Fehler Japans und seiner eigenen Bestrebungen, andere auszuschließen, waren es doch kaum die Verfehlungen Japans, die Detroit so verwundbar gemacht hatten. Ohne Frage hatte Detroit nur äußerst halbherzige Versuche unternommen, den japanischen Markt für die eigenen Produkte zu erschließen; es hatte die Abgeordneten nie besonders nachdrücklich dahingehend beeinflußt, ihm diesen Markt zu öffnen, und es hatte sich auch nie besonders darum bemüht, Wagen mit Rechtssteuerung zu liefern, wie die Japaner sie benutzten, anstatt mit Linkssteuerung, wie sie in Amerika üblich war. Aber in einem so schlimmen Augenblick, wo soviel aus der jüngsten Vergangenheit rückgängig zu machen war, war es bedeutend einfacher, die Bösewichter anderswo zu suchen als im eigenen Glashaus.

40
Amaya beendet eine Ära

Im MITI hatte man schon frühzeitig erkannt, daß Naohiro Amaya die Amerikaner und ihre Politik besser verstand als die meisten anderen im Ministerium und ein äußerst feines Gespür dafür besaß, welches bei ernsthaften Auseinandersetzungen die wirklich grundlegenden Positionen Amerikas waren. Gleichzeitig nahm bei den Amerikanern die Achtung vor ihm ständig zu. Man war sich allgemein einig, daß er bei wichtigen Verhandlungen weniger Spielchen mit ihnen trieb als andere Japaner und ihre Intelligenz nicht dadurch beleidigte, daß er die Mittellosigkeit und Anfälligkeit Japans übertrieb. Er bemühte sich darum, ihre politischen Realitäten ebensogut wie die eigenen zu verstehen. Außerdem war er im Gegensatz zu den meisten Japanern, die zwar offenbar eifrig Informationen sammelten, aber nur ungern preisgaben, bereit, aufrichtig zu sein, und je mehr er den Amerikanern erzählte, desto offener waren sie zu ihm.

Da Amayas Ansehen ständig wuchs, überraschte es nicht, daß Japan sich an ihn wandte, als es Zeit wurde, sich mit dem mit immer größerem Nachdruck vorgetragenen Verlangen der Amerikaner auseinanderzusetzen, auf dem Automobilsektor irgendeinen Schutz zu erhalten. Er riß sich allerdings nicht um diese Aufgabe, denn das Verhandeln würde nicht leicht werden, weder mit den Amerikanern noch mit den Japanern. Der rasche Abschwung der amerikanischen Automobilindustrie hatte ihn überrascht, und er bezweifelte ernsthaft ihre Fähigkeit, sich den neuen Umständen anzupassen. Was Japan anging, hatte er eine ganz klare Vorstellung davon, wie gut die Mittel des Landes in den fünfunddreißig Jahren seit dem Krieg verteilt und genutzt worden waren, wie wenig verschwendet worden war und wie jeder das Seine dazu beigetragen hatte. Seinen Landsleuten sagen zu müssen, daß sie die Exporte drosseln mußten, jetzt, wo sie gerade ihr Ziel erreichten, würde schmerzlich und auch schwierig sein. Wegen der Arbeiter machte er sich keine Sorgen; seiner Meinung nach hatten die Japaner die besten Industriearbeiter der Welt, Männer, die hart arbeiteten und die Begrenzungen ihres Lebens hinnahmen, die gleichzeitig stolz auf ihre Leistungen und bescheiden waren. Schwierigkeiten würde es wahrscheinlich mit dem Management geben, bei dem der Ehrgeiz und das Selbstgefühl seit jeher kaum verhüllt gewesen waren. Mit dem Aufstieg der japanischen Industrie hatte die Bescheidenheit abgenommen. Viele der Männer, die eine japanische Firma führten, fingen an zu glauben, sie, nicht die Arbeiter oder der Staat, seien der Grund für den Erfolg Japans.

Die heiklen Verhandlungen zwischen den Japanern und Amerikanern über Beschränkungen der Importe japanischer Wagen in die Vereinigten Staaten begannen 1979. Die Amerikaner waren in der Frage von Schutzmaßnahmen gespalten. Ford und die Gewerkschaft wollten Erleichterung und waren auch bereit, das zu artikulieren, aber General Motors, das sich in den eigenen Bekenntnissen zum Freihandel gefangen hatte, wollte sich nicht für ein Limit einsetzen; das heißt, vielleicht hätte man es schon gewollt, denn GM hatte ebenfalls Schwierigkeiten, aber man wollte nicht öffentlich nach einem Limit rufen. Auch die Carter-Administration war gespalten. Charles Schultze, Präsident Jimmy Carters Vorsitzender des Wirtschaftssachverständigenrates, war ein entschiedener Gegner von Schutzmaßnahmen. Seiner Meinung nach waren die Schwierigkeiten Detroits ausnahmslos hausgemacht, und die Schuld traf sowohl das Management als auch die Gewerkschaft. Er war ungehalten, daß die Branche im Bewußtsein der neuen wirtschaftlichen Realitäten – höhere Benzinpreise, die verstärkte Hinwendung amerikanischer Autokäufer zu ausländischen Fabrikaten, härtere Auslandskonkurrenz – 1979 dennoch einen Abschluß mit der Gewerkschaft getroffen hatte, der die Branche 60 Prozent über der amerikanischen Produktionsnorm ansiedelte. Jetzt, so meinte er, verlange Detroit, daß die Regierung seine schlechten Managementpraktiken sanktioniere.

Auch Carter widerstrebte es, Detroit zu helfen. Er hegte nicht nur einen populistischen Argwohn gegen Leute aus der Autobranche, er war auch von ihnen enttäuscht, denn er hatte sie in der Vergangenheit gedrängt, kleinere Wagen zu bauen, aber sie hatten sich nicht sehr einsichtig gezeigt. Andererseits dachte Carter an die 250 000 Automobilarbeiter, die arbeitslos waren. Wiewohl seine Administration nicht so sehr an der Ideologie des Freihandels hing wie ihre Nachfolger, waren einige Mitglieder doch strikt gegen jeden Eingriff, weil sie fürchteten, das werde Kartellklagen von amerikanischen Händlern mit sich bringen, die mit Importen handelten.

Gegen Ende ihrer Amtszeit hatte die Carter-Administration den Japanern deutlich zu verstehen gegeben, daß sie sich zu freiwilligen Beschränkungen bereit erklären sollte. Die Japaner, denen bewußt war, daß man noch am Anfang der Verhandlungen stand und durchaus eine neue Regierung kommen konnte, taten so, als hätten sie nichts gehört. Als Reagan schließlich ins Weiße Haus einzog, hatte die Autoindustrie größte Schwierigkeiten. Die Zinssätze schwankten heftig zwischen 15 und 21 Prozent und machten es den Amerikanern sehr schwer, einen Wagen zu kaufen, vor allem die teureren einheimischen Modelle. Schließlich entschloß sich auch die Reagan-Administration, die Japaner zu bitten, eine freiwillige Obergrenze für ihre Exporte nach Amerika in Erwägung zu ziehen.

Die japanische Automobilindustrie hatte innerhalb der regierenden Partei im japanischen Unterhaus immensen Einfluß. Als die amerikanischen Forderungen nach einer freiwilligen Beschränkung 1980 schärfer wurden, reisten führende Mitglieder der Partei auf Drängen der Chefs der japanischen Autohersteller nach Washington, um die Amerikaner wissen zu lassen, daß man in dieser Frage nicht unter Druck gesetzt werden könnte. Die Amerikaner waren den Japanern gegenüber bisher nie massiv geworden, und die Delegation hatte keinen Grund anzunehmen, daß sich irgend etwas geändert hatte. Doch diesmal fanden die Japaner ein anderes politisches Klima vor. Die amerikanische Wirtschaft bot gegenwärtig ein Bild des Jammers. Die Arbeitslosigkeit schien ihre Ursache zu einem großen Teil in der Automobilindustrie zu haben. Aus diesem Grund herrschte in Washington eine brodelnde protektionistische Stimmung. Zum erstenmal seit dem Krieg war die eigene Stammindustrie in Gefahr, und die Amerikaner blickten lange und eindringlich auf Japan und waren über ihren eigenen Protektionismus bestürzt. Japan müsse sich in bezug auf die Autos beugen, und zwar umgehend, da man sonst scharfe Gegenmaßnahmen riskiere, berichteten die Unterhausabgeordneten nach Hause. Mit dieser Drohung begannen schwierige Verhandlungen zwischen den beiden Ländern.

Die Verhandlungsrunden waren lang und mühsam. Als Amaya früher mit den Amerikanern verhandelt hatte, hatte man immer über einen bedrängten Bereich einer im wesentlichen kraftstrotzenden Wirtschaft gesprochen. Jetzt, wo ein so lebenswichtiger Teil der amerikanischen Wirtschaft in Gefahr war, schienen die Amerikaner jene Eigenschaft eingebüßt zu haben, die bisher den größten Eindruck auf Amaya gemacht hatte: ihr absolutes Selbstvertrauen. Amaya schätzte ab, auf wieviel exportierte Wagen die beiden großen japanischen Hersteller angewiesen wären, um weiterhin schwarze Zahlen zu schreiben. Dann überschlug er, wie stark die Japaner ihre Exporte einschränken müßten, damit die Amerikaner eine Chance hatten, ihren Stolz zu retten und ihre Fähigkeit zurückzugewinnen, bessere Wagen zu bauen. Und dann bestimmte er die zwei Punkte, auf denen er bestehen würde. Erstens wollte er, daß die Obergrenze eine absolute Zahl war, nicht ein Prozentsatz vom Gesamtumsatz des Vorjahrs – auf diese Weise würden die Japaner nicht die Leidtragenden sein, wenn die amerikanischen Verkaufszahlen noch weiter sanken. Zweitens wollte er verhindern, daß die Amerikaner Größen- oder Preiskategorien festsetzen; die Japaner wollten nicht darauf festgelegt werden, Kleinwagen zu exportieren; sie wollten sich die Möglichkeit offenhalten, in die einträglichere Mittelklasse vorzustoßen.

Die neuen japanischen Giganten zu überzeugen war für Amaya noch unangenehmer, als mit den Amerikanern zu verhandeln. Die Manager bei Toyota und Nissan, die sich als Selfmademen sahen, denen man einen Erfolg streitig machen wollte, der rechtmäßig ihr Erfolg war, waren aufgebracht. Ziemlich erbost wiesen sie darauf hin, daß das MITI zwar eine Menge für Stahl, Schiffsbau und Computer getan hatte, aber sehr wenig für die Automobilindustrie – und deshalb schuldeten Toyota und Nissan dem MITI gar nichts.

Amaya begann zu fürchten, daß die Angelegenheit außer Kontrolle gerate, daß die Gefahr bestehe, daß sie zu einem Brennpunkt von Spannungen und versteckten Ressentiments auf beiden Seiten des Pazifiks wurde. So lud er Ishihara, Chef von Nissan und der Vereinigung der Automobilhersteller, in ein Restaurant auf der Ginza ein, um ihn dazu zu bringen, dem Kompromiß zuzustimmen. Bisher hatte Ishihara in dieser Frage eine sehr harte Linie vertreten. Er hatte das Gefühl, um seinen ganz persönlichen Erfolg betrogen zu werden. Es war nicht gerecht, daß sein Unternehmen für die Fehler der Amerikaner zahlen sollte. Amaya ließ ihn zu Ende sprechen, machte dann auf der Strohmatte eine Verbeugung und bat ihn, nicht die Fehler der Vergangenheit zu wiederholen, indem er die Amerikaner bekämpfte. Würde er sich nicht wie Yosuke Matsuoka benehmen, als er die Japaner aus dem Völkerbund führte und dadurch den japanischen Nationalismus verstärkte? (Später einmal zu dem Augenblick, in dem er auf die Knie sank, befragt, erwiderte Amaya, daß ein wenig Theatralik nicht schade.) Es war dennoch ein schwerer Abend für ihn und Ishihara gewesen. Amaya hatte keinen Augenblick daran gezweifelt, daß er den Sieg davontragen würde. Ihm war klar, daß Ishihara würde einlenken müssen, daß seine Verpflichtung seinem Land gegenüber größer war als die gegenüber seinem Unternehmen. Ishihara seinerseits war sich ebenfalls darüber klar, daß er in Wirklichkeit keine andere Wahl hatte. Wenn er und die anderen Autohersteller diesen Kompromiß ablehnten (der letztlich gar kein so schlechtes Geschäft war), würde sich die ganze Macht der Regierung, der Presse und der öffentlichen Meinung gegen sie wenden. Die Obergrenze war ziemlich hoch angesetzt, bei 1,685 Millionen Wagen.

Amaya entging nicht die Ironie dessen, was er vollbracht hatte. Als er, Naohiro Amaya, Amerika 1945 im Augenblick seiner größten Stärke gesehen hatte, wäre ihm der Gedanke absolut aberwitzig erschienen, daß er einmal an Verhandlungen teilnehmen würde, die Beschränkungen für japanische Autoexporte in das Land Henry Fords festlegten. Und doch war es geschehen. Das Jahrhundert des Erdöls hatte mit Henry Ford begonnen, und es wurde zum Teil durch Naohiro Amaya beendet. Der tiefe Symbolgehalt dessen, was er geleistet hatte, blieb auch nicht ohne Wirkung auf seine Landsleute. Einige Kommentatoren sahen darin das Gegenstück zur Unterzeichnung der Kapitulation Japans auf dem Schlachtschiff *Missouri*. Aber Amaya war nicht sonderlich glücklich über diesen Vergleich. Die Welt war, wie er wußte, auf ein starkes Amerika angewiesen. Es muß ein starkes Amerika geben, das dazu beiträgt, ein starkes Japan zu erhalten.

Elfter Teil

41
Marvin Runyon wird abtrünnig

1978 hatte sich Marvin Runyon praktisch entschieden, vorzeitig bei Ford auszuscheiden. Abgesehen von persönlichen Überlegungen – seine Frau fühlte sich in Detroit nicht wohl, und er wollte um ihretwillen eine andere Arbeit im Süden suchen – entmutigte ihn die Schwierigkeit, in Amerika einen guten Wagen zu bauen. Außerdem hatten ihn die Entlassungen von Iacocca und Bourke, zwei von Fords besten Produktleuten, irritiert. Der Umgang mit Philip Caldwell, Iacoccas Nachfolger, fiel ihm ungewöhnlich schwer. Runyon wurde demnächst fünfundfünfzig, was ein guter Schlußpunkt war, denn er konnte sich wohlversorgt zurückziehen. Er sah sich nach Arbeit im Süden um und hatte bald Angebote von mehreren Zulieferfirmen. Zu der Zeit, als sich der von ihm festgelegte Tag seines Ausscheidens näherte, suchte Nissan, das sich für die Eröffnung eines Werks in Amerika entschieden hatte, einen Amerikaner als Chef. Über Personalberater erfuhren sie, daß Runyon, der damals Vizepräsident und verantwortlich für die Montagewerke war, sich mit dem Gedanken trug, Ford zu verlassen, und traten an ihn heran. Runyon ließ sie wissen, daß er interessiert sei, und bald berichteten einige Zeitungen, daß Nissan mit einem Topmanager von Ford verhandle. Runyons Vorgesetzte wußten sofort, daß er es war, und machten kein Hehl aus ihrer Verachtung für das, was er tat – auf dem Höhepunkt der Schlacht zum Feind überlaufen.

Runyon beschloß tatsächlich, zu Nissan zu gehen, doch er verließ Ford nach achtunddreißig Jahren nicht, weil ihm von einem japanischen Konkurrenten eine Stelle angeboten worden war; er ging, weil sich Enttäuschung angesammelt hatte und er empört über die Entlassung von Iacocca und Bourke war. Im übrigen war er der Meinung, er nehme eine Stelle in einem amerikanischen Unternehmen an, einem Unternehmen, das Amerikanern Arbeit geben würde, auch wenn die Muttergesellschaft zufällig in Japan saß.

Das neue Nissan-Werk lag in Smyrna, einer reizenden ländlichen Gegend in der Mitte von Tennessee. Die Nissan-Leute hatten sich für Smyrna entschieden wegen seiner guten Bahnverbindungen und seines Arbeitsrechts, und weil sie annahmen, daß es weit genug vom industrialisierten Norden entfernt liege, um außerhalb der Reichweite der amerikanischen Automobilarbeitergewerkschaft zu sein. Runyon wollte zum erstenmal in seinem Leben frei von gewerkschaftsbedingten Beschränkungen und auch vom Bürokratismus und der massiven Zentralisation bei Ford sein. Er freute sich darauf, für ein Unternehmen zu arbeiten, das an den Vorrang der Produktion glaubte.

Nissan bat ihn um eine Kostenschätzung für den laufenden Betrieb des Werks. Als er sie erstellt hatte, tippte er sie in die Maschine, unterschrieb sie und brachte sie, wie er es von Ford gewohnt war, seinem neuen Chef Takashi Ishihara, dem Präsidenten von Nissan, zum Gegenzeichnen. Ishihara blickte offenbar überrascht auf das Papier, sagte aber nichts. Einige Tage später brachte er es Runyon unterzeichnet zurück. »Rahmen Sie es sich ein«, sagte er, »denn das ist das letzte Stück Papier, das ich für Sie unterschreibe.« Runyon machte ein erstauntes Gesicht. »Wir haben sehr gründlich nach dem Mann gesucht, der unsere Fabrik leiten soll«, fuhr Ishihara fort, »und wir haben uns für Sie entschieden; Sie sind unser Mann, und wir vertrauen Ihnen. Jetzt brauchen wir nichts mehr abzuzeichnen. Von jetzt an heißt es bei uns einfach ja oder nein.«

Ishihara hatte der Sprung nach Amerika immer einige Sorgen bereitet. Er hatte Zweifel an der Qualifikation der amerikanischen Arbeiter, an ihrer Fähigkeit, Autos zu bauen. Um diese Schwächen der amerikanischen Arbeiter (und die Macht der Gewerkschaft) auf ein Minimum zu reduzieren, wollte Nissan ein weitgehend automatisiertes Werk bauen. In Smyrna sollten außerdem nur Kleinlastwagen hergestellt werden, zumindest für den Anfang. Als Runyon Ishihara fragte, warum er Last- und keine Personenwagen bauen wolle, antwortete Ishihata, »Weil wir uns im Hinblick auf die amerikanischen Arbeiter nicht sicher sind und Wert auf Qualität legen – und wenn die Fahrzeuge unseren Qualitätsansprüchen nicht genügen, dann soll es wenigstens das Produkt treffen, von dem wir am wenigsten verkaufen.«

Der Mann ist ganz schön unverschämt, dachte Runyon. »Wir können genauso gute Autos wie die Japaner bauen«, entgegnete Runyon.

»Mag sein«, sagte Ishihara, »aber wir haben sie noch nicht gesehen.«

»Sie haben uns noch nicht nach japanischen Entwürfen produzieren sehen«, hielt Runyon entgegen, und dabei beließen sie es.

Smyrna wurde, um einen kurzen Blick in die Zukunft zu werfen, das höchstautomatisierte Pkw- oder Lkw-Werk in Amerika. In anderen Fabriken bedienten die Arbeiter Maschinen, die Autos produzierten, in Smyrna jedoch verrichteten Maschinen das Lackieren und Schweißen, und die Arbeiter kümmerten sich lediglich um die Maschinen. Anstelle des klassischen Fabrikarbeiters am Band, der nur eine begrenzte Ausbildung hatte, stellte Nissan einen neuen Arbeitertyp ein, Männer, die häufig eine Ausbildung als Elektriker oder Elektroniker hatten und hochkomplizierte Maschinen reparieren konnten. Einige dieser Männer hatten zwar die High-School nicht abgeschlossen, arbeiteten aber seit fünfzehn Jahren als Elektriker. Andere hatten ein Studium begonnen oder vier Jahre als Wartungs- oder Reparaturmechaniker bei der Luftwaffe gearbeitet. Nissan führte eine ganze Serie psychologischer Tests durch, die bei den neuen Arbeitern jedes Liebäugeln mit einer Gewerkschaft aufdecken sollten. Die Bezahlung war gut, entsprach praktisch der der gewerkschaftlich organisierten Arbeiter; gemessen an den Löhnen in Tennessee war sie sogar sehr gut.

Runyons Führungsstil war sehr individuell – eine Kombination der besten japanischen und amerikanischen Methoden. Er verbrachte jährlich nur etwa zwölf Stunden auf Vorstandssitzungen und schaffte den maßlosen Bürokratismus ab, der bei Ford seiner Meinung nach die schönsten Blüten trieb. Er selbst gehörte bald zum lebenden Inventar des Werks. Anstelle eines Anzugs trug er die Arbeitskluft von Nissan, eine Art blauen Drillichanzug. Er war nicht Mr. Runyon, sondern Marvin, wie das Namensschild auf seiner Brusttasche besagte. Er vereinfachte die Führungshierarchie, so daß am Ende auch seine Manager sich in der Fabrik aufhielten. Die Arbeitsmoral der Beschäftigten war ungewöhnlich hoch; es waren Männer und Frauen, die dankbar waren für einen Arbeitsplatz, der sie fast sofort von der unteren Mittelschicht oder gar der Arbeiterklasse in die mittlere oder gehobene Mittelschicht beförderte. Sie wurden Techniker genannt und verdienten mit Überstunden bis zu 29 000 $ im Jahr, Löhne, die dem Gehalt eines Oberschullehrers gleichkamen oder darüber lagen. Es hatte den Anschein, als ob im Werk Smyrna die während fünfzig Jahren zwischen Arbeitnehmern und Arbeitgebern entstandene Bitterkeit wie weggewischt wäre, als hätte es nie einen Henry Ford oder Harry Bennett gegeben, die ihre Arbeiter mit einer solchen Brutalität behandelt hatten. Es hatte auch den Anschein, als ob es nie eine Automobilarbeitergewerkschaft gegeben hätte, die schwerfällig geworden war in ihrem Kampf gegen eben diese unhaltbaren Zustände. Die Nissan-Arbeiter bekamen die Vergünstigungen der gewerkschaftlich organisierten Arbeiter, ohne in der Gewerkschaft zu sein, denn Nissan mußte sich dem üblichen Lohntarif anpassen. Ihr neues, hochmodernes Werk zeigte, daß Runyon und die Japaner aus den Fehlern sowohl der amerikanischen Gewerkschaften wie auch des Managements gelernt hatten.

Das Nissan-Werk war fast sofort ein Erfolg. Es begann im Juni 1983 mit der Produktion von Kleinlastwagen und hatte ein Jahr darauf bereits eine Monatskapazität von 10 000 Wagen. Ermutigt durch den frühen Erfolg beschloß Nissan 1984, auch Personenwagen herzustellen. Im gleichen Jahr wurde das Werk von der Zeitschrift *Fortune* zu einem der zehn bestgeführten Betriebe in Amerika gekürt. Die ersten Personenwagen liefen im März 1985 vom Band, und am Ende des Jahres hatte das Werk mit seinen insgesamt 3 000 Arbeitern im Zweischichtenbetrieb 240 000 Personen- und Kleinlastwagen hergestellt. Die Nissan-Leute zeigten sich sehr zufrieden mit dem frühen Erfolg, und Ishihara ging soweit zu behaupten, die amerikanischen seien den in Japan hergestellten Kleinlastwagen überlegen.

An einem Herbstabend des Jahres 1982 sahen Millionen Amerikaner im Fernsehen etwas Außergewöhnliches. Es waren schwarzweiße FBI-Filme über John DeLorean, den einstigen Liebling Detroits, der sich an einem riesigen Drogengeschäft beteiligt hatte und einen Teil seines in den letzten Zügen liegenden Autounternehmens für einen beträchtlichen Anteil an dem 60-Millionen-Dollar-Handel hatte hergeben wollen. Die Geschichte hatte einen komplizierten Hintergrund. Agenten der Bundespolizei waren anderen Rauschgifthändlern auf der Spur gewesen, als ihnen plötzlich DeLorean vor die Füße lief, der sich mit seinem Autounternehmen in Nordirland in einer ausweglosen Lage befand. Den Betrachtern des Regierungsfilms war er wie ein bereitwilliger, ja eifriger Beteiligter an dem Drogengeschäft vorgekommen, oder wie sein einstiger Freund David Davis sich ausdrückte, seiner »neuen Beschäftigung als Importeur von der Überwachung unterliegenden Stoffen«. Er war in eine Falle gelockt worden; die Männer, die er für seine neuesten Partner hielt, waren in Wirklichkeit Agenten der Bundespolizei. Obwohl er schließlich von der Anklage freigesprochen wurde, hatten viele den Eindruck, daß er weniger deswegen freigekommen war, weil das Gericht ihm glaubte, sondern weil es dem Durchschnittsamerikaner nicht gefiel, daß seine Regierung ihren Bürgern Fallen stellte. Der Film schien eigenartig nachzuwirken; obwohl DeLorean freigesprochen wurde, war er doch nicht entlastet.

Der Prozeß selbst bedeutete das Ende des langen, langsamen Sturzes DeLoreans. Anfang des Jahres war sein neuer Wagen, der DeLorean, auf den Markt gekommen und hatte sich als Schlag ins Wasser erwiesen. Der Wagen war teurer als erwartet, die Qualität unträgbar, die Bestellungen gingen zurück, und die Firma brach zusammen. Wichtige Fragen zu den persönlichen und geschäftlichen Finanzen DeLoreans blieben offen, vor allem zu 18 Millionen Dollar, die auf geheimnisvolle Weise aus dem Tresor der Firma verschwunden waren.

Detroit hatte gebannt zugesehen, wie die ganze Geschichte um DeLorean enthüllt worden war. Keiner hatte je an seinem Talent gezweifelt, denn er war einer der kreativsten jungen Männer seiner Generation. Viele meinten, daß sein Versuch, ein Unternehmen zu gründen, der überzeugendste Versuch eines Amerikaners seit Henry Kaiser gewesen war, auch wenn er in Irland und nicht in Michigan erfolgte. Seit Henry Kaiser in den 50er Jahren gescheitert war, war die Automobilindustrie immer unzugänglicher geworden. Beherrscht von den drei großen Firmen – ein Oligopol nannte man das – und ohne neue Herausforderungen wurde sie immer behutsamer und konventioneller. Während die Zahl der Automobilunternehmen weiter zurückging und alte Namen wie Pakkard, Studebaker, Nash und Hudson von den Straßen verschwanden, wurden die Kosten, ein Unternehmen zu betreiben, immer höher, was dafür sorgte, daß es immer schwerer wurde, eine neue Firma zu gründen. Der Eintrittspreis war einfach zu hoch: Hatte es 1945, als Kaiser es versuchte, noch etwa 300 Millionen Dollar gekostet, war es inzwischen um ein Vielfaches teurer. Zwei Milliarden Dollar waren nach den Worten eines Fachmanns aus Detroit sicher das Minimum. Das reichte, jeden Möchtegernunternehmer abzuschrecken. Als DeLorean Ende der 70er Jahre versuchte, sein eigenes Autounternehmen zu gründen, sah Detroit daher ganz fasziniert zu. Nichts sagte über die Gesellschaft und die Branche – die veränderten Wertvorstellungen beider – mehr aus als die Bestrebungen DeLoreans.

DeLorean war, ob zu Recht oder nicht, als Rebell in den Reihen der Branche gefeiert worden. Seine selbstausgerufene Rebellion gegen GM, seine Fähigkeit, die Medien zu umgarnen, sein gutes Aussehen (das er mit Hilfe der modernen Chirurgie noch zu verbessern suchte, indem er sein etwas weiches Kinn durch ein markanteres ersetzen ließ – so wie man einen Wagen umgestaltete) und sein extravaganter Lebensstil machten ihn zu einer Art Persönlichkeit des öffentlichen Lebens. Wie Iacocca war er die Ausnahmeerscheinung im Detroit jener Jahre, ein Star, ein waghalsiger Mann, der sich gern mit der Presse abgab und persönliche Publicity suchte. Die Tatsache, daß er ein so bekannter und faszinierender Mann war, half ihm, als er seinen eigenen Wagen zu bauen begann. In DeLorean vereinte sich das Schlimmste zweier Kulturen: Er war der Bohemien als Automann und der Automann als Bohemien. Er war der Sohn eines einfachen Arbeiters aus Detroit; sein Vater war ein Einwanderer aus Rumänien, der sich bei Ford am Band abgeplagt hatte. Der Sohn hatte davon geträumt, der Not und Eintönigkeit dieses Lebens zu entfliehen. Er hatte an Regionaluniversitäten Maschinenbau studiert, und als seine Fähigkeiten und sein Charme ihn auf eine Ebene beförderten, wo sich ihm zum erstenmal die Aussicht auf ein Leben in einer Traumwelt eröffnete, fand er das unwiderstehlich.

Als junger Mann, als er für GM arbeitete, war DeLorean fraglos begabt und hatte viele gute Ideen. Gefördert von Bunkie Knudsen stieg er bei Pontiac sehr schnell auf. Als Chef von Pontiac kam er bald erstmals mit Hollywood in Berührung und verfiel ihm. Zu diesem Zeitpunkt, er war Anfang Vierzig, entdeckte er sich neu. Er war nicht länger das, was er gewesen war – im Sprachgebrauch Detroits ein verdammt guter Automann, ein Ingenieur, den die alten Hasen anerkannt hätten; er wurde die gestylte, modische Stimme der Jugend in einer Belegschaft mittleren Alters. Man befand sich in den 60er Jahren, und Pontiac warf Autos für junge Leute auf den Markt. Er verstand es nicht nur, die neue Generation anzusprechen, er wurde ein Teil von ihr. Seine Ehen steigerten seine Berühmtheit noch; seine zweite Frau, die neunzehnjährige Kelly Harmon, war die Tochter des bekannten Footballspielers Tommy Harmon. Diese Ehe hielt zweieinhalb Jahre. Seine dritte Frau war Cristina Ferrare, eines der hübschesten Mannequins im Land. In einer Umwelt, in der das Selbst stets beherrscht werden sollte, blühte das seine auf.

Es wurde bald deutlich, daß DeLorean sich in Detroit langweilte. Er ging dazu über, seine Vorgesetzten bei GM zu beleidigen, zuerst durch seine Art sich zu kleiden – Jeans und Cowboystiefel –, und dann, als das nicht zu genügen schien, durch sein lästerliches, schandhaftes Mundwerk. Bald war er bei GM draußen. General Motors, das sich der Seinen stets annahm, vor allem seiner leitenden Angestellten, zeigte sich DeLorean gegenüber äußerst großzügig; man gab ihm eine Cadillac-Vertretung in Florida, was damals so war, als ob man jemandem das Recht verleihen würde, Geld zu drucken. Dennoch beteiligte er sich an einer vernichtenden Anklage gegen GM als Institution, die die meisten der dunklen Ahnungen bestätigte, die die Kritiker des Unternehmens seit langem hegten.

Nachdem er bei GM hinausgeworfen worden war, sehnte er sich jetzt danach, in die Welt der Automobile zurückzukehren und einen eigenen Sportwagen zu entwerfen. Sein Unternehmen, so verkündete er, würde ein Unternehmen mit ethischen Grundsätzen sein. Er spielte England, das die Fabrik für Nordirland haben wollte, gegen Puerto Rico aus – die Arbeitslosen der Welt kämpften verzweifelt um das Recht, diese Arbeitsplätze zu bekommen. Die Engländer gewannen, falls man das so nennen kann, und stellten ihm rund 90 Millionen Dollar Startkapital zur Verfügung. Seine Vorgänger ungefähr siebzig Jahre zuvor waren leidenschaftliche Männer gewesen, die ihre gesamten Ersparnisse in ihre technischen Träume gesteckt hatten, und die im eigentlichen Sinne dafür gelebt hatten, ihre Autos zu schaffen. DeLorean war anders. Er steckte relativ wenig eigenes Geld in seinen Wagen, und obwohl er eine Firma aufmachte, lebte er weiter auf großem

Fuß. Während er seinen Wagen vorbereitete, kaufte er sich teure Immobilien – eine Maisonette in Manhattan und ein 25-Zimmer-Haus auf einem 1 700 000 m² großen Grundstück in der vornehmsten Gegend von New Jersey. (Sie hatten 1985, als sie zum erbittert umkämpften Kernstück bei der dritten Scheidung wurden, einen geschätzten Wert von 9 Millionen Dollar.) Seine Topmanager erhielten Kreditkarten für Tiffany und den 21 Club. Er stellte der Firma rund 78 000 $ für seinen Umzug nach New York in Rechnung, obwohl er praktisch schon dort war. Er bezog ein Beraterhonorar von 300 000 $ pro Jahr. Die Firma kaufte einen 53 000 $ teuren Mercedes für Cristina. Obwohl die Firma im Begriff war, den Betrieb aufzunehmen, kaufte er ihr zu Weihnachten drei Zobelmäntel, die jeder etwa 30 000 $ kosteten – jeweils unterschiedlich lang. »Ich habe vergessen, wie lang du ihn haben wolltest«, stand auf dem Zettel für sie.

1981 kamen Berichte aus Belfast, daß man mit dem Wagen große Schwierigkeiten habe, daß DeLorean die Fabrik nur höchst selten aufsuche und daß es ernsthafte Fragen zu seinem Umgang mit Geld gebe. Etwa 18 Millionen Dollar waren auf mysteriöse Weise auf irgendein Geheimkonto in der Schweiz verschwunden. Trotzdem sollte der Wagen noch kommen, und Detroit war bereit, im Zweifel zu Gunsten von DeLorean zu entscheiden; auch wenn er ein flottes Leben führte, hatte doch niemand jemals an seinem Können gezweifelt. In jenem Sommer, kurz bevor der Wagen in die Produktion ging, rief ein Journalist DeLorean an, um ganz allgemein über die Probleme Detroits mit ihm zu reden. DeLorean, der gern mit der Presse zu tun hatte, war liebenswürdig und verweilte am Telefon.

»Wie sehen Sie das Problem der Produktivität der Arbeiter?« fragte der Journalist.

»Das Problem ist, fürchte ich, die ›Ich-Generation‹«, antwortete er.

42
Der Hammer und der Nagel

Mitte der 80er Jahre hatte Ishihara schließlich soviel Macht angehäuft, daß er gegen Shioji vorgehen und etwa acht Jahre, nachdem er Präsident geworden war, die Herrschaft im Konzern übernehmen konnte. Der Bruch zwischen den beiden Männern war zunächst ganz im Privaten geblieben, trat allmählich jedoch immer mehr zutage. Shioji schien es ganz besonderen Spaß zu machen, mit seiner Fehde mit Ishihara zu protzen. Zuerst waren die Bekundungen seiner Respektlosigkeit noch ziemlich zaghaft. Doch schon bald erzählte er Journalisten, daß Ishihara ein Dummkopf sei; wenn er anstelle Ishiharas Präsident des Unternehmens wäre, würde man nicht so weit hinter Toyota herhinken. In Japan, wo jeder die Pflicht hatte, seinen Vorgesetzten zu achten, war eine derart eklatante Respektlosigkeit unvorstellbar.

Sie hatten sich wegen des amerikanischen Werks bekriegt, und Ishihara hatte (mit Kawamatas Unterstützung) diese Runde gewonnen, hatte eine Lkw-, keine Pkw-Fabrik durchgesetzt und sie in Tennessee mit Marvin Runyon als Leiter gebaut, der entschlossen war, die Automobilarbeitergewerkschaft fernzuhalten. War dieser Sieg an Ishihara gegangen, so hatte Shioji vor, auf andere Art dafür Rache zu nehmen. Doch die Bewegungsfreiheit Shiojis war eingeschränkt durch das Wesen gerade des Gewerkschaftssystems, bei dessen Entwicklung er eine so wichtige Rolle gespielt hatte. Er konnte seine Arbeiter nicht so ohne weiteres streiken lassen. In Japan hatte ein richtiger Streik, bei dem die Arbeiter ihren Arbeitsplatz verließen, etwas schrecklich Endgültiges an sich. Die japanische Harmonie, für das Überleben und den Erfolg des Staates so entscheidend und so sorgsam zusammengefügt, konnte sehr schnell zerfallen, und wenn es dazu käme, würden alle leiden. Selbst ein kleiner Streik bedeutete nicht nur, daß die Gewinne des Unternehmens zurückgingen, sondern auch, daß die Arbeiter ihre Jahreszulagen verloren. Wenn es in Japan dem Unternehmen schlecht ging, ging es auch den Arbeitern schlecht – anders als in den Vereinigten Staaten. Wenn Shioji also die Interessen der Arbeiter wahren wollte, konnte er sie nicht so ohne weiteres streiken lassen. Er mußte ihre Interessen durch geschicktes Verhandeln wahren. Das bedeutete, daß sein Kampf mit Ishihara auf sehr verschlungenen Wegen ausgetragen werden mußte. Es ging nie um die Dinge, um die es gehen sollte, und er war auch selten direkt. Er wurde mit Worten ausgetragen und über das Protokoll, und er spaltete das Unternehmen (sehr zur Freude der Leute bei Toyota), aber er führte nicht zum Streik.

Zu Beginn der 80er Jahre kam es zum erstenmal seit über fünfundzwanzig Jahren wieder zu Betriebsstillegungen. Es waren keine Streiks – die Arbeiter hatten nicht darüber abgestimmt; sie waren Teil einer fortdauernden Machtprobe. Eine Fertigungsstraße, die einem engen Verbündeten Shiojis unterstand, konnte ein paar Tage ausfallen. Die Erklärung für den Ausfall lautete, daß es am Arbeitsplatz einen Unfall gegeben habe. Die Arbeit, so erklärten Shiojis Leute, konnte aus Sicherheitsgründen nicht fortgesetzt werden. Die Botschaft war klar: Das Unternehmen brauchte die Mitarbeit Shiojis.

Am Ende erreichte der Kampf zwischen den beiden Männern seinen Höhepunkt nicht anläßlich eines Konflikts über die Löhne oder die Einführung von Robotern, sondern als es um die Entscheidung ging, ein Nissan-Werk in England zu bauen. Ishihara wollte die Fabrik, und Shioji, der noch immer verärgert über seine Unfähigkeit war, Einfluß auf das amerikanische Werk zu nehmen, war dagegen. Der Streit zog sich über mehrere Jahre hin, und die Angehörigen der britischen Botschaft in Tokio kamen sich, wie einer von ihnen sagte, in dieser Zeit wie ein Kind vor, dessen Eltern ständig im Begriff sind, sich scheiden zu lassen – gefangen in einem Familienzwist, auf den sie keinen Einfluß hatten.

Das Werk in Großbritannien wurde in den frühen 80er Jahren zu einem umstrittenen Projekt. Nachdem Ishihara die erste Hürde genommen hatte, die Entscheidung, in Amerika zu bauen, und nachdem er einen Weg gefunden hatte, wie das relativ billig zu bewerkstelligen wäre, bemühte er sich, Nissan zu einem stärker international ausgerichteten Unternehmen zu machen. Der japanische Markt näherte sich rasch seiner Sättigungsgrenze, und in der ganzen Welt machte sich antijapanischer Protektionismus breit. Nach seiner Auffassung war für Nissan der einzige Weg, weiterhin erfolgreich zu sein, in andere Bereiche vorzudringen. Er wollte unbedingt in die Rüstungsindustrie einsteigen und Raketen herstellen und gleichzeitig den Automobilmarkt über die Grenzen Japans hinaus erweitern. Dieses Ziel vor Augen reiste er ständig umher und verhandelte. Ishihara wollte vor allem auf dem Markt der EG Fuß fassen, wo die japanfeindliche Strömung bedeutend stärker war als in den Vereinigten Staaten. Nach Italien durften die Japaner nur zweitausend Wagen exportieren. Die Franzosen, die praktisch keinerlei Nachsicht mit japanischen Handelspraktiken übten, hielten die Importe unter 3 Prozent und, was noch schlimmer war, zwangen die japanischen Waren zur Einfuhr über einen Hafen, der mit einem Minimum an Inspektoren besetzt war, die sich ausnahmslos durch besondere Langsamkeit auszeichneten – ein Vorgehen, das demjenigen nachempfunden war, dem sich Exporteure nach Japan ausgeliefert sahen. In England hegte man enormen Argwohn gegenüber den Absichten Japans; die Japaner wurden auf 11 Prozent des Marktes begrenzt, und man erwog ernsthaft, auch diesen Wert noch zu senken. In Westdeutschland war der Markt vergleichsweise offen gewesen, doch die Deutschen dachten, wie es hieß, an eine Obergrenze von 10 Prozent.

Um diese lästigen Beschränkungen zu umgehen, wollte Ishihara ein Nissan-Werk innerhalb des Gemeinsamen Marktes bauen, und er hatte vor, mit einem Brückenkopf in England zu beginnen. Doch seine Position war im eigenen Unternehmen nicht unumstritten. Bestand auf seiten der Japaner eine gewisse Vorsicht bei wirtschaftlichen Unternehmungen in Amerika, so herrschte blankes Entsetzen, wo es um Großbritannien ging. »Die britische Krankheit« nannten die Japaner den Zustand Englands und meinten damit die Summe all dessen, was in ihren Augen falsch im Westen war – eine zu hoch besteuerte Gesellschaft, die an ihrer eigenen Gleichgültigkeit zugrunde ging, und die Bereitschaft bei Gewerkschaften und Management, ein Unternehmen eher zu ruinieren als nach einer gemeinsamen Grundlage zu suchen. Die meisten älteren japanischen Manager hatten in ihrem Berufsleben noch selbst erlebt, wie England von seiner Stellung als einem der führenden Produktionszentren der Welt mit einem allseits bewunderten handwerklichen Können zurückgefallen war in seinen gegenwärtigen Zustand als eines der schwächsten Zentren der Welt. Und jetzt regte Ishihara an, Nissan sollte Autos in England herstellen, ausgerechnet in dem Land, das keine hervorragenden industriellen Fertigerzeugnisse mehr exportierte sondern die englische Krankheit.

Er war weitgehend ohne Rückhalt im eigenen Unternehmen, bis auf den, der sich aus der Macht seiner Stellung als Präsident herleitete. Kawamata, der Vorstandsvorsitzende von Nissan, der der stärkeren Internationalisierung sehr mißtrauisch gegenüberstand, war dagegen, wenn nicht aktiv, so doch passiv. Shioji bekämpfte das Projekt ganz verbissen. Er war enttäuscht und verbittert durch Ishihara und benutzte diese Auseinandersetzung als Vehikel für seine Rache. Zum einen empfand er keine besondere Zuneigung zu den britischen Gewerkschaften. Anders als die amerikanischen Gewerkschaftsführer hatten die britischen Gewerkschaftsvertreter ihn bisher überhaupt nicht beachtet, und er hatte als junger japanischer Teilnehmer an internationalen Treffen ihren Snobismus zu spüren bekommen. Zum anderen gehörte er nicht zu den Bewunderern ihrer Politik; ihm waren sie zu links, zu sehr an Ideologie und zuwenig an Arbeit interessiert. Seiner Meinung nach traten sie für Parteigeist am Arbeitsplatz als Lebensform ein.

Die Engländer wollten das Werk unter allen Umständen haben. Sie waren der kranke Mann der EG, der von anderen alten und jungen Industrieländern verachtet wurde. Der Bau einer neuen japanischen Fabrik wäre ein gewaltiger Vertrauensbeweis für eine Industrie gewesen, die im Sterben zu liegen schien. Sie sahen es als eine Chance für ein Land, das an seinen Gewerkschaftsproblemen praktisch erstickte, eine Chance, neue, für Auseinandersetzungen weniger anfällige Verhältnisse im industriellen Bereich zu bekommen – vorausgesetzt, man kam zu einer Einigung mit den Gewerkschaften.

Shiojis Beeinflussungsversuche waren fanatisch. Auf eigene Faust begab er sich ins Außenministerium und sprach sich gegen das Vorhaben aus; von sich aus nahm er an Treffen in der britischen Botschaft teil, bei denen er gegen die britischen Gewerkschaften wetterte – er habe Respekt vor dem englischen Volk, sagte er, aber nicht vor ihren Gewerkschaften – und gegen Ishihara. Daß ein einflußreicher Japaner vor Ausländern den Präsidenten seines Unternehmens angriff, war etwas Außergewöhnliches, aber da saß er und tat es. Die Engländer, die ihm zuhörten, waren erstaunt. Das ließ nichts Gutes für ihre Chancen auf eine Fabrik ahnen. Gleichzeitig stellte der Widerstand Kawamatas ein ernstes Problem dar.

Was Shiojis Position zu stärken schien war die Tatsache, daß Nissan im heimischen Konkurrenzkampf mit Toyota stets den kürzeren zog. Ende 1983 hatte Nissan 1,12 Millionen Wagen verkauft, Toyota 1,59 Millionen mit steigender Tendenz. Nissan war in arger Bedrängnis, nicht nur wegen der zunehmenden Stärke und der fast unbegrenzten Mittel von Toyota (1983 verlautete aus verläßlicher Quelle, daß Toyota einen größeren Gewinn als alle anderen Automobilunternehmen zusammen mache), sondern auch wegen der Herausforderung von unten, von Honda und Mazda, sehr viel innovativeren und einfallsreicheren Unternehmen.

1983 glaubten die, die Nissan gut kannten, daß Ishihara mit seinem England-Vorhaben scheitern werde. Das hätte einen beachtlichen Gesichtsverlust bedeutet, ganz abgesehen davon, daß er seine internationale Strategie nicht würde zu Ende führen können. 1983 besuchte Margaret Thatcher Japan. Auf ihrer Prioritätenliste stand das Nissan-Werk ganz oben. Sie wurde in Tokio von Kawamata begrüßt, der gegen das Vorhaben war; Ishihara, der dafür war, weilte zu der Zeit passenderweise im Ausland. Im Frühjahr 1983, kurz nach dem Thatcher-Besuch, sagte ein enger Freund Ishiharas zu Journalisten, er glaube, die Sache sei gestorben. Doch dann kamen fast zur gleichen Zeit winzige Anzeichen dafür, daß Kawamata vielleicht doch umschwenken würde. Er sprach sich für ein begrenzteres Vorgehen in England aus, praktisch für einen Testlauf, um zu sehen, ob bei den britischen Gewerkschaften überhaupt etwas möglich war. Vielleicht, so meinte er, könnten sie mit einem kleinen Montagebetrieb anstatt einem Produktionswerk beginnen, und vielleicht konnten sie das Grundstück zunächst leasen, nicht kaufen. Obwohl die Aufweichung seiner Position damals noch nicht so bedeutsam schien, lieferte dieser Sinneswandel den britischen wie den japanischen Befürwortern doch zum erstenmal einen Hebel, mit dem er ausgehoben werden konnte. »Ich stehe diesem Projekt gar nicht so ablehnend gegenüber, wie manche meinen«, sagte er einem von Ishiharas Leuten im Juni 1983. »Ich weiß, daß es Differenzen gibt – wenn man die Fabrik durch den Kawamata-Eingang betritt, sieht sie sehr klein aus, und wenn man sie durch den Ishihara-Eingang betritt, sieht sie sehr groß aus –, aber am Ende ist es doch die gleiche Fabrik.«

Was dann folgte, bot einen der seltenen Einblicke in die interne Politik eines japanischen Industrieunternehmens. Die Stärke der modernen japanischen Gesellschaft resultierte zu einem großen Teil aus der neuzeitlichen Anwendung der Konfuzianischen Tradition – aus der Achtung vor der Autorität und der Verpflichtung von Einzelpersonen und Gruppen mit stark voneinander abweichenden Zielen, ihre Meinungsverschiedenheiten beizulegen und schließlich zueinander zu finden. Dem westlichen Beobachter kam es immer so vor, als ob dies ohne jeden Streit oder Disput geschähe. Die Japaner schienen einer einzigen großen, glücklichen Familie anzugehören, nicht einer Familie, in der sich ständig einzelne Gruppen bekämpften. Das Ungewöhnliche war nicht, daß bei Nissan ein Kampf mit solcher Schärfe ausgetragen wurde oder daß das Unternehmen gespalten war, sondern daß Personen aus dem Westen wegen der Beteiligung von Engländern die normalen Streitigkeiten in einem japanischen Unternehmen miterleben konnten.

Ab 1983 fand der Kampf zwischen Shioji und Ishihara dann auch vermehrt in der Presse statt. Shioji war überzeugt, daß Ishihara hinter einigen Artikeln steckte, die über ihn erschienen und sich zum Teil kritisch mit seinen nächtlichen Vergnügungen in der Ginza, seinen Finanzen und seiner Yacht auseinandersetzten. Er ersuchte um ein privates Treffen mit Premierminister Nakasone, dem er vorhielt, nach einem Treffen mit Margaret Thatcher erklärt zu haben, er hoffe, daß es mit der britischen Fabrik klappen werde. Nakasone, so Shioji, mische sich in private Geschäftsangelegenheiten ein. Shiojis eigene Aussagen über das Projekt wurden immer militanter. »Man beginnt nicht mit dem Bau eines zweiten Hauses, wenn das Dach des ersten im Begriff ist einzustürzen«, sagte er in Anspielung auf die heimischen Schwierigkeiten Nissans.

Im Spätherbst dann änderte sich die Lage, wenn auch ganz langsam. Es gab zuverlässige Berichte, daß einflußreiche Mitglieder der *Keidanren* Kawamata bedrängten, Ishihara zu unterstützen. Daß der Führer des Unternehmens und der Führer der Gewerkschaft sich in einer so wichtigen Frage öffentlich anfeindeten, war nach Meinung der *Keidanren*-Mitglieder schlecht für das Unternehmen. Ihnen mißfiel insbesondere die Tatsache, daß der Gewerkschaftsführer mit der stillschweigenden Duldung des Vorstandsvorsitzenden gegen den Präsidenten vorging. Auch aus England kamen gute Nachrichten bezüglich des Grundstücks: Das Areal konnte geleast werden, und es wurde eine Kaufoption eingeräumt. Das beseitigte einen wesentlichen Vorbehalt auf seiten Kawamatas. Ende 1983 änderte Kawamata öffentlich seinen Kurs; der Kampf zwischen Ishihara und Shioji, sagte er, schade dem Unternehmen, und da das einzig Wichtige das zukünftige Wohl Nissans sei, werde er sich dem Projekt in Großbritannien nicht länger widersetzen. Das Eingeständnis, daß es innerhalb des Unternehmens eine derart tiefe Kluft gab, war schon bemerkenswert genug, aber Kawamatas öffentlicher Richtungswechsel war noch bemerkenswerter. An jenem Tag gingen bei der britischen Botschaft pausenlos Glückwunschtelefonate ein. »Mensch«, rief ein Amerikaner, »ihr habt es geschafft – seht ihr das nicht? Ihr habt Kawamata und Shioji getrennt. Jetzt ist es nur noch eine Frage der Zeit.«

Ishihara, der sich seiner Herrschaft über das Unternehmen und sogar des Geschäfts mit den Engländern jetzt sicherer war, fing an, offener gegen Shioji vorzugehen.

Der Höhepunkt der Auseinandersetzung wurde Anfang 1985 mit »dem berühmten *Focus*-Artikel« erreicht, wie ein Freund Ishiharas später berichtete. *Focus* war ein neues, äußerst beliebtes Wochenmagazin in Japan, eine Mischung aus *Time*, *People* und *Playboy.* Eine Schlagzeile auf der Titelseite lautete: »Das Vergnügen Kaiser Shiojis: Eine Frau auf der Yacht, die Nissans Großbritannien-Geschäft bedroht.« Im Inneren des Hefts zeigte die Zeitschrift ein großes Foto von Shioji und einer hübschen jungen Frau an Bord seiner Yacht. »Der Mann, der so stolz am Steuer steht«, hieß es in dem Artikel, »ist der Besitzer eines schönen Segelboots, das zu bauen heute 40 Millionen Yen kosten würde. Hinter ihm sein Gast, ein Pianist aus einer Ginza-Bar... Der Mann ist Shioji.« In dem Artikel hieß es dann weiter, daß die Nissan-Geschäftsführung auf einer hochkarätigen Sitzung kürzlich nicht in der Lage gewesen sei, ihre Entscheidungen über das Werk in Großbritannien abzuschließen, weil man sich den Angriffen Shiojis auf Ishihara hatte widmen müssen. Shioji hatte behauptet, Ishihara lasse durch das Unternehmen sein Privatleben überwachen und ihn von Fotografen verfolgen.

Dann, an einem Abend Ende Januar, wurde von Nissan ein Telefongespräch mit der britischen Botschaft geführt. Das Geschäft war angelaufen. Es war ein Donnerstag, und den Japanern schwebte ein ganz bestimmter Ablauf vor: Kawamata sollte am Dienstag nach London fliegen, dort mit Margaret Thatcher zusammentreffen und vor dem Parlament den Abschluß bekanntgeben. Das war eindeutig als Belohnung für Kawamatas Einlenken gedacht; er würde am Ende in der gefeierten Rolle des hohen internationalen Vertreters von Nissan dastehen. Den britischen Diplomaten war klar, daß der zeitliche Rahmen wichtig war, daß das Geschäft abgeschlossen werden mußte, und zwar rasch. Die Vorbereitungen auf britischer Seite waren nicht so einfach, Premierministerin und Parlament nicht so ohne weiteres zusammenzutrommeln, doch schließlich stand das Programm, wie die Japaner es wünschten. Am nächsten Tag kam ein neuer Anruf von Nissan; Kawamata hatte Grippe, ob man nicht bitte schön die Feier auf Mittwoch verschieben könne. Nein, antworteten die Engländer, wir können die Premierministerin und das Parlament nicht herumschieben. So wurde am Montag Ishihara auf die Reise geschickt. Um Kawamata doch noch etwas an dem Glanz teilhaben zu lassen, wurde eine gemeinsame Pressekonferenz vereinbart, eine für Ishihara in London, eine für Kawamata in Tokio. Die Pressekonferenz Ishiharas war, was das Projekt und die Zukunft anging, erwartungsgemäß sehr optimistisch, die Pressekonferenz Kawamatas pessimistisch, was ebenfalls zu erwarten gewesen war. Ursprünglich war es bei dem Vorhaben um die Produktion von 200 000 Wagen gegangen, doch das jetzt ausgehandelte Ergebnis war um einiges bescheidener: zunächst ein Montagewerk für 24 000 Wagen und dann, falls alles gut ging, vielleicht die Produktion von 100 000 Wagen dort und eines Tages möglicherweise von 200 000 – obwohl sich niemand verpflichtete. Ishihara erklärte auf seiner Pressekonferenz in überschwenglicher Laune, daß 200 000 eine durchaus mögliche Zahl sei. Als er wieder in Tokio war, stellte jemand Kawamata die gleiche Frage, und er antwortete, daß man sich nicht verpflichtet habe, 100 000 Wagen zu produzieren. Und 200 000 Wagen? fragte jemand. Sie können genausogut 300 000 sagen, erwiderte er.

Nichts von alldem bedeutete etwas Gutes für Shioji. Er hatte bei dem in aller Öffentlichkeit geführten Kampf gegen Ishihara verloren, und wenn in Japan jemand als Verlierer angesehen wurde, entstand eine Eigendynamik und es kam meistens zu einem weiteren Niedergang, da die Durchschnittsjapaner darauf achteten, sich sofort auf die Seite des Siegers zu schlagen.

Später im gleichen Jahr wurde Ishihara Vorstandsvorsitzender. Endlich war es sein Unternehmen, achtundvierzig Jahre, nachdem er zum erstenmal dort zur Arbeit gegangen war. Wo Shioji in der Vergangenheit fast fünfundzwanzig Jahre beinahe diktatorische Macht besessen hatte, wurden Untergebene, die sich seiner Verwundbarkeit bewußt wurden, jetzt dazu ermuntert, gegen ihn vorzugehen. Im Februar standen in der Gewerkschaft andere gegen ihn auf, und seine Position zerfiel vollkommen. Er, der einmal der Hammer gewesen war, war zum Nagel geworden, der herausstand und hineingeschlagen werden mußte.

43
Wieder Zulagen

Die vielleicht schwierigste Aufgabe, vor der Philip Caldwell seiner Meinung nach stand, war die Steigerung der Qualität. Mehr als zwanzig Jahre hatte das Unternehmen dazu nur Lippenbekenntnisse abgegeben; jetzt, wo es mit dem Rücken zur Wand stand und seine Kunden ernüchtert waren, mußte Ford seinen Arbeitern und der Öffentlichkeit beweisen, daß Qualität bei Ford etwas Wichtiges war.

Fast zwei Jahre, bis Ende 1981, gab es keine erkennbare Qualitätsverbesserung. Es war maßlos enttäuschend, Geld auszugeben und keine Fortschritte zu machen. Endlich, 1982, merkte man an den eigenen Tests, daß sich die Situation besserte. Die Garantieberichte wurden besser. Die Briefe von Wagenbesitzern wurden positiver. Bald kam Caldwell zu der Überzeugung, daß er die Ford Motor Company gerettet habe.

Diese Überzeugung wurde ab 1983 augenscheinlich, einem Jahr, in dem Ford und GM sich leicht erholten. Beide Unternehmen belohnten ihre Führungskräfte ansehnlich, aber Caldwell profitierte am meisten davon. Neben seinem regulären Gehalt von 520 000 $ erhielt er eine stattliche Zulage von 900 000 $ und, was noch mehr Aufsehen erregte, rund 5,9 Millionen Dollar an verzögerten Bezugsrechten auf neue Aktien, so daß unter dem Strich 7,3 Millionen Dollar standen. Niemand bestritt, daß er ein Anrecht auf die Aktienoption hatte, oder daß er und andere Topmanager mehrere Jahre keine Zulagen bekommen hatten, doch der Zeitpunkt hätte nicht schlechter gewählt sein können. Die Führungskräfte von Ford und GM wurden zur Zielscheibe der Entrüstung. Viele Amerikaner waren der Meinung, in Anbetracht einer kränkelnden Branche, die nach Schutzmaßnahmen gerufen und sie auch erhalten hatte (und die die Preise für ihre Wagen erhöht hatte), sei ein solches Verhalten schamlos. Einige Amerikaner, die zum Teil aus Patriotismus einheimische Autos gekauft hatten, aber keineswegs sicher waren, daß sie genausogut wie die japanischen Modelle waren, fühlten sich verschaukelt. Einige Wirtschaftler und Politiker nannten es einen ungeheuerlichen Fehler. Sie waren überzeugt, daß die amerikanische Automobilindustrie nur dann mit den Japanern konkurrieren konnte, wenn die Löhne sinken würden, und daß eine Branche, die ihren Spitzenmanagern derartige Summen zukommen ließ, keinerlei moralisches Recht habe, von irgend jemandem – etwa der Automobilarbeitergewerkschaft – langfristige Opfer zu verlangen.

Es überraschte Außenstehende, daß man so wenig über die öffentliche Reaktion auf diese Entscheidungen nachgedacht hatte. Kein Mensch hatte versucht, Philip Caldwell auszureden, seine Aktienoption wahrzunehmen. Walter Hayes, der PR-Chef von Ford, hatte Caldwell vorher eine Aktennotiz geschrieben und angedeutet, daß es Schwierigkeiten geben könnte, hatte aber in keiner Weise die Heftigkeit der öffentlichen Reaktion vorausgeahnt. Seine Aktennotiz war bestenfalls eine leichte Warnung gewesen. Caldwell war dagegen weit davon entfernt, seine Handlungsweise zu bedauern, und war empört über die Kritik. Nach seinem Verständnis hatte er jeden Cent verdient. Voller Zorn auf die Presse und Brock, den leitenden amerikanischen Handelsbeamten, berief er eine Pressekonferenz ein, um sich zu rechtfertigen. Sie war kein Erfolg. Im Gegensatz zu Henry Ford und Lee Iacocca war Caldwell kein Mann mit einer großen Ausstrahlung.

Caldwell wurde immer gereizter angesichts der Art, wie die Medien ihn darstellten; diese Porträts erschienen in einem noch schlechteren Licht, wenn man sie mit denen von Iacocca – dessen Werbespots gerade zu der Zeit liefen – und anderen Mediengrößen verglich. Die Presseberichterstattung über ihn bestätigte seinen Verdacht, diese sei seicht und gebe sich nur mit Trivialitäten ab. Wenn Journalisten versuchten, ihm Fragen zur Person zu stellen, drückte er nicht nur sofort Ungeduld, sondern Verachtung für das aus, was sie taten: Was er *war*, belehrte er sie, sei nicht wichtig, sondern was er *machte*. Ironischerweise hinterließ er bei vielen Journalisten, die ihn interviewten, den Eindruck eines Mannes, der ungewöhnlich defensiv war. Diese Gespräche endeten häufig für beide Seiten enttäuschend. In seiner Zeit als Vorstandsvorsitzender entwickelte er einen regelrechten Haß auf die Presse.

Eines der ersten Dinge, die Philip Caldwell als Vorstandsvorsitzender von Ford neben der Qualitätsverbesserung und der Veränderung der Einstellung des Unternehmens zum Freihandel in die Wege geleitet hatte, war die Suche nach einem Gesicht, das jeden Ford radikal von anderen amerikanischen Wagen unterscheiden würde. Es berührte viele im Unternehmen äußerst sonderbar, daß ausgerechnet er verantwortlich für einen so scharfen Bruch mit der Vergangenheit war. Ein Ford-Mitarbeiter hielt das für eine ebenso spektakuläre Umkehr wie Richard Nixons Entschluß, das kommunistische China zu besuchen, nachdem er es so lange als Prügelknaben benutzt hatte. Caldwells Entscheidung, sich auf unerforschtes Gebiet zu begeben, war ein deutliches Zeichen dafür, in welch schlechtem Zustand Ford sich befand. Als in der Konstruktionsabteilung Anfang der 80er Jahre erstmals die Nachricht umging, daß einige Führungsleute einschließlich Caldwell ein moderneres Gesicht für die Wagen wünschten, waren die Konstrukteure verständlicherweise mißtrauisch. Jack Telnack, einer der besten von ihnen, bekam den Auftrag, ein eigenes Team zusammenzustellen und einen vollkommen neuen Wagen zu entwerfen, aber er wußte, daß der Wunsch des Managements nach etwas Neuem immer eher theoretisch als praktisch gewesen war. Wenn die Topmanager von Ford mit Neuerungen konfrontiert wurden, bekamen sie stets Angst, von herkömmlichen Mustern abzuweichen und, was noch wichtiger war, von den Mustern, die GM so sorgfältig entwickelt hatte. Das Ergebnis war ständige Enttäuschung in der Konstruktionsabteilung, ein Gefühl, daß am Ende immer »Kompromißautos« herauskamen.

In der Konstruktionsabteilung von Ford arbeiteten nach Meinung Telnacks viele talentierte junge Männer, die ebenso wie jeder andere Konstrukteur den Sprung in die Zukunft machen konnten, deren Ideen jedoch selten über das Stadium von Skizzen oder gelegentlich einem Tonmodell hinauskamen. Statt dessen mußten sie die kastenartigen, scharfkantigen Wagen von GM imitieren, die weder schön noch aerodynamisch vernünftig waren.

Im Jahr 1980, als die Wochen vergingen, und Telnack mit seinem Team mit dem Entwurf für das spätere Taurus- und Sable-Programm immer weiter vorankam, wurde er allmählich etwas optimistischer; vielleicht räumten ihm seine Vorgesetzten tatsächlich die Freiheit ein, die sie schon so oft versprochen und dann wieder rückgängig gemacht hatten. Es war, wie er meinte, der ideale Zeitpunkt für eine Erneuerung, denn das Unternehmen hatte keine andere Wahl. In der Vergangenheit hatten die Konstrukteure von Ford untereinander oft über die Frage diskutiert, wer einen bestimmten Wagen ermöglicht hatte – wie Iacocca den Mustang und Lewis Crusoe den Thunderbird. In diesem Fall hatte die Not die entscheidende Entwicklungshilfe geleistet. Das Unternehmen erreichte im April 1980 den Tiefpunkt, dem Monat, in dem das Taurus- und Sable-Programm ins Leben gerufen wurde. Das Programm, das größte Wagnis in der Geschichte des Unternehmens, war mit 5,7 Milliarden Dollar veranschlagt, obwohl die Zahl am Ende näher bei 3 Milliarden Dollar für einen Fünfjahresplan lag.

Nirgends kam Fords geänderte Haltung gegenüber Neuerungen deutlicher zum Ausdruck als in Caldwells Eintreten für den Windkanal-Look.

Telnack hatte nie direkt mit Caldwell zu tun gehabt, aber er wußte, daß seine Vorgänger sich vor ihm in acht genommen hatten; in der Konstruktionsabteilung löste schon die Erwähnung seines Namens ein Murren aus. Es erstaunte die Produktplaner und die Männer in der Konstruktions- und der technischen Abteilung, daß Caldwell Telnack und dessen Kollegen unterstützte. Er trieb sie sogar an, noch weiter zu gehen, sich selbst zu übertreffen. Noch im Anfangsstadium des Programms nahm er Telnack beiseite und fragte ihn: »Wagen Sie genug? Sind Ihre Entwürfe wirklich anders?« Telnack sagte, er glaube ja. »Sie müssen absolut sicher sein, daß sie es sind«, beschwor ihn Caldwell.

Es war ein schnittiger Entwurf. Jeder in der Abteilung hatte sich schon lange gewünscht, einen Wagen zu entwickeln, der weniger Luftwiderstand bot und deshalb nicht nur besser aussah, sondern auch weniger Benzin verbrauchte. Es waren, wie Jack Telnack glaubte, die steigenden Benzinpreise gewesen, die die Europäer gezwungen hatten, sich auf das Wichtigste überhaupt zu besinnen, die Funktion. Der Windkanal-Look war in Europa ausgeprägter, weil dort dem Benzinsparen mehr Bedeutung zukam als in Amerika. Als Telnack den Windkanal-Look zum erstenmal bei den französischen Citroens sah, hatte er ihm nicht gefallen. Doch mit der Zeit gewöhnte er sich daran, und er wußte auch, daß das richtige Verformen von Blech dem Unternehmen viele Millionen sparen konnte. Er schätzte, daß bei einem Wagen die Verringerung des Luftwiderstands um 10 Prozent eine Benzineinsparung von 3 bis 4 Prozent bewirken konnte. In einer Branche, in der neue staatliche Vorschriften selbst die geringste Einsparung so entscheidend machten, daß die Unternehmen Hunderte von Millionen für die Entwicklung eines neuen Vergasers ausgaben, der den Benzinverbrauch um Bruchteile senkte, kam diesem Gedanken doppelte Bedeutung zu. Telnack meinte, daß Ford allein durch die Formgebung des Taurus etwa 0,1 Liter auf 100 Kilometer eingespart habe, obwohl der Radstand bis zur endgültigen Fertigstellung des Wagens noch um 5 Zentimeter verbreitert wurde.

Der Sable, die Mercury-Version, wurde im Frühjahr 1981 fertig. Danach konzentrierte man sich ganz darauf, den Taurus, die Ford-Version, etwas anders zu gestalten. Man hatte sich große Mühe gegeben, eine Form zu finden, die neu war, ohne zu schockieren. Schließlich waren dies Wagen aus dem Hauptprogramm, keine in kleiner Stückzahl hergestellte Exoten. Man wollte der Mode nur gerade soviel voraus sein, daß es den Durchschnittskäufer an-, nicht aufregte.

So ruhig die Konstruktionsabteilung war, so voller Intrigen waren die Sitzungen der Produktionsplanung. Das Unternehmen war gespalten in die, die den Frontantrieb wollten, und die, die ihn ablehnten. Der Streit wurde dadurch so interessant, daß die gegnerischen Lager von den zwei ehrgeizigen Männern angeführt wurden, die hofften, die Nachfolge Philip Caldwells als Vorstandsvorsitzendem antreten zu können, Red Poling und Don Petersen. Damals war Petersen Präsident von Ford, Poling, ein Aufsteiger aus der Finanzabteilung, der Chef für den Bereich Nordamerika. Ihre Positionen waren in eigenartiger Weise verkehrt. Der Produktmann Petersen trat für den Hinterradantrieb ein, während der Finanzexperte Poling sich für den innovativeren Frontantrieb aussprach. Poling tat sich bei der undankbaren Aufgabe hervor, die Fixkosten von Ford zu reduzieren. Niemand zweifelte daran, daß er dazu bestens geeignet war; er war seit jeher als ein harter Mann bekannt, der schonungslos gegen die vorging, die seinen strengen Anforderungen nicht genügten. Seine Fähigkeit, dem Unternehmen Geld zu sparen, stand außer Frage. Er mußte jedoch beweisen, daß er, anders als Ed Lundy, auch den Betrieb führen konnte. So wurde der Taurus zu einem der Mittel, einem aufregend neuen Programm seine Handschrift zu verleihen. Er führte an, daß der Frontantrieb nach dem Erdölschock unerläßlich sei. Außerdem wies er darauf hin, daß die massive Werbekampagne von GM für seine neuen Wagen die Öffentlichkeit auf Frontantrieb eingeschworen habe, da GM diese Antriebsform mit der Aura einer neuen Technologie umgeben habe. Es wäre ein Fehler, so Poling, wenn Ford einen so völlig anderen Wagen herausbrächte, ohne alle möglichen technischen Neuerungen zu nutzen.

Petersens Position war eine ganz andere. Es hatte in den letzten zwanzig Jahren keinen virtuoseren Beherrscher des Ford-Systems, keinen Produktmann gegeben, der ein so feines Gespür dafür hatte, woher der Wind wehte, und ein solches Geschick, immer auf der Seite der Sieger zu sein. Nach dem Ausscheiden von Iacocca und Sperlich wurde er der ranghöchste Produktmann des Unternehmens, und er verstand es, Nutzen aus der Legitimität zu ziehen, die diese Position seinen Ansichten verlieh. Er war allerdings darauf bedacht zu demonstrieren, daß er keiner von denen war, die wahllos Geld ausgaben. Er wandte ein, daß der Frontantrieb bei einem Wagen mittlerer Größe kaum Vorteile bringe und der Verzicht darauf anderthalb Milliarden Dollar spare. Für ein Unternehmen, das das teuerste Projekt seiner Geschichte durchführte und sich außerdem mitten in einer Finanzkrise befand, war das ein überzeugendes Argument.

Wahrscheinlich gaben die Verkaufs- und Marketingleute den Ausschlag zugunsten des Frontantriebs. Ihnen hatten die Entwürfe Telnacks von Anfang an gefallen, und sie wollten einen völlig neuen Wagen haben, keinen, der zwar neu aussah, aber einen veralteten Antrieb hatte. Als der Termin der Berichterstattung von Poling vor dem Vorstand im Juni 1982 näher rückte und immer klarer wurde, daß der Taurus gebaut würde, und zwar mit Frontantrieb, schwanden Petersens Einwände, und er unterstützte das Projekt voll und ganz.

Der Start wurde um einige Monate verschoben, weil noch einige Produktionsmängel zu beheben waren. Allein das war, wie einige Männer aus der Produktion meinten, ein Zeichen für den Anbruch einer neuen Zeit bei Ford. Früher hätte man, Mängel hin, Mängel her, die Wagen auf den Markt geworfen. Ende Dezember 1985 war dann die tatsächliche Vorstellung. Der Taurus und der Sable wurden augenblicklich ein Erfolg. Bis zum 10. März hatte Ford von beiden Modellen insgesamt 41 163 Wagen verkauft, und es lagen 168 000 feste Bestellungen vor. Es war Fords erfolgreichste Einführung eines Wagens seit dem Mustang. All das war, wie einige der etwas nachhaltiger verstimmten Männer aus der Produktion meinten, eine Lehre – das Zusammentreffen schwerer Zeiten und harter Konkurrenz hatte Ford schließlich gezwungen, das zu tun, was man schon längst hätte tun müssen: die gewaltige Reserve an guten Leuten nutzen, um die bestmöglichen Wagen zu bauen, anstatt verhalten dazusitzen und zu überlegen, wie man mit einem möglichst geringen Risiko auskam, und das in einer Branche, in der sich echter Erfolg nur dann einstellte, wenn man Risiken einging.

Philip Caldwell würde sein Pensionierungsalter von fünfundsechzig Jahren im Januar 1985 erreichen. Damit wäre er fünf Jahre Vorstandsvorsitzender gewesen. Als sich der Termin näherte, wurde gemunkelt, sein Ausscheiden werde sich verzögern; im Unternehmen war bekannt, daß Caldwell hoffte, bleiben zu können. Er hatte sogar selbst erklärt, daß er zur Verfügung stehe, doch Henry Ford verwarf den Gedanken schnell. Er ernannte Don Petersen zum Vorstandsvorsitzenden, und am 1. Februar 1985 trat Petersen an die Stelle Caldwells.

Als die Nachricht die Konstrukteure und die Produktleute von Ford erreichte, atmeten sie sichtlich auf. Denn auch wenn Caldwell sich für Qualität sowie das Sable- und Taurus-Programm eingesetzt hatte, galt Petersen doch als produktnäher, innovativer und entscheidungsfreudiger als jeder andere auf der Chefetage des Unternehmens. Petersen selbst war erleichtert, denn es war bekannt, daß er nicht Caldwells Wunschkandidat als Nachfolger war. Die beiden Männer waren nie gut miteinander ausgekommen.

Von beiden war Donald Petersen sicher der interessantere Mann. Caldwell war der konventionelle Verwalter, ein Produkt des Systems, Petersen der schöpferische Produktmann, der Frieden mit dem System geschlossen hatte. Er war ein ehrgeiziger, kreativer Mann, der sich mit der Organisation arrangiert und sich über fünfundzwanzig Jahre ihrem Diktat untergeordnet hatte.

Er unterstützte in vernünftiger Weise die Produktion, doch opferte er sich in keiner Sitzung für sie auf. Er ging selbst keine Risiken ein, schlug sich jedoch stets auf die Seite derjenigen, die es taten. Es war, als ob er, besser als die meisten seiner Generation, die Ford Motor Company verstünde und sie so nahm, wie sie war, mit ihrer finanzbedingten konservativen Tendenz; als beabsichtigte er, nachdem er sich für eine Karriere dort entschlossen hatte, nicht, gegen Drachen zu kämpfen, die von normalen Sterblichen nicht zu besiegen waren. Das Unternehmen war so, weil es erstens groß war und weil zweitens Henry Ford es so haben wollte, und deshalb war es am besten, innerhalb des Systems zu arbeiten und auf den Augenblick zu warten, wo es möglich sein würde, verstärkt auf die Produktion zu setzen.

Wenn überhaupt jemand ein kopflastiges, stark bürokratisiertes Unternehmen in der heutigen Zeit führen und gleichzeitig für die Produktion eintreten konnte, dann war es nach Meinung vieler Don Petersen.

44
Der Erbe

Der junge Mann war mit Freunden zum Baseballspiel der Detroit Tigers gegangen und hätte unter normalen Umständen wahrscheinlich beträchtliches Aufsehen erregt, denn er war der Erbe einer außergewöhnlichen Tradition, das prominenteste Mitglied der vierten Generation der Fords. Aber niemand schien den netten, etwas molligen jungen Mann mittlerer Größe zu erkennen. Plötzlich liefen die Menschen zusammen, ein VIP kam, und Fotografen und Kameramänner des Fernsehens drängten sich durch die Sitzreihen zu dem Prominenten vor. Menschen wurden zur Seite gestoßen, als die Fotografen vorbeihetzten, um die Ankunft von Lee Iacocca festzuhalten. Auch Edsel Bryant Ford II., der Sohn Henry Fords II., der Enkel Edsel Fords und Urenkel Henry Fords, der Träger eines Namens, der Automobilgeschichte darstellte, wurde in Mitleidenschaft gezogen. Die Fotografen wußten nicht, wer er war, hielten aber dennoch den Augenblick fest, als er und Iacocca sich ein wenig linkisch, aber höflich begrüßten.

Das war bezeichnend. Er war ein gleichzeitig bekannter und unbekannter Mann. Für die breite Öffentlichkeit war er lediglich eine berühmte Persönlichkeit am Rande, die kaum erkennbar war. In der Welt der Insider, der Autobegeisterten, waren sein Leben und seine Karriere dagegen faszinierende und wichtige Angelegenheiten. Manchmal hatte es den Anschein, als musterten die eingeweihten Kreise Detroits ihn und seine Frau Cynthia zu genau. Das machte besonders Cynthia zu schaffen, der jegliches öffentliches Aufsehen mißfiel. Gemessen an den jungen Gattinnen von Grosse Pointe war sie keine so wichtige Figur wie Edsel Fords Mutter Anne McDonell Ford es gewesen war, da sie einer neuen Generation angehörte und der Aufgabe der Spendeneintreiberin bei Wohltätigkeitsveranstaltungen nicht viel abgewinnen konnte, eine Aufgabe, der sich die Frauen der einflußreichsten Männer der Stadt traditionsgemäß gewidmet hatten. Cynthia wollte zu Hause bleiben und ihre Kinder großziehen.

Edsel Ford war der Familienerbe, der im Unternehmen – das kein reines Familienunternehmen mehr war – am meisten in Erscheinung trat. Sein Vater war der letzte Autokrat der Familie. Rund dreißig Jahre nachdem die Ford Motor Company an die Börse gegangen war, war sie eine seltsame Mischung aus Familienbanden und -aktien einerseits und fremden fähigen Managern und fremder Macht andererseits. Sie wurde immer mehr zu einer Gesellschaft. Dadurch kam zwangsläufig die Frage auf: Würde die Macht der Familie noch so lange bestehen, daß ein weiterer Ford das Imperium beherrschen konnte? »Es gibt keine Kronprinzen bei der Ford Motor Company«, erklärte Henry Ford II. 1979, wobei er selbstverständlich hoffte, daß es wenigstens noch einen geben würde. Er selbst hatte, denkbar schlecht vorbereitet, das Unternehmen mit sechsundzwanzig übernehmen müssen. Sein Sohn Edsel dagegen, der von den echten Autofans sehr bewundert wurde und in allen Fragen des Unternehmens bestens geschult war, erklomm die Karriereleiter des Konzerns sehr viel langsamer, eine Leiter, die seine Familie nicht mehr restlos beherrschte.

Edsel gehörte dem Unternehmen aufgrund seiner Herkunft an und auch wegen seiner einmaligen Leidenschaft für Autos. Er kannte sich mit Autos aus und liebte sie, was man von seinem Vater nicht sagen konnte. Ende der 70er Jahre war Henry Ford einmal bei seinem Sohn in Grosse Pointe vorbeigefahren und hatte in der Garage ein besonders kraftstrotzendes Gefährt stehen sehen. »Was ist denn das um Gottes willen?« fragte er Edsel. Edsel erklärte, es sei der exakte Nachbau eines der GTOs von Ford, mit denen Henry Ford 1966 nach Frankreich gegangen war und mit denen die Ford Motor Company in Le Mans triumphiert hatte, ein Wagen, den der Sohn liebte und den der Vater nicht einmal mehr wiedererkannte. Die Vorliebe seines Sohns für Hochleistungsautos war dem älteren Ford manchmal ein Dorn im Auge, und er monierte an Edsel gelegentlich, daß dieser zuviel Zeit bei Autorennen und Rennfahrern verbringe. »Du hast mich an all das herangeführt«, antwortete Edsel. Autorennfahrer gehörten zu seinen engsten Freunden. Als leicht zu beeindruckender Teenager reiste er durch Europa und trieb sich in den Fahrerlagern herum; für ihn waren das echte Helden. Sie seien die letzten Gladiatoren, sagte er. Der berühmte britische Rennfahrer Jackie Stewart wurde einer seiner engen Freunde und war bei seiner Hochzeit einer der Trauzeugen. Auch die meisten seiner Freunde in Detroit waren Autofans, begeisterten sich eher für die Wagen als für das Geschäft, das sich daraus ergab. Ihn frappierte die Tatsache, daß die meisten Motorjournalisten der Stadt richtige Autonarren waren, während die Unternehmen mehr und mehr von leidenschaftslosen Geschäftsleuten geleitet wurden. Kein Wunder also, dachte er, daß die Journalisten oft so enttäuscht waren, wenn sie über die Unternehmen schrieben; es war, als ob durch eine schreckliche List des Schicksals diejenigen, die drinnen hätten sein sollen, draußen waren und umgekehrt.

Für Edsel Ford hatte schon immer festgestanden, daß er in das Unternehmen wollte. Es war, wie er einmal sagte, ein stolzes Erbe, und er wollte daran teilhaben. Selbst das Spielzeug für den Jungen waren große, starke Wagen gewesen. Als Elfjähriger fuhr er auf den Zufahrtswegen des Hauses Auto – nicht gerade eine Kleinigkeit auf dem riesigen Familienanwesen. An seinem sechzehnten Geburtstag bekam er sein erstes Auto geschenkt, einen Mustang mit einem eingebauten Drehzahlbegrenzer, der die Geschwindigkeit drosselte. »Es schien«, wie er Jahre später sagte, »die Haltung vorzuherrschen, ›Wir bewahren den Kronprinzen besser vor irgendwelchem Unheil‹.« Es gelang ihm, den Drehzahlbegrenzer abzukoppeln.

Er wuchs in Grosse Pointe auf, ein Ford, der sich seiner Verantwortung bewußt war, aber dennoch verwöhnt wurde. Er war das jüngste von drei Kindern, der erste Junge; seine Schwestern waren sehr viel älter. Seine Eltern waren ferne Gestalten. Damals, erinnerte er sich einmal, arbeiteten Spitzenmanager sehr angestrengt, und ihre Frauen kümmerten sich um wohltätige Dinge. Die Bediensteten erzogen die Kinder nach ausgeklügelten, strengen Regeln, die von den Eltern festgelegt worden waren. Er hatte nichts dagegen, ein Ford zu sein, aber es war ihm verhaßt, *Edsel* Ford zu sein. Als Junge hatte er sich danach gesehnt, einen ganz normalen Namen wie die anderen Kinder auch zu haben. Henry wäre durchaus in Ordnung gewesen, dachte er. Der Name Edsel war nicht nur anders, er hatte auch etwas Schmachvolles an sich. Andere Kinder hänselten ihn damit, brachten den Namen in Verbindung mit dem Mißerfolg des gleichnamigen Wagens. Er war eine Niete. »Ich wünschte«, sagte er einmal zu seinem Vater, »ich hätte einen anderen Namen. Alles, nur nicht Edsel.« Übergewichtig, unsicher und verwöhnt, war er nach seinen eigenen Worten schon früh ein Versager.

Mit vierzehn Jahren und nicht gerade begeistert von dem Gedanken, von zu Hause fort zu müssen, kam er nach Eaglebrook in Deerfield, Massachusetts, seiner ersten auf das College vorbereitenden Privatschule, wo er in Maßen glücklich war. Mit sechzehn, nach dem Abschluß dort, wurde er dann wie andere Fords vor ihm nach Hotchkiss geschickt, einer exklusiven Schule in Connecticut. Das erste, was er auf seinem Weg zum Wohnheim sah, war die Edsel B. Ford-Bibliothek; damit stand für ihn fest, daß Hotchkiss ihm ein Greuel sein würde. Er beschwor seine Eltern, ihn nach Hause zu lassen. Er bekam stets zur Antwort, daß er bleiben müsse, daß Hotchkiss gut für ihn sei. Schließlich schloß sich auch der Direktor von Hotchkiss Edsels Meinung an, daß dies nicht die richtige Schule für den Jungen sei.

Edsel kam auf eine andere Schule in Connecticut, Gunnery, wo die Familientradition ihn weniger belastete.

Er schloß Gunnery ab und ging nach Babson. Keine der großen Eliteuniversitäten im Osten der USA hatte sich um ihn gerissen, und Babson stand in dem Ruf, ein angenehmes, akzeptables College zu sein, auf das sehr erfolgreiche Männer ihre nicht ganz so erfolgreichen Söhne schicken konnten. Edsel machte in Babson schließlich sein Examen, und wenn er dazu auch fünfeinhalb Jahre brauchte, war er doch das erste Mitglied der direkten Linie bis zum Urgroßvater, das sein Studium beendete.

Er machte sein Examen 1974, genau in dem Augenblick, als die Automobilbranche in Bedrängnis geriet. Nach dem Abschluß ging sein Vater mit ihm essen.

»Was willst du machen?« fragte Henry Ford seinen Sohn.

»Ich habe mir gedacht, drei Monate Ferien zu machen und dann im Unternehmen zu arbeiten«, antwortete Edsel Ford.

»Bist du sicher, daß du das willst?« fragte der Vater. »Es ist jetzt eine Publikumsgesellschaft, und du mußt dir deinen Weg selbst bahnen. Es ist sehr viel schwerer jetzt.«

Edsel Ford versicherte seinem Vater, daß dies das einzige sei, was er machen wolle. Er hatte das Gefühl, dorthin zu gehören. Nie hatte er daran gedacht, etwas anderes zu machen. Er war ein Ford, und er war Teil eines besonderen Erbes. Er war mit den Charakteren seiner Vorfahren vertraut: Sein Urgroßvater war ein rauher, harter, brillanter Mann gewesen; sein Großvater Edsel Ford war sensibel und kreativ gewesen, ein für die Familie guter Mann; sein eigener Vater war stur, hatte die Verdammt-nochmal-ich-mache-es-auf-meine-Art-Haltung. Edsel Ford II. fühlte sich seinem Großvater am nächsten, dem ersten Edsel Ford, weil sie beide in Autos vernarrt waren. Sein Vater und sein Urgroßvater standen sich, wie er meinte, ebenfalls nah, beides energische Führernaturen mit unbändigem Tatendrang, die es in jeder Branche zu etwas gebracht hätten.

Der junge Mann, der als Mittdreißiger auf der Ebene des mittleren Managements bei Ford anfing, war ein sympathischer Mensch mit einer äußerst feinen Lebensart. Er war offenbar stärker mit sich in Einklang, als sein Vater es gewesen war, weniger ichbezogen. Er konnte über sich selbst lachen, eine Eigenschaft, die nur wenige bei Henry Ford feststellten. Sein Interesse galt dem Produkt, und das Unternehmen schien ihm mit zu vielen Managementebenen belastet, zu viele Menschen, die letzten Endes kaum eine Beziehung zu Autos hatten.

Edsel wußte, daß er ständig beobachtet wurde, doch die ersten zehn Jahre seiner Laufbahn waren gut gewesen, und er hatte allgemein das Gefühl, sich auf den verschiedenen Posten bewährt zu haben. Mehrere Führungsleute meinten, es wäre gut, wenn letztlich ein Ford das Unternehmen führe, insbesondere dieser Ford, der Autos liebte. Es verlieh dem Unternehmen etwas Besonderes in der großen unpersönlichen Welt der Gesellschaften, gab ihm eine Eigenschaft, die den meisten anderen Unternehmen fehlte.

Selbstverständlich nahm sein Vater Anteil an seinem Werdegang. Obwohl er sich zurückgezogen hatte, spielte er noch immer eine wichtige Rolle bei bedeutsamen Personalentscheidungen. Aber ob Henry Ford und die übrige Familie die Entscheidungen auch in zehn Jahren noch würden beherrschen können, war eine andere Frage. Im übrigen war er nicht der einzige mögliche Familienvertreter seiner Generation, der im Unternehmen arbeitete. Obwohl neun Jahre jünger als Edsel, arbeitete sich auch Billy Ford, der Sohn von William Clay Ford (der mehr Aktien als Henry besaß), durch alle Stationen nach oben; auch er wurde von seinen gleichrangigen Kollegen bewundert. Was Edsel Ford betraf, so arbeitete die Zeit gegen ihn. 1986 war er achtunddreißig und wahrscheinlich noch zehn bis fünfzehn Jahre von der Zeit entfernt, wo er vielleicht auf den höchsten Posten befördert würde, und jedes Jahr nahm die Macht der Familie, diese Beförderungen zu steuern, etwas ab. Es war ein Wettlauf mit der Zeit, wenn auch noch so langsam.

In seinen Augen war das Autogeschäft immer etwas Glanzvolles gewesen, aber er war genau zu dem Zeitpunkt eingestiegen, als der Glanz nachließ. Die Zeiten waren härter, der Spielraum für das Vergnügen und den Gewinn war kleiner. Er beobachtete, wie seine jungen Kollegen immer länger für immer weniger Gegenleistung arbeiteten. Er liebte das Geschäft und er fand, daß es hohe Anforderungen an die Beschäftigten stelle. Es war, wie er meinte, äußerst abträglich für jede Ehe. Die Männer gingen frühmorgens zur Arbeit und kamen spätabends nach Hause, und dann arbeiteten sie an den Wochenenden. Irgend jemand, sagte er, sollte ein Buch über die Autobranche und Scheidungen schreiben. Es gab auch weniger Vergünstigungen für Mitarbeiter, weniger Luxus in einer Welt, die einmal voller Annehmlichkeiten gewesen war. Vor kurzem hatte seine Mutter aus New York angerufen und ihm mitgeteilt, daß sie zur Beerdigung einer Freundin nach Detroit kommen müsse und gern bei ihm übernachtet hätte. Er sagte, daß er sie am Flughafen abholen werde.

»Ach, Edsel«, erwiderte Anne Ford, »du brauchst nicht selbst zu kommen und mich abzuholen. Schick deinen Fahrer.«

»Mutter«, antwortete er, »diesmal bin ich der Fahrer.«

Er selbst blieb im Unternehmen, weil er Autos liebte, wie er gern hervorhob; die Notwendigkeit zu arbeiten bestand für ihn ganz sicher nicht. Als er 1975 heiratete, schätzte die *Detroit Free Press* den Wert seines Portefeuilles auf 54 Millionen Dollar. Die Arbeit erwies sich aufgrund der anhaltenden Krise in der Branche als weit härter, als er erwartet hatte. Wenn er, wie er sagte, kein Ford gewesen wäre, oder wenn er bei seinem Examen in Babson gewußt hätte, was er heute wußte, wäre er vielleicht in eine modernere Branche gegangen, etwa zu Federal Express, einem hochmodernen Spediteur. Das war seiner Meinung nach ein aufregender Betrieb. Die Leute dort waren der Konkurrenz immer um eine Nasenlänge voraus; und wenn die Konkurrenz auf einem Gebiet gleichzog, kam Federal Express mit etwas Neuem. Im Gegensatz zu vielen seiner Kollegen in Detroit glaubte er, daß der modernen Dienstleistungsindustrie die wirtschaftliche Zukunft Amerikas gehöre. Ihre Welt wurde größer, während die Autobranche immer härter um immer kleinere Stückchen aus dem Kuchen kämpfte.

Aber das Autogeschäft war die Vergangenheit seiner Familie und würde, wie er hoffte, seine Zukunft und die seiner Kinder sein. Er bereitete tatsächlich eine weitere Generation von Fords darauf vor. Er brachte ganz bewußt neue Wagen mit nach Hause und führte sie seinen Kindern vor, und wenn er mit seinem fünfjährigen Sohn herumfuhr, machten sie ein Spiel – Autos benennen.

»Was ist das für einer?« fragte er beispielsweise.
»Ein GMC«, antwortete sein Sohn dann.
»Wer stellt den her?« fragte Edsel Ford II. weiter.
»General Motors«, erwiderte Henry Ford III.

45
Der neue amerikanische Held

Das Verlangen, sich an Henry Ford zu rächen, schien Lee Iacocca zu verzehren. Mehr als alles andere war dies die Kraft, die ihn in der schlimmsten Zeit bei Chrysler vorantrieb. Seinen Freunden im Unternehmen ging es auf die Nerven, wie sehr ihn dieses Rachegefühl beherrschte. Als Iacocca an seinem Buch schrieb, bemerkte er beispielsweise zu Beginn der Arbeitssitzungen mit seinem Ghostwriter und dem Lektor beiläufig, daß er an besagtem Tag nicht über Henry Ford sprechen wolle, weil im Buch schon zuviel über ihn stehe. Aber dann kam sie früher oder später doch wieder hoch, die Wut über die Ungerechtigkeit seiner Entlassung durch Henry Ford.

Manchmal sprach er über Henry Fords Sohn Edsel. Iacocca war fest davon überzeugt, daß man ihn selbst bei Ford vernichtet habe, weil er zu stark gewesen war, daß Henry Ford ihn geopfert habe, um Edsel den Familienbesitz zu bewahren. »Es ist eine einzige Schande«, erklärte er. »In dem ganzen Laden gibt es niemand, der sich um Edsel kümmert. Diese Penner da drüben, die Henry in den Arsch kriechen, werden sich nicht um Edsel kümmern – die können sich nur um sich selbst kümmern, mehr nicht. Wenn Henry gewollt hätte, daß Edsel einmal das Unternehmen führt, hätte er nur zu mir kommen und sagen müssen: ›Hören Sie, Lee, ich übergebe Edsel Ihrer Obhut. Ich möchte, daß Sie ihm alles beibringen, was Sie wissen.‹ Ich hätte es getan. Ich hätte ihm etwas beibringen und ihn schützen und ihn für die Zukunft aufbauen können. Jetzt gibt es keine Möglichkeit mehr für ihn, es noch zu schaffen, weil da drüben kein Mensch ist, den das auch nur entfernt interessiert. Von Loyalität wissen die gar nichts. Der einzige, der es hätte machen können und auch gemacht hätte, bin ich.« Das war eine Beurteilung, der sich weder Henry Ford II. noch Edsel Ford anschlossen.

Wenn in Detroit, wo Iacocca zum überragenden Prominenten der Stadt wurde, ein geschäftliches oder journalistisches Ereignis stattfand, bei dem seine Anwesenheit erwünscht war, lehnte er ab, falls jemand unter den anderen Eingeladenen »den Fords zu nahestand«, wie er sich ausdrückte. Als Bill Curran, ein langjähriger Werbemann von *Time-Life* in Detroit, achtzig wurde, beschlossen seine Partner, sowohl Ford als auch Iacocca zu einer Geburtstagsfeier einzuladen, einem kleinen Fest mit fünfundzwanzig alten Freunden. Iacocca ließ verlauten, daß er nicht kommen würde, wenn eventuell Henry Ford auch käme. Ford war so taktvoll, Abstand zu nehmen, um Curran Ungelegenheiten zu ersparen.

Je mehr Iacocca angriff, desto weniger ging Henry Ford darauf ein. »Lee«, sagte Bunkie Knudsen, ein Kenner der Materie, »vergeudete seine Zeit, indem er Henry Ford anfeindete. Er machte sich damit nur kaputt.« »Er ist Henry Ford, Sie nicht«, sagte Bunkie, »finden Sie sich damit ab und leben Sie Ihr Leben weiter.« Henry Ford reagierte nicht nur nicht auf Iacoccas Angriffe, die Familie hatte sich diesbezüglich sogar auf bestimmte Richtlinien geeinigt. Innerhalb der Familie wurde die Haltung vertreten, daß es einige Familien gebe, die schon seit langem Macht und Geld besaßen und deren Mitglieder die Verantwortung erkannt hatten, die diese Macht und diese Vorrechte mit sich brachten; und es gebe andere Familien, für die Reichtum und Macht noch neu waren, deren Mitglieder nicht wußten, wie man sich verhält.

Was die meisten an Henry Ford überraschte war das Ausmaß, in dem er dem Unternehmen nach seinem allmählichen Rückzug tatsächlich fernblieb. Es war klar, daß das lange Ausharren auf seinem Posten ihn erschöpft hatte, daß er froh war, der täglichen Verantwortung ledig zu sein und es kaum mehr erwarten konnte, all dem zu entfliehen und Detroit zu verlassen. Er war zufrieden mit dem, was er geleistet hatte. Er hatte das Unternehmen als Familienunternehmen in sehr schweren Jahren zusammengehalten. Das Urteil über ihn würde nicht Lee Iacocca sprechen (vor dem er, wie er es sah, das Unternehmen gerettet hatte), sondern die Geister der verstorbenen Fords, vor allem sein Großvater.

Daß er sich weitgehend zurückgezogen hatte bedeutete nicht, daß er das Unternehmen nicht noch immer aufmerksam beobachtete. Aber er hielt sich jetzt selten in Detroit und selten im »Glashaus« auf. Er liebte sein Landhaus in England und verbrachte viel Zeit dort. Wenn er nicht dort weilte, war er sehr oft in Palm Beach, wo er ein neues Haus einrichtete. (Er lebte, wie er Freunden erzählte, deshalb in Florida, weil er es sich nicht leisten könne, in Michigan zu sterben und die dortigen Erbschaftssteuern zu zahlen.) Einige alte Freunde, die während seiner beiden vorigen Ehen zu ihm gehalten hatten, merkten, daß er sich ihnen entzog und mehr und mehr in den Kreis um Kathy DuRoss und ihre jungen Freunde gezogen wurde. Diese alten

Freunde waren übereinstimmend der Meinung, daß er bei seinem dritten Versuch wahrscheinlich die Frau gefunden hatte, die er von Anfang an hatte haben wollen, eine Frau, die materiell genug eingestellt war, sich in seiner Welt wohl zu fühlen, und stark genug, sich ihm gegenüber zu behaupten.

Henry Ford hatte von der Kommunalbehörde von Grosse Pointe einen Bescheid erhalten, der ihm erlaubte, aus seinem Anwesen achtzehn getrennte Wohneinheiten zu machen. Das war ein weiteres Zeichen für die Stagnation der amerikanischen Wirtschaft, in der es leichter fiel, mit dem Handel von Grundstücken Geld zu machen als mit der Herstellung von irgendwelchen Produkten. Er behielt Grosse Pointe jedoch im Auge. Eine Wanderung durch Grosse Pointe war eine Wanderung durch die Automobilgeschichte wie auch durch Henry Fords Privatleben. Da war das Haus am Lake Shore Drive, in dem er aufgewachsen war, und dann, ebenfalls am Lake Shore Drive, das pompöse Haus, in dem er und Anne gelebt hatten, und er und Cristina, und aus dem er die achtzehn kleinen Wohneinheiten gemacht hatte. Jetzt lebte er mit Kathy in dem fast bescheidenen Haus in der Provencal, Grosse Pointes vornehmster Straße. Nicht weit entfernt am Lake Shore Drive stand ein Haus, das 1985 zum Verkauf angeboten wurde, und es hieß, Lee Iacocca und Peggy Johnson, seine Verlobte, hätten es sich einige Male angesehen, und sobald das bekanntgeworden sei, habe es einen Anruf gegeben und das Haus sei, auf die eigenartige Weise, in der diese Dinge in Grosse Pointe geregelt wurden, sofort vom Markt genommen worden. Am Ende wurde es erneut angeboten und von Edsel Bryant Ford II. erstanden. Doch nicht lange darauf wurde ein anderes Haus in der Provencal angeboten, und die Iacoccas kauften es (es war sinnigerweise ein Haus, das einmal dem jungen Henry und Anne, und dann Cynthia und Edsel Ford II. gehört hatte, die jedoch nie darin gewohnt hatten). Eine Karikatur in der *Detroit News* zeigte Henry Ford, der aus dem Fenster schaute und »Schöne Nachbarn, das« sagte.

Lee Iacocca wurde zwar von Henry Ford kaum beachtet, dafür aber umso mehr von vielen seiner Mitbürger. Er wurde zum neuen Mythos der 80er Jahre, zum Symbol des wirtschaftlichen Wiederaufstiegs in Amerika. Dies lag zum Teil an der spektakulären Erholung von Chrysler, zum Teil in geschickten Fernsehspots und zum Teil an dem in schweren Zeiten offenbar zwingenden Bedarf an Siegertypen begründet. Er hatte eines der großen Unternehmen des Landes vor dem Bankrott bewahrt und war nicht nur ein außergewöhnlicher Geschäftsmann geworden, sondern ein Star. 1983 hatte *Time* ihm eine Titelgeschichte gewidmet und ein Cover gewählt, auf dem er wie ein schlitzohriger Verkäufer aussah, und dann, als Chrysler weiterhin erfolgreich war, kam er erneut auf die Titelseite, diesmal mit einem eher staatsmännischen Profil.

Wie berühmt er war wurde an den erstaunlichen Verkaufszahlen seines Buchs deutlich. Er hatte sich entschlossen, es zu schreiben, weil ihm doch eine ganze Menge durch den Kopf ging, vorwiegend über Henry Ford. Die Vorauszahlung des Verlags war gering; der Ghostwriter nahm keine prozentuale Beteiligung, ein Fehler, den er sicher nicht noch einmal machen würde; und der literarische Agent war Iacoccas New Yorker Friseur, der den Kontakt zu Bantam Books herstellte und später ziemlich verärgert schien, daß die Leute bei Bantam es nicht für angebracht hielten, ihm irgendeine Prämie zu zahlen.

Das Buch war auf eine vom Autor nicht intendierte Weise ungewöhnlich aufschlußreich. Es war reiner Iacocca, und es war absolut persönlich. Es ähnelte nicht den Memoiren verstorbener Detroiter Industrieller, sondern eher denen eines neuen Typs amerikanischer Prominenter. Christopher Lasch sprach in diesem Zusammenhang von der Kultur des Narzißmus. Im Ton glich es erstaunlich stark den Memoiren von Ed Koch, dem Oberbürgermeister von New York, und denen von Howard Cosell, dem Sportreporter, zwei ebenfalls talentierten und unsicheren Männern, die aufgrund ihrer Unsicherheit ständig nach Erfolg gestrebt hatten, mit der Zeit äußerst erfolgreich und durch den Zugang zum Fernsehen berühmt geworden waren.

Iacoccas Buch war in nicht geringem Maß ein Angriff auf Henry Ford, und in den engeren Kreisen Detroits rückten selbst von denen, die auf seiner Seite gestanden und seinen Kampf mit Ford im wesentlichen als berechtigt angesehen hatten, viele, wenn auch nur privat, davon ab. Einige Leute meinten einfach, er habe ungeschriebene Gesetze gebrochen und hätte lange vorher von sich aus gehen müssen, wenn Henry Ford eine so finstere und abstoßende Gestalt war, wie von ihm geschildert.

Er hatte schließlich in all diesen Jahren dazugehört und war gut bezahlt worden (in den letzten zehn Jahren bei Ford hatte er etwa 6,8 Millionen Dollar an Gehalt und Zulagen erhalten – die Aktienoptionen ausgenommen –, obwohl 1974 und 1975 im Gefolge der ersten Erdölkrise keine Zulagen gezahlt worden waren). In Detroit gab es einen Ausdruck für solche üppigen Zahlungen an einen unzufriedenen Angestellten oder Abfindungen für einen gefeuerten Manager, die ein Stillschweigen in der Zukunft sichern sollten: »Jemandem den Mund mit Scheinen stopfen«. Ohne Frage glaubte man bei Ford, das in Iacoccas Fall getan zu haben. Außer der direkten Abfindung sollte Iacocca bis zu seinem fünfundsechzigsten Lebensjahr jährlich 178 500 $ erhalten und danach 175 000 $ im Jahr. Aber in diesem Fall hatte es offenbar nicht gewirkt.

Andere bemängelten an dem Buch lediglich, daß Iacocca es versäumt hatte, in einer Branche, in der die Teamarbeit so unentbehrlich war, das

Verdienst mit anderen Mitarbeitern zu teilen. Selbstverständlich beeinträchtigte keiner der vermeintlichen Mängel den Verkauf. Keiner hätte den Erfolg voraussagen können: Das Buch wurde fast sofort die Nummer eins auf den Bestsellerlisten und hielt diesen Platz sehr lange. Es wurden 500 000 Exemplare verkauft, dann eine Million, 1,5 Millionen, 2 Millionen, 2,7 Millionen. Es war weniger ein Buch als ein Ereignis. Bis zum Februar 1985 erlebte das Buch einundfünfzig Auflagen. Nur *Vom Winde verweht* und ein Buch über einen Vogel, *Die Möwe Jonathan,* hatten sich in der Gruppe der modernen gebundenen Bücher besser verkauft. Über ein Jahr stand es auf der Bestsellerliste. Es war ein solcher Erfolg, daß ein anderes Buch über ihn von einem Werbemann, das zuvor nicht sonderlich eingeschlagen hatte, als Taschenbuch neu aufgelegt wurde. Mit dem Titel *Iacocca* und im Sog von Iacoccas eigenem Buch kam es an die Spitze der Bestsellerliste für Taschenbücher.

Um diese Zeit tauchte das Gerücht auf, Iacocca denke über eine Kandidatur für die amerikanische Präsidentschaftswahl nach. Einige seiner Freunde meinten freilich, daß er darüber lieber spekulierte, als es wirklich zu tun – daß er von Natur aus zu sensibel für das brutale Geschäft der Präsidentschaftswahlen war. Lee, sagte einer seiner besten Freunde, würde sich aus Angst vor dem Scheitern nicht bewerben.

Er war zum politischen Flirt des Landes geworden. In einem Feld vergleichsweise farbloser Kandidaten schien er die interessanteste Figur zu sein, nicht zuletzt deshalb, weil angenommen wurde, daß die anderen Kandidaten auf jeden Fall antreten würden, während das bei Iacocca nicht so sicher war. Er müßte eine völlig neue Karriere beginnen, wurde gesagt (obwohl es in Wahrheit nur eine Fortsetzung der alten wäre, die immer auf seiner Fähigkeit beruht hatte, sich zu verkaufen). Diese Ungewißheit reizte die politischen Journalisten mehr als die Gewißheit über den Ehrgeiz der anderen Kandidaten. In der Rolle des Industriellen als Politiker schien er die Vorzüge beider Welten in sich zu vereinigen. Auf der einen Seite war er der Mann, der von sich behaupten konnte, der amerikanischen Automobilindustrie trotz der Bedrohung durch die asiatische Konkurrenz wieder auf die Beine geholfen zu haben, auf der anderen Seite derjenige, der herumlief und den Aktienanalysten riet, Chrysler-Aktien zu kaufen, weil seine Firma das vertikal am wenigsten konzentrierte Automobilunternehmen sei – was selbstverständlich bedeutete, daß er größere Freiheiten als andere hatte, sich mit den billigsten Zulieferern in Asien zusammenzutun.

Er war über Nacht zu Amerikas Superprominenten geworden, war an die Stelle des verbrauchten Henry Kissinger getreten. Die Gruppen, die Kissinger früher zu ihrem Sprecher erkoren hatten, wandten sich jetzt nur noch dann an ihn, wenn Iacocca nicht zur Verfügung stand. Iacocca wurde zur treibenden Kraft bei dem Projekt, die Freiheitsstatue zu renovieren.

Bei einer der ersten Feiern um die Freiheitsstatue fuhren einige seiner Berater mit einem Boot hinüber zur Insel. Als sie ankamen, stellten sie fest, daß Iacocca fehlte.

»Wo ist Lee?« fragte jemand.

»Er geht zu Fuß rüber«, sagte ein anderer.

Als man ihm später von der witzigen Bemerkung erzählte, war er begeistert. »Geben Sie dem Mann eine Gehaltserhöhung«, sagte er. Das ganze Ausmaß seines Ruhms war kaum zu ermessen. Sein Gesicht blickte nicht nur von zahllosen Zeitschriftentitelseiten, er hätte nicht nur, wenn er das gewollt hätte, jeden Abend eine wichtige Rede halten können, sondern erfuhr 1986 auch die endgültige Bestätigung modernen Ruhms – er wurde um einen kleinen Gastauftritt in *Miami Vice*, einer der Topserien im Fernsehen, gebeten, und er nahm an, wenngleich er später nachdenklich meinte, es habe sich als sehr viel schwerer als die Arbeit an seinen eigenen Fernsehspots herausgestellt; er habe immer den Text vergessen.

Seine Freunde staunten, wie sehr er sich gewandelt hatte. Er hatte sich einmal darüber beklagt, daß Henry Ford zuviel Zeit außerhalb Detroits verbringe, und jetzt war Iacocca selbst immer öfter fort, war so oft es ging in New York. In der Vergangenheit hatte er moniert, daß Henry Ford gesellschaftlich nicht mit Leuten aus der Autobranche verkehre, sondern nur mit den Freunden seiner Schicht; und jetzt, wo Iacocca der Chef von Chrysler war, war er nach der Arbeit so wenig wie möglich mit seinen Kollegen von Chrysler und möglichst oft mit seinen New Yorker Freunden zusammen, die nichts mit der Branche zu tun hatten. Er hatte Henry Fords anderweitige Interessen kritisiert und widmete jetzt, wie festgestellt wurde, immer mehr Zeit der Renovierung der Freiheitsstatue sowie Leuten, die vielleicht einmal politische Verbindungen haben würden. Er hatte Ford die Art und Weise vorgeworfen, wie dieser seine Spitzenleute gegeneinander ausgespielt hatte, und jetzt gab es Anzeichen dafür, daß er mit seinen Topmanagern genauso verfuhr. Er hatte, wie sie meinten, von einem Meister gelernt.

1984 wurde er immer öfter als Präsidentschaftskandidat ins Gespräch gebracht, oder doch zumindest als Kandidat für den Posten des Vizepräsidenten, falls er scheitern sollte. Er beteiligte sich nicht an der 1984er Kampagne, doch das ließ die Gerüchte um eine mögliche Teilnahme an der 1988er Kampagne nicht verstummen. Er stellte einen teuren Ghostwriter ein und sprach immer häufiger über öffentliche Angelegenheiten. In Detroit meinten die, die ihn genau beobachteten, daß seine Reden immer politischer würden. Eine Detroiter Zeitschrift befaßte sich in einer Titelgeschichte mit seinen

Aussichten für das Amt des Präsidenten und veröffentlichte Ergebnisse, die nachwiesen, daß er sich im Vergleich mit den meisten potentiellen Gegnern recht gut schlug. Ein bekannter Schriftsteller hatte bereits, ohne von Iacocca dazu irgendwie ermächtigt worden zu sein, mit der Arbeit an einem Buch begonnen, das sehr nach einem Wahlkampagnenprogramm für 1988 klang. Privat erklärte Iacocca, daß die Aufgabe, Chrysler wieder hochzubringen, schwieriger gewesen sei als die, das Land zu führen, und daß Ronald Reagan mit seinem kurzen Arbeitspensum der Beweis dafür sei.

Als sich das Gerede um eine Präsidentschaftskandidatur Iacoccas verstärkte, schrieb Russell Baker, der Humorist der *New York Times,* einen Artikel, in dem er ihn beschwor, nicht zu kandidieren. Iacocca, schrieb Baker, sei ein erstklassiger Automann, und gemäß dem Parkinsonschen Gesetz bestehe die Gefahr, daß er kandidiere, gewählt werde und lediglich ein weiterer zweitklassiger Präsident der Vereinigten Staaten werde. Da das Land nach Bakers Worten einen erstklassigen Autobauer viel dringender brauche als einen zweitklassigen Präsidenten, wäre die Bewerbung ein Fehler. Iacocca schrieb Baker umgehend einen Brief und erklärte, daß er nicht beabsichtige zu kandidieren. Baker, der den Dementis von Politikern nicht traute, rief einen Freund an, las ihm den Brief vor und sagte: »Um Gottes willen, ein solcher Brief, das ist ein sicheres Zeichen dafür, daß er antritt!«

Zwölfter Teil

46
Die Spekulanten

Zuerst sah es wie ein völlig aussichtsloses Übernahmeangebot aus. Im Herbst 1985 ging die relativ kleine Supermarktkette Pantry Pride gegen Revlon an, eines der großen Unternehmen Amerikas. Revlon hatte im Vorjahr 2,4 Milliarden Dollar umgesetzt und sein Eigenkapital wurde auf etwa 2 Milliarden Dollar geschätzt, während das von Pantry Pride bei 120 Millionen Dollar lag – einem Sechzehntel davon. Pantry Pride wollte etwas zuwege bringen, was in den Augen einiger Beobachter von Wall Street eine durch und durch feindselige Übernahme war – das heißt, Wall Streets neue Art der Fusion, bei der Unternehmen ohne deren Zustimmung geschluckt wurden. Ein derartiges Geschäft wäre unter normalen Umständen niemals möglich gewesen, doch Wall Street hatte rechtzeitig mit einer tragbaren Finanzierungsform aufgewartet, sogenannten *junk bonds*, Fantasiewerten, die ein Aktienanalyst Papiere nannte, deren Wert irgendwo unter dem Barwert und über dem Monopoli-Geld lag. Von den knapp 2 Milliarden Dollar, die zur Übernahme von Revlon nötig waren, stammten etwa 1,5 Millionen Dollar aus *junk bonds*. Ronald Perelman, der Chef von Pantry Pride, gehörte zum neuen Schlag der cleveren Gesellschaftsspekulanten. Besonderes Geschick bewies er darin, den Barwert einer kleinen Firma mit dem Ziel auszureizen, ein größeres, gewinnbringenderes Unternehmen zu erwerben. Sein Vorgehen besaß sogar eine eigene Handschrift: Sofort nach der Übernahme nahm er das überrumpelte Unternehmen aus und verkaufte die Abteilungen, an denen er nicht interessiert war, um damit das Geschäft zu finanzieren, das er gerade abgeschlossen hatte. Zu dem Zeitpunkt, als er sich Revlon vorgenommen hatte, standen die Pantry Pride Supermärkte zum Verkauf; der Gewinn aus diesem Verkauf sollte für den Erwerb von Revlon verwendet werden.

Der bloße Gedanke daran entsetzte die Firmenleitung von Revlon. Die Manager dort waren nicht naiv; sie wußten, daß kein Unternehmen mehr sicher war. Aber wenn sie ihr Unternehmen schon verlieren sollten, dann, so hatten sie gehofft, doch an einen großen und angesehenen Konzern. Es war nicht nur der Verlust einer geliebten Firma, der den Männern, die Revlon leiteten, so schmerzlich war, sondern auch das Gefühl, daß mit dem amerikanischen Kapitalismus etwas absolut nicht in Ordnung sein mußte, wenn so etwas geschehen konnte.

Die erste Fusion ohne die Zustimmung der betroffenen Firma fand 1974 statt. Die Wahl des Zeitpunkts war bezeichnend. Die Erschütterungen, die auf den ersten Erdölschock folgten, hatten den Dow Jones-Index fallen lassen; die guten Zeiten der Aufschwungjahre waren vorbei. Während einige Unternehmen, Nutznießer einer sich wandelnden Weltwirtschaft, plötzlich über mehr liquide Mittel verfügten, als sie erwartet hatten, waren andere gestandene Firmen ohne eigenes Verschulden erheblich unterbewertet und wiesen stark gefallene Kurse auf. Bei einigen großen Investmentfirmen und Banken der Wall Street verlief das Geschäft schleppend, und leitende Angestellte dieser Firmen, die nach neuen Möglichkeiten Ausschau hielten, bezogen erstmals etwas mit in ihre Überlegungen ein, woran sie vor ein paar Jahren noch nicht einmal im Traum gedacht hätten: die Vertretung feindseliger Spekulanten. Bisher war eine Fusion ein freiwilliger Vorgang zwischen zwei Firmen, die sich einig waren. Jetzt waren finanzstarke Unternehmen bereit, sich übernahmeunwillige Firmen einzuverleiben, wobei sie von Investmenthäusern der Wall Street unterstützt wurden, die dringend auf diese Geschäfte angewiesen waren.

Bei Morgan Stanley wurde einem gescheiten jungen Mann namens Bob Greenhill aufgetragen, eine Abteilung für Fusionen und Übernahmen einzurichten. Damals hatte man bei Morgan Stanley wie auch bei anderen Häusern an der Wall Street eine vage Abneigung dagegen, bei Angeboten mitzuwirken, die sich gegen eine Firma richteten; so etwas hatte das Haus noch nie gemacht, und niemand schien den Gedanken zu mögen, zumindest theoretisch. Eine Fusion ohne die Zustimmung einer der betroffenen Firmen war etwas Unfeines. Greenhill ging sofort daran, die Arbeitsweise der Fusionsabteilung zu ändern. Er beschloß, daß die Firma von jetzt an gegen Vorschuß arbeiten würde; ein Unternehmen, das ein anderes aufkaufen wollte, bezahlte Morgan Stanley für die Zeit, die für die Suche nach einem geeigneten Objekt aufgewandt wurde. Dieser Schritt sorgte dafür, daß der Vorgang jetzt professionell durchgeführt werden konnte. Er bedeutete auch, daß die Investmentfirmen es sich leisten konnten, ihre besten jungen Leute für die Fusionsgeschäfte abzustellen, denn diese würden ein stattliches Honorar abwerfen. Die Zeit der Gentlemen's Agreements, wo kein Unternehmen gegen ein anderes spekulierte, ging allmählich zu Ende.

Aus dem Fusionsgeschäft entwickelte sich sogar bald eine eigene Kultur. Es sprach wie nur wenige andere Seiten des Wirtschaftslebens das Ego an. Fusionen erregten das Interesse der Medien in hohem Maß, denn dort geschah Dramatisches, gab es Gewinner und Verlierer. Vergleichbares konnte die Leitung eines gesunden Industrieunternehmens nicht bieten. Immer häufiger erschienen Fotos von Topmanagern in der *New York Times*, *Fortune* und *Forbes*, und im *Wall Street Journal* standen des öfteren kurze Beiträge über sie. Der Firmenchef, dem es gelungen war, ein anderes Unternehmen ohne dessen Zustimmung aufzukaufen, wurde zu einem Mann, den man beobachtete und auf eine eigenartige Weise auch respektierte. Man ließ sich besser nicht in einen Kampf mit ihm ein. Hier ging es um Geschäfte, und Geschäfte brachten Spaß und Aufregung. Es war nicht unbedingt eine Welt der hohen Kunst der Unternehmensführung, doch sie besaß eine unwiderstehliche Anziehungskraft; sie ließ normale Geschäfte langweilig erscheinen. Der Vorgang schuf, sobald er anlief, bei den Beteiligten eine Art Besessenheit, ein Gefühl, als ob sie in ein Kriegsspiel en miniature verwickelt wären. Bei dem Ganzen kamen offenbar alte Machoinstinkte zum Tragen; die Bestätigung als Mann stand auf dem Spiel. Im Angreifer wurde die Lust sich zu messen geweckt, und seine Umgebung, die Anwälte und die Anlageberater und die Medien, spornten ihn an. Was reizte war nicht nur der Erwerb, sondern der Akt des Erwerbens, die Jagd.

Wall Street, das zum Entstehen dieser Welt beigetragen hatte, wurde bald von ihr infiziert. Die Fusions- und Übernahmeabteilungen der Investitionsbanken wurden größer und wichtiger. Es entstand eine neue Klasse von Investitionsbankern. Weil die Welt der Firmenaufkäufer so hektisch und die Risiken und damit der Streß so groß waren, waren diejenigen, die es dorthin zog, unersättlich, aufgeputscht und vor allem jung. Die Verschleißrate war extrem hoch. Ein junger Mann stieg in diesem Geschäft vielleicht wie ein Komet auf, erwarb sich einen ausgezeichneten Ruf und war vielleicht fünf oder höchstens zehn Jahre gefragt. Weil das Tempo so mörderisch war, zog er sich im gesegneten Alter von achtunddreißig oder vierzig Jahren auf einen würdevolleren Posten in seinem Unternehmen zurück. Die guten jungen Leute wollten alle in die Fusions- und Übernahmeabteilung. Dort konnte man sich einen Namen machen.

Sie sprachen in spröden Kürzeln miteinander, einer Sprache, die so klang, als würden sie die Geschäftswelt verachten. In ihrem Jargon versuchte selbstverständlich jeder jeden »reinzulegen«, und gut waren nur diejenigen, die gewitzt und hart genug waren, so daß sie am Ende als »Sieger« dastanden. Die meisten Firmen waren »Schrott«. Sie lagen im »letzten Kaff«. Was sie produzierten, war überwiegend »Abfall«. Die meisten Manager waren

»Blindgänger«. Verteidiger, die unersättliche Fusionshaie abwehrten, konnten »Gauner-Ex« verwenden, »Giftpillen« schlucken oder »die Sache hochgehen« lassen (was zwar nicht die ganze Welt vernichtete, aber immerhin beide Unternehmen). Angreifer konnten ein Unternehmen durch Finten täuschen und sich statt dessen für den »Geldbriefträger« entscheiden, das heißt, sie konnten sich vom Verteidiger abfinden lassen, wobei ihre vielen Aktien in Gold aufgewogen wurden.

An der Wall Street wurde man bald außerordentlich einfallsreich, wenn es darum ging, Mittel und Wege zu finden, um diese Geschäfte zu finanzieren. *Junk bonds* zum Beispiel waren ein weiterer Triumph der neuen Wall Street, einem Paradies für Manipulanten. Immer seltener war der Wunsch nach mehr Leistungsfähigkeit und höherer Produktivität beider Unternehmen der Anlaß dafür, zwei Firmen zu fusionieren. Immer häufiger wurden Fusionen von denen initiiert, für die der schnelle Gewinn Selbstzweck war, den Spekulanten und, zur rechten Zeit, den Arbitragehändlern, die die neuen Superreichen der amerikanischen Finanzwelt waren. Die Arbitragehändler jonglierten an der Wall Street so, wie andere gerne in Las Vegas jongliert hätten, und scheffelten bei der richtigen Inanspruchnahme einer Fusion Millionen und Abermillionen.

Wenn dies eine paradiesische Zeit für diejenigen war, die diese Geschäfte betrieben, dann galt das Gegenteil für die, die ein Unternehmen zu leiten versuchten, und es kam zu einer immer größeren Kluft, ja einem Abgrund zwischen dem, was gut für die Wall Street, und dem was langfristig gut für die Produktivität war. All das wirkte sich außerordentlich negativ auf jene bedauernswerten Manager aus, die versuchten, irgend etwas zu produzieren. Sie betraten die Bühne einer ganz neuen, internationalen Wirtschaft zusammen mit beachtlichen Konkurrenten, die, was die langfristige Planung betraf, aufgrund ihrer Beziehungen zu den Banken beträchtliche Vorteile genossen. Doch jetzt standen die Amerikaner unter dem Druck, nicht ihre Unternehmen gut zu führen oder ein besseres Erzeugnis herzustellen, sondern die Kurse ihrer Aktien möglichst hoch zu treiben, damit die Bücher besser aussahen. Die neue Bedrohung schuf eine noch räuberischere Umwelt. Zunehmend entfernte sich die amerikanische Wirtschaft von an Produktivität orientierten Sektoren. In den Vordergrund traten dagegen Bereiche, in denen intelligente junge Männer und Frauen ihre Fähigkeiten immer schneller unter Beweis stellten und schneller an einer höheren Belohnung teilhaben konnten. Die Dekane der amerikanischen Wirtschaftsfakultäten beklagten sich privat, daß ihre besten Studenten – oft das halbe Seminar – sofort in einer Investitionsbank anfangen wollten oder, wenn das nicht klappte, in einer Beraterfirma. Keiner von den sehr guten Studenten wollte eine Stelle in einer großen Firma annehmen, schon gar nicht in der Produktion.

Waren die amerikanischen Hersteller durch die feindseligen Übernahmen beunruhigt, so waren ihre Kollegen in Japan lediglich verwundert. Im November 1981 bereisten Walter Mondale, ehemals amerikanischer Vizepräsident, und Richard Holbrooke, einer seiner Berater und früher Abteilungsleiter für fernöstliche Angelegenheiten im Außenministerium, Japan und besichtigten ein neues Stahlwerk in Kawasaki. Mondale war, wie Holbrooke merken konnte, sehr beeindruckt von der Besichtigung, vom Anblick eines Stahlwerks, das weit moderner und leistungsfähiger als alles in Amerika war, aber mit Anlagen arbeitete, die im wesentlichen von Amerikanern entworfen worden waren. Bei einer Gelegenheit fragte Holbrooke die Japaner, was sie von U.S. Steel hielten, das gerade Marathon Oil in einer Riesenfusion übernommen hatte. Seine Gastgeber waren zunächst höflich und wichen daher aus, doch Holbrooke ließ nicht locker. Schließlich sagte ein Japaner: »Sehen Sie, wir haben große Achtung vor U.S. Steel. Es ist der Vater unserer Industrie. Aber wir begreifen nicht, wieso ein Unternehmen, das Stahl produzieren soll, soviel Geld ausgibt, um eine Erdölgesellschaft zu kaufen.« Was sie wirklich so höflich wie möglich sagten, war, wie Holbrooke später meinte, dies: wir haben verschiedene Ziele im Leben. Wir sind Stahlleute, sie sind Geschäftsleute.

47
Die OPEC löst sich auf

Der Sturz des Schah im Jahr 1979 und der anschließende drastische Anstieg des Erdölpreises überraschten Charley Maxwell nicht, den Erdölanalysten an der Wall Street, der auf seinem Gebiet so etwas wie eine Berühmtheit geworden war. Wenn er später die hektischen Ereignisse von 1978 bis 1982 beschrieb, als der Erdölpreis außer Kontrolle schien, wies er gerne darauf hin, daß der von der OPEC festgelegte Preis nie den Spot- (oder Markt-) preis überschritt. Nicht die OPEC trieb den Preis in die Höhe, wie Maxwell erkannte, sondern die Verbraucherländer selbst, die sich wie hysterisch gebärdeten, als sich das Undenkbare ereignete. Es war weniger eine Erdölknappheit als die Furcht vor einer Verknappung, die die irrsinnige Eskalation der Preise bewirkte. Nachdem sie den Nahen Osten jahrelang ausgebeutet und lange so viel Erdöl für einen so geringen Preis gefördert hatten, glaubten sie nun, daß das Ende gekommen sei. Maxwell war fasziniert, als der Preis immer weiter stieg, denn er war überzeugt, ein psychologisches, kein wirtschaftliches Phänomen zu beobachten.

Die OPEC-Länder waren nach Meinung Maxwells von dem plötzlichen Preissprung ebenso überrascht wie der Westen, fingen aber bald an zu glauben, sie hätten das durch ihr kluges politisches Handeln erreicht, und der daraus sich ergebende Reichtum stehe ihnen zu Recht zu. So wie die Verbraucherländer vor ein paar Jahren geglaubt hatten, daß der künstlich niedrig gehaltene Preis richtig und endgültig sei, hielt die OPEC jetzt den gegenwärtigen Preis für gerecht und dauerhaft. Von den großen Produzenten waren nur die Saudis beunruhigt über den rapiden Preisanstieg, auch wenn sie sehr zufrieden waren. Ihre Unruhe war die eines konservativen Regimes, das sich plötzlich dem Unbekannten gegenübersah. Bei den OPEC-Treffen sprachen sie sich immer wieder und vergeblich dafür aus, den Preis unter Kontrolle zu halten. Da sie bei diesem Bemühen unterlagen, erklärten sie den anderen OPEC-Ländern wiederholt, daß das, was sich da abspiele, Wahnsinn sei.

Maxwell meinte, der Preis sei zu schnell gestiegen und habe am Ende die Realitäten des Marktes überschritten, werde aber schließlich wieder fallen, wenn auch vielleicht nicht genauso schnell. Er war sicher, daß der wirtschaftliche Impuls sich bald gegen den psychologischen durchsetzen würde. Auf dem Höhepunkt des Taumels, als der Spotpreis 34 $ pro Barrel betrug, meinte er, daß der reale Preis, falls es so etwas in einer verrückt gewordenen Welt gäbe, bei etwa 24 $ liegen sollte. Bei einem OPEC-Treffen Ende März 1983 redeten die Saudis auf ihre Partner ein, den Preis zu senken, und er wurde schließlich von 34 $ auf 30 $ zurückgenommen. Der Spotpreis schwankte damals um 28 $ oder 29 $. Bald darauf fiel er auf 22 $.

Maxwell machte mehrere Faktoren für den ständigen Rückgang des Preises verantwortlich, zu dem es anschließend kam. Zunächst einmal war da das langsamere Wirtschaftswachstum in den Industriestaaten. Erstarrt durch den extrem hohen Erdölpreis hatten ihre Volkswirtschaften rasch an Schwung verloren. Ein weiterer Faktor war das neue Umweltbewußtsein der westlichen Länder, das sich 1983 auf dem Markt bemerkbar zu machen begann. Und drittens spielte eine Rolle, daß man vermehrt Erdöl durch andere Energiequellen ersetzte: Eine Welt, die sich unbekümmert von der Kohle ab- und dem Erdöl zugewandt hatte, fing nun an, diesen Prozeß rückgängig zu machen. Der letzte Faktor war eine beachtliche Produktionssteigerung bei einigen nicht zur OPEC gehörenden Ländern wie Angola, Dänemark, Griechenland, Tunesien und Indien. 1985 kamen etwa 6 Prozent der Welterdölförderung aus neuen Nicht-OPEC-Ländern.

Im September 1985 erklärten die Saudis, die enttäuscht durch die ihrer Meinung nach systematischen Betrügereien seitens anderer OPEC-Mitglieder waren und erheblichen Druck auf die eigene Wirtschaft spürten, daß sie ihre Förderung deutlich erhöhen würden. Das mußte sich nachhaltig auf den Erdölpreis auswirken. Der Zusammenhalt der OPEC konnte nur äußerst mühsam aufrechterhalten werden; tatsächlich war einer der Gründe der Saudis zu handeln der, die Betrüger im Förderkartell zu bestrafen. Aber Maxwell wußte, daß es noch viele und vielfältige andere Gründe gab. Die Saudis wollten zum Beispiel den Preis senken, um nicht weiterhin die Kriegsmaschinerie des Iran bei dessen langwierigem Krieg mit dem Irak zu unterstützen. Es gab noch andere Überlegungen. Mehrere mächtige saudiarabische Familien sahen sich plötzlich finanziell ernsthaft bedroht, als umfangreiche Bau- und ausgedehnte Bodenprogramme, die in einem Gebiet mit sehr hohen Erdölexporten in Auftrag gegeben worden waren, infolge der OPEC-bedingten begrenzten Förderung unvermittelt stockten. Die Saudis förderten

Mitte 1985, als ihre Entscheidung für eine Produktionserhöhung fiel, nur 2 Millionen Barrel täglich. Zuvor waren es durchschnittlich 4,3 Millionen Barrel gewesen. Jetzt waren es im Grunde nicht einmal 2 Millionen: 800 000 Barrel waren für den heimischen Bedarf, 200 000 waren für den Irak bestimmt und weitere 200 000 gingen an ärmere, vorwiegend moslemische Länder, mit deren Bezahlung die Saudis überhaupt nicht rechneten. Real förderten die Saudis also eigentlich nur 800 000 Barrel täglich und drosselten damit ihre Wirtschaft. (Als sie die Produktion auf 4,3 Millionen Barrel erhöhten, meinten einige Skeptiker, sie förderten wegen des niedrigeren Preises jetzt doppelt soviel Erdöl, um den gleichen Betrag zu erzielen. Das traf, wie Maxwell glaubte, nicht zu; tatsächlich standen 3,5 Millionen Barrel zu etwa 16 $ pro Barrel 800 000 Barrel zu je 27 $ gegenüber, also 56 Millionen Dollar täglich gegenüber 21,6 Millionen Dollar.)

Außerdem ärgerten sich die Saudis über die verschiedenen Nicht-OPEC-Länder, die sich aufgrund des überhöhten Barrelpreises zur Erdölförderung entschlossen hatten – und über das Ausmaß, in dem der Westen zum einen sparte und zum anderen auf andere Energieformen umstieg. Die Maßnahme sollte die Gelegenheitsförderer vertreiben, indem sie den Marktpreis so weit drückte, daß die Förderung nicht mehr lohnte. Außerdem sollte sie sicherstellen, daß Erdöl so billig war, daß es weiterhin der grundlegende Energieträger in den Industriestaaten blieb, die sich sonst vielleicht der Kohle zuwandten.

Die saudiarabische Entscheidung ließ den Preis ins Bodenlose stürzen. Er fiel unter 20 $, dann unter 15 $, und er fiel weiter. Im Spätwinter erreichte er schließlich bei 10 $ pro Barrel seinen Tiefpunkt. Im Frühjahr 1986 erholte er sich wieder und stieg auf 15 $ und 16 $ pro Barrel. Die OPEC schien wieder einmal in der wichtigsten Frage eher geteilt als vereint. Sie glich der OPEC von vor fünfzehn Jahren.

Der Preisrückgang beeinträchtigte nicht nur die Volkswirtschaften bestimmter OPEC-Länder, sondern auch die einiger amerikanischer Bundesstaaten. Anfang 1986, als der Benzinpreis zu sinken begann, blieben die Bitten der Gouverneure von Texas und Oklahoma um staatliche Hilfe und die Beschwörungen von Vizepräsident Bush, die Saudis sollten den Preis anheben, in Detroit nicht unbemerkt. Es war erst vier Jahre her, daß die Erdöl fördernden Bundesstaaten einen Boom, Detroit dagegen einen wirtschaftlichen Einbruch erlebt und die Texaner sich über die Autohersteller lustig gemacht hatten. Der Zusammenbruch der Hochkonjunkturphase in Texas rief in Michigan eine gewisse Schadenfreude hervor.

Unter den Erdölanalysten drehte sich das Gespräch darum, wann und wie weit sich der Preis erholen würde. Die neue magische Zahl war 20 $ pro

Barrel; einige Analysten meinten, der Preis werde 1987 die 20-$-Marke erreichen. Charley Maxwell war vorsichtiger als die meisten anderen; er glaubte, die Änderung werde erst im Winter 1988/89 eintreten. Unterdessen fragte er sich, was diese Änderung für die langfrsitigen Planungen Detroits bedeuten würde. Er war überzeugt, daß einer der Hauptnutznießer der Änderung Japan sein werde, ein Land ohne Erdöl.

48
Die Emporkömmlinge

Japan trug seinen neuen Erfolg nicht mit Würde. Mitte der 80er Jahre, als sein überwältigender Sieg auf dem Automobilmarkt feststand, war es unter den Großen der Welt weitgehend isoliert. Der Handel mit Japan war so einseitig, daß er den Beigeschmack eines umgekehrten Kolonialismus bekam: Die westlichen Länder lieferten Rohstoffe an die Japaner, die daraus Fertigerzeugnisse machten, die sie dem Westen wieder verkauften. Im Westen machte sich angesichts der Finanzkraft Japans Unbehagen breit.

Je deutlicher Japans Abgeschlossenheit zutage trat, desto stärker wuchs die Verärgerung über seine Handelspraktiken. Die Beziehung zwischen Amerika und Japan wurde immer schwieriger. Die größten Sorgen machten sich bezeichnenderweise diejenigen, die Japans älteste und aufrichtigste Freunde gewesen waren. Niemand im Nachkriegsamerika war ein besserer und engagierterer Freund Japans gewesen als Edwin Reischauer, der bekannte Harvard-Professor für Japanologie. In der Kennedy-Johnson-Ära war er Botschafter in Tokio gewesen, wo er mit ungewöhnlichem Feingefühl sowohl die japanischen als auch die amerikanischen Interessen vertreten hatte. Das war so weit gegangen, daß einige amerikanische Geschäftsleute in Tokio den Eindruck gewonnen hatten, er habe die amerikanische Sache nicht nachdrücklich genug dargelegt, um die Japaner zur Öffnung ihres Marktes zu bewegen. Doch 1985 war Reischauer der japanischen Hinhaltetaktiken in Handelsfragen überdrüssig.

Fast zur gleichen Zeit schrieb Henry Rosovsky, ein ehemaliger Harvard-Dekan, einen Brief an die *New York Times,* in dem er warnend auf den japanischen Protektionismus hinwies, vor allem auf den Gebieten der Hochtechnologie und der Biotechnologie. Für viele Amerikaner spiegelten diese Bereiche – wo das Beste an amerikanischer Wissenschaftsforschung aufs engste mit dem entscheidenden Teil des amerikanischen Kapitalbeteiligungssystems verbunden war – einen Großteil der zukünftigen Hoffnung der amerikanischen Wirtschaft wider. Das besonders Beunruhigende am japanischen Protektionismus auf Gebieten wie diesen, an der Neigung, ein ausländisches Produkt so lange abzuwehren, bis die Japaner es selbst herstellen konnten, war nach Rosovskys Worten, daß damit den jüngsten und besten amerikanischen Unternehmen das Recht verwehrt wurde, den verdienten Gewinn aus ihrem unternehmerischen Geschick zu ziehen und dann weiterzumachen und andere Produkte zu entwickeln.

Immer mehr Amerikaner wurden sich der Doppelgleisigkeit der japanischen Vorgehensweise bewußt – wie schnell sie handeln konnten, wenn eine bestimmte Entscheidung in ihrem wirtschaftlichen Interesse lag, und wie langsam sie vorgingen und stets die Notwendigkeit der Geduld in östlichen Ländern bemühten, wenn etwas wirtschaftlich unbequem war.

Das vielleicht deutlichste Beispiel war der Versuch, amerikanische Zigaretten nach Japan zu exportieren. Der japanische Tabak war schlecht und teuer, der amerikanische gut und billig. Doch es war den Amerikanern fast unmöglich, die endlosen offiziellen und inoffiziellen Hürden des Protektionismus zu überwinden, der die nationalen Belange schützte. Premierminister Nakasone mochte sich noch so regelmäßig mit Präsident Reagan treffen und neue Programme ankündigen, die Japans Märkte öffnen würden, sobald der Gipfelrummel vorbei war, tat sich überhaupt nichts.

Die Japanische Tabak-AG war ein Staatsbetrieb. 1982, als Japan bedrängt wurde, seine Märkte zu öffnen, hatte die Japanische Tabak-AG mit einer gezielten Firmenpolitik reagiert, um alle Chancen der Ausländer zur Erhöhung ihres Marktanteils zu vereiteln. Die Unternehmensspitze hatte Anweisungen an untergeordnete Angestellte gegeben, Werbeplakate ausländischer Zigarettenhersteller abzureißen, die amerikanischen Zigaretten hinter die japanischen zu stellen und den Vorrat knapp zu bemessen. Für ein Land mit einem riesigen Handelsüberschuß war dieses andauernde protektionistische Geplänkel in den Augen vieler westlicher Beobachter ein schäbiges Geschäft, etwas höchst Demaskierendes. Als die Sache aufflog, bot der Präsident der Tabakgesellschaft seinen Rücktritt an, doch der Finanzminister bedeutete ihm zu bleiben. Der Präsident versprach, daß so etwas nie wieder vorkommen würde. Dem war nicht so. Obwohl der Tabakmarkt im April 1985 liberalisiert werden sollte, war kaum eine Veränderung feststellbar.

Noch anstößiger war ein darauffolgender Schachzug des Chefs der Japanischen Tabak-AG. Da das Staatsunternehmen wußte, daß die Amerikaner und andere Auslandsfirmen im Begriff waren, weitere Marken einzuführen, hatte es sich in aller Stille um die japanischen Warenzeichenrechte für etwa fünfzig ausländische Marken bemüht. Newport war, wie sich herausstellte, eine alte und geschätzte japanische Zigarettenmarke. Der Widerwille bei den Ausländern war außerordentlich groß. Hier war ein Land mit einem so großen Handelsvorteil, daß Handelskriege drohten, und dieses Land unternahm etwas so Schändliches. Das erinnerte daran, daß nicht so sehr die Landesgesetze, sondern vielmehr die Grundhaltung Japans protektionistisch war.

Die japanische Abgeschlossenheit hatte sich schon immer auf vielfältige Weise manifestiert. Es reichte vom Unvermögen eines amerikanischen Baseballspielers, der in der japanischen Liga die meisten Homeruns hatte, in den letzten Wochen der Saison einen anständigen Wurf zu bekommen (die japanischen Werfer warfen einfach schlecht, wenn er dran war), bis zu den Schwierigkeiten, auf die Ausländer stießen, wenn sie ihre Waren durch den Zoll bringen oder ein Vertriebssystem in Japan aufbauen wollten, was in anderen kapitalistischen Ländern eine Kleinigkeit war. Der wirtschaftliche Erfolg Japans steigerte diese Abgeschlossenheit zur Arroganz: Es gab nicht nur eine japanische Art für alles, diese war immer auch die richtige Art. Es war an der Zeit, daß die Welt begriff, daß die japanische Vortrefflichkeit kein glücklicher Zufall war – sie waren die besten Produzenten der Welt.

Zu Beginn der 80er Jahre erklärten viele einflußreiche Japaner, das nächste Jahrhundert werde ihnen gehören. Europa galt als dekadent, und Amerika war, wenn auch nicht richtiggehend dekadent, so doch fraglos ermattet. Wenn Japaner hin und wieder offen mit Amerikanern sprachen, erklärten sie, Amerika habe sich selbst geschwächt, weil es feindlich gesinnte Gewerkschaften geduldet habe und Schwarzen und Frauen eine Sonderbehandlung angedeihen ließ.

Japans plötzlicher Wohlstand und sein Hochmut verhüllten freilich nur dürftig die Anfälligkeit seiner Wirtschaft wie auch seiner Psyche. Anders als bei Ländern, deren Reichtum einfach aus dem Boden kam (die Saudis mit ihrem Erdöl, Südafrika mit seinen Edelsteinen und Erzen, Amerika mit seinem üppigen Ackerland und seinen Mineralen), entsprang die japanische Wirtschaftskraft keiner natürlichen Gegebenheit. Sie war in keiner Weise gesichert und mußte täglich aufgefrischt werden. Schlechte Planung und schlechte Arbeitsmoral konnten sehr schnell verspielen, was so mühsam verdient worden war. Der japanische Wohlstand war daher in gewissem Sinn oberflächlich. Die verwestlichten Gebiete Tokios – Ginza, Roppongi und Akasaka – waren von einer grellen Modernität, und die japanischen Geschäftsleute, die dort essen gingen, waren gut gekleidet, doch ihr Wohlstand war nur Fassade. Ein erfolgreicher Japaner besaß vielleicht fünfzehn teure Anzüge, aber abends fuhr er unter Umständen anderthalb Stunden, zuerst mit der U-Bahn und dann mit einem Vorortzug, heim in eine winzige, billig gebaute Wohnung weit draußen vor der Stadt. Viele gutbezahlte Geschäftsleute hatten relativ wenig Besitz. Sie hatten zwar persönliche Vorrechte, aber das meiste dessen, was ihnen zugute kam, gehörte dem Unternehmen. Das System erschwerte es den Japanern ganz bewußt, Reichtum an die Kinder weiterzugeben, um den psychologischen Schaden zu begrenzen, der durch zuviel Wohlstand hervorgerufen wurde.

All das nährte die Spannungen zwischen Japan und seinen westlichen Handelspartnern. Der Westen sah Japan als mächtige, monolithische Gesellschaft, der es ausschließlich um die Vergrößerung der eigenen Wirtschaft ging: Japan AG hieß es allgemein. Die Japaner waren von ihrem Erfolg wie elektrisiert, waren sich aber auch schmerzlich bewußt, wie anfällig er war, und betrachteten ihr Land eher als abhängig und ausgenützt. Die Japaner wollten beides sein, stark und schwach. Sprach ein Ausländer die wirtschaftliche Stärke Japans an, betonten die Japaner sofort ihre Verwundbarkeit. Argwöhnten die Japaner jedoch, daß ein Ausländer es versäumte, ihre bemerkenswerten Erfolge nach dem Krieg anzuerkennen, waren sie regelrecht beleidigt.

Ein weiterer Ausdruck der Unsicherheit Japans war eine übertriebene Angst, daß die Jugend schwach und verweichlicht werden könnte, »Opfer der amerikanischen Krankheit«. Infolge dieser Angst wurde jeder Fall von Jugendkriminalität hochgespielt. Trends wie der, daß die jüngeren Arbeiter pünktlich zum Feierabend das Büro verließen, anstatt noch bis zum Abend zu bleiben, der Wunsch junger Japaner nach einem eigenen Wagen und das Unvermögen junger Mädchen, einen Kimono zu binden, wurden als Symptome des Niedergangs betrachtet. Gleichzeitig verstärkte sich selbstverständlich die Konkurrenz unter den Jugendlichen, und sie mußten sich noch mehr anstrengen, um auf die richtigen Schulen und Universitäten zu kommen, damit sie die richtige Arbeit fanden. Die größte Angst jedoch, und auch die berechtigtste, war die vor dem Aufstieg weniger entwickelter asiatischer Länder. Weil die Japaner – durch Ehrgeiz und Disziplin – über wohlhabendere und vermutlich trägere Gesellschaften triumphiert hatten, fürchteten sie, daß ihnen das gleiche widerfahren würde. Die Japaner mittleren Alters sorgten sich, daß ihre Kinder, die in Wohnungen aufwuchsen, die im Winter geheizt und im Sommer klimatisiert wurden, es nicht mit den von Not getriebenen Kindern aus Korea, Taiwan und Malaysia würden aufnehmen können. Sie waren sich auch bewußt, daß mit dem Erfolg höhere Löhne gekommen waren, was Japan auf dem Weltmarkt anfällig gegenüber kostengünstiger produzierenden Ländern machen konnte. Automatisierung war deshalb ein wichtiger Punkt, denn sie bot Japan zumindest teilweise die Hoffnung, sich gegenüber den Ländern mit billigen Arbeitskraftreserven einen Vorteil zu sichern. Ende der 70er Jahre wurde der Wirtschaftshistoriker

Peter Drucker von einem Mitglied der Geschäftsführung und einem Gewerkschaftsführer durch eine japanische Autofabrik geführt. Der Manager erklärte, daß die Schwierigkeit der Automatisierung einer Branche die sei, daß die ersten 35 Prozent relativ einfach zu bewerkstelligen seien, es dann aber immer schwieriger würde. Es sei außergewöhnlich schwer, sagte er, den hohen Automatisierungsgrad zu erreichen, den jeder haben wolle.

»Was passiert, wenn Sie ihn nicht erreichen?« fragte Drucker.

Hier schaltete sich zum erstenmal der Gewerkschaftsführer ein. »Sein Nachfolger«, sagte er und wies auf den Manager, »wird eine Fabrik auf den Philippinen leiten.«

49
Die Arbeitsplätze gehen außer Landes

Ende der 70er Jahre beobachtete niemand die Reaktion der amerikanischen Automobilindustrie auf die japanische Herausforderung aufmerksamer als Harley Shaiken, ein junger Professor am Massachusetts Institute of Technology. Shaiken, ein Technologieexperte, hatte einen ungewöhnlichen Einblick in die dramatischen Veränderungen gewonnen, die an den amerikanischen Arbeitsplätzen vor sich gingen; das lag zum Teil an seinen überragenden Fähigkeiten, zum Teil an den Jahren, die er als Arbeiter an einer Fertigungsstraße in einem GM-Werk verbracht hatte, bevor er seinen jetzigen Platz in der akademischen Welt gefunden hatte. Im Verlauf des Jahres 1980 war Shaiken sehr pessimistisch hinsichtlich der Zukunft der amerikanischen Arbeiter geworden.

Shaiken entwickelte in dieser Zeit seine Theorie der Superautomatisierung. Superautomatisierung war das Resultat tiefgreifender Veränderungen, die einsetzten, als sehr leistungsfähige Computer klein und preiswert wurden und Roboter steuern konnten. Ein Ergebnis der Superautomatisierung bestand darin, daß ein amerikanisches Unternehmen Technologie, und damit letztlich eine Fabrik, viel leichter exportieren konnte. In der Vergangenheit waren amerikanische Manager, die interessiert auf das Ausland blickten, nicht nur durch einheimische politische Kräfte in ihrem Tatendrang gebremst worden, sondern auch durch die Tatsache, daß die Länder der dritten Welt kaum über gelernte Arbeiter und nur über eine schwache technische und industrielle Tradition verfügten. Niemand stellte so ohne weiteres in einem dieser Länder eine Maschine auf oder baute eine Getriebefabrik aus Angst vor dem, was alles passieren konnte. Shaiken schätzte, daß es in der Vergangenheit bis zu zehn Jahre gedauert hatte, in der dritten Welt eine wirklich rentable Fabrik zu errichten und all die zusätzlichen Mängel auszumerzen, die in einem Betrieb an einem solchen Ort auftreten konnten. Inzwischen hatte, wie er feststellte, der Fortschritt in der Computertechnologie diese Zeitspanne ganz drastisch auf nur noch zwei Jahre schrumpfen lassen. Außerdem hatte der Ansturm der Konkurrenz aus Ostasien den amerikanischen Managern klargemacht, daß andere Länder eine Arbeitsmoral und Führungssysteme hatten, um die sie zu beneiden waren.

Zum einen erforderten Fabriken in der neuen Welt der Superautomatisierung weniger Facharbeiter. Das Können dieser wenigen mußte noch höher als bisher sein, doch zahlte es sich aus, sie zu schulen, weil viele andere Arbeitsplätze automatisiert werden konnten. Zum anderen gab es keine mächtigen regionalen Gewerkschaften, die gegen die Einführung der Hochtechnologie hätten Front machen können. Und schließlich brauchte man dank der Leistungsfähigkeit der modernen, voll computerisierten Kommunikation nicht soviel Vertrauen in die Manager vor Ort zu setzen, die so weit weg waren. Der Betrieb konnte von Detroit oder Stamford, Connecticut, aus geleitet (oder zumindest überwacht) werden. Der Export von Fabriken war zu Beginn der 80er Jahre somit technisch machbar geworden und politisch legitimiert.

Was sich ereignete, als Chrysler 1981 ein Motorenwerk in Mexiko eröffnete, verblüffte Shaiken. Am Anfang entschied man, die Nockenwellen nicht dort herstellen zu lassen, weil sie ein so wichtiges Teil waren und so geringe Bearbeitungstoleranzen hatten. Deshalb wurden die Nockenwellen in den Vereinigten Staaten produziert und dann nach Mexiko gebracht. Doch schon nach zwei Jahren war das Arbeitsniveau in dem mexikanischen Werk so hoch, daß Chrysler auch dort zur Fertigung von Nockenwellen überging.

Spätestens 1982 war Shaiken überzeugt, daß sich in bezug auf die Verlagerung von Arbeitsplätzen bereits etwas ganz Grundlegendes tat. Es war noch nicht für jeden erkennbar, aber er war sicher, daß in den Chefetagen überall im Land die Entscheidungen fielen, und daß die Männer, die sie trafen, sich nicht einmal bewußt waren, daß sie an einer neuen industriellen Revolution teilhatten, der langsamen aber stetigen Entindustrialisierung Amerikas.

Etwa 250 000 Arbeiter der großen drei Automobilunternehmen waren in jenem Jahr arbeitslos, dazu ein Riesenheer Beschäftigter bei den Zulieferfirmen, und er glaubte, daß die meisten dieser Arbeitsplätze auf immer verloren waren. Diese Arbeiter waren nicht aufgrund der Technologie entlassen worden, doch die Entlassungen würden nicht zuletzt aufgrund der Technologie von Dauer sein. Er meinte außerdem, daß es innerhalb von fünf Jahren zu einem Beschäftigungsabbau in den Unternehmen kommen würde, die die Automobilunternehmen belieferten, und daß das Alter der Arbeiter generell steigen und immer weniger junge Arbeiter eingestellt würden.

Shaiken kam immer mehr zu der Überzeugung, daß die Männer, die diese großen amerikanischen Industrieunternehmen führten, sich nicht aufraffen und die Japaner bekämpfen würden, zumindest nicht mit größerem Nachdruck. Sie hatten schon zuvor nichts unternommen, als andere bedeutende Fragen zur Diskussion gestanden hatten. In welchem Umfang sie das untere Ende des Marktes, den Markt der Kleinwagen, preisgegeben hatten, war schon erstaunlich gewesen. Nach seinem Dafürhalten hatten sie den Kampf praktisch aufgegeben, ohne einen einzigen Schuß abzufeuern. Es war bezeichnend, wie Shaiken meinte, daß sie keine Männer aus den Fabriken, aus der Produktion waren, die, als sie merkten, daß sie nicht mehr in Führung lagen, alles darangesetzt hätten, um sie zurückzugewinnen. Sie waren vielmehr Männer der Finanzen, die nicht gelernt hatten, in solchen Kategorien wie Loyalität gegenüber dem Produkt, der Fabrik und den Männern, die für sie arbeiteten, zu denken, sondern ausschließlich in Kategorien von Profit und nochmals Profit.

Shaikens Untersuchungen belegten, daß die Japaner ihren Ansturm in den 60er und 70er Jahren unternommen hatten, zu der Zeit, als die Finanzstrategen in den amerikanischen Industrieunternehmen sich durchgesetzt und die Macht der Männer aus der Produktion mit Erfolg gebrochen hatten. Als der japanische Qualitätsvorsprung Anfang der 80er Jahre offenkundig wurde, war es unter den amerikanischen Managern Sitte, das auf die führende Stellung der Japaner im Bereich der Roboter zurückzuführen. Es traf auch zu, daß in Japan etwas mehr Roboter eingesetzt wurden als in Amerika. Nach Shaikens Meinung entsprang der japanische Erfolg jedoch nicht der Technologie, sondern ihren Fähigkeiten auf dem Gebiet der Produktion. Die Japaner hatten Amerika überholt, als sie technologisch eindeutig unterlegen gewesen waren. Erreicht hatten sie das durch die langsame und systematische Verbesserung ihrer Fertigungsverfahren in tausend winzigen Schritten. Sie hatten es erreicht, weil sie sich in den Fabriken aufgehalten hatten, die Amerikaner dagegen nicht.

Shaiken war damals sicher, daß die amerikanischen Automobilunternehmen nicht richtig reagieren würden. Der erste Hinweis darauf zeigte sich seiner Ansicht nach 1982, als ihm klar wurde, daß sie auf dem Gebiet der Kleinwagen nicht wirklich mit den Japanern konkurrieren würden. Als ehemaliger Automobilarbeiter lehnte er diese Entscheidung ab. Er zweifelte nicht daran, daß es schwer werden würde, den Japanern auf dem Kleinwagenmarkt Paroli zu bieten, daß es bis zu fünf Jahre dauern könnte, das Blatt zu wenden. Doch es würde sich lohnen, nicht nur weil man verlorenes Terrain zurückgewänne, sondern weil das, was man dabei lernte, für die Produktion kleiner wie großer Wagen nutzbar gemacht werden konnte. Der einzige

Weg, es zu lernen, so meinte er, sei der, es zu versuchen. Man müsse sich durchkämpfen und zahllose Fehler in Kauf nehmen, dabei aber das Verfahren und die Fähigkeiten der Arbeiter ständig verbessern. Das war das Geheimnis der Japaner gewesen.

Statt dessen führten die Amerikaner 1982 das neue Schlagwort Robotertechnik ein. Aber die Roboter machten nicht den entscheidenden Unterschied aus. Bei der Robotermanie der Amerikaner ging es, wie er erkannte, um einen neuen Trend und um Wohlstand – wir sind nicht so gut wie sie, aber wir sind reicher, verlegen wir uns also auf Roboter. Es war die panische Reaktion von Leuten, die die Produktion nicht wirklich kannten und trotz öffentlicher Erklärungen wenig Vertrauen in die Qualität und die Haltung ihrer Arbeiter hatten.

1984 gab GM seine Pläne für das Saturn-Programm bekannt. Das war genau das, was Shaiken erwartet hatte, ein Versuch, die Japaner mit Hochtechnologie zu schlagen – der Bau der Superfabrik. Das Verblüffende und Aufschlußreiche am Saturn-Projekt war die Vereinbarung mit den Gewerkschaften, die trotz ihres komplizierten und ausgeklügelten Inhalts ganz klar darauf abzielte, letztlich so viele Arbeiter wie möglich zu ersetzen. Das war das Bild, das GM sich von 1995 machte: Sehr teure Maschinen würden alles erledigen. Es war eine High-tech-und-Geld-Lösung, die für GM natürliche Lösung, denn auf dem Gebiet der Hochtechnologie war Amerika immer noch wettbewerbsfähiger als Japan, und GM bestimmt immer noch reicher als die japanischen Unternehmen. Saturn war ein glänzendes und ungewöhnliches Risiko, ein Engagement in Milliardenhöhe, aber Shaiken blieb skeptisch. In seinen Augen versuchte man, ein Problem mit Geld zu lösen. Es erinnerte ihn an die amerikanische Reaktion auf Vietnam; angesichts eines klugen, schonungslosen und motivierten Feindes, den sie nicht verstehen konnten, hatten die Amerikaner versucht zu gewinnen, indem sie ihre ganze Technologie einsetzten und dabei Freund und Feind trafen.

1985 fand Shaiken heraus, was Amerikas wirkliche Antwort an Japan sein würde: eine verstärkte gemeinschaftliche Produktion mit aufstrebenden Ländern, die er als »koreanische Verbindung« bezeichnete. Die Amerikaner würden entweder direkt vor Ort ihre eigenen Fabriken errichten oder gemeinsame Geschäfte mit koreanischen Firmen machen. Tatsächlich nannte er Korea angesichts der Lawine von schon abgeschlossenen und noch in Aussicht genommenen Geschäften bald »Saturn Zwei«. Er sah den Ablauf wie folgt: Der amerikanische Zulieferbetrieb, der von einem der drei großen Automobilunternehmen unter Druck gesetzt wurde (die ihrerseits von den Japanern unter Druck gesetzt wurden), strebte eine gemeinschaftliche Produktion mit einem koreanischen Unternehmen an. Er stellte die dringend benötigte Technologie, das dringend benötigte Fachwissen und das dringend benötigte Kapital; die Koreaner stellten die Arbeitskräfte. Die Lohnkosten würden von 20 $ pro Stunde in einem Unternehmen, bei dem alle Arbeitnehmer Gewerkschaftsmitglied sein oder innerhalb von dreißig Tagen der Gewerkschaft beitreten mußten, oder von 12 $ pro Stunde in einem gewerkschaftsfreien Betrieb auf 3 $ pro Stunde sinken. Die amerikanischen Unternehmen würden mit den Koreanern Verträge über Autoteile abschließen, die dann mit Hochtechnologie zu ungewöhnlich niedrigen Kosten hergestellt werden könnten; die Teile würden in Amerika montiert werden, und keine Gewerkschaft würde – wie es in Amerika geschehen war – dem Einbau von High-tech-Maschinen zur Einsparung von Arbeitskräften Hindernisse in den Weg legen können. Je mehr Produktionsarbeit die amerikanischen Autohersteller ins Ausland verlegten, desto größer wurde außerdem ihr Einfluß auf die amerikanischen Arbeiter, die sie noch beschäftigten. Denen wurde erklärt, daß sie den ihnen angebotenen Vertrag annehmen müßten, denn ansonsten würden sie erleben, wie ihre Fabrik ins Ausland verlegt würde. Das wurde bereits in beträchtlichem Umfang praktiziert. Es war die letzte Waffe sowohl gegen die amerikanischen wie auch die japanischen Gewerkschaften.

Der Aufstieg Koreas zu einem amerikanischen Industriesatelliten in nur wenigen Jahren hatte Shaiken sehr verwundert. Noch 1979 und 1980 war Korea lediglich eins von mehreren Ländern gewesen, an das die Amerikaner gedacht hatten. Wenn, dann schienen Länder wie Mexiko und Brasilien mit ihrer fachlich ausgereifteren Grundlage eher Aussichten auf Erfolg zu haben. Aber Mexiko und Brasilien waren, ließ man Fachkräfte und andere Stärken einmal beiseite, lateinamerikanische Länder; ihre Menschen, so glaubte man, seien von unberechenbarem Temperament, die Staaten selbst schlimmstenfalls anfällig für Revolutionen und politische Umwälzungen und bestenfalls für eine unkontrollierbare Inflation. Dann fing Korea an aufzuholen. Amerikanische Manager, die Korea beobachteten, sahen das nächste Japan kommen – die gleichen pflichtbewußten, belastbaren, ehrgeizigen konfuzianischen Arbeiter, die bereit waren, für wenig Lohn zu arbeiten. Die Koreaner waren wie die Japaner offenbar für die Produktion geboren, schienen angeborene Arbeitsenergie zu besitzen, und ihre Gesellschaft war noch stärker reglementiert als die japanische. Korea war nicht irgendein kleines asiatisches Land, das auf Textilien und Keramik beschränkt war. Es besaß unter anderem eine gute Stahl- und eine gute Schiffahrtsindustrie – und es brauchte dringend ausländisches Kapital. Es wollte außerdem unbedingt in Konkurrenz zu seinem historischen Rivalen Japan treten. Aus diesem Grund stellten amerikanische Unternehmen, die in ihren Bemühungen um Gemeinschaftsunternehmen mit Japan so oft enttäuscht worden waren, fest, daß Korea ihren Investitionen sehr viel aufgeschlossener gegenüberstand.

Das ganze Jahr 1985 hindurch beobachtete Shaiken, wie die Zahl der Geschäfte zwischen den amerikanischen Automobilunternehmen und den Koreanern zunahm. Manchmal kaufte das amerikanische Unternehmen eine komplette koreanische Fabrik. Häufiger kam es jedoch zu irgendeiner Form gemeinschaftlicher Produktion. GM ließ Dae Woo für 1987 rund 80 000 Kleinwagen herstellen – ein kleines Geschäft, aber immerhin ein Anfang, eine Art Testlauf. Ford schloß einen Vertrag mit einem koreanischen Lkw-Hersteller über die Produktion von Wagen für den Export nach Amerika 1988 – keine große Zahl zunächst, doch es bestanden Pläne, die Beziehung auszubauen.

Aber Ford und GM standen nicht allein. Lee Iacocca besuchte Korea 1985 und bemühte sich, mit Samsung ins Geschäft zu kommen, einem Produktionsunternehmen, das noch nicht in der Autobranche tätig war. Es ging um eine grundlegende Abmachung: Iacocca bot Chryslers Know-how und Technologie an und erklärte, man werde das Werk liefern; die Koreaner sollten etwa 300 000 Kleinwagen für den Export in die Vereinigten Staaten herstellen. Iacoccas Bemühen ließ keinen Zweifel, daß Chrysler bei aller Anfälligkeit seine Zukunft in einer verstärkten Zusammenarbeit mit ostasiatischen Zulieferern sah.

Nichts von dem, was Ford oder Chrysler unternahmen, überraschte Shaiken. Das einzige, was ihn überraschte, war die Schnelligkeit, mit der es geschah.

50
Eine Wiederholung: Der Aufstieg Koreas

Sie waren nicht zu ihrem Vergnügen nach Seoul gekommen, sondern um ihrer Zukunft willen. Sie waren aufgeregt, als sie ankamen, denn die meisten von ihnen stammten aus Kleinstädten im amerikanischen Mittelwesten, Besitzer einfacher Betriebe, und viele waren noch nicht allzuweit herumgekommen. Sie kamen, weil sie befürchteten, daheim nicht länger konkurrenzfähig sein zu können. Außerdem hatten ihnen ihre wichtigsten Kunden, die großen amerikanischen Montagefirmen, erklärt, sie müßten ihre Kosten senken. Korea war ihre größte Hoffnung, ob ihnen das gefiel oder nicht. Korea, so hatte man ihnen gesagt, sei das neue Japan und für sie eine Möglichkeit, die japanische Herausforderung abzuwehren.

Waren sie früher nur vereinzelt gekommen, strömten sie jetzt, im Frühjahr 1986, in Massen herbei. In Seoul trafen sie mit ihren neuen Partnern zusammen, Männern, mit denen sie kein Wort wechseln konnten. William Vaughan, ein Chrysler-Vertreter in Korea, hatte ihre Ankunft beobachtet und ihre Ratlosigkeit erlebt; er wußte, daß sie hier waren, weil sie überleben wollten. Wenn sie nichts auf die Beine stellen konnten, würden sie bald nicht mehr im Geschäft sein, dessen waren sie sicher.

Vaughan vertrat Chrysler bei dessen fortdauernden Verhandlungen mit Samsung, dem riesigen südkoreanischen Produktionskonzern. Darüber hinaus war er eine Art Heiratsvermittler zwischen den amerikanischen Zulieferern, die Chrysler brauchte, und den Koreanern, wobei er koreanische Firmen zu finden versuchte, die sich in dieser fremden neuen Welt der Automobile behaupten konnten. Das war nicht immer einfach, denn ungeachtet ihres Eifers, ihres Ehrgeizes und der niedrigen Lohnkosten hatten sich nur wenige koreanische Firmen schon einmal an etwas so Komplexem und Anspruchsvollem wie der Automobilherstellung versucht. In den meisten Fällen führten die Besitzer kleine, ganz primitive Betriebe, manchmal buchstäblich auf der blanken Erde. In der Regel hatten sie ziemlich einfache Verbrauchsgüter hergestellt, die für den gelegentlichen Gebrauch im Haus bestimmt waren. Der Sprung in die Welt des Automobils, in der das, was sie produzierten, einer Dauerbelastung ausgesetzt sein würde, war enorm.

Wie die anderen amerikanischen Montagebetriebe war auch Chrysler jetzt dabei, die Hochzeitsvorbereitungen zu treffen. Vaughan, der schon lange für Chrysler im Ausland tätig war, stellte für die Chrysler-Zulieferer, die ins Geschäft kommen wollten, eine Liste potentieller koreanischer Firmen zusammen. Dann schwirrte ein Team aus vier oder fünf Chrysler-Technikern aus, um die Betriebe zu beurteilen; ihre Entscheidung, wer sich am ehesten als Zulieferer von Autoteilen eignete, stellte weniger auf Leistung als auf Können ab, auf das Organisationstalent des koreanischen Managers. Dann machte sich der amerikanische Zulieferer auf den Weg, um mit seiner »Zukünftigen« zusammenzutreffen, und damit kam die Sache wahrscheinlich unter Dach und Fach.

Den Zulieferern erschien Korea immer mehr wie der aussichtsreichste Kandidat für eine Zusammenarbeit. Japan war zu stark abgeschottet, zu schwer zu erobern. In Mexiko wollten die potentiellen Partner eine Teilung von sechzig zu vierzig. Taiwan und Singapur schienen für die Kategorie Auto zu klein zu sein, waren offenbar besser für die Hochtechnologie geeignet. Korea war demgegenüber vergleichsweise offen, auf ausländische Investitionen erpicht und ein wenig erfahren in hochklassiger Industrieproduktion. Wem das nicht bewußt war, der wurde auf das Beispiel von Hyundai verwiesen, das erst vor kurzem in den Automobilexport eingestiegen war, sich aber bereits gut schlug und in bemerkenswertem Tempo Fortschritte machte.

Hyundai war nicht nur der größte neue koreanische Mischkonzern, sondern auch ein Staat im Staat. Es war ein klassischer ostasiatischer Mischling – ein kapitalistischer Gigant in Familienbesitz, aber vom Staat gefördert und unterstützt, in mancher Beziehung in noch stärkerem Maße ein Geschöpf des Staates als selbst seine japanischen Konkurrenten. Diese spezielle Position brachte besondere Vorteile: Der Staat bestimmte, welche koreanischen Firmen mit Hyundai konkurrieren konnten; der Staat war auch finanziell und emotional sehr stark bei Hyundai engagiert, dem Inbegriff des steilen industriellen Aufstiegs Koreas und Gegenstand des nationalen Stolzes. Es war Hyundai gelungen, dem gewaltigen Menschenpotential Koreas – all der unverbrauchten Energie und dem Wunsch nach einem besseren Leben, der so lange unterdrückt worden war – eine moderne wirtschaftliche Form zu geben. Das Unternehmen holte die Arbeiter nicht nur vom Land in die Stadt, sondern vom alten Jahrhundert ins neue und änderte ihr Leben grundlegend. Seine Leistungen waren bewundernswert: riesige Bauvorhaben in der arabischen Welt, die Fähigkeit, sich mit den Japanern ein Kopf-an-Kopf-Rennen im Schiffsbau zu liefern. Und jetzt war Hyundai auch in das Autogeschäft eingestiegen. 1984 kam das Unternehmen mit dem Pony, einem Kleinwagen mit Hinterradantrieb, auf den kanadischen Markt. Ende 1985 war es mit 79 000 verkauften Wagen die Nummer Eins unter den Autoexporteuren nach Kanada. 1986 erschien es mit dem kleinen frontgetriebenen Excel auf dem amerikanischen Markt. Der Anfangsumsatz übertraf alle Erwartungen. Hyundai hatte davon gesprochen, 1986 in den Vereinigten Staaten 100 000 kleine Kompaktwagen zu verkaufen, mußte jedoch schon zur Jahresmitte die Vorankündigung auf 150 000 Stück erhöhen.

Erst 1985 und 1986 merkte man in Amerika in größerem Maße, daß Korea ein neues Japan wurde, ein weiteres zielstrebiges konfuzianisches Land, wo traditionelle Werte und Hierarchien im Nu in einen modernen, bestens eingerichteten Industriearbeitsplatz integriert worden waren, ein weiterer Herausforderer mit hochwertiger Qualitätsarbeit und scheinbar unschlagbaren Lohnkosten. Selbst als die japanischen Löhne sich nach und nach denen der amerikanischen Arbeiter annäherten, blieben die in Korea bedenklich niedrig – etwa 3 $ pro Stunde in der Schwerindustrie. Kenner der amerikanischen Automobilindustrie, die Hyundais frühen Erfolg beobachteten, waren überrascht, daß er sich soviel schneller einstellte, als es der japanische getan hatte. Autofachleute, die sich an die jämmerlichen Entwürfe und die fragwürdige Qualität der ersten japanischen Wagen in Amerika erinnerten, staunten, wie gut die koreanischen Autos aussahen – Hyundai hatte sich italienische Autodesigner geholt – und wie gut sie verarbeitet waren. Sie staunten auch darüber, daß Hyundai für 1986 einen Werbeetat von 25 Millionen Dollar auswies, während die Japaner anfänglich fast nichts für Werbung ausgegeben hatten.

Für Südkorea war der Sprung in die moderne Zeit mit einem erheblichen Kraftaufwand verbunden. Die Hauptstadt Seoul war auf zehn Millionen Einwohner angeschwollen, da jährlich Hunderttausende von Koreanern vom Land in die Stadt zogen. Zahllose Hochhäuser bildeten eine neue Skyline über einer Stadt, die noch Anfang der 70er Jahre fast Ödland gewesen war. Jetzt bereitete sich Seoul darauf vor, Gastgeber der Olympischen Spiele 1988 zu sein. Man glaubte, daß die Olympischen Spiele, die für Japan vor fünfundzwanzig Jahren eine Initiationsfeier gewesen waren und ihm ermöglicht hatten, in der Welt voller Zuversicht eine neue Position einzunehmen, auch Korea bestätigen würden.

Doch bei allem Wandel und aller Begeisterung gab es auch immer wieder Mahnungen, daß Korea ein armes Land bleibe, das in noch kürzerer Zeit noch weiter als Japan voranschreiten wolle, und daß das Bestreben, industrielle Bedeutung zu erlangen, eine Last werde, die direkt und schonungslos die Arbeiter von heute treffen werde. »Die Arbeiter verstehen, daß es die Pflicht dieser Generation ist, zum Wohl des Landes Opfer zu bringen«, sagte Chung Se Yung, der Präsident der Hyundai Motorenwerke.

Trotz aller Opfer herrschte in Südkorea jetzt ein starker Optimismus. Das Land hatte in diesem Jahrhundert schwer gelitten, zuerst unter den Japanern und dann in einem erbitterten und kostspieligen Bürgerkrieg, der nicht nur die ganze Halbinsel ausbluten ließ, sondern auch die Voraussetzungen für das schuf, was einigen als zusätzliche Rechtfertigung für Südkoreas autokratisches Herrschaftssystem erschien. Dank dem neuen wirtschaftlichen Erfolg besserte sich jetzt das Leben des Durchschnittskoreaners, und es herrschte allgemein die feste Überzeugung, daß noch mehr folgen würde, daß ein besseres Leben lediglich harter Arbeit bedurfte.

Der Aufschwung Koreas hinterließ bei den Japanern gemischte Gefühle. Das lag zum Teil an der traditionellen Abneigung der Japaner gegenüber den Koreanern, einem Volk, das sie für primitiv und kulturlos hielten, Knoblauchesser. Da sie die Koreaner bis 1945 fünfunddreißig Jahre kolonisiert und ziemlich brutal ausgebeutet hatten, war den Japanern durchaus klar, daß die Koreaner ihnen jetzt besonders erbittert Konkurrenz machen würden. Der Schlüssel zur kulturellen und sozialen Verachtung der Koreaner als einem minderwertigen Volk, einer Einstellung, die der vieler Amerikaner den Mexikanern gegenüber nicht unähnlich war, lag in der Überzeugung, daß sie nichts wirklich technisch Hochstehendes herstellen könnten, daß Korea einfach nicht das Format zu einem ernstzunehmenden Konkurrenten habe. Aber trotz allem machte sich bei den Japanern eine wachsende Unruhe breit – weil die Koreaner so ehrgeizig waren, weil sie jetzt härter arbeiten würden als die jungen Japaner, weil ihre Löhne so niedrig waren. War man in Japan durch das Zusammengehen von Staat und Wirtschaft in der Lage gewesen, die japanischen Arbeiter zu beherrschen – was als Harmonie zwischen Arbeitnehmern und Arbeitgebern schien, war in Wirklichkeit eine stählerne Faust in einem Samthandschuh –, so beherrschte der autoritäre koreanische Staat seine Arbeiter noch unverhohlener; in Korea trug die stählerne Faust keinen Samthandschuh. Das koreanische Regime übte politischen Druck aus, um den Mangel des Landes an industrieller und technologischer Ausgereiftheit auszugleichen.

Bei jedem Schritt konnten die Japaner erkennen, daß ihr Angriff gegen die Amerikaner auf sie zurückfiel. Hinzu kam: Obwohl die Lernkurve der Japaner bei der Aufarbeitung des amerikanischen Beispiels kurz gewesen war, gelang den Koranern eine noch drastischere Verkürzung der Kurve. Sie waren sehr viel schneller in das Schiffsbau- und Stahlgeschäft eingestiegen, als die Japaner ihnen zugetraut hatten, und jetzt bereiteten sie sich, viel früher als erwartet, auf einen Vorstoß auf dem Automobilmarkt vor.

Der Lerneifer der Koreaner war beeindruckend. Für Stewart Kim, einen jungen Amerikaner koreanischer Abstammung, der die besten amerikanischen Universitäten besucht hatte und jetzt zu weiterführenden Studien in Korea weilte, war es unglaublich, wie die koreanischen Studenten ihre Universitätsbibliotheken benutzten. Amerikanische Studenten arbeiteten seiner Meinung nach hart, aber das war gar nichts gegen das, was die Koreaner machten. Die Bibliotheken öffneten normalerweise morgens um sechs Uhr, in der Examenszeit um vier; um vier Uhr standen die Studenten immer schon in langen Schlangen und warteten auf Einlaß; um fünf Uhr gab es oft schon keinen Platz mehr.

Im Frühjahr 1983 traf sich Robert Cole, ein Japanologe von der University of Michigan und Fachmann für japanische Arbeitsfragen, mit einigen Freunden aus der japanischen Arbeiterbewegung. Die Zeiten seien sehr schwer, sagte ein Mann aus der Stahlarbeitergewerkschaft; die Stahlindustrie arbeite mit nur 60 Prozent Auslastung. »Ich fürchte, wir müssen die Produktion weiter drosseln und Leute entlassen«, meinte der Gewerkschafter. Das Problem, so sagte er, seien die Koreaner. Sie seien den Japanern direkt auf den Fersen. »Ich predige den Koreanern immer wieder, daß sie ihre Löhne anheben müssen«, sagte er, »denn was sie jetzt machen, ist für alle schädlich.« Jetzt, dachte Cole, wollte er plötzlich nichts mehr von früher wissen.

51
Die alten Herren

Im Oktober 1985 kehrte Yutaka Katayama nach Los Angeles zurück. Er war jetzt sechsundsiebzig Jahre alt, hatte einige Pfunde zuviel und geriet leicht außer Atem. Er war gekommen, weil einer seiner alten Kollegen vor einiger Zeit festgestellt hatte, daß er vor nunmehr fünfundzwanzig Jahren zum ersten Mal nach Amerika gekommen war und daß es doch schön wäre, eine kleine Feier zu seinen Ehren zu veranstalten. Als er eintraf, sah er überall die Zeichen seines Erfolgs, die riesigen Reklametafeln mit den neuen Sportwagen von Nissan, die Flut schön gemachter Fernsehspots, die den jungen Leuten nahelegten, es doch einmal mit diesen tollen neuen Modellen zu versuchen. In diesen fünfundzwanzig Jahren hatte Nissan acht Millionen Wagen verkauft; allein in Südkalifornien waren gegenwärtig 500 000 Autos von Nissan unterwegs. Hielt man sich die kaum vorstellbaren Anfänge vor Augen, waren diese Zahlen wirklich erstaunlich.

Am Morgen des Wiedersehens hatte Katayama mit seinem alten Freund Mayfield Marshall gefrühstückt, und sie hatten über die alten Tage geredet. Das festliche Essen am Abend war sehr bewegend. Alte Erinnerungen wurden aufgefrischt. Niemand aus der Nissan-Zentrale war anwesend.

Katayama hielt sich nicht lange in Los Angeles auf. Er war gerade aus Finnland gekommen, einem Land, das er sehr gern besuchte, weil das Licht dort so bemerkenswert war und er gern dort malte. Kurz darauf war er auf dem Weg nach Paris, um weiter an der Verwirklichung eines seiner Träume zu arbeiten, einer Neuauflage der alten Autorallye Paris-Peking.

1985 war Sanosuke Tanaka siebzig Jahre alt geworden. Er lebte ziemlich zurückgezogen. Ihm fehlte das regelmäßige Arbeiten, doch erschien er des öfteren in den Nissan-Fabriken, wo er Motivationskurse abhielt und den jungen, gerade in die Firma eingetretenen Mitarbeitern die Bedeutung der

Arbeit und der Loyalität gegenüber ihren Kollegen und dem Unternehmen erklärte. Regelmäßig fuhr er in das Dorf Takabeya, in dem er aufgewachsen war, um seine Familie zu besuchen.

Bei einem Besuch 1985 ging er mit einem Gast zum Haus des größten Grundbesitzers der Gegend. Die Grundbesitzer waren einst reich gewesen, und sie waren reich geblieben, ohne jemals zu arbeiten. Früher hatten sie Leute wie uns, die für sie arbeiteten, erklärte Tanaka, und als sie dann fast hätten selbst arbeiten müssen, fingen die Leute an, hier wegzuziehen. Sie wurden dadurch reich, daß sie ihr Land verkauften. Sie wurden Immobilienhändler. So brauchten sie auch weiterhin nicht schwer zu arbeiten.

Das Dorf Takabeya hatte sich in den letzten dreißig Jahren vollkommen verändert. Früher war alles Ackerland gewesen, unberührt von der Stadt. Inzwischen war Isehara, die kleine Nachbarstadt, gewachsen und hatte Takabeya geschluckt, und Isehara selbst war nur mehr ein Vorort von Yokohama. Er fuhr durch Gebiete, die einmal zu Bauernhöfen gehört hatten und jetzt restlos bebaut waren und, was am schlimmsten war, wo auf Abwege geratene japanische Jugendliche wohnten. Als Tanaka durch die Hauptstraße fuhr, lief ein Junge in Punkeraufmachung vorbei.

»Sehen Sie sich das an!« sagte er. »In meinem Dorf!« Er fuhr weiter; ein junges Mädchen, gekleidet wie ein amerikanischer Backfisch der 50er Jahre, sehr figurbetont, lief vorbei. »Noch eine«, rief er aufgebracht. »Als ich ein Junge war, haben wir uns so bescheiden wie möglich gekleidet. Wir wollten keine Aufmerksamkeit erregen.«

Der Gast fragte ihn, ob er sich Sorgen mache, in welche Richtung sich die Jugend Japans bewege. Tanaka schwieg lange. Die Frage beunruhigte ihn ganz offensichtlich. »Heute tragen sie ihre Jahrmarktsfummel«, sagte er, »und morgen werden sie tun, was sie zu tun haben.«

Im Frühjahr 1985, als die Spannungen zwischen Japan und den Vereinigten Staaten erneut wuchsen, ging Naohiro Amaya wieder einmal einen hartnäckigen, tief verwurzelten Teil des japanischen Establishments an. Er war Mitglied in einem Ausschuß, der versuchte, das starre japanische Erziehungssystem zu reformieren und so umzugestalten, daß die Schüler weniger rein mechanisch als vielmehr durch den Einsatz ihrer analytischen Fähigkeiten lernten. Durch nichts wurde das Kernstück des japanischen Lebens – die Anerkennung der Autorität – mehr geprägt als durch das Schulsystem. Der Gehorsam, den das Kind dort und zu Hause lernte, wurde zu jenem Gehorsam, den es allen Formen von Autorität bis an sein Lebensende entgegenbrachte. Einen Schüler zur Selbständigkeit zu erziehen bedeutete eine ganze Gesellschaft von Grund auf selbständig zu machen. Amaya und andere meinten, daß Japans Eintritt in die Welt und das Wesen der neuen Wirtschaft einen anderen, moderneren Bürger erforderten, der selbständig denken konnte. Der Schüler, den das rein mechanische System hervorbrachte, war ein hervorragender Arbeiter in einer Produktionswirtschaft; aber die neue Wirtschaft der Hochtechnologie verlangte mehr Kreativität und damit mehr Selbständigkeit von den jungen Männern und Frauen.

Die wachsenden Spannungen im Handel zwischen den Vereinigten Staaten und Japan entmutigten Amaya, überraschten ihn aber nicht. Er gab einen Großteil der Schuld seinem eigenen Land. Die Unfähigkeit des politischen Systems Japans, sich neuen Gegebenheiten anzupassen und sich den westlichen Märkten zu öffnen, bedrückte ihn. Amerika, so dachte er, erwies sich trotz all seiner Mängel bei der Produktion vielleicht doch als das flexiblere politische System. So schaffte es die notwendigen Anpassungen an die neue Weltwirtschaft am Ende vielleicht besser als Japan. Die Schnelligkeit, mit der die Reagan-Administration bestimmte Branchen von der staatlichen Reglementierung befreit hatte, und der Erfolg dieser Befreiung hatten ihn beeindruckt. Amerika, das eine lange Phase der Selbstbezogenheit durchgemacht hatte, die mit dem Vietnamkrieg begann, trat seiner Meinung nach erst jetzt auf den Plan und wurde sich wieder über den Rest der Welt klar. Er war beeindruckt davon, wie flexibel das amerikanische System und der amerikanische Pragmatismus waren.

Was dagegen von Japan verlangt wurde, war eine Periode grundlegender politischer Reorganisation. Das würde nicht leicht werden, denn Japans politischer Spielraum war äußerst beschränkt durch die Macht seiner maßgeblichen, erzkonservativen Kreise. Jeder einsichtige moderne Japaner wußte, daß das Land exportieren mußte, und er wußte auch, daß man bei der Behandlung der Importe gerechter sein mußte und vom Westen immer genauer beobachtet wurde. Doch das politische System, ein Fotosatz starker Interessen, war überraschend unbeweglich. Eine politisch besonders rückständige Kraft waren die japanischen Bauern.

Die Landwirtschaft war ein klassisches Beispiel für binnenwirtschaftliche Obstruktion. Sie war unmodern und schlecht, aber ihre politische Macht war unbestritten. Premierminister Nakasone sah zwar die mißliche Lage, aber seine Macht in der eigenen Partei war begrenzt, für deren Mitglieder ihre kleinkarierten Beziehungen in der Landwirtschaft wichtiger waren als das Wohl Japans. Er traf sich regelmäßig mit Reagan, sagte zu, diesbezüglich etwas zu unternehmen, und machte dann die Erfahrung, daß seine eigene Partei sich nicht rührte.

Als die Welt in eine neue wirtschaftliche Ära mit ganz unterschiedlichen politischen und wirtschaftlichen Beziehungen eintrat, glaubte Amaya, daß jedes Land seine eigene Hard- und Software besaß, wie er es nannte. Hardware war nach seiner Definition die Fähigkeit eines Landes zu produzieren – die Gesamtheit seiner Ingenieure, seiner Arbeiter, seiner Hauptfähigkeiten und seiner natürlichen Ressourcen. An Japans Stärke im Bereich der Hardware zweifelte er nicht. Aber es würde Probleme bei der Software haben, die er als die Fähigkeit des politischen Systems eines Landes definierte, sich neuen Gegebenheiten anzupassen, der eigenen Bevölkerung die Wahrheit darüber zu sagen, wie es in der Welt aussah, anstatt ihr nach dem Mund zu reden. Rußland hatte wahrscheinlich die schlechteste Software der Welt.

Unsere Politiker, sagte er, sind unbeweglich, äußerst unbeweglich. Er sprach mit deutlicher Verachtung von gewählten Politikern, die umherliefen und sich die Gunst einer Gruppe isolierter Bauern sicherten, deren Interessen sich nicht unbedingt mit denen des Landes deckten. Ihr Japan war das Japan des neunzehnten Jahrhunderts. Es wurde zuviel davon gesprochen, den Geist der Samurai wiederzubeleben, und das in einem Land, das mehr denn je anpassungsfähig sein mußte. Die Abgeschlossenheit Japans, dessen war er sich bewußt, barg Gefahren. Normalerweise war sie Japans Stärke, aber wie so manche Stärke konnte sie im Nu zur Schwäche werden. Ein Kampf gegen die japanische Abgeschlossenheit war wie ein Kampf gegen seine Geschichte. In seiner ganzen Geschichte hatte es Japan nach der Hardware der Fremden – nach dem Spielzeug anderer Völker – gelüstet, zuerst nach der Chinas, dann nach der des Westens. Aber es hatte sich vor jeder möglichen Infizierung durch ihre Software gehütet, das heißt vor den politischen und sozialen Folgen seiner Modernisierung.

Amerika würde, wie er meinte, in der neuen wirtschaftlichen Ära gut zurechtkommen. Seine Hardware war ziemlich gut. In der Produktion war es nicht so gut wie Japan, aber die Amerikaner würden sich da anpassen; ein in Amerika ansässiges Unternehmen würde größere Teile seiner Produktion nach Asien verlegen. Die amerikanische Technologie würde wahrscheinlich noch viele Jahre einfallsreicher als die japanische sein, was im Wesen der amerikanischen Erziehungs- und Unternehmenssysteme begründet lag. Es war, wie er dachte, ein Widersinn, daß die Chefs amerikanischer Unternehmen nicht sonderlich viel von ihren eigenen Fabriken verstanden, aber sie waren gebildet, hatten einen weiten Horizont und kannten die Welt – während japanische Produzenten zwar ihre Fabriken sehr gut kannten, aber nicht die Welt. Deshalb neigte er zu der Annahme, daß die amerikanische Software – nach seiner Definition die Fähigkeit Amerikas, seine Wirtschaft und das politische System neuen Umständen anzupassen – der japanischen überlegen sein könnte.

Er war nicht überrascht, als 1985 bei den Amerikanern plötzlich Verärgerung über den japanischen Protektionismus ausbrach. Wenn die Verärgerung nicht zu weit ging, nicht in jenen gefährlichen Nationalismus ausartete, der beide Länder in den 30er Jahren beherrscht hatte, hatte sie vielleicht sogar etwas Gutes, denn sie würde Japan zwingen zu modernisieren. Zweimal schon war Japan, wie er meinte, durch amerikanischen Druck entscheidend verändert worden – 1853, als Matthew Perry in japanischen Gewässern auftauchte und die Japaner beim Anblick der schwarzen Schiffe erkannten, daß die einzige Möglichkeit zur Bewahrung ihrer Gesellschaft darin bestand zu modernisieren; dann noch einmal nach dem Zweiten Weltkrieg, während der Besetzung, als die Amerikaner die Japaner zur Veränderung und Modernisierung zwangen. Vielleicht zwang der Druck der Amerikaner am Ende das politische System Japans, das zu tun, was es aus eigenem Antrieb nicht schaffte.

52
Die Abrechnung

Mit Beginn des Jahres 1983 breitete sich in der Automobilbranche eine Art Euphorie aus. Amerikanische Autos verkauften sich wieder, die Zinsen waren niedrig und der Erdölpreis fiel. Die Werbekampagnen schienen das widerzuspiegeln. Amerika meldete sich zurück. Man hatte in der Vergangenheit vielleicht einige Fehler gemacht, aber man hatte seine Lektion gelernt. Qualität war das wichtigste. Selbst die Bierwerbung war offenbar angesteckt worden, denn plötzlich schien es von Werbespots zu wimmeln, in denen gute, richtig zupackende amerikanische Arbeiter, die einen langen, schweren Tag hinter sich hatten, anständige Burschen, die gut mit ihrem Meister auskamen, solange der Meister in Ordnung war, ihr wohlverdientes Bier tranken, das auf amerikanische (nicht ausländische) Art gebraut war. Wie bei vielen Dingen in Amerika wurde der Trend von den Werbeleuten der Madison Avenue gefeiert und in Videolegenden umgesetzt, bevor er Wirklichkeit war. In der Branche selbst herrschten Feierstimmung und der Glaube, daß die Kunden zurückgekommen, die schlechten Tage vorbei waren und die Branche sich wieder erholt hatte.

Wall Street-Analysten und andere Beobachter betrachteten den plötzlichen Goldregen jedoch mit etwas mehr Distanz. In ihren Augen waren die zeitlich begrenzten Maßnahmen gegen die Japaner von entscheidender Bedeutung. Wie sehr Detroit davon profitierte war nur schwer in Dollar auszudrücken. Doch gewiefte Analysten, die sich mit der Kosten- und Preisstruktur Detroits einigermaßen auskannten, errechneten etwa 100 $ pro Wagen, genug, um wieder schwarze Zahlen zu schreiben. Für kurze Zeit herrschten wieder Verhältnisse wie vor dem japanischen Ansturm. GM setzte den Preis fest, und die anderen Unternehmen hielten sich im Windschatten. Die größten Nutznießer waren freilich die Japaner, die jetzt noch mehr für ihre Wagen verlangen konnten. Den konservativen Ökonomen, Anhängern des Freihandels, die glaubten, daß Protektionismus Inflation bewirkte, schien die Veränderung der Preise für amerikanische und japanische Wagen in jener Phase der schlagende Beweis für ihre Argumente zu sein.

Ford war ein gutes Beispiel für das, was passiert war. 1979, im letzten guten Jahr, dem Jahr vor der Krise, hatte das Unternehmen bei 4,7 Millionen verkauften Wagen 1,2 Milliarden Dollar Gewinn gemacht; es beschäftigte damals weltweit rund 500 000 Menschen; 1983, im ersten Umschwungsjahr (nach ungefähr 2,4 Milliarden Dollar Verlust in drei Jahren) verdiente es 1,1 Milliarden Dollar bei einem Umsatz von nur 3,6 Millionen Wagen (über eine Million weniger), und das mit einer Belegschaft von 380 000. Das Comeback, so meinten einige Skeptiker, ging nicht auf eine industrielle Erholung zurück, sondern war die Folge einer geschickten finanztechnischen Neuordnung. Die eigentlichen Probleme blieben. Aber es war nicht ganz einfach, eine Riesenbranche umzustrukturieren, die gleichsam als inländischer Monopolist über fünfundzwanzig Jahre unbekümmert und forsch gewachsen war.

Bei Ford trieb Don Petersen ein ernstzunehmendes neues Programm zur Qualitätsüberwachung voran. Er hatte Edwards Deming geholt, den Qualitätsexperten, den die amerikanischen Autobauer einst verachtet und die Japaner so ernst genommen hatten, und einige Deming-Schüler in Schlüsselpositionen untergebracht. 1984 bat die amerikanische Gesellschaft der Automobilingenieure ihn, auf ihrem Kongreß in Detroit zu sprechen – ein schöner Sieg für Deming. Er nahm unter der Bedingung an, daß die Präsidenten von GM und Ford gemeinsam mit ihm auf der Bühne säßen, was sie dann auch taten. Er war jetzt offiziell ein Prophet, der auch etwas im eigenen Land galt. Privat beklagten sich einige Deming-Leute, daß die letztlich gleichmacherischen Deming-Grundsätze schwer durchzusetzen seien in Großkonzernen wie GM und Ford, die ihren Spitzenmanagern Zulagen in Millionenhöhe gewährten. Dennoch gab es keinen Zweifel, daß nicht nur Lippenbekenntnisse für die Qualität abgegeben wurden und die amerikanischen Autos besser wurden, vor allem die Fords.

Das Problem war, daß die Japaner nicht auf der Stelle traten. Getrieben von ihrer Besessenheit nach Perfektion und dem scharfen Inlandswettbewerb, getrieben auch von der Vision eines aufstrebenden Korea und der Angst vor einem wieder zu Kräften kommenden Amerika, getrieben aber vor allem von einer Mentalität, derzufolge sie sich in Bedrängnis wohler fühlten als im Erfolg, verbesserten sie sich in einem verblüffenden Tempo. Mehrere Untersuchungen von Berufsorganisationen belegten, daß die Japaner trotz der Verbesserungen bei den Amerikanern in Fragen der Qualität einen deutlichen Vorsprung hatten. Ohne Zweifel waren viele amerikanische Manager sprachlos angesichts der Heftigkeit, mit der die japanischen Autobauer vorwärtszustürmen gedachten, sobald die freiwilligen Handelsbeschränkungen 1985 ausliefen. Die Amerikaner hatten einen sich allmählich steigernden Angriff erwartet, doch die Japaner, die die eigene sowie die Konkurrenz der Koreaner und der Amerikaner fürchteten, waren rücksichtslos gewesen. Einige Amerikaner dachten, sie würden im ersten Jahr nur auf 2,1 Millionen Wagen gehen, doch sie gingen auf 2,3, und es gab interne japanische Pläne, die 3 Millionen Wagen vorsahen.

Zur gleichen Zeit bauten die Japaner eigene Werke in Amerika, zuerst Honda, dann Nissan, Mazda, Toyota und als nächstes war ein gemeinschaftliches Vorhaben von Fuji Motors (Subaru) und Isuzu geplant. Diese Fabriken lagen zumeist im Süden, außerhalb der Reichweite der amerikanischen Automobilarbeitergewerkschaft; das bedeutete, daß die Japaner nach Amerika kommen und einige ihrer Kostenvorteile wahren konnten. Für die Japaner war der Bau einer amerikanischen Fabrik eine Möglichkeit, zukünftige Handelsbeschränkungen abzuwehren. Es erlaubte ihnen, kleine Wagen in Amerika herzustellen (und wenn sie wollten, auch in die begehrten mittleren und oberen Klassen des Marktes vorzustoßen). Einige der japanischen Zulieferer folgten den japanischern Automobilunternehmen nach Amerika; sie vertrauten auf eine gesicherte Beziehung zu Honda oder Nissan und bemühten sich auch darum, an die amerikanischen Montagebetriebe zu liefern.

In dieser neuen Phase des Gedränges auf dem amerikanischen Markt hatten die Japaner nach Meinung von Maryann Keller einen Vorteil: Sie hatten viele Firmen und einen ausgeprägten Binnenwettbewerb. Das bedeutete, daß sie immer hohe Qualität lieferten. Ein weiterer Vorteil war, daß die Japaner nicht die Größenordnung brauchten, auf die die Amerikaner angewiesen waren. Für Detroit war ein Wagen kein Erfolg, wenn das Unternehmen nicht im Verlauf einiger Jahre etwa 500 000 Stück verkaufen konnte. Aber die Japaner waren an andere Größenordnungen gewöhnt, ihre Zuwachsraten waren generell kleiner, und sie konnten mit sehr viel geringeren Stückzahlen Gewinne erzielen.

All diese neuen Konkurrenten ließen die Zukunft düster erscheinen. In den schlechten Jahren zwischen 1980 und 1983 waren sechs amerikanische Montagebetriebe geschlossen worden. Jetzt, angesichts des offenkundigen Anstiegs der Auslandsproduktion in Nordamerika, sagten einige Experten voraus, daß die Großen Drei in den nächsten Jahren mindestens sechs, vielleicht auch zwölf Montagebetriebe würden schließen müssen. Eine dunkle Wolke schwebte über den Arbeitern, was die Zukunft ihrer Arbeitsplätze betraf, wie das Personalbüro von Mazda in Flat Rock, im Bundesstaat Michigan, bestätigen konnte: Das neue, im Bau befindliche Mazda-Werk dort sollte erst im September 1987 eröffnet werden, aber schon zwanzig Monate vorher lagen etwa 91 000 Bewerbungen für die 3 100 Arbeitsplätze vor.

1985 ereignete sich, fast unbemerkt, etwas sehr Bezeichnendes: Honda löste American Motors als viertgrößten Autohersteller in Amerika ab. Vielleicht weil es der unternehmungsfreudigste und unbürokratischste der japanischen Konzerne war, wie auch der am stärksten auf seinen Exportmarkt angewiesene, war Honda in diesem Land alles geglückt. Während die anderen japanischen Unternehmen sich mit der Frage des Baus einer Fabrik in Amerika Zeit ließen, beschloß Honda 1979, gerade als der Zusammenbruch der amerikanischen Branche begann, sein Werk in Marysville im Bundesstaat Ohio zu bauen; im Dezember 1982, als die anderen japanischen Unternehmen sich mit Importbeschränkungen herumschlugen, begann Honda mit seiner Produktion in Amerika. Es gelang, die amerikanische Automobilarbeitergewerkschaft draußenzuhalten, wenngleich das ein wunder Punkt war und es ständig Reibereien mit Gewerkschaftsorganisatoren gab. Honda setzte seine amerikanischen Zulieferer unter Druck, die Qualität zu erhöhen. 1983 wurden 50 000 Wagen produziert; bis 1985 erreichte die Gesamtzahl pro Jahr 150 000 Stück. (American Motors fiel im gleichen Zeitraum von 200 000 auf ungefähr 120 000 Wagen zurück.) Zusammen mit den 400 000 Wagen, die Honda einführen durfte, hatte es Ende 1985 über 550 000 Wagen pro Jahr in Amerika verkauft. Honda hatte nicht die Absicht, es dabei zu belassen. 1986 plante man, die Kapazität auszubauen und in Marysville 300 000 Wagen herzustellen; außerdem gab es ernstzunehmende Pläne, eine weitere Fabrik zu bauen, was Honda in die Lage versetzen würde, bis zum Ende des Jahrzehnts eine Million Wagen pro Jahr in Amerika zu verkaufen. Gleichzeitig drang Honda mit dem Acura Legend in die Mittelklasse vor, der für 18 000 $ angeboten wurde.

Und das war nur Honda. Im Mai 1985 liefen die ersten Personenwagen von Nissan im Werk Smyrna vom Band. Im selben Jahr wählte Toyota einen Standort für seine erste Fabrik im mittleren Süden – Toyota, das so geschickt (einige Konkurrenten sagten »brutal«) geführte Unternehmen. Es verfolgte eine so wohlbedachte Firmenstrategie, daß es von den japanischen Unternehmen fast immer das letzte war, das einen entscheidenden Schritt wagte, wie beispielsweise die Ansiedlung in Amerika. 1985 strebte Toyota nichts Geringeres an, als General Motors als Autohersteller vom ersten Platz in der Welt zu verdrängen. Das Unternehmen würde, wie Maryann Keller dachte, wahrscheinlich Amerikas Billigproduzent werden, und ihr war klar, daß Toyota nicht nach Amerika gekommen wäre, wenn es nicht beabsichtigt hätte, dort letztlich eine Million Wagen herzustellen, viele davon in der mittleren Preisklasse.

Spätestens 1985 wurde deutlich, daß die Ereignisse der letzten zwei Jahre, insbesondere die Gewinnflut, kein echtes Comeback waren und daß die Automobilbranche sehr anfällig blieb. Vielen amerikanischen Managern, die das Schlachtfeld überblickten, schien ein wirklicher Wettkampf mit den Japanern nicht zu gewinnen. Mehr und mehr gingen die Amerikaner zur Zusammenarbeit mit den Japanern über. Kleinwagen, die eine amerikanische Firmenbezeichnung trugen, wurden von japanischen Schwesterfirmen hergestellt. Amerikanische Firmenschilder kamen auf Autos mit einem immer höheren Anteil an japanischen Einzelteilen.

Im Herbst 1985 gab Lee Iacocca John Holusha von der *New York Times* ein Interview, in dem er sagte, daß die Japaner nach seiner Berechnung in zwei Jahren 50 Prozent des amerikanischen Marktes in ihrer Hand hätten, wenn man Einzelteile, japanische Autos und japanische Autos mit amerikanischem Firmenschild zusammennahm. Einige seiner alten Kollegen hielten es für bezeichnend, daß es ihm im selben Interview gelang, die Schuld daran ausschließlich der Bundesregierung anzulasten (die Chrysler gerade hatte retten helfen), ihrer Steuerpolitik und der Art, wie sie den Dollar bewertete. »Deshalb bin ich nach Japan gegangen«, sagte er. »Ich mußte einiges von meinen Sachen für Yen bauen und für Dollars verkaufen. Das ist der Trick dabei.« Es gab andere, die meinten, daß der Trick um einiges schwieriger war, und daß Iacoccas Fehler in seiner Unfähigkeit lag, seine und die Schuld des Systems zuzugeben, und auch im ständigen Bedürfnis, irgendeinen anderen verantwortlich zu machen.

Anfang 1986 kam Don Frey, einer der Väter des Mustang und jetzt Chef von Bell & Howell, nach Detroit, um seinen Bruder Stu zu besuchen, einen leitenden Angestellten in der technischen Abteilung bei Ford. Irgendwann kamen sie auf den Mustang zu sprechen, ein Thema, das Don Frey am Herzen lag. Er meinte zu seinem Bruder, es sei Zeit für ein neues Modell.

»Ich habe gerade das Programm für den neuen abgesegnet«, erklärte Stu Frey.

»Erzähl mal«, bat ihn Don Frey. »Wer hat ihn gemacht?«

»Tja«, sagte Stu Frey, »wir machen das Tonmodell, schicken es an Mazda in Hiroshima, und sie machen die Karosserieform und setzen sie auf ein Mazda-Fahrgestell und transportieren alles mit dem Schiff zum Mazda-Werk Flat Rock, wo ein Ford-Motor eingebaut wird.« Irgend etwas hing unausgesprochen in der Luft, und Stu Frey fügte hinzu: »Wir verdienen keinen Cent, wenn wir es hier machen«.

All das zeigte, daß die Automobilindustrie auch 1985, als die Schranken allmählich fielen, zutiefst verunsichert blieb. Aber das vielleicht spektakulärste für die Leute aus der Branche war, daß Maryann Keller, die weithin als eine der scharfsinnigsten Branchenanalystinnen galt, im Kongreß für einen begrenzten Protektionismus eintrat. In der Welt der Autobauer war das eine überraschende Entwicklung. So genau wie alle auf ihrem Gebiet hatte Maryann Keller den Aufstieg der japanischen Automobilbranche vorausgesagt und verfolgt und sich dabei einen beachtlichen Ruf an der Wall Street, in der Presse und international in der Branche erworben.

Ihr Eintreten für den Protektionismus war eine bedeutende Nachricht. Sie tat dies, weil sie der Meinung war, daß bei einer so starken Position der Japaner und einer so schwachen der Amerikaner beträchtliche Gefahr bestehe, daß die gesamte amerikanische Industrie zusammenbreche. Es war, wie sie meinte, eine Sache, wenn ein Land seine Farbfernsehindustrie verlor, aber eine ganz andere, wenn so etwas Entscheidendes wie sein wirtschaftliches Wohlergehen und seine potentiellen nationalen Abwehrkräfte verlorengingen. Sie hatte das amerikanische Comeback von 1983 und 1984 erheblich skeptischer betrachtet als die meisten Männer in Detroit. Es waren, wie sie glaubte, kurze Flitterwochen in einer sehr schweren Zeit. Weit wichtiger als die guten Bilanzen für diese Jahre waren ihrer Meinung nach zwei entscheidende Entwicklungen. Die erste war die, daß die Japaner angesichts von Kontingentierungen, wie durchaus vorauszusehen gewesen war, Größe und Rentabilität jedes Wagens angehoben hatten und jetzt allmählich ziemlich gut in der Mittelklasse dastanden, die zuvor die ausschließliche Domäne Detroits gewesen war. Wir haben sie, dachte sie, durch die vorübergehende Kontingentierung gezwungen, noch schneller besser zu werden. Die zweite war die, daß die Japaner nicht nur an den amerikanischen Gestaden gelandet waren, sondern infolge der Vergünstigungen, die heimische Politiker ihnen gewährten, ihre Fähigkeit, zu niedrigen Kosten zu produzieren, auch in Amerika hatten zur Geltung bringen können. Diese zusätzliche Leistungsfähigkeit im Bereich der Produktion würde bestimmt zu Lasten der amerikanischen Unternehmen gehen, die ohnehin schon angeschlagen waren.

Was Maryann Keller letztlich zu ihrer Aussage trieb, war jedoch ein Bericht des Handelsministeriums, in dem es hieß, daß die Japaner 1988 in der Lage sein würden, in Amerika fast 800 000 Wagen zu produzieren, was einem Marktanteil von 44 Prozent entsprach. Rechnete man importierte und von den Japanern in Amerika hergestellte Wagen zusammen, bedeutete das letztlich, daß die amerikanischen Unternehmen 1,5 Millionen Autos pro Jahr weniger verkaufen würden. Detroit würde 1988 vielleicht nur noch 6,3 Millionen Wagen absetzen – was um einiges unter den Hoffnungen der Branche lag, die eher bei acht oder neun Millionen als unterer Grenze angesiedelt waren. Die Erträge der gesamten Branche würden deutlich zurückgehen.

Fabriken müßten geschlossen, noch mehr Arbeiter entlassen werden. Ein solcher Einbruch würde die gesamte amerikanische Wirtschaft erschüttern. Etwas widerstrebend, als wäre es gegen ihre eigenen Überzeugung, erklärte sie daher dem Kongreß, daß sie einen begrenzten Schutz befürworte, der der amerikanischen Automobilbranche Zeit brächte, wettbewerbsfähig zu werden. Sie schlug ein dreistufiges System vor: einen freien Markt für alle Wagen unter 6 500 $, einen freien Markt für alles über 20 000 $ und einen 25prozentigen Zoll auf alle Importe im Wert zwischen 6 500 $ und 20 000 $. Die Japaner, erklärte sie, wären so gut, daß sie den Nachteil eines 25prozentigen Zolls in sechs oder sieben Jahren würden aufholen können. Das bedeutete, daß der Druck auf die amerikanische Autobranche, wettbewerbsfähig zu werden, ganz extrem sein würde. Ihre Aussage, die von jemandem kam, der den Sünden der Branche von Hause aus so kritisch gegenüberstand und dem freien Markt so selbstverständlich verpflichtet war, stellte vielleicht die niederschmetterndste Vorhersage überhaupt dar.

53
Vergangenheit wird Zukunft

J. Edward Lundy war im Juni 1979 als Finanzchef der Ford Motor Company in den Ruhestand getreten. Er blieb jedoch nicht nur aktiv, sondern auch einflußreich. Er war der zweite Vorsitzende des Finanzausschusses im Vorstand – erster Vorsitzender war Henry Ford selbst – und übte weiterhin Macht aus durch sein Netz aus intelligenten jungen Männern, von denen einige gar nicht mehr so jung waren und überall im Unternehmen in Schlüsselpositionen vorgerückt waren. Wie es einem Mann mit so vielen Freunden zustand, hatte er ein ungewöhnlich erfülltes Leben. In seiner Eigenschaft als Mitglied der Geschäftsführung des Unternehmens war er nur ungern nach Europa gereist; jetzt genoß er es, mit Arjay Miller und dessen Familie nach Europa zu fahren und in guten Restaurants und Weinkellereien einzukehren. Er engagierte sich außerdem privat noch stärker für seine Mitmenschen. Außer seiner großzügigen Hilfe für die katholische St. Josephs-Kirche in Dearborn hatte er mehr als vierzig Jahre vielen Menschen in Not beträchtliche Summen zukommen lassen, vor allem den Frauen und Kindern von Ford-Mitarbeitern, die jung gestorben waren. Im Mai 1985, im Alter von siebzig Jahren, nach zwanzigjähriger Mitgliedschaft im Vorstand, zog sich Ed Lundy auch aus diesem Gremium zurück und hatte zum erstenmal seit vierzig Jahren keine offizielle Verbindung zur Ford Motor Company mehr.

Seine Handschrift war dennoch überall im Unternehmen zu erkennen, das durchsetzt war mit seinen Leuten, die alle nur auf die Gewinnspannen starrten. Red Poling, ein Mann Lundys, war jetzt Präsident von Ford, und Allan Gilmour, ein besonderer Protegé Lundys, war Finanzchef geworden. Wieder war das Unternehmen tief gespalten in Produkt- und Finanzleute, ähnlich wie bei den Auseinandersetzungen um kleine oder große Wagen in den 70er Jahren. Diesmal ging es um eine noch weiterreichende Frage: ob Ford die Produktion aller kleinen und normalen Kompaktwagen an Mazda abgeben sollte oder nicht. Die Japanisierung der Kleinwagenproduktion war nach Auskunft von Ford-Kennern Red Polings Lieblingsprojekt. Es sei, wie er sagte, einfach zu schwer, angesichts der Konkurrenz durch Japaner und Koreaner mit der Produktion von Kleinwagen in Amerika Geld zu verdienen. Der Gedanke ließ ihn nicht mehr los, wieviel Geld das Unternehmen sparte, wenn es von einem so kostspieligen Geschäftszweig befreit werden könnte. Entschloß Ford sich zu diesem Schritt, müßten mindestens zwei, vielleicht aber auch vier Werke geschlossen werden.

Die Gegenposition zu Poling nahm, zumindest im Moment, Don Petersen ein, der Vorstandsvorsitzende. Er und seine Anhänger argumentierten, daß es eine Tragödie wäre, das Schlachtfeld ohne weiteren Kampf zu räumen. Ford, wandten sie ein, stelle Autos her, vertreibe sie nicht nur. Außerdem, meinte Petersen, mache dieser Schritt Ford beängstigend abhängig von Mazda. Wer konnte sagen, was die Zukunft Mazda und den Japanern brachte? Würde Mazda 1990 noch immer ein so gutes Automobilunternehmen sein wie 1986? Was war denn im letzten Jahr geschehen, als der Yen gegenüber dem Dollar so schnell gestiegen war? Dieser Anstieg hatte die Wettbewerbsfähigkeit der Japaner in Amerika nachhaltig beeinträchtigt.

Das ganze Frühjahr 1986 hindurch tobte der Kampf. Ihm fehlte zwar die persönliche Animosität der Auseinandersetzungen zwischen Iacocca, Sperlich und Ford aus den 70er Jahren, aber was die Zukunft der amerikanischen Automobilindustrie und Amerikas insgesamt anging, war er in jeder Hinsicht genauso wichtig.

Zum Winterausgang und Frühlingsbeginn 1986 durchliefen schwere Erschütterungen die japanische Wirtschaft. Das Land erlebte eine gewaltige Krise, als der Yen gegenüber dem Dollar plötzlich anzog – in den Nachkriegsjahren hatte man den Yen die meiste Zeit bewußt so leicht wie möglich floaten lassen (unter anderem, um den Export anzukurbeln und die für die japanische Konsumwirtschaft bestimmten Importe abzuhalten). Dieser Prozeß hatte nicht zufällig begonnen; im Herbst 1985 hatten einige westliche Handelspartner Japans sich zu dem Versuch entschlossen, die eigene Währung gegenüber dem Yen zu schwächen, um so ein Mittel für einen gerechteren Handel ins Spiel zu bringen. Dieser Schritt hatte einigen Erfolg gehabt, und bis zum November war der Dollar, dessen Wert bei etwa 230 Yen gelegen hatte, auf 200 Yen gefallen. Gerade zu dem Zeitpunkt aber, als die beiden Währungen sich einpendelten, fingen die Saudiaraber an, ihre Erdölförderung zu steuern, und der Erdölpreis fiel drastisch.

Die Auswirkungen auf die japanische Wirtschaft waren enorm. Weil die Japaner von allen wichtigen Industriestaaten am stärksten von importiertem

Erdöl abhingen, profitierten sie am meisten von diesem Preissturz. Die Folge war eine weitere Stärkung des Yen. 1979 hatte der Sturz des Schah den Yen geschwächt und dadurch die Kosten der japanischen Autoexporte gesenkt, was wiederum den Absatz erhöht hatte; jetzt war das Gegenteil geschehen. Die japanische Währung war stärker geworden – für einen Dollar bekam man jetzt nur noch 160 Yen –, was das Exportieren mit einem Schlag um vieles schwerer machte. Das entsetzte viele japanische Industrielle. Rund dreißig Jahre hatte Japan seine Währung mit großem Geschick beeinflußt; jetzt erwies sich die Stärke seiner Währung als Last. »Seht ihr Amerikaner nicht, was das für eure Wirtschaft bedeutet?« fragte ein japanischer Freund die Autoanalystin Maryann Keller. »Das ruiniert euren Lebensstandard.« Premierminister Nakasone, den der gestärkte Yen beunruhigte, wollte das beim Tokioter Gipfel im Mai 1986 zu einem der Hauptthemen machen, aber auf dieser Konferenz stand die Frage des Terrorismus im Vordergrund; das Thema Yen wurde von den Vertretern des Westens weitgehend übergangen, die von vornherein wenig Mitgefühl für die wirtschaftliche Misere der Japaner hatten.

Die Lage wurde aus diesem Grund für alle japanischen Exporteure sehr viel schwieriger. Die Automobilunternehmen mußten ihre Preise immer wieder erhöhen, da der Yen fiel. Japanische Autos waren trotz ihrer sonstigen Vorzüge nicht mehr die billigsten auf dem Markt. Die Japaner mußten jetzt andere Vorteile hervorheben, vor allem Qualität und Formgebung. Die amerikanischen und deutschen Produzenten reagierten unterschiedlich auf die japanische Krise. GM kündigte kurz darauf eine Preiserhöhung um 2,9 Prozent an; Ford und Chrysler hielten sich wohlweislich zurück. Volkswagen brachte einen Werbespot, in dem ratlose japanische Geschäftsleute einräumen mußten, daß sie einem furchtbaren Preisproblem gegenüberständen. Der Druck, den das auf die japanischen Unternehmen ausübte, war enorm: Man mußte an anderen Stellen sparen. Bei Nissan gab es für alle Führungskräfte eine Gehaltskürzung. In allen japanischen Fabriken kam es letztlich zu Produktionserhöhungen, als wollte man den erstarkten Yen kompensieren. Doch all das war nach Ansicht vieler Analysten, die Japan lange Zeit beobachtet hatten, nur ein vorübergehendes Hindernis, das die Japaner bestimmt so angehen würden, wie sie es bei anderen gemacht hatten: Sie würden härter denn je arbeiten. Sie würden ihr System noch stärker durchorganisieren und auch den geringsten Gewinn herausholen. Man würde Zulieferer und Arbeiter in die Mangel nehmen, die Banken würden ihre Bedingungen lockern, neue Produktionsverfahren würden aufkommen; irgendwann würden die Japaner ihre Verluste ausgleichen und stärker und entschlossener denn je wiederkommen.

Wenn es irgendein Indiz dafür gab, daß die japanische Herausforderung immer noch so ernst zu nehmen war wie bisher, dann dieses, daß das Handelsungleichgewicht zwischen Japan und den Vereinigten Staaten im ersten Quartal 1986 die Höhe von 60 Milliarden Dollar erreichte. In dieser schwindelerregenden und unheilvollen Statistik verbarg sich noch eine weitere schreckliche Tatsache: Die Japaner entfernten sich immer mehr von den frühen, einfacheren Formen der Herausforderung. Sie gingen nicht nur vom Stahl und den Automobilen zu High-tech-Erzeugnissen über; sie ernteten die Früchte ihrer kalvinistischen Jahre harter Arbeit und eifriger Sparsamkeit. 1985 hatten die Japaner dank all dieser Jahre ungewöhnlicher Opferbereitschaft große Kapitalbeträge angesammelt. Nun wurden sie in aller Stille die neuen, mächtigen Weltfinanziers.

In Amerika herrschte trotz der scheinbaren wirtschaftlichen Erholung von 1985 und des gesunkenen Erdölpreises das unbehagliche Gefühl, daß es eine Krise gab, der man sich nicht gestellt hatte. Arbeitsplätze gingen verloren, der industrielle Kernbereich wurde schwächer, und es wurde kein wirklicher Versuch unternommen, etwas dagegen zu tun. Amerika war in den Nachkriegsjahren schließlich so reich und erfolgreich gewesen, daß es viel von seiner öffentlichen Kraft in die politische statt die wirtschaftliche Definition des Landes fließen lassen konnte. Im letzten Präsidentschaftswahlkampf 1984 war mehr über Schulgebete als über die japanische Herausforderung geredet worden. Selbst unter einer konservativen Regierung, die sich zu einer größeren Steuerreform verpflichtet hatte, stieg die Staatsverschuldung. Amerika, das sich der Konkurrenz einsatzfreudigerer, disziplinierterer asiatischer Länder gegenübersah, schien unfähig zur Selbstdisziplin zu sein. Jeder in Amerika, so hatte es den Anschein, glaubte an Opfer, solange es die Opfer anderer waren. Der Leiter der Haushaltsabteilung der Reagan-Administration, der unzufrieden über die Beschwichtigungen von Gruppen mit Sonderinteressen durch seinen Präsidenten war, schied aus der Regierung aus und schrieb ein Buch über seine Niederlagen. Es schien symbolisch für den neuen Triumph des persönlichen Wohlergehens über die öffentliche Tugend zu sein, daß er von seinem Verleger einen Vorschuß von 2,5 Millionen Dollar für das Aufzeichnen des Niedergangs eben dieser öffentlichen Tugend erhielt. Anläßlich einer Rede vor Graduierten an der Duke University riet Lee Iacocca den versammelten Akademikern zu versuchen, die Bücher besser zu führen, als seine Generation dies getan habe, denn man habe ihnen ein Defizit in Höhe von zwei Billionen Dollar hinterlassen. »Wir haben Ihre Kreditkarte benutzt«, sagte er, »und Sie wußten nicht einmal davon.«

Amerika hatte seinen wirtschaftlichen Erfolg weitgehend als selbstverständlich angesehen. Es lag eine ganze Menge Ironie in dem erbitterten amerikanischen Wettrüsten mit der Sowjetunion, das die amerikanische Wirtschaft so nachhaltig schwächte, weil es zum einen ihre Schulden wachsen ließ und zum anderen viele der begabtesten Wissenschaftler des Landes der Verbrauchswirtschaft entzog. In einem solchen Wettkampf hatten die Sowjets mit ihrer simplen, schwerfälligen Planwirtschaft einen gewissen Vorteil; schließlich funktionierte ihre heimische Wirtschaft nicht, und das einzige, was funktionierte, war der Rüstungsbereich – sie konnten zwar Raketen bauen, aber keine Autos. Durch den totalen Wettlauf bei den Waffen maßen sich die Amerikaner mit den Sowjets auf einem Gebiet, auf dem letztere ihre besten Leistungen erbrachten, und schwächten damit eine andernfalls kerngesunde und dynamische Wirtschaft und machten es natürlich den Japanern sehr viel leichter, die unter dem militärischen Schutz der Amerikaner standen. Auf den amerikanischen Highways fuhren Toyotas, Hondas und Datsuns, keine Moskwas, und Amerika verlor Arbeitsplätze an Ostasien, nicht an Osteuropa.

Einige Amerikaner redeten sehr gelehrt darüber, daß die neue wirtschaftliche Ära eine Ära der Dienstleistungswirtschaft sei, nicht eine der industriellen Wirtschaft. Aber es gab ganz eindeutig zwei Arten von Dienstleistungsberufen – hochqualifizierte für privilegierte Amerikaner mit guter Ausbildung, deren berufliche Laufbahn ein erhebliches Maß an Wahlmöglichkeiten widerspiegelte, und unqualifizierte Berufe für Amerikaner mit einer schlechten Ausbildung. Diejenigen in der unqualifizierten Dienstleistungswirtschaft hatten wenig Einfluß, was ihre beruflichen Entscheidungen betraf, und ihre inflationsbereinigten Gehälter entsprachen so eben noch denen in der Zeit vor dem New Deal. Als der Anteil der Arbeiter an der Gesamtheit aller Berufstätigen schrumpfte, bestand die Gefahr, daß die Klassengegensätze sich verschärfen, die Mittelschicht abnehmen und die Kluft zwischen den wenigen (Aus-)Gebildeten und den vielen Ungebildeten tiefer werden würde. Das hatte selbstverständlich langfristige Folgen; es untergrub wahrscheinlich den gesellschaftlichen Einklang, dessen sich die Amerikaner in diesem Jahrhundert über weite Strecken erfreut hatten. Und dann war da auch die noch nicht beantwortete Frage, ob eine starke Dienstleistungswirtschaft allein existieren konnte, denn viele Analysten meinten, daß eine Gesellschaft dann am gesundesten sei, wenn die Dienstleistungswirtschaft eine kraftvolle Stammwirtschaft ergänze und nicht etwa selbst den Mittelpunkt bilde.

In mancher Hinsicht hatte Amerika, als es sich der Zukunft stellte und sich darauf vorbereitete, seinen Platz in der neuen und unsicheren internationalen Wirtschaft zu suchen, im Gegensatz zu anderen führenden westlichen

Industriestaaten es noch bemerkenswert gut. Es war mit Land gesegnet, und seine Landwirtschaft war produktiv, modern und ertragreich. Es besaß mehr Bodenschätze als jeder andere potentielle industrielle Wettbewerber. Sein Kapitalbeteiligungssystem war wahrscheinlich das dynamischste der Welt. Sein System der gehobenen Ausbildung gehörte wahrscheinlich zum besten in der Welt, wenngleich es hier einige störende Anzeichen gab, denn etwa die Hälfte der Ingenieure, die an Amerikas Fachhochschulen ausgebildet wurden, waren Ausländer; Bundesstaaten wie Michigan und Kalifornien subventionierten sogar die Herausforderung der Vereinigten Staaten durch Japan und Korea und andere aufstrebende Nationen.

Es bestanden allerdings zwei echte Schwächen. Die eine war das Staatsschulsystem und das geringe Bildungsniveau. (In einer neueren Untersuchung hieß es abschließend: wenn eine fremde Macht die Vereinigten Staaten von Amerika hätte unterlaufen wollen, hätte sie ihnen das Staatsschulsystem gegeben, das sie gegenwärtig hatten.) Selbst hier wurden der Antrieb, die Energie und der Ehrgeiz der neuen Asiaten offenbar. Waren die besten Graduierten an der Bronx High School of Science, einer der großen demokratischen, aber dennoch elitären High-Schools New Yorks, an der die Leistung über die Aufnahme entschied, vor etwa fünfundzwanzig oder dreißig Jahren noch die Kinder jüdischer Einwanderer gewesen, waren es jetzt die Kinder asiatischer Einwanderer, oft selbst junge Asiaten, die im alten Land geboren waren. Diese Tatsache brachte etwas ans Licht, das sowohl für das Beste wie das Schlechteste am modernen Amerika sprach, denn es zeigte, daß es ein offenes und sich erneuerndes Land war, in dem ein besseres Leben möglich war, und zugleich, daß allzu viele einheimische Kinder ihren Lebensstandard als selbstverständlich betrachtet hatten.

Die andere Schwäche Amerikas lag in den hochgeschraubten Erwartungen seiner Bevölkerung. Kein Land, Amerika eingeschlossen, würde wahrscheinlich jemals mehr so reich sein, wie es Amerika zwischen 1945 und 1975 gewesen war. Andere Länder folgten den Japanern in ein Mittelschicht-Dasein, was bedeutet, daß das Leben für die meisten Amerikaner karger werden muß. Aber Mitte 1986 schien sich dessen kaum jemand bewußt zu sein, geschweige denn sich Sorgen deswegen zu machen. Kaum jemand sprach davon, wie man das Land am besten an eine Zeit etwas zurückgeschraubter Erwartungen heranführte, oder wie man seine reichen Reserven für ein Überleben in einer harten, unversöhnlichen, neuen Welt zusammenhalten sollte, oder wie die unvermeidlichen Opfer gerecht verteilt werden könnten.

Anmerkungen des Autors

Ich habe mich im Frühjahr 1980 entschlossen, dieses Buch zu schreiben. Nach dem Sturz des Schah von Persien offenbarten sich die Blößen der gesamten amerikanischen Kernindustrie gegenüber der schonungslosen Herausforderung durch ein selbstsicheres, diszipliniertes Japan. Wie und warum es dazu kam, erschien mir wert, erzählt zu werden. Es gab zwar auf beiden Seiten des Pazifik mehrere Fachleute, aber, wie mir auffiel, kein Buch, in dem über die parallelen Ereignisse des japanischen Aufstiegs und der amerikanischen Krise berichtet worden wäre, und es erschien mir als ideale Gelegenheit für einen Schriftsteller, der bereit war, die etwa fünf Jahre aufzubringen, die das erforderte, die entscheidenden Vorkommnisse genauer darzustellen. Die Geschichte war, wie ich sie nennen würde, ein sanftes Drama – das heißt etwas Grundlegendes, das so still und in so kleinen Schritten vor sich ging, daß es mit bloßem Auge kaum wahrnehmbar war –, im Gegensatz zum harten Drama, etwas so offensichtlich Alarmierendem, daß es noch am gleichen Abend in den Nachrichten erwähnt wird oder am nächsten Morgen auf der Titelseite steht. Auf jeden Fall schien mir die Geschichte vom Aufstieg Japans und dem allmählichen industriellen Abstieg Amerikas etwas höchst Dramatisches und Folgenschweres. Ich habe mich für das Auto entschieden, nicht für Stahl, weil es ein jedem Leser vertrauter Konsumartikel und das Symbol für Amerikas Vorstoß in das Mittelschicht-Dasein ist – ja, für die übrige Welt das amerikanischste Produkt schlechthin. Ich beschloß, die Geschichte an zwei Unternehmen aufzuhängen. Auf amerikanischer Seite wählte ich Ford, weil Chrysler zu jenem Zeitpunkt zu angeschlagen, zu nahe am Bankrott war, und GM so groß und reich, daß es, wenn überhaupt, nur durch Veränderungen allergrößten Ausmaßes zu erschüttern war. Da ich mich für Ford entschied, die Nummer zwei in Amerika, nahm ich Nissan, in Japan nach Toyota die Nummer zwei, als japanisches Gegenstück. Zu dem

Zeitpunkt wußte ich über beide Firmen kaum etwas; ich hatte beispielsweise keine Ahnung, daß die Beilegung eines einhunderttägigen Streiks im Jahr 1953 entscheidend für Nissans neuere Geschichte war.

Dieses Buch war schwieriger zu schreiben als *The Best and the Brightest* (dt.: *Die Elite*) und *The Powers That Be*. Jene Bücher behandelten Ereignisse, die bereits Bestandteil meines Lebens waren; wenn mir ein Gesprächspartner etwas über wichtige Vorkommnisse erzählte, wußte ich sofort, wovon er sprach, und kannte den Zusammenhang. Hier mußte ich mich jedoch mit einer völlig anderen und oft ganz fremden Welt vertraut machen. Ich berichtete nicht nur, sondern lernte auch andere Sprachen, die der Industrie und der Autobranche. Als ich in diese Welt trat, ließen mich viele Detroiter Offizielle und Journalisten großzügig an ihren Fachkenntnissen und Einsichten teilhaben. Ich habe viele von ihnen im Text genannt, möchte aber doch anmerken, daß Keith Crain und David E. Davis (jeder Primus inter pares) ganz besonders hilfreich waren und ich mich immer wieder an sie gewandt habe. Ich möchte auch festhalten, daß die Männer von Ford in aller Regel wohlwollend und kooperativ waren, obwohl ich über sie schrieb, als das Unternehmen seine schwerste Zeit durchmachte.

Der japanische Teil bereitete größere Schwierigkeiten, nicht wegen der Sprache, sondern weil die Japaner eine ganz andere Einstellung dazu haben, wie man etwas von seinem Wissen preisgibt. Frank Gibney, ein maßgeblicher Japan-Autor, sagt: »Man braucht sehr lange, jemanden, der wirklich etwas weiß, dazu zu bringen, etwas wirklich Wichtiges zu erzählen.« Oder wie der japanische Intellektuelle Tadao Umesao bemerkt, daß Japan, was die Kommunikation betreffe, wie ein schwarzes Loch im Universum sei: Es empfängt Signale, sendet aber keine aus. Tadao stellt außerdem fest, daß die Entgegennahme von Informationen in Japan einen positiven gesellschaftlichen Stellenwert hat, während das Geben von Informationen als wertlos oder gar schädlich betrachtet wird. Ich habe acht Monate in Japan verbracht, sechs davon zusammen mit meiner Familie. Nissan hat mir im günstigsten Fall schleppend geholfen. Wie viele amerikanische Autoren in Japan merkte ich keinen offenen Widerstand, lediglich einen ständigen Sog, der gegen mich zu wirken schien. Der Nachteil dessen war viel verlorene Zeit, der Vorteil, daß ich gezwungen war, mich noch intensiver nach inoffiziellen Quellen umzusehen.

Die Offiziellen bei Mazda haben mir weit mehr geholfen, was teilweise an der viel aufgeschlosseneren Haltung Bunzo Suzukis lag (und seinem größeren Einfluß bei seinen Vorgesetzten); aber auch viele andere Japaner in nicht offiziellen Positionen waren mir behilflich. Mehrere amerikanische Japanologen teilten äußerst großzügig ihr gesamtes Wissen mit jemandem, der neu auf diesem Gebiet war. Besonderen Dank schulde ich Gerry Curtis von der Columbia Universität, Ezra Vogel von der Harvard University, Chalmers Johnson von der Berkeley University, James Abegglen, Frank Gibney, Donald Richie und Tracy Dahlby. Auch meinen beiden Dolmetscherinnen Hideko Takayama und Nobuko Hashimoto bin ich zu Dank verpflichtet. Fräulein Takayama, entschlossen und furchtlos, konnte hervorragend einige angefangene Arbeiten weiterführen und die Interviews fortsetzen, nachdem ich Tokio verlassen hatte. Ihre Mitarbeit war entscheidend für die Vollendung meines Vorhabens, und meine Wertschätzung für sie kennt keine Grenzen. Sie ist eines der fähigsten Mitglieder der Tokioter Pressevereinigung. Sie und Fräulein Hashimoto haben auch mehrere Texte für mich übersetzt, insbesondere die Arbeiten von Satoshi Aoki und die Memoiren von Katsuji Kawamata.

Bei Beginn des Buches hat Alex Kotlowitz eine journalistische Geschichte des Themas für mich zusammengestellt und mir damit sehr geholfen; am Ende war Roddy Ray von der *Detroit Free Press* ebenso hilfreich, als er einiges für mich überprüfte. Nancy Medeiros hat meine Aufzeichnungen abgeschrieben und war hinsichtlich eines der schwierigsten Aspekte dieses Buches von unerschöpflicher Zuversicht. Bei Ford war Tom Foote sehr liebenswert, und bei Nissan ging Yukihito Eguchi mit Eifer seiner trübsinnigen Aufgabe nach, seinen Vorgesetzten meine Anfragen zu hinterbringen. Baron Bates von Chrysler half unbeirrt, für mich Interviews mit seinem eigenen Chef und Bestsellerautor zu vereinbaren. David Crippen vom Ford-Archiv hatte viel Material und Unterstützung zu bieten. Marty Lipton von Wachtel, Lipton war für mich von unschätzbarem Wert durch unsere Gespräche über die Veränderungen an der Wall Street und seine Hinweise auf andere Quellen. Danken möchte ich auch den vor Ort tätigen Mitarbeitern zweier guter Zeitungen, deren Berichte aus Tokio und Detroit immer wieder eine Informationsquelle für mich waren, wenn ich am Ort des Geschehens war, und besonders dann, wenn ich es nicht war. Schriftsteller wie ich neigen häufig dazu, die Arbeit von Journalisten über ihr Gebiet als selbstverständlich zu betrachten; gerade in diesem Fall trifft das nicht zu, und ich erkenne voller Dankbarkeit die Schuld an, in der ich bei den Tokioter Mitarbeitern der *The New York Times* Susan Chira, Clyde Haberman und Henry Scott-Stokes stehe; bei ihrem Detroiter Bürochef John Holusha und ihrem Gewerkschaftsberichterstatter Bill Serrin. Ebenso bei den Tokioter Mitarbeitern des *The Wall Street Journal,* E.S. Browning, Chris Chipello, Masayoshi Kanabayashi, John Marcom, Bradley Martin, Bernard Wysocki und Stephen Yoder; und auch beim Stab des *Journal* in Detroit, Amanda Bennett, Dale Buss, John Bussey, Damon Darlin, Melinda Grenier-Guiles, Paul Ingrassia, Doron Levin, Amal Nag und Bob Simison. Sehr verbunden bin ich auch Urban

Lehner, dem Bürochef des *Journal* sowohl in Tokio wie in Detroit in der Zeit, als ich an diesem Buch arbeitete, der für mich der Prototyp des vollkommenen Journalisten ist. Die Arbeit von Hillel Levin und Kirk Cheyfitz in Detroits Monatszeitschriften machte auf mich stets den Eindruck höchster Qualität, weit über dem stehend, was man in vielen Zeitschriften des Landes findet, und wie viele andere schreibende Besucher dieser Stadt fand auch ich sie sehr hilfreich.

Auf einer mehr persönlichen Ebene erfordert ein Buch wie dieses sehr viel logistische Unterstützung. Ich möchte John Murphy, Henry Kehlenbeck und John McMahon, Peter Grilli und John Wheeler von der Japan Society und Walter Anderson von *Parade* danken, deren Anteilnahme und Großherzigkeit sehr wichtig waren. Mein herzlichster Dank geht an Neil Dunlap Hughes, Stevie McCarthy, Amanda Earle und Carolyn Means (die zusammen mit meiner Familie nach Tokio gereist ist). Dank schulde ich den Mitarbeitern des Pontchartrain in Detroit und des Internationalen Hauses in Tokio sowie Dr. Ben Kean, Michael Hecht, Alan Fruchter und Gary Schwartz.

Tom Congdon, mein Lektor bei Morrow, der unter sehr angespannten Umständen arbeitete, hatte von Anfang an ein feines Gespür dafür, was das Buch brauchte, und, was genauso wichtig war, dafür, was es nicht brauchte. Mehr als sechs schwierige Monate waren wir weniger Autor und Lektor als Partner. Dankbar bin ich auch Dawn Drzal, Lori Ames, Sherry Arden und Larry Hughes.

Mit Ausnahme des Portraits des ersten Henry Ford ist das Buch überwiegend das Ergebnis meiner eigenen Recherchen. Die folgende Liste der interviewten Personen gebe ich mit einem gewissen Vorbehalt wieder. Erstens ist sie unvollständig. Mindestens fünfzehn wichtige Informanten, einige in Amerika, die meisten in Japan, haben darum gebeten, ihre Namen nicht zu nennen, da sie sonst berufliche Schwierigkeiten bekommen hätten. Zweitens stellt eine solche Liste zwar dar, was ein Autor gemacht hat und wohin er gegangen ist, aber sie kann dennoch irreführen. Der Name eines sehr bekannten Informanten wird den Leser anspringen und große Hilfe für den Autor signalisieren, während ein weniger bekannter Informant vielleicht unentbehrlich war. Ein gutes Beispiel ist der verstorbene John Bugas. Ich habe sieben Mal ausführlich mit ihm gesprochen. Niemand im Unternehmen ging, was Henry Ford II. betraf, so weit zurück wie er; nur wenige Insider hatten soviel Grund, nicht gut auf Henry Ford zu sprechen zu sein – denn Ford hatte ihn hinausgeschmissen. Ford selbst war irgendwann äußerst unruhig, weil ich soviel Zeit mit Bugas verbrachte. Doch auch wenn Bugas mir sicher geholfen hat, da er eine Menge über Henry Fords Privatleben wußte, war er doch nur bedingt zu Auskünften bereit. Ich war deshalb so oft mit ihm zusammen, weil jeder die Gesellschaft des anderen schätzte; da wir beide Baseballfans waren, verlegten wir unsere späteren Verabredungen in seine Loge im Stadion der Tiger, wo er mehr von den Tagen Hank Greenbergs als denen Harry Bennetts plauderte.

Interviewt für den japanischen Teil wurden: James Abegglen, Naohiro Amaya, Satoshi Aoki, Fumiko Araki, Hideo Asahara, Yaichi Ayukawa, Merrick Baker-Bates, Pete Brock, Phil Broman, Mark Brown, Frank Cary, Otis Cary, Jay Chai, Bill Chapman, Atsuko Chiba, Tesuya Chikushi, Bill Clark, Gerald Curtis, Midori Curtis, Michael Cusumano, Toshiko Dahlby, Tracy Dahlby, Peter Dennison-Edson, George DeVos, Bill Dizer, Takeo Doi, Jack Eby, Yukhito Eguchi, Takuro Endo, Tadayoshi Enju, Roy Essoyan, Bob Fisher, Glen Fukushima, Yoichi Funabashi, Barbara Gewirtz, Elliot Gewirtz, Alex Gibney, Frank Gibney, Donald Gorham, William Gorham, Koichi Goto, Mitsuya Goto, Joseph Greenwald, Peter Grilli, Clyde Haberman, Eleanor Hadley, Fumiko Halloran, Richard Halloran, Tsuneyuki Hane, Teiichi Hara, Michio Hatada, Tsuyoshi Hayashi, Gerd Hijino, Shigeki Hijino, Takuzo Hiki, Tadashi Igarashi, Tatsuya Imai, Robert Immerman, Munemichi Inoue, Takeshi Isayama, Hideo Ishihara, Tadashi Ishihara, Kaoru Ishikawa, Sam Jameson, Chalmers Johnson, Sheila Johnson, Naotake Kaibara, Kaiichi Kanao, Hajime Karatsu, Mikio Kato, Hideaki Kase, Yutaka Katayama, Katsuji Kawamata, Kinji Kawamura, Soichi Kawazoe, Dusty Kidd, Eric Klestadt, Chizuko Kobayashi, Noritake Kobayashi, Yotaro Kobayashi, Kazuo Koike, Tetsuo Komatsu, Masataka Kosaka, Takahiro Koyama, Bernard Krisher, Tokuichi Kumagai, Masao Kunihiro, Sadayuki Kuriyama, Jim Laurie, Masako Laurie, Nancy Lehner, Urban Lehner, Ray Lemke, Tim McGinnis, Ichiro Maeda, Hideshi Maki, Shin Maki, Mike Mansfield, Mayfield Marshall, Bradley Martin, Kathleen Martin, Jurek Martin, Keikichi Matsumoto, Yukio Matsuyama, Masaru Miyake, Tom Mori, Yoshihiko Morozumi, Masumi Muramatsu, Kiyoaki Murata, Michio Nagai, Hideya Nakamura, Yoshikazu Nakashima, Sohei Nakayama, Hideo Numasaki, Sadaaki Numata, Miyoji Ochiai, Dan Okimoto, Saburo Okita, Keigo Okongi, Masataka Okuma, Shoji Okumura, Shintaro Ota, George Packard, Wingate Packard, John Parker, Anne Pepper, Tom Pepper, John Curtis Perry, Tait Ratcliffe, Ed Reingold, Edwin O. Reischauer, Donald Richie, David Riesman, Johnnie Rinard, John Roderick, Jun-ichiro Sakura, Henry Scott-Stokes, Isaac Shapiro, Yonetaro Shimatani, Ichiro Shioji, Rei Shiratori, Saburo Shiroyama, Janet Snyder, Akira Sugita, Bunzo Suzuki, Tadashi Suzuki, Takao Suzuki, Takashi Tachibana, Sadao Tachikawa, Rennosuke Takeda, Yasuo Takeyama, Katsuo Tamura, Kinichi Tamura, Kuniyuki Tanabe, Akinori Tanaka, Kanichi Tanaka, Minoru Tanaka, Sansosuke Tanaka, Yasumasa Tanaka, Michael

Tharp, Gordon Togasaki, Tamiyo Togasaki, Shigehiko Togo, Kisaburo Tsubura, Tadao Umesao, Shunchiro Umetani, Mastaka Usami, Ezra Vogel, Susumu Wakamori, Nobe Wakatsuki, Saburo Watanabe, Robert Whiting, Jack Yamaguchi, Kenichi Yamamoto, Nobuyoshi Yoshida und T.F. Yukawa. Korea: Ahn Sung Chan, Chung Se Yung, Kang Oh Ryong, John Kim, Stewart Kim, Y.S. Kim, Kwon Ki Chul, Stan Lee, Park Jin Kean, H.B. Suh, Bill Vaughan, Greg Warner, Ed White und Yoo Mal Bok.

Interviewt für den amerikanischen Teil wurden: Tom Adams, William Agee, Bob Alexander, Roger Altman, Martin Anderson, Lee Bach, George Ball, Ken Bannon, Jack Barnes, Baron Bates, Calvin Beauregard, Clay Bedford, George Bennett, Bill Benton, Ben Bidwell, Barry Bluestone, Irving Bluestone, Michael Blumenthal, Ron Boltz, Gene Bordinat, Bill Bourke, George Brown, Holmes Brown, Warren Buffet, John Bugas, Philip Caldwell, Jim Cannon, John Chancellor, Roy Chapin, Sis Chapin, Richard Clurman, Shirley Clurman, Dolly Cole, Robert Cole, Jack Conway, Andrew Court, Keith Crain, Mary Kay Crain, David Crippen, Mike Cronin, Paul Crowley, Ron Daniel, Sam Daume, David E. Davis, Jeannie Davis, Don DeLaRossa, John DeLorean, Ron DeLuca, W. Edwards Deming, Jake Diaz, Chuck Dotterer, Peter Drucker, David Eisenberg, John English, Tom Feaheny, David Fine, Arthur Fleischer, A.P. Fontaine, Jack Fontaine, Charlotte Ford, Edsel Ford II, Henry Ford II, Doug Fraser, Donald Frey, Stuart Frey, Sheldon Friedman, Steve Friedman, John Kenneth Galbraith, Ray Geddes, Roswell Gilpatric, Joel Goddard, Joyce Goddard, Jack Goldman, Pat Greathouse, Bob Greenhill, Gerry Greenwald, Bill Haddad, Bill Hambrecht, Walter Hayes, Jay Higgins, Dick Holbrooke, Hudson Holland Jr., Fred Hooven, Robert Hormats, Joseph Hudson Jr., Lee Iacocca, Bill Innes, Don Jahncke, Don Jesmore, Edward Johnson III, Arvid Jouppi, Joseph Juran, Sandy Kaplan, Eugene Keilin, Leo Kelmenson, Tom Killefer, Bunkie Knudsen, Florence Knudsen, Norman Krandall, Wendell Larsen, David Lawrence, Don Lennox, Robert Lenzner, Walter Levy, David Lewis, Martin Lipton, David McCammon, Arch McCardell, Amy McCombs, Paul McCracken, Gillis MacGill Addison, Sid McKenna, Matt McLaughlin, Don Mandich, Nancy Mann, Karl Mantyla, David Maxey, Charles Maxwell, Ted Mecke, Kay Meehan, Arjay Miller, Elaine Mittleman, Ron Moen, Chase Morsey, Franklin Murphy, Walter Murphy, Ralph Nader, John Nevin, John Nichols, William Niskanen, Norman Pearlstine, William Perry. Don Petersen, Nick Pileggi, Bob Pisor, Richard Rainwater, Erick Reickert, Ralph W. E. Reid, Felix Rohatyn, George Romney, Dick Royal, Marvin Runyon, Paul Schrade, Steve Schwarzman, Bill Scollard, Fred Secrest, William Serrin, Brendan Sexton, Harley Shaiken, Irving Shapiro, Bill Sheehan, Victor Sheinman, Carroll Shelby, Bill Scherkenbach, Herb Segal, Martin Siegel, Sue Smock, Bob Spencer, Hal Sperlich, Arthur Stanton, Philip Stearns, Don Stillman, Gordon Strossberg, Bob Teeter, Jack Telnack, Jerry terHorst, Michael Thomas, Myron Tribus, Gerald Tsai, Raymond Vernon, Phil Villers, Tom Volpe, Bruce Wasserstein, Neil Waud, Michael Wendler, John Whitehead, Jerry Wiesner, Bill Winn, Jack Withrow, Leonard Woodcock, Pat Wright und Ian Zwicker. (Von den Hauptakteuren lehnte sowohl Robert McNamara, der sein schwaches Gedächtnis anführte, als auch J. Edward Lundy, der seinem Vorsatz treu blieb, niemandem von der Presse ein Interview zu geben, es ab, sich für dieses Buch befragen zu lassen. Natürlich gab es auch noch andere Personen, die sich weigerten, mit mir zusammenzukommen, oder auf meine telefonisch hinterlassene Botschaft einfach nicht antworteten.)

Literaturverzeichnis

Ich empfand die Lektüre folgender Bücher als besonders hilfreich. Sie dienten mir als erste Orientierung: John Brooks: *The Go-go Years*, Ed Cray: *The Chrome Colossus*, William Manchester: *American Caesar*, Michael Moritz and Barrett Seaman: *Going for Broke*, die dreibändige Geschichte der Ford Motor Company von Allan Nevins und Frank Ernest Hill, William Serrin: *The Company and the Union*, Keith Sward: *The Legend of Henry Ford* und John Toland: *The Rising Sun*.

Abegglen, James (1973), *Management and Worker: The Japanese Solution*, Tokio und New York
Abegglen, James und Stalk, George, Jr. (1986), *Kaisha: The Japanese Corporation*, New York
Abernathy, William (1978), *The Productivity Dilemma*, Baltimore
Abernathy, William, Clark, Kim und Kantrow, Alan (1983), *Industrial Renaissance: Producing a Competitive Future for America*, New York
Allen, Frederick Lewis (1931), *Only Yesterday*, New York
Aoki, Satoshi (1980), *The Crisis of the Nissan Group*, Tokio
Aoki, Satoshi (1981), *Secrets of the Nissan S-organization*, Tokio

Bainbridge, John (1972), *The Super-Americans*, New York
Barnard, John (1983), *Walter Reuther and the Rise of the Auto World*, Boston
Barnet, Richard J. (1984), *The Alliance*, New York
Beasley, Norman (1947), *Knudsen*, New York
Bennett, Harry (mit Paul Marcus) (1951), *We Never Called Him Henry*, New York
Bluestone, Barry und Harrison, Bennett (1982), *The De-industrialization of America*, New York
Brooks, John (1969), *Once in Golconda*, New York
Brooks, John (1973), *The Go-go Years*, New York
Burlingame, Roger (1946), *Engines of Democracy*, New York
Burlingame, Roger (1955), *Henry Ford: A Great Life in Brief*, New York

Chandler, Alfred D. und Salsbury, Stephen (1971), *Pierre du Pont and the Making of the Modern Corporation*, New York

Chinoy, Eli (1955), *Automobile Workers and the American Dream*, New York
Christopher, Robert (1983), *The Japanese Mind*, New York
Chrysler, Walter P. (mit Boyden Sparkes) (1950), *Life of an American Workman*, New York; dt.: *Mein Weg und Aufstieg*, Hattingen a.d. Ruhr, 1952
Clarke, James und Halbouty, Michel (1952), *Spindletop*, New York
Cole, Robert (1971), *Japanese Blue Collar*, Berkeley, Calif.
Cole, Robert (Hg.) (1983), *Automobiles and the Future: Competition, Cooperation, and Change*, Ann Arbor, Mich.
Conot, Robert (1974), *American Odyssey*, New York
Cormier, Frank und Eaton William (1970), *Reuther*, Englewood Cliffs, N.J.
Courdy, Jean Claude (1984), *The Japanese*, New York
Cray, Ed (1980), *The Chrome Colossus*, New York
Cunningham, Mary (1984), *Power Play*, New York
Curtis, Gerald (1971), *Election Campaigning Japanese Style*, New York
Cusumano, Michael (1985), *The Japanese Automobile Industry*, Cambridge, Mass.

Dahlinger, John C. (1975), *The Secret Life of Henry Ford*, Indianapolis, Ind.
Doi, Takeo (1971), *The Anatomy of Dependence*, Tokio und New York
Dore, Ronald (1958), *City Life in Japan: A Study of a Tokyo Ward*, Berkeley, Calif.
Dower, John (1979), *Empire and Aftermath: Yoshida Shigeru and the Japanese Experience, 1878-1954*, Cambridge, Mass.
Drucker, Peter (1979), *Adventures of a Bystander*, New York; dt. *Zaungast der Zeit*, Düsseldorf und Wien, 1981

Fallon, Ivan und Srodes, James (1983), *Dream Maker: The Rise and Fall of John Z. DeLorean*, New York
Fine, Sidney (1969), *Sit-Down: The General Motors Strike of 1936-37*, Ann Arbor, Mich.
Flink, James (1975), *The Car Culture*, Cambridge, Mass.
Ford, Henry (1923), *My Life and Work*, New York; dt.: *Erfolg im Leben*, München, 1952

Galbraith, John Kenneth (1961), *The Great Crash, 1929*, Boston; dt.: *Der große Krach 1929*, Stuttgart, 1963
Gibney, Frank (1953), *Five Gentlemen of Japan*, New York
Gibney, Frank (1979), *Japan: The Fragile Superpower*, New York
Gibney, Frank (1982), *Miracle by Design*, New York
Giddens, Paul Henry (1938), *The Birth of the Oil Industry*, New York
Gordon, Maynard (1985), *The Iacocca Management Style*, New York

Halliday, Jon (1975), *A Political History of Japanese Capitalism*, New York
Halloran, Richard (1969), *Japan: Images and Realities*, New York
Herndon, Booton (1969), *Ford: An Unconventional Biography of the Men and Their Times*, New York; dt.: *Die Ford-Dynastie*, München, 1970
Hewins, Ralph (1967), *The Japanese Miracle Men*, London; dt.: *Japans Wundermänner*, Wien und Düsseldorf, 1968
Hickerson, Mel (1968), *Ernie Breech: The Story of His Remarkable Career at General Motors, Ford and TWA*, Des Moines, Iowa
Hofheinz, Roy, Jr. und Calder, Kent (1982), *The East Asian Edge*, New York
Howe, Irving und Widick, B.J. (1949), *The UAW and Walter Reuther*, New York

Iacocca, Lee (mit William Novak) (1984), *Iacocca: An Autobiography*, New York; dt.: *Iacocca: eine amerikanische Karriere*, Düsseldorf und Wien, 10. Aufl. 1986

Jardim, Anne (1970), *The First Henry Ford*, Cambridge, Mass.
Jerome, John (1972), *The Death of the Automobile*, New York
Johnson, Chalmers (1972), *Conspiracy at Matsukawa*, Berkeley, Calif.
Johnson, Chalmers (1982), *MITI and the Japanese Miracle*, Stanford, Calif.
Johnson, Sheila K. (1975), *American Attitudes Toward Japan, 1941–75*, Washington, D.C.

Kahn, Herman und Pepper, Tom (1980), *The Japanese Challenge*, New York
Kawamata, Katsuji (1964), *My Career*. Tokio
Kurzman, Dan (1960), *Kishi and Japan*, New York; dt.: *Japan sucht neue Wege*, München, 1961

Lacey, Robert (1981), *The Kingdom*, New York
Lambert, Hope (1983), *Till Death Do Us Part*, San Diego
Lasky, Victor (1981), *Never Explain, Never Complain*, New York
Lewis, David (1976), *The Public Image of Henry Ford*, Detroit

McCarry, Charles (1972), *Citizen Nader*, New York
Manchester, William (1978), *American Caesar: Douglas MacArthur, 1880–1964*, Boston
Marquis, Samuel (1923), *Henry Ford: An Interpretation*, Boston
Marsh, Barbara (1985), *A Corporate Tragedy: The Agony of International Harvester*, New York
Moritz, Michael und Seaman, Barrett (1981), *Going for Broke: The Chrysler Story*, New York

Nader, Ralph (1965), *Unsafe at Any Speed*, New York
Nakane, Chie (1970), *Japanese Society*, Berkeley, Calif.; dt.: *Die Struktur der japanischen Gesellschaft*, Frankfurt a.M., 1985
Nevins, Allan und Hill, Frank Ernest (1954) *Ford*. Bd. 1: *The Times, the Man and the Company*, New York
Nevis, Allan und Hill, Frank Ernest (1957), *Ford*. Bd. 2: *Expansion and Challenge*, New York
Nevins, Allan und Hill, Frank Ernest (1962) *Ford*. Bd. 3: *Decline and Rebirth*, New York

Okita, Saburo (1981), *Japan's Challenging Years*. Canberra

Packard, George (1966), *Protest in Tokyo: The Security Treaty Crisis of 1960*, Princeton, N.J.
Perry, John Curtis (1980), *Beneath the Eagle's Wings: Americans in Occupied Japan*, New York

Rae, John (1981), *Nissan-Datsun: A History of the Nissan Motor Corporation in the U.S.A., 1960–80*, New York
Rand, Christopher (1975), *Making Democracy Safe for Oil*, Boston
Reich, Robert (1983), *The Next American Frontier*, New York

Reich, Robert und Donahue, John (1985), *New Deals: The Chrysler Tevical and the American System,* New York
Reischauer, Edwin (1977), *The Japanese,* Cambridge, Mass.
Reuther, Victor (1976), *The Brothers Reuther and the Story of the UAW,* Boston
Richards, William C. (1948), *The Last Billionaire: Henry Ford,* New York
Riesman, David (mit Evelyn Thompson Riesman) (1967), *Conversations with the Japanese,* New York
Rothschild, Emma (1972), *Paradise Lost,* New York

Sampson, Anthony (1975), *The Seven Sisters,* New York; dt.: *Die sieben Schwestern,* Reinbek b. Hamburg, 1976
Sanders, Sol (1975), *Honda: The Man and His Machine,* Tokio und Rutland, Vt.
Sansom, Sir George (1950), *The Western World and Japan,* New York
Satoshi, Kamata (1982), *Japan in the Passing Lane,* New York
Seidler, Edouard (1976), *Let's Call It Fiesta,* Newfoundland, N.J.
Serrin, William (1973), *The Company and the Unions,* New York
Servan-Schreiber, Jean-Jacques (1980), *The World Challenge,* New York; dt.: *Die totale Herausforderung,* Wien u. München u. Zürich u. New York, 1980
Shaiken, Harley (1984), *Work Transformed: Automation and Labor in the Computer Age,* New York
Sick, Gary (1985), *All Fall Down,* New York
Sloan, Alfred P. (1941), *Adventures of a White Collar Man,* New York
Sloan, Alfred P. (1963), *My Years with General Motors,* New York; dt.: *Meine Jahre mit General Motors,* München, 1966
Sloan, Allen (1983), *Three Plus One Equals Billions: The Bendixy-Martin-Marietta War,* New York
Sorensen, Charles (1956), *My Forty Years with Ford,* New York
Stockman, David (1986), *The Triumph of Politics,* New York
Sward, Keith (1948), *The Legend of Henry Ford,* New York

Thurow, Lester C. (1980), *The Zero-Sum Society: Distribution and the Possibilities for Economic Change,* New York; dt.: *Die Null-Summen-Gesellschaft,* München, 1981
Toland, John (1970), *The Rising Sun,* New York

Vogel, Ezra (1984), *Comeback,* New York
Vogel, Ezra (1979), *Japan as Number One,* Cambridge, Mass.
Vogel, Ezra (1963), *Japan's New Middle Class: The Salary Man and His Family in a Tokyo Suburb,* Berkeley, Calif.

Weisberger, Bernard (1979), *The Dream-Maker: William C. Duran,* Boston
Whiteside, Thomas (1972), *The Investigation of Ralph Nader,* New York
Whiting, Robert (1977), *The Chrysanthemum and the Bat,* New York
Wright, J. Patrick (1979), *On a Clear Day You Can See General Motors,* Grosse Pointe, Mich.

Yamamota, Tadashi (1976), *The Silent Power,* Tokio
Yates, Brock (1983), *The Decline and Fall of the American Automobile Industry,* New York
Yoshida, Shigeru (1962), *The Yoshida Memoirs,* Boston

Firmenregister

ABC 40, 383
American Motors 45, 262 f., 380, 423, 566
AMF 183
Aramco 261
Austin 214 f., 235
Avon 184

Bank of America 265 f.
Bank von Japan 219
Bantam Books 526
Barreiros 437
Bell & Howell 567
Bell Laboratorium 251
Bendix, Ersatzteile 85, 157, 439
BMW 353 f.
Brysant Motors 387
Budd 439

Campbell-Ewald, Werbeagentur 20
Canon, Kamerawerke 213
Cars and Concepts 450
Chrysler Corporation
– Entlassungen bei 438, 447
– Eröffnung eines mexikanischen Werks durch 548
– Ex-Fordler bei 445, 453
– Führungsprobleme bei 430 f.
– Ford und 263
– Gewinne bei 448
– GM und 263
– frühes Interesse Iacoccas an Chrysler 381
– Internationalisierung von 437
– Kleinlieferwagen 451, 453 f.
– Marktanteil von 437
– staatliche Normen und 440 f., 444
– Ölkrisensitzung bei 17 f.
– Qualitätsfrage bei 447 f.
– Rettung durch den Staat 445 f.
– Samsung und 552 f.
– finanzielle Schwierigkeiten und 423, 438, 442–46
– Starren auf Aktienkurse 437
– Umsatzbank 437 f., 443 f.
– Verkauf der Panzerabteilung durch 448
– Verluste bei 442, 445, 447, 448
– Wagen H 440
– Wagen K 440–442, 446–448, 450, 453
– asiatische Zulieferer und 527, 552–554
Chrysler Finanzgesellschaft 438
Citroen 513
CNA 184
Crosley Automobile 552
Cyrus Lawrence 15, 17

Dae Woo Automobile 552
Daytoon Engineering Laboratories Company (Delco) 259
Dearborn Tractor 158
DeLorean Motor Company 439, 498
Detroit Automobile Company 61

Donaldson Lufkin & Jenrette 186
Detroit Bank 100
Detroit Dry Docks 59
Detroit Edison 60 f.

Esso 261
Everhot Heating 387
Exxon 364 f.

Federal Express 522
Fiat 372, 411
Fidelity Fund 182 f.
Ford Motor Company
– Ablehnung der Diversifikation bei 382 f.
– öffentliches Angebot von Aktien für 178–180
– Beschaffungsmethoden bei 193, 397
– Betriebsleiter bei 170 f., 173–175, 192 f.
– Cardinal 289 f., 441
– Debatte über Verkleinerung von Wagen bei 423–431
– Debatte um Japanisierung der Kleinwagenproduktion 570 f.
– Dividendenkrise bei 177 f.
– Druck der Wall Street auf 180 f., 187, 204, 434
– Edsel 191, 289
– E-Lackierung bei 398 f.
– Entlassungen bei 475, 477–479
– Entwicklung der Produktion am Förderband für 64 f.
– Erhöhung des Arbeitstempos bei 73 f.
– 1983 Erholung bei 564
– Escort 452
– in Europa 378, 380, 474
– Falcon 289, 294, 296
– Fiesta 414 f., 424 f., 428, 431
– Finanzabteilung gegen Produktionsabteilung 167–175, 188–195, 204 f., 293 f., 297, 375 f., 396–401, 425 f., 472, 570 f.
– Frage der Qualität bei 174 f., 370, 398, 475, 486, 510, 564
– Frage der Werksrenovierung bei 189–191

– Führungsgehälter bei 397, 400, 486, 510
– Geld für Werksverbesserungen 169, 189, 396 f.
– Gewinne bei 65 f., 74, 78, 422, 564
– GM und 44, 263, 268
– Gründung der 62
– Händler 166, 287, 370, 475
– in den 70er Jahren 381, 474
– Konstrukionszentrum bei 294 f., 298, 303, 512 f.
– Lincoln 191, 304, 399, 418, 421, 424 f.
– Löhne bei 477, 479, 485
– Mark III 421
– Maverick 350
– Mercury 191, 370, 421
– Mini-Max 451–453
– Modell A 71, 78
– Modell T 55 f., 62 f., 65 f., 71, 73, 77 f., 210, 271, 354
– Mustang 290 f., 293–298, 300, 303, 305, 307, 376, 378, 452, 512, 567
– Ölkrisensitzung bei 18
– Panther 427–429, 431
– PEP-Programm bei 370, 376
– Pinto 350, 396
– Produktionstricks bei 173 f., 193
– Protektionismus 475
– Reduzierung der Fixkosten 475, 514
– Senkrechtstarter bei 163–170
– Soziologische Abteilung 76
– Stahleinkauf bei 485 f.
– Streit um Brennöfen bei 194
– als von Taktik geprägtes Unternehmen 282, 302
– Taurus- und Sable-Programm 512–515
– Thunderbird 188, 289, 399, 422, 476
– Tiger 428 f., 431
– als stagnierendes Unternehmen 196, 381
– Vereinbarungen der Automobilarbeitergewerkschaft mit 486
– Verluste bei 474
– staatliche Vorschriften für 391, 396, 423, 513
– Vorstand bei 159, 433–435
– frühes Wachstum von 65 f.

- Wagen mit Frontantrieb 410, 413–415, 513–515
- Werk in Rouge 70–72, 84
- in Westdeutschland 289
- Windkanallook bei 512 f.
- Wirtschaftswissenschaftler bei 379, 484
- Zulagensystem bei 397
- im Zweiten Weltkrieg 82, 85

Fuji Bank 133
Fuji Motors 315, 565

General Dynamics 448
General Electric 234
General Motors 18, 282
- Abmachungen mit der Automobilarbeitergewerkschaft 550
- 8-Zylinder-Wagen von 258 f.
- Buick 349
- Cadillac 259, 307, 421 f., 424, 500
- Chevrolet 77–80, 189, 258 f., 263, 307
- Chrysler und 263
- Corvair 394
- Corvette 293
- Delco-Abteilung 259
- DeLorean bei 500
- Ford und 258, 263, 268
- bei koreanischen Gemeinschaftsunternehmen 552
- Gewerkschaftsbildung bei 274 f.
- Gewinne bei 262, 273
- Japanologen bei Treffen mit 383 f.
- Knudsen bei 77, 80, 82, 301 f., 500
- Nachforschungen gegen Nader durch 394 f.
- Opel 349
- Pontiac 301, 500
- Protektionismus und 489
- Saturn-Programm 550
- Streik im Werk Flint 274 f.
- Überlegungen zu Wagen mit Frontantrieb 514
- Vega 350
- Volkswirtschaftler bei 484 f.
- Werbeagentur für 20

Goldman Sachs 178, 382

Hertz Rent-a-Car 475, 486

Honda 382, 428 f., 505, 566
Hudson Motors 262
Hughes Aircraft 164
Hyundai 554–556

IBM 184
Industriebank von Japan 109–111, 116, 120, 130, 133, 317 f.
International Harvester 462
Iranische Staatliche Erdölgesellschaft – vgl. State Oil Company
Isuzu 565

James Flowers and Brothers 59
Japanische Tabak-AG 543

Kaiser Frazer 265 f.
Kelsey-Hayes 274

McKinsey 432
Manhattan Fund 184
Manufacturers Hanover 438
Marathon Oil 51, 537
Marubeni 233 f.
Mazda 147, 505, 565, 567, 570 f.
Michigan Car Company 59
Mitsubishi 108
Mitsui 108
Mobil Oil 15, 261
Morgan Stanley 534

Nash and Hudson 262, 499
National Cash Register Company 259
Nihon Farben 323
Niigata Eisenwerke 226, 246
Nippon Kokan 72
Nippon Öl + Fette 127
Nissan Diesel 317 f., 336
Nissan Motorenwerke
- amerikanische Automobilarbeitergewerkschaft und 462 f., 465–467
- unter Asahara 111, 116
- beim australischen Ausdauerrennen 231 f.
- Austin-Lizenzgeschäft mit 214 f.
- Bau neuer Werke durch 314–316
- Datsun 211, 232, 235–238, 315, 337 f., 341–343, 348, 351, 353, 403 f.

- Debatte über britische Fabrik bei 503—508
- Debatte um ein Werk in den USA 462
- Dodge-Methode bei 111, 115, 117 f.
- Einführung des Zweischichtenbetriebs bei 316, 333—335
- Entlassungen bei 111, 117 f.
- Entwicklung kleinerer Wagen 214 f.
- während der Erdölkrise 403 f.
- Erhöhung des Arbeitstempos bei 242, 330
- Expansion bei 242, 313 ff.
- Fair Lady 348 f.
- Frage nach Qualität bei 331
- Führungsvakuum bei 105, 108 f.
- Gorhams technischer Beistand 209—213
- Internationalismus 503—505
- Kawamata gegen Asahara-Gruppen bei 116 f., 317 f.
- während des Koreakrieges 118 f.
- Lkw-Produktion bei 107
- Massenmarkt für 314
- Massenproduktion bei 242
- Modell 610 403
- Modernisierung bei 119, 242, 246 f., 313 f., 329 f.
- frühe Nachkriegsjahre 105—110
- Nissan holt amerikanische Fachleute 213 f.
- Patrol 350 f.
- Präsident 247
- Produktion eines 1-Liter-Wagens durch 457
- Produktion im amerikanischen Lkw-Werk in Smyrna 496—498
- Rückgang der Exporte 1978 458
- Säuberungsaktion unter Führungskräften bei 105, 108 f.
- frühe finanzielle Schwierigkeiten 109—111
- technische Spezialisten bei 213 f.

Toyta gegen 242, 314—316, 331, 464, 503, 505
- US-Importe von 233—239
- V-Teams für 337 f.
- Wende bei 144 f.
- Werbekampagne von 403
- Werk Oppama für 315 f., 319
- Werkskostenplanung bei 316
- Werksmanager bei 400 f.
- Widerstand gegen Importbeschränkungen bei 491
- Yen-Krise 1986 572
- Zulieferfirmen 130, 355
- Zusammenarbeit mit dem Militär im Zweiten Weltkrieg 108, 211—213
- Zusammenschluß mit Prince 325—328

Nissan Motorenwerke, Niederlassung US-Westküste
- Ausstattung mit Kapital 346
- erste Gewinne 346
- Marktanteil für 351, 353 f.
- Modelländerungen für 337 f., 341—344
- Produktion von Kleinlieferwagen für 343 f.
- Umsätze von 343, 350, 353, 559
- Vertretungen für 339
- Wagennamen für 348 f.
- Werbekampagne von 350 f.
- vgl. auch: Katayama, Yutake (Personenregister)

Occidental Petroleum 364

Packard 262, 266, 428, 499
Pantry Pride 533
Philco 383, 474
Polaroid 183, 185
Prince Automobile 325—328

RCA 49
Renault 341
Revlon 533
Rootes 437

Samsung 552 f.
Shell 366
Shosha 234
Simca 437
SoCal 261
Sony 49
Standard Oil 67
State Oil Company 366

Studebaker 262, 499
Sumitomo 108

Texaco 261
Texas Instruments 184
Touche Ross 436, 441
Toyota 71, 103, 105, 107, 110, 119, 147, 341 f., 351, 410, 565
- als führende Importmarke 404
- Just-in-Time-Prinzip und 71
- Nissan gegen 242, 314–316, 331, 464, 503, 505
- Toyopet 242
- US-Werk für 464
- Werk Motomachi 314 f.
- Widerstand gegen Importbeschränkungen durch 491

Tritex 182

Ultratonix 182
U.S. Steel 51, 185 f., 537

Volkswagen 232, 237 f., 572
- Käfer 235, 247, 345, 351, 404, 409
- Nissan und 214, 345
- Rabbit (Golf) 20, 412, 414
- US-Marktanteil für 341, 345, 350, 351, 404

Wheeling Steel 271
Willys-Overland 264, 266

Xerox Corporation 184–186, 204, 400, 439

Personenregister

Abegglen, James 28 f., 243 f., 246, 383
Acheson, Don 89
Adams, Tom 20
Agnelli, Gianni 372 f.
Alexander, Robert 107
Amaya, Naohiro
– über Abhängigkeit vom Erdöl 27, 30
– wirtschaftliche Empfehlungen von 31 f.
– über Erdölkultur 30–35
– Herkunft 27
– als Intellektueller 28 f.
– beim MITI 26–30, 488
– Prognosen von 559–562
– bei Verhandlungen über Importbeschränkungen 36, 488, 490–492
– über Zweiten Weltkrieg 34 f.
Asahara, Genshichi
– Gewerkschaftsbeziehungen unter 110 f.
– Kawamata und 111, 116, 317 f.
– als Präsident von Nissan 111, 116, 317
– Unterzeichnung des Geschäfts mit Austin 214 f.
Asis, Abdul 261
Austin, Christina Vettore – *vgl.* Ford, Christina Vettore Austin
Ayukawa, Yoshisuke 105, 108
– Gorham und 210–213
– Gründung der Nissan Motorenwerke durch 211

Baker, Russell 529
Beacham, Charles Rufus 286 f.
Bennett, George 433 f.
Bennett, Harry 193
– als Chef der Werkspolizei 81–83
– Entlassung durch Ford 157
Benton, Bill 377
Bordinat, Gene 154, 377, 451, 453
Bourke, Bill 200, 417, 430–433, 486, 495
– Kauf von ausländischem Stahl durch 485 f.
– als Präsident von Ford Europa 380
Bourke, Elizabeth 300
Bowe, Nelson 285
Breech, Ernie 45, 85, 164, 168, 178, 200
– Anstellung von Frey durch 292
– Ford und 157 f.
– Managementteam unter Leitung von 85 f., 163
Brokaw, Tom 40
Brown, R. K. 444
Bryant, Clara – *vgl.* Ford, Clara Bryant
Bugas, John 157, 163, 300
Burck, Gilbert 257
Bush, George 540

Caldwell, Philip 72, 200, 486
– Aktienoption, Wahrnehmung durch 510 f.
– Ausscheiden von 515
– Berichterstattung in Medien über 511
– als Chef von Ford Europa 380, 411 f.

- persönliche Eigenschaften von 412, 471–473
- bei Philco 474
- Führungsstil von 472
- an der Harvard Business School 412, 473
- Henry Ford II. und 432 f., 471, 474, 515
- Herkunft 473
- Iacocca und 413, 432 f., 435
- Konstruktion unter 511–513
- Mini-Max und 452 f.
- als Prototyp des Ford-Mannes 413, 471
- Runyon und 495
- Sperlich und 413 f.
- Umstrukturierung unter 475
- im Zweiten Weltkrieg 473

Caldwell, Will 202, 487
Carter, Jimmy 489
Chiang Kai-Shek 99, 182
Chrysler, Walter 152
Chung Se Yung 556
Churchill, Winston 260
Clark, Tom 276
Clay, Eleanor – *vgl.* Ford, Eleanor Clay
Clay, Lucius 99
Clurman, Richard 155
Cohen, Ted 101
Cohn, Roy 418
Cole, Robert 557
Conway, Jack 278
Cosell, Howard 526
Couzens, James 74
Crain, Keith 42
Cronkite, Walter 449
Crusoe, Lewis
- als Manager der Ford-Division 188–191
- McNamara gegen 188–195

Cullman, Joe 433 f.
Curran, Bill 524
Curtice, Harlow 46
Curtis, Gerry 332 f.
Curzon, George Nathaniel 68
Cusamano, Michael 315

Dali, Salvadore 403

Danner, Richard 394
Davis, David E., Jr. 155, 498
- Ausspähen europäischer Modelle durch 20, 22 f.
- General Motors und 20
- Iacocca und 443 f.
Davis, Jeannie 155
Davis, John 82
Debs, Eugene 270
DeLaRossa, Don 297, 451
DeLorean, John
- bei GM 500
- Gründung der DeLorean Motor Company 499–501
- Publizität in Medien 499
- Verhaftung und Prozeß 498
Deming, W. Edards 564
- Bewunderung der Japaner für 248 f., 253 f.
- als Fachmann für Qualitätssicherung 248–253
- austauschbare Manager und 250
DeTomaso, Alejandro 380 f.
Dodge, Joseph 100–104, 241
Doriot, George 473
Draper, William 99–101
Duquette, Emil 169
DuRoss, Kathy – *vgl.* Ford, Kathy DuRoss

Eban, Abba 155
Edison, Thomas 61, 75
Eichelberger, Robert 91
Estes, Pete 20–23, 347

Feis, Herbert 260
Ferrare, Christina 500 f.
Flanders, Walter 63
Ford, Anne 153, 155
Ford, Anne McDonnell 372 f., 521, 525
Ford, Benson 154, 178, 190, 373
Ford, Billy 521
Ford, Charlotte 153, 155
Ford, Christina Vettore Austin 301, 373–375, 417, 525
Ford, Clara Bryant 60, 82 f.
Ford, Cynthia 517
Ford, Edith 373

Ford, Edsel 153–155, 500
- Heirat von 79 f.
- Henry Ford und 79–82, 85
- Knudsen und 77
- Tod von 82

Ford, Edsel Bryant II. 517, 523, 525
- als Autofan 518
- bei Ford 518, 520, 522
- Henry, Ford II. und 416, 518, 520 f.
- Kindheit von 419 f.

Ford, Eleanor Clay 79 f., 82 f., 153 f., 156, 180
- Ford, Henry 71, 178, 192, 520
- Amaya über 33
- persönliche Angewohnheiten 73, 75 f.
- Bau des ersten Autos durch 61
- Bennett und 81–83
- Beschäftigungspraktiken von 83
- Edsel Ford und 79–82, 85
- als Egozentriker und isoliert 76–86
- Einführung der Massenproduktion durch 62–66
- Einführung des 5-$-Tages durch 33, 74 f.
- Entwicklung des Förderbands durch 64 f.
- Herkunft 55–58
- Prozeß der Brüder Dodge gegen 70
- Unordnung bei Geschäftsunterlagen, hervorgerufen von 85 f.
- Vermögen von 55, 75
- Wertvorstellungen von 56

Ford, Henry II.
- Ablehnung des Honda-Motors durch 429
- Auftrag zur McKinsey-Studie durch 432 f.
- Ausscheiden von 471, 524
- Caldwell und 432 f., 471, 474, 515
- bei Diskussion über Verkleinerung der Wagen 425, 427–431
- Edsel Ford II. und 416, 518, 520 f.
- persönliche Eigenschaften von 151, 153–160, 374
- Einstellung von Senkrechtstartern durch 163
- Eleanor Ford und 82 f., 153 f.
- Entlassung von Knudsen durch 306
- Europareisen von 371, 373, 377
- bei Ford-Treffen in Westdeutschland 416 f.
- Frage der Loyalität und 416, 419
- in Frage der Werkserneuerung 190
- Führungsstil von 157–159, 371 f., 375
- Fugazy und 418 f.
- über GM 44
- bei Grundstücksgeschäften 525
- Henry Ford und 82 f.
- Iacocca und 291, 294 f., 298–303, 306 f., 375–378, 380, 414–421, 424 f., 432–435, 442, 445, 523–526
- Kindheit von 151–154
- als Konservativer 371, 381, 425
- Lundy und 201, 204–206
- Mini-Max und 451
- Mustang und 294 f., 298
- Privatleben von 154–156, 372–375
- Privatvermögen von 42, 155
- Sperlich und 427–432
- Verachtung für Kleinwagen 371, 425
- Vorstandsmitglieder und 433–435
- Wagen mit Frontantrieb, Zustimmung zu 413–415
- Widerstand gegen Diversifizierung 382 f.
- in Yale 156 f.

Ford, Kathy DuRoss 374 f., 419, 524 f.
Ford, William 55–59
Ford, William Clay 178, 435, 521
- Henry Ford II. und 154, 375

Frazer, Dough
- Ansicht über die Automobilarbeiter in den 70er Jahren 385
- im Aufsichtsrat von Chrysler 447
- als Führer der amerikanischen Automobilarbeitergewerkschaft 385, 387 f., 390
- Herkunft und Aufstieg in der Gewerkschaft 386–388
- Shioji und 463, 466
- bei Verhandlungen in Japan 465–467

Frazer, Joe 264–266
Frey, Donald 200, 567
- Herkunft 292

- Iacocca und 289, 291, 293, 301, 304 f., 449
- Knudsen und 303 f.
- McNamara und 165, 292 f.
- Mustang-Modell 291, 293, 297, 305

Frey, Stu 567
Fugazy, Bill 418–420
Funston, Keith 180 f.

Gaddafi, Muammar 363 f.
Gaulle, Charles de 89 f.
Gibney, Frank 220, 383
Gillen, Vincent 394 f.
Gilmoure, Allan 570
Goahamu, Katsundo – vgl. Gorham, William R.
Goddard, Joel
- Arbeitslosigkeit von 477–480
- in kleinen Betrieben 480 f.
- Herkunft 477
- Löhne 477, 479–481
- als Spritzgußstempelmacher 476 f.

Goddard, Joyce 479–481
Goldwater, Barry 290
Gorham, William R. 209–213
Greathouse, Pat 325, 462 f., 465 f.
Greenhill, Bob 534
Greenwald, Jerry 445, 450
Grew, Joseph 95
Grossmann, Richard 394
Gunther, John 91

Halsey, William 91
Hambrecht, Bill 266
Hammer, Armand 364
Hara, Taiichi 236
Harashina, Kyoichi 318, 336
Harmon, Kelly 500
Harmon, Tommy 500
Harriman, Averell 151
Hatada, Michio 120, 145 f.
Hayashi, Tsuyoshi 225–227
Hayes, Walter 511
Higgins, Patillo 66
Hiki, Takuzo 223 f.
Hirohito, Kaiser von Japan 90 f.
Holbrook, Richard 537
Holusha, John 567

Honda, Soichiro 382, 429
Hoover, J. Edgar 276
Hope, Bob 418
Hout, Thomas 246
Hurd, Peter 403

Iacocca, Antoinette 283
Iacocca, Lee
- Benutzung des Firmenjets 377, 417 f.
- Caldwell und 413, 432 f., 435
- kippt Cardinal-Modell 289 f., 410
- Davis und 443 f.
- bei Debatte um Verkleinerung der Wagen 424 f., 428–430
- DeTomaso und 380
- als Detroits Sprecher 307 f.
- als Egozentriker 450
- persönliche Eigenschaften von 282–285, 288, 445
- Einfädelung der Rettung durch den Staat 445 f.
- Einstellung von Ex-Fordlern durch 445
- Entlassung von 434 f.
- auf Europareisen 377
- Favorisierung großer Wagen 300, 308, 424 f., 443
- Festigung der Macht 300, 375
- Finanzfachleute und 282, 293, 421
- bei Finanzkrise von Chrysler 442–449
- bei Ford-Treffen in Westdeutschland 416 f.
- Frey und 289, 291, 293, 304
- Fugazy und 418–420
- Gehalt 285, 376, 433, 526
- als Generaldirektor der Ford-Produktion 281, 289, 291, 299
- beim Geschäft mit Samsung 552
- Händler und 280 f., 285
- Henry Ford II. und 291, 294 f., 298–303, 306 f., 375–378, 380, 414–421, 424 f., 432–435, 442, 445, 523–526
- Herkunft 283 f.
- als potentieller politischer Kandidat 527–529
- Knudsen und 301–309

- als Kopf der Kampagne zur Restaurierung der Freiheitsstatue 528
- Lundy und 281 f., 297 f., 305, 375 f.
- McKinsey-Studie und 432 f.
- McNamara und 165, 280 f., 285, 288–290
- als Marketingdirektor von Ford 280
- Marktanteil unter 421
- Memoiren von 523, 526 f.
- Minivan und 451, 453 f.
- Mustang und 290 f., 293–298, 300
- Neuauflage der 5-80-Garantie 448
- Planung des PEP-Programms durch 370
- als Präsident von Ford 284, 307
- Publicity 296–298, 449 f., 525, 528
- über Qualitätsfragen 39, 370
- über Sicherheit 290, 308
- Sperlich und 377–379, 410, 412 f., 427–432, 442 f., 450
- Überprüfen von 418, 420
- Umsatzbank und 443 f.
- Unterschätzung der japanischen Konkurrenz 409 f.
- als Verkäufer 286–289, 370
- Vorschlag eines Honda-Motors 428 f.
- Vorstandsmitglieder und 433–435
- Wagen K und 442, 446 f.
- Werbespots 449

Iacocca, Mary 300, 308 f.
Iacocca, Nick 283 f.
Ibn Saud, Abd al-Asis, König von Saudi-Arabien 260 f.
Ichikawa, Kaouru 254
Ichikawa, Ichiro 252, 254
Ickes, Harold 260
Idris, König von Libyen 363
Ikeda, Hayato 102 f., 241
Ishida, Taizo 242
Ishihara, Takashi 226
- freiwillige Beschränkungen und 491
- Bitten um mehr Kapital 346
- persönliche Eigenschaften 344, 461 f.
- als Exportleiter für Amerika 345
- Finanzfachleute und 345 f.
- Förderung des Ein-Liter-Wagens durch 457
- Katayama und 344–347, 405, 462

- Planung einer britischen Fabrik durch 466, 503–508
- Planung von Produktionskürzungen durch 458
- als Präsident von Nissan 346, 457, 461
- Protektonismus und 461–466
- Runyon und 496
- Shioji und 464 f., 502–509
- bei Verhandlungen für Werk in den USA 463–466

Jamani, Ahmed 362, 365–367
Jamieson, John 364
Joffre, Joseph Jacques Césaire 67
Johnson, Edward 182–184
Johnson, Lady Bird 156
Johnson, Lyndon B.
- Ford und 156, 291, 371
- Programme für ›Große Gesellschaft‹ 290
- Reuther und 278, 291
Jones, Jimmy 296
Juran, Joseph 249

Kaiser, Henry 499
- Ausgabe von Aktien durch 264
- Herkunft 264
- Unternehmen Kaiser-Frazer 265 f.
Kaplan, Sanford 191, 194
Katayama, Yutaka 558
- Aufbau des Händlernetzes durch 339
- beim australischen Ausdauerrennen 230–232
- Betonung des Kundendienstes durch 340 f.
- Datsun 510 und 353 f., 405
- Ehrung durch das MITI 407
- persönliche Eigenschaften 229 f., 347 f.
- Fair Lady und 348 f.
- Forderung nach Änderungen bei Datsun 337 f., 341–349, 348, 351 f.
- Gehalt von 348
- als Gewerkschaftsfeind 229 f.
- Herkunft 228 f.
- Ishihara und 344–347, 405, 462
- Majima und 406
- Matsumura und 352

- als Nissan-Chef an US-Westküste 336 f.
- erzwungener Rücktritt 406 f.
- Shioji und 405
- Vorwurf zu aufwendigen Lebensstils gegen 406
- V-Teams und 337 f.
- bei Werbekampagne 350 f.
- Zentrale und 337–339, 342–344, 348, 351 f., 404 f.

Kawamata, Katsuji 230, 238 f., 242, 245–247, 351–353, 461 f., 464
- Ashara und 111, 116, 317 f.
- als Bankier 109 f.
- Büste von 319, 460
- bei Debatte um britisches Werk 504–508
- Durchsetzen der Dodge-Methode 111, 117 f.
- Expansionsdruck auf 314–316
- die zweite Gewerkschaft und 124–127, 146, 316
- Ishihara und 344, 457
- als *Keidanren*-Vertreter 459 f.
- Masuda und 112, 116, 118, 123
- Miyake und 124, 318, 320
- Niederwerfung des Streiks durch 130–133, 143, 146
- als Präsident von Nissan 318
- Shioji und 317, 320, 357 f.
- US-Exporte und 238 f.

Kawasaki, Ichiro 138
Kawazoe, Soichi, 315, 338, 405
Kefauver, Estes 263
Keller, K. T. 265
Keller, Maryann 423, 565 f., 568, 572
Kennedy, Joseph 270, 290
Kettering, Charles 258 f.
Khomeini, Ayatolla 24
Killefer, Tom 17 f., 437
Kissinger, Henry 24, 527
Knudsen, Big Bill 302
Knudsen, Bill 524
- Entlassung von Ford 306
- Ford und 77, 301, 303
- bei GM 77, 80, 82, 301 f., 500
- Herkunft 302
- Iacocca und 301–309

- Lundy und 305
- als Präsident von Ford 302–305

Knudsen, Florence 306, 308 f.
Koch, Ed 526
Konoe, Fumimaro 95
Kotz, Nick 393
Krandall, Norman 452–454
Kucher, Andrew 292
Kuze, Hideo 357 f.

Larson, Wendell 449
Lasch, Christopher 526
Lennox, Don 195, 400, 426
- in der Produktion 172–176, 205
- Vincent und 170–174
- im Werk Chester 170–176

Lincoln, Abraham 89
Love, George 436
Lovett, Robert 161
Ludendorff, Erich 68
Lundy, J. Edward 163, 170, 198 f., 570
- Beherrschung der Personalpolitik 200
- Bildung von Kadern durch 199–204
- bei Debatte um Verkleinerung der Wagen 425
- persönliche Eigenschaften 199, 205
- Festigung der Macht 203–205, 375, 381 f.
- Förderung der Finanzabteilung durch 203–205
- Günstlinge von 200–204
- Henry Ford II. und 201, 204–206
- Iacocca und 203–205, 305, 421
- Mini-Max und 452 f.
- Runyon und 202
- Sperlich und 379
- Steuerung der Präsentationen der Finanzabteilung 202
- Widerstand gegen Diversifizierung 382 f.

MacArthur, Douglas 213, 218
- Anstreben japanischer Reformen durch 92–94
- Dodge und 100–102
- Draper und 99 f.
- persönliche Eigenschaften 89 f.
- japanische Gewerkschaften und 96–99

- als großherziger Sieger 90 f.
Majima, Hiroshi 406
Malcolmson, Alexander 62
Mansfield, Mike 465
Marcos, Imelda 418
Marshall, Harry 211
Marshall, Mayfield 354, 407, 558
Martindale, Charles 86
Masuda, Tetsuo
- Führung des Streiks durch 129, 135 f., 142−144
- Herausforderung der Unternehmensführung durch 114 f., 119 f.
- Herkunft 112 f.
- Kampf gegen Entlassungen 118
- Katayama und 230
- Kawamata und 112, 116, 118, 123
- Kommunisten und 115, 145
- Miyake und 125 f.
- als Redner 105, 121 f.
- über die Rolle der Gewerkschaft 114 f.
- nach seinem Sturz 145 f.
- im Zweiten Weltkrieg 113 f.
Matsumura, Kaiichi 351−353
Matsuoka, Yosuke 491
Matsuzaki, Shiro 316
Matthias, Hans 292 f.
Marx, Karl 33
Max, Peter 403
Maxwell, Charley 13 f., 538−541
- als Experte von Mobil Oil 15
- Treffen von Automanagern mit 17−19
- Voraussage der Energiekrise durch 16 f., 19
McCracken, Paul 47
McDonnel, Anne − *vgl.* Ford, Anne McDonnell
McNamara, Robert 163, 169, 172, 174 f., 199 f., 205 f., 278
- Crusoe gegen 188−195
- Gewinnstreben unter 166
- Iacocca und 280
- als Manager der Ford-Division 165, 191, 300
- Reorganisation der Ford Motor Company durch 165, 167
- als erster Sekrechtstarter 164

- beim Streit um Brennöfen 194
- als Zahlenmensch 164−167, 299
McNaughton, Jim 448
Mecke, Ted 306
Miller, Arjay 85 f., 205
- Druck der Wall Street auf 187
- Lundy und 200, 305
- als Präsident von Ford 200, 305
- als Senkrechtstarter 85, 162
Miller, Steve 448, 450
Minoura, Taichi 109
Miyake, Masaru
- in der Auseinandersetzung um Kawamata 318, 320
- Ausüben von Unternehmensmacht durch 316 f.
- Führer der zweiten Gewerkschaft von Nissan 143, 146, 316, 321
- Herausforderung von Masuda durch 125 f.
- Katayama und 124, 318, 320
- Shioji und 320 f.
- während des Streiks 133−135, 143
- im Zweiten Weltkrieg 124 f.
Mondale, Walter 537
Monnet, Jean 363
Morgam, Stanley 534
Mortimer, Wyndham 274
Motherwell, George 211
Moynihan, Daniel Patrick 393
Murphy, Eileen 394
Murphy, Franklin 273−275, 409, 433−435
Murphy, Walter 416
Murphy, William 61

Nader, Nathra 392
Nader, Ralph
- Angriffe gegen die Automobilbranche 391, 394, 396
- Ermittlungen von GM gegen 394 f.
- Herkunft 392 f.
- *Unsafe at Any Speed* 394
- Verbraucher-Bewegung und 291, 392, 395 f.
Nakamura, Hidey 113 f., 130
Nakasone, Yasuhiro 506, 543, 560, 572
Nakayama, Sohei 318, 357

Nasser, Gamal Abd el- 361 f.
Nevis, Allan 166
Niskanen, William 484–487
Nixon, Richard 24, 366, 512
Numasaki, Hideo 145

O'Brien, Bill 388
Ochiai, Miyoji 120
Okeuma, Masataka 405, 462
Okita, Sabura 216 f., 220
Oldenburg, Charles 175 f.

Pahlewi, Mohammed Reza 23–26, 362, 364–367, 418, 447, 458, 538, 572
Parker, John 350, 407
Parker, Sanford 257
Passin, Herbert 383
Paul IV., Papst 418
Perelman, Ronald 533
Perry, Matthew 219, 459, 562
Peterson, Don 564
– bei Auseinandersetzung um Japanisierung 571
– als Produktmann 514, 516
– als Vorstandsvorsitzender von Ford 515 f.
Pierce, George 365
Polling, Red 514, 570

Rapp, William 246
Rauh, Joe 276
Rauschenberg, Robert 403
Reagan, Ronald 485, 490, 543
Reischauer, Edwin 542
Remsnyder, Ed 387 f.
Reuther, Anna Stocker 270
Reuther, Jacob 270
Reuther, May 269
Reuther, Roy 275
Reuther, Valentine 270 f.
Reuther, Victor 272–275
Reuther, Walter 197
– persönliche Eigenschaften 268–270, 276
– bei Ford 272 f.
– als Gewerkschaftsorganisator 269, 271, 273–277
– Herkunft 267, 270 f.
– Johnson und 278, 291
– Mordversuch an 276
– als Präsident der amerikanischen Automobilarbeitergewerkschaft 386
– Shioji und 324 f., 355
– als Sozialist 270
Ribicoff, Abraham 395
Riccardo, John 440–442, 444, 446
Richards, Gil 439
Rickard, Ted 170
Robertson, Bernhard 443
Roche, Jim 395
Rockefeller, David 151
Rogers, Roy 351
Romney, George 45 f., 263
Roosevelt, Franklin D. 84, 260, 273, 275, 290
Rosovsky, Henry 542 f.
Run, Willow 266
Runyon, Marvin 396–398, 400, 495–498, 507

Saqquaf, Omar 366
Schah von Persien – vgl. Pahlewi, Mohammed Reza 23–25
Schultze, Charles 489
Shaiken, Harley
– über Export von Arbeitsplätzen 49, 548
– über die japanische Herausforderung 549 f.
– über die Koreanische Verbindung 550–552
– Theorie der Superautomatisierung 48, 547 f.
Shelby, Caroll 409 f.
Sheldrick, Laurence 81
Sherwood, Robert 91
Shewhart, Walter 251 f.
Shidehara, 95
Shimamoto, Yuji 352
Shioji, Ichiro
– AFL-CIO und 324
– als Antikommunist 322–324
– Ausüben von Unternehmensmacht durch 317, 325, 355–358
– Billigung des amerikanischen Werks durch 463 f., 466

- persönliche Eigenschaften 127 f., 321, 323 f.
- Einführung von zwei Schichten unter 334 f.
- *Focus*-Artikel über 507 f.
- als Führer der japanischen Automobilarbeitergewerkschaft 147 f.
- Herkunft 128 f., 323
- Ishihara und 464 f., 502—509
- Katayama und 405
- Kawamata und 317, 320, 357 f.
- Miyake und 320 f.
- beim Nissan-Streik 1953 135, 143
- Prince-Gewerkschaft und 326—328
- Reuther und 324 f., 355
- Tanaka und 328
- Widerstand gegen britische Fabrik 503—508
- Zulieferfirmen und 355—358

Simmons, Sam 170
Sinatra, Frank 418
Sloan, Alfred P. 80 f.
Sorensen, Charles 65, 80 f., 83, 193
Sperlich, Hal
- Caldwell und 413 f.
- in der Debatte um Verkleinerung der Wagen 424, 427—430
- Eintreten für Wagen mit Frontantrieb 413 f., 441
- Entlassung von 431 f.
- in Europa 410—412
- Fiesta und 414 f.
- Finanzleute und 379
- Henry Ford II. und 427—432
- Iacocca und 377—379, 410, 412 f., 427—432, 442 f., 450
- Minivan und 451, 453 f.
- über Wettbewerb in der amerikanischen Automobilbranche 46
- als Vizepräsident von Chrysler 439—442
- Wagen K und 441

Stearns, Philip 152
Stewart, Jackie 518
Stone, Donald 214 f.
Suleyman, Abdullah 261
Suzuki, Takashi 327 f.

Takeda, Rennosuke 139
Tamura, Kinichi 313 f.
Tanabe, Kuniyuki
- als Kawamatas Verbündeter 126, 318
- als Mitglied des Ingenieurteams für US-Importe 236—238
Tanaka, Kanichi 214 f.
Tanaka, Minoru
- Herkunft 223—226
- bei Nissan 226, 246 f.
Tanaka, Sanosuke 558 f.
- als Angehöriger der Mittelschicht 331
- Arbeitsverhalten 141 f., 328, 334
- Herkunft 137—140
- Shioji und 328, 334
- Verleihung des Ohju-Hosho-Preises an 481—483
Taylor, Winslow 64
Telnack, Jack 512—514
Thatcher, Margaret 505 f.
Thomas, R. J. 276
Thornton, Charles Bates 161 f., 164, 200
Tokuda, Kyuichi 97 f.
Townsend, Lynn 444
- persönliche Eigenschaften 436 f.
- Herkunft 436
- als Präsident von Chrysler 436—438
Toyoda, Eiji 71
Toyoda, Keiichi 103
Truman, Harry 101
Tsai, Gerry 182—185
Tsubura, Kisaburo 128

Usami, Masataka 342

Vaughan, William 553
Vincent, George 170—174
Vogel, Ezra 383

Wakatsuki, Nobe 233—235, 238
Waud, Neil 194
Weinberger, Sidney 178—180, 374, 382
Wiesmyer, Max 192—195
Wilson, Charley 29, 269
Withrow, Jack 441 f.
Woodcock, Leonard
- als Führer der amerikanischen Automobilarbeitergewerkschaft 325, 385

– Shioji und 147, 355, 463
– bei der Versammlung der japanischen Automobilarbeitergewerkschaft 147

Yamamato, Shoji 109, 116
Yntema, Ted 188, 202, 263

Yoshida, Kenzo 95, 118
Yoshida, Shigeru
– Dodge und 102
– Herkunft 95
– MacArthur und 94, 96 f.

Sachregister

AFL-CIO (US-Gewerkschaftsdachverband) 267, 324
Ägypten 19, 361 f., 365
Algerien 366
Angola 539
Anlasser 259
Antiamerikanismus 241
Antitrustgesetze 278
Antijapanische Gefühle 93
Arabischer Nationalismus 16, 262, 361 f.
Arbeiter, japanische
– Arbeitsbedingungen der 119, 122, 329
– Disharmonie unter 317
– Disziplin der 390
– Idealbild der 330
– Ikedas Programm für 241 f.
– Lebensstandard der 240 f.
– sozialer Ehrgeiz der 221
– Streiks 110–112, 129–136, 141, 143 f.
Arbeitslosigkeit
– in Michigan 49, 478
– Technologie und 548
Arbeitsplätze, Verlegen von 547 f.
Arbeitstempo, Erhöhung 73 f.
Außenministerium, amerikanisches 27, 261
Außenministerium, japanisches 113, 505
Australien 230–232
Autoimporte, amerikanische
– Absatz in Kalifornien 409, 458
– nach Aufhebung der freiwilligen Beschränkungen 564 f.

– freiwillige Beschränkungen bei 488–492
– Erdölkrise und 403 f.
– Ingenieurteams für 236
– aus Japan 38
– aus Korea 555
– Marktanteil der 350, 404
– von Nissan 233–235, 343, 465, 559
– Rückgang nach Erdölkrise 458
– Testfahrten 237 f.
vgl. auch: Nissan Motorenwerke, Niederlassung US-Westküste; Protektionismus; nichtamerikanische Autohersteller
Automatisierung 313 f., 496 f., 545–548
Automobilarbeiter, amerikanische
– Ansprüche und Erwartungen der 46 f., 386
– Arbeitslosigkeit unter 49, 489
– Frasers Ansicht über 386
– 5-$-Tag für 74 f.
– gut bezahlt 48, 485
– Indexbindung der Löhne 485
– Indifferenz der 388–390
– im Nissan-Werk Smyrna 496 f.
– vor der gewerkschaftlichen Organisierung 271 f.
Automobilarbeitergewerkschaft, amerikanische 14, 106, 325
– Chrysler und 447
– Entfremdung zwischen Mitgliedern und Führern in 385, 390
– Ford-Verträge mit 197, 486

Sachregister

- GM-Verträge mit 550
- Honda und 566
- Kritik an Lohnvereinbarungen unter 467, 489
- Nissan und 462–467
- Organisationsaktionen durch 271–275
- Unterstützung des Protektionismus durch 463, 489
- japanische Werke in USA als Ziel der 462 f.
- ausgehandelte Zuwendungen 197, 369

vgl. auch: Reuther, Walter
Automobilarbeitergewerkschaft, japanische 147 f.

vgl. auch: Nissan-Gewerkschaft unter Masuda; Nissan-Gewerkschaft unter Myake und Shioji; Gewerkschaften, japanische
Automobilausstellung in Los Angeles 234 f.
Automobilbranche, amerikanische
- Arroganz in 14, 391
- Desinteresse am Kundendienst in 340 f.
- Dynamik der Löhne und Zulagen 277 f., 369, 397, 410, 447 f.
- Eintrittspreis 195 f., 263 f., 266 f., 499
- während der Erdölkrise 447
- Erholung 1983 563, 568
- Finanzabteilung gegen Produktion in 21 f., 196, 549
- Frage nach der Qualität in 250 f., 369 f.
- Gehälter der Führungskräfte 369, 397
- Kompaktwagen 349 f.
- Konzentration in 262 f., 499
- Kundenbeschwerden und 349 f.
- gemeinsames Monopol 45 f., 195 f., 263, 267, 400
- Preise in 246, 258
- Produktion großer Wagen 258–260, 263
- Produktion kleiner Wagen 278
- Produktionsrückgang nach der Erdölkrise 1973 404
- japanische Produktivitätsteams unterwegs in 248 f.
- Risikoscheu der 21–23
- Rolle der Händler in 339, 349
- soziales Umfeld der 385 f.
- Unterschätzung der japanischen Konkurrenz in 243, 248, 383 f., 409
- Verwendung japanischer Einzelteile 567
- staatliche Vorschriften für 396, 422 f., 440 f., 513
- goldenes Zeitalter der 44 f., 258
- Zusammenarbeit mit koreanischen Unternehmen 550–554

vgl. auch die einzelnen Automobilhersteller
Automobilbranche, japanische
- Bildung der 210
- Eröffnung von Werken in Amerika durch 565
- Frage nach der Qualität in 248, 252–254
- während des Koreakriegs 118 f.
- Lernkurve in 245 f., 556
- amerikanischer Marktanteil 35, 568
- Massenproduktion in 242 f.
- Preise in 246
- Stahlindustrie und 236, 459 f.
- Wettbewerb in 243 f., 325 f.
- während der Yen-Krise 1986 572
- Zulieferunternehmen in 565
- während des Zweiten Weltkriegs 108

vgl. auch die einzelnen Automobilhersteller

Benzin
- Frage der Besteuerung von 422 f.
- hochoktaniges 259
- Verbrauch 13, 260, 367, 422, 441, 448, 513
- staatliche Vorschriften für den Flottenverbrauch 423, 441

vgl. auch: Erdöl; Erdölkrise (1973)
Biotechnologie 542
Bonus – *vgl.:* Zulage
Brasilien 474, 551
Bundesrepublik Deutschland 99–101, 504
Bundessteuerbehörde, amerikanische 177–179

Car and Driver 20, 407 f., 443
China – *vgl.* Volksrepublik China

Daily Princetonian 392
Dänemark 539
demographische Veränderungen 280
Detroit, Michigan
- Abwanderung 50
- Arbeitslosigkeit in 37, 43, 272
- Einwanderer in 49, 57, 60
- vor der Erdölkrise 13, 44
- Firmenchefs in 17, 264
- frühe Industrie in 57
- soziales Klima in 57 f., 271 f.
- Niedergang 43, 50
- als Unternehmerstadt 43, 50 f., 271
- Vordringen der Gewerkschaft 271–274
Detroit Economic Club 160, 264
Detroit Free Press 152, 521
Detroit News 525
Dienstleistungsbereich 389, 522, 574
Domei Gewerkschaftsvereinigung 326
Dow Jones Index 41, 184, 534

Einführung in die Analyse, Eine (Tagaki) 224
Ein-Liter-Wagen 457
Einwanderer 282 f.
E-Lackierung 398 f.
England – *vgl.* Großbritannien
Erdöl
- Abhängigkeit Europas von 262, 363
- Abhängigkeit Japans von 26, 363, 402
- Entdeckung von, im Südwesten Amerikas 66 f.
- in nicht-OPEC-Ländern 539 f.
- im Ghawar-Feld 261 f., 365
- Kohle gegen 26, 32 f., 262, 363, 539
- im Nachkriegsjapan 218
- politische Macht und 16, 67 f., 361
- Preis 14, 15, 362, 364–367, 537, 540
- Preiserhöhungen von 1986 540
- Preisrückgang von 1979 19, 364–367, 538
- Spotpreis 537, 539
- US-Reserven 15, 33, 67, 261, 363
- Vorkommen im Nahen und Mittleren Osten 15, 16, 260–262, 361, 363
- im Zweiten Weltkrieg 260
  vgl. auch: OPEC
Erdöl ist abgedreht, Das 402
Erdölkrise 1973 361–368
- Amaya über 35
- Erdölembargo 19, 366 f., 404, 415, 438
- in Japan 402 f.
- Jom Kippur-Krieg und 370, 402 f., 415, 457, 459
- arabischer Nationalismus und 16, 262, 361 f.
- Preiserhöhungen während 19, 364–367, 537
- Situation davor 13 f., 261 f.
- Sturz des Schahs und 23–25, 458, 538
- Verbraucherreaktion auf 367, 537
- als vorübergehende Verirrung 368, 458
- Voraussetzungen der 15 f.
Europäische Gemeinschaft (EG) 503–505

FBI 276, 498
Fehlen (unentschuldigt) am Arbeitsplatz 388–390
Fertigungsstraße, Entwicklung von Produktionsmethoden 64 f., 73, 211, 265, 313 f.
Finanzministerium, japanisches 113, 315
Focus 507
Forbes 42, 535
Ford-Stiftung
- Diversifizierung durch 179
- Gründung der 177
- Verkauf von Aktien der 381 f.
Förderband – *vgl.* Fertigungsstraße
Fortune 257, 264, 436, 440, 498
Frankreich 68, 437, 504, 518
Freihandel 484, 486, 489, 511, 564 f.
Frontantrieb, Wagen mit
- bei Chrysler 440 f.
- Entscheidung bei Ford über 410, 413–415, 513–515
- in Europa 20 f., 411
- bei GM 21, 514
- Sperlichs Arbeit an 412
- Technologie für 22, 411

Sachregister 605

5-80-Garantie 437, 448
Fusionen, Gesellschafts-
– Berichterstattung der Medien über 535
– Investmenthäuser und 534 f.
– japanische Reaktion auf 537
– *junk bonds* bei 533, 536

Geheimbund 126
Geheimpolizei, japanische – vgl. *Kempeitai*
gemeinschaftliche Produktion (joint production ventures) 48, 550–552
Gesellschaft der Automobilingenieure 565
Gewerkschaften, japanische
– unter amerikanischer Besetzung 93, 96–99
– Dodge-Linie 103 f.
– Kommunisten in 96–99, 322 f.
– Legalisierung der 96
– vgl. auch: Japanische Automobilarbeitergewerkschaft; Nissan Masuda-Gewerkschaft; Nissan Miyake-Shioji-Gewerkschaft
Gewinne
– bei Ford 564
– japanische Größenordnung für 565
– im Jahr 1983 564
– großer und kleiner Wagen 14, 428
– amerikanische Automobilarbeitergewerkschaft und 45
– Zulagensystem basierend auf 397 f., 410, 447 f.
GI-Erlaß 181
Griechenland 539
Großbritannien 33, 437, 500, 504, 524
– Nissan-Werk in 466, 503–508
Große Gesellschaft 290
Große Pointe, Michigan 50, 151 f., 301, 372 f., 518 f., 525

Handelsfirmen, japanische (*shosha*) 233 f.
Harvard Business School 113, 162, 186, 324, 412, 473
Harvard Law School 113, 393
Hochtechnologie 31 f., 48, 266, 548–551, 554

hochverdichtete Motoren 258–260
Hongkong 47

Iacocca 527
Indien 539
Industriearbeitergewerkschaft 74
Inflation 240 f., 290, 381, 423, 485, 564
Ingenieursgewerkschaft, japanische 252
Innenministerium, amerikanisches 161
Investitionsfonds 182–184
Irak 31, 362, 539 f.
Iran 23–25, 31, 362, 364, 366 f., 430, 441, 458, 478, 539
Irland 56, 58
Israel 19, 261, 361–363, 365 f., 403, 415
Italien 283, 504

Japan
– Wachsen der Mittelschicht in 31, 244, 332 f.
– Bankwesen in 109 f., 219
– Bevölkerungskonzentration in 27, 315, 333
– Bürokratie in 26, 28
– persönliche Freiheiten in 217 f.
– als hierarchische Gesellschaft 318
– Handelspolitik 542–544
– Idee der Nation in 217
– Koreas Beziehungen zu 556
– Lebensbedingungen nach dem Krieg in 92, 106 f., 217, 240 f.
– Planung in 26 f., 338
– industrielle Planung nach dem Krieg für 216–220
– im Zweiten Weltkrieg 216
Japan, besetzt
– MacArthurs Politik 90–94
– Phasen der Besetzung 93
– Politik von Dodge in 101–104
japanische Ausbildung
– Autorität 559 f.
– Betonung der Technik in 220
– Konfuzianismus und 217
– öffentliches Schulsystem 216 f.
– sozialer Status und 139, 220 f.
– als Wettbewerbsvorteil 32, 227
japanische Wirtschaft
– Abhängigkeit vom Erdöl 26, 363, 402

- Anfälligkeit der 544 f.
- Automobilindustrie in 242, 458−460
- Exporte in 233 f.
- Handelsfirmen in 233 f.
- in den 50er Jahren 218−220
- gemeinschaftlicher Kapitalismus in 29, 218
- Konsumgütermarkt 242, 244 f.
- asiatische Länder als Konkurrenten 545 f., 556
- Manager in 250
- wettbewerbsfähige Schwerindustrie in 220
- Stahlindustrie in 219 f., 459 f., 557
- *Zaibatsu* in 92 f., 95, 99, 102, 108, 114, 130
- nach dem Zweiten Weltkrieg 101−103, 218−220
- während der Yen-Krise 1986 571 f.

Japan versinkt 403
Jom Kippur-Krieg 32, 370, 402 f., 415, 457, 459
Juden 283 f.
junk bonds 533, 536
Just-in-Time-Prinzip 71
Justizministerium, amerikanisches 394

Kachos 122 f., 131
Kalter Krieg 99
Kanada 555
Katholiken, katholische Kirche 152, 199, 282, 373, 418
Kaufhaus Hudson 50 f., 154
Kefauver Senatsuntersausschuß für Monopolfragen 263
Keidanren 254, 459, 507
Kempeitai 95
Kleinlieferwagen 343 f., 451−454
Kohle 26, 32 f., 262, 363, 539
Kommunisten, amerikanische 276
Kommunisten, japanische
- in Gewerkschaften 96−99
- Masuda und 115, 145
- Organisation eines Großstreiks durch 97 f.
- Shioji und 322−324

Konfuzianismus 106, 506
Kongreß, amerikanischer 446

Korea − *vgl.* Südkorea
Koreakrieg 118 f., 266
Kriegsministerium, amerikanisches 251
Kriegsanleihen 181

Lernkurven 245 f., 556
Libyen 31, 363−365
Löhne
- und amerikanische Automobilarbeitergewerkschaft 467, 489
- bei Ford 477, 479, 485
- Fraser über 389
- 5-$-Tag als Norm für 33, 74 f.
- Indexbindung der 485
- in Korea 551, 555
- bei Nissan 329

Los Angeles Times 409

Malaysia 545
Managerklasse 86, 158 f., 250
Managersprache 159
Massenkonsum 63
Massenproduktion 33 f.
- bei Ford 55 f., 62−66
- bei Nissan 313 f.

Massenwohlstand 44, 48, 68, 181, 184, 258
Mexiko 345, 362, 481, 548, 551, 554
Miami Vice 528
Ministerium für internationalen Handel und Industrie (MITI), japanisches 110, 113, 407
- Amaya im 26−30, 488
- in der Automobilindustrie 242 f., 325 f.
- Matsumura und 351 f.
- in der Stahlindustrie 459
- Verhandlungen über Importbeschränkungen durch 491
- Zulieferfirmen und 356, 358

Mischkonzerne 186
Mittelschichtsgesellschaft 31, 44, 196, 257, 332
money funds 38, 40

New Deal 98, 102, 181, 269, 272 f., 387, 574
Newsweek 296 f.

New Yorker 152
New Yorker Börse 178–180
New York Times 74, 529, 535, 542, 567
Nigeria 15
Nikkeiren 118, 131 f.
Nissan Masuda-Gewerkschaft
- Bildung der Unternehmensgewerkschaft gegen 124–136, 142–145
- *Kachos* in 122 f., 131
- Katayama und 229 f.
- 1953er Streik durch 129–136, 143 f.
- Einsatz von *Suribachi* 122 f.
Nissan Miyake-Shioji-Gewerkschaft
- Beherrschen der Personalveränderungen 147, 230, 317
- Katayama und 230 f.
- mittleres Management in 131, 146 f.
- unter Shioji 321, 329
Normen für die Autobranche, staatliche 396, 422 f., 440 f., 513

Oberbefehlshaber der alliierten Streitkräfte 95, 96, 100
Olympische Spiele
- von 1964 332 f.
- von 1988 555
OPEC (Organisation erdölexporierender Länder)
- Preiserhöhungen und 364–366, 537–540
- saudiarabische Produktion und 365–367, 539
Osteuropa 574

Palästina 261
Pearl Harbor 34, 94, 128, 212
People 507
Playboy 507
Prince-Automobilgewerkschaft 326–328
Profit-Erhöhungs-Programm (PEP) 370, 376
Protektionismus, amerikanischer 461, 464, 564
- Ansicht der Automobilarbeitergewerkschaft über 463
- Carter-Administration und 489
- Ford und 484, 486, 489
- Kellers Urteil über 568 f.
- unter Reagan 490
- japanische Reaktion auf 488–492
Protektionismus, europäischer 504
Protektionismus, japanischer
- Arroganz 465, 544
- asiatische Konkurrenz und 545 f.
- in der Tabakindustrie 543

Qualitätssicherung
- Demings Engagement für 248 f., 251–254
- PEP und 370
- Shewarts Techniken für 251 f.
- Überstunden am Band und 398
Qualitätssicherung-Kreise 331

Roboter 48, 503, 547, 549 f.
Rußland – *vgl.* Sowjetunion

Saudi-Arabien 16, 31, 260, 362, 365–367, 571
SCAP – *vgl.* Oberbefehlshaber der alliierten Streitkräfte
Sechs-Tage-Krieg (1967) 326 f.
6-Zylinder-Motor 80 f.
Sicherheit, Auto-
- staatliche Bestimmungen zu 396
- Corvair-Prozesse wegen 394
- Naders Arbeit über 394–396
Singapur 31, 47, 554
Sitzstreiks 273 f.
Sohyo Gewerkschaftsvereinigung 326
Sowjetunion 93, 561, 574
Spanien 91, 414, 437
Spindletop Erdölfeld 66
Stahlindustrie, japanische 219 f., 557
Stahlindustrie, amerikanische 51, 220, 486
statistische Kontrollsysteme 162, 196
Statistisches Bundesamt, USA 252
Stempelmacher 389, 476–480
Südkorea 31
- Arbeiter in 551, 556
- Japans Beziehungen zu 556
- amerikanische Gemeinschaftsunternehmen mit 550–552
- Industriewoge in 554 f.

- japanische Konkurrenz mit 545, 556 f.
- Löhne in 551, 555
- amerikanische Zulieferer und 550, 553

Suezkanal, Krise 361
Superautomatisierung 48, 547 f.
Suribachi 122 f., 131, 133, 141, 143
Syrien 362, 365

Tabakindustrie 543
Taiwan 31, 474, 545, 554
Teamsters, International Brotherhood of (Lkw-Fahrer-Gewerkschaft) 269
Time 296 f., 449 f., 507, 525
Tokio-Gipfel (1986) 572
Transfermaschinen 313 f.
Tunesien 539

Umsatzbank 437 f., 443 f.
Universität Tokio (Todai) 27, 112 f., 115, 121, 224, 254

Vereinigte Staaten
- Aderlaß durch Wettrüsten 574
- Dienstleistungsbercich in 389, 522, 574
- als Erdölmacht 33 f., 67–69
- staatliche Erziehung 575
- Kapitalismus als Förderer des Individuums in 29
- industrieller Niedergang in 40 f., 51 f.
- als Symbol der Erdölkultur 32 f.

Vereinigung der Automobilhersteller 491
Vereinigung der bösen Buben 145
Verkehrsministerium, 404
Verteidigungsministerium, US (Pentagon) 27, 99, 162, 251
Vietnam 403, 550

Vietnamkrieg 175, 290, 381, 550, 560
Völkerbund 491
Volksrepublik China 93 f., 98 f., 512
Volkswirtschaftler 484 f.

Wall Street 284
- Ansturm Begabter auf 185, 535
- Ford und 179–181, 204, 415 f.
- Hochtreiben der Kurse an 187, 198, 536
- der schnelle Markt an 181–187, 197 f.
- bei feindlichen Übernahmen 533–537
- alte gegen neue Unternehmen 185–187, 197 f.
- Verwalter von Wertpapierportfeuilles an 182, 185

Wall Street Journal 74, 304, 535
Washington Post 395
Weltauto 437
Weltkrieg, Erster, 210
Weltkrieg, Zweiter 34, 162, 181, 251, 260 f., 264, 436, 473, 479
Weltwirtschaftskrise 272, 473
Werksleiter – *vgl.* Betriebsleiter 170–175, 197 f.
Wettrüsten 574
Windkanallook 512 f.
Wirtschaftssachverständigenrat 489

Yen-Krise 571–573
Yen-Revolution 242

Zaibatsu 92 f., 95, 99, 102, 108, 114, 130
Zinssätze 38, 447, 449, 490, 563
Zulagensystem 397
Zulieferer, amerikanische 553 f.
Zulieferer, japanische 355–358
Zulieferergewerkschaft 357 f.
Zusammenschlüsse – *vgl.: Fusion*